全国建筑企业职业经理人培训教材编写委员会

全国建筑企业职业经理人培训教材（试用）

QUANGUO JIANZHU QIYE
ZHIYE JINGLIREN
PEIXUN JIAOCAI

中国建筑工业出版社

图书在版编目(CIP)数据

全国建筑企业职业经理人培训教材(试用)/全国建筑企业职业经理人培训教材编写委员会.—北京：中国建筑工业出版社，2006
ISBN 978-7-112-08442-5

Ⅰ.全… Ⅱ.全… Ⅲ.建筑工业—工业企业管理—中国—技术培训—教材 Ⅳ.F426.9

中国版本图书馆 CIP 数据核字(2006)第 072000 号

本书共有两篇内容，上篇包括：建筑企业职业经理人概论，建筑企业战略管理，建筑企业管理决策办法，建筑企业组织行为与人际关系，建筑企业领导艺术与执行力管理，建筑企业文化管理，建筑企业资本运营，建筑企业信息化管理，建筑企业法人治理结构；下篇包括：建筑企业项目管理改革理论与实践，投资管理体制与代建制，建筑企业市场营销管理，建筑企业财务管理，建筑企业人力资源管理，工程项目合同管理，建筑企业技术管理，建筑企业质量、环境、职业健康安全管理，建筑企业供应链管理，建筑企业法律事务管理，建筑企业国际工程承包。

本书内容详尽，从理论知识到工程实际内容均有涉及，构建了一个较全面的建筑企业职业经理人知识体系系统，可供建设工程企业职业经理人培训使用，也可供各级管理人员学习参考。

* * *

责任编辑：常　燕

全国建筑企业职业经理人培训教材(试用)

全国建筑企业职业经理人培训教材编写委员会

*

中国建筑工业出版社出版、发行(北京西郊百万庄)
各地新华书店、建筑书店经销
北京天成排版公司制版
北京中科印刷有限公司印刷

*

开本：787×1092 毫米　1/16　印张：39½　字数：980 千字
2006 年 7 月第一版　2007 年 8 月第三次印刷
印数：15001—17000 册　定价：68.00 元
ISBN 978-7-112-08442-5
(15106)

版权所有　翻印必究
如有印装质量问题，可寄本社退换
(邮政编码 100037)

本社网址：http://www.cabp.com.cn
网上书店：http://www.china-building.com.cn

《全国建筑企业职业经理人培训教材》
审定委员会成员名单

主 任：王铁宏　　建设部总工程师、教授级高级工程师
副主任：徐　波　　建设部工程质量安全监督与行业发展司司长、教授级高级工程师
　　　　　吴　涛　　中国建筑业协会工程项目管理委员会常务副会长兼秘书长、教授级高级工程师
委　员：(按姓氏笔画为序)
　　　　　方东平　　清华大学国际工程项目管理研究院常务副院长、教授、博士生导师
　　　　　王振东　　中国建筑装饰协会秘书长、高级经济师
　　　　　乐　云　　同济大学工程管理研究所教授、博士生导师
　　　　　刘伊生　　北京交通大学经济管理学院工商管理系主任、教授、博士生导师
　　　　　刘成军　　中国铁路工程总公司设计部部长、设计咨询公司总经理、教授级高级工程师
　　　　　何伯森　　天津大学管理学院国际工程管理研究所所长、教授
　　　　　张智慧　　清华大学土木水利学院工程管理研究所所长、教授、博士生导师
　　　　　贾宏俊　　山东科技大学资源与土木工程系系主任、教授

全国建筑企业职业经理人课题工作指导委员会组成名单

总 顾 问： 毛如柏　全国人大环境资源委员会主任
高级顾问： 黄　卫　建设部副部长
　　　　　　郑一军　建设部原副部长
　　　　　　赵洪俊　中央组织部领导干部考试与测评中心主任
　　　　　　陈　军　人事部全国人才流动中心副主任
　　　　　　时希平　国务院国有资产监督管理委员会企业人才办公室主任
　　　　　　李秉仁　建设部办公厅主任
　　　　　　王素卿　建设部建筑市场管理司司长
　　　　　　徐　波　建设部工程质量安全监督与行业发展司司长
主任委员： 张青林　全国政协委员　中国建筑业协会副会长中建协经营管理委员会会长
副主任委员： 郭　涛　中国建筑工程总公司党组书记
　　　　　　　石大华　中国铁路工程总公司党委书记
　　　　　　　徐义屏　中国建筑业协会秘书长
委　　员：（按姓氏笔画为序）
　　　　　　于印其　天津市建筑业协会常务副会长兼秘书长
　　　　　　王要武　哈尔滨工业大学管理学院副院长
　　　　　　王永建　中建-大成建筑股份有限公司董事长
　　　　　　冯良华　中国林业工程建设协会专职副秘书长
　　　　　　刘清淇　重庆市建筑业协会会长
　　　　　　刘龙华　北京城建集团董事长
　　　　　　刘汝臣　中铁十六局董事长
　　　　　　过　毅　未来建设集团有限公司董事长
　　　　　　冷　炎　德国豪赫蒂夫有限公司中国首席代表
　　　　　　吴　涛　中建协工程项目管理委员会秘书长
　　　　　　吴建军　武汉建工股份有限公司董事长兼总经理
　　　　　　肖　营　深圳建筑投资控股公司总工程师
　　　　　　池颂光　福建省建筑业协会会长
　　　　　　安和人　中国煤炭建设协会副理事长
　　　　　　孙　凯　河北省建筑业协会副会长兼秘书长

《全国建筑企业职业经理人培训教材》
指导委员会名单

何伯森	天津大学教授
阴玉苍	山东省建筑业联合会副会长兼秘书长
李丛德	中建协经营管理委员会秘书长
李世永	辽宁省建筑业协会会长
邵迪东	贵州省建筑业协会副会长兼秘书长
张登根	江苏省建筑行业协会副秘书长
张　恒	中国建设教育协会建筑企业教育专业委员会会长兼秘书长
张　奇	济南市建筑业联合会常务副会长
张宏安	大连市建筑行业协会会长
范魁元	北京市建筑业联合会秘书长
周传琦	中国水运建设行业协会秘书长
鱼海深	陕西省建筑业联合会常务秘书长
周铁钧	安徽省建筑业协会副秘书长
周玉春	长春市建筑业协会副会长兼秘书长
杨天举	泛华建设集团总裁
郭建萍	河南省建筑业协会副秘书长
郭建堂	中国水利水电建设集团总经理
徐　征	上海建工(集团)总经理
耿立新	天津建工(集团)总经理
龚一民	上海市施工行业协会副秘书长
续　墉	甘肃省建筑业联合会会长
曹永清	新疆建筑业协会副会长兼秘书长
崔一帆	浙江省建筑行业协会秘书长
黄云玲	吉林省建筑业协会副会长兼秘书长
黄汝玉	昆明建筑业联合会会长
焦凤山	中国冶金建设协会秘书长
蒋富山	中国有色金属建设协会副秘书长
潘宗高	中国化工施工企业协会副秘书长

注：本指导委员会即《全国建筑企业职业经理人培训教材》编写委员会

《全国建筑企业职业经理人培训教材》
编写人员名单

主　编：张青林
副主编：王要武　尤　完

编写人员：（按姓氏笔画为序）
　　　　　王要武　王　洪　王　威　尤　完　舟立平
　　　　　刘　杰　刘　力　刘仁辉　刘洪喜　许程洁
　　　　　孙成双　李　宁　李云波　李成扬　吴新华
　　　　　张　宇　张青林　芦金锋　陈　键　杨　栋
　　　　　杨晓林　项　阳　曾肇河　董子华　董红梅
　　　　　翟凤勇　颜思展　薛小龙

序

中央人才工作会议明确提出:"尽快建立高素质、职业化、国际化的企业经营管理人才队伍,是提高我国企业竞争力的战略选择。"目前我国建筑企业的经营管理人才队伍中,应用型、操作型人才多,管理型、开发型人才少,既懂管理又熟悉技术、经济、法律,能进行国际工程交流的人才还很短缺。但更短缺的是在企业中全面负责经营管理,能够引导企业不断开拓国内外市场的优秀人才,就是我们所强调的职业经理人。

建筑业改革发展的现状和产业全球化发展的趋势,都要求我们认真贯彻落实党中央、国务院的战略决策,加速企业经营管理者队伍,尤其是职业经理人才队伍的建设。建设部确立"建筑企业职业经理人资质认证与建筑企业资质管理研究"的课题以来,中国建筑业协会建筑企业经营管理委员会会同课题组,组织高等院校的学者、行业协会的专家和建筑企业的经营管理者编写的《全国建筑企业职业经理人培训教材》,为建筑行业经理人职业化培训和社会评价体系建设打下了基础。

培养建筑企业职业经理人队伍,重点是提高建筑企业在职经理和广大的经营管理人员的学习能力、实践能力和创新能力。职业经理人的成长有一个丰富学识、积累经验和不断进步的过程,而且这个过程必将贯穿其职业生涯的始终。特别是当今世界已步入信息时代,知识更新的速度越来越快,对职业经理人能力和素质的要求越来越高,从相应的组织获得必需的职业培训,提高职业能力,已经成为广大经营管理者的热切愿望和职业追求。《全国建筑企业职业经理人培训教材》作为建筑企业职业经理人的良师益友,将对丰富建筑企业职业经理人的知识素养,提高建筑企业的经营管理水平,促进我国建筑业改革和发展发挥积极作用。当然,随着实践的发展,教材还应当不断吸纳新知识,增加新内容,以适应建筑企业经理人队伍职业化建设的客观需求。

中华人民共和国
建设部副部长 黄卫

目 录

代前言　面向国际　筹划未来　开创我国建筑企业职业化建设的新局面 …………… 1
开篇一　毛如柏同志在建筑企业职业经理人课题工作会议上的讲话 …………… 11
开篇二　王铁宏同志在全国建筑企业职业化培训工作研讨会上的讲话 …………… 15
开篇三　王素卿同志在建筑企业职业经理人课题工作会议上的讲话 …………… 21

第一章　建筑企业职业经理人概论 …………… 24
第一节　建筑企业职业经理人的职业内涵 …………… 24
一、职业定义 …………… 24
二、职业职责要求 …………… 25
三、职业经理人职业生涯的发展 …………… 26
第二节　建筑企业职业经理人的道德规范 …………… 27
一、职业道德是职业经理人的首要条件 …………… 27
二、建筑企业职业经理人的职业道德是建筑企业社会信誉的体现 …………… 27
三、建筑企业职业经理人道德规范的内容 …………… 28
第三节　建筑企业职业经理人的知识结构 …………… 28
一、管理知识 …………… 29
二、经济知识 …………… 29
三、法律知识 …………… 29
四、专业知识 …………… 30
五、哲学和社会学知识 …………… 30
第四节　建筑企业职业经理人的素养与能力 …………… 30
一、基本要求 …………… 30
二、职业能力 …………… 31
第五节　建筑企业职业经理人的市场化 …………… 32
一、职业经理人产生的历史由来和发展趋势 …………… 32
二、建筑企业经理人职业化的环境与方向 …………… 34
三、建筑企业职业经理人的市场价值 …………… 36
复习思考题 …………… 37

第二章　建筑企业战略管理 …………… 38
第一节　战略管理概论 …………… 38
一、战略管理的重要性 …………… 38
二、战略管理的原则 …………… 38
三、战略管理的过程 …………… 40

第二节 战略环境分析 ·· 42
一、宏观环境分析 ·· 42
二、建筑市场形势分析 ·· 45
三、竞争对手分析 ·· 47
四、竞争环境分析 ·· 50

第三节 内部资源分析 ·· 52
一、品牌资源分析 ·· 52
二、技术资源分析 ·· 53
三、人力资源分析 ·· 53
四、财务资源分析 ·· 54
五、价值链分析 ·· 55
六、SWOT 分析 ·· 58

第四节 战略选择 ·· 59
一、战略目标体系 ·· 59
二、综合指标案例 ·· 60
三、阶段目标 ·· 63
四、策略选择 ·· 63
五、策略竞争模式 ·· 65

第五节 战略执行 ·· 67
一、业主关系管理 ·· 67
二、组织机构变革 ·· 69
三、劳务资源开发 ·· 70
四、战略风险管理 ·· 72
五、公司营运管理系统 ·· 74

复习思考题 ··· 74

第三章 建筑企业管理决策方法 ································ 76

第一节 决策概述 ·· 76
一、决策的概念及基本要素 ···································· 76
二、决策的分类和原则 ··· 77
三、决策的一般程序 ·· 79

第二节 线性规划方法 ·· 80
一、线性规划与最优化方法 ···································· 80
二、线性规划模型的求解 ······································· 83

第三节 多目标决策 ··· 87
一、多目标决策概述 ·· 87
二、基于目标规划的多目标决策方法 ·························· 89

第四节 风险型决策分析 ·· 93
一、期望损益值决策法 ··· 93
二、敏感性分析 ·· 94

三、决策树分析 ·· 95
　　四、效用理论 ·· 98
　第五节　层次分析法 ·· 100
　　一、层次分析法的基本步骤 ································ 101
　　二、判断矩阵特征向量与最大特征根的计算 ·················· 104
　　三、层次分析法应用举例 ·································· 105
　第六节　博弈论方法 ·· 108
　　一、博弈论概述 ·· 108
　　二、完全信息静态博弈模型 ································ 108
　　三、均衡的概念 ·· 110
　复习思考题 ·· 115
第四章　建筑企业组织行为与人际关系 ························ 116
　第一节　员工个体行为 ······································ 116
　　一、员工个体行为的概念 ·································· 116
　　二、员工的行为环境 ······································ 117
　第二节　企业员工的群体行为 ································ 118
　　一、群体的定义和特征 ···································· 118
　　二、群体存在的形式 ······································ 118
　　三、群体行为 ·· 120
　第三节　企业员工的激励 ···································· 122
　　一、激励概念及作用 ······································ 122
　　二、内容型激励理论 ······································ 122
　　三、过程激励理论 ·· 124
　　四、行为改造激励理论 ···································· 126
　　五、激励的原则与方法 ···································· 127
　第四节　企业组织行为管理 ·································· 129
　　一、组织行为的管理模型 ·································· 129
　　二、非等级权力控制企业的建设 ···························· 130
　第五节　企业内部人际关系 ·································· 131
　　一、人际关系的含义和作用 ································ 131
　　二、群体人际关系的建立 ·································· 132
　　三、群体凝聚力 ·· 132
　　四、群体冲突及管理 ······································ 133
　复习思考题 ·· 135
第五章　建筑企业公共关系管理 ······························ 136
　第一节　公共关系的主体与客体 ······························ 136
　　一、公共关系的主体 ······································ 136
　　二、公共关系的客体 ······································ 138
　第二节　公共关系的传播与媒介 ······························ 140

一、信息传播 …………………………………………………………… 140
　　二、传播媒介 …………………………………………………………… 143
　　三、公共关系传播的原则和要求 ……………………………………… 144
　第三节　企业公共关系协调 …………………………………………… 146
　　一、公共关系协调的意义 ……………………………………………… 146
　　二、内部公共关系的协调 ……………………………………………… 147
　　三、外部公共关系的协调 ……………………………………………… 148
　第四节　公共关系危机管理 …………………………………………… 151
　　一、公共关系危机的基本概念 ………………………………………… 151
　　二、公共关系危机管理 ………………………………………………… 154
　复习思考题 ……………………………………………………………… 157

第六章　建筑企业领导艺术与执行力管理 ……………………………… 158
　第一节　管理者角色定位及有效性管理 ……………………………… 158
　　一、管理者角色定位 …………………………………………………… 158
　　二、有效性管理 ………………………………………………………… 160
　　三、领导方法 …………………………………………………………… 163
　第二节　团队建设与学习型组织 ……………………………………… 165
　　一、团队建设理论 ……………………………………………………… 165
　　二、建筑企业的学习型组织建设 ……………………………………… 168
　第三节　执行力管理 …………………………………………………… 171
　　一、建筑企业组织执行力与管理制度 ………………………………… 171
　　二、建筑企业个人执行力 ……………………………………………… 174
　第四节　时间管理 ……………………………………………………… 177
　　一、时间的特性和时间管理 …………………………………………… 177
　　二、建筑企业时间管理的方法 ………………………………………… 180
　第五节　沟通管理 ……………………………………………………… 182
　　一、沟通概述 …………………………………………………………… 183
　　二、人际沟通管理 ……………………………………………………… 184
　　三、组织内沟通管理 …………………………………………………… 186
　　四、组织间的沟通 ……………………………………………………… 190
　第六节　商务活动技巧 ………………………………………………… 190
　　一、商务谈判 …………………………………………………………… 190
　　二、口才表达 …………………………………………………………… 193
　　三、商务礼仪 …………………………………………………………… 195
　复习思考题 ……………………………………………………………… 202

第七章　建筑企业文化管理 ……………………………………………… 204
　第一节　企业文化与建筑企业文化 …………………………………… 204
　　一、企业文化概述 ……………………………………………………… 204
　　二、建筑企业文化建设 ………………………………………………… 207

第二节　企业形象策划 209
     一、企业形象策划综述 209
     二、企业理念识别 211
     三、企业行为识别 213
     四、企业视觉识别 214
   第三节　企业品牌塑造与管理 215
     一、品牌概述 215
     二、建筑企业品牌塑造 218
     三、建筑企业品牌管理 220
   第四节　企业民主管理与和谐企业 223
     一、企业民主管理 223
     二、构建和谐企业 224
   复习思考题 232

第八章　建筑企业资本运营 234
   第一节　资本运营概述 234
     一、资本与资本市场 234
     二、资本运营的概念、特点和基本原则 237
     三、资本运营的内容 239
   第二节　建筑企业的兼并、收购与重组 243
     一、企业兼并 243
     二、企业收购 245
     三、企业重组 246
     四、建筑企业并购、重组策略 247
   第三节　建筑企业投资方式 249
     一、建筑企业投资分类 249
     二、建筑企业证券投资方式 251
     三、建筑企业的其他投资方式 254
   复习思考题 257

第九章　建筑企业信息化管理 259
   第一节　企业信息化概述 259
     一、企业信息化的定义 259
     二、企业信息化的驱动因素 260
     三、企业信息化发展历程 261
     四、企业信息化的意义和影响 262
   第二节　企业信息化的内容 262
     一、建筑企业信息化的基本内容 263
     二、企业信息化的要素构成 263
   第三节　信息化规划与实施 264
     一、建筑企业信息化的指导思想与策略 264

二、建筑企业信息化的规划与实施·························267
　　三、企业信息化绩效评价·································269
　　四、实施企业信息化需要避免的误区·····················270
　复习思考题···273

第十章　建筑企业法人治理结构·····························275
第一节　公司法人治理结构概述·····························275
　　一、法人治理结构的内涵及其理论发展···················275
　　二、法人治理结构的主要模式及其特点···················277
第二节　法人治理结构的相关法律规定及存在的问题·······279
　　一、我国法人治理结构及其相关法律规定·················279
　　二、当前我国公司法人治理结构存在的问题···············281
　　三、完善法人治理结构的若干思考·······················282
第三节　公司治理中的激励机制和约束机制·················285
　　一、公司治理中的激励机制·····························286
　　二、公司治理中的约束机制·····························292

第十一章　建筑企业项目管理改革理论与实践···············295
第一节　建筑企业生产方式变革·····························295
　　一、计划经济体制下建筑业的生产方式···················295
　　二、建筑业生产方式变革的过程·························296
　　三、项目管理对建筑企业改革的推动作用·················297
第二节　项目生产力理论···································299
　　一、马克思主义生产力理论的启迪·······················299
　　二、建筑业与工业生产力对比分析·······················301
　　三、项目生产力理论的基本内容·························302
第三节　项目管理的实践形式·······························304
　　一、项目管理组织形式·································304
　　二、项目管理运行机制·································308
　　三、项目管理经验·····································309
　　四、项目管理信息化···································311
　　五、项目文化建设·····································312
　　六、项目管理多样化···································313
　　七、项目管理规范建设·································314
第四节　项目管理走向的新趋势·····························314
　　一、国际工程发包方式的演变···························314
　　二、国际承包商的发展及主要做法·······················316
　　三、中国总承包项目管理·······························318
　　四、项目管理人才的国际化·····························319
　复习思考题···325

第十二章　投资管理体制与代建制···························326

第一节　投资管理体制改革与代建制的提出 …………………………… 326
　　一、投资体制改革历程 …………………………………………………… 326
　　二、国务院关于投资体制改革的决定 …………………………………… 328
　　三、代建制的提出 ………………………………………………………… 330
第二节　代建制的内容、模式与实施 …………………………………… 333
　　一、代建制的内容 ………………………………………………………… 333
　　二、代建制的运行模式 …………………………………………………… 335
　　三、代建制模式下市场竞争格局的变化 ………………………………… 336
　　四、代建制的实施 ………………………………………………………… 338
第三节　《建设工程项目管理试行办法》介绍 …………………………… 341
复习思考题 …………………………………………………………………… 346

第十三章　建筑企业市场营销管理 ………………………………………… 347
第一节　概述 ………………………………………………………………… 347
　　一、建筑企业市场营销问题的提出 ……………………………………… 347
　　二、经济增长与建筑市场关系分析 ……………………………………… 348
第二节　建筑企业目标市场 ………………………………………………… 351
　　一、建筑市场细分 ………………………………………………………… 351
　　二、建筑企业目标市场选择 ……………………………………………… 352
　　三、建筑企业市场定位 …………………………………………………… 353
第三节　建筑企业经营结构与市场布局 …………………………………… 354
　　一、建筑企业的经营结构 ………………………………………………… 354
　　二、建筑企业的市场布局 ………………………………………………… 355
第四节　建筑企业市场信息管理 …………………………………………… 356
　　一、市场调研 ……………………………………………………………… 356
　　二、市场信息管理 ………………………………………………………… 356
第五节　建筑企业投标报价管理 …………………………………………… 360
　　一、投标报价程序 ………………………………………………………… 360
　　二、投标准备 ……………………………………………………………… 360
　　三、投标决策 ……………………………………………………………… 363
　　四、投标过程管理 ………………………………………………………… 363
　　五、投标报价的计算 ……………………………………………………… 366
　　六、工程量清单招投标 …………………………………………………… 368
第六节　建筑企业市场营销的关键环节 …………………………………… 369
　　一、建筑企业市场营销队伍建设 ………………………………………… 369
　　二、建筑企业市场营销激励机制 ………………………………………… 369
　　三、建筑企业客户关系管理 ……………………………………………… 370
　　四、建筑企业市场竞争手段 ……………………………………………… 371
　　五、建筑企业市场风险防范 ……………………………………………… 373
复习思考题 …………………………………………………………………… 376

第十四章 建筑企业财务管理 ... 377
第一节 全面预算管理及其考核 ... 377
一、全面预算管理的概念及实施意义 ... 377
二、全面预算管理的内容 ... 377
第二节 财务控制 ... 381
一、财务控制概述 ... 381
二、成本中心的控制 ... 383
三、利润中心的控制 ... 386
四、投资中心的控制 ... 388
第三节 筹资管理 ... 390
一、建筑企业资本金的筹集 ... 390
二、资本金的分类 ... 391
三、建筑企业筹资决策 ... 392
第四节 资产管理 ... 396
一、流动资产管理 ... 396
二、固定资产管理与投资决策 ... 402
第五节 财务状况分析 ... 404
一、财务报表概述 ... 404
二、财务报表分析的种类 ... 405
三、财务比率分析 ... 407
四、财务报表分析中的问题 ... 410
复习思考题 ... 411

第十五章 建筑企业人力资源管理 ... 413
第一节 人力资源规划 ... 413
一、人力资源规划的含义和内容 ... 413
二、人力资源组织 ... 414
三、人力资源规划的流程 ... 415
四、人力资源规划的落实 ... 416
第二节 人力资源结构与优化 ... 417
一、人力资源结构 ... 417
二、人力资源的优化配置 ... 417
第三节 工作分析与岗位设计 ... 418
一、相关概念 ... 418
二、工作分析过程和内容 ... 419
三、工作分析方法 ... 421
四、工作说明书 ... 422
五、岗位设计 ... 422
第四节 员工招聘与劳动关系 ... 423
一、员工招聘的程序和原则 ... 423

二、员工招聘的渠道和方法 424
　　三、职称评定与职务聘任 425
　　四、人事录用 426
　　五、劳动关系与劳动合同 427
　第五节　员工培训与流动 428
　　一、员工培训 428
　　二、员工流动管理 430
　第六节　员工绩效考核 432
　　一、绩效考核的概念和作用 432
　　二、绩效考核内容 432
　　三、绩效考核的原则 433
　　四、常用的考核方法 434
　复习思考题 437

第十六章　工程项目合同管理 438
　第一节　工程项目合同管理概述 438
　　一、工程项目合同管理的基本原则 438
　　二、工程项目合同管理的法律依据 439
　　三、工程项目合同的特点 441
　　四、工程项目合同示范文本 441
　第二节　工程项目施工合同管理 442
　　一、施工合同主要内容 442
　　二、合同双方的义务 444
　　三、施工进度管理 445
　　四、工程质量管理 446
　　五、合同价款管理 448
　　六、竣工验收与结算管理 448
　　七、合同变更的管理 449
　　八、索赔和争议管理 450
　　九、建设工程施工合同示范文本 451
　第三节　FIDIC合同条件管理 453
　　一、合同文件的组成 453
　　二、合同担保 454
　　三、合同价格 454
　　四、指定分包商 454
　　五、解决合同争议的方式 455
　　六、施工阶段的合同管理 455
　　七、工程进度款的支付管理 457
　　八、竣工验收阶段的合同管理 458
　　九、缺陷通知期阶段的合同管理 459

第四节　工程项目风险管理 ……………………………………………… 459
一、工程项目风险的内容 ……………………………………………… 460
二、工程项目风险管理和处理风险的主要方法 ……………………… 461
第五节　合同索赔管理 …………………………………………………… 464
一、合同索赔概念及作用 ……………………………………………… 464
二、我国合同索赔现状 ………………………………………………… 465
三、推行施工索赔的法律依据 ………………………………………… 466
四、《施工合同示范文本》为开展施工索赔创造的文件 …………… 466
五、加强施工合同管理、健康地开展索赔工作 ……………………… 468
复习思考题 …………………………………………………………………… 469

第十七章　建筑企业技术管理 ………………………………………………… 471
第一节　技术管理的概念与内容 ………………………………………… 471
一、技术管理的概念 …………………………………………………… 471
二、技术管理的内容 …………………………………………………… 471
第二节　技术管理体系 …………………………………………………… 471
一、技术管理组织体系 ………………………………………………… 472
二、技术管理责任制度 ………………………………………………… 473
三、技术管理规章制度 ………………………………………………… 475
第三节　施工技术管理 …………………………………………………… 475
一、图纸会审 …………………………………………………………… 475
二、技术交底 …………………………………………………………… 477
三、材料、构件试验检验 ……………………………………………… 479
四、施工技术方案与技术措施 ………………………………………… 480
五、安全、职业健康与环境保护技术 ………………………………… 480
六、技术复核及技术核定 ……………………………………………… 482
第四节　技术资源积累与集约化 ………………………………………… 483
一、技术资源积累 ……………………………………………………… 483
二、技术资源集约化 …………………………………………………… 485
第五节　技术开发与自主创新管理 ……………………………………… 485
一、技术开发 …………………………………………………………… 485
二、工法的管理 ………………………………………………………… 489
三、建筑企业自主创新管理 …………………………………………… 490
复习思考题 …………………………………………………………………… 495

第十八章　建筑企业质量、环境、职业健康安全管理 ……………………… 496
第一节　建筑企业质量管理体系 ………………………………………… 496
一、ISO 9000 系列标准 ………………………………………………… 496
二、质量管理八项原则 ………………………………………………… 497
三、质量管理体系的基础 ……………………………………………… 499
四、质量管理体系的建立 ……………………………………………… 501

五、质量管理体系认证 …………………………………………………… 501
 第二节　环境管理体系 …………………………………………………………… 502
　　一、ISO 14000 环境管理体系简介 ………………………………………… 502
　　二、建筑企业建立环境管理体系的意义 …………………………………… 503
　　三、环境管理体系的建立及运行 …………………………………………… 504
　　四、环境管理体系的认证 …………………………………………………… 505
 第三节　职业健康安全管理体系 ………………………………………………… 506
　　一、职业健康安全管理体系简介 …………………………………………… 506
　　二、建筑企业贯彻职业健康安全管理体系标准的意义 …………………… 507
　　三、职业健康安全管理体系的建立与运行 ………………………………… 508
 第四节　质量、环境、职业健康安全管理体系一体化的整合与运行 ………… 508
　　一、质量、环境、职业健康安全管理体系一体化的整合 ………………… 508
　　二、建筑企业一体化管理体系的实施 ……………………………………… 512
 复习思考题 ………………………………………………………………………… 515

第十九章　建筑企业供应链管理 …………………………………………………… 516
 第一节　供应链管理基本原理 …………………………………………………… 516
　　一、供应链和供应链管理的基本概念 ……………………………………… 516
　　二、供应链管理的内容和核心理念 ………………………………………… 517
 第二节　建筑供应链下的企业流程与组织结构 ………………………………… 518
　　一、建筑供应链管理的基本界定 …………………………………………… 518
　　二、建筑供应链下的企业流程再造与组织结构 …………………………… 520
　　三、建筑供应链环境下的组织结构 ………………………………………… 523
 第三节　建筑企业供应链设计 …………………………………………………… 524
　　一、建筑供应链设计的策略与原则 ………………………………………… 524
　　二、建筑供应链设计的步骤 ………………………………………………… 526
　　三、建筑供应链合作伙伴的选择 …………………………………………… 527
 第四节　建筑企业供应链运行管理 ……………………………………………… 530
　　一、建筑供应链运作参考模型 ……………………………………………… 530
　　二、建筑供应链绩效评价 …………………………………………………… 534
　　三、建筑供应链激励与风险防范机制 ……………………………………… 535
 复习思考题 ………………………………………………………………………… 541

第二十章　建筑企业法律事务管理 ………………………………………………… 543
 第一节　事前预防与非诉讼法律业务 …………………………………………… 543
　　一、建筑企业活动中的证据 ………………………………………………… 543
　　二、建筑企业的非诉讼法律业务 …………………………………………… 546
 第二节　诉讼法律事务管理 ……………………………………………………… 549
　　一、诉讼概述 ………………………………………………………………… 549
　　二、民事诉讼法律事务 ……………………………………………………… 550
　　三、行政诉讼法 ……………………………………………………………… 553

第三节　相关法律法规解读 ……………………………………………… 554
一、建筑法 ……………………………………………………………… 554
二、招标投标法 ………………………………………………………… 556
三、劳动法 ……………………………………………………………… 561
四、公司法 ……………………………………………………………… 564
五、建设工程安全生产管理法规 ……………………………………… 575
六、建设工程质量管理法规 …………………………………………… 578
七、建设工程勘察设计法规 …………………………………………… 581
八、建筑企业资质管理规定 …………………………………………… 584
复习思考题 ………………………………………………………………… 588

第二十一章　建筑企业国际工程承包 …………………………………… 589
第一节　建筑企业国际市场的开拓 ……………………………………… 589
一、我国建筑业对国际工程承包市场的开拓 ………………………… 589
二、我国建筑企业面临的机遇和挑战 ………………………………… 590
三、我国建筑企业参与国际工程承包市场竞争的对策 ……………… 593
第二节　国际工程承包 …………………………………………………… 596
一、国际工程承包的概念 ……………………………………………… 596
二、国际工程承包的内容 ……………………………………………… 596
三、国际工程承包的方式 ……………………………………………… 597
四、国际工程承包特点与联合承包 …………………………………… 598
五、国际工程承包的经营环境与竞争趋势 …………………………… 599
第三节　国际工程承包的组织与运作方式 ……………………………… 601
一、设计—招标—建造方式(DBB 模式) …………………………… 601
二、设计—建造方式(DB 模式) ……………………………………… 602
三、设计—施工—采购方式(EPC 模式) …………………………… 603
四、建筑工程管理模式(CM 模式) …………………………………… 603
五、BOT 模式 …………………………………………………………… 605
六、Partnering 模式国际工程承包管理 ……………………………… 606
七、项目管理承包(PMC) ……………………………………………… 607
复习思考题 ………………………………………………………………… 608

编后记 ……………………………………………………………………… 609

代前言 面向国际 筹划未来 开创我国建筑企业职业化建设的新局面

——张青林同志在全国建筑企业职业化培训工作研讨会上的讲话

（2006年3月）

今天在这里召开全国建筑企业职业化培训工作研讨会。参加我们这次会议的有建设部有关司局的领导，中国建筑业协会、中国建材工业协会等国家层次的协会以及各省市协会领导，还有大型国有企业、民营企业、高等院校以及有关培训机构的代表。可以说，我们这次会议是一次政府、协会、企业、高校共同研讨全国建筑企业职业化建设的盛会。

刚才，建设部工程质量安全监督与行业发展司尚春明副司长从政府主管部门的高度，从行业发展的角度，对建筑企业职业化建设提出了明确的要求。中国建筑业协会徐义屏秘书长对全国建筑企业职业化建设做出了明确的部署。今天，我试图从"建筑企业职业经理人资质认证与建筑企业资质管理研究"课题组负责人，也是本课题指导委员会主任委员的角度，再讲些意见。

我们这次会议，之所以用"职业化"三个字来表述，目的在于要努力使建筑企业职业化培训形成强劲的发展态势，以适应我国建筑企业职业化建设的迫切需要。

近年来，特别是中央人才工作会议提出企业经营管理人才与党政和专业技术人才一起抓以来，我们思考的一个重要问题，就是建筑企业的经营管理者如何走上职业化的发展道路问题。在学习中央有关文件、有关领导讲话，与有关同志就这个问题的交流中，我们深切地感到，只有把推进建筑企业职业化建设，建立职业经理人制度的建设，放在国家的改革开放，特别是整个建筑业改革发展的全过程中加以思考，才能深刻理解这项制度的现实意义和深远的战略意义。参加我们这次会议的，很多是我们行业经历了改革开放各个历史阶段的老同志，这就更便于我们深刻理解开展的建筑企业职业化建设的深远意义。

（一）

应当说，推进建筑企业职业化建设，是我国建筑业全行业深化企业改革和发展的时代要求。我们知道，20几年来，从20世纪80年代初开始，我国建筑业展开了内容十分丰富、内涵十分深刻的改革实践。回顾起来，我国建筑业的改革发展大体经历了这样三个大的历史阶段：第一阶段是1985年以来，以项目管理为代表的生产方式变革的历史时期；第二阶段是1995年以来，以建立现代企业制度为代表的制度创新的历史时期；第三阶段是2003年12月全国人才工作会议以来，建筑企业在继续深化生产方式变革和建立现代企业制度的过程中，启动了以探索职业经理人制度为代表的企业职业化建设的历史时期。

关于20世纪80年代兴起的以项目管理为代表的对生产方式进行重大变革的这一阶段，是一个最值得回味，也最值得喝彩的历史时期。大家都知道，我国建筑企业生产方式的变革,起始于20世纪80年代全国工程建设领域兴起的"鲁布革冲击"。20世纪80年代初,国家批准建设的鲁布革水电站,是我国第一个利用世界银行贷款并实行国际招标的基本建设项目。日本大成公司所中标的隧道工程,不但以其质量优良、工期、造价合理给我们以新鲜之感,而且其组织方式、管理模式更给我们耳目一新的启示,使我们不得不跳出一个工程项目上的具体经验,而站在全行业生产方式变革的高度去思考"鲁布革"冲击。

从生产关系适应生产力的理论上讲,无论是行业还是企业,生产关系适应生产力发展的生产方式,就是先进的生产方式;而生产关系束缚生产力发展的生产方式,就是落后的生产方式。正是从此出发,建筑业找到了项目生产力的理论。并在此基础上,调整了行业和企业的生产关系,建立了适应这一理论的工程项目的组织形式和管理制度,例如项目经理部的组织形式和项目经理责任制的基本管理制度等。在这些制度的演进过程中,全行业进行了企业生产关系的大变革,包括改革企业内部的管理体制,使固化的公司——工程处——施工队多层次的行政管理体制和劳动组织开始解体,组织结构扁平化和矩阵式组织管理系统开始建立;包括企业实行管理层、作业层"两层分离",推行大型施工企业由劳动密集型向智力密集型的战略转变,逐步形成总承包能力较强的龙头企业;包括推行机械设备租赁,劳务基地化、市场化、社会化,使作业层逐步推向市场,面向社会,走上专业化的发展道路等。所有这些,从根本上结束了施工企业生产要素占有方式落后(固化占有)、生产要素流动方式落后(企业整体大搬家)和工程现场管理方式落后(现场小社会)的施工生产方式,逐步建立起了一整套促进项目生产力发展的新型生产方式和经营管理模式。这一阶段,无论是理论上的成果,还是实践中的成效,无论是企业微观的运行机制,还是行业宏观的管理方式,都发生了历史性的变革,展现了全行业自主创新的精神风貌。

关于20世纪90年代中期展开的以建立现代企业制度为代表的制度创新这一阶段,同样是变革深刻,成效显著的历史时期。在这一时期,我国的国有建筑企业,从改革开放之初实行扩权让利、承包经营、项目法施工开始,企业的活力不断增强,特别是某些先行改革的试点企业,生产方式变革和项目管理的效果更为明显。但所有这些,都还没有涉及到国有企业产权制度等深层次的矛盾。大家都能够回忆起,1993年党的十四届三中全会明确提出,建立现代企业制度是我国国有企业改革的方向。1994年国务院决定,选择100家国有大中型企业,进行现代企业制度改革的试点工作。中建一局作为建筑行业惟一的代表参加了百家试点。建设部也确定了35家现代企业制度改革试点单位。这些先行改革的企业,拉开了建筑行业建立现代企业制度的序幕。

党的"十五大"、"十六大"都十分明确地提出,要积极推进国有大中型企业的公司制改革,强调要进一步探索公有制多种有效的实现形式,大力发展股份制和混合所有制经济,着力培育大型企业和企业集团,放开搞活国有中小企业。在党的路线方针的指引下,在国务院的直接领导推动下,建筑业全行业融入了全国的国有企业改革的大环境之中。建筑业作为完全竞争性行业,率先成为城市经济体制改革的突破口;率先实行招标承包的竞争机制;率先进行"两层分离",调整组织机构,推进作业队伍专业化、公司化;率先鼓励发展股份制和发展民营建筑企业等。这几个方面的"率先",使建筑业成为全国推进现代企业制度步伐较快、活力较强的充满生机的行业。

之所以说"充满生机",是因为在这一时期,建筑业全行业的所有制结构发生了前所未有的变化。据全国第一次经济普查的有关资料，2004年末，全国共有建筑业法人企业单位12.8万个，就业人员2791.4万人。在建筑业企业法人单位中，国有企业及控股企业0.95万个，占7.4%；集体企业1.49万个，占11.6%；私营企业6.69万个，占52.2%；港澳台商投资、外商投资企业0.16万个，占1.2%；其余类型企业3.51万个，占27.6%。这一比例说明了全行业所有制结构发生了前所未有的变化，才使全行业的生产关系进一步适应并推动了生产力的解放和发展。

之所以说"充满生机"，还因为在这一时期，建筑业代表先进生产力的大型龙头企业的结构，也发生了前所未有的变化。2006年初，由《建筑时报》与美国《工程新闻纪录》（ENR）合作推出了2005年中国建筑行业前60强名单。我们看这一名单，就会强烈地感到，经过20年改革开放，建筑企业特别是以浙江、江苏为代表的东部沿海地区的改制及民营建筑企业，发展势头十分强劲。在这次"中国承包商60强"排行榜上，浙江、江苏企业居21席，占60强的三分之一多，逐步与中央企业、省级建总形成三足鼎立之势。在入围的21家浙江、江苏企业中，他们的总承包营业额达1336.9亿元，比上年增长幅度高达45.3%之多，比本年度60强企业增长31%还高出10多个百分点。应该指出的是，那些新兴的民营企业，不是我们过去传统意义上的"民营"概念。他们已经按照"产权清晰、权责明确、政企分开、管理科学"的现代企业制度的要求，建立起了科学的法人治理结构和运行机制，是制度创新使他们成为了行业生产力的排头兵。

之所以说"充满生机"，更因为在这一时期，建筑业全行业资产重组和生产要素的市场化配置，发生了前所未有的变化。我们知道，建设部1995年和2001年两次调整了建筑企业资质管理办法，着力推动了企业组织结构的调整。在2002年完成资质就位后，我国建筑企业共有65611家，其中，施工总承包类企业33652家，占51.3%；专业承包类企业30999家，占47.2%。与就位前相比，施工总承包类企业减少了28.7%，专业承包类企业增加了27.2%。在施工总承包类企业中，特级企业105家，占全部企业的0.16%；一级企业3969家，占6.05%；二级企业16929家，占25.8%；三级企业42534家，占64.83%，全行业的产业结构得到了优化，使企业按照总包、施工承包和专业及劳务企业的方向发展。

一方面，中央企业和省级建总等大企业以做强做大为目标，加快了改革重组步伐。如北京建工集团坚定不移地推进企业改革，确定了以产业产品结构调整为龙头，以资源配置调整为基础，以产权结构调整为核心，以人力资源结构调整为保证，推进对二级单位进行公司制改革，集团自身做强做大，取得了突出的成效。再如中港湾与中路桥去年重组，成立了中国交通建设集团。重组后其总营业额快速逼近800亿元，使企业资产和生产要素都焕发了活力。

另一方面，众多建筑企业成为生产要素市场配置的主体。从全行业看，生产要素流动的社会化程度，生产要素以项目为载体的市场化配置程度，都是相当广泛而深入的；从每一个项目看，都形成了生产要素多家配置的格局。所以这一时期全行业生产力水平才能够大幅度提升，反映时代风貌的大型公共建筑、土木工程、基础设施等重大工程能够又快又好地拔地而起。所有这些工作，较快地把国家的固定资产投资转化为新的物资基础，形成了新的社会生产力，促使生产要素能够快捷流动、灵活组装、动态调整，使市场化配置能力大为增强，不能不说这一阶段全方位的制度创新起到了极为重要的作用。

关于目前正在兴起的以建立职业经理人制度为代表的职业化建设阶段，则是面向国际、冲向企业管理高端的重要历史时期。应该说，企业职业经理人制度建设，从2002年中央组织部和国家人事部的有关文件就已经提出来了。当时有关文件已经明确提出，"要建立一支职业经理人队伍，逐步实行职业资格制度，加紧研究制定资质证书标准和市场准入规则。"

2003年底中央人才工作会议召开后，进一步加快了这一工作的步伐。在这次党中央第一次召开的全国人才工作会议上，做出了关于人才工作的决定；第一次明确党政人才、企业经营管理人才和专业技术人才三支队伍一起抓；第一次明确要求，要"发展企业经营管理人才评价机构，探索社会化的企业经理人资质评价制度"；第一次提出了"企业经营管理人才的评价重在市场和出资人认可"等。党中央、国务院把重重的笔墨放在企业经营管理人才建设上，意义极为深远。

在中央提出的三支人才队伍的建设当中，党政人才队伍，由于公务员制度的推出，其人才素质和执政能力得到了较大幅度的提升；专业技术人才队伍，由于国家长期以来实行的技术职务、职称制度以及科技体制改革措施的实施，其人才数量和质量也有了明显的进步；惟有企业经营管理人才队伍，受市场环境、体制性障碍和制度性缺陷的影响，以及企业人才队伍自身的学习、修炼等方面的原因，培育和发展得不够理想。为切实加强企业经营管理人才队伍建设，中央明确提出了必须加强企业职业经理人制度建设的战略任务。

企业职业经理人制度建设，是一项意义深远、任务繁重的系统工程。具体工作怎么开展，中央已经明确了"社会评价、资质认证和市场认可"的总体思路。其核心是以企业职业经理人制度建设为重点，对企业经营管理人才全面进行职业培训和教育，为企业职业化建设提供人才保证。

应该说，我国建筑业经过20年的改革进程，建筑企业的职业化建设，虽已悄然起步，但还落后于工程建设领域的其他方面。我们思考一下投资体制和工程建设管理体制改革中的"五个转换"，就可以感到建设领域的职业化建设一直在进行着。例如投资项目的决策主体，从过去的行政部门决策，转换为以咨询公司为载体的科学化民主化的决策机制，项目的咨询评估走上了职业化建设的道路；再如项目的监控主体，由业主的自行监控，转换为以监理公司为载体的社会监控机制，工程的监督管理走上了职业化建设的道路；刚刚起步的项目筹建主体，从项目主管单位的"自建制"将转换为以项目管理公司为载体的"代建制"，工程筹备建设也走上了职业化建设的道路。

我们必须看到，建筑施工企业，尤其是传统性的国有大企业，长期束缚在行政化的管理体制当中，人事上照搬政府部门的有关制度，"官本位"成为主导，视职务为官位，而非职业，因而职业化程度相对较低。因此，按照党中央的要求，建设部明确提出了把建筑施工企业的职业化建设，作为新时期的历史性任务，是非常及时的，完全必要的，具有重要的现实意义。

国际化的竞争就是职业化的较量，企业管理的高端就是职业化建设的高标准和高水平。有人说，企业管理的高端在信息化。应当说，信息化只是手段，关键还是职业化。由职业化的企业经理人运用信息化的手段，才能达到企业管理的高端水平。所以建筑企业职业化建设是促使企业冲向企业管理高端的必由之路。

我们这次会议，就应当发出一个强烈的信号，就是全行业要在生产方式变革和现代化企业制度建设的基础上，向全行业职业化建设进军。

（二）

如前所述，建筑企业开始走上了面向国际，面向企业管理高端发展的职业化建设道路，这是企业管理科学发展的必然选择。纵观国内外企业管理创建史、演进史，都是把企业管理作为一门科学，在其发展演进的过程中，不断地创造着新的管理理论和管理理念。早在1841年，美国西部铁路曾发生了两列火车相撞的恶性事故，社会舆论抨击业主管理无能，由此美国有关州的议会开始推动企业管理制度创新，由此便出现了出资者所有权与受聘经理层经营权"两权分离"的公司制企业，从此诞生了以经营管理企业为职业的"职业经理"。

"职业经理"是指以经营管理企业为职业，在企业中全面负责经营管理，对法人财产拥有经营权和管理权，承担法人财产的保值和增值责任的人。经理职业化作为一种社会分工，是西方国家在企业组织由古典企业向现代企业的发展过程中确立的。

在古典企业中，企业的投资者就是企业的所有者和管理者，企业的所有权与经营权是统一的。随着企业规模的日益扩大，经营管理工作日趋复杂，一些无法适应社会经济发展、无法适应市场需求的资本家便把自己投资兴办的企业交给具有相当才能、符合企业发展要求的职业经理去管理。这就是说，职业经理出现的根本原因，是由于企业规模不断扩大、社会生产力不断智能化，资本占有与经营才能出现了严重的不对称，为解决这一矛盾逐步产生发展起来的。

职业经理人制度是以所有权与经营权相分离为管理理论，以职业化经营企业为管理理念，由此所形成的一整套职业化建设企业的制度体系。显然我国推进现代企业制度，就是汲取了企业管理科学发展的国际成果，坚持了所有权与经营权相分离的理论观点和职业化管理企业的核心理念。

这一点在今年正式实施的新的《公司法》中可以看得很清楚。《公司法》从以法管企的层次上，引入了企业管理国际化的先进理论和经验，从法制上进一步强化了企业职业化建设的发展方向。这主要表现在两个方面：首先是公司董事的职业化。大家看到，前不久，宝钢集团有限公司董事会成为中央企业中第一家董事全部到位，且外部独立董事超过半数的董事会。国资委主任李荣融向宝钢的5位外部独立董事颁发了聘书，代表着我国中央企业中第一家规范的国有独资公司董事会正式开始运行。这是国资委按照《公司法》的要求而采取的企业领导体制改革的重大举措。这里最值得回味的亮点就是引进了外部董事制度。

据有关资料，外部独立董事起源于上世纪60年代的美国。由于独立董事制度有助于构建有效的内部权力制衡机制，20世纪90年代以来，许多国家已经在公司立法和实务中引入了这个制度。1994年我国的《公司法》没有规定独立董事制度。1997年证监会发布的《上市公司章程指引》，规定了公司可以根据需要设立独立董事。

我国这次《公司法》的修改，确立了上市公司的独立董事制度。根据我国有关规定，独立董事是指不在受聘用的公司担任董事以外的职务，并且与受聘用的公司和主要股东不存在可能妨碍进行独立客观判断的任何关系的公司董事。可见，独立董事不是"官本位"的职务岗位，而是参与决策的一个职业化的社会职业。

其次是企业经理的职业化。新的《公司法》规定了企业董事会要对企业经理实行社会招聘或解聘。这就更加体现了企业职业经理人制度建设的重要性和紧迫性。我们知道，现代企业制度的法人治理结构，在具体的法人治理形式上有两大走向：一是董事长与总经理一人制，如CEO即首席执行官制度，它把董事长的一部分职权与总经理的全部职权集于一身，对出资人负责，接受市场评价和以外部董事为主体的董事会的决策。一般来说这种制度，权力较集中，对个人素养要求较高，领导决策和工作效率较高，但缺点是存在个人说了算的风险，同时调整变动较难。二是实行董事长与总经理分设的体制。这种体制最大好处是容易调换，如果总经理经营管理能力已经不适应企业发展的要求，领导力明显下降，董事会可以对其解聘而另选他人。新的《公司法》选取第二种方式，由董事会对总经理实行聘任，上级只管董事会，总经理由董事会决定。实行这种治理结构，总经理任期制就会成为主要聘用方式，职业经理人在相关企业间流动，就会成为必然。因此，职业经理人制度就显得更为紧迫和重要。

另外，公司法还有一个明显的变化，就是不再规定董事长是企业的法定代表人，而是经过公司董事会同意，公司经理和董事都可以担任公司的法定代表人。决策不再是法定代表人负责制，而是董事会一人一票制，体现了董事会集体决策，充分发挥董事职业化决策的作用。

通过学习党中央人才工作会议精神，学习新的《公司法》，我们深切地感到，当前我们积极推进的建筑企业职业经理人制度建设，是完全符合党中央、国务院一系列文件精神的；是完全符合《公司法》有关规定要求的，我们正在进行的是一件"党有要求、法有规定"的重大制度建设。

但是，在现实工作中，我们确实严重缺乏一支职业化的建筑企业职业经理人队伍。所以企业一时还适应不了新《公司法》的要求。因此，建立职业经理人资质认证制度，已经是我们当前一项极为重要、相当紧迫的任务了。

建设部建筑市场管理司司长王素卿在去年底召开的"全国建筑企业职业经理人课题工作会议"上曾明确指出："近年来，建设部先后对建筑师、结构工程师、监理工程师、造价工程师等都实行了执业资格注册制度，对建筑企业的项目经理也建立了培训、考核和资格管理制度。去年以来，对建造师也开始实行了执业资格注册制度。但对建筑企业经营管理人才、企业职业经理人的培养，应该说还很薄弱，在政府引导、行业培养方面还没有摆到一定的位置上。"

为切实加强这一工作，建设部于去年给中国建筑业协会下达了"建筑企业职业经理人资质认证与建筑企业资质管理研究"课题，以推动建筑企业的职业化建设。

（三）

建筑企业职业经理人制度，是面向国际的一项十分重要的职业化制度建设，也是建筑企业立足当前，筹划未来的一项战略性制度建设。因此，在职业化建设刚刚处于起步阶段的今天，我们一定要深刻理解中央决定的指示精神；一定要积极汲取国际化的成功经验；一定要认真联系各个行业的实际情况。这三个"一定要"就是我们开展这项工作的指导思想和工作思路。我们决不能赶浪头盲目而起，也不能左顾右盼裹足不前。行业不能落后于企业的积极性，也不能不加思索、不负责任地误导企业的热情，而应当坚持既积极又慎重的态度。

正因如此，在建筑企业职业经理人制度建设的起步阶段，我们进行了多次较为深入的研讨。今年元月22日，我们再次召开了建筑企业职业经理人课题指导委员会工作会议。在这次会议上，初步形成了推动这项工作的六个观点：

第一个观点，关于建筑企业职业经理人制度，必须适应国家对建筑施工企业实行特许管理（资质管理）的观点。

我们知道，20年前，国家就开始对建筑施工企业实行了特许管理制度，即建筑企业资质管理制度。20年来，建筑企业资质管理制度在调控行业规模、调整专业结构、规范市场准入、提高企业素质等方面，都发挥了积极有效的作用。广大建筑企业在资质管理制度的运行中，开拓市场，调整结构，培养人才，创新发展。在生产方式变革的历史时期，资质管理给予了强有力的推动；在现代企业制度建设过程中，资质管理同样给予了强有力的支撑。今天，在推进建筑企业职业化建设，建立职业经理人制度的时期，我们既要考虑如何适应国家对建筑行业实行的资质管理制度，更要考虑如何运用这项成功的制度，来大力推进职业化建设这一兴旺企业的长效制度建设。

正是考虑这两个方面，一是适应资质管理，二是运用资质管理，建设部市场管理司于2005年7月正式下达了"关于建筑企业职业经理人资质认证与建筑企业资质管理制度研究"的课题。以此，着力进行三项内容的研究，即建筑企业资质管理制度怎样走向以人才管理为核心的可行性研究；建筑企业经营管理人才、项目管理人才和专业技术人才的结构性研究；建筑企业职业经理人的资质认证标准、培训考核和社会评价体系的制度性研究。

总之，课题告诉我们，建筑企业是国家实行资质管理制度的特许行业，只解决职业经理人的通用性、一般性要求，还不能与建筑企业的资质管理制度相适应；只有解决建筑企业作为特许行业的职业经理人的特殊性要求，才能与特许行业的资质管理制度相适应。

第二个观点，关于建筑企业职业经理人制度，必须符合建筑业生产方式（项目管理）的观点。

如前所说，近20年来，建筑业经过全行业的努力，卓有成效地取得了生产方式变革的理论和实践的丰硕成果。无论是项目生产力理论的提出，还是项目经理部的组织实践，无论是项目经理责任制的实施，还是项目经理队伍的成长壮大，无不说明在建筑业已经形成了职业化建设的一个基础性层面。这个层面包括：建筑企业项目经理人制度的建设；项目管理组织的制度建设；项目管理责任体系的制度建设；也就是说，形成了项目管理的规范性制度建设。在建筑行业建立职业经理人制度，一定要符合以项目管理职业化为基本特征的职业化要求。项目经理人和企业经理人两个层次的职业经理人制度构成了建筑企业职业化建设的主要任务。

项目经理人制度由于历史时间较长，发育发展相对成熟。尤其是国家实行注册建造师执业资格制度后，进一步强化了项目经理的职业化建设。在这里特别需要讲一讲建造师与项目经理的区别（见下表）：

建造师与项目经理的区别

	建造师	项目经理
定 位	专业技术人员	经营管理人员
称 谓	师	经理
管理方式	执业资格管理	职业资质管理
管理性质	国家决定政府管理	企业决定行业管理
管理形式	考试注册制度（社会和业内认可）	培训认证制度（市场和出资人认可）
作 用	提供任职条件	从事项目管理

建筑企业职业经理人制度的建设，必须与项目经理的职业化建设结合起来，做到企业经理人的职业化既要以项目经理的职业化为基础，又要高于项目经理职业化的层次。

第三个观点，关于建筑企业职业经理人制度，必须坚持经营管理团队职业化的观点。

从根本上说，实行职业经理人制度，是为了选出能够善于经营管理建筑企业的职业能人去经营企业，为此就必须培养造就一大批能够出能人的经营管理人才队伍。仅从这个意义上讲，也不能把眼光只停留在企业几位经理的职业化上，而应当着眼于整个经营管理团队的职业化。从理论层次上看，我国现阶段的文化理念还会降低职业经理人制度的有效性。例如对职业经理人的社会价值的认可程度问题；又如对"空降"的职业经理人的接受程度问题。去年我在国资委作先进性教育督导组的组长，参与8个企业的先进性教育的督导工作。8个企业有6个企业领导班子成员中都有一位是社会聘任上岗的。当时给我一个很突出的感觉，受聘人员在领导班子中底气不足，中层对他的认可度明显不如对原来企业的领导者，这个问题很明显。企业员工往往会对外来的经理人产生心理上的抵触。

这就是说，一个社会认可的职业经理人，如果受聘于某一个企业，就从社会人转为企业人，他的经营管理能力、经营管理理念、经营管理风格，也就是他的领导力和执行力，在这个企业能不能有效地发挥作用，与这个企业的经营管理团队的认同、配合、支持、协力有着相当大的关系。所以我们的职业经理人制度建设不能只停留在目前企业高层几位经理的职业化上，而是要使企业的经营管理人员都成为一个职业化的团队。只有团队职业化了，大家对这项制度有了共识，从行动上到心理上都能接受社会"空降"的职业经理人，把人际关系的障碍降低到最低程度，才能把职业经理人的领导能力、理念和风格融入到企业经营管理团队之中。

因此，我们的职业化教育，职业化培训，一定要包括企业相当范围和相当岗位的经营管理者，形成一定规模的职业化的经营管理团队，以支撑起职业经理人的制度建设。

第四个观点，关于建筑企业职业经理人制度，必须坚持"贵在职业"的观点。

职业经理人制度，贵在"职业"而不是"官位"，是此观点的核心。多年来，我国企业的人事制度，融入了政府官员制度。官位、级别、待遇、升迁，成为国有企业人事管理的内容、动力和压力。职业经理人制度之所以要坚持"贵在职业"的观点，就是要求我们尽快从"官本位"的束缚中解脱出来，引导、鼓励、造就企业经营管理者各个方面的职业能力。人们说得好，只有以"冬练三九，夏练三伏"的追求和磨砺，促使自己职业能力按学习、实践、总结、提高的循环，不断增长自己的管理企业的技能，使自己具备足够的运筹企业的能力，才能应付市场经济的挑战。若如此，人们才能从"官本位"束缚中彻底解脱出来，集中精力去练就职业能力。

贵在职业，首先要讲职业素养。职业能力靠职业素养支撑。职业素养中的职业知识、职业道德、职业行为等，职业知识是基础，职业行为是关键，职业道德是根本。当职业经理人投身某一个企业，其职业道德就应体现在将忠诚于职业转化为忠诚于企业上。只有有了这种对企业的忠诚，职业经理人才能产生对本企业和员工高度负责的责任感，并产生强烈的对职业成就的追求。他就会不断地密切与员工的关系，提高执业艺术，提升职业水平，以忠诚一个一个企业的阶段性成果，积累出职业业绩和经验。

贵在职业，其次要讲职业价值。职业经理人要社会化流动，就必须讲职业价值。经理人职业化从某种意义上就是要让职业化的经理人，以"人力资本"的形式，通过市场化的配置流动,在流动中体现价值并达到保值和增值的目的。因此,要建立与其价值相适应的薪酬体系,以鼓励他们到国际商海中与业内高手较量,努力把自己锤炼成优秀的企业家和经理人。

贵在职业,还要讲职业评价。推进我国建筑企业经理人职业化进程,构建国际化的建筑企业职业经理人才队伍,是一项系统工程。除了国家的立法支持、宏观指导以及企业和企业家自身努力以外,建立起科学合理的社会化的职业评价体系非常重要。在这方面,我们行业协会组织有着广阔的平台,大有可为。我们要积极开展资质评价体系的研究,着力进行培训、考核、认证、职业经理人人才库、试题库、专家库等服务体系的探索,以逐步建立起职业经理人资质评价认证体系。

第五个观点,关于建筑企业职业经理人制度,必须坚持循序渐进,分步实施,重点突破,整体推进的观点。

建筑企业职业经理人的制度建设,既是一项刚刚起步的新兴工作,又是一项长远的战略任务。所以,我们必须坚持放眼未来,着眼当前,循序渐进,分步实施的原则去做工作。我们的初步想法,是按照课题的要求,实行三年大循环。三年是指2005年7月中建协经营管理委员会与建设部市场司正式签订了课题合同,合同要求到2008年7月完成这项课题。所谓大循环,就是抛弃一般性课题研究的"小循环"模式(即课题立项、研究报告、评价成果的传统模式),转为开放式的边研究边实践的"大循环"办法。

实行三年大循环,我们必须明确所要实现的基本目标。本课题三年要完成三大任务:一是提出课题综合报告,主要是通过对企业人才结构的分析,提出企业资质标准的修改建议;二是认证一批职业经理人,主要是按照培训大纲的要求,对企业现任的经理人员以及主要的经营管理者,进行培训和认证;三是基本建立建筑企业职业经理人的社会评价体系,主要是认证机构的建立,认证办法的制度建设等等。

实行三年大循环,要坚持重点突破,试点先行的办法。大家都知道,从生产方式变革的第一阶段到建立现代企业制度的第二阶段,都是采取试点先行的方法。开展职业经理人制度建设工作,同样要采取这一办法。在建设部建筑市场管理司指导下,我们目前已选取百家建筑企业作为调研活动的企业。这些企业将作为"全国建筑企业职业化建设的试点企业",在职业经理人的培训认证、项目经理人与企业经理人的执业制度建设、企业内部职业经理岗位设置、企业人才结构与企业资质等级标准修订等方面发挥试点企业的先行作用,以带动全行业的职业化建设。

实行三年大循环,要进行整体推进,把培训认证作为重点内容和主要任务。当前主要是编写好培训教材,培训好师资,确定好培训机构,制定好培训管理办法,为全面启动培训认证工作做好准备。同时,要认真研究讨论认证的管理办法。总的思路是实行"三统一、两阶段":"三统一"即统一教材、统一标准、统一证书;"两阶段"即指培训阶段和认证阶段。培训阶段主要是按培训大纲的要求,更广泛地进行经营管理团队的职业化培训;认证阶段是以职业经理人标准为依据,在培训合格的人员中开展认证工作。

第六个观点,建筑企业职业经理人制度,必须坚持"政府指导,协会推动,市场认可"的观点。

建筑企业职业经理人制度的建设,首先必须在政府指导下进行。政府指导,不能只是中央和国务院的文件精神的指导,而应当是政府有关部门的具体指导。建筑行业的主管部门是建设部，理所当然建设部是这一工作的指导部门。大家已经体会到，自建设部下达了本课题之后，无论在确立课题的指导思想、明确课题的工作方式、确立试点企业名单、组织课题指导委员会、编审培训教材等方面，建设部有关部门都给予了强有力的指导。

大家在会议发的文件中，可以看到国资委企业人才工作办公室的时希平主任在去年底我们召开的"全国建筑企业职业经理人工作会议"上的讲话。我们非常有幸地请到了时希平主任做我们课题指导委员会的高级顾问。国资委企业人才工作办公室是负责指导全国各行各业经营管理人才工作的。建筑业的职业化建设，已经作为国资委企业人才工作办公室的试点行业给予指导和支持。

协会推动，受政府委托的中国建筑业协会，作为推动此项工作的主体协会，是为全行业的职业化建设服务的。工作中，我们一定要与各关联协会形成职业化建设工作推进网。目前我们建立的课题工作指导委员会，就是这个网络的指导中心。应当明确的是，协会受政府委托推进这项工作，是面向全行业的，而不是只对会员企业服务的。

社会认可，这是对开展这项工作的质量要求。如果只是收费发证，这样的认证就没有任何价值。社会认可的是经理人的职业化水准，而不是花钱买来的"一张纸"。所以，高质量开展好职业经理人的资质认证工作，是我们的责任。政府以课题的形式，把这项工作委托给协会，使政府指导与协会推动有机的结合起来。这样政府能有的放矢的指导，协会能在政府的具体指导下推动，实现指导—推动—再指导—再推动的螺旋上升发展，从而较好地推进这项职业化的制度建设。这样做，不仅会达到社会认可，而且还会受到社会的拥护和称赞。我们要以对历史负责、对企业负责、对职业经理人负责的高度责任感，积极推进，扎实工作，以开创全国建筑企业职业经理人制度建设的新局面。

开篇一 毛如柏同志在建筑企业职业经理人课题工作会议上的讲话[1]

(2005年12月)

作为曾经在建设战线工作过一个阶段的老兵，参加今天的会议，非常高兴。大家希望我讲几句话，我想讲这样三个问题。

一、深刻认识经理人职业化工作的重要意义

大家知道，刚刚结束的党的十六届五中全会提出，发展科技教育和壮大人才队伍，是提升国家竞争力的决定性因素，这个论断非常重要。本世纪头20年，尤其是"十一五"规划期间，是我国建设事业发展的重要战略机遇期。我国加入WTO三年过渡期已经结束。我们看到，经济全球化不断深入，科技进步日新月异，综合国力的竞争愈演愈烈，人才资源在综合国力竞争中，越来越具有决定性的意义。经过20多年的改革开放，我国的经济实力和综合国力得到了较大的提升，经济总量按照现在排名是世界第六位，对外贸易属于第三位。经过20多年的发展，我国的企业结构和经营管理水平有了较大的提高。中央企业的资产总额已达8.32万亿多元，去年我国有16家企业进入世界500强。

当然，我们必须清醒地看到，我们进入世界500强企业，平均营业收入只是世界500强企业的平均水平的16.2%，人均创利也只有11.6%。从世界级的主力企业看，他们拥有世界主力技术的70%，占世界技术贸易的90%，货物贸易的70%，跨国投资的90%。我国要在综合国力竞争中取得主动，在经济全球化进程中赢得优势，必须加快培育和发展一批具世界影响力的企业。而目前问题的关键，在于必须加快培育一批能够驾驭这种世界级企业，熟悉国内外市场，具有国际经营管理水平的国际化、职业化的企业家和职业经理人队伍。

当今中国发展的第一战略资源，是人才资源。我国社会的进步，企业的改革与发展，都进入了关键时期。近年来，我国国企改革、民营经济发展显著，也有一批企业，比如大家所熟悉的海尔、联想以及我们建筑行业的中建、中铁等涉足海外市场，但大多数企业国际竞争力还不够强。我们还必须清醒地看到，尽管我国目前的GDP占世界1/30，但能耗占世界的11%，水耗占世界的14%，经济增长的成本高于世界平均水平的25%以上。党中央之所以提出科学发展观，构建和谐社会，都是基于对我国企业和社会发展存在的深层次矛盾和问题，做出的科学判断和决策。而这些矛盾和问题的解决，都特别需要一大批职业化、国际化的经理人和企业家队伍，在生产力最前沿顽强拼搏与奋斗。

我国的企业家和经理人，是在社会主义市场经济逐步完善，人才市场发展体制性障碍

---

[1] 毛如柏：全国人大环境资源委员会主任、全国建筑企业职业经理人课题工作指导委员会总顾问。

依然存在,培养和使用人才的机制还不健全的情况下产生和成长的。他们通过艰苦创业,改革创新,为国家的经济发展做出了巨大的贡献。然而,我们必须看到,目前我国的企业家和经理人的市场环境、工作环境和政策环境,还存在着体制性、机制性等多方面问题,还要做大量的系统性的工作,才有可能使我国的企业家和经理人走上职业化、国际化的道路。

有关专家强调,我国企业的"职业化"问题,已经成为影响我国企业管理与发展的"瓶颈"。有关学者在谈到中国企业发展的核心竞争力时讲到,如果一个企业不能够走向职业化的管理,任何宏伟的战略都是不可能实现的。

2005年8月份,我到青藏铁路作了一次考察,主要是考察青藏铁路建设过程中的生态与管理问题。我是从西宁看起,一直看到拉萨。不论是海拔最高的5200m唐古拉山口,还是海拔4000m的长江源头,几乎所有的重要工程我都看了。我看到青藏铁路完成之后,铁路沿线原始生态保护得很好,看不到一般概念上经过重大工程施工后,现场的若干破坏和施工遗迹。我感到,我们铁路建设大军推行的质量管理体系、环境管理体系、职业健康安全管理体系三位一体的管理模式,专业化、职业化的管理,对这一国家重点工程建设起到了重要的作用。这一工作今后还必须加强。

因此,在党中央、国务院《关于进一步加强人才工作的决定》以及中组部、人事部、国资委有关文件中都明确提出,党政人才、企业经营管理人才、专业技术人才是我国人才队伍的主体,要坚持三支队伍一起抓;要发展企业经营管理人才评价机构,探索社会化的企业经理人资质评价制度;完善反映经营业绩的财务指标和反映综合管理能力等非财务指标相结合的企业经营管理人才评价体系;企业经营管理人才的评价重在市场和出资人的认可;建立一支职业经理人队伍,逐步实行职业资格制度,加紧研究制定资质标准和市场准入规则。

经理人职业化有利于经理人才资源的合理流动与优化组合,有利于中国职业经理人队伍的形成与壮大,对我国经济社会和企业发展,具有极其深刻的现实意义和深远的历史意义。

二、正确把握经理人职业化的科学内含

职业经理是来源于美国1841年的"经理革命",至今已有160多年历史了。1841年10月5日,美国西部铁路发生了两列火车相撞的恶性事故,社会舆论抨击业主管理无能,由此美国有关州的议会开始推动企业管理制度改革,出现了出资者所有权与受聘经理层经营权"两层分离"的公司制的企业,同时也诞生了以经营管理企业为职业的"职业经理"。

"职业经理"是指以经营管理企业为职业,在企业中全面负责经营管理,对法人财产拥有经营权和管理权,承担法人财产的保值和增值责任的人。经理职业化作为一种社会分工,是在西方国家的企业组织由古典企业向现代化企业的发展过程中确立的。职业经理出现的根本原因,是由于企业规模不断扩大,社会生产力不断智能化,资本占有与经营才能不对称,为解决这一矛盾逐步产生发展起来的。

在古典企业中,企业的投资者就是企业的所有者和经营者,企业的所有权与经营权也是统一的。随着企业规模的日益扩大,经营管理工作日趋复杂,一些无法适应社会经济迅猛发展、无法适应市场需求竞争激烈的资本家便把自己投资兴办的企业交给具有相当才

能、符合企业发展要求的职业经理人去管理。

由于经理的这种管理技能不是生来就有的,需要接受专门的教育,经过较长时间的训练和实践才能获得。这种训练和教育以及实践中的探索,作为一种智能投资,是职业经理为获取管理技能所付出的成本,它形成了职业经理知识财产的概念,而当这个知识财产成为现代企业所必需的生产条件时,就演化成了企业的人力资本。

职业经理就是作为这种高层次的人力资本的所有者,从资本的所有者手中换取了掌握和支配企业财产的权力。由此可见,职业经理队伍的形成,一方面是市场经济、现代企业发展的需要;另一方面,如果没有高水准的职业经理群体,现代企业就不能普遍建立,现代企业制度也难以形成。

改革开放以前,我国对职业经理人的概念还比较陌生,国有企业的领导人,大多数是政府委派具有行政级别的干部。1994年,我国《公司法》颁布实施以后,职业经理人、CEO等称谓才开始出现并流行。由于我国市场经济还处于建立、发展和完善的过程中,企业的改革改制由浅入深,也在不断发展之中,现代企业制度的建立和公司治理结构的完善还有许多工作要做,从而影响了我国职业经理人队伍的建立、培育和成长。

我国经理人职业化的进程总体上说还处于刚刚起步阶段。如何使我国的职业经理阶层迅速形成和健康成长,是一个关系到我国企业提高整体经营管理水平,关系到我国的国家竞争力的重要而紧迫的大问题。有资料说,在美国一般讲一个高级职业经理的锤炼期,大约需要7~10年时间,而淘汰率大概在80%以上。真正成长为一个高级职业经理是很不容易的。这是我想说的第二个问题。

三、当前要着重抓好三个方面的工作

当前,我们要着重抓好三个方面的工作:即提升经理人职业化素养、加快经理人的市场配置、规范经理人社会化评价工作。

首先,是提升经理人的职业化素养。职业化是社会各种专业人员依据专业化分工协作的原理所做的职业选择。经理人职业化,体现市场条件下企业投资主体多元化、市场国际化、所有权与经营权分离的基本要求。职业经理人同教师、医生、律师一样,应该具有良好的职业操守、职业道德和成熟的职业心态,有较强的专业优势,善于遵循职业经理的成长规律,培养职业精神,提高职业水平。通过在市场竞聘、应聘的过程,认同契约化管理,尊重股东,忠于出资人。

我们的经理人要按照中共中央、国务院以及中组部、国资委有关决定和工作意见精神,切实提高思想政治和道德素质,完善知识结构,增强决策能力、创新能力、战略开拓能力和现代企业经营管理能力,以自己的才能和智慧保证受托资产的保值增值,为企业和社会贡献才智。

其次,是加快经理人的市场配置。经理人职业化从某种意义上就是要让职业化的经理人以"人力资本"的形式,通过市场配置流动,在流动中实现价值达到保值和增值的目的。中共中央、国务院在决定中明确指出,以企业经营管理者市场化、职业化为重点,坚持市场配置、组织选拔和依法管理相结合,改革和完善国有企业人才选拔的任用方式。大力扶持能够整合生产要素,利用社会资源和聚集各类人才,积极创造的经营管理型人才。根据以上精神,国资委已在部分中央企业开展了面向海内外公开招聘经营管理人才的试点。近年来，省市地方国有企业、民营企业，通过市场化的方式招聘经营管理者和职业经理人，已经是大势所趋了。

在企业，经营管理者和工程技术人员是企业的"人力资本"。作为人力资本，只有在流动中才能实现保值、增值。当前，我们要为高素质的经理人流向大公司大集团创造条件，鼓励他们到国际商海中与业内高手较量，努力把自己锤炼成为能够扛起世界级主力集团大旗的企业家和经理人。同时，要加快探索社会化的职业经理人资质评价制度，建立起以能力和业绩为导向，科学的社会化的经理人才评价机制。

第三，规范经理人社会评价工作。加快推进中国经理人职业化进程，构建国际化的中国职业经理人才队伍是一项系统工程。除了国家的立法支持、宏观指导以及企业和企业家自身努力以外，各级协会和中介组织，提供规范的资质评价和优质的培训、考核、认证服务极为重要。

中国建筑业协会经营管理委员会在建设部的领导下，开展建筑职业经理人的课题研究及相关工作，非常及时，非常重要。可以说是一项开创性、探索性的工作，是一项系统工程。我相信，只要你们认真贯彻落实党中央、国务院关于进一步加强人才工作的决定，勇于创新，善于学习，就一定能够为构建国际化的中国建筑企业职业经理人队伍，为我国建设事业的发展，做出应有的贡献。

开篇二　王铁宏同志在全国建筑企业职业化培训工作研讨会上的讲话[①]

（2006年3月）

很高兴今天受邀参加中国建筑业协会工程项目管理专业委员会和建筑企业经营管理专业委员会组织召开的"建筑企业职业化培训工作研讨会"，谨向会议的成功举办表示祝贺。刚才听了葛洲坝集团代表发言，特别是吴涛同志对这两天会议基本情况的总结汇报，可以看出建筑业协会对推动建筑业企业职业化这项工作确实抓得很紧，研究得比较深入，也有许多实践经验。历史上推动一件事情成功，要取决于很多的人，但是加速事情的成功，可能往往就在于某些或某个人。今天在主席台就座的青林同志，就曾在推广"鲁布革"工程管理、最早的设计施工总承包方面发挥了积极的推动作用。现在为推进和加强建筑企业职业化建设工作，青林同志又不懈努力。这项工作得到部里的支持，得到协会的支持，我相信这项工作一定会取得成功。下面我就借此机会，谈谈加强经理职业化建设在我国工程建设领域的重要性以及目前我们需要做好哪些工作。

一、加快职业经理人培养是建立完善现代企业制度和深化工程项目管理的迫切需要

中央已经明确了到2020年全面建设社会主义小康社会的宏伟目标。在此时期，建设领域担负繁重工作，任重道远。我们所说的基本建设，一方面是基础设施建设，一方面是房地产，具有四大特点：一是在国民经济中的地位越发重要。去年，我国的固定资产投入已经达到了8.86万亿，其中基本建设包括基础设施和房地产大概占到40%左右。也就是说，基本建设已经是拉动国民经济增长的一个重要的支柱产业，如果加上拉动相关产业发展，比如钢铁、石化、建材，其贡献就更大了。第二是快速增长，近几年每年都保持着20%的快速增长速度。第三是充分的市场竞争。可能除了个别行业、个别领域、个别地区以外基本上都是充分的市场竞争。我们现在有各类资质的施工企业67000多家，有勘察设计单位13000多家，各类开发商30000多家，还有物业管理等其他服务型企业。第四个特点，我们是高就业率的行业，基本建设行业从业人员超过5000万人。综上所述，我们这个行业与人民群众的利益是密切相关的，一方面是房地产，人民群众高度关注，它既是拉动国民经济增长的重要产业，同时又是人民群众关注的产业，我们的基础设施建设、城市地铁、快速交通等等也都是与人民群众密切相关的。在这几个特点下，我们愈发感到，对我们行业来讲是一个难得的发展机遇，同时也是一个严峻的挑战。据预测，到2020年还将建300亿平方米建筑。这对建

[①] 王铁宏：建设部总工程师。

筑企业是发展机遇，同样对职业经理人也是一个发展机遇。

"职业经理"是指以经营管理企业为职业，在企业中全面负责经营管理，对法人财产拥有经营权和管理权，承担法人财产的保值和增值责任的人。其定位应包括三个方面的内容：一是职业人，职业经理人在企业中全面负责经营管理，承担法人财产保值增值的责任，在任职期间，以其诚信的职业道德和工作完成本职工作。二是市场人，职业经理人对于企业和出资人而言，是可以选择和流动的，这正是职业经理人与传统体制的不同以及他们的生命力所在。职业经理人的市场价值的高低，取决于他所在职企业的规模、业绩和职业生涯的诚信记录；过去讲"铁打的衙门，流水的官"，现在可能是"长久的企业，任期的职业经理人"。因为每个企业都有自己的定位、发展目标和远景，在不同的历史时期，其定位、发展目标和远景也不尽相同，要每个人适应全部历史阶段，这是不现实的，也是不客观的。企业越来越公共化，就需要一批职业的企业管理者。现在企业的观念是在逐步的转变过程中。过去很多国企的负责人定位不清，搞不懂自己是谁，别人一叫老板，就以为自己是老板，直到国资委成立和派出国务院监事后，才猛然明白自己不是老板。在这种形势下，就需要一批适应企业改革的管理人才，也就是职业经理人。三是专业人，职业经理人赖以生存的基础是自己管理运作某一企业的专业技能，而不是资本。职业经理人来源于美国1841年的"经理革命"，至今已经有160多年的历史。在古典企业中，企业的投资者就是企业的所有者和经营者，企业的所有权与经营权也是统一的。随着企业规模的日益扩大，经营管理工作日趋复杂，一些无法适应社会经济迅猛发展和激烈的市场竞争的资本所有者便把自己投资兴办的企业交给具有相当才能、符合企业发展要求的职业经理人去管理。在我们建设行业，也面临这样几种情况。随着入世，作为国民经济的支柱产业，我们的企业必须提倡人才管理，否则外资企业会凭借其优势技术、先进管理，加之优厚待遇，使我们很多企业会面临很大的竞争压力。另外，经济结构调整、改革的步伐加快，国企在向真正意义上的现代企业过渡，成为真正意义上的股份制企业。引入战略投资者，组建股份制企业，按现代企业制度管理，实现现代企业。民营企业在向股份制企业过渡中也急需一批这样的企业家、职业经理人来引导。

职业经理人是对特许行业管理和改革企业法人治理结构的重要内容，是在社会主义市场经济逐步完善，人才市场发展体制性障碍依然存在，培养和使用人才的机制还不健全的情况下产生和成长的。对建筑业来说，职业经理人应包括企业经理和项目经理。项目经理实行的是责任制，重在执行和管理，他是保证工程建设质量、安全、工期、成本等项目全过程管理的重要岗位和责任主体。从这个角度讲，无论是注册建筑师、结构工程师、监理工程师、造价师、建造师都不能替代职业经理人在企业和项目运作中所发挥的决策、经营和管理的全面责任。

比如上海环球金融中心工程，由中建和上海建工联合中标组成股份制项目经理部。这是一种新的管理模式，对应这种新的模式，它的管理人员跟过去的管理人员的思路就不一样。环球金融中心由日本企业投资，美国建筑师设计，中国企业施工总承包。为避免恶性竞争，实行强强联合。这种双赢的模式在我国开了先河，从这个例子可以看出，像这类问题不能只靠政府、靠协会，只有靠企业自身，而职业经理人在其中发挥了重要的作用。

职业经理就是作为这种高层次的人力资本的所有者，从资本的所有者手中换取了掌握和支配企业财产的暂时的权力。由此可见，职业经理人队伍的形成，一方面是市场经济、现代企业发展的需要；另一方面，如果没有高水准的职业经理群体，现代企业就不能普遍建立，现代企业制度也难以形成。

我国企业改革的目标，是要建立"产权清晰、权责明确、政企分开、管理科学"的现代企业制度，建立科学的企业法人治理结构和运行机制。企业科学的运行机制主要包括六个方面的内容：一是明确的企业发展战略。这个企业发展战略非常重要，包括其定位、目标和远景。我们一些企业发展不快甚至出现危机，一个最大问题就是在定位、目标和远景上总是容易出现分歧，容易摇摆。而现代企业首先把战略定位定好，明确目标和远景。二是清晰的法人治理结构。三是科学的决策体系。四是完备的职业经理人队伍。五是有效的激励和约束机制。六是先进的企业文化。正如市场司王素卿司长在经理人课题工作会议上的讲话中所谈到的，在这六条中，目前我们工作比较薄弱、最紧缺，也是需要较长时期工作才能见成效的，就是缺少一支完备的职业经理人队伍。有关专家认为，目前职业化的经理人才短缺，已成为企业向现代企业制度推进的一个"瓶颈"。

《中共中央、国务院关于进一步加强人才工作的决定》中明确指出，大力加强党政人才、企业经营管理人才和专业技术人才为主体的人才队伍建设，坚持党政人才重在群众认可，企业经营管理人才重在市场和出资人认可，专业技术人才重在社会和业内认可的原则。作为企业经理人来讲，市场是评价其能力好坏的重要标准。

中央人才工作会议提出"发展企业经营管理人才评价机构，探索社会化企业经理人资质评价制度"。中组部、人事部、国资委提出了"要建立一支职业经理队伍，逐步实行职业资格制度，加紧研究制定资质标准、证书和市场准入规则"的要求。所以尽快培养造就一支合格的建筑企业的职业经理人才队伍，并使建筑企业的经理人才合理、有序地流动，同时建立起与市场体制机制相配套的职业经理人的行业标准，人才管理的运行机制，是当前进一步建立和完善现代企业制度和改革企业领导体制的关键和迫切需要，也是确保建设工程质量安全生产和提高项目管理水平的重要保证和有效途径。它最直观地体现了市场需求的"高品质管理，低成本竞争"企业经营理念和发展战略，有利于建筑企业全面、协调、可持续发展。对我国经济社会和建设行业发展，具有极其深刻的现实意义和深远的历史意义。

二、坚持通力协作，齐抓共管，认真做好建筑企业职业经理人建设这一系统工程

加强建筑企业经理人职业化建设，培养一大批职业化的经理，涉及到政府、协会、企业、社会、职业经理人主体等方方面面，需要各方协力，齐抓共管。我们必须发挥各方面优势，按照"政府规划、行业指导、企业推动、市场认可"的原则，抓好建筑企业经理人职业化培训和素质教育，建立健全职业经理人的培养、考核评价和岗位资质管理的良好机制，为健康规范地开展建筑企业经理人职业化建设创造条件。

首先，企业要把职业经理人的培养当作企业全面和可持续发展的重要内容。要把提高企业经理和项目经理的素质教育、业务能力、技术水平的培训工作纳入企业长期的发展规划，创新职业经理人的理论与能力培训，提高其自我学习意识，努力为他们提供良好的学习、工作环境。企业在选聘职业经理人时不应随意降低标准，自行其事，要遵守国家相应的法规，执行行业制定的准入标准，把符合条件的优秀人才选拔到企业和项目的管理岗位

上，把"好钢放在刀刃上"，为企业发展增强后劲。职业经理人最终要市场化，看起来与企业加快培养职业经理人有矛盾。实际上，我们的发展是一个渐进的过程，职业经理人的市场、体制机制远没有建立，现阶段社会化分工还不能满足要求，企业的人才主要还在自己内部培养。推动这样的工作，对企业来讲有极其重要的战略意义。即使市场化程度提高了，大量的职业经理人全部靠市场输入也是不现实的。所以还要靠企业通过自身来加强职业经理人的培训工作，提高职业经理人的素质。

其次，充分发挥行业协会在政府与企业间的桥梁纽带作用。协会是服务行业、反映企业需求、规范企业行为的自律组织，在推动职业经理人培养和加强职业化建设、建立经理人职业资质管理制度中处于枢纽地位。要充分发挥各行业建设协会专业性强、联系面广的优势，并通过与各省市建筑业协会协作，学习和借鉴国外先进经验，依据建筑业的特点，共同探索和制定符合中国建设工程实际的相应行业标准，逐步建立和完善职业经理人教育培训机制，社会考核评价机制，行业激励约束机制与市场优化配置机制。

在这里我要特别强调的是，项目经理是职业经理人和企业经营管理团队的重要组成部分。他是保证工程建设质量、安全、工期、成本等项目全过程管理的重要领导岗位和责任主体。项目经理资质管理制度在我国已推行了 16 年，当今项目经理这一用语从南到北，从东到西广泛应用到全国所有的工程项目上，这一新生事物在改革开放的年代诞生，在市场经济的发展中成长，从某种意义上透视出了我国建设工程项目管理体制改革的基本进程。但随着建造师执业资格制度的启动，项目经理与建造师之间的关系需要加以研究和理清，特别是企业如何管理和选择合格的项目经理，进一步规范项目管理行为，市场和企业都迫切需要行业协会能够尽快制定和出台有利于稳定项目经理队伍的管理办法。如前所述，推动一项工作，既要研究可行性，也要研究不可行性，要同步进行，要全面辩证。实践证明，经理人不全等于资格人，可能会重叠，但不会全等，怎样解决，需要研究。

大家知道，建设部在《关于建筑业企业项目经理资质管理制度向建造师执业资格制度过渡有关问题的通知》（建市〔2003〕86 号）中已经明确规定："在全面实施建造师执业资格制度后仍然要坚持落实项目经理岗位责任制"。"要充分发挥有关行业协会的作用，加强项目经理培训，不断提高项目经理队伍素质"。2005 年 11 月 20 日，黄卫副部长在接见中国第四届国际杰出项目经理时又再次强调指出"项目经理是项目管理的核心和灵魂，一个好项目背后必然有一个优秀项目经理"，"目前企业最缺的就是项目经理，加快建筑业改革与发展，人才是第一资源，必须高度关注人才，重视人才的培养工作"。这些文件和领导的讲话精神都从政策上为行业协会加强和全面开展项目经理素质教育与职业化建设指明了方向，同时也提出了新的更高的要求。最近我看到，由中国建筑业协会、中国铁道工程建设协会、中国化工施工企业协会、中国有色金属建设协会、中国电力建设企业协会、中国安装协会、中国建材工业建设协会等七家行业协会按照中央人才工作会议决定"从规范职业分类与职业标准，建立以业绩为依据，由品德、知识能力等要素构成的各类人才评价机制"的要求，参照国际项目管理专业资质认证的做法，联合行文制定颁发了《建设工程项目经理岗位职业资质管理导则》，在全行业建立实行"统一标准，自愿申报，社会培训，行业考核，企业选聘，市场认可，编号登录，颁发证书"的项目经理管理和成长机制，这正是进一步贯彻落实中央人才工作会议和部有关文件精神所推出的一项重要举措，这件事抓得好，抓得及时。它为加强行业自律，规范项目管理行为，为企业选择合格的项目经理，提供了统一的行业标准，既符合加强人才工作的精神，又适应市场经济全球化发展的需要，加快了项目管理人才培养与国际通行做法、惯例接轨的步伐，有效地解决了建设工程项目管理活动中专业技术人才与企业经营管理人才知识素质和综合管理能力的有机结合，特别是在项目经理资质管理由政府行政审批制度向职业化、市场化、社会化管理转轨期，保持了政策的连续性。

所以我认为这七个行业协会这次所作的工作是有意义的，也是十分必要的，加快了推行项目职业经理人培养和建设的步伐。它着重研究解决了什么是我们建筑业的职业经理人，为什么要在建筑业企业推行职业经理人，对行业和企业发展有怎样的好处？当然，这项工作行政主管部门从政策法规和行业指导上应该做什么，协会应当做什么，企业应当做什么等还要进一步研究。

再次，加强和推进企业经理人职业化建设，离不开政府主管部门的支持和指导。职业化建设这项工作在社会和企业认知度还不高的情况下，特别需要取得政府主管部门的支持和认可。所以，行业协会一方面要广泛依靠行业力量和充分整合社会资源，在政策法规允许范围内积极地开展工作。另一方面要主动向政府主管部门汇报，努力争取政府部门给予具体指导。

三、加强职业经理人培养，当前要切实抓好的三项工作

第一，通过多方面的努力，切实提升经理人的职业化素养。

《中共中央关于制定国民经济和社会发展第十一个五年规划的建议》明确提出"适应经济社会发展对知识和人才的需要，全面实施素质教育"。职业化是社会各种专业人员依据专业化分工协作的原则所做的职业选择。经理人职业化，体现市场经济条件下企业投资主体多元化、市场国际化、所有权与经营权分离的基本要求。因此，职业经理人应该具有良好的职业操守、职业道德和成熟的职业素质，有较强的专业优势，善于遵循职业经理工作的规律，通过在市场竞聘、应聘的过程，进行契约化管理。我们建筑企业的经理人，要按照《中共中央、国务院关于进一步加强人才工作的决定》以及建设部人才工作会议精神，切实提高思想政治和道德素质，完善知识结构，增强决策能力、创新能力和现代企业经营管理能力，以自己的才能和智慧，为企业和社会做出贡献。

第二，规范经理人社会评价工作，加快推进建筑企业经理人职业化进程。

一是要抓好培训工作。通过培训，提高在职和后备经营管理人员的学习能力、实践能力和创新能力。职业经理人的成长有一个丰富学识、积累经验和不断进步的过程，而且这个过程贯穿其职业生涯的始终。特别是当今世界已步入信息时代，知识更新的速度越来越快，对职业经理人能力和自身素质的要求不断提高，从行业协会组织获得及时高效的有关本行业的职业培训，对建筑企业职业经理人是非常必要的。二是要做好考核、认证工作。对职业经理个人来讲，取得证明其职业能力和基本素质的职业资质，是获得社会承认和企业认同的基本条件。这方面的工作主要由行业协会来做，同时要依靠本行业和社会各界的大力支持，把符合我国行业特色的建筑企业职业经理人的资质认证体系建立起来。三是要加强职业经理人信用体系的建设。职业经理的职业道德和个人信用问题，是社会关注的一个焦点问题。企业一方面要培养、引进、用好职业经理，另一方面又担心用人不当，特别是关键岗位的用人不当。行业协会要在本行业职业经理的信用评价体系建设上发挥积极作

用，建立比较完整的职业经理信用档案和业绩跟踪系统，为企业用人及职业经理人的职业生涯提供服务。

第三，切实加强组织领导，努力完成我部两个司委托的课题研究工作。

建筑业是国家规定的实行资质管理的特许行业之一，只解决职业经理人通用性即一般性要求，还不能与建筑企业的资质管理制度相适应。只有解决好建筑企业作为特许行业职业经理人的特殊要求，才能与特许行业的企业资质管理要求相适应，才能促进行业的发展。为此，2005年，建设部建筑市场管理司和工程质量安全监督与行业发展司分别向中建协建筑企业经营管理专业委员会和工程项目管理专业委员会下达了"建筑企业职业经理人资质认证与建筑企业资质管理研究"和"建设工程项目经理责任制与质量安全保证体系建立研究"两大课题。目前，两个委员会已经正式启动课题的研究，分别成立了课题指导委员会，并邀请了有关部委的领导和一批业界有影响的企业家、资深专家教授、有关行业协会负责同志担任课题的指导委员会的组织领导工作，这就为课题研究的顺利完成提供了重要的组织保证。我相信，通过课题研究和职业经理人的培训，我们行业协会一定能够更好地协助政府主管部门制定行业标准，建立社会评价体系，完善企业资质管理办法等一系列工作，提供更加有价值的一手资料和理论导向。同时，也希望行业协会反映建筑企业职业化建设中的问题，传达职业经理群体的呼声，提出有关建议，做到"有为，有位"。这样我们的工作就有了权威性，也必然会被市场和社会认可。

本次研讨会对推动建筑业经理职业化管理工作是非常及时和必要的。我们也期待这两个研究报告尽早推出。希望同志们能够认真贯彻《中共中央、国务院关于进一步加强人才工作的决定》和建设部有关文件精神，开拓进取、勇于创新，为构建国际化的中国建筑企业职业经理人才队伍，为我国建设事业的发展，做出应有的贡献。

以上所谈的观点，是作为这次研讨会的发言内容，带有一定的学术性，难免有偏颇，也有短见，不对的地方请大家批评指正。最后建议协会把这次会议的纪要和简报整理出来报给部里。希望协会能把这项工作做好。

开篇三　王素卿同志在建筑企业职业经理人课题工作会议上的讲话[1]

（2005年12月）

刚才，我们聆听了课题组的总顾问，我们建设部的老领导毛如柏同志，关于当前我国的经济形势以及职业经理人资质认证的一个很深刻、很全面的讲话，深受启发。今天，中国建筑业协会组织了这个建筑企业职业经理人课题工作会议。这是课题下达之后召开的第一次工作会议。有关领导和专家都非常重视，前来参加我们课题的讨论。在这里，我代表建筑市场管理司对有关领导和同志的支持表示感谢。

改革开放以来，我国建筑业虽然取得了很大的发展，建筑企业的规模和实力有了很大的提高，但与国内外形势发展的要求、与国际先进水平相比，我们确实还有相当大的差距。我国加入WTO三年过渡期已经结束。这意味着国际市场的竞争将更加深入地与国内市场的竞争结合在一起，我国建筑企业将面临更加严峻的挑战。

面对越来越激烈的市场竞争，我们必须坚持不懈地进行建筑企业改革；坚持不懈地加强企业职业化建设，并且要在实践中，把深化改革与职业化建设很好地结合起来。

我们企业改革的目标，是要建立"产权清晰、权责明确、政企分开、管理科学"的现代企业制度，建立科学的企业法人治理结构和运行机制。有关专家认为，企业科学的运行机制主要包括六个方面的内容：一是明确企业的发展战略；二是清晰的法人治理结构；三是科学的决策体系；四是完备的职业经理人才队伍；五是有效的激励和约束机制；六是先进的企业文化。

我们看到在以上六条中，目前我们工作最薄弱、最紧缺、也是需要较长时期工作才能见成效的，就是缺少一支完备的职业经理人队伍。职业经理队伍的形成，一方面是市场经济、现代企业发展对职业化建设的需要；另一方面，如果没有一支现代化的职业经理队伍，现代企业制度也难以形成。职业经理人的存在，其功能的发挥，是现代经济、现代企业制度的微观基础。有关专家认为，目前，职业化的经理人才短缺，已成为我国企业向现代企业制度推进的一个"瓶颈"。

改革开放以来，建筑业特别是建筑企业率先改革。随着企业改革的深入，企业所有权和经营权分离的实现，对职业经理人社会化的要求更为迫切。对一个治理结构健全的公司来讲，董事会是出资人的代表，经理层是董事会聘任的职业人员。董事会以什么标准、什么程序、在什么范围去聘任经理人，什么样的人才能当什么资质的建筑企业的职业经理人，这些都需要抓紧研究并着手实践。

从20世纪80年代初期起，建筑业率先实行了全行业的市场竞争机制，人才竞争极为

---

[1] 王素卿：建设部建筑市场管理司司长、全国建筑企业职业经理人课题工作指导委员会高级顾问。

激烈。如何造就一支合格的建筑企业的职业经理人才队伍，并使建筑企业的经理人才合理、有序地流动，同时建立起与市场体制相配套的职业经理人的行业标准，人才管理的运行机制，这些，都是建立建筑企业职业经理人资质评价制度和社会评价体系的迫切的社会需求。

中共中央、国务院在关于进一步加强人才工作的决定中指出，以职业经理人才市场化为重点，坚持市场配置，改革和完善国有企业人才选拔的任用方式。根据以上精神，从2003年开始，国资委已连续3年面向全球招聘部分中央企业的经营管理人才，且招聘职位不断提高；北京、上海、山东等省市的建筑集团，也纷纷采取面向社会招聘等方式，改变国企经营管理人员的任用方式。在这样的大背景下，研究制定符合建筑企业职业经理人特点的考核评价体系就显得更加重要了。

关于建筑企业职业经理人，我认为其定位应包括三个方面：一是职业人。职业经理人"在企业中全面负责经营管理，承担法人财产保值和增值的责任"，在任职期间，以其诚信的职业道德和工作完成本职工作。

二是市场人。职业经理人对于企业和出资人而言，是可以选择和流动的，这正是职业经理人与传统体制的不同及其生命力所在。建筑企业职业经理人的市场价值的高低，取决于他所就职企业的规模、业绩及职业生涯的诚信记录。

三是专业人。建筑企业职业经理人赖以生存的基础，是自己管理运作某一建筑企业的专业技能，而不是资本。由于建筑业的市场环境、技术的进步和竞争对手的变化，建筑企业对职业经理人的要求越来越高。因此，建筑企业的职业经理人必须善于学习，不断提高自己，使自己的能力符合自己职位的要求，才能经营管理好一个企业。

近年来，建设部先后对建筑师、结构工程师、监理工程师、造价工程师等都实行了执业资格注册制度，对建筑企业的项目经理也建立了培训、考核和资格管理制度。去年以来，我们对建造师也开始实行了执业资格注册制度。但对建筑企业经营管理人才、企业职业经理人的培养，应该说还很薄弱，在政府引导、行业培养方面没有摆到一定位置。这也是我们抓紧下达这么一个课题的考虑。

应该说，我国建筑企业经营管理和工程技术人才素质状况正在不断得到提高。但是，我们看到，无论建筑师、结构工程师、监理工程师、造价工程师、建造师等都不可能替代职业经理人"在企业中全面负责经营管理，承担法人资产保值和增值的责任"。因此，根据党中央和建设部人才工作会议提出的要对企业职业经理人实行考核评价制度，对企业经营管理人才实行职业化、市场化和社会化管理等方面的要求，我们正式下达给中建协经营管理委员会"建筑企业职业经理人资质认证制度和建筑企业资质管理研究"的课题，以推动建筑企业的职业化建设。

我认为，职业经理人资质认证行为是一种行业自律行为，具体做法可以概括为政府指导，行业协会推动，市场认可。要完成这一课题，并将其成果转化为全行业的行动，推进建筑企业职业经理人考核评价制度的建设，是一件系统工程，需要政府、协会和企业的共同努力。

我们看到，课题组已经成立了"建筑企业职业经理人课题工作指导委员会"，全面指导建筑企业职业经理人课题的有关工作。德高望重的老领导毛如柏同志，就任指导委员会的总顾问；黄卫副部长、郑一军原副部长、中组部领导干部考试与测评中心赵洪俊主任、国资委企业人才办公室时希平主任、人事部全国人才流动中心陈军副主任就任指导委员会的高级顾问。建设部有关司局领导和一批业界有影响的企业家、资深专家教授、有关协会领导,担任指导委员会的副主任和委员。我相信,这一课题一定会圆满完成。

下一步,希望课题组在制订并实施好"建筑企业职业经理人资质认证标准"的同时,切实做好全国建筑企业职业经理人培训教材编写工作,开展好建筑企业经理人的职业素养的培训工作。在此基础上进一步研究评价体系和评价办法,做好工作规划。

为了使课题研究有更充分的实践基础和可靠的数据支持,课题组将分别选取一批一级资质的建筑企业和一批二级资质的建筑企业,开展课题的调研活动,对此我们表示支持。

希望中建协经营管理委员会认真总结近一年来的工作,团结全行业各方面的力量,调动一切积极因素,把课题工作扎扎实实地开展起来,为使我国的建筑业人才队伍建设更加适应现代化建设事业和市场经济的需要,提高建设队伍的素质,提高企业管理水平,促进行业发展做出贡献。

第一章 建筑企业职业经理人概论

第一节 建筑企业职业经理人的职业内涵

一、职业定义

（一）建筑企业

中华人民共和国建设部《建筑企业资质管理规定》对建筑企业范围作了这样的概括：建筑业企业是指包括从事土木工程、建筑工程、线路管道、设备安装工程、装修工程的新建、扩建、改建活动的企业。

（二）建筑企业职业经理人

建筑企业职业经理人是以经营管理建筑业企业为职业的复合型人才。具有从事建筑行业的实践经历，有良好的职业道德和职业素养，能够运用所掌握的职业知识和能力，从事建筑企业经营管理工作的人员。

建筑企业职业经理人具有以下特征：

（1）建筑企业职业经理人是建筑企业的优秀人才，以经营管理建筑企业为职业，是在从事建筑企业经营管理活动中成长起来的。

（2）建筑企业职业经理人拥有经营管理建筑企业的知识和才能，依靠经营管理建筑业企业的业绩获得企业出资人和建筑市场的认可，遵循和服从优胜劣汰的市场规则。

（3）建筑企业职业经理人能够通过自身的经济活动，开辟市场，满足社会需求，提高建筑企业的经营管理水平。

（三）职业角色定位

建筑业职业经理人的定位应包括三个方面：

一是职业人。建筑企业职业经理人主要对自己的职位负责，在任职期间忠诚于自身的职业要求，献身于职业职责。这与传统的建筑企业中或多或少存在的人身依附关系完全不同。相对而言，建筑企业职业经理人对于建筑企业和企业所有者而言是自由的，可以选择和流动，这正是建筑业职业经理人的生命力所在。

二是市场人。建筑企业职业经理人的市场价值的高低取决于他所就职运营的建筑企业的规模、业绩表现及其职业生涯的业绩记录。市场价值是职业经理人的生命。

三是专业人。建筑企业职业经理人是专业化人员，赖以生存的是自己管理和运作建筑企业这一特殊专业技能，而不是其他资本。由于建筑业的市场环境、技术进步和竞争对手的变化，建筑企业对建筑业职业经理人的要求越来越高，建筑企业职业经理人应有自己的专业定位。有的人擅长工程项目管理，有的人擅长财务，或擅长营销、人力资源管理等。建筑企业职业经理人必须善于学习，不断提高自己，使自己的能力符合职位的专业要求。

二、职业职责要求

《公司法》对公司经理的职权有明确的规定：

公司可以设经理，由董事会决定聘任或者解聘。经理对董事会负责，行使下列职权：

(1) 组织实施公司年度经营计划和投资方案；
(2) 拟订公司内部管理机构设置方案；
(3) 拟订公司的基本管理制度；
(4) 制定公司的具体规章；
(5) 提请聘任或者解聘公司副经理、财务负责人；
(6) 决定聘任或者解聘除应由董事会决定聘任或者解聘以外的负责管理人员；
(7) 董事会授予的其他职权。

公司章程对经理职权另有规定的，从其规定。

可以看到，我国《公司法》对经理的职责和权力已经规定得很详细，经营权、管理权、人事权等，赋予经理在公司领导岗位上施展才华的机会和舞台。

作为企业的经营管理者，履行企业所有者授予的职权，基本职责有五项：策划（做什么）、组织（谁去作）、执行（怎么作）、评价（做得怎么样）、奖惩（怎么做得更好）。职业经理人是企业的领导者，毛泽东同志说过："领导者的责任，一是出主意，二是用干部"。策划、执行是"出主意"的范围；组织、评价、奖惩是"用干部"体现。建筑企业职业经理人的职责要求，本书认为应该有下面五项基本职责：

（一）制定明确的企业目标与战略

建筑企业职业经理人要通过分析企业的内外环境，提出企业发展目标，并根据目标制定相应的发展战略和阶段实施计划，同时用这些目标激励组织的成员，共同为目标的实现而努力。

（二）建立组织与正确决策

为确保企业目标与战略的实现，首先要建立精干高效的组织机构，同时要建立可操作的工作程序和工作规则，以便能在市场竞争中做出科学正确的决策。

（三）执行控制与协调沟通

要有可靠措施使正确的决策得以贯彻执行，这就要合理调配和使用各种资源；对执行中出现的问题，要及时进行协调沟通，并且对执行进行有效控制，保证决策顺利实施和实现。

（四）制定标准与检查总结

衡量标准对每个员工以至整个组织的绩效至关重要。建筑企业职业经理人对每项工作都要确定衡量标准，作为检查工作的尺度。工作的每一个阶段和完成之后，都要按标准检查验收，并总结成绩与不足。

（五）考核奖惩与培养下属

职业经理人应在某一个时间（每半年或年度），或某一项工作任务完成时（如工程项目完成竣工时），对同事和下属进行考核评价和奖惩，以便激励部属，鼓舞士气，弘扬正气。同时，经理人要注重对员工的培养，提高员工素质，帮助员工成才，使员工认同企业文化与企业共同发展。

三、职业经理人职业生涯的发展

(一) 阶段划分

职业经理人的职业生涯发展大致可分为成长期、成熟期、成功期和成名期四个阶段。

职业经理人职业生涯的发展受众多因素的影响，不仅包括个人能力、个性、生理因素、经历等个人因素，更受到家庭、从业环境以及社会经济发展等外部因素的影响。因此，职业经理人的职业生涯丰富多彩。但从国内外成功的职业经理人的职业历程分析可以看到，他们的成长过程仍有共同之处，有规律可循，基本上都经历下面四个阶段的历程。

1. 成长期

从事企业经营管理工作，能管理一个小团队，独立完成某一方面或部门的工作，培养良好的职业道德和职业素养。理解企业目标和上级主管的意图，着重执行力的锻炼。用职业经理人的标准来确定自己的职业目标，充分发挥自己的才干，不断积累经验，总结完善自我，逐渐成为管理一个中小企业或集团企业的部门、分公司经理。

2. 成熟期

作为一个企业经理，不断变革和管理好企业，使企业适应市场经济的要求。企业发展战略明确，市场定位恰当，产品和服务受到客户好评，客户群逐渐扩大。在这个阶段，应当有良好的职业道德，具有职业经理人的职业能力，注重团队建设，建立企业文化，创立企业品牌。

3. 成功期

经营管理的企业有一定的知名度，形成品牌，具有较强的核心竞争力，在本地区或行业内有一定的市场份额，产品和服务的质量得到顾客认可，有较好的信誉。作为经理人，逐步从管理型向领导型转化，具有战略管理、经营决策、社会资源组装、应变与处理危机、企业创新等领导能力，能设计企业稳定发展目标，形成企业文化。

4. 成名期

职业经理领导的企业是行业内的领航企业，经营方式多样化，产品和服务有很强的竞争力，具有独特的企业文化，向大型集团公司方向发展。作为职业经理，能以全球战略来确定本企业的经营目标，风险意识及处理危机应变能力极强，善于培养团队的合力和客户的忠诚，个人具有极强的社会责任和公益意识。

(二) 职业经理人自我发展规划设计

一个人不可能一走出校门就成为职业经理。从事企业的工作，要不断积累工作经验，了解相关知识，培养工作能力，才能走上管理一个企业的岗位。有人提出职业经理人的成长经过"三人过程"的观点：即职业机器人、职业管理人、职业事业人。职业机器人：认同企业战略、企业文化和管理模式，认同共同的价值观，像机器一样无条件地服从操作；职业管理人：以其积累的知识和能力能在管辖范围内体现作用并胜任企业管理的要求；职业事业人：能以自身利益和职业发展与企业的利益和发展目标融合，以实现自身价值与企业价值为一体。到企业从事经营管理工作的人，要成为职业经理人，经历这"三人过程"似乎是必不可少。但这并不妨碍每个经理人对自我发展有一个规划设计。在机器人阶段，也就是经理人的成长期阶段，要注重自己的道德修养和职业素质的锻炼，培养自己的职业能力。在管理人阶段，即职业经理人的成熟期，要注意过好职业道德关，树立市场意识，着重提高自己的职业知识和培养创新能力。在事业人阶段,职业经理人到了成功、成名期阶段,要做到诚信经营,忠诚于职业,着重培养自己的文化素养和管理风格。每个职业经理人,都不应当回避从小事做起、从基层做起、从基础工作做起,脚踏实地、积累经验、增长才干,是职业经理人成长的必由之路。

第二节　建筑企业职业经理人的道德规范

一、职业道德是职业经理人的首要条件

职业经理人的职业道德不仅关系企业的信誉,甚至决定企业的兴衰命运。2002年,美国的一些大公司,如安然公司、施乐公司、默克公司、世界通信公司等一些世界一流企业,相继发生失信行为,暴露出一连串欺诈丑闻,震撼了有上百年信用制度历史的美国社会。分析这些舞弊企业的特征,我们可以发现,这些企业的经理人为了追逐不正当的商业利益,尤其是短期利益,丧失了起码的职业道德,或是造假账,或是与一些中介机构串通一气,欺骗投资者。最终将自己、将企业引上了绝路。我们可以得出这样的结论,职业经理人如果没有良好的职业道德,那么,他的能力再强,对企业、对社会,就会造成更大的损失和危害。

在我国,更需要强调职业经理人的职业道德。我国的信用体系,无论是法律还是监督机制,都非常薄弱。信用危机的事件层出不穷。据两年前的不完全统计,我国企业间相互拖欠货款超过1.6万亿元;造假经济的规模高达1270亿元;有超过650个的名优、名牌产品,被假冒产品侵权伪造,假烟、假酒、假名牌服装,甚至假药充斥市场;合同欺诈犯罪案件每年查处上万起,造成市场秩序混乱。所以产生这种情况,虽然原因是多方面的,但是相关企业的经理人缺乏起码的职业道德,不能不是一个重要的原因。所以,作为合格的职业经理人,良好的职业道德不能不是首要条件。

二、建筑企业职业经理人的职业道德是建筑企业社会信誉的体现

众所周知,建筑市场是先有交易,后有产品;先有合同,再进行建造。顾客凭什么在没有见到产品之前就和建筑企业发生交易行为呢?主要就是对建筑企业的认可,包括对建筑企业能力的认可,信誉的认可,对政府授予建筑企业资质评定的认可。而对建筑企业信誉的认可,很大程度上是对建筑企业经理人信誉的认可。企业经理人讲诚信,企业就给人以诚信的印象。反之,如果一个建筑企业的经理人言而无信、声誉不佳,这个企业还能有良好的社会信誉吗?由于建筑产品体量大,使用范围广、周期长,其质量的可靠性和安全性关系到人的生命财产的安危。一栋大楼的倒塌,一座大桥的断裂,死伤者往往是几个人、几十人甚至几百人。2004年四川綦江大桥的倒塌事件,经调查落实,就是大桥发包人贪污受贿、大桥承建者粗制滥造的结果。显然,对建筑活动和建筑产品质量安全的严格监督管理,是建筑业作为国家特许行业的重大原因。对建筑活动和建筑产品质量安全的监督管理,虽然要靠政策引导,靠制度规范,靠技术进步,但首先要靠建筑企业从业者对质量安全的高度重视和实施保证,尤其是对建筑企业经营者职业道德的具体要求。可见,建筑企业经理人的职业道德,对建筑企业尤为重要。

三、建筑企业职业经理人道德规范的内容

根据我国建筑企业成长发展的实践要求，参照发达国家职业经理人成长历程的经验，本教材对建筑企业职业经理人的职业道德提出了"敬业、守法、诚信、正派"四个方面的规范要求。

（一）敬业

恪尽职守，企业至上。建筑企业职业经理人应该在自己的岗位上尽自己的责任，全力以赴履行自己的职责。一是爱岗敬业，处处应体现崇高的敬业精神，热爱本职，有岗位荣誉感，尽职尽责，勇于承担责任，以办好企业为自己的一生追求。二是忠于职守，维护公司利益，为股东创造价值，把实现股东投资价值最大化作为自己经营决策和管理行为的目标。

（二）守法

依法经营，服务为荣。依法经营是建筑企业职业经理人立足建筑市场的基本要求。职业经理人要遵守国家法律法规，遵守社会行为规范，遵守企业章程和管理规定制度。依法办事、依法纳税，不干违法的事。要防止和及时制止职责范围内违法事件的发生。建筑企业是服务性企业，要树立顾客第一的观念，以服务为荣，全心全意为顾客服务。确保以优良质量、合理价格、完美服务去赢得顾客、开拓市场，奉献社会。

（三）诚信

诚信第一，言行一致。诚信是适应市场经济发展的价值观念和行为准则。首先是诚信经营，以义取利。如中国建筑工程总公司提出"追求阳光下的利润"，就是诚信经营的口号。不见利忘义，不谋求暴利，不偷工减料，是建筑企业诚信的具体表现。其次是讲求商业信用，言必行、行必果，确保建筑工程质量、工期满足顾客要求。再有是诚信待人，上下左右都要以诚相待，团结同事，取信顾客。四是保守企业的商业秘密，遵守原则。

（四）正派

公私分明，办事公道。建筑企业职业经理人要明确是非标准，分辨善恶美丑。敢于坚持真理、追求正义。职业经理人不能利用职务之便谋取私利，更不能利用职务之便建立自己的个人势力和客户网络。要奉公守法、以身作则，合理使用个人权力。办事公道，对人对事秉公处理，不徇私情，襟怀坦白，作风正派，不计较个人得失，主动接受监督。

第三节　建筑企业职业经理人的知识结构

知识就是力量。职业经理人必须具有适应职业特点的职业知识，才能胜任职业的职责要求。职业经理人可能有自己的专业特长，如有的人擅长项目管理，有的人擅长人力资源管理，有的人善于财务管理等。但职业经理人是以经营管理企业为职业的复合型人才，不管你有什么样的知识特长，都应当具有经营管理企业的全面知识。也就是说，职业经理人的知识结构应该是全面而丰富。即使不是博览群书，融会贯通，也应当对职业经理人所涉及的知识有所了解。对职业经理人的知识要求，一般分为应当了解和应当掌握两方面。不同级别，不同职务的职业经理人，应当了解和应当掌握的知识深度有所不同，但他们要了解和掌握的知识结构是一样的。目前，我国职业经理人的培训机构一般是把职业知识分为

管理类、经济类、法律类三大类别，有的增加哲学和社会学的知识要求。中国企业联合会，中国企业家协会编制的职业经理人资格认证的教学大纲，把培训职业经理人的知识分为12个科目：1.经济学，2.商法、经济法，3.管理学，4.战略管理，5.人力资源管理，6.营销管理，7.财务管理，8.生产与运作管理，9.创新管理，10.组织行为学，11.资本运营，12.企业国际化经营。以上内容基本涵盖了大学工商管理专业的全部课程。如果对上列知识都能学以致用，应当能够解决企业经营管理中的问题。

作为一名建筑业企业的职业经理人，要承担十分繁重的企业经营管理工作，本教材认为，下述五方面的知识内容是必不可少的。

一、管理知识

管理知识极为广泛，包括管理理论、管理实践、管理方法、管理技巧等。这方面的教科书很多。首先是企业管理理论，企业的战略管理、营销管理、人力资源管理、财务管理、生产管理、信息管理、企业文化管理、创新管理等。可以说企业每一个管理职责都有一套依据其管理特色的管理理论、方法、技巧，都可以说是一门学科，都可以出一本书。例如营销管理，就有市场、客户、合同、竞争策略、谈判技巧、风险规避等内容，都有理论研究和行业特点的专业知识。对建筑企业的市场营销来说，又有依据建筑市场特色的营销管理。建筑市场的容量与结构分析、建筑企业的市场细化与目标市场、建筑企业的经营结构与市场布局、市场营销体系、客户关系管理等。建筑企业职业经理人掌握了这方面的知识，就可以发挥组织的作用，指导营销人员去更好开拓市场。本教材的主要章节都是管理学的内容。

其次是组织学理论。职业经理人要管理一个组织，就要认识个体与群体，要研究组织行为和人际关系，组织行为理论必不可少。第三，作为职业经理人，管理学中的领导科学和决策方法尤为重要。

二、经济知识

随着市场经济的发展，尤其是信息和全球经济一体化的发展，经济类知识范围越来越多，内容越来越丰富。社会主义市场经济理论是引导企业正确发展的理论，当然应当学习。管理经济学、产业经济学、信息经济学等，既是基础的学科，也是前沿的学科。市场学知识、金融知识，对职业经理人当家理财都是必不可少的。随着我国加入WTO和进一步的开放，国际金融、国际贸易、国际投资、国际工程承包等方面的知识，都应当有个基本的了解。

三、法律知识

依法治企，是现代企业管理制度的核心。建筑企业职业经理人要履行好自己的职责，了解和掌握相关的法律法规知识，是极其重要的，也是必不可少的。在充分了解我国法律框架和国家根本大法的基础上，重点应掌握两方面的法律知识。

一是企业经营管理的基本法律，包括《公司法》、《劳动法》、《合同法》等重要法律。二是工程建设领域的基本法律体系。简称"两法三条例"。"两法"即《建筑法》和《招标投标法》；"三条例"分别是《建设工程质量管理条例》、《建设工程勘察设计管理条例》和《建设工程安全生产管理条例》。

四、专业知识

建筑业是实行企业资质管理的特许行业，建筑企业的行业特点、建筑企业生产管理的专业知识，都是建筑业企业职业经理人应当了解和掌握的。最少有两方面应当掌握，一是建设工程项目管理的知识，项目生产力的理论。据不完全统计，目前我国建筑企业的经理人员中，有一半以上具有项目经理的资格，80%以上有过项目管理的经历。这就足见项目管理知识对经理人是何等重要。二是建筑企业的质量管理体系、环境管理体系、职业健康与安全管理体系这三方面的管理知识，这是建筑业企业立足市场，健康发展的必备条件。

五、哲学和社会学知识

学哲学，树立正确的人生观，学会用辩证唯物主义指导工作，是领导工作的重要组成部分。行政管理学、社会心理学、公共关系学，以及行为科学、公关礼仪等方面的知识，也应当了解和掌握。

第四节 建筑企业职业经理人的素养与能力

职业经理人的职业是职务要求很高的职业，要求从事这一职业的人应具有很高的素质，很高的精神境界和很强的职业能力。

美国企业管理协会曾调查了4000多名职业经理人，总结其中优秀职业经理人的良好素质和能力，概括为七大标准、四种能力和十个特征。七大标准：远见卓识关注战略、提纲挈领眼光敏锐、依靠下属权力下放、保持冷静处理危机、勇于创新敢于冒险、熟悉专业精通本行、广纳忠告及时改进；四种能力：战略思考能力、妥善处理各种关系能力、经营决策能力、人力资源管理能力；十个特征：经济家的头脑、战略家的思想、哲学家的思维、探险家的精神、艺术家的风采、善于组织、善于协调、善于用人、善于经营、善于创新。

日本企业界对成功的职业经理人总结出十个方面素质与精神特征：

使命感——目标明确，完成任务有不折不挠的坚强信念；
信赖感——一贯忠于上司、同僚、顾客、集体；
责任感——热爱岗位，对工作高度负责；
诚　实——在上下左右关系中都以诚相待，言行一致；
忍　耐——不随意发脾气，敢于面对他人误解打开新局面；
热　情——对工作热情，对下级体贴；
公　平——对人对事秉公处理，不徇私情；
勇　气——敢于同困难挑战，对自己充满信心；
积极性——工作主动，有主人翁态度，身先士卒；
进取心——不满足现状，乐于经营，事业上进。

一、基本要求

对建筑企业职业经理人的职业素养，本教材提出"坚定、创新、激情、团结、实干、健康"六个方面的基本要求。

（一）坚定

政治坚定，目标明确；有坚定的政治信念，具有全心全意为人民服务的思想，一切以市场为导向，以顾客为中心，服务股东，忠诚企业，以办好企业为终生追求。

（二）创新

善于开拓，不断创新；富有创新精神，善于利用、把握和创造市场机会，不断改进工作；善于取人所长，避人所短，敢于走别人没走过的路。

（三）激情

充满激情，勇于竞争；工作讲求效率，上进心强，不怕挫折，不畏阻力，有不达目的不罢休的气度。

（四）团结

宽容大度，善于沟通；客观公正，坦诚待人；态度谦和，有忍耐性，不为小事动怒，不计较个人得失；团结协作，对人不求全责备，善于和不同意见的人合作共事。

（五）实干

以身作则，真抓实干；乐于行动，合理组织和使用各种资源，讲究工作程序，严格执行企业规章制度，尊重工作规则。

（六）健康

身心健康，严于自律；充满自信，善于自控；精力充沛，心理健康；合理分配智能和体能，有效管理时间，襟怀坦白，作风正派，敢于批评和自我批评。

二、职业能力

职业能力是衡量职业经理人是否称职的最主要的标志，是对职业经理人素质测评的主要内容，是职业经理人完成职责的重要保证。对建筑企业职业经理人的职业能力，我们提出八个方面的要求。

（一）战略规划能力

(1) 能根据企业的环境和资源，制定企业发展目标；

(2) 能根据企业发展目标，制定企业的发展战略和阶段实施策略；

(3) 能综合处理信息，评估企业的竞争力；

(4) 能培育企业的核心竞争力。

（二）市场开拓能力

(1) 善于准确把握企业的市场定位，建立对接市场的营销网络，成片开发市场；

(2) 善于捕捉和掌握市场信息，善于甄别信息的真实性，善于开发潜在市场；

(3) 善于创造和推广企业的品牌，扩大企业的市场影响；

(4) 善于开展公关活动，制定谈判策略，击败竞争对手，有效开发市场。

（三）经营决策能力

(1) 能根据决策的价值和事实要素，识别轻重缓急，确定需要决策的问题；

(2) 能针对问题收集信息并综合分析研究，洞察事物本质，提出决策方案；

(3) 能采用个人决策和集体决策相结合的方法，发挥集体智慧，选定决策方案；

(4) 能对决策的执行和监控实施有效管理，对决策结果进行客观评估。

（四）团队统帅能力

(1) 善于根据职权的合理分配，建立精干高效的组织运行系统；

(2) 善于授权和分权，建立工作程序和工作规划，发挥组织的作用；

(3) 善于凝聚团队，用目标统一团队行动，言传身教，具有说服力、影响力、亲和力和号召力；

(4) 善于使用检查、总结、考核、奖罚等方法，对下属进行控制管理。

（五）危机应变能力

(1) 对危机能有正确的认识，做到未雨绸缪；

(2) 对环境、形势、政策的变化有正确的判断，及时调整对策；

(3) 对突发事件有预案，出现危机能保持冷静，及时解决各种冲突；

(4) 对危机事件能做到举一反三，吸取教训，改进工作。

（六）协调沟通能力

(1) 善于协调，能合理调度和使用各种资源；

(2) 善于组织，有良好的语言表达能力和演讲能力；

(3) 善与沟通，能与上级、同级、下级、客户沟通交流，达成共识；

(4) 善于公关，能与各种社会势力建立良好的关系，寻求合作，实现双赢。

（七）选人用人能力

(1) 善于识别人才：没有没用的人，只有安排错位的人；要给下属创造合适的工作岗位；

(2) 善于选拔任用人才：知人善任，唯才是举，用人不疑，敢于把能人放到关键岗位上；

(3) 严于考核评价人才：建立正确的绩效考核标准和评估方法，激励人才成长；

(4) 重于教育培养人才：要做合格的管理者，先做合格的培训师。

（八）学习创新能力

(1) 具有学习能力：学习是每天必备的功课，要不断学习新知识，接受新观念，培养新思维，增强新能力。

(2) 具有创新能力：保持创新意识，思维、观念要创新，组织、制度要创新，产品、服务要创新，技术、文化要创新，企业永远要有新追求，新目标。

(3) 具有改革进取能力：坚持改革，不断进取，能从现状分析问题，改进工作。

(4) 具有自我管理的能力：合理分配智能和体能，有效管理时间，尊重规则，勇于自我肯定和自我控制，重视个人信用，保持身心健康。

第五节 建筑企业职业经理人的市场化

一、职业经理人产生的历史由来和发展趋势

（一）职业经理人的产生、发展和特点

19世纪末叶，随着资本主义社会生产力的不断积累和发展，美国企业的规模迅速扩大，科技成果在生产中广泛应用，生产规模和资金空前膨胀，使得企业经营管理复杂起

来。铁路交通的成熟，大型钢铁公司、石油公司等巨型企业的出现，使原来业主直接经营管理的企业模式和传统家长式的管理方式，越来越难以满足生产社会化和市场经济发展的要求。一个偶然的事件，即1841年10月5日，在美国马萨诸塞州至纽约西部的铁路上，发生了一起两列客车相撞事故，这场事故引发了企业管理上的一场制度革命，触发并正式拉开了"经理革命"的历史帷幕。当时，人们认为事故的真正原因，是铁路运输业的业主没有能力管理这种复杂的企业。需要选择有管理才能和专业知识的人来担任企业的领导，负责企业的管理；而企业财产的所有者则只拿红利，不参与企业日常经营管理。这在企业发展史上，第一次实现了企业所有权和经营控制权的分离，从而使企业制度实现了由业主家长式的一体化管理模式向公司制的"经理控制型"的转变，美国出现了职业经理。经理的职业化不仅适应社会化大生产管理日益复杂的要求，而且大大推动美国新技术革命，促进美国科学技术的快速发展。进入20世纪，职业经理人在美国形成一个社会阶层，成为美国经济发展的生力军。大家熟知的美国GE公司CEO杰克·韦尔奇，演绎了一个职业经理人的传奇人生，全球经理人都对其顶礼膜拜，在我国也有极大的影响，可以说是美国职业经理人的突出代表。

在经理人职业化的进程中，美国社会不断改进对企业和职业经理的评价方式及评价内容。从20世纪末以来，考核企业不仅注重利润，更加注重价值，以价值为基础的管理形成趋势。这种趋势将整个企业改造为最大限度创造价值的组织。美国《财富》杂志对最受尊敬企业评价设计了十个指标：管理质量、产品/服务质量、创新、长期投资价值、雇员的技能、财务合理化、社会责任感、公司资产的运用、全球业务反应的敏锐程度。这些指标强调的是企业的价值，即企业满足社会的各种需求。

随着现代企业规模的不断扩大和企业竞争的不断加剧，管理团队的分工也趋于专业化，高级职业经理的作用越来越多地表现为设计企业未来和把握企业变革方向的领导职能上。出现了魅力型领导、交易型领导、改革型领导、远景型领导等不同类型的职业经理。魅力型领导，能捕捉和感召下属的感情，其个人魅力对下属产生一种情感上的深刻影响。下属把他们当作楷模而信赖和崇拜，激发下属的忠诚和奉献。交易型领导，是根据领导和下属之间的交换而提出的，领导把为下属提供资源和报酬作为对下属积极性、生产效率和工作成就的交换。改革型领导，是号召下属实施变革，通过感召力，个人关心和智力激励使下属满足组织发展的需要。远景型领导，善于设计企业的未来，使员工认同企业的价值观，融入企业文化，为与企业共同发展而自豪。

随着美国职业经理向高层次发展的升级，出现了一大批职业经理的专门培训机构和评价机构。哈佛商学院就是美国高级职业经理的摇篮。柯维领导培训中心，曾协助500多家大型企业训练经理人才，被誉为高级主管的摇篮。同时，出现了很多非常成熟的社会中介机构，承担经理人的选择、考核和管理相关的经理服务工作。同时，形成了有形或无形的经理人市场，有力推动了职业经理阶层形成。

（二）我国经理人职业化是社会主义市场经济的必然

1840年的鸦片战争，使中国进入半殖民地半封建社会，限制了资本主义在中国的发展。中国的民族资本在夹缝中求生，难与世界同步。解放前中国的企业，成规模的也大都是家族企业。管理企业的是家族成员，靠血缘、亲缘、人缘、地缘这些"缘"来维系信任的纽带。家族企业没有也不可能有职业经理人。

新中国成立后,没收官僚资本,对民族资本进行社会主义改造,工商企业都成了公有制或公私合营的性质。1955年党中央确定党委领导下的厂长负责制是企业的根本领导制度,基本上学的是苏联管理模式,强调类似军队式的行政命令方式来指挥生产,导致厂长独断专行,形成家长制作风。1960年3月中央提出了管理企业的基本原则,实行党委领导下的厂长分工负责制,这就是著名的"鞍钢宪法"。企业的"经理"其实是企业的行政领导干部。"文化大革命"期间,企业成了无产阶级专政的基层单位,企业管理长期处于混乱状态,拉大了我国和世界经济发展的距离。

党的十一届三中全会以后,我国进入改革开放。我们简单回顾企业领导体制变化的历程。

1978年党的十一届三中全会提出,应该按经济规律办事,重视价值规律的作用,认真解决党政企不分,以党代政,以政代企的现象。1980年,中央提出要"有准备有步骤地改变党委领导下的厂长(经理)负责制"。1984年党的十二届三中全会,做出进行经济体制改革的决定,要求在1985年底完成企业领导班子调整任务,实行厂长(经理)负责制,同时要求贯彻"三个条例",提出企业要建立三个中心地位:党组织的政治核心地位,厂长(经理)的经济领导中心地位,工会民主管理领导地位。1986年11月,党中央和国务院《关于认真贯彻执行全民所有制工业企业三个条例的补充通知》,明确提出"厂长(经理)是企业法人的代表,对企业负有全面责任,处于中心地位,起中心作用"。1988年4月,七届人大通过《企业法》,确立了企业所有权、经营权分离原则,明确规定企业厂长(经理)对企业负有全面责任。

1992年,小平同志南巡期间发表了重要讲话,明确提出社会主义也可以搞市场经济。同年9月召开党的十四大,在党的文件里第一次写进了"社会主义市场经济"。1994年党的十四届三中全会指出:国有企业改革的方向是建立产权明晰、权责明确、政企分开、管理科学的现代企业制度。同年,我国《公司法》正式实施,为经理的职业化提供了法律保证。2002年,党的十六大有关经济改革的论述中,确立了"管理"作为生产要素按贡献参与分配的原则。随着我国社会主义市场的发展,经理人职业化可以说是党有要求,法有规定,市场有需要,已经水到渠成。

(三)建筑企业职业经理人的行业特征与发展机遇

建筑企业职业经理人面临与别的行业不同的机遇。建筑业企业数量多,从业人员多,目前我国建筑企业总计超过9万个,从业人员近5000万人。经理人的潜在市场非常大。建筑企业大多数是劳务密集型企业,所有制改革早,各种所有制成分并存,民营企业占相当大的比例,对职业经理人的需求强烈。建筑业是竞争性行业,随着市场竞争的加剧,对职业经理人选择的需求也在加剧,这为职业经理人提供了广阔的舞台和发展空间。相当多数的民营建筑企业,所有者本身也是经营者,或者带有家族企业的性质,对这些建筑企业的经营者来说,如何提高他们的素质,使之职业化,同样是职业化的一方面内容。

二、建筑企业经理人职业化的环境与方向

(一)现代企业制度的建立是经理人职业化的前提和关键

随着我国《公司法》的实施和修订,出现了以有限责任和所有权与经营权相对分离为特征的现代企业制度的雏形,符合《公司法》所规范的"公司"的企业组织形式已经发展

为我国经济的主导地位。现代企业制度公司制的主要特征是：完善的企业法人制度，规范的财产组织形式和稳定的法人治理结构，股东以其出资额为限对公司承担责任。董事会聘任公司的经营管理者，公司经理控制经营权，承担出资人资产保值增资的责任。一些大型企业或企业集团聘用以总经理为首的核心经营团队，共同决策企业的发展，这个团队必须是一支由具有专门经营管理才干的职业化的经理人组成。

应当强调的是，规范的企业法人治理结构是经理人职业化的关键。公司的决策机构、执行机构、监督机构应当职责分明，各负其责，共同为股东负责，对社会负责。企业所有者可以选择经营者，监督经营者的行为，又要放手放权让经营者去施展才华。经理人受聘于企业所有者，为企业服务，以经营企业为职业。可以说，没有现代企业制度的建立也就没有经理人的职业化。

（二）良好的法制环境和竞争环境是经理人职业化的保证

良好的法制环境是指社会生活和各种经济活动能在法制轨道上运行。市场经济应该说是一种法制经济，要用法律来界定和调整各种关系，靠法律来保障经济的正常运行。美国成为职业经理的发源地和经理人职业化最完善的国家，不仅有完善的法律体系对职业经理的行为做出规范、激励和约束，也对职业经理的产生、评价有相应的规则。我国的《公司法》和一系列的经济法律法规，已经为经理人的职业化提供了法律保证。在有法可依的基础上，一定要做到有法必依，违法必究，才能有良好的法制环境。

良好的竞争环境，重要的是对经理人建立起淘汰机制和监督机制，凭能力定取舍，以业绩论英雄。对国有企业来说，要把职务化转为职业化，把任命制转为聘任制，给经理人创造职业化的舞台。良好的竞争环境，同时是指应建立起信用经济，鼓励公平竞争，反对不正当竞争。国际上信用经济的做法主要包括五个方面：一是在立法上对诚信原则给予明确规定；二是企业普遍建立信用管理部门对客户进行信用调查；三是社会建立信用管理体系；四是法律上进行保证，对不守信用者可依法起诉；五是舆论监督对违规失信者充分曝光。信用保证也是职业化的保证。

（三）建立起职业经理人市场是经理人职业化的方向

形成职业经理人市场的条件主要是三个：一是政府创造体制条件与市场环境，具备运作平台；二是有一批社会机构（中介组织）具体运作，负责对经理人的培训、测评、业绩评估、资质认证等工作，为用人单位服务；三是企业的体制必须不断改革，人才可以流动，承认经理人是人力资本。有的学者认为，企业的人力资本是指技术创新者和职业经理人，因为他们同货币资本一样，决定着一个企业的兴衰存亡。

（四）学习培训是经理人职业化的必经之途

美国有关机构调研的结果，职业经理认为通过普通高等院校所学到的知识用于工作不到20%，经理人的知识和能力主要是通过培训和自学，在工作中得到提高。美国哈佛商学院是职业经理学习培训的最高学府，美国大企业职业经理人有30%左右是从哈佛获得博士和硕士学位的。20%的哈佛毕业生在美国500家最大的公司担任要职。但即使是哈佛的毕业生，也仍然强调终身学习。美国有很多CEO协会，多数职业经理在这种协会组织的活动中增长才干。美国企业也非常重视对高级管理人员的培训，如定期安排管理技能的进修学习，资助参加各种管理研讨会，指派承接挑战性任务以提高能力等。美国企业对员工培训很舍得花钱，大家熟悉的摩托罗拉，每年将工资总额的4%用于培训，规定员工每人至少进行 40 小时培训；美国惠普公司每年投资 2 亿美元开发员工培训课程，投资 3 亿美元用于员工参加公司以外的培训费用。美国企业家认为，"没有今天的学习，就没有明天的饭碗"。"培训是给员工最好的福利"。

在我国，对企业经理人的培训也有多种形式。1979 年，中央明确提出对企业干部进行经济管理培训，当年参加各类经济管理班的人员超过 46 万人。各行业、各系统相继成立一批经济管理干部院校，为企业经营管理人员继续学习创造条件。八五期间，以任职资格培训为主要内容，企业管理培训成为规章制度。在建筑行业，20 世纪 80 年代即开展项目经理资质培训，只有参加培训并取得合格证的人员才能申报工程项目经理资质，这一规定大大提高了工程项目管理人员的水平。建筑行业的各种专业管理人员和特殊工种操作人员，都要通过学习培训取得上岗证书才能执业上岗，学习培训使从业人员走上职业化的道路。作为企业经营管理人员的突出代表，企业经理人通过学习培训，做到持证上岗，已经是一种必然趋势。

三、建筑企业职业经理人的市场价值

建筑企业职业经理人的市场价值，虽然以其受教育程度、从业经历和业绩、职业经验和能力为基础，但最终是由市场供求状况决定的。市场价值的直接表现形式就是薪酬。

（一）建筑企业职业经理人应当挣多少

建筑企业职业经理人既是建筑企业的经营者，又是受薪者，但不是一般意义上的雇员。因为职业经理人担负着企业全面经营管理的重任，要对企业法人财产的保值增值负责，所以其薪酬应当和其他员工拉开档次。但职业经理人的薪酬方案的设计要综合考虑诸多因素，包括考虑企业的文化背景和承受能力。在美国，高级职业经理人的年收入一般为普通员工的 80～150 倍；而日本，高级职业经理人的收入是普通员工收入的 15～20 倍；在欧洲，一些相对保守而且工会力量又非常强大的国家，如法国和德国，大公司的高级职业经理人的平均收入是普通员工收入的 24 倍左右。我国国有企业在 20 世纪 90 年代初期改革薪酬制度时，曾规定企业领导人收入不超过职工平均工资的 3～5 倍。2003 年国家对直管大型国有企业领导人实行年薪制，已经有年薪标准超过百万的企业家。且其年薪设计主要以国有资产的保值增值、上缴利税为考核内容，而不与职工平均收入挂钩。

近 20 年来，美国企业管理层的激励方案不断改进，经理层的报酬形式多种多样，工资制度富有弹性。一般情况，美国的工资制度由三部分组成：基本工资、刺激性工资和福利工资。基本工资只是提供一个稳定的收入来源，对职业经理人来说，所占比例越来越小。刺激性工资种类繁多，如计件工资，目标工资，奖金等。福利待遇也是一种薪酬，而且五花八门，包括社会保险、住房补贴、带薪假日、医疗保险、公用车辆、免费旅行、代缴子女学费等。这些年，美国对职业经理人的股票期权成为一种稳定高级职业经理人的报酬形式。世界上收入最高的职业经理人都来自美国。

在我国，建筑企业职业经理人已经成为一种黄金职业，但建筑企业职业经理人的薪酬应当是多少？只能由市场去决定。

（二）职业经理人下岗怎么办

虽然职业经理人是黄金职业，但职业经理人也会失业。如果下岗了，建筑企业职业经理人应当如何面对？下面提出的六点可供参考：

自省：认真总结经验教训，从不同的角度探讨原因，获得认识上的提高。
调整：调整心态，放下包袱，不怨天尤人，把下岗当成一次必要的休假。
学习：抓住机会学习各种知识，提高水平。
交流：和朋友、家人交流，到经理人协会反映和听取意见，享受友情，开阔思路。
努力：保持对待工作的积极态度，通过各种用人渠道寻找工作的机会。
自信：相信自己，一定会比以前干得更好。

复 习 思 考 题

1. 建筑企业职业经理人的职业要求有哪些？
2. 建筑企业职业经理人的道德规范有哪些？
3. 建筑企业职业经理人的知识结构要求是什么？
4. 建筑企业职业经理人的素养和能力有哪些？
5. 建筑企业经理人职业化、市场化的要求是什么？

参考文献

[1] 余世维．如何成为一个成功的职业经理人．北京：北京大学出版社，2004
[2] 刘伟，刘国宁．职业经理人最新实用手册．北京：中国言实出版社，2005
[3] 博泓(BHC)管理咨询有限公司，中国职业经理人发展研究中心．坐标：中国职业经理人调查．北京：东方出版社，2005
[4] 晏肇云．管理智慧与精彩人生：国际职业经理人(pm)研修班学员作业精选．上海：上海交通大学出版社，2006

第二章 建筑企业战略管理

第一节 战略管理概论

一、战略管理的重要性

公司战略是着眼于公司发展方向、目标的整体谋划,并由此产生一系列决策而形成的行动方案。成功的组织历来高度重视战略管理,古今中外的例子屡见不鲜。

张良下邑划策奠定了刘邦一统天下的基础;刘备三顾茅庐,诸葛亮作隆中对,成三国鼎足之势。

汇丰银行过去 20 多年推行全球三角凳策略,立足香港,收购英国米特兰银行,美国海丰银行,十分成功。而英国的置地公司当年在香港雄霸天下,后迁册新加坡,在南亚、中东投资失利,现已经萎缩,前途渺茫。

香港的华资长江集团与合和集团在战略管理上的对比反差十分鲜明。20 世纪 80 年代初期,彼此实力相当,可以一比高低。但由于合和集团一系列战略失误,现在已经乏善可陈。合和集团的领导者毕业于普林斯顿大学土木工程专业,自己常拿笔画图,到项目就钻工棚,亲历亲为,非常实干,而在战略管理上却缺乏远见和高明。该集团在香港投资已逐渐减少,在印尼、珠海投资的电厂还能维持,但是在泰国投资的环城铁路损失不小。长江集团的领导人由于控制长江、和黄两大公司而名列世界华人富豪榜首,其战略分析、选择和执行,达到了几乎出神入化的地步。长江集团在香港、中国大陆、欧洲、美洲有大量的产业投资,都十分成功,获得了很高的回报。

这些都是公司战略规划成功与失败的典型案例。由此可见,战略管理对于一个组织的兴衰起到至关重要的作用,政治与军事集团如此,公司组织也概莫能外。

二、战略管理的原则

公司战略管理应当遵循以下六项基本原则。

(一)主观与客观统一的原则

从认识论的角度讲,战略属于主观范畴。主观与客观相统一,这是战略管理的最高境界。主观与客观相统一的原则要求公司管理者牢牢掌握战略管理的主动权。战略管理要求在不断变化的外部环境为公司带来的威胁与机会、公司内部资源的优势与劣势之间寻求必要的匹配,这是主观与客观统一的首要要求。战略制定的核心问题都是从此出发的。公司总是生存在一个受到股东、竞争者、客户、政府、行业协会和社会的影响之中。公司对这些环境力量中的一个或多个因素的依赖程度也影响着公司战略管理的过程。对环境具有较高依赖程度通常会减少公司在其战略选择过程中的灵活性。此外,当公司对外部环境的依赖性特别大时，公司还会不得不邀请外部环境中的代表参加战略态势的选择。这就要求研究分析公司以及公司所处的行业和市场特点，要对外部环境、竞争对手、合作伙伴进行研究，并对变化趋势做出判断，再把公司内部资源状况加以深入分析，从而确定未来一定时期的发展战略。公司所拥有的关键资源是公司战略成功的基础，竞争优势的源泉在于公司所掌握的资源，更直接的讲，资源就是获得利润的基础。

（二）全局与局部统筹的原则

公司战略必须立足全局，展望未来，抓住重点，赢得战略上的主动。我们说，不谋全局，不足谋一域；不谋万世，不足谋一时。由于公司战略涉及范围大，时间跨度长，不定因素多，的确很难把握。选择方案多，选择不当，风险大，选择正确，就先人一筹。面对风云变幻的国际市场，公司受到多方面因素制约。因此，战略管理要有全球意识，需要深入地调查研究，系统地思考运筹，然后，做好总体设计，统筹全局的发展，谋求全局的成功。这是战略管理的精髓和灵魂。

（三）当前与长远兼顾的原则

当前与长远的关系如何处理，是战略管理的又一重大原则。处理不好，今天的成功有可能成为明天发展道路上的羁绊。现实是未来的基础，而未来是现实的发展。只有立足现实，着眼未来，才能适应公司内外环境的变化，不断开拓创新，从而长期保持主动，赢得未来。有市场销售前景的产品，要看得准，抓得住，并要有长期打算。任何一个公司，都希望能够成为百年老店，并在规模与效益等方面得到持续增长。因此，在战略计划管理上就应做到"可持续发展"。通过瞻前顾后的方式，对每一阶段的战略规划与战略计划实施滚动管理，使战略规划和战略计划得以逐年落实和调整，始终朝着明确的发展方向前进。既适应市场与内外环境的变化，又在既定战略计划期的基础上，向后滚动一定的年份，使战略计划在时间段上，总是符合规定的期限要求。

（四）投入与产出匹配的原则

投入与产出如何权衡是战略管理过程中要反复进行的。公司以追求利润最大化作为发展的永恒旋律，因此，一切活动都要围绕能否给公司带来效益这一标准去评判。新开辟一个国家或地区的业务，应积极慎重，从少量业务做起，实践全过程，取得经验后再决定下一步的行动。在已经开拓业务的国家或地区，按照有了产出再投入的原则，决定未来业务的发展，能取得事半功倍之效。这样的做法才是符合实践认识再实践的客观规律的，也就是人们常说的滚雪球的方法。

（五）积极可行与综合平衡结合的原则

在战略管理过程中，制定战略计划是十分重要的环节。在战略目标策略选定之后，就需要编制战略计划。综合平衡是战略计划编制过程应遵循的基本思路。一个计划数字的确定，反映了与之相关联的要素、资源的关系，只有整体得到优化平衡的战略计划，才是可实施的。如果战略制定时绷得过紧，在战略实施过程中则没有调剂的余地。例如，在财务资源的安排上，应有足够的财务弹性，当市场比预期更好，又能持续一定的时间，则可以增加借贷，扩大投资，加快发展；当市场比预期更差时，则可以筹借资金，偿还债务，不至于出现债务危机。战略计划的综合平衡涉及领域广泛，几乎包括每一个环节，但其中关键的是投资需求与资金来源的平衡、资本增长与债务扩大的平衡、投入与产出的平衡。

（六）适时调控与平稳运营协调的原则

随着经济全球化、信息化的发展趋势，公司的环境是高度不确定的，因此，制定长期公司战略是不可能的。因为像互联网等重大技术变革，以及政府行为等外部环境的变化不可能事先将计划制定好。事实上，对于外部环境一部分可以预测，一部分是难以预测的。当外部环境发生重大变化时，只能重新审视，做出新的判断，制定新的战略。这就是人们所能制定的公司战略可能需要不断精心修改，如通过实验的学习过程来寻求战略，以及通过战略实施的反馈调整去寻找实现公司价值增值的正确途径。

全面贯彻这些原则，就能妥善处理好公司经营活动中各方面的关系，制定出与战略相一致的可行的计划。

三、战略管理的过程

（一）战略管理的阶段

一个完整的战略管理要经过战略规划的制定与审批、执行、监控与调整、评价与考核等环节。这里，我们将战略管理的过程归纳为战略分析、战略选择和战略执行三个阶段，如图 2-1 所示。

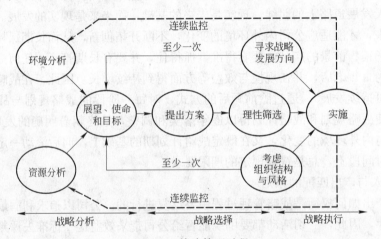

图 2-1　战略管理过程

（1）战略分析阶段。战略分析包括外部环境分析与公司内部条件分析。公司处于复杂的商业、经济、政治、技术、文化和社会环境之中，对其分析难度是很大的。迈克尔·波特创造的五力竞争模式给我们提供了一个很好的分析框架。通过研究分析，可知外部环境的变化给公司带来什么机会，产生什么威胁。内部条件分析就是寻找公司的优势、劣势，探索竞争优势的来源。

（2）战略选择阶段。战略选择是在外部机遇、威胁，内部优势、劣势之下，进行比较、组合的分析方法。通过 SWOT 分析等方法，充分发挥公司的优势，利用机会，对抗威胁，克服劣势，并能产生一系列战略方案。包括功能层级战略、事业部层级战略、全球化战略和公司层级战略。通过战略的选择及制定的方案，能够达到在急速变动的全球竞争的产业环境中，确保公司的生存、发展、壮大的整套战略。

（3）战略执行阶段。战略执行包括战略的实施方案与管理。实施方案包括资源的分配、组织结构、制度、人员、文化的调整，建立方案。由谁执行，什么时候执行，以及执行中的变革问题，都要在实施方案中详加谋划，缜密安排。经批准后，认真管理，密切监控,如有战略分析、战略选择时未曾估计到的重要问题,则要加以调整。

战略分析是为了了解公司现时的定位,而战略选择是提出各种可能的行动方案,经过评估,选择出可行的战略方案,然后依据选定的战略方案,组织对战略的实施,也即战略执行。这三个阶段相互联系,不可分割,且有一定的交叉。没有战略分析,则无法提出各种战略,并加以评估比较,也就无所谓战略选择,没有选定的战略方案,就更谈不上战略的执行。

(二)战略制定方式

一般来讲,由于每个公司的历史发展、决策习惯、领导人的思维模式等方面的不同,导致其在制定战略计划系统时的方式方法也不同。每个公司都会根据自己的实际情况去确定战略计划系统的科学制定程序。结合国内外不同公司、不同理论派别对这一问题的实践与研究,这里给出两种公司战略计划系统的制定过程。

(1)层层制定过程。先由公司的最高层制定总的战略与目标,然后层层分解,层层保证,最后将一个总目标分解为一个个具体易达到的子目标。这种过程类似于目标管理模式,但由于其涉及的是公司总体战略的设计,因此与目标管理还不尽相同。还必须明确的一点是,一旦公司战略计划系统被最终确定之后,就必须有一整套具体的程序来指导员工的日常行动作为匹配,只有这样,才会使公司的战略被落到实处。

(2)战略职能区分型的制定过程。公司根据战略计划系统的实质内容(也就是具体的职能)来逐项制定公司战略的整个过程。这个过程包括两大部分:战略制定过程和具体规划实施过程。实际上,这两者是一个不可分割的整体,两者互相补充,互相呼应。战略制定过程是具体规划实施的前提,而具体规划实施则是战略制定过程的后续工作及补充。

(三)战略制定程序

战略制定通常分为三个阶段,即编制的前期工作、编制过程、批准下达。在前期工作中,主要是通过调查研究,完成计划表格的修改与确定、印发编制通知,提出编制要求;在编制过程中,主要是按照既定的程序完成指标的平衡过程;在批准下达阶段,主要是批复文件的审批与印发。

在具体的编制过程中,通常有"两下一上"、"两上两下"等方式可供选择。

(1)"两上两下"工作流程。"第一下",公司战略管理部门依据公司选择的战略进行编制,在调查研究的基础上,提出战略计划编制基本要求,并向各战略计划编制单位下达计划或预算编制通知。"第一上",各战略计划编制单位依据编制通知的要求,落实责任,开展相关工作,按照规定的流程,形成计划或预算草案上报公司。"第二下",公司战略管理部门负责对上报的计划或预算草案进行审核、洽商,讨论通过或驳回重编后,汇总形成全公司计划或预算草案并报最高决策机构审批,获得批准后,可用便函形式广泛征求各战略计划编制单位对计划或预算建议指标的相关意见。"第二上",各战略计划编制单位上报对计划或预算建议指标的反馈意见,由公司战略管理部门对意见进行再平衡,并将修订后的计划或预算草案以签报的形式,经主管副总经理复核并送公司战略管理委员会讨论后,报总经理审阅后提交公司董事会批准,获得批准后再正式下达。

(2)"两下一上"工作流程。"第一下"实际是将"两上两下"流程中的第一个上下结合在一起,即公司经过酝酿后,提出各战略计划编制单位计划期控制性或建议性指标,并下发给各战略计划编制单位征求意见,进行落实。接下来的"一上"与"一下"的工作流

41

程与"两上两下"流程中的"第二个上下"内容基本相同。"两下一上"便于公司上下目标的贯通，减少了工作环节，但对公司人员素质、工作方法提出了更高的要求，需要占有更多更准确更及时的下属公司运营信息。当公司的集中度尤其是财务资金的集中度和信息传递速度达到一定的水平时，这种方式的作用才会得以最大发挥。

第二节 战略环境分析

公司外部环境是指那些给公司造成市场机会或环境威胁的主要力量。作为受宏观环境波动影响明显的产业，明晰建筑企业经营业务的外部环境的历史、现状和未来发展趋势，把握有利和不利因素，是进行战略管理的重要工作之一，更是制定战略规划的前提。

一、宏观环境分析

因为建筑公司在不同的国家或地区开展经营活动，必然受到所在国家或地区外部环境的影响。国家或地区不同，经营环境的差别很大，甚至截然相反。同一经营环境也是多方面的多层次的，各环境之间既有区别，又有联系。这些环境主要包括政治法规环境、社会文化环境、经济环境、科学技术环境、自然环境、产业结构环境、总体经营环境等，它们都会直接或间接地影响公司战略管理活动。

（一）政治环境分析

从宏观上讲，一个国家或地区的政治局势及未来趋势，民心向背，有无潜在的战争危险，是公司业务所在国家或地区经营能否获得成功的基本条件。研究公司业务所在国家或地区的内外政策，并密切注意其发展变化，是一项长期的任务。对所奉行的内外政策的透彻研究是公司的国别方针和经营领域选择的重要依据。海湾战争的爆发，致使许多公司蒙受巨额损失，就是一个例证。

从国际形势分析，和平与发展仍将是当今世界的主题。人类目前所处的时代是全球化的时代，全球化由来已久，时至今日，特别是伴随着冷战的结束，全球化具有了一些新的特征。其中最主要的变化是，尽管贸易和资本扩张的动机依然如故，但扩张的方式已大为改观了。当今主要由发达国家主导的全球化，其基本内容和实现方式都已经变成为，在保障所谓"普遍人权"和"自由民主"的价值观念和政治框架下，按照市场规则，也就是通过清晰界定和严格保障财产权、自由竞争、利润最大化等原则在世界各个角落都得以实施和贯彻，在全球范围内配置资源谋取利益。

（二）经济环境分析

一个国家或地区社会经济发展目标、产业等级、资源开发、国际贸易、金融行情、财政收支等状况构成了经济环境。公司与经济环境的关系尤为密切。对于经济环境的透彻认识，对经济环境的准确把握，是建筑公司发展成功与否的关键环节。一般地，需要研究分析的要点如下。

（1）国民生产总值。是表示国民经济最终成果的重要综合指标。在生产方面表现为整个国民经济新增加的产品和劳务的价值总和；在分配方面表现为生产要素所有者得到的各种收入总和；在使用方面，表现为个人、公司和政府，为了消费和积累，购买产品和劳务的支出总和。通过对国民生产总值多角度的研究，可以反映一个国家或地区的经济实力和人们福利水平，经济平均发展速度，国民经济中的主要比例关系，宏观经济效果等。

（2）财政收支。是财政收入、财政支出的简称。财政收入指一国政府在一年内从各种财政收入来源所获得的全部货币收入的金额；财政支出指一国政府在一年内对各个方面所付出的一切货币支出的金额。财政收支统计是研究一国宏观经济极为重要的资料。它记载了财政的来源和去向，而且集中反映了国情、国力情况。一国的财政收支状况对居民生活、社会保障有重要影响。一般了解财政收入、财政支出、收支差额、国债、财政收支结构等。

（3）投资。是指一个国家或地区在一年内用于建造和购置固定资产的全部费用。投资对社会经济的发展具有特殊意义。投资会直接增加对某些商品的需求，如钢材、水泥、木材等建筑材料；投资也会间接增加对机器设备和家庭用具的需求；投资能扩大就业面，增加对建筑工人和其他职工的需求；投资工厂建成后将影响以至改变现有生产部门的结构。一般地，在市场经济条件下，如果投资增加，对整个经济增长会产生有利影响，反之，如果投资减少，则暗示对经济的增长不利。投资增长超过一定的限度，将引起通货膨胀。为抑制通货膨胀，政府采取提高利率上调贴现率、加大投资资本、减少货币流通量等措施。从这些相互关系可以看出研究分析投资对公司经营意义重大。

（4）金融。是指与货币流通和银行信用有关的一切活动。国际金融市场、所在国家或地区金融市场的态势；国际资本流动的规模，地区、行业分布；筹资的条件及难易程度等。由此测算筹资成本，估计利润水平。主要了解金融市场利率，包括货款利率、存款利率、贴现率；不同借贷期限的利率等。

（5）物价指数。是量度所购买的消费商品及服务的价格水平随时间而变动的情况。它是目前世界各国衡量通货膨胀的主要指标之一，表明商品的价格从一个时期到下一时期变动程度的指数。物价指数是市场经济的晴雨表。通过了解、研究物价指数，可以预测社会经济的发展趋势，公司的生产成本升降等。一般要了解用以衡量在市场上初次出售的商品价格的变化，生产者价格指数；反映人们为了日常生活而购买的食品、服装、住房、燃料、交通、医疗以及其他商品和劳务的价格变化的消费物价指数，进而了解通货膨胀率、国民生产总值紧缩系数等。

（三）社会文化环境分析

社会文化环境是一个国家或地区的人们知识、信仰、艺术、伦理、法律、风俗、习惯和行为的总和。如果建筑公司在不同的国度开展生产经营活动，所处的社会文化环境差异较大。对此，必须善于识别，使自己的公司文化、产品与异国社会文化环境相融合，方能获得成功。社会文化环境涉及广泛的内容，这里着重介绍人口及劳动力、居民生活水平、信仰与观念、风俗习惯和教育。

（1）人口及劳动力。人口、劳动力及其相关状况的统计预测信息的研究分析是社会文化环境分析的基础，对于经济环境分析也是十分重要的。人口统计资料是反映一个国家或地区国情、国力的重要指标。它是国家制定生产、消费、文化教育、医疗卫生、公共福利、社会保险、劳动就业和失业等决策计划的依据。通过人口状况的研究、预测，可了解社会经济的动向。劳动力是指全国达到一定年龄的人口中已经参加或要求参加工作的人数。了解劳动力的数量和构成，就业率、劳动生产率的水平、劳动力价格及其变动程度，据以测算成本，估计利润等。研究未来的劳动需求，了解各行业所需的劳动力的特性、数量、劳动力余缺,对于我国的劳务输出意义尤为突出。

(2) 居民生活水平。它包括居民的收支和居民的消费两个方面。家庭收入、各产业平均工资及其变化趋势;消费支出、消费结构、社会福利等与公司的产品销售密切相联,必须调查清楚一个国家或地区全面的情况需要掌握,一个城市,甚至某一街区也更需要弄清楚。

(3) 信仰与观念。每一种社会文化都伴随着与之相适应的信仰与观念。它支配着所哺育人群的行为方式。它是社会秩序得以维系的基本因素。公司的经营管理人员如不深入了解当地人的信仰与观念,甚至格格不入,以致遭到所在国家或地区人们的抵制和反对,那是十分危险的。

(4) 风俗习惯。风俗习惯是历史形成的,根植于人们心里之中,在特定的社会群体内反复出现的一种行为方式。例如,通行的劳动方式和手段,社会政治生活方式,婚姻家庭生活方式,日常生活中人们相互关系的方式,以及宗教礼仪等。公司要尊重所在国家或地区人们的风俗习惯,满足顾客心理需求,提高服务质量。学习每个民族的语言文字是熟悉思想、文化、风俗习惯的重要途径。在科技日新月异,世界已经变小的今天,各国对外来文化的接受十分迅速,因此,在尊重当地民族文化的同时,注意审美标准的细微变化,大胆传播优秀的母国文化,不失为公司拓展业务的重要途径。

(四) 技术环境分析

20 世纪是科学技术取得突破性发展的世纪,信息技术、航天科技、生命科学、管理科学等都印证且推动了人类社会的进步,21 世纪科技仍将突飞猛进地发展,技术创新活动将体现以下一些特点:

(1) 信息技术在科学交叉、融合的基础上将不断取得新的重大进展,信息技术将以日新月异的发展速度与空前的影响力、渗透力,改变人类经济发展形态、生活方式、社会结构、学习和认知形式、政府与公司管理以及文化传播与交融的形式。

(2) 生命科学与生物技术正酝酿着新的突破,基因工程、生物芯片、生物计算机、生物能源、生物与仿生材料、生态环境的保护与治理等将形成未来技术创新的热点与全新的产业。

(3) 物质科学将跨越生命与非生命的界限,产生新的高科技前沿。纳米技术、核能技术等将取得进一步发展。

(4) 多领域的技术创新带来先进制造业时代。由于材料、工艺、计算机以及宽带网的迅速发展,制造业将进一步采用虚拟现实设计、全球并行设计,向计算机集成制造和全球虚拟制造系统方向发展。

(5) 为实现人类社会的可持续发展,21 世纪人们将更加关注自身的健康、居住、自然生态环境和有关远程诊断监护、治疗、手术、康复、保健方面的技术;综合智能大厦、智能家庭办公系统技术,以及生态环境与治理技术等,将得到长足发展。

和平与发展仍是当今时代的主题。世界多极化和经济全球化趋势在曲折中发展。世界经济进入了复苏轨道,但一些地区经济的不确定性仍然存在。科学技术的迅猛发展,跨国公司的主导力量以及全球范围新一轮结构调整和产业转移已成为经济全球化的显著特征。

二、建筑市场形势分析

(一) 中国内地建筑市场分析

近年来,中国的建设规模保持持续稳定增长,建筑市场呈现出蓬勃发展的景象,中国建筑市场已居世界第三位,年均增长10%。2003年全社会固定资产投资5.5万亿元,增长26.7%,今后5年固定资产投资年增长率为13%~18%左右,建筑领域投资额占全社会固定资产投资比例将达60%以上。固定资产投资的持续增长为建筑市场的发展提供了良好的外部环境。从建筑施工企业职工人数的发展速度来看,1990年,全国建筑企业职工只有1717万人,其中:国有企业职工621万人。到2000年,建筑施工企业职工发展到2741万人,增加了1000多万人,其中:国有企业636万人,基本保持了原来的规模,增加的主要是民营企业职工。目前农村现有剩余劳动力还有1.5亿人,中国加入WTO后,由于农产品开放,进口将增加5%,预计将减少种植面积5%,估计又要减少劳动力需求3000万~4000万人,这样就有将近2个亿的剩余劳动力,其中相当大的一部分会转入建筑业,对竞争激烈的建筑市场带来更大的冲击,同时,也会促进地方和民营建筑公司职工队伍的发展壮大。

(二) 投资分析

建筑公司的经营与宏观经济尤其是投资增长密切相关。研究表明,GDP的增长率与投资增长率之间存在正相关的关系,而投资的增长对建筑业的增长起着关键作用。在我国,投资统称为固定资产投资。从统计的角度来看,改革开放以来,我国固定资产投资增长率与GDP增长率之比也呈现同步的波动(图2-2)。从近三年固定资产投资增长率与GDP增长率之比的平均值来看,平均为2.0。所以,如果中国的GDP继续以不低于7%的速度增长的话,则大体上可以认为固定资产投资将以10%~14%的速度增长。

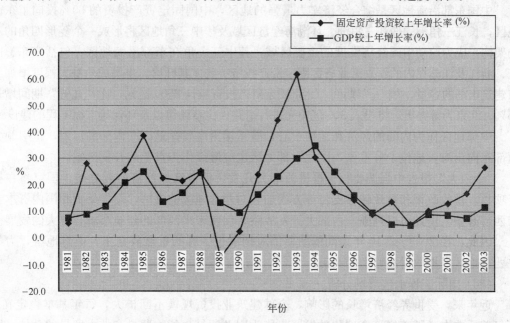

图2-2 1981~2003年固定资产投资增长率与GDP增长率对比

从图 2-3 可以看出，固定资产投资中基本建设投资比重最大，占 40%，其中相当大的部分将转化为建筑业产值，近年来房地产开发投资和更新改造投资的增长也非常迅速，已经占到 18% 和 16%。

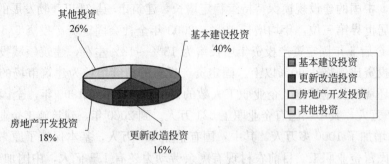

图 2-3　2002 年固定资产投资构成

（三）中国内地市场前景分析

"国运兴，建筑兴"，固定资产投资的增长速度决定着建筑市场的未来发展前景。党的"十六大"报告明确提出，21 世纪头 20 年，我国将集中力量全面建设小康社会，到 2020 年，我国的国内生产总值要力争比 2000 年再翻两番。为此，国内生产总值至少将保持 7% 的增长速度，固定资产投资规模将持续保持 10% 以上的增长速度，国家将继续加大基础设施建设投入，加快生态环境工程建设，加速城镇化步伐，一个全面建设小康中国的建筑新时代即将来临。同时，中国加入 WTO 后外资对中国的信心进一步增强，外资进入中国的速度进一步加快，2002 年中国首次超过美国，成为接受外资最多的国家，有力地推动我国固定资产投资的进一步增长，再加上北京申奥成功、西部大开发等积极因素的影响，使建筑市场的发展面临不可多得的重要战略机遇期。

中国东部沿海地区是综合经济实力最强的地区，中国固定资产投资的 60% 投向了东部地区，长江三角洲、珠江三角洲、环渤海经济区域及华中三角地区将形成一个菱形四角的互动架构，成为拉动中国经济发展的重要区域，其中三个角在东部沿海地区。包括广东、山东、浙江及江苏在内的新兴工业省区固定资产投资势头尤其旺盛。申奥成功将大幅度增加北京建筑市场的容量，"十五"期间，北京固定资产投资累计 8500 亿元，比"九五"期间增长 56%。北京为筹办奥运将投入 300 亿美元进行道路、比赛场馆以及环保等方面工程的建设。

中部地区作为内陆的经济和运输中心，既承接沿海发达地区向内陆的辐射，也引领大西部东向出海，地位十分重要，因此中部地区也应继续作为重要的开发区域。

"十六大"报告中强调要积极推进西部大开发，促进区域经济协调发展，国家将在投资项目、税收政策和财政转移支付等方面加大对西部地区的支持，引导外资和国内资本参与西部开发。由此可以判断，西部大开发战略将促使未来西部的建筑市场有更大的发展。

因此，在 2003~2010 年期间的前期仍应把承包工程的重点放在东、中部地区，力争在西部地区发展取得战略上的突破。

（四）国际工程承包市场分析

近年来，受世界经济增长的影响，全球建筑业投资规模不断扩大，每年基本稳定在 3 万亿美元左右。随着经济全球化的发展，作为服务贸易、货物贸易和技术贸易的载体，国际工程承包市场规模不断扩大，竞争亦越来越激烈。美国标准普尔公司的预测分析指出，

2010年全球建设支出将达到5.74万亿美元,尽管存在一些不确定因素,但预计全球工程承包市场规模总体上将稳中有升。

(1) 亚洲市场仍将保持强劲的经济增长,其平均经济增长率仍远远超过世界其他各地区,亚洲和欧洲市场上工程合同额(营业额)基本持续正增长,未来15年,亚洲仍将是世界上经济发展最活跃的地区,并将保持5%~6%的增长速度。由于东南亚地区受金融危机影响的国家已经明显复苏,建筑业市场出现兴旺势头,其中中国(包括中国香港和中国台湾地区)、马来西亚、新加坡、菲律宾、泰国的国际工程承包市场将快速递增;南亚承包市场趋好,巴基斯坦、尼泊尔等国市场规模虽然不大,但增长平稳,印度近年来经济发展比较强劲,建筑需求增长的前景很好,但印度和巴基斯坦的紧张局势会造成该地区市场的波动;日本和韩国的承包工程市场的封闭程度很高,而且其本身就是国际建筑承包业的大国,实力很强,所以其他国家很难在日韩获得大的工程承包合同。

(2) 中东国家虽因石油收入增加,市场规模将有所增长,但局部政治形势不稳,市场潜力有限,中东市场的发包额一直在减少。近期得益于国际石油价格的提升、石油收入的增加,中东工程承包市场出现增长的势头,阿联酋、卡塔尔等国由于经济发展、外汇充足、法规完善、税率低,是理想的目标市场。

(3) 非洲国家近年来经济虽然有了一定程度的好转,但由于积重难返,因而工程承包市场在短期内难有较大的起色,但一些经济较好的国家工程承包市场仍有一定的容量,尤其是北非的一些国家,存在不少商业机遇。非洲市场主要受国际援助影响,很不稳定,属于潜力大、风险大的市场。

(4) 欧洲市场由于欧元启动,俄罗斯经济复苏,东欧国家经济的好转,给欧洲承包市场增添了新的希望。欧洲统一大市场建成后,外来投资的势头仍保持一定余力,内部基础设施的建设尚需继续。由于近年来欧洲主要国家经济持续不景气,使市场发包额减少,但随着欧元的启动,英国、意大利、爱尔兰等国家建筑的市场逐渐复苏,使欧洲建筑市场出现新热点;东欧经济转轨国家已停止了经济下滑并稍有增长,建筑市场有所恢复。

(5) 北美市场虽然目前美国经济增长乏力,但其仍是重要的承包劳务市场之一,多年以来美国一直是建筑市场容量最大的国家,年发包额8000多亿美元,是各大国际承包商角逐的主要市场;但"9.11"事件加剧了该地区市场发展的不确定性,随着美国为首的反恐战争的胜利,这一市场的容量仍然很大。

(6) 其他市场。拉美和南美地区因经济不景气,市场规模也将减小。澳大利亚的情况大致和美国的情况类似,由于当地的入境和工程公司注册限制,外国承包商很难进入。

三、竞争对手分析

尽管中国的建筑公司在国内外的市场经营中取得了显著的业绩,创造了良好的信誉,但如果和国际知名公司相比,仍然有很大的差距。通过和国内大承包商的对比,世界500强公司的对比,和国际著名建筑承包商的对比,以发现核心竞争力的差距,并确定努力方向和目标。

(一) 国内大型承包商之比较

经过20多年的改革发展,中国的建筑业获得长足的进步,一些建筑公司已经具备了很强的竞争能力,已经初步具备了成为国际著名承包商的条件和实力,这些承包商在国内的竞争已经展开,因此对这些大型承包商进行比较具有很强的现实意义。以下对中国进入美国《工程新闻纪录》(Engineering News Record,简称 ENR)排名的国内业界 10 强公司为样本进行比较,见表 2-1。

ENR 国际承包商之中国前 10 强海外营业额比较表　　单位:亿美元　　表 2-1

排　名	2003 年		排　名	2004 年	
	公　司	海外营业额		公　司	海外营业额
16	中　建	14.80	17	中　建	19.55
39	中国港湾	6.57	36	中国港湾	8.47
42	国机集团	6.22	37	国机集团	7.36
51	上海建工	4.80	48	中铁工	5.56
60	中国成套	3.86	50	上海建工	5.19
63	中国土木	3.39	54	中国石油工程公司	5.02
64	机械进出口	3.37	63	中国土木	3.53
69	中国路桥	3.12	71	中国路桥	2.98
70	中铁工	3.07	74	东方电力	2.84
72	中国石油工程公司	2.57	81	中国水利水电	2.50

从海外营业额来看,中国公司前 10 名的情况基本稳定,排名先后无太大变化,其中,中建、中铁工、上海建工等三家公司和其他公司比较具有明显的优势,营业额也比其后公司多出 1 倍以上。中建、中铁工、上海建工等三家公司比较来看,基本格局是三强鼎立,且都具有良好的发展态势。所以如果在国内 10 强中,出现 2~3 家的公司重组,一定能大大提高国内建筑公司的竞争力。

(二)与世界 500 强之比较

分析《财富》杂志公布的世界 500 强的资料可以发现,中国的建筑公司要想在较短时间内跻身到世界 500 强之列既有希望也有很大的难度。以下主要选取 2003 年和 2004 年世界 500 强的后 10 名来比较分析,以期判定目前的形势,见表 2-2。

世界 500 强后 10 强列表　　单位:百万美元　　表 2-2

排名	2003 年		排名	2004 年	
	公　司	营业额		公　司	营业额
491	天然气集团公司,荷兰	10282.2	491	旭化成公司,日本	11097.8
492	凸版印刷公司,日本	10271.7	492	健康网络公司,美国	11082.5
493	家庭人寿保险公司,美国	10257.0	493	三星公司,韩国	11051.4
494	埃克西尔能源公司,美国	10253.8	494	阿比国民银行,英国	11041.2
495	日本邮船公司,日本	10252.3	495	大西洋与太平洋茶叶公司,美国	11033.7
496	多米诺能源公司,美国	10218.0	496	太平洋健康系统公司,美国	11008.5
497	健康网络公司,美国	10201.5	497	大和房建公司,日本	10841.8
498	福禄丹尼尔公司,美国	10190.4	498	瑞士电信公司,瑞士	10841.3
499	先灵葆雅公司,美国	10180.0	499	东京东急电铁公司,日本	10830.8
500	川崎重工公司,日本	10173.1	500	多伦多道明银行,日本	10827.2
	中建总公司	7484		中建总公司	9131.5

注:世界 500 强 2003 年排名采用的是 2002 年数据;2004 年排名采用的是 2003 年数据。

从表 2-2 中可以看出，虽然 2003 年世界 500 强最后一名的营业额仅为 101.7 亿美元，但 2004 年度世界 500 强最后一名的营业额比上年度世界 500 强最后一名增加了 6.54 亿美元，增长的幅度还是比较大的。中国建筑业排名第一的中建总公司（CSCEC）2004 年的营业额为 91.32 亿美元，相当于世界 500 强第 500 名营业额的 84%。因此，对于中国的建筑公司来讲，必须积极调整发展战略，付出更多的努力，寻求更大的发展空间。一些有优势的公司，经过自身的奋力拼搏努力将会进入世界 500 强行列。

（三）与国际大型承包商之比较

美国《工程新闻记录》（ENR）每年均组织对世界最大国际承包商进行排名，在业界具有很强的权威性和影响力。ENR 的排名依据是各公司的全球营业额和海外营业额，分别反映其综合竞争力和国际竞争力。仍然以排名位居中国内地入选公司之首的中建总公司（CSCEC）为参照，与 ENR 中全球承包商前 10 强全球营业额进行比较，见表 2-3。

ENR 全球承包商前 10 强全球营业额比较　　单位：百万美元　　表 2-3

排名	2003 年		排名	2004 年	
	公司	全球营业额		公司	全球营业额
1	芬奇公司，法国	20488.0	1	芬奇公司，法国	16595.0
2	布依格公司，法国	17208.0	2	布依格公司，法国	15169.0
3	斯堪雅公司，瑞典	14056.0	3	斯堪雅公司，瑞典	13951.0
4	鹿岛建设，日本	13390.3	4	清水建设，日本	12333.3
5	大成建设，日本	13212.0	5	柏克德公司，美国	12057.0
6	豪赫蒂夫公司，德国	13171.0	6	鹿岛建设，日本	11959.0
7	清水建设，日本	13094.0	7	大成建设，日本	10812.7
8	大林组，日本	12232.0	8	ACS 集团，西班牙	9767.0
9	柏克德公司，美国	12210.7	9	豪赫蒂夫公司，德国	9688.0
10	竹中工务店，日本	10842.0	10	大林组，日本	8284.0
13	中建总公司，中国	7484	16	中建总公司，中国	8113.1

注：ENR 2003 年排名采用的是 2002 年数据；2004 年排名采用的是 2003 年数据，下同。

从排名资料可知，进入国际承包商 2003 年和 2004 年前 10 强的公司基本相同，只是有一家公司新进入 10 强行列，其中大部分公司的营业额都有所增加。中建的排名为第 16 名，但从营业额上不难看出，与业界前 10 名公司的差距也还不小，2003 年的营业额只相当于第 10 名日本大林组（OBAYASHI）的 74.8%，与其他公司的差距更大。中建作为中国业界的龙头公司，尚与国际同业有如此差距，可见中国建筑公司加强国际竞争力的必要性和迫切性。

再来分析国际承包商海外营业额前 10 强的情况，详见表 2-4：中建与 ENR 国际承包商海外营业额前 10 强比较。从中可以看出，像瑞典斯堪雅（SKANSKA）、德国豪赫蒂夫（HOCHTIEF）、法国万喜（VINCI）、美国柏克德（BECHTEL）等著名公司均排名在全球最大承包商的前 10 名之列。

ENR 国际承包商海外营业额前 10 强比较表　　　单位：百万美元　表 2-4

排名	2003 年 公司	海外营业额	排名	2004 年 公司	海外营业额
1	斯堪雅 SKANSKA，瑞典	11520.0	1	斯堪雅 SKANSKA，瑞典	11504.0
2	豪赫蒂夫 HOCHTIEF，德国	10010.0	2	豪赫蒂夫 HOCHTIEF，德国	10252.3
3	万喜 VINCI，法国	6841.0	3	万喜 VINCI，法国	8045.0
4	布依格 BOUYGUES，法国	6449.0	4	柏克德 BECHTEL，美国	6637.0
5	特盖尼普 TECHNIP，法国	4618.7	5	布依格 BOUYGUES，法国	6522.0
6	克罗格 KELOGG，美国	3888.4	6	KBR，美国	6508.8
7	鲍维斯 BOVIS，英国	3625.0	7	特盖尼普 TECHNIP，法国	5396.9
8	BAU 控股公司，澳大利亚	3544.1	8	BAU 控股公司，澳大利亚	4694.6
9	爱铭 AMEC，英国	3017.0	9	Royal BAM 集团，荷兰	4497.0
10	B+B，德国	2990.9	10	B+B，德国	3526.0
16	中建 CSCEC，中国	1954.6	17	中建 CSCEC，中国	2103

由表 2-4 可以看出，中国建筑业界公司的海外业务开拓能力和国际著名公司存在太大的差距，即使像中建总公司这样海外业务在国内公司中具有绝对优势的企业，与国际顶级同业公司相比也相去甚远。因此，中国建筑公司要想取得长足的发展必须加强海外市场开拓。

四、竞争环境分析

根据迈克尔·波特的五力分析模型，建筑公司应对所处市场的竞争环境进行分析评估，为节省篇幅起见，本节列示对中国内地的建筑产业结构进行分析，其他一些国家或地区的五力分析，则只列示分析结果。

按照迈克尔·波特分析产业结构的五种竞争力模式，经过研究分析，中国内地建筑业竞争力如图 2-4 所示，现对各种竞争力的强、中、弱分述如下。

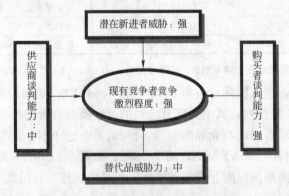

图 2-4　中国内地建筑业竞争力分析

（一）潜在新进入者威胁：强

内地建筑市场属完全竞争市场，分散度高，产品差异化不明显，业主对承包商的品牌忠诚度不高。中国农村拥有大量的剩余劳动力，进入城市后首选的行业往往就是建筑业。政府主管部门对建筑公司资质虽有严格要求，但借牌、挂靠等各种方式进入者甚多。股份制及集体所有制建筑公司凭借劳工费用廉价，管理费用低，机制灵活的优势，在中、低档楼宇上国有建筑公司难以与之竞争。加入 WTO 后，世界各国承包商可以直接进入中国的建筑市场，在高、大、新、尖、特、外工程上，对现有总承包商形成直接竞争，综合考虑潜在新进者的威胁为强。

（二）现有竞争者竞争激烈程度：强

行业现有竞争者数量众多，提供的产品或服务差异小，退出成本高。江浙一带的股份制及集体所有制建筑公司经过多年的发展，已经形成了很强的竞争力。在中低档楼宇上，已经由过去做分包转为做总包，竞争已经白热化。国际承包商通过变通方式，一部分已经进入中国，在高端建筑市场已经展开竞争；中央、地方国有企业纷纷改革改制，竞争能力提高。因此，现有竞争者竞争激烈程度很强。

（三）购买者议价能力：强

由于竞争激烈，购买者(建筑业叫业主)有绝对的议价优势；政府工程，只能以低标的策略争取；承包商提供的服务或产品差异不大，价格很透明，购买者付出的转换成本很低，因此购买者议价能力很强。

（四）供应商谈判能力：中

由于业主拿走大部分材料、设备采购，尤其是高档材料、设备采购，因此，由承包方供应材料、设备减少，对供货商的议价能力大为降低；分包商数量多，提供的服务差异性不大，竞争激烈，总包对分包商的议价能力较强。但是，随着资质、财富的积累，分包商前向一体化的趋势明显。综合考虑供应商的谈判能力为中。

（五）替代品威胁力：中

建筑业产品、技术、服务、组织改进发展缓慢，短期内不会出现产品、技术被淘汰的危险，但是高、尖建筑技术的研究、应用不断取得进展，对业主的服务方式也由过去单一的承包施工向交钥匙工程、定制建造、BT、BOT 等方式转变；承包商内部的组织形式、管理手段也一直在不断变革。尤其是总承包商与股份制及集体所有制分包商的联合，与国际承包商组成战略联盟，各种形式推陈出新，所以替代产品—技术的威胁力为中。

应用以上迈克尔·波特的五种竞争力分析模型，对中国内地和香港、澳门地区以及其他国家的建筑业竞争力情况分析的结论如表 2-5 所示。

主要国家或地区建筑业五种竞争力情况表　　　　表 2-5

国家或地区 \ 竞争力	潜在进入者威胁			现有竞争者竞争激烈程度			购买者谈判能力			供应商谈判能力			替代品威胁力		
	强	中	弱	强	中	弱	强	中	弱	强	中	弱	强	中	弱
中国内地	✓			✓			✓				✓			✓	
中国香港		✓			✓		✓				✓			✓	
中国澳门		✓			✓		✓				✓			✓	
新加坡		✓		✓			✓				✓			✓	
泰国		✓			✓		✓				✓			✓	
菲律宾	✓				✓		✓				✓			✓	
美国		✓			✓		✓				✓			✓	
中东	✓				✓		✓			✓				✓	
阿尔及利亚			✓		✓		✓			✓				✓	
博茨瓦纳			✓		✓		✓			✓				✓	

整体上看，各国或地区的建筑业竞争都比较激烈，尤其是中国内地、新加坡等中国建

筑公司重点业务发展地区，而阿尔及利亚、博茨瓦纳等国家的竞争相对比较弱，有利于中国公司发挥自身的优势，进一步扩大市场份额。由于建筑业本身的特点，造成购买者（业主）的议价能力很强，这一点在各个国家都是如此，因此需要公司尤其重视业主关系的研究与管理。而处于建筑公司供应链上游的供应商的议价能力相对较弱，大的建筑承包商应采取大规模集中采购的模式进一步提高议价能力。由于建筑业是低利润行业，因此潜在进入者的威胁并不大。

第三节 内部资源分析

同外部环境分析一样，内部资源的分析，也是多方面、多层次的，既有历史、现状的分析、预测，也有原因的剖析。清醒认识本企业发展的阶段，找准本企业在市场中所处的位置，将外部环境分析与内部资源分析结合起来，就能发现优势与劣势，机遇与挑战。

一、品牌资源分析

在竞争激烈的市场中，品牌是产品的灵魂、公司的生命、进入市场的通行证、占领市场的王牌，从某种意义上讲，品牌不但是一个公司生产形象和经济实力的象征，也是一个国家和民族工商业品位高低的标志。我国加入世贸组织，令市场之门向众多公司敞开，国内国际市场接轨，使市场成为品牌产品瓜分的天下。

（一）建筑公司品牌的单一性

建筑公司仅有公司品牌，没有产品品牌。这是由建筑产品先签约后生产（即定制）、建筑公司不具有产品所有权的性质所决定的。目前已成为知名品牌的国内建筑公司为数不多。根据这一特点，建筑公司要认识到品牌塑造空间的局限性，集全力打造公司品牌。

（二）品牌形成的复杂性

建筑公司的品牌形成是多因素共同作用的结果，其中包括公司的生产经营能力、建筑产品的质量和商业道德等。目前国内实行建筑公司资质管理所反映出的结果，即建筑公司所拥有的要素资源的情况从一个层面体现了该公司的品牌价值。

（三）品牌保持的长期性

品牌是一个公司通过长期、持续的市场竞争活动而形成的。建筑公司要取得良好的社会评价，形成良好的品牌，就必须经过大量、长时间和有效的市场营销、施工管理、技术创新、CI宣传和优质服务等一系列智力投入才能形成。而一旦形成，品牌也具有惯性特征，即可以在相当长的时间内保持稳定，并能进一步促进公司的市场开拓，却不会因为产出的增加而耗减。

（四）公司品牌对名牌工程的强依赖性

首先需要说明的是，"名牌工程"并非"著名品牌工程"，因为建筑公司是没有产品品牌的，之所以称为名牌工程，是一种习惯性称呼，指的是规模大、技术难度高、质量优、通常还获过重大奖项的工程。建筑公司品牌的形成，对名牌工程有很强的依赖性。一个不容忽视的事实是，社会公众往往只知工程，不知公司，更不知品牌，往往以工程介绍公司。产生这种现象的根源在于建筑产品优越的展示性能给公众留下对工程的深刻印象，而建筑公司自身长期以来品牌意识淡薄，不重视品牌的确立和推广，公众很难形成对建筑公司品牌的印象。因此，建筑公司必须将品牌塑造始终置于创建名牌工程的坚实基础之上。

（五）品牌雷同导致品牌识别困难

由于历史的局限性，建筑公司的名称以行政区划、行业、数字命名极为普遍，以行业为例，冠以"中建"、"中铁"、"中港"、"中油"、"中煤"、"中化"、"中冶"等字头、称谓十分近似的公司随处可见；以行政区划为例，几乎千篇一律称为"某某建工集团"、"某某建工几公司"。面对建筑公司以公司简称代替品牌名称、公司简称又如此雷同的现状，公众要认准公司品牌，其难度可想而知。

二、技术资源分析

建筑企业的技术资源体现为公司有形的和无形的技术实力。如拥有的技术人才、知识产权、专利、工法等的数量和质量，先进的工程技术、施工工艺和机械设备、手工机具等。自主创新能力是建筑企业保持技术资源优势的源泉。建筑公司应成为技术创新的主体。即要成为创新决策的主体，技术创新投资的主体，技术开发、研究应用的主体，技术创新风险承担和利益享有的主体。

近些年来国有大型建筑公司在研发关键技术方面取得了可喜的成果，有力地促进了传统建筑业的升级，形成了公司核心竞争技术。如抗震性能、风震性能与稳定性能高层建筑与空间结构技术的开发应用，地下、水下工程施工技术与地下空间环境技术的开发应用等项目，使部分建筑公司在市场竞争中形成了强悍的竞争能力。

尽管中国的建筑公司科技工作取得了很大的成绩，但是，整体技术优势趋于弱化并与当前市场错位的问题必须引起关注。首先，随着中国加入WTO，大批外国建筑公司、设计公司进入中国，技术优势不再明显。近年来，由于国家重点投资方向已由民用商业建筑转向住宅和基础设施建设，中央政府、地方政府加大在道路、桥梁、市政、环保、能源、地下结构等基础设施建设领域的投资，在这方面已无明显优势可言。同时，由于国内公司与海外机构的科技发展不相协调，缺乏国内外的互动能力，国内成熟、经济的科技成果在国外的推广力度不够，同时也未能将国外优秀科技成果和先进管理经验及时有效地引进国内。设计、施工之间缺乏技术上的相互了解与沟通，滞缓了设计施工一体化经营格局的形成。

三、人力资源分析

人力资源是公司生存发展的动力之源。了解掌握公司人力资源情况对制定公司战略起着关键作用。人力资源的分析是做好这些工作的基础。本节从人力资源的现状分析入手，之后介绍人力资源的预测方法，在此基础上重点分析建筑劳务人员的状况。

（一）人力资源状况分析

弄清公司现有人力资源的状况，是制订人力规划的基础工作。实现公司战略，首先要立足于开发现有的人力资源，因此必须采用科学的评价分析方法。人力资源主管要对本公司各类人力数量、分布、利用及潜力状况、流动比率进行统计。这类分析通常以开展人力资源调查的方式进行。在信息系统高度发达的年代，对于绝大多数组织来说，要形成一份人力资源调查报告，并不是一项困难的任务。这份报告的数据来源于员工填写的调查表。调查表可能开列姓名、最高学历、所受培训、以前就业、所说语种、能力和专长等栏目，发给组织中的每一个员工。此项调查能帮助管理者评价组织中现有的人才与技能。

内部人力资源分析另一重要内容是职务分析。人力资源调查主要告诉管理当局各个员工能做些什么，职务分析则具有更根本的意义，它确定了组织中的职务以及履行职务所需的行为。例如，在一个公司中工作的第三级采购专业人员，其职责是什么？若其工作取得绩效，最少需要具备什么样的知识、技术与能力？对第三级采购专业人员与对第二级采购专业人员或者采购分析员的要求，有些什么异同之处？这些是职务分析能明确问题之所在，职务分析将决定各项职务适合的人选，并最终形成职务说明书说明职务规范。

（二）人力资源需求的预测

预测是指对未来环境的分析。人力资源预测是指在公司的评估和预测的基础上，对未来一定时期内人力资源状况的假设。因此，人力资源的需求预测应该以组织的目标为基础，既要考虑现行的组织结构，生产率水平等因素，又要预见到未来由于组织目标调整而导致的一系列变化，如组织结构的调整，产品结构的改变，生产工艺的改进，新技术的采用等，以及由此而产生的人力资源需求在数量和技能两方面的变化。人力资源预测可分为人力资源需求预测和人力资源供给预测。需求预测是指公司为实现既定目标而对未来所需员工数量和种类的估算；供给预测是确定公司是否能够保证员工具有必要能力以及员工来自何处的过程。

（三）建筑劳务人员分析

建筑业作为劳动密集型产业，工程项目上大量使用建筑劳务人员，这些人员直接同公司签订一定期限的合同或公司与劳务公司签总分包合同，合同期限从几天到一年，也有长达两年的。建筑工人不但数量上是建筑业比重最大的群体，从对建筑业的影响来看也是最重要的因素之一。中国的劳动力资源丰富，价格低廉，在世界上是名列前茅的，其来源主要是在农村的剩余劳动力。据估计中国农村现有剩余劳动力1.5亿人，由于加入WTO后农产品开放，进口将增加5%，所以预计将减少种植面积5%，估计又要逐年减少劳动力需求共3000万～4000万人，这样就有将近2个亿的劳动力。建筑业进入门槛比较低，所以这些劳动力将大量成为建筑企业的劳务资源。

据有关部门统计，我国建筑业从业人员3800万人，其中农民工约2700万人。其主要构成除了少数的正规登记注册的乡镇劳务企业外，大多数都是由包工头组织的松散建制的劳务队伍和散工。这类劳务队伍流动性大，缺乏必要的训练且管理很不规范。由此而产生的质量、安全问题，拖欠工资问题都会损害建筑企业及业主的利益。建筑企业价值活动中的生产作业、质量控制、客户服务等环节都离不开建筑工人的直接操作，但建筑企业对在自己工地上干活的工人没有直接的控制力，而是通过很长的链条进行间接管理。此外，由于没有稳定的劳务供应，很多劳务人员都是在家乡放下锄头，就跑到城市里拿起瓦刀，缺乏必要的训练，所以学习、培训的成本也大大增加，而且劳动效率也不高。

四、财务资源分析

财务资源是建筑公司确立战略竞争优势的关键因素之一。在这里财务资源是指建筑公司的财务资源和战略能力，既包括公司有形资产及资产运营能力，也包括公司盈利能力和举债（偿债）能力。"有多大本事办多大事"，通过分析财务资源情况，了解公司自身以及潜在和现有竞争对手的盈利能力、运营能力和举债（偿债）能力，充分挖掘自身优势，发现存在问题,从而为制定战略做好前期准备。

(一)净资产收益率(return on net asset,简称 RONA)分析图

RONA 分析图是一种常用的分析财务资源的方法,其分析过程如图 2-5 所示。

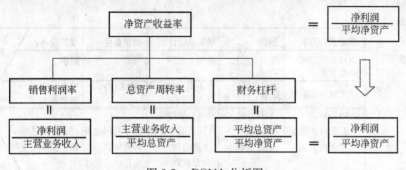

图 2-5 RONA 分析图

RONA 图也就是基于净资产收益率基础上的公司经济结构图。它充分考虑了影响净资产收益率的三个方面因素:一是生产经营活动的盈利能力;二是管理当局对公司资产的利用或运营能力;三是公司有效利用财务杠杆,降低财务风险的能力(包括偿债能力)。

(二)财务比率分析

分析公司财务状况的最为广泛使用的方法就是财务比率分析。同时,公司财务比率分析也可以帮助我们了解公司在管理、市场营销、生产、研究和发展等其他方面的长处和短处。公司财务比率分析是根据公司主要财务报表所提供的财务数据进行的。单纯计算公司的财务比率只能反映公司在某一个时点上的情况,只有把计算出来的财务比率与以前的、与其他公司相似的、和整个行业的财务比率进行比较,财务比率分析才有意义。

公司的财务比率分析也存在着局限性。首先,财务比率的计算是以会计报表提供的数据为基础的,但是各个公司对折旧、库存、科研和开发费用支出、成本、合并、税收等的处理可能是有差异的。其次,一些大型多样化公司可能难以与各行业的平均值进行有意义的比较。第三,由于通货膨胀的因素,可能会对公司的折旧、库存、成本和利润产生很大的影响,进行公司的财务比率分析一定要十分谨慎。第四,行业经营周期以及季节性因素也会对财务比率的趋势比较分析产生一定的影响。第五,一般很难说一个具体的比率是好还是不好。比如说,现金比率很高,一方面可以说明公司的短期清偿能力很高,但从另一方面来说,也说明现金管理不恰当。

财务比率可以分为五大类:第一,清偿类比率,它们测定公司偿还短期债务的能力;第二,债务与资产比率,它们测定公司资产中有多少债务;第三,活动比率,它们测定公司资源的有效使用程度;第四,利润比率,它们通过测定销售和投资所产生的收益来判定公司管理的有效性;第五,增长比率,它们测定公司在经济和行业中是否有能力保持或增强其经济实力。具体的分析方法在专业的财务管理书籍中有详细的介绍,这里不再赘述。

五、价值链分析

(一)价值链的内部联系

迈克尔·波特认为，每一个公司的价值链都是由以独特方式连接在一起的九种基本活动构成，这些价值活动之间的联系成为价值链的内部联系，通过优化或协调这些联系，可以为公司带来竞争优势。我们可以用图2-6的建筑公司内部价值链具体分析这种联系。

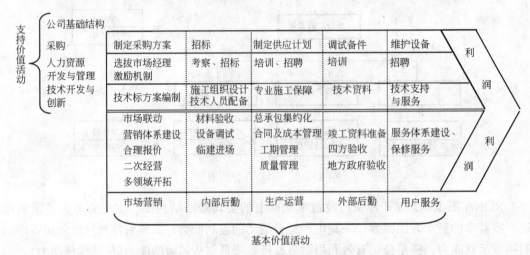

图 2-6　建筑公司内部价值链

根据价值链的基本原理，以典型的房屋建筑为主的总承包管理公司为例，将公司价值链的支持活动主要分为公司基础结构、采购、人力资源开发与管理、技术开发与创新。将基本价值活动分为市场营销、内部后勤、生产运营、外部后勤及用户服务，其中基本价值活动在价值链中起着最基本的维系公司生存和发展的核心作用，支持价值活动在公司生产经营管理的价值活动中间接创造价值，对竞争优势发挥着辅助性的作用。

（二）价值链纵向联系

公司价值链与供应商价值链、客户价值链等价值链之间的联系成为价值链的纵向联系（外部联系），通过纵向联系构成了一个完整的价值系统（Value System）。

价值链的纵向联系（外部联系）存在于同一行业内部为消费者（建筑业则为业主）提供某种最终产品或服务的相关公司之间。上、下游与渠道公司的产品或服务特点，及其与公司价值链的其他连接点能够十分显著地影响公司的成本。改善价值链的纵向联系将使得公司与其上、下游及渠道公司共同降低成本，提高这些相关公司的整体竞争优势。找出和追求这种机会需要对供应商、买方及购销渠道的价值链进行仔细的研究。

建筑公司通过工程项目形成建筑公司与供应商、业务的价值链纵向联系，如图2-7所示。建筑公司通过工程承包服务向业主提供建筑产品，业主为这种服务向承包商支付费用。同样，位于承包商下游的设计分包商、材料设备供应商、从工程专业分包商等各相关环节分别向承包商提供产品或服务，获取承包商支付的费用，形成一个围绕建筑工程项目相互联结的价值系统。如能围绕业主价值增加，提供优质服务，则建筑公司将可能获得直接价值增加，从材料设备供应商处获得质优价廉的材料设备，从工程专业分包商处寻求较高施工质量和较低的成本支持，有利于培育低成本竞争优势，则建筑公司间接增加价值。由此可见，建筑公司的经营活动主要在建筑业内，同时，涉及多个产业，亦可为相关产业提供服务，创造价值。

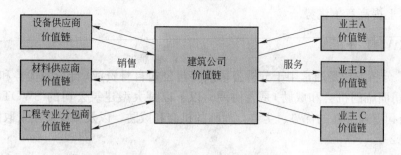

图 2-7 工程总承包公司价值系统

所以,建筑业的供应链可以是围绕着总承包公司,通过对信息流、物流、资金流的控制,从采购原材料开始到运输、仓储、现场使用、竣工交付直至售后服务将物资供应商、工程总承包商、分包商、设备租赁公司连成一个网络。通过实施供应链管理的优化和重组可以快速准确地掌握信息资源,对供应商、分包商进行协调、优化管理。优化公司库存,通过集中采购,减少交易环节,降低交易成本。根据典型调查,材料集中采购可以大大降低材料费,而且直接通过厂家供货可以确保钢材的质量。土建主材的价格比较透明,单位价格下降空间虽然并不大,但是集中以后,由于批量大,规模经济发挥作用,总体效益非常可观。同时,一些采购量不大的安装材料,则价格水分比较大,通过严格的招标管理,仍然可以节约费用。如果资金情况好,以现金结算材料款,成本还会降低。如果交一部分预付款的话价格还会降低,而且可以在钢材淡季价格低时订货,在旺季价格高时进货使用,进一步降低成本。

(三)建筑企业价值链整合

根据上述价值链理论,可以发现,根据价值链的构成和公司自身的能力,优化、整合、管理、协调各种价值链的内部及外部联系,是公司取得竞争优势的有效手段。按照"投资、建设、监督、使用"分开,以及专业化管理的原则,进行建设领域价值链整合已是必然趋势,它给建筑公司带来无限商机,也将使固守于传统模式的公司加速消亡。

借鉴国外的管理模式,建设部 2003 年已经发文要求培育发展工程总承包和工程项目管理公司,主要的运营方式有以下几种形式:设计、采购、施工工程总承包(Engineering, Procurement and Construction,简称 EPC)、交钥匙工程总承包、设计—施工总承包(Design Build,简称 DB)、施工总承包(General Construction,简称 GC)。以上是几种主要的总承包方式。根据工程项目的不同规模、类型和业主要求,工程总承包还可以采用设计—采购总承包(Engineering procurement,简称 EP)、采购—施工总承包(Procurement Construction,简称 PC)等方式。

具备条件的建设项目,采用工程总承包、工程项目管理方式组织建设。有投融资能力的工程总承包公司,对具备条件的工程项目,根据业主的要求,按照建设—转让(BT)、建设—经营—转让(BOT)、建设—拥有—经营(BOO)、建设—拥有—经营—转让(BOOT)等方式组织实施。

总之,根据所处产业竞争环境的变化,在对建筑公司价值链各环节的联系进行深入分析的基础上,通过改变产品组合、工艺流程、服务方式与服务范围,重新选择价值链的上游、下游与购销渠道,或调整它们之间的联系方式来进行价值链的剪裁与适应性重新构建，从根本上提高竞争优势。

六、SWOT 分析

SWOT 分析方法是通常用于分析公司战略与公司自身资源（自身的优势和劣势）和外部环境（公司面临的机会和威胁）是否协调。以下以某大型建筑公司的 SWOT 分析为例，说明建筑公司普遍存在的优势、劣势，面临的机会和威胁，以及相应应当采取的措施。见图 2-8 和图 2-9。

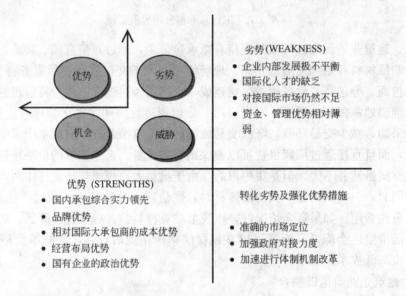

图 2-8　优势与劣势分析

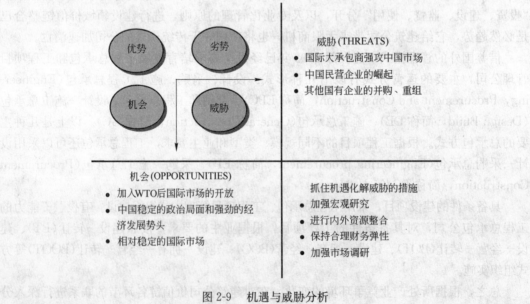

图 2-9　机遇与威胁分析

第四节 战略选择

依据对公司外部环境、内部条件的研究分析预测,并经 SWOT 分析加以整合,产生战略目标及策略。公司必须对每一战略目标及策略可能的组合加以评估论证,做出选择,以便能够在快速变动的全球化竞争的环境中,选择出一整套确保组织生存、发展、壮大的战略方案。

一、战略目标体系

战略目标体系不只是单一目标,而是由若干子目标组成的一个战略目标体系。从纵向上看,公司的战略目标体系可以分解成一个金字塔结构,如图 2-10 所示。

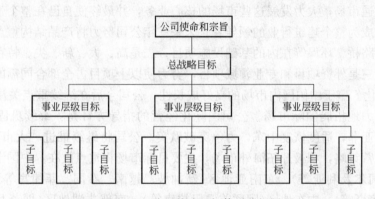

图 2-10 公司战略目标体系分解图

可以看出,在公司使命和公司宗旨的基础上,才能制定出公司的总战略,而为了保证总目标的实现,必须将其层层分解,确定出规定保证性的事业层级战略目标;也就是说,总战略目标是公司主体目标,事业层级目标是保证性的目标。在事业层级之下,将其分解为若干子目标。

下面以某大型跨国建筑公司的战略体系为例,对其战略目标、事业层级目标和产业结构调整子目标、国际化子目标进行实证分析。

(一)战略目标

把公司建设成为在中国建筑行业中最具有国际竞争力的国有重要骨干企业;力争在 2010 年前实现全球经营额跨入世界 500 强、海外经营额跨入国际著名承包商前 10 名。

(二)事业层级目标

在国内国际市场一体化的背景下,形成工程建设、地产投资以及勘察咨询三大产业优势并举的格局。其中项目投资运营,如港口、码头的运营、市政设施的运营、桥梁隧道的运营、公路的运营等,可能成为未来公司最长期稳定的经济来源。公司将力争在从目前到 2020 年的期间内,努力改善工程建设业务的结构,提高工程建设业务的经营质量,同时大力发展房地产业务、项目投资运营业务和勘察设计业务,力争到 2020 年,工程建设业务的比重(按收入计算,下同)由 2003 年的 89.04% 下降到 50%,地产投资业务的比重由 2003 年的 10.1% 上升到 47%,勘察设计业务的比重由 2003 年的 0.94% 上升到 3%。

(三) 子目标

事业层级目标确定后,需要将这些目标分解成更加具体,专业化的子目标。以下以投融资计划、产品结构调整、国际化发展为例说明子目标的制定。

(1) 投融资计划。大力投资房地产和基础设施领域,积极培育可带动经济效益持续增长的新兴投资领域,构筑投融资平台,形成投资商与承建商为一体的核心竞争力。公司将对投融资实行集中统一管理,发挥银行资信优势,探索新的项目融资方式,构筑资本密集型投融资平台。对内加快改善资本结构和财务状况,对外密切与世界大银行、大投资商的联系,积极争取银团贷款,建立多渠道的融资体系。各单位应充分利用项目专项借款、上市融资等方式筹措发展资金。

(2) 产品结构调整。装饰、市政、交通基础设施建设市场的前景广阔,属于公司可能优先发展的业务方向。从长期发展来看,目前房建为基础,集中优势以不同的方式进入装饰、市政及交通市场,大力发展这些市场的核心业务,并最终使自己在整个建筑领域中处于核心地位,成为整个建筑行业的领导者。未来三年公司努力将产品结构重点转向以下领域:一是包括路桥、环保等在内的基础设施项目;二是高、大、新、尖、特在内的大型和特大型项目;三是外资项目和专业领域项目,努力使以上项目占全部合同额的50%以上。

(3) 国际化。鉴于中国国内市场的良好成长性,公司今后在继续重点关注国内市场的同时将更加努力地拓展国际市场。公司国际化经营的指导方针是:继续巩固发展中国港澳,重点开拓亚非,适度恢复中东,力争突破欧美。公司将继续推进"大市场、大业主、大项目"的经营策略,积极开拓海外市场,主要目标市场将重点放在:中国港澳地区、北部非洲地区(阿尔及利亚等)、东南亚地区(新加坡、越南、泰国、菲律宾等)、美洲地区(美国、巴巴多斯等)、中东地区(阿联酋、伊拉克等)、南部非洲地区(博茨瓦纳、南非和纳米比亚)、中亚与东欧地区(俄罗斯、阿富汗、巴基斯坦等)。

二、综合指标案例

战略目标需要通过反映公司计划期内(或末)经营管理活动主要成果如经营规模、投入产出、经营布局、运营系统等发展目标进行量化描述,使人们能够对公司整体方向的发展前景、发展速度有一个比较明了和直接的印象。下面以国内某大型公司为例介绍各项指标的制定,参见表2-6。

国内某大型公司各项指标的制定　　　　表2-6

指标名称	计算单位	2003~2010年合计	2010年计划	年均增长%(以2002年为基期)
1. 合同额	亿元	10300	1500	9.2
国内部分	亿元	7300	950	6.7
对外经营	亿元	3000	550	15.1
2. 营业额	亿元	8400	1320	9.9
国内部分	亿元	5900	860	8.6
对外经营	亿元	2500	460	12.9
3. 主营业务收入	亿元	7800	1200	8.2
4. 利润总额	亿元	175	26.5	14.6

续表

指 标 名 称	计算单位	2003~2010年合计	2010年计划	年均增长%（以2002年为基期）
5. 净利润	亿元	63	11	30.6
6. 资产总额	亿元		1139	6.1
7. 负债总额	亿元		899	6.1
银行贷款	亿元		190	5.9
8. 股东权益	亿元		240	6.1
国有权益	亿元		150	5.3
9. 年度投资支出	亿元	800	100	4.7
房地产	亿元	492	50	−0.7
基础设施	亿元	100	20	58.6
固定资产	亿元	152	22	5.2
其他	亿元	56	8	29.7
10. 年末从业人员	万人		36	6.0
其中：自有在岗员工	万人		8.2	−1.6
11. 净资产收益率	%		7.6	0.7
12. 总资产报酬率	%		3.0	0.2
13. 资产负债率	%		78.9	−0.1
14. 借贷资本率	%		80	0
15. 科技投入率	%		0.2	0.02

（一）合同额指标

2003~2010年新签合同额计划为10300亿元，2010年为1500亿元，比2002年增长102%，年均增长9.2%。为了贯彻执行国家"走出去"的战略，发挥公司竞争优势，在规划期间，公司将适当加快对外经营承揽项目的步伐，以实现在2010年前进入225家世界大承包商前十位的目标。对外经营年均15.1%的增幅，比2000~2002年平均发展速度增长了4个百分点。考虑到经营结构调整的需要，加上公司改革重组、主辅分离的影响，初步安排的国内经营增幅仅为6.7%，尽管略低于预期的7%的国民经济发展速度，但对于实现公司的整体战略目标是比较恰当的。

（二）营业额指标

2003~2010年计划完成营业额8400亿元，2010年为1320亿元，比2002年增长113%，年均增长9.9%。其中，2010国内经营计划实现860亿元，占公司全部营业额的比重由2002年的72%下降到2010年的65%；国外经营计划实现460亿元，占公司全部营业额的比重由2002年的28%上升到2010年的35%。

（三）主营业务收入指标

2003~2010年计划实现主营业务收入7800亿元，其中2003~2005年近2400亿元，2006~2008年超过3000亿元，2009~2010年超过2300亿元，2010年为1200亿元，年均增长8.2%。主营业务收入的安排主要以合同额、营业额计划为基础，根据多年来营业额与主营业务收入的配比关系，推算出2003~2010年可能实现的主营业务收入目标。考虑到新会计制度的实施对收入确认将更加严格，加上公司将处于平稳发展阶段，这期间的发展速度将比2000~2002年年均20%的增幅放缓。

(四)利润总额指标

2003~2010年计划实现利润总额175亿元,2010年达到26.5亿元,比2002年增长198%,年均增长14.6%。在安排利润指标时,初步考虑了公司面临的形势与任务,随着全社会生产和生活资料价格上涨、改制重组成本支出等不确定因素的增加,成本费用占收入比重的发展趋势将会有所增长,利润率较低的情况难以在短期内得到转化。

(五)股东权益指标

2010年股东权益将达到240亿元,比2002年增长了60%。其中,国有权益将达到150亿元,比2002年增长了50%,年均增长5.3%。对于期末权益的变化,主要是在2002年(期初)权益数量150亿元的基础上,规划期间净增加90亿元。其中,留存收益增加70亿元,综合考虑了税后利润、计划派息;公司所属已经上市和即将上市的企业计划从资本市场融资20亿元。

(六)投资支出指标

2003~2010年计划实现投资810亿元,年均100亿元,其中,2010年达到110亿元,年均增长6.0%。在拟完成的投资中,用于房地产的投资为500亿元,占全部投资计划的61.7%,比2000~2002年度所占比重减少了11.5个百分点。用于基础设施的投资100亿元,占全部投资计划的12.3%,比2000~2002年增长了13倍。用于固定资产的投资150亿元,占全部投资计划的18.5%,略低于2000~2002年20%左右的水平。

(七)融资总额指标

随着规划目标的制定,要实现2010年营业额计划的1320亿元,投资支出计划的110亿元,应具备相应的资金支持,包括股东权益、银行贷款等。2002年末公司的资产负债率为78.9%,略好于同期82.1%的全国建筑行业平均水平;年末银行贷款120亿元,占负债总额的21.4%。受行业特点和自身发展规划等因素影响,到2010年,公司的资产负债率基本不会发生显著变化,还将保持78.9%左右的水平,同期银行贷款将控制在190亿元,比2002年净增加70亿元,年均增幅为5.9%。

(八)年末从业人员数指标

公司的从业人员包括自有职工、成建制的外联队伍、返聘人员。计划到2010年达到36万人,比2002年增加13.2万人,年均增幅近6.0%。2010年年末自有在岗员工为8.2万人,比2002年减少了1.1万人,其中,管理及技术人员达到6.6万人,所占比重由2002年的62.3%上升到2010年的80.5%。2010年底,公司从事海外经营的企业员工将达到4.6万人,比2002年增加3.0万人。

(九)资产负债率指标

2010年资产负债率为78.9%,略低于2002年79.8%的水平,但比2003年的81%降低了2.1个百分点。

(十)科技进步效益率指标

2005年建筑承包公司年科技投入占年营业额比例达到2‰~3‰;勘察设计类公司年科技投入占年营业额比例达到3%~5%;其他公司比照行业领先水平。2005年科技进步效益率达到1.8%以上,居于行业领先水平。

三、阶段目标

在总体目标确定的前提下,一般需要对分目标进行尽可能具体与定量的阐述,它是保证总目标实现的依据。公司的分目标常常与具体的行动计划和项目(参见表 2-7)结合在一起,它们都是达成公司总目标的具体工具。以下仍以上例说明。

公司在不同阶段的行动计划　　　　表 2-7

	第一阶段 (2004～2006 年)	第二阶段 (2007～2010 年)	第三阶段 (2011～2020 年)
业务发展	保持建筑业优势 整合房地产	优化产业结构 实现"两跨"	巩固地位 布局合理
治理结构	逐步改革	完成公司制改造	整体上市
组织机构	整合"瘦身"	设立事业部 区域分公司	进一步完善 组织结构
人力资源	重点保护	全面与市场接轨	高于市场 国际化、本地化
科技开发	集中研究资源	建立体系、研发中心	信息网络系统

(一)第一阶段(2003～2005 年)

本阶段计划安排合同额超过 3300 亿元,相当于前三年(2000～2002 年)的 170%;完成营业额近 2580 亿元,比前三年增长 57%;实现利润(含消化潜亏)57 亿元,比前三年增长了 2.2 倍;年度投资 303 亿元,比前三年增长 84.2%;2005 年净资产收益率达到 6.6%,比 2002 年增长了 5.3 个百分点。

(二)第二阶段(2006～2008 年)

第二阶段计划安排合同额超过 4000 亿元,比 2000～2002 年增长了 1 倍,相当于第一阶段的 120%;完成营业额超过 3300 亿元,比 2000～2002 年增长了 1 倍,相当于第一阶段的 128.5%;实现利润(含消化潜亏)66 亿元,比 2000～2002 年增长了 2.7 倍,相当于第一阶段的 116%;年度投资 300 亿元,比 2000～2002 年增长了 1 倍,与第一阶段持平;2008 年净资产收益率达到 7.2%,比 2002 年增长了近 6 个百分点。

(三)第三阶段(2009～2010 年)

第三阶段计划安排合同额近 3000 亿元,完成营业额近 2570 亿元,实现利润(含消化潜亏)51 亿元,年度投资 200 亿元,2010 年净资产收益率达到 7.6%。

四、策略选择

策略选择是实现公司发展目标的前进方向或具体途径。它是围绕战略目标要完成的任务、解决的问题而确定的。可是在战略制定过程中,战略目标的选择与策略的选择两者是不能截然分开的,又是先有战略目标构想,再去找前进的策略路径。有时先产生策略构想,再看可能达到的战略目标。两者相互依存,不可分割。如此才能将资源充分利用,潜力充分挖掘,又能安全运行,以收持续发展之效。因此,也可以说策略选择,也是战略目标的论证。

(一)策略发展方向

策略发展方向选择的主要内容包括:

(1) 规划经营的主要行业、兼营行业，选择经营的产品类别、产品的档次及其发展方向等。以建筑业为主的公司，兼营房地产业、建材工业就有联合成本最低等许多优势。为充分发挥自身优势，要按照国际惯例进行经营活动。向前向后一体化发展。如此，则可以增强竞争能力，提高盈利水平。需要注意的是，要坚持一业为主，相关产业多元兼营的方针。

(2) 根据世界政治经济形势、国别市场特点、自身优势，从满足城市、乡村、国内、国外、集团或个人，以及各阶层的消费需求出发，确定开拓经营的国家或地区。经过市场分析，竞争对手优劣势比较，选择实施目标的最佳策略。从全局出发，对行业经营结构，国家或地区经营的比重，速度的快慢作出策略选择，就是总体经营的方针。

(3) 确定发展速度。在全面分析市场形势，自身条件的基础上，确定达到目标需要的全部时间。既要只争朝夕的工作热情，又要有稳扎稳打，步步为营的科学态度。不能拖拖沓沓，优柔寡断，贻误战机。更不能超越客观条件的许可，将五年、十年后要办的事，提前到今天来完成。若操之过急，急躁冒进，资金、人才、管理跟不上，则必然会欲速则不达。

由于策略涉及范围广泛，时间跨度长，发展什么，限制或淘汰什么，必须有选择，如果什么都要发展，平分财力、人力、物力，不是经营战略。要抓主要矛盾，突出重点经营的区域范围，重点经营的行业，并制定与之相配套的政策措施。

(二) 地区布局

经营布局分为地区布局、行业布局两个方面进行规划。地区经营布局中有行业、品种，行业、品种经营布局深植于各个国家或地区之中，两者相互依存，不可分割，通过发展速度的快慢有机地结合起来。经营布局是公司策略的具体化，也就是将经营的行业、品种发展速度分解安排到每个国家或地区，体现和形成国别经营策略。经营布局要以投资回报率为导向，从低产出向高产出的国家或地区转移，从低效益向高效益的行业转移，从低利润向高利润的子公司、分公司转移。

从每个国家或地区的市场分析预测入手，依据自身已有的经营状况，弄清已有的结构比例，逐个国家或地区予以规划安排。一般要确定主要子公司、分公司的销售额、利润额、资产额（包括追加投资额部分）、投资回报率等方面的一些目标，以及其他重要目标。在此基础上协调平衡，确定今后的行业经营调整方向和目标，形成经营布局方案。通过这项工作，可以验证发展目标的可靠性，公司战略也更加具体化。

根据国内外经济发展动态和建筑市场形势的分析，可以依次考虑以下的地区为中国建筑公司重点发展业务的区域。

(1) 国内。大力开拓长江三角洲、珠江三角洲和京津地区，巩固可持续发展的经营地域。我国长江三角洲、珠江三角洲和京津地区是综合经济实力强、固定资产投资和外商投资的重点地区，占国内投资的70%以上，建筑市场发达，市场环境较好，成为国内建筑公司的必争之地。中部地区作为内陆经济和运输中心，国家实施中部崛起的战略必然将带动这一地区的建筑业发展。最后，应积极抓住西部大开发机遇，进行战略开发。

(2) 国外。巩固传统市场，重点拓展亚非市场，形成海外区域经营的稳定格局。东南亚、北非、中东是中国建筑公司传统的业务经营区域，进一步巩固北非、南非、中东、美洲等区域公司，进一步规范管理，提高项目效益，走本地化发展的道路；利用中国建筑公司的比较优势（如在非洲市场的设计优势、技术优势、管理优势、劳动力优势），加强与当地其他领域的开发与合作；根据形势变化，实施"走出去"的长远战略，研究当地市场、当地资源、当地项目的深度开发,以工程项目、劳务换资源。尤其是国际承包项目的新方式:BOT、BOOT、EPC 项目等,实施多元化战略,力争在房建业务以外的基础设施项目的突破。亚洲市场是世界经济发展最活跃的地区和全球最大的工程承包市场。香港作为中国大陆与世界经济交流的重要窗口,经济复苏的动力正在不断聚积。中国建筑公司应继续巩固和发展港澳市场。非洲地区一些政局较稳、经济形势较好国家的工程承包市场仍有一定容量,可作为重点开拓的市场。在北美市场,美国仍是建筑市场容量最大的国家。对美国市场将加强力量、重点突破。继续坚持咨询服务带动总承包经营模式,积极争取美国本土的美资项目,探索直接收购美国中大型承包商的可行性。俄罗斯、东欧等新兴市场未来发展前景广阔,中国的建筑公司也应该保持关注,以投标项目(中标项目)为进入市场的契机,成立代表处或经理部;建立当地各方关系;收集和跟踪信息,实施符合当地管理模式的项目管理;利用成功的项目在当地扩大公司影响,继续稳妥地开拓市场。

(三)产业布局

中国有很多公司或集团公司,表面规模很大,内在实力虚弱。在中国加入 WTO 的全球竞争时代中,都面临着生存、发展和壮大的问题。一个公司在自己经营的行业中已经绝对领先或相对领先,而且市场已经出现饱和状态,竞争加剧,利润率下降,可以考虑多元化经营。而多元化经营的首要原则是新拓展行业与现时主业关联程度高,这样可以利用相关资源、客户资源,从而产生联合成本最低的效果。例如,建筑业进入房地产业,计算机服务器进入 IT 服务业,商业银行进入投资银行业等。另一项多元化经营的原则便是与主业具有协同效益。如洗衣机、冰箱、电视机均有各自不同的产品生产线,但均属于家电产品,其品牌、物流配送、原材料采购有许多共享资源,尤其有同样的或近似的消费品市场。这两项原则的出发点都是基于公司的核心竞争力的发挥,资源的综合利用,从而拓展与现有主业关联的或能发挥协同效应的行业,创造新的核心竞争能力,占领新的市场。

以房建为核心业务的公司,应根据国家投资导向的调整,进入道路、交通等基础设施建设市场。由于建筑工程承包与房地产开发的上下游关系,建筑公司也有条件进入房地产业。此外,建筑设计、咨询、装饰、建筑机械等也是建筑公司可以考虑介入的领域。但是,无论是进入哪一个新行业,都必须进行详细的分析论证,并积累相应的专业人才,才能不会因多元化而导致公司发展出现问题。

五、策略竞争模式

策略竞争模式是一个公司在某一产业领域中,经过比较选择,形成超越竞争对手的优势,从而获得最大化利润的一般性策略。根据迈克尔·波特的竞争理论,公司在市场竞争中采取的策略主要有低成本策略、差异化策略和集中焦点等策略,如表 2-8 所示。

产品、市场、特异能力与一般性竞争策略　　　表 2-8

	成本领导	差 异 化	集 中 化
产品差异化	低	高	低到高
市场互隔化	低	高	高
特异能力	制造及物料管理	研究与发展 销售与行销	任何种类的特异能力

(一)低成本策略

低成本策略就是以比竞争者更低的成本生产出产品或服务。因为成本较低，出售价格可以比竞争者更低，市场占有率扩大，销售量增加，获得规模经济效益。即便出售价格与竞争者差不多，由于成本较低也可以获得比竞争者更多的边际利润。

低成本策略对于产品差异化要求低，设计一些产品，并维护一系列相关产品，分摊成本，即使没有顾客完全满意的产品，也可以比竞争者更低的价格吸引购买者。对于市场区隔化的要求也低，产品定位在于吸引一般的顾客，服务所有的大客户，借以巩固市场销售量。在特异能力发展上，只要是集中物料采购管理，由于进货量大，对供应商的议价能力就强，相同品质的物料较竞争者具有更低的进货成本，同时要设计一些产品，方便制造，进而提高效率。

由于建筑业的竞争状况决定了建筑业的低利润经营，因此低成本策略成为绝大多数中国建筑公司的必然选择，尽管利润率较低，但通过扩大经营规模，承建业务，同样可以获得较高的利润。采取了低成本的策略，要求建筑公司必须做好项目成本管理、新技术开发、项目投标预算管理等一系列环节。

（二）差异化策略

差异化策略是形成产品或服务独特的优势，满足顾客需要，以此获得比产业平均水平高出许多的利润率。采用差异化策略的公司，可以凭借差异化的优势获得比竞争对手高的超额利润。

由于差异化策略追求与众不同，产品差异化程度要求高，供应商以及顾客均缺乏其他代替品的选择。科技及工艺应用，高档原料，市场区隔化要求高，选择几个市场区隔，提供顾客需要的产品，靠名牌声望培养顾客的忠诚，抵御竞争对手、替代品的侵入。在特异能力上，着重研究与发展，广泛的资料研究，不断创新，设计出新颖款式的产品。强化产品品牌的营销，提供及时快捷的服务。采用差异化策略的公司，由于售价过高，与采取较低成本策略的竞争对手相比，很难仅靠差异性保持顾客的忠诚。顾客为了节省成本，牺牲特色、服务或形象需求，转向竞争者亦屡见不鲜。再就是当产业成熟后，互相模仿能力提高，必然缩小差异化的距离。

大力发展设计施工总承包的新型管理模式，将是中国优秀建筑公司差异化策略的立足点。这种经营模式是国际建筑项目管理的未来发展方向，在这方面，可以充分发挥集团公司的规划、设计、采购、施工、装饰等各方面的优势，把这些优势组装起来，形成区别于一般建筑公司的竞争能力，将建筑产业的价值链环节整合运作，为业主和公司自身实现价值增值。

采用差异化策略的公司是可以做到与众不同的，只有品牌形象独特，才能长久维持下去。若因科技变革或忽视顾客需求的改变，导致成本地位远远落后于竞争者，则成本较低的公司就会乘虚而入。

（三）集中化策略

集中化策略与上述两种针对整个行业的策略不同，它只满足某一种类型顾客或者某一部分产品线，某一个地区市场的需要，由于范围相对狭小，很容易在其专攻领域内取得竞争优势，可以赚取较产业平均水平更高的利润率。针对本身的策略目标，面对细小的目标市场，采取集中化低成本策略，或者集中化差异化策略，取得竞争优势。

采取集中化策略的公司，可以追求不同程度的低成本或差异化，产品差异化可高可低。在市场区隔化方面，选择特定的客户群作为服务对象，不像成本领导者寻求整个市场，或者差异化者满足诸多目标市场客户群的需求。集中化策略公司遇到大型公司扩大目标市场，两者的成本差距拉大，集中化创造的差异效果消失殆尽，小范围的客户群被竞争者吸引是主要威胁。其次，竞争者在策略目标范围之内，发现更小的目标市场，采取比集中化策略公司更为集中的策略，亦是一种威胁。此外，在策略目标与市场之间，某些产品或服务差异整体上缩小了，集中化策略变得毫无意义。

由上述可知，在事业层级公司可采用成本领导、差异化或集中化三种策略，而每一种的资源配置方式很多，且互不相容。如果策略目标不明确，或者选定了三者之一，而资源分配又错位，就可能形成迈克尔·波特要急于防止出现的卡在中间的尴尬局面。三种策略之间如要转移，难度是很大的，时间很长，成本代价较大。但也应看到，由于互联网的广泛应用，生产技术创新，弹性制造技术应运而生，营销策略亦在发生着深刻变化，一些公司已将低成本策略与差异化策略结合运用。相应的资源配置，尤其对人才素质的要求是不同的，这些必须精心研究，妥善处理，以求得最好的综合效益。

第五节 战略执行

战略执行是在战略目标及策略选择之后，配套安排人、财、物资源，落实具体措施，以保障战略目标和策略的实现。

一、业主关系管理

随着市场竞争越来越激烈，公司的管理理念经历了从以生产、产品为中心到以客户为中心的演变。建筑公司提供给业主的是有形的建筑产品以及附加在建筑物上的服务。一些公司有一流的市场营销能力、一流的项目施工管理能力，但是在满足业主需求，提高业主满意度，最终实现提高公司效益和竞争力方面做得还不够，尤其是具体到日常的工程收款、拖欠款回收等工作，更是需要充分认识业主关系管理的重要性，搞好业主关系管理。

（一）业主关系管理的由来

建筑公司的客户一般称为业主，在建筑产品建造的过程中，他们就是建筑产品的拥有者。而正是因为单一合同额高，所以承包商的业主数量比较少，不像一般消费品生产者，要面对数以万、亿计的顾客，因此承包商有条件对业主进行一对一的精确业主关系管理。以一个年营业额10亿元的工程公司为例，在手的项目大约50个左右，也就是50个业主，每个业主有8～10个关键人员，加上正在跟踪的项目，需要把握的目标业主的人员大约800人左右，这个数量是很大的。对于一个集团公司整体而言，代表业主的人员就多达数万人，管好这些业主关系，任务是繁重的。但同样规模的大众消费品公司的客户是数以千万计的，因此建筑公司抓好这项工作是有必要，也是有条件的。

在建筑公司的业主关系管理上，还有周期性和阶段性的特点。建设项目从项目跟踪到项目结束，工程款收回一般都要经历5～6年的时间，建筑公司与业主要共同工作相当长的一段时间，所以相互之间的信任、了解、配合相当重要。而在项目生命周期内，又分为好几个阶段，在合同签约前，双方主要是中高层领导的接触，高层的态度非常关键，但是中层管理人员也非常重要；项目的实施阶段主要是双方基层人员之间的项目配合；到了项目竣工结算、催收清欠阶段,中高层的接触又成为了关键环节。把握这些特点,可以为承包商搞好业主关系管理提供依据。

(二)与业主建立关系的范围

从法律意义上讲,业主是一个法人,承包商是与某个法人签订合同,提供服务。而在营销等活动的过程中,与承包商打交道的是代表业主的一个个自然人。这些人是承包商进行关系管理的目标人群。要了解他们,与他们进行有效的沟通。业主关系管理不仅仅包括作为工程发包方的业主,还包括外部中介审计机构等,这些机构不是承包商的业主,但他们是与业主和承包商有重要利益关系的单位,也是承包商进行业主关系管理的对象之一。

(三)以业主为中心,整合战略与流程

价值创造的过程分为四个阶段,即价值定义、价值创造、价值传递、价值评估,每个阶段都与业主(客户)密切相关。对承包商而言,业主关系管理涉及到经营管理的多个环节,市场、营销、工程、法律、财务等都是业主接触的窗口部门,每个部门都是公司价值增值流程的一部分,所以业主关系管理工作必须有一个系统的策划,整合各部门掌握的业主信息,形成以业主为中心的组织架构体系和运作程序。如图2-11所示。

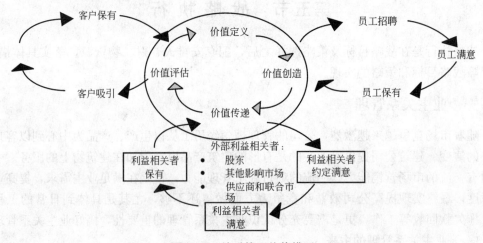

图2-11 关系管理价值模型

以业主为中心,就是要把焦点聚集到业主身上,整个公司组织都在为业主着想,站在业主的立场想解决方案。建筑公司及其业主都处在各自的产业价值链中,都在为实现各自的价值增值进行经营管理活动,工程项目是双方价值链的交叉点,建筑公司作为建设领域的专家,可以为业主提供更加合理、经济、高效的方案,使业主实现价值增值的同时,获得应有的收益。

为了实现上述目的,承包商就要改变传统的公司管理流程。承包商公司内部的组织结构是垂直式分工的,而业主需要的服务是水平式的,全方位的。对一个法人来说,垂直式的组织结构不可能炸掉,当然,层级可以尽可能压缩,也就是说,最终职能结构是存在的。但承包商必须以业主为中心,将各职能整合起来,要从公司管理指导原则上、机制上要求人们进行横向合作,以满足业主的需求。

一个有效的业主关系管理流程首先要做到多渠道的无缝联结,每一个与业主打交道的环节在流程中加以规范。做到多渠道的无缝联结首先是加强组织领导,由公司高层领导直接负责，由牵头部门组织落实，各相关部门密切配合；二是做到部门职责清楚，个人分工明确；三是信息快速传递，口径统一，决策及时、反馈及时、服务及时；四是入情入理，依法而行。

（四）加强业主关系管理的基础业务建设

突出体现在两个方面：

(1) 建立业主信息数据库。业主信息数据库是承包商分析业主特点、预测业主需求、管理业主信用的基础。建立业主信息数据库是将业主的基本情况、与公司的交易记录、信用记录、特点、需求等信息进行归档，便于进行业主类型分析和一对一管理，这样一个信息系统可以在全系统内共享，将原来分散在个人手中的信息资源变成整个公司、整个集团公司共享的资源。

(2) 建立业主关系管理制度。事实上，各单位、各级各类人员在与业主打交道的过程中都积累了十分丰富的经验。但是这些经验处于自发阶段，零星分散，大多数都储存在大家的脑海中，还没总结形成文字资料，更没有形成制度。因此，总结大家的经验、智慧，建立相应的制度非常重要。

二、组织机构变革

传统国有建筑企业在发展过程中逐渐形成了管理链条漫长，财务资源分散的宝塔式组织结构，割裂了建筑公司各个价值环节，极易在决策贯彻过程中产生执行上的偏差，自然无法使资源得到合理配置并增加价值。

从发展趋势看，建筑公司应该积极构筑一级集中，两级管理的模式，彻底根除多头对接市场，实现资源的最佳配置。建立高效的运营管理系统。通过无缝连接，调整人员分布，提高经济效益，辅之以服务业主为中心的营销资源整合、以生产运营管理为载体的流程再造、以集中材料设备采购为手段的物流供应链重组、以开发劳动力资源为手段的劳务供应链重建等变革措施，对现有价值链进行重新剪裁与适应性构建，以求控制更多的核心资源，实现更多的价值增值。

大多数国有建筑公司都存在法人林立的问题，在这种情况下，构建呈金字塔形的组织结构成为现实的惟一选择。这带来的后果就是管理链条长，管理松散，而且层层制定战略，层层管理交叉，层层订立制度。不仅资源浪费，而且影响了总体规划的贯彻执行，导致执行力的效率低下。换言之，公司交易费用非常高，效率非常低下，这种组织形式根本不可能实现资源的优化配置。

所以，按照建立国有混合型控股公司要求和建筑公司本身特点，对于大型的建筑企业而言，应该将组织框架设计为集团公司、行业型或区域型公司(或分公司)、生产经营型公司(或分公司)三个层面，如图2-12所示。对于中小型的建筑企业，则应采用区域型公司(或分公司)、生产经营型公司(或分公司)的形式。

中国的建筑集团公司在集团公司层面上，涉及的领域是有限相关多元，从发展方向看，主要为建筑承包、房地产开发、基础设施投资等领域；按照业务框架的要求，集团公司发展方向为战略决策中心、科技开发中心、财务控制中心和人才管理中心。

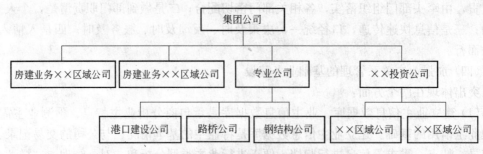

图 2-12 混合控股型建筑集团公司架构示意图

中国的建筑集团公司在行业型或区域型公司（或分公司）层面上，主要按照"专业化、区域化"要求，打造具有行业竞争优势的公司或区域竞争优势公司，中间层具有营销、研发、管理的功能，主要资质也由中间层拥有。

中国的建筑集团公司在生产经营型公司（或分公司）层面上，主要是构造具有核心竞争力的生产经营体系，打造一批具有核心竞争优势的生产经营公司（或分公司）。

未来的中国建筑集团公司为了真正成为具有国际竞争力的企业集团，就必须按照集团控股公司模式，确定新的组织架构。公司中间层架构，主要为专业型公司和区域型公司。就专业型公司而言，可以设立房建公司、市政公司、路桥公司、房地产公司等。就区域型公司而言，在境内，可以在北京、天津、上海、广州、武汉、长沙、郑州、沈阳、西安、成都等城市成立区域型公司；在境外，可在中国香港、中国澳门、东南亚、中东、北非、南非、西欧、东欧、北美、中北美、南美等地设立区域公司。应该说，对于工程建筑企业而言，这样的布局较为合理。中间层公司，最终也都要改制成股份有限公司，然后也寻求上市之路。

集团公司第三层为与市场最为紧密联系的工程公司和不具有法人资格的工程局直营公司等。根据《公司法》，这一级公司可以吸纳管理层、技术骨干和外来战略投资者入股，改制为有限责任公司。

三、劳务资源开发

中国劳动力资源极其丰富，其中相当大一部分从事建筑业，但是建筑业的劳务管理恰恰也是最不规范的。同时，中国建筑企业无论是在国内还是海外，劳动力优势始终是企业的核心竞争力之一。所以，组织好劳务资源，为建筑企业提供稳定、高素质劳务支撑，是建筑公司的发展战略得以实现的保障。

（一）推动劳务管理模式的转换工作

随着 20 世纪 80 年代建筑业体制改革，由于承包方式向总承包模式演化，出现了多种劳务管理模式。在生产组织上大致有大包模式、包清工模式、直管劳务三种模式。劳务管理是一个覆盖面很广、具有一定难度的管理工作，而且面对不同的地域、不同的项目，劳务管理的模式也不能一成不变，必须按照实际情况实施分类管理。在海外项目实施中，由于具备直接管理劳务的条件，因此在海外我们要求必须以直管劳务为主。如果资金、担保都是由我们提供，我们应该积极推行直管模式，同时做好劳务的选派、培训等工作。以此来提高项目的效益水平。

在国内项目上，要逐步变现有的转包、大分包等模式为专业分包、劳务分包、直管劳务等模式。形成管理规范、流动有序、自成体系，以专业分包、劳务分包为主体及其他形式并存的格局，并逐步扩大直管劳务的份额。实行劳务分包的同时，分包的选择权必须集中到法人层次，要建立"三堂会审"制度，防止腐败行为的发生。据测算，直管模式比大分包可降低总成本的5%。所以，在建筑业利润率越来越低的情况下，必须推广直管模式，才能使公司在市场竞争中取得优势。

（二）做好劳务合同管理

做好劳务管理的法律工作，保障劳务管理的安全运行。随着国家对劳务用工的管理日趋规范，企业必须提高劳务管理的法律工作，避免出现用工风险。特别是要注重和劳务公司，以及和劳工合同的签订工作。在这方面，可以借鉴中国建筑公司在新加坡等地开展劳务输出的经验，由企业提供统一合同范本，即用工单位与劳务公司、劳务公司与工人、用工单位与工人之间签订合同，这种严密的合同体系基本杜绝了文本上的漏洞，签好这三个合同是做好劳务管理工作的法律基础。

（三）搞好劳务基地建设

增加与各地区劳务管理部门的对接，加强培训、选拔和协议（合同）的签订工作。

（1）做好和地方管理部门的沟通工作，加强对接。建立规范化、制度化的工作联系机制，就工作中的突出问题及时沟通和协调，总结新经验、发现新问题、研究新办法，争取地方政府对劳务业务在政策、财政、税收、法律等方面的支持力度。

（2）做好外派劳务的培训工作。因为质量是出在劳务人员手中的，要打造一个高质量建筑的产品，没有高素质的劳务资源是不可能的。要根据劳务市场需求情况和经营公司的要求，和基地以及当地劳务公司签订协议、合同，结合当地劳务资源结构，输出我们企业的管理优势，在培训教材、培训方式上体现本企业特色，多渠道、多层次、有针对性地培训和储备外派劳务后备力量，提高外派劳务人员的综合素质和储备。

（四）做好劳务管理人员的培养工作

按照劳务直管模式组织项目生产，需要公司拥有大量管理、技术能力强的工长，使公司的管理触角延伸到工长层次，使项目的利润最大化地汇集于公司，而不是沉淀在各个层次。据了解，一个初高中毕业的工人在工地上干七、八年，或者中专生毕业三年到五年，可以成长为一名合格的工长，一个工长可以带领三十名工人干活。一个规模为1000亿元人民币的公司，需要3万名工长，管理100万劳务人员，所以，对于长期忽视劳务管理的建筑公司来说，应当大力加强工长层次的管理人员的培养，以适应项目管理模式转变的需要。

（五）强化公司劳务工作的基础管理

公司应组建专门机构，对劳务工作进行统一集中管理。由于劳务队伍多，布局分散，突发事件多等特点。组建一个专门机构对劳务进行管理是必要的。通过这个专门的机构，组织专业人员，集中力量进行工人培训、工长培训，以及与劳务有关的政策研究等工作，提供必要的服务。给生产经营单位创造良好的劳务管理基础，使生产经营单位能够集中精力搞好生产经营工作。其次，要狠抓制度建设工作。要高度重视制度建设工作，不断通过建立健全和创新各项管理制度，努力把劳务管理的思路寓于各项重要政策和措施之中。在制度建设中，应该紧紧抓住提高经济效益这个中心，从用工、培训、生产组织方式等方面进行统一规范，形成覆盖全面的劳面务管理制度体系。

四、战略风险管理

要保证公司战略最终能被成功实施并能完成目标,还需要对整个公司实施战略的全过程风险进行评估,通过控制风险,调节、纠正偏差,以确保建筑公司战略管理过程按照预定计划进行,并达到预期目标。

(一)战略风险的概念

所谓战略风险就是指能够严重削弱管理者实施原定公司战略能力的尚未预料到的一个事件或一系列条件。建筑公司的战略风险有四个基本来源:市场竞争风险、经营风险、财务风险和法律风险。如果四个当中的任何一个风险的程度变得充分大,那么建筑公司就会存在重大的品牌危机或生存危机。

(1)市场竞争风险是建筑公司主要面临的风险之一,并且是不可消除的风险。主要表现为:公司所在国家政治环境、政府法令法规变化、业主对建筑产品的特殊要求、供应商定价等。从5种竞争力分析来考虑风险分散的出发点:竞争对手通过改变自身能力而提高竞争力;苛求的业主可能选择其他承包商;供应商提高原材料价格;国内外新的竞争对手的进入;政府固定投资方向调整到新领域等。公司管理者必须对不能预期的风险保持警惕,并对这些风险要做出快速反应,避免市场竞争游戏变得不利于本公司。

(2)经营风险是建筑公司市场经营、项目施工等方面能力衰弱或出现差错的结果。进行工程项目投标报价时漏报单项、施工技术方案出错、工程质量问题以及安全事故等,这些失误或错误都有给公司带来损失或债务的可能;目前国内大量拖欠工程款、拖欠农民工工资都给建筑公司带来重大的生产经营风险。由于这些风险的后果时常是由于工作人员的失误引发的。因此公司管理者可以通过价值链分析,指出哪些系统错误会损害关键的生产经营活动或造成资产的损失。通过标准化和流程再造来保证重大生产经营风险不会发生。

(3)财务风险通常反映为利率、汇率变化所带来的风险。公司管理者加强财务风险控制,充分利用信贷杠杆效应。搞好资金的统筹安排,从整体上控制财务风险,保持一定的财务弹性,注意资产负债率、借贷权益比率的控制。要密切注视国际金融市场的变化,加强对利率、汇率风险的监控,增强抗风险和应变的能力。同时,投资支出必须实行与经营收入挂钩的稳健原则。财务风险的风险指标通常是利息支出的异动、汇兑损益的变化、国际国内证券市场的变化等。

(4)建筑企业法律风险主要存在于工程施工履约、公司管理、改制等经营活动中,面对上述情况如何最大限度降低风险及采取何种防范措施,主要表现在注册资本金、抵押担保、工程款回收等问题上。

(二)战略风险的评估

战略风险评估是公司战略管理的重要环节,它能保证公司战略的有效实施。战略风险评估能力和效率的高低是公司战略决策的重要制约因素之一,它决定了公司战略行为能力的大小。战略风险评估可为战略决策提供重要的反馈,帮助公司提高战略决策的适应性和水平。战略风险评估可以促进公司文化等公司基础建设,为战略决策奠定良好基础。战略风险评估活动贯穿于整个公司战略实施的过程之中,具体可以分为5个阶段:确定评估内容、设立风险标准、衡量实际风险、将实际与标准进行比较、依据差距情况采取适当调整方案。战略风险评估的方法主要有:

(1) 盈亏平衡分析。盈亏平衡分析亦称收支平衡点分析。它的内容是对产品的成本、销售收入、利润间的关系进行分析。因此，在工程经济学中又叫量本利分析。也就是只有产品批量达到一定程度之后，单位产品分摊的固定成本才足以承受，单位成本将低于产品销售价，从而产生盈利；相反，则产生亏损。大量的分析评价可知，盈亏平衡点的值总是越小越好。因为在经济萧条或产品滞销的时候，只要生产少量的产品就能达到收支平衡，维持公司自身的生存，不致破产倒闭。盈亏平衡点的值越小，公司的生命力就越强，越能承受经济上的风险。因此，在投资评价时，宜选择盈亏平衡点较低的项目或方案。

(2) 敏感性分析。敏感性分析，亦叫敏感度分析。它是研究投资规模、产量、可变成本、价格、工期、外汇比价等因素分别发生变化时，投资项目经济效益将会发生何种变化，特别是由此引起的内部收益率的敏感程度。在敏感性分析中，假设变化的因素，一般都选择不利于投资项目获得经济效益的因素发生变化。譬如，投资规模增加，原材料价格上涨、产量降低、单位价格下降、建设工期延长等。通过计算分析，找出对投资项目经济效益影响最大、最敏感的关键因素，反之，是影响不大、最不敏感的次要因素。揭示各因素同经济效益之间的因果关系，预测要承担的风险，采取防范措施，当发生意外情况时，不至于束手无策。这样就能趋利避害，使投资项目获得最佳经济效益。通过敏感性分析，找出影响投资项目经济效益的关键因素。为减少投资风险，提高预测的可靠性，必要时，对某些最敏感的关键因素要重新预测和估算，并再次进行财务评价。一般地说，当因素变化时经济效益对此的敏感性越低越好，或者越迟钝越好。敏感性越迟钝，其经济生命力越强，越能经得起风险。因此，不同方案比较时，在经济效益相同的情况下，选取敏感性小的方案，亦即风险小的方案，更为有利。

(3) 其他分析方法。调研法，即采用直接同行业内公司高层领导面谈的方式或发放问卷方式来确定行业整体的风险以及特定公司所面临的风险。财务指标法，即将公司战略风险简单归结为公司内部具体风险要素的变化。通常利用的指标有：资产负债率、资本密集度、研发比例。主观判断差异法，利用不同专家对公司未来状态（如公司收益）的判断差异程度来确定公司未来面临的风险水平。这些方法大都发展于近些年，在方法本身的科学性、通用性、可操作性上都还有相当的局限性，战略风险的评估方法在理论和实践上都存在很多问题。

(三) 战略风险管理措施

在战略管理中，战略风险控制是战略风险评估的继续，公司对战略风险作出评估后，必须对其进行控制。

(1) 合同风险控制。当前建筑市场是发包方的市场，建筑公司作为承包方处于相对被动的地位，而建筑工程在整个施工过程中受自然条件、社会条件的不可预见因素的影响，各种风险随时都可能发生，也正是由于客观存在的不确定性，施工公司要加强合同管理、增强风险意识。签订完善的施工合同是预防和规避工程风险、保证工程能够顺利进行的前提和基础。

(2) 财务风险控制。目前，国内多数建筑公司面临的财务风险很大，可以说是"三多一少"，即应收款多、银行债务多、潜亏多，而一少是现金流量少。因此公司需要以制度的形式对担保、对外借款、信用证等予以严格的控制。分析国际、国内资本市场的行情，选择资金筹措方式是保证公司战略成功实施的关键之一。国际承包商应充分利用已经建立起来的信誉,进入国际金融市场筹措资金,积极开拓融资渠道。

(3) 项目风险控制。在当前竞争激烈的建筑市场中,拖欠工程款问题已成为建筑市场的"公害",扰乱了建筑市场的正常秩序,严重影响了建筑公司自身的发展;正在推行的国际通用的"工程量清单报价、低价中标"的招投标管理办法,在我国买方市场条件下,建筑公司也处于不利地位。随着我国建筑业不断发展,并走向国际化,我国建筑市场经济秩序将不断完善。规范市场主体行为,保证工程质量、安全生产和合同的履行,除了要运用法律手段和必要的行政手段外,还要借助于经济手段,例如要求业主提供工程担保,充分利用保险制度转移风险,利用索赔制度等方式转移风险。

风险管理在国际工程承包中是一项非常普遍的管理制度,承包商应该具备识别风险的能力,尽量利用现有法律制度,转移风险、利用风险,并密切关注相关法律制度动向,加强研究,为我所用,对风险采取有效措施加以防范,从而保护自身的利益不受损失。

五、公司营运管理系统

仅有正确的战略和完善的组织,还不能形成稳固发展的支点,还不能使公司在激烈的竞争中脱颖而出,必须加上有效的运营管理才能使公司创造出实质的价值,这是公司长久生存和成功的必要条件,也是公司可持续发展的必由之路。有这么一种说法:"高速的运营相当于增加了公司的寿命"。这是因为高速的运营能在增加收入的同时维持较低支出,从而提高了公司的效率和效益。如果公司运营速度慢,就容易丧失很多机会,这个损失是无形的,也是巨大的。

众所周知,GE 是以所谓的四大战略:全球化战略,服务战略,六西格玛质量要求和电子商务战略来获得 20 年高速增长的,这样的增长成绩的取得,关键在于 GE 精心构造了以一年为一个循环,以一季度为一个小单元的"业务管理系统",这一系统有两大功能:第一,它构造了一个严密而有效的实施系统,保证将总部制定的任何战略举措,都可以转化为实际行动;第二,它是一个开放的制度化平台,来自 GE 和各个业务集团的高层领导、执行经理和员工,都会在这样一个制度化平台上针对业务实施情况,对比差距,交流和分享成功的经验和措施。借鉴 GE 的运营管理经验,中国的建筑公司也可以根据自身的特点,构建适应公司战略发展,推动业务高速运营的运营管理系统。

<h3 style="text-align:center">复 习 思 考 题</h3>

1. 简述战略管理的重要性。
2. 战略管理应当遵循哪些基本原则?
3. 一个完整的战略管理要经过哪些过程?
4. 战略环境分析包括哪些内容?
5. 如何运用迈克尔·波特的五种竞争力分析模型对建筑企业所处市场的竞争环境进行分析?
6. 怎样进行建筑企业的内部资源分析?
7. 什么是 SWOT 分析?
8. 简述战略选择的内容与方法。
9. 建筑企业在市场竞争中采取的策略主要有哪几种?
10. 什么是战略执行?
11. 建筑企业战略风险有哪些基本来源?如何进行战略风险的评估?

参考文献

[1] [英] Richard Lynch 著，周寅、赵占波、张丽华、任润译，张一驰审校，《公司战略》，云南：云南大学出版社，2001

[2] 芝加哥大学商学院、欧洲管理学院、米歇根大学商学院、牛津大学赛德商学院联合编辑，王智慧/译，《把握战略——MBA战略精要》，北京：北京大学出版社，2003年1月第1版，第10页

[3] 《21世纪技术创新的发展趋势》，http://www.sina.com 2004年07月27日 11：55 中国科技产业

[4] 中华人民共和国国家统计局/编，《中国统计年鉴》，北京：中国统计出版社，2003年9月第1版

[5] 王孟均、杨承/编著，WTO与中国建筑业，北京：中国建筑工业出版社，2002年5月第一版

[6] [美] 加布里埃尔·哈瓦维尼、克劳德·维埃里/著，王全喜、张晓农、王荣誉/译，高级经理财务管理——创造价值过程，北京：机械工业出版社，2003年9月第1版第1次印刷

[7] [美] 迈克尔·波特/著，李明轩、邱如美/合译，《竞争优势》（上、下册），（台湾）天下远见出版股份有限公司出版，1999年1月

[8] 曾肇河，建筑公司价值链研究，建筑经济 2004年第6期

[9] 王宁/著，美国、加拿大工程公司开展工程总承包项目管理的考察报告（上、下），《建筑经济》，2003年第4期（总第246期）、同年第5期（总第247期）

[10] 建设部文件，关于培育发展工程总承包和工程项目管理公司的指导意见，《建筑经济》，2003年第3期（总第245期）

[11] 郭全益著，《策略管理》，高雄：高雄复文图书出版社，1995年5月第1版

[12] [美] Charles W. L. Hill、Gareth R. Jones 著，黄营杉译，《策略管理》，华泰文化事业公司出版，1999年5月第四版

第三章 建筑企业管理决策方法

第一节 决策概述

一、决策的概念及基本要素

(一) 决策的概念

在日常生活中,人们常常提到"决策"一词,不同的人在使用这个词时对它的理解是不同的。决策是管理活动的核心,作为管理者,必须清楚地知道什么是决策。

决策有狭义和广义之分。狭义的决策是指对不同行动方案作出最佳选择;广义的决策不仅包括方案的选定,还包括选择前的设计、构造,提出多种可行方案,事后对选定的方案进行实施、检测、评价和鉴定。

决策具有如下特点:

(1) 未来性。决策总是面向未来的,已经发生过的事件或已经结束的项目是不需要决策的。既成事实,后果已无法改变。

(2) 选择性。决策是为解决某一个特定问题而作出的决定,是从多种方案中作出选择。没有比较选择,就没有决策。

(3) 目标性。决策的目的是实现某个目标,没有目标就没有方向,就没有比较的标准,就无法进行决策。

(4) 实践性。决策的结果要付诸实施才能实现决策目标,不实施的决策是毫无价值的。不准备实践,就没必要决策。

(二) 决策的基本要素

无论什么决策,都涉及决策者、决策目标、备选方案、决策条件、环境变量、决策准则和决策后果七个要素。

(1) 决策者,即作出决策的个人或集体。决策者必须具有判断、选择和决断能力,能够承担决策后果的法定责任。这是进行决策的客观条件。

(2) 决策目标。指对某个特定决策问题的目标,如被选定方案应该能产生最大的效益,或者损失最小等。决策目标既体现了决策主体的主观意志,又反映了客观现实。决策目标可以是单个目标,也可以是多个目标。

(3) 备选方案。方案就是为达到决策目标所采取的具体措施和手段。备选方案可以多种多样,惟一要求就是"可行"。"放弃"、"撤退"和"什么也不做"也可以作为备选方案。另外,至少应有两个以上的备选方案,否则就不存在决策。

(4) 决策条件,即决策者为达到目标可动用的资源。如资金、人员、时间、设备等。决策者就是通过合理使用这些资源使其达到预期的目的。

(5) 环境变量。指决策者无法控制但又对决策后果起重大影响的因素。如天气状况、市场需求等。环境变量又常被称为"自然状态"。

(6) 决策准则,即选择方案所依据的判定标准。决策准则与决策者的价值观、偏好、性格、地位以及经历有关,决策准则直接影响着决策方案的选择。

(7) 决策后果。任何一个被决策选定的方案一旦付诸实施就会产生一定的后果。决策后果可以表示为收益值、损失值或效用值。

二、决策的分类和原则

(一) 决策的分类

决策所要解决的问题是多种多样的,不同决策所需的信息、决策的过程和思维方式、所用的方法和技术也是各不相同的,因此有必要对决策进行分类。

决策的种类很多,按照不同的标准有不同的分类,下面介绍几种常见的决策分类。

1. 定性决策和定量决策

这是根据决策的目标、变量和条件可否用数量表现来分类的。

(1) 定性决策。指决策的目标和未来的行动无法用数量表示,只能作定性的描述或抽象的表达。例如,组织机构的调整、干部的选拔和调动等决策。

(2) 定量决策。指决策的目标和未来行动都可以用数量的形式表示,并且决策过程中运用数学模型来辅助决策者寻找最优决策方案。例如,投资规模决策,提高产量、产值、利润和降低成本决策等。

定性决策和定量决策的划分是相对的。对于许多决策问题,往往是在定量分析之前,先进行定性分析,定量分析之后,再进行定性总结。并且对定性分析问题,也往往尽可能使用各种方式将其转化为定量分析。例如对于干部选拔问题,可采取层次分析法进行评判。在决策实践中,定性分析和定量分析通常都是结合使用,进而提高决策的科学性。

2. 单阶段决策和多阶段决策

这是根据决策所要求获得答案的数目及其相互关系的情况来划分的。

(1) 单阶段决策也称单项决策或静态决策。指某个时期的某一问题的决策,它所要求的行动方案只有一个。单阶段的最优决策即是整个决策问题的最优决策。例如企业决定下一年度各种产品的数量,决策的结果只有一个,即各产品产量计划应达到多少。

(2) 多阶段决策也称序贯决策或动态决策。指为实现决策目标而作出一系列相互关联的决策。多阶段决策具有如下三个特点:①作出的决策不是一个而是多个;②这些决策不是彼此无关,而是前一阶段的决策结果直接影响后一阶段的决策;③决策者关心的是整个决策的总的后果,即多阶段决策追求的是整体最优。

3. 单目标决策和多目标决策

根据决策目标的数量划分,可分为单目标决策和多目标决策。

(1) 单目标决策。指决策要达到的目标只有一个的决策。例如在证券、期货投资决策中,投资目标往往只有一个,即追求投资收益最大化。

(2) 多目标决策。指决策要达到的目标不止一个,而是要同时实现多个目标的决策。在实际决策中,由于决策问题往往都是比较复杂的,因此除了十分简单的问题外,都是属于多目标决策。例如，在购买商品时要求物美价廉，这里所要求的商品"质量好"和"价格低"就是两个目标。再比如，一般企业的经营决策问题，除了要考虑利润目标之外，还要考虑企业形象、职工利益等。

4. 确定型决策和非确定型决策

按信息的完备程度，可分为确定型决策和非确定型决策。

(1) 确定型决策。指决策的条件、因素和所需的各种信息资料是在完全确定掌握的情况下做出的一种决策。一个决策方案只有一种确定的结果，所以便于方案的排优和选择。

(2) 非确定型决策。指由于存在不确定因素，一个方案可能出现几种不同的结果。细分起来又可分为两种：风险型决策和不确定型决策。风险型决策是指尽管同一方案的结果不能事先确定，但各种可能结果出现的客观概率是已知的非确定型决策。例如，企业考虑是否通过河运从下游运输材料时，运送期间发生洪水的概率可以通过过去水文统计资料和气象预报来估计，如果出现洪水的概率较小，则可采纳河运方案，否则就不采纳河运方案。这种决策虽有一定把握，但不是绝对稳妥，仍要承担一定风险，这就是风险型决策。不确定型决策是指连各种后果的概率分布也不知道的非确定型决策。例如，某施工企业拟承包工程中需要用到新技术，该技术由于国内没有应用的先例，谁也说不准成功的概率有多大，这种决策就属于不确定型决策。

此外，决策还可以按决策涉及的范围大小分为宏观决策和微观决策；按决策目标的性质分为战略决策和战术决策；按决策问题的结构和程序分为程序化决策和非程序化决策等。一般来说，不论哪种决策，最终都可以归结为对各种行动方案的选择。单目标、单阶段、确定型决策比较简单，每一个行动方案仅有一个确定结果，可以用结果值的优劣作为选择的依据。而多目标、多阶段、风险型决策要复杂得多，每一个行动方案涉及的自然状态不确定性、条件结果值有若干个，建立决策模型就困难得多，因此必须有专门的理论和方法，这也是决策所要研究解决的主要问题。

(二) 决策的原则

正确决策必须遵循一系列原则，这些原则包括：

(1) 可行性。决策是手段，是为实现某个目标而采取的行动，实施决策方案并取得预期效果才是目的。正确的决策是选择最优方案，而方案的可行性是正确决策的前提。可行性原则要求审查方案在理论、技术、经济、法律、环境等方面是否具备实施的条件。

(2) 经济性。这里包含两层含义：一是决策活动本身的经济性，二是由决策的正确与否带来的经济性。经济性原则要求在决策过程中，要使效益与规模、效益与速度、经济效益与社会效益相结合，争取以较小的消耗得到最大的成果。

(3) 系统性，也称整体性。在实际决策中，要做到坚持局部利益服从整体利益、短期利益服从长期利益，追求整体目标最优，综合平衡，全盘规划，统筹兼顾，这样才能作出正确的决策。

(4) 预测性。预测是决策的前提，是决策过程中一个必不可少的环节，如果预测不准确，就必然影响决策的准确程度。准确预测是建立在对决策条件与环境深刻了解和把握对象运行的客观规律基础上的，因此，预测必须要有预见性，要克服没有科学根据的主观臆测，防止盲目决策。

(5) 定性分析与定量分析相结合。在社会经济问题中，存在大量的非数量性指标，如市场前景、社会稳定程度等，这些指标通常需用经验分析和主观判断方法作出定性分析；定量模型技术只有在对社会经济系统构成要素和内在规律作了大量透彻定性分析基础上，相应的机理分析才是真实有效的。可以说，定性分析是定量分析的基础，定量分析是定性分析的深入和补充。

（6）民主性。决策往往面对十分复杂的局面，不是哪个个人所能完全把握的。因此，科学决策要求发挥集体的智慧，而不能偏听偏信，个人武断。决策者要充分发扬民主作风，善于集中和依靠集体的智慧和力量进行决策。

以上所列原则是指导决策总的、基本的原则，不是决策过程中某个环节，或个别决策的基本原则。这些原则在经济活动中是紧密联系、相互渗透、不可分割的，因而构成一个决策原则体系，是在决策活动中需同时遵循的。

三、决策的一般程序

科学的决策需要程序上的保证，通常的决策过程大致可分为七个步骤。

（一）识别问题

所谓问题，就是社会经济系统期望状态和实际状态的差异。决策的最终目标是为了解决问题，识别问题是解决问题的前提。为了识别问题，首先要调查研究，查找问题。调查研究应建立在统计科学的基础上，不能以片盖面，以个别代表总体。查找出问题后，还需要对问题进行分析，明确问题的性质、特点、范围、背景和条件等，即界定问题。问题界定清楚了，还需要进一步研究问题中所包含的重要因素、各因素之间的相互联系，以及对外界环境的相互关系。只有对研究中的问题有了明确的认识和了解后，决策工作才能切合实际。

（二）确定目标

确定决策目标是决策的重要一步，没有决策目标，也就不存在决策。决策目标规定了决策过程，反映了过程的实质，目标是否合理直接决定着决策的成败。合理的决策目标应能满足以下要求：

（1）含义准确，便于把握，易于评估。

（2）尽可能将目标数量化，并明确目标的时间约束条件。

（3）目标系统一定要协调一致，防止相互矛盾。

（4）目标应具有实现的可能性，并富于挑战性。

（三）收集资料

资料是进行科学决策的重要依据。没有资料就无法找到和选定合适的备选方案，而且各种方案的可行性比较，更需要有准确可靠的数据。因而在问题及目标确定之后，即需着手搜集与决策有关的经济、技术、社会等各方面的情报资料。通常多采用调查、实验、观察、记录以及引用次级资料等方式，来取得所需要的研究资料。

为了正确决策，要求所收集的资料必须真实、准确、全面。收集资料是一个艰苦、复杂的过程，据统计，科研工作者在收集资料上所需工作量往往占全部工作量的50％以上。

（四）拟定备选方案

拟定备选方案阶段的主要任务是对收集到的数据、情报进行充分的系统分析，并在此基础上"构造"备选方案。拟定备选方案是一个十分细致而又富有创造性的过程，需要特别注意两点：一是要勇于创新，敢于提出新思路新方法；二是要精心设计，对决策方案的每个细节都要仔细推敲，反复核算，严格论证。

（五）评价和优选方案

该阶段的任务是对几种可行备选方案进行分析、比较、评价和排序，形成一个最佳行动方案。主要是根据预定的决策目标和评价标准，确定方案的评价要素、评价标准和评价方法，有时还要作一些敏感性分析。

选择方案要特别谨慎，一旦决策失误将带来巨大损失，因此要尽可能采用现代科学的评估方法和决策技术，按决策原则，对预选方案进行综合评价，最终选择一个最优的方案。

（六）方案实施

方案的实施是决策的延续和具体化，并且是检验决策是否正确的基本环节。方案确定后，就应当组织人力、物力及财力资源来实施决策方案。

（七）监督和反馈

监督是为了使方案实施不偏离决策目标而对实施的整个过程中的各个环节各个方面的监察和督促，它是决策目标实现的保障。在决策实施过程中，决策机构必须加强监督，并将实施过程中的信息及时反馈给决策者，当发现偏差时，应及时采取措施予以纠正。如果发现市场环境和主观条件的重大变化，应暂停实施决策，重新审查决策目标及方案，通过修正目标或者更换决策方案来适应客观形势的变化。

决策是一个非常复杂的过程，决策者应根据内部条件和外部形势的变化而不断调整，其间可能会有多个反馈，具体如图3-1所示。

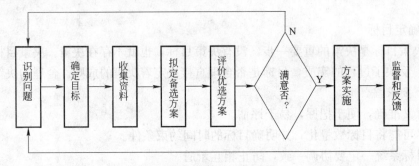

图3-1 决策的一般过程

第二节 线性规划方法

一、线性规划与最优化方法

在企业的生产和经营管理活动中，通常需要提出如何合理安排人力、物力等各种生产资源，以达到某些决策目标（如市场占有率、成本）的最优化。若采用数学模型分析这些实际决策中的优化问题，就涉及到最优化方法。下面通过几个简单例子进行说明。

［例3-1］某公司生产和销售两种产品，两种产品各生产一个单位需要工时3h和7h，用电量4kW和5kW，需要原材料9kg和4kg。公司可提供的工时为300h，可提供的用电

量为250kW，可提供的原材料为420kg。

如果每件产品获利分别为12元、10元，假设生产产品都能销售出去，那么应该怎样安排生产计划，使得获利最大？

[解] 设两种产品的产量分别为 x_1、x_2，则根据题意，可以得出如下约束条件：

工时约束：$3x_1+7x_2 \leqslant 300$

电力约束：$4x_1+5x_2 \leqslant 250$

原材料约束：$9x_1+4x_2 \leqslant 420$

记公司的利润为 z，则公司利润最大化的目标可以表示为：

$$\max z = 12x_1+10x_2$$

考虑到问题的实际背景，x_1、x_2 还要满足 $x_1 \geqslant 0$，$x_2 \geqslant 0$。

[例3-2] 除了单件利润与销量之间存在负线性关系外，其他条件与例3-1一致。若设两种产品的销售单价分别为 p_1、p_2，则销售单件产品获得的利润和产量的关系为 $p_1=3000-10x_1$，$p_2=3250-15x_2$。公司怎样安排两种产品的生产量，所获得的销售利润最大呢？

[解] 约束条件与例3-1完全一致，目标函数为：

$$\max z = (3000-10x_1)x_1+(3250-15x_2)x_2$$

于是完整的优化模型可以写成

$$\max z = (3000-10x_1)x_1+(3250-15x_2)x_2$$

$$3x_1+7x_2 \leqslant 300$$

$$4x_1+5x_2 \leqslant 250$$

$$9x_1+4x_2 \leqslant 420$$

$$x_1, \ x_2 \geqslant 0$$

[例3-3] 工业原材料的合理利用问题。要制作100套钢筋架子，每套有长2.9m、2.1m和1.5m的钢筋各一根。已知原材料长7.4m，应如何切割，使用原材料最节省？

[解] 一种简单的想法，就是在每根7.4m的原材料上截取2.9m、2.1m和1.5m的钢筋各一根，这样每根原材料都剩下0.9m的废料无法利用。采用这样的方法，为做100套钢筋架子，需要原材料100根，废料总长90m。

所谓合理利用原材料，就是要使使用钢筋原材料的总根数为最少。为此，我们考虑如何在原材料上合理套裁。同时，为了使方案达到优化，剩余废料应该小于1.5m，这样才能充分利用原材料。表3-1列出了几种可行的套裁组合方案。

几种可行的方案　　　　表3-1

方案 长度	Ⅰ	Ⅱ	Ⅲ	Ⅳ	Ⅴ	Ⅵ	Ⅶ	Ⅷ
2.9m	1		2	0		1	0	1
2.1m		2		3	1	2	0	1
1.5m	3	2	1	0	3		4	1
合计(m)	7.4	7.2	7.3	6.6	6.6	7.1	6	6.5
废料(m)	0	0.2	0.1	1.1	0.8	0.3	1.4	0.9

为了得到100套钢筋架子，需要混合使用上述方案。设按方案Ⅰ下料的原材料根数为x_1，方案Ⅱ下料根数为x_2，…，方案Ⅷ下料的根数为x_8，根据表3-1的数据，可以得出的约束条件为：

$$x_1+2x_3+x_6+x_8\geqslant 100$$
$$2x_2+3x_4+x_5+2x_6+x_8\geqslant 100$$
$$3x_1+2x_2+x_3+3x_5+4x_7+x_8\geqslant 100$$

问题目标是使所用的总根数为最少，该目标可以表示为：

$$\min z=x_1+x_2+x_3+x_4+x_5+x_6+x_7+x_8$$

考虑到钢筋的实际意义，变量$x_j(j=1,2,\cdots,8)$还需满足$x_j\geqslant 0$，且为整数。

该模型的求解将在后面进行介绍。这里给出一个优化方案，即按方案Ⅰ下料30根，方案Ⅲ下料10根，方案Ⅵ下料50根。总共需要90根，即可满足要求。

[例3-4] 人力资源管理问题。一家公司要制定下半年某项工作的人力雇用计划，根据有关分析，得出一周内每天职员需要量如表3-2所示。按规定职员连续工作5天，然后休息2天。问如何安排员工雇用计划，使得在满足需要的前提下，雇用的职员数最少？

下半年某公司员工需用计划 表3-2

工作日	星期一	星期二	星期三	星期四	星期五	星期六	星期日
需要员工数	20	16	13	16	19	14	12

[解] 直接考虑雇用多少职员最少不易考虑。若从每周第$j(j=1,2,\cdots,7)$天开始工作的人数安排考虑，就容易分析。每周第j天开始工作的员工，相应的在岗状况可用表3-3表示。

每星期不同时间开始工作的在岗状况 表3-3

工作日	星期一	星期二	星期三	星期四	星期五	星期六	星期日
星期一	△	▲	▲	▲	▲		
星期二		△	▲	▲	▲	▲	
星期三			△	▲	▲	▲	▲
星期四	▲			△	▲	▲	▲
星期五	▲	▲			△	▲	▲
星期六	▲	▲	▲			△	▲
星期日	▲	▲	▲	▲			△

其中，空心三角表示的是员工每周开始工作的那一天。表中的第j列表示每周中的第j天在岗员工，可能在哪天开始工作的信息。比如，每个星期一在岗员工可由每周第一天、第四天、第五天、第六天以及第七天开始工作的员工组成。

设$x_j(j=1,2,\cdots,7)$表示每周第j天开始工作的人数，于是很容易写出如下形式的优化模型：

目标函数为：

$$\min z=x_1+x_2+x_3+x_4+x_5+x_6+x_7$$

约束为：

$$x_1+x_4+x_5+x_6+x_7 \geqslant 20$$
$$x_1+x_2+x_5+x_6+x_7 \geqslant 16$$
$$x_1+x_2+x_3+x_6+x_7 \geqslant 13$$
$$x_1+x_2+x_3+x_4+x_7 \geqslant 16$$
$$x_1+x_2+x_3+x_4+x_5 \geqslant 19$$
$$x_2+x_3+x_4+x_5+x_6 \geqslant 14$$
$$x_3+x_4+x_5+x_6+x_7 \geqslant 12$$

变量取值限制为： $x_j \geqslant 0 (j=1, 2, \cdots, 7)$ 且为整数

在上述四个例题中，都有如下共同点：

(1) 包含若干决策变量(Variables)，用来表示实际问题的决策方案。结合实际意义，变量取值可以大于 0，小于 0，或者其他限制(如取整限制)。

(2) 存在若干等式或不等式界定决策变量的取值范围，用以表述决策中关于各种资源或其他限制条件。称这些等式或不等式为约束或约束条件(Constraints)。

(3) 存在一个最优化函数，用以表述实际问题中决策者的决策目标，称之为目标函数(Objective)。结合实际情况，目标函数可以是一个最大化问题或最小化问题。

决策变量、约束条件、目标函数一起，描述了实际决策问题，我们称之为优化模型。

在优化模型中，若目标函数、约束条件均为线性形式，且所有决策变量在一个连续闭区间上取值，则称其为线性规划(Linear Programming，简记为 LP)模型；如果目标函数是非线性函数，则称其为非线性规划(Nonlinear Programming)模型；如果部分或全部变量要求取整数值，则称其为整数规划(Integer Programming)模型。

在上面的四个例子中，例 3-1 是一个线性规划模型，例 3-2 是一个非线性规划模型，例 3-3、例 3-4 则属于整数规划模型。

二、线性规划模型的求解

(一) 模型求解的几个基本概念

为介绍线性规划模型的求解方法，首先给出几个基本概念。

(1) 可行解。满足线性规划模型所有约束的决策变量取值组合，称为线性规划模型的可行解(Feasible Solutions)。如果线性规划模型不存在可行解，则称这样的线性规划问题无可行解(Infeasible Solutions)。称可行解构成的集合为可行域(Feasible Region)。

(2) 最优解。使目标函数实现最优化的可行解，叫线性规划的最优解。通过某种算法，解出满足约束条件且目标函数达到最优值的决策变量值的过程，叫做模型的求解。

(3) 无界解。对于定义在可行域上的一个目标函数最大化问题，如果目标函数没有上界，或者对于一个目标函数最小化问题，目标函数没有下界，则称这样的线性规划问题为无界解问题。一个关于实际问题的线性规划模型如果为无界解问题，则表示在建模过程中，可能忽略了一些必要条件。

(二) 两个决策变量的线性规划模型图解算法

如果线性规划模型只有两个决策变量，则可以很直观地通过图解法求解。下面通过一个例题来说明图解法的过程。

[例 3-5] 用图解法求解如下 LP 问题。

$$\max z = 2x_1 + 3x_2$$
$$2x_1 + 2x_2 \leq 12$$
$$x_1 + 2x_2 \leq 8$$
$$4x_1 \leq 16$$
$$4x_2 \leq 12$$
$$x_1, x_2 \geq 0$$

[解]

(1) 约束条件在平面直角坐标系上的表示。以第一个约束条件为例进行说明。

首先在第一象限(因为 x_1, $x_2 \geq 0$)上绘出直线 $2x_1 + 2x_2 = 12$, 见图3-2。该直线与第一象限围成的公共部分,表示 $2x_1 + 2x_2 \leq 12$。

同理,可绘出其他约束条件,可行域则是这些约束条件描述的公共部分,见图3-3。

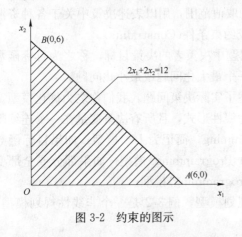

图3-2 约束的图示　　　　图3-3 可行域的图示

(2) 目标函数的几何意义。目标函数 $z = 2x_1 + 3x_2$ 中,z 是待定的值。将其改写为 $x_2 = -\frac{2}{3}x_1 + \frac{z}{3}$,这可以看成参量为 z、斜率为 $-\frac{2}{3}$ 的一族平行线,如图3-4所示。

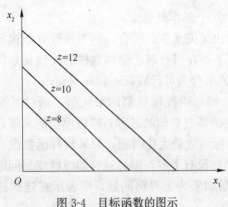

从图3-4可以看出,这组平行线中,离坐标原点 O 越远的直线,z 值越大。

(3) 最优解的确定。最优解必须满足约束条件要求,并使目标函数达到最优值。因此 x_1、x_2 的取值范围只能从多边形 $OQ_1Q_2Q_3Q_4$ 中去寻找。将图3-3和图3-4予以合并,就可以看出在 Q_2 点上实现目标函数的最大化。该点是直线 $4x_1 = 16$ 和 $2x_1 + 2x_2 = 12$ 的交点,为 $(x_1, x_2) = (4, 2)$。最优目标函数值为14。

图3-4 目标函数的图示

(三) 一般线性规划模型的求解——LINGO软件简介

对于决策变量超过2个的线性规划模型,往往采用单纯形法(Simplex Method)进行求解,该方法由美国运筹学家 G. B. Dantzig 于1947年提出。基于单纯形方法及其他经典优化算法为内核,有很多成熟的软件可供使用,其中较为有名的是LINGO软件。

LINGO 软件是由 LINDO Systems，Inc. 开发，用于求解线性规划、非线性规划、整数规划等模型的软件。由于语句简便且与数学自然表述方式相近，界面友好，因此得到广泛应用。可以从网上下载该软件的演示版本（网址为：www.lindo.com），虽然是演示版本，计算能力也大大超过了手工计算。以线性规划为例，演示版可求解 250 个约束条件，500 个变量线性规划问题。

LINGO 软件的安装、程序的调用等相关操作方法，和其他应用软件没有什么本质的不同，这里从略。这里以演示版本为例，介绍一些基本的操作和命令，至于一些高级命令或较为复杂的语句，可参看软件自带的帮助文件。

1. LINGO 模型文件的建立

在 WINDOWS 操作系统中打开 LINGO 程序，就会看到标题为 LINGO Model-LINGO1 字样的命令窗口。在该窗口上，可以像普通文档一样，进行相应语句的输入、编辑，从而建立 LINGO 模型文件。一个 LINGO 模型文件建立完毕，可以选择保存在计算机上，以便下次调用。

（1）目标函数的输入。关键语句是 MAX 或 MIN，分别表示最大化问题和最小化问题。比如对于目标函数

$$\max z = 2x_1 + 3x_2$$

可在命令窗口中直接输入如下内容

$$\text{MAXZ} = 2*\text{X1} + 3*\text{X2};$$

（2）约束条件的输入。对于约束的等式"="，"≥"，"≤"等，可以直接通过在键盘上键入"="，">="，"<="进行。比如对于约束条件

$$2x_1 + 2x_2 \leqslant 12$$

可在命令窗口上键入

$$2*\text{X1} + 2*\text{X2} <= 12;$$

完成该约束条件的输入。

（3）变量的声明或界定。以变量 X 为例，表 3-4 列举了决策变量不同取值条件下，LINGO 的表示方法。

变量的声明　　　　　　　　　　　　　　　　　表 3-4

变量的要求	LINGO 相应命令	变量的要求	LINGO 相应命令
X 取值可正可负	@FREE(X);	X 为 0—1 变量	@BIN(X);
X 取值为整数	@GIN(X);	$2 \leqslant X \leqslant 5$	@BND(2, X, 5);

此外，其他 LINGO 的一些基本格式，可以简单归纳如下：

- LINGO 命令或变量不分大小写。
- 变量最多可以有 32 个字符长度，第一个符号必须为字母，随后可以是字母、数字或下划线。
- 每行命令的结束，以分号作为标记且分号不可缺省。
- 模型输入完毕，以 end 作为结束（其后不加分号）。
- 如对变量不作特殊说明，软件默认变量为非负变量。
- 为增加程序的可读性，可对输入的模型进行注释，注释以！开头，遇到第一个分

号后注释结束。可以插入多个注释,软件在运行时对注释不进行任何操作。

为增加可读性和美观,还可加入若干装饰性空格。

(4) LINGO 的运算符。LINGO 标准通常有三类运算符,分别是算术运算符(Arithmetic Operators)、逻辑运算符(Logic Operators)和关系运算符(Relational Operators)。这里只介绍算术运算符(表 3-5),对于优化问题特别是线性规划的优化问题来说,已经足够了。

LINGO 的算术运算符 表 3-5

运算符号	指 数	乘 号	除 号	加 号	减 号
在 LINGO 中的表示	^	*	/	+	-

[例 3-6] 一个 LINGO 的简单例子。在 LINGO 中输入如下模型:

$$\min Z = x_1 + x_2 + x_3 + x_4 + x_5$$

$$s.t. \begin{cases} 2x_1 + x_3 + x_5 = 122 \\ 2x_2 + 2x_3 + x_4 + x_5 = 100 \\ x_1 + 2x_2 + 3x_4 + x_5 = 100 \\ x_j \geqslant 0, \ j = 1, \cdots, 5 \end{cases}$$

[解] 该模型可以在 LINGO 上输入为:

MINZ=X1+X2+X3+X4+X5;

2*X1+X3+X5=122;

2*X2+2*X3+X4+X5=100;

X1+2*X2+3*X4+X5=100;

END

[例 3-7] 在 LINGO 上建立 [例 3-3] 的模型文件。

[解] 可在 LINGO 上输入如下内容

!目标是求钢筋总根数最少;

MINZ=X1+X2+X3+X4+X5+X6+X7+X8;

!需要切割的钢筋数满足需要;

X1+2*X3+X6+X8>=100;

2*X2+3*X4+X5+2*X6+X8>=100;

3*X1+2*X2+X3+3*X5+4*X7+X8>=100;

!决策变量取正整数的限制;

@GIN(X1); @GIN(X2); @GIN(X3); @GIN(X4); @GIN(X5); @GIN(X6); @GIN(X7); @GIN(X8);

END

2. LINGO 的求解

在 WINDOWS 操作系统下,LINGO 的命令通过工具栏下拉菜单来实现。其中最为重要的命令是求解命令。对于一个已经编辑完毕的模型文件,可调用求解命令,通过点击工具栏中的求解图标即可进行。如果模型文件没有语法错误,程序就会运算并返回结果,否则返回出错信息,并给出可能出错的位置提示。

LINGO运行完毕，自动生成求解报告(Solution Report)，给出最优目标值，最优解状态下决策变量的值。此外，还给出 Reduced Costs，松弛(Slack)或剩余(Surplus)变量，以及对偶价格(Dual Price)等信息，此处介绍从略。

需要说明的是，LINGO 求解线性规划问题，可保证得到的最优解为全局最优解(Global Optimal Solutions)。此外，LINGO 还可以求解非线性规划问题。但不能保证求出的解是全局最优解，算法在找到一个局部最优解(Local Optimal Solutions)后自行终止。

第三节 多目标决策

一、多目标决策概述

（一）多目标决策的特点

前面介绍的线性规划及非线性规划，决策目标都只有一个，这类决策分析问题叫做单目标决策问题。然而，企业决策中的很多问题，衡量一个方案的优劣往往难以用一个指标来判断，而是需要同时考虑多个目标，而这些目标有时往往不是那么协调，甚至彼此相互矛盾。多目标决策就是研究目标数量大于或等于2时，如何进行决策分析和处理的问题。

这里举个简单例子来感性理解一下多目标决策问题。

[例 3-8] 房地产公司开发项目的选择问题。一家房地产开发公司要确定三个住宅投资方向：经济适用住房、中档住宅、高级别墅项目。公司既要考虑预期获利水平最高，还要从市场品牌、持续竞争优势等角度考虑，希望加大中档住宅的投资比例，同时还希望投资规模不要过大。这里先忽略具体形式，假设三个投资方向的资金数量分别为 x_1，x_2，x_3，且抽象地记决策变量的取值范围为 R，三个目标分别记为 f_1，f_2，f_3，则三个目标考虑的问题可以表示为：

预期获利最高，要求

$$\max f_1(x_1, x_2, x_3)$$

中档住宅投资比例要大，要求

$$\max f_2(x_1, x_2, x_3)$$

投资规模不要过大，要求

$$\min f_3(x_1, x_2, x_3)$$

这是一个具有三个目标的决策问题。

当然在实际问题中，结合不同公司的实际决策情况，还会有其他的考虑，但在决策时综合考虑多个目标而不是单一目标，可能更具有实际意义。

（二）多目标决策的基本概念

1. 等价曲线

多目标决策和单目标决策的根本区别在于目标函数的数量。在求解单目标决策问题时，我们只要比较各个行动方案目标函数值哪个最大或最小，就可以确定最优决策。但对于多目标决策问题，就不容易直接判别。比如，对于有两个目标函数 f_1 和 f_2 的决策问题，两个方案的优劣是由 f_1 和 f_2 的大小共同决定的，如果对于两种不同的目标组合，决策者无法比较不同方案的优劣,则说这两个方案是等价的。

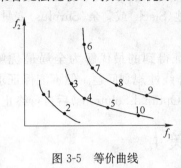

图 3-5 等价曲线

图 3-5 就是一个等价曲线。所谓等价曲线,是指在 f_1,f_2 组成的平面上一组等效用值曲线,即在同一条等价曲线上决策者对于两个不同的目标值组合的评价是完全一致的。比如,在图 3-5 的等价曲线中,方案 2 和 9 都被认为是等价的。

2. 劣解和非劣解

如上所述,在同一等价曲线上的各个方案,决策者可以认为是等价的,无法比较其优劣。但对于在不同等价曲线上的方案,就可以比较其优劣。如果 f_1,f_2 是最大化目标,则显然方案 1 和方案 2 与方案 7 相比,每个目标值都劣于方案 7,因此方案 1、方案 2 可以舍弃,相对于方案 7 来说,方案 1 和方案 2 就是劣方案。

一般的,直接通过比较就可以舍弃的方案叫做劣解。由此可知,方案 1~5 都是劣解,余下的方案 6~10,不能被立即舍弃,故称这样的解为非劣解。

3. 满意解

所谓满意解,就是决策者通过对多个目标的权衡,反映决策者效用或偏好的解。因此,满意解应该在非劣解集合中进行选择,当然选择标准将按照某种评价准则来进行。

图 3-5 中,虽然方案 10 是非劣解,但是它和劣解方案 3~5 处于同一条等价曲线上,因此,不能构成满意解。而方案 6~9 既是非劣解,同时又处于同一条等价曲线上,因此都是满意解。

(三) 多目标决策基本方法

由于直接求解多目标决策问题比较困难,而单目标决策问题较容易解决,因此,将多目标决策问题先转化成单目标决策问题,然后再用单目标决策求解方法进行求解,就成为解决多目标决策问题的一种基本方法。

将多目标决策问题转化为单目标决策问题通常采用如下方法:

1. 使主要目标优化兼顾其他目标的方法

设有 n 个目标函数 $f_1(x)$,$f_2(x)$,…,$f_n(x)$,但在 n 个目标中有一个是关键目标,例如为 f_1,且要求对该目标求最大化,在这种情况下,只要使其他目标处于一定范围,即在原来决策变量的约束条件中添加如下约束

$$f_j' \leqslant f_j \leqslant f_j''(j=2,\cdots,n)$$

然后仅仅对 f_1 进行最大化,就可以将多目标决策问题转化为单目标决策问题。

2. 线性加权法

设有 n 个目标函数 $f_1(x)$,$f_2(x)$,…,$f_n(x)$,且这些目标均为求最大化或最小化目标,我们可以给每个目标一个相应的权系数 $\lambda_j(j=1,\cdots,n)$,从而构成新的目标函数

$$\max F(x) = \sum_{j=1}^{n} \lambda_j f(x)$$

从而采用单目标决策方法求解。

如果在多目标分析中,或由于各个目标的量纲不统一,或有些目标函数值要求最大,

有的要求最小,则可把目标函数值变换成效用值或者采用其他无量纲化处理方法,再应用线性加权法。具体举例从略。

如何选用适当的权系数是一个较难解决的问题,一般只能根据经验或专家意见确定。

3. 乘除法

设有 n 个目标函数,其中一些目标要求最大化,并要求每个目标值均大于 0,而另一些目标要求最小化,则可将最大化目标的乘积作为分子,最小值目标作为分母,对于这样的分式目标,求其最大化。

二、基于目标规划的多目标决策方法

与其他多目标决策方法相比,目标规划方法相对成熟且具有较强的可操作性,因此这里单独进行介绍。

（一）目标规划问题的提出

目标规划(Goal Programming)是由线性规划发展演变而来,是线性规划和多目标优化思想的结合。现代化企业内专业分工越来越细,组织机构日趋复杂,为了统一协调企业各部门人员围绕一个整体的目标工作,产生了目标管理这种先进的管理技术。目标规划是实行目标管理的有效工具,它根据企业制订的经营目标以及这些目标的轻重缓急次序,考虑现有资源情况,分析如何达到规定目标,或从总体上规定目标的差距为最小。

线性规划模型存在一定的局限:第一,它要求问题的解必须全部满足约束条件,但实际问题中并非所有约束都需严格满足,对某些约束有一定程度的违背是允许的;第二,只能处理单目标的优化问题,因此线性规划模型中人为地将一些次要目标转为约束。而实际问题中,目标和约束可以互相转化,处理时不一定要严格区分;第三,线性规划中各个约束条件都处于同等重要地位,但现实问题中,各目标的重要性既有层次上的差别,同一层次上又可以有权重的区分;第四,线性规划寻求的是最优解,而很多实际问题中只需要找出满意解就可以。目标规划则可通过一定的途径解决上述线性规划在建模中的局限性。

下面用一个例子具体予以说明。

[例 3-9] 某企业计划生产Ⅰ、Ⅱ两种产品,这些产品分别要在 A、B、C、D 四种不同设备上加工。按工艺文件规定,每生产一件产品Ⅰ占用各设备分别为 2、1、4、0h,每生产一件产品Ⅱ分别占用各设备 2、2、0、4h。已知各设备在计划期内的能力分别为 12、8、16、12h,又知每生产一件产品Ⅰ,企业利润为 2 元,生产一件产品Ⅱ,利润为 3 元。问该企业应该如何安排生产计划,使在计划期内的总利润为最大。

[解] 很容易建立这个问题的线性规划模型。设Ⅰ、Ⅱ两种产品的产量分别为 x_1,x_2,则该问题的线性规划模型如下:

$$\max z = 2x_1 + 3x_2$$

$$\begin{cases} 2x_1 + 2x_2 \leqslant 12 \\ x_1 + 2x_2 \leqslant 8 \\ 4x_1 \leqslant 16 \\ 4x_2 \leqslant 12 \\ x_1, x_2 \geqslant 0 \end{cases}$$

并可求出最优解为 $x_1=4$，$x_2=2$，最优目标值 $z^*=14$。

但如果企业的经营目标不仅仅是利润，而是需要考虑以下多个方面：

(1) 力求使利润指标不低于 12 元；

(2) 考虑到市场需求，Ⅰ、Ⅱ两种产品的产量需保持 1∶1 的比例；

(3) C 和 D 为贵重设备，严格禁止超时使用；

(4) 设备 B 必要时可以加班，但加班时间要控制；设备 A 既要求充分利用，又尽可能不加班。

此时，线性规划就无能无力了，需要借助目标规划方法。

(二) 目标规划模型的建模方法

下面结合例 3-9，说明目标规划模型的建模方法。

(1) 设置偏差变量，用来表明实际值同目标值之间的差异。偏差变量用下列符号表示：

d^+——超出目标的差值，称为正偏差变量；

d^-——未达到目标的差值，称为负偏差变量。

d^+ 与 d^- 两者中必有一个为零。当实际值超出目标值时，有 $d^-=0$，$d^+>0$；当实际值未达到目标值时，有 $d^+=0$，$d^->0$；当实际值同目标值恰好一致时，$d^-=d^+=0$。

(2) 统一处理目标和约束。只对资源使用上有严格限制的建立系统约束，数学形式上为严格的等式或不等式，就像线性规划中的约束条件一样。例如设备 C 和 D 严格禁止超时使用，故有：

$$4x_1 \leqslant 16$$
$$4x_2 \leqslant 12$$

而对那些不严格限定的约束，连同原线性规划建模时的目标，均通过目标约束来表达。目标约束是一种将约束同目标结合一起的表达式。例如要求Ⅰ、Ⅱ两种产品保持 1∶1 的比例，若当成一个严格约束，可以写成：

$$x_1-x_2=0$$

这是系统约束或刚性约束，由于对这个比例允许有偏差，当产品Ⅰ的产量小于产品Ⅱ的产量时，有 $x_1<x_2$，即出现负偏差量 d^-，于是上式可以写成：

$$x_1-x_2+d^-=0$$

当产品Ⅰ产量多于产品Ⅱ，则出现了正偏差量 d^+，于是有：

$$x_1-x_2-d^+=0$$

因正负偏差不可能同时出现，故总有：

$$x_1-x_2+d^--d^+=0$$

假如希望Ⅰ的产量不低于Ⅱ的产量，即不希望上式中 $d^->0$，用目标约束可表示为：

$$\begin{cases} \min d^- \\ x_1-x_2+d^--d^+=0 \end{cases}$$

假如希望Ⅰ的产量低于Ⅱ的产量，即不希望出现 $d^+>0$，用目标约束可以表示为：

$$\begin{cases} \min d^+ \\ x_1 - x_2 + d^- - d^+ = 0 \end{cases}$$

假如希望Ⅰ的产量恰好等于Ⅱ的产量，即不希望出现 $d^- > 0$，又不希望出现 $d^+ > 0$，用目标约束可表示为：

$$\begin{cases} \min d^- + d^+ \\ x_1 - x_2 + d^- - d^+ = 0 \end{cases}$$

同理，力求使利润指标不低于12元，可表示为：

$$\begin{cases} \min d^- \\ 2x_1 + 3x_2 + d^- - d^+ = 12 \end{cases}$$

设备B必要时可以加班，以及加班时间要控制可表示为：

$$\begin{cases} \min d^+ \\ x_1 + 2x_2 + d^- - d^+ = 8 \end{cases}$$

设备A既要求充分利用，又尽可能不加班，可表示为：

$$\begin{cases} \min d^- + d^+ \\ 2x_1 + 2x_2 + d^- - d^+ = 12 \end{cases}$$

（3）目标的优先级和权系数。在一个目标规划模型中，如果两个不同目标的重要程度相差悬殊，为达到某个目标可牺牲其他一些目标，则称这些目标具有不同层次的优先级。优先级层次的高低可分别通过优先因子 $P_1, P_2 \cdots$ 表示，并规定 $P_k \gg P_{k+1}$，即不同优先级之间的差别无法用数字大小衡量。对属于同一层次优先级的不同目标，按其重要程度可分别乘上不同的权系数。权系数是一个个具体数字，乘上的权系数越大，表明该目标越重要。

现假定例3-9中企业最重要的目标是利润，列为第一优先级；其次目标是Ⅰ、Ⅱ两种产品的产量尽可能保持1∶1的比例，列为第二优先级；再次是设备A、B尽量不超负荷工作，列为第三优先级。在第三优先级中，设备A的重要性比设备B大3倍，这样对各目标约束中的正负偏差变量按顺序编号后，上述问题的目标规划可以写为：

$$\min z = P_1 d_1^- + P_2(d_2^+ + d_2^-) + 3P_3(d_3^+ + d_3^-) + P_3 d_4^+$$

$$\begin{cases} 4x_1 \leqslant 16 \\ 4x_2 \leqslant 12 \\ 2x_1 + 3x_2 + d_1^- - d_1^+ = 12 \\ x_1 - x_2 + d_2^- - d_2^+ = 0 \\ 2x_1 + 2x_2 + d_3^- - d_3^+ = 12 \\ x_1 + 2x_2 + d_4^- - d_4^+ = 8 \\ x_1, x_2, d_i^-, d_i^+ \geqslant 0 \quad i = 1, \cdots, 4 \end{cases}$$

由上面看到，目标规划比起线性规划来说，适应面要灵活得多。目标规划适用于多个目标并且还可以带有从属目标的规划问题，而且目标的计量单位可以多种多样。目标规划约束中的柔性,给决策方案的选择带来很大的灵活性。由于目标函数中划分优先级并有权系数大小,使企业可根据外界条件变化,通过调整目标优先级和权系数,求出不同方案以供选择。

(三) 目标规划的求解

从数学模型形式来看,目标规划和线性规划没有本质的不同,因此可以在 LINGO 上求解。只不过由于目标规划目标函数存在优先因子,因此在借助 LINGO 进行求解时,需要根据优先级别层次数目,依次求解一系列线性规划问题。这里以例 3-9 中的目标规划模型为例进行说明。

[例 3-10] 在 LINGO 中求解例 3-9。

[解] 根据目标规划建模理念,首先对第一级目标进行优化,即在 LINGO 中求解如下线性规划问题:

$$\min z = d_1^-$$

$$\begin{cases} 4x_1 \leqslant 16 \\ 4x_2 \leqslant 12 \\ 2x_1 + 3x_2 + d_1^- - d_1^+ = 12 \\ x_1 - x_2 + d_2^- - d_2^+ = 0 \\ 2x_1 + 2x_2 + d_3^- - d_3^+ = 12 \\ x_1 + 2x_2 + d_4^- - d_4^+ = 8 \\ x_1, x_2, d_i^-, d_i^+ \geqslant 0 \quad i = 1, \cdots, 4 \end{cases}$$

得出最优目标值 $d_1^- = 0$。

现考虑第二级目标,即对 $d_2^+ + d_2^-$ 进行最小化,但不能破坏已经达成的第一级目标,故将第一级优化中达到的目标添加到原约束中,再对 $d_2^+ + d_2^-$ 进行优化,即求解如下线性规划问题:

$$\min z = d_2^- + d_2^+$$

$$\begin{cases} 4x_1 \leqslant 16 \\ 4x_2 \leqslant 12 \\ 2x_1 + 3x_2 + d_1^- - d_1^+ = 12 \\ x_1 - x_2 + d_2^- - d_2^+ = 0 \\ 2x_1 + 2x_2 + d_3^- - d_3^+ = 12 \\ x_1 + 2x_2 + d_4^- - d_4^+ = 8 \\ d_1^- = 0 \\ x_1, x_2, d_i^-, d_i^+ \geqslant 0 \quad i = 1, \cdots, 4 \end{cases}$$

求得最优目标值为 $d_2^+ + d_2^- = 0$。

第三级目标,要考虑对 $3(d_3^+ + d_3^-) + d_4^+$ 进行最小化,基于同样的考虑,对该目标进行优化时,在原来模型约束的基础上,将 $d_1^- = 0$,$d_2^+ + d_2^- = 0$ 添加为约束条件(具体表述从略)。最终结果为 $d_4^+ = 1$,$x_1 = 3$,$x_2 = 3$。即 B 设备需要加班 8h,计划期内每种产品均生产 3 件。

第四节 风险型决策分析

风险型决策也称为随机型决策。在风险型决策问题中，决策环境是不确定的，存在两个或两个以上的自然状态，并且每个行动方案对应的结果是不同的，但各种结果发生的概率是已知的。风险型决策分析常用的方法有：期望损益值决策法、敏感性分析、决策树分析和效用理论。

一、期望损益值决策法

期望损益值决策法是风险型决策的一种基本方法。该方法首先要计算每个方案的期望损益值，然后根据决策目标，选择期望收益值最大或期望损失值最小的方案作为最优方案。

（一）损益矩阵

期望损益值决策法是以损益矩阵为依据的。损益矩阵一般由可行方案、自然状态及其发生的概率、各种行动方案的可能后果三部分组成。将损益矩阵的三部分内容以表的形式表示出来，就是损益矩阵表，如表3-6所示。

损 益 矩 阵 表   表3-6

可行方案 A_i	自然状态 θ_j 及其概率 P_j			
	θ_1	θ_2	…	θ_n
	P_1	P_2	…	P_3
A_1	L_{11}	L_{12}	…	L_{1n}
A_2	L_{21}	L_{22}	…	L_{2n}
…	…	…		…
A_m	L_{m1}	L_{m2}	…	L_{mn}

（二）方案期望损益值的计算

各决策方案期望损益值的计算，采用如下公式：

$$E(A_i) = \sum_{j=1}^{n} P(\theta_j) \times L_{ij}$$

式中 $E(A_i)$——第 i 个可行方案的期望值；

$P(\theta_j)$——第 j 种自然状态的概率；

L_{ij}——采取第 i 个方案出现第 j 种状态时的损益值。

计算各方案的期望损益值后选择最大的损益值对应的方案即为采用期望损益值决策方法选取的最优方案。

[例3-11] 某企业准备参加某种产品的展销会，并租用该会陈设的摊位出售其产品。展销会的摊位分设于会场的甲、乙、丙三个不同的区域，其租金多少也因区域相异而不同。该企业决策者拟定三种支出预算方案作为租用不同摊位的选择：选甲区、选乙区和选丙区。展销产品收益的大小，除受摊位位置的影响外，还受展销期间天气情况的制约。根据过去资料，展销期间天气属晴朗、普通、多雨三种状态的概率分别为 0.35、0.40、

0.25。因不同的天气对于在不同区域设置摊位的业务影响并不一样,该厂根据以往的经验测算出全部收益值,并编制出如表3-7所示的销售收益值表。

某企业损益矩阵表　　　　　　　　　表3-7

收益值＼自然状态＼方案	晴朗/0.35	普通/0.40	多雨/0.25
选甲区	4000	6000	1000
选乙区	5000	4000	1100
选丙区	4000	3000	2000

在这种情况下,应用期望损益值法确定该企业应当选择哪一区域设置摊位展销产品。

[解]　计算各方案的期望损益值:

E(选甲区)＝0.35×4000＋0.40×6000＋0.25×1000＝4050 元
E(选乙区)＝0.35×5000＋0.40×4000＋0.25×1100＝3625 元
E(选丙区)＝0.35×4000＋0.40×3000＋0.25×2000＝3100 元

选择具有最大期望值方案,最优方案就是选甲区。

二、敏感性分析

所谓敏感性分析,是指通过测定一个或多个不确定因素的变化所导致的决策评价指标的变化幅度,了解各种因素的变化对实现预期目标的影响程度,从而对外部条件发生不利变化时投资方案的承受能力作出判断。敏感性分析包括单因素的敏感性分析和多因素的敏感性分析两种。

(一)单因素敏感性分析

单因素敏感性分析只研究一个不确定因素的变动对方案经济效果的影响。单因素敏感性分析的步骤为:

(1)选择需要分析的不确定因素,并设定这些因素的变化范围。如对于一般工业投资项目,可选择投资额、产品产量、产品价格、变动成本等作为不确定因素。

(2)确定分析指标,如净现值、内部收益率等。

(3)计算各不确定因素在可能的变动范围内发生不同幅度变动所导致的方案经济效果指标的变化结果,建立对应关系并用图或表的形式表示出来。

(4)确定敏感因素,对方案的风险情况作出判断。

[例3-12]　某生产项目有几个方案可供选择,其中之一的建设投资额、年设计生产能力、产品单价、变动成本、税金、折现率和项目的十年折旧期结束时的残值分别为:V_i＝34000 元,Q＝600t,p＝400 元/t,w＝220 元/t,r＝20 元/t,i＝16% 和 S＝10000 元。试分析该项目的产量、产品价格和变动成本的变动对项目净现值的影响。

[解]　由技术经济学理论可知,项目净现值 NPV 为

$$\text{NPV} = -V_i + (p-w-r)Q\frac{(1+i)^n-1}{i(1+i)^n} + \frac{S}{(1+i)^n}$$

上式中,n 表示该项目的生命周期,本例中取 10。

在采用上述公式计算项目净现值对于产量、产品价格和变动成本的敏感性时,要分别

让其中一个因素变动，而另两个保持不变，变动的幅度一般按百分比来取，例如 10%、20%、30%、-10%、-20%、-30%等。表 3-8 中数据是产量、产品价格和变动成本按比例变动时，计算得到的该项目净现值。

产量、产品价格和变动成本变动后的项目净现值　　　　　表 3-8

	-30%	-20%	-10%	0%	10%	20%	30%
产　　量	-12940.28	34358.71	79857.69	126256.67	172655.66	219654.64	265453.63
产品价格	-221735.70	-105738.25	10259.21	126256.67	242254.13	358251.59	474249.05
变动成本	335052.10	265453.63	195855.15	126256.67	56658.20	-12940.28	-82538.75

另外，根据求净现值的公式，还可以画出净现值对于产量、产品价格和变动成本的敏感性曲线，如图 3-6 所示。

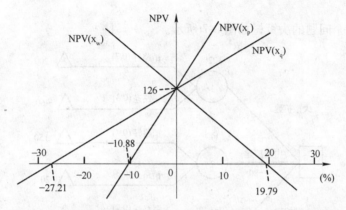

图 3-6　净现值对于产量、产品价格和变动成本的敏感性曲线

从表 3-8 和图 3-6 的数据可以看出，该项目中净现值对于产品价格最为敏感，其次是变动成本，第三是产量。

根据上面的分析，决策者在作出是否采用本方案之前，应该对该项目未来产品价格及其可能变动范围作出更为精确的预测和估算。如果产品价格低于原预期值的 10.88% 以上的可能性较大，则意味着该方案风险较大。

（二）多因素敏感性分析

在进行单因素敏感性分析过程中，当计算某个不确定因素对于项目经济效果分析指标的影响时，假定其他因素均不变。而实际情况一般是几个因素同时变动。为了反映这种现实，常采用多因素敏感性分析来解决。多因素敏感性分析就是考虑可能发生的各种因素不同变动幅度的多种组合，计算起来要比单因素敏感性分析复杂得多。可以想像的到，如果方案要考虑的不确定因素多的话，则需要分析的组合方式将数不胜数。因此，在实际中采用多因素敏感性分析时，一般选择几种最可能以及最不利的组合来进行计算。

三、决策树分析

决策树是使用树状结构来表示项目所有可供选择的行动方案、行动方案之间的关系、行动方案的后果以及这些后果发生的概率。

决策树中,树根表示构想项目的初步决策,称作决策点,一般用方框表示。从树根向右画出若干树枝。每条树枝都表示一个行动方案,称作方案枝,一般用直线表示。方案枝的右端是状态节点,一般用圆来表示。每个状态节点向右又伸出两个或更多个小树枝,代表该方案的各种不同后果,每条小树枝上都注明该种后果出现的概率,故称作概率枝,一般用折线来表示。每条小树枝的末端是树叶,要注明该种后果的大小,一般用三角形表示,项目收益用正的数值表示,项目损失用负的数值表示。

[例 3-13] 某集团公司为扩大生产能力,拟定了三种扩建方案供选择:①大型扩建;②中型扩建;③小型扩建。扩建费用依次为:100 万元、80 万元和 60 万元。经过市场调查和预测,估计产品未来销路好的概率为 0.7,销路差的概率为 0.3。销路好时大型扩建、中型扩建和小型扩建方案获利分别为 200 万元、150 万元和 100 万元。销路不好时大型扩建方案亏损 60 万元,中型扩建方案可获利 20 万元,小型扩建方案可获利 60 万元。试找出最佳扩建方案。

首先画出这个问题的决策树如图 3-7 所示。

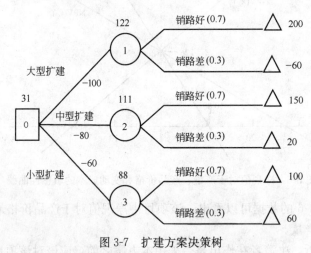

图 3-7 扩建方案决策树

然后计算各状态结点处风险后果的数学期望如下:

状态结点 1:$0.7 \times 200 + 0.3 \times (-60) = 122$

状态结点 2:$0.7 \times 150 + 0.3 \times 20 = 111$

状态结点 3:$0.7 \times 100 + 0.3 \times 60 = 88$

决策结点 0:$\text{Max}\{122-100, 111-80, 88-60\} = 31$

因此,使用决策树方法可知最优的决策方案是中型扩建。

如上例中只有一个决策结点的决策树,叫单级决策树,使用单级决策树的决策过程叫单阶段决策。如果树叶节点本身又作为决策结点,则这样的决策树叫多级决策树,利用多级决策树进行决策的过程叫多阶段决策。实际中的问题往往都是多阶段决策的。

[例 3-14] 某无线电厂主要生产收录机,为了增加利润,该厂领导人决定改革工艺。改革工艺有两种途径可以实现:一是向国外购买专利,需花费 10 万元,并且谈判成功的可能性有 0.8;二是自行研制,不需额外花费,成功的可能性有 0.6。无论采用哪种途径,只要改革工艺成功,生产规模就能有两种方案:增加一倍产量和增加两倍产量。但如果改革工艺失败,则只能维持原产量。根据市场预测,在今后相当长的一段时间内,对该厂收

录机的需求量有高、中、低三种可能,概率分别为 0.3、0.5 和 0.2。该厂已计算出上述各种情况下的利润值,如表 3-9 所示。试问该无线电厂在改进工艺上应该采取什么决策。

各种情况下的利润值   表 3-9

利润（万元） 方案 自然状态	按原工艺生产	购买专利成功 (0.8)		自行研制成功 (0.6)	
		增一倍产量	增两倍产量	增一倍产量	增两倍产量
市场需求高(0.3)	150	500	700	500	800
市场需求中(0.5)	10	250	400	100	300
市场需求低(0.2)	−100	0	−200	0	−200

可以看出,最后阶段的决策是在购买专利或自行研制两个方案中做出选择,但这两个方案的损益值又依赖于生产方案的选择,即增加一倍产量还是增加两倍产量,所以这是一个多阶段决策问题。该问题的决策树如图 3-8 所示。

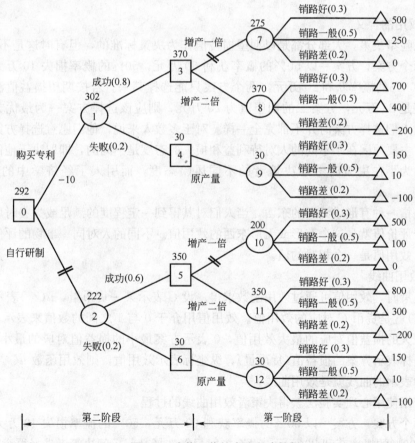

图 3-8 改革工艺的多阶段决策树

有了决策树后,计算决策树中各结点的期望值如下:

状态结点 7：$0.3 \times 500 + 0.5 \times 250 + 0.2 \times 0 = 275$

状态结点 8：$0.3 \times 700 + 0.5 \times 400 + 0.2 \times (-200) = 370$

状态结点 9：$0.3 \times 150 + 0.5 \times 10 + 0.2 \times (-100) = 30$

状态结点 10：$0.3 \times 500 + 0.5 \times 100 + 0.2 \times 0 = 200$

状态结点 11：$0.3 \times 800 + 0.5 \times 300 + 0.2 \times (-200) = 350$

状态结点 12：$0.3 \times 150 + 0.5 \times 10 + 0.2 \times (-100) = 30$

决策结点 3：$\text{Max}\{275, 370\} = 370$

决策结点 4：$\text{Max}\{30\} = 30$

决策结点 5：$\text{Max}\{200, 350\} = 350$

决策结点 6：$\text{Max}\{30\} = 30$

状态结点 1：$0.8 \times 370 + 0.2 \times 30 = 302$

状态结点 2：$0.6 \times 350 + 0.4 \times 30 = 222$

决策结点 0：$\text{Max}\{302 - 10, 222\} = 292$

因此，该案例应选择购买专利为最佳方案。

四、效用理论

(一) 效用的含义

对于风险型决策，大部分都是以期望损益值作为决策标准的，但有时这是不合理的。例如，有两个方案，方案一以 50% 的概率获利 60 万元，50% 的概率损失 10 万元；方案二则是以 100% 的概率获利 20 万元，两个方案只能选择其一。若按期望损益值法，方案一的期望值是 25 万元，方案二的期望值为 20 万元，则应该选择方案一为最优方案。但是，实际上人们选择方案时并不都完全一样。对于多数人来说，他们愿意选择方案二而不是方案一。主要原因在于不同的人对待利益和损失的态度是不同的，即取决于他们对待风险的态度。为了在决策时考虑决策者的不同风险态度，而引入了经济学中的"效用"概念。

效用是指一种有形或无形的东西，当人们对其得到一定程度的满足或失去时所给予的评价。这个评价值就是这个有形或无形东西的效用值。不同的人对同一事物的评价是不同的。因此，效用值是一个相对的值。

(二) 效用曲线

实际决策时，效用值可通过效用函数求得。设 C 表示某一货币量，$u(\ )$ 表示效用函数，则 $u(C)$ 就是货币 C 对应的效用值。效用值用介于 0 与 1 之间的数值来表示，其中 1 表示方案最大的损益值对应的最大效用值，0 表示方案最小的损益值对应的最小效用值。如果以横坐标表示方案的损益值(货币量)，纵坐标表示效用值，则效用函数 $u(\ )$ 在该直角坐标系中表示的曲线就是效用曲线。

下面介绍使用心理实验法获得决策者效用曲线的过程。

设有两个方案，方案一以 50% 的概率获利 60 万元，50% 的概率损失 10 万元；方案二则是以 100% 的概率获利 20 万元，两个方案只能选择其一，问决策者选择哪个方案？

如果决策者认为方案二比方案一要好。则可以计算得出，方案一的期望损益值为 25 万元，方案二的期望损益值为 20 万元。并且，两个方案中最大损益值为 60 万元，最小损益值为 -20 万元，因此有 $u(60)=1$，$u(-20)=0$，方案一的期望效用值为 $0.5 \times u(60) + 0.5 \times u(-20) = 0.5 \times 1 + 0.5 \times 0 = 0.5$。也就是说，对于该决策者肯定获利 20 万元的效用要大于方案一的效用。

假定再问,方案二的收益降至 10 万元,决策者会选择哪个方案?如果决策者仍然选择方案二,则说明肯定收益 10 万元的效用还是大于方案一的效用。

再问,方案二的收益改为损失 10 万元,决策者会选择哪个方案?这时,决策者选择方案一,说明肯定损失 10 万元的效用要小于方案一的效用。

通过不断改变方案二的收益值询问决策者的选择,最后当方案二的收益变为 0 时,决策者认为方案一和方案二没有差别,选择哪个方案都可以。那么,对于该决策者肯定获利 5 万元的效用与方案一是相同的,即 $u(0)=0.5$。

然后,以 50% 的概率获利 60 万元,50% 的概率获利 0 作为方案,该方案的效用值为 $0.5 \times u(60) + 0.5 \times u(0) = 0.5 \times 1 + 0.5 \times 0.5 = 0.75$。重复上述过程,假定经过多次询问,最后决策者认为肯定获利 20 万元与该方案等效,即 $u(20)=0.75$。

再次,以 50% 的概率获利 60 万元,50% 的概率获利 20 万元作为方案,该方案的效用值为 $0.5 \times u(60) + 0.5 \times u(20) = 0.5 \times 1 + 0.5 \times 0.75 = 0.875$。重复上述过程,假定经过多次询问,最后决策者认为肯定获利 35 万元与该方案等效,即 $u(35)=0.875$。

最后,以 50% 的概率获利 0,50% 的概率损失 20 万元作为方案,该方案的效用值为 $0.5 \times u(0) + 0.5 \times u(-20) = 0.5 \times 0.5 + 0.5 \times 0 = 0.25$。重复上述过程,假定经过多次询问,最后决策者认为肯定损失 12 万元与该方案等效,即 $u(-12)=0.25$。

采用同样的方案,可以得到许多这样的点,把这些点画在直角坐标系上,然后再连接起来,就可得到该决策者的效用曲线,如图 3-9 所示。

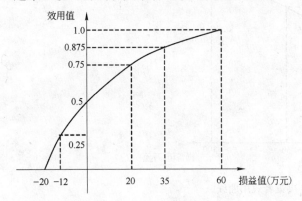

图 3-9 某决策者效用曲线图

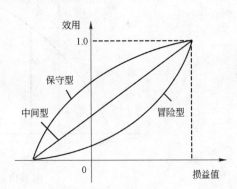

图 3-10 效用曲线类型图

(三)效用曲线的类型

一般来说,不同的决策者效用曲线也是不同的。根据决策者对待风险的反映,效用曲线大致可以分为三种类型:中间型效用曲线、保守型效用曲线、冒险型效用曲线,如图 3-10 所示。

(1)中间型效用曲线。该类型的效用曲线中,效用与货币效果成线性关系。具有这种效用曲线的决策者,对于风险持中立态度。决策时,效用期望值最大的方案也必是期望损益值最大的方案,因此,对于属于该类型的决策者,直接用期望损益法即可。

(2)保守型效用曲线。具有保守型效用曲线的决策者,对风险的不利结果非常敏感,即损失稍微增加一点儿,效用值就会下降很多。相反,对有利结果却比较迟钝,即收益增加很多时，效用值才增加一点儿。这类决策者属于谨慎小心、回避风险、不求暴利的人。

（3）冒险型效用曲线。具有冒险型效用曲线的决策者，对待风险的态度与保守型的正好相反，即对有利结果非常敏感，对不利后果比较迟钝。该类决策者属于敢大胆尝试、喜欢风险、追求大利的人。

大量调查研究表明，大多数决策者属于保守型。

（四）效用曲线的应用

下面以一个案例来说明效用曲线的使用方法。

[例 3-15] 投资生产某新产品，有两个方案：A_1，建大型装置；A_2，建小型装置。根据调查分析，该产品上市后，销路好（C_1）的可能性是 0.7，销路差（C_2）的可能性是 0.3。设各方案对应于各种可能性的损益值如表 3-10 所示。

某投资产品损益矩阵表　　　　　单位：万元　　表 3-10

方案	销路好 $P(C_1)=0.7$	销路差 $P(C_2)=0.3$
A_1：建大型装置	100	-30
A_2：建小型装置	50	20

并且，决策者的效用曲线已知，如图 3-11 所示。

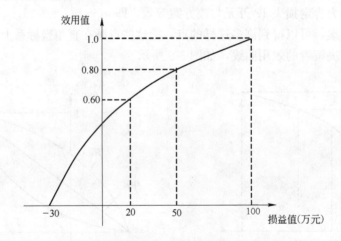

图 3-11　决策者效用曲线

计算两个方案的期望效用值：

A_1：$0.7 \times 1 + 0.3 \times 0 = 0.7$；$A_2$：$0.7 \times 0.8 + 0.3 \times 0.6 = 0.74$

因此，对于该决策者应选择建小型装置的方案。

第五节　层次分析法

进行社会、经济以及经营管理等方面的分析时，常常面临的是一个由相互关联、相互制约的众多因素构成的复杂系统，这给系统的分析带来了不少麻烦和困难。借助层次分析法，不仅可以简化系统分析和计算，把一些定性因素加以量化，使人们的思维过程变成数字化，而且还能帮助决策者保持思维过程的一致性。

一、层次分析法的基本步骤

运用层次分析法进行系统分析时，首先要把系统层次化。根据系统的性质和总目标，把系统分解成不同的组成因素，并按照各因素之间的相互关系，以及隶属关系划分成不同层次的组合，构成一个多层次的系统分析结构模型，最终计算出最低层的诸因素相对于最高层（系统总目标）相对重要性权值。从而可以确定诸方案的优劣排序。层次分析法大体可分为五个步骤：

（一）建立层次结构模型

在充分了解所要分析的系统后，把系统中的各因素划分成不同层次，再用层次框图描述层次的递阶结构以及因素的从属关系。对于决策问题，通常可以分为下面几类层次：

（1）最高层。表示解决问题的目的，即 AHP 所要达到的目标。

（2）中间层。表示采用某种措施或政策来实现目标所涉及的中间环节，一般又可分为策略层、准则层等。

（3）最低层。表示解决问题的措施或政策。

上述各层次之间也可以建立子层次，子层次从属于主层次中的某个因素，又与下一层次因素有联系。

上一层次的单元可以与下一层次的所有单元都有联系，也可以只与其中的部分单元有联系。前者称为完全的层次关系，后者称为不完全的层次关系。

图 3-12 给出了一个建筑企业选择投标项目决策的层次结构模型。

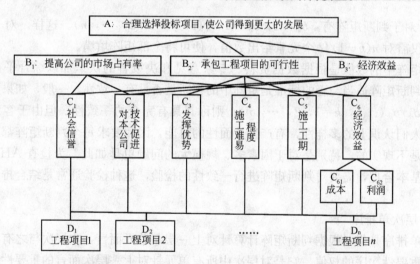

图 3-12 建筑企业选择投标项目决策的层次结构模型

A 层是最高层，其下设有包含三项准则的准则层，A 与 B 构成了完全层次关系。

$B_i(i=1, 2, 3)$ 与指标层 C 之间均为不完全层次关系。

C 层的元素 C_6 也存在一子层次，包括 C_{61} 和 C_{62} 两个因素。

指标层 C 与项目层 D 之间为完全的层次关系。

（二）构造判断矩阵

AHP 要求决策者对每一层次各元素的相对重要性给出判断，这些判断用数值表示出来，就是判断矩阵。构造判断矩阵是 AHP 关键的一步。

判断矩阵的形式如下：

a_k	B_1	B_2	$\cdots$	B_n
B_1	b_{11}	b_{12}	$\cdots$	b_{1n}
B_2	b_{21}	b_{22}	$\cdots$	b_{2n}
$\vdots$	$\vdots$	$\vdots$	$\vdots$	$\vdots$
B_n	b_{n1}	b_{n2}	$\cdots$	b_{nn}

式中，b_{ij} 表示对于 a_k 而言 B_i 对 B_j 的相对重要性，这些重要性用数值来表示，其含义以表 3-11 的标度来表示。

两因素比较的标度含义　　　　　　　　　表 3-11

标度 b_{ij}	含　义
1	i 因素与 j 因素同样重要
3	i 因素比 j 因素略重要
5	i 因素比 j 因素较重要
7	i 因素比 j 因素重要得多
9	i 因素比 j 因素重要得很多
2，4，6，8	i 与 j 两因素重要性比较结果处于以上结果的中间
倒数	j 与 i 两因素重要性比较结果是 i 与 j 两因素重要性比较结果的倒数

显然，对于判断矩阵有：$b_{ii}=1$，$b_{ij}=1/b_{ji}(i, j=1, 2, \cdots, n)$。这样，对于 n 阶判断矩阵，仅需对 $n(n-1)/2$ 个元素给出数值，便可将全部矩阵填满。

判断矩阵中的数值是根据数据资料、专家意见和决策者的认识加以综合平衡后得出的，衡量判断矩阵适当与否的标准是矩阵中的判断是否具有一致性。一般，如果判断矩阵满足 $b_{ij}=b_{ik}/b_{jk}(i, j, k=1, 2, \cdots, n)$，则称其具有完全的一致性。但由于客观事物的复杂性和人们认识上的多样性，有产生片面性的可能，因而要求每个判断矩阵都具有完全的一致性是不现实的，特别是对于因素多、规模大的问题更是如此。为检查 AHP 得到的结果是否基本合理，需要对判断矩阵进行一致性的检验，这种检验通常是结合排序步骤进行的。

（三）层次单排序

层次单排序是指：根据判断矩阵计算针对上一层某单元而言，本层次与之有联系的各单元之间重要性次序的权值。它是对层次中所有单元针对上一层次而言的重要性进行排序的基础。

层次单排序可以归结为计算判断矩阵的特征根和特征向量的问题。即对判断矩阵 B，计算满足 $BW=\lambda_{\max}W$ 的特征根和特征向量。这里，$\lambda_{\max}$ 为 B 的最大特征根，W 为对应于 $\lambda_{\max}$ 的规范化特征向量。W 的分量 W_i 即是对应于单元单排序的权值。

可以证明，对于 n 阶判断矩阵，其最大特征根为单根，且 $\lambda_{\max} \geqslant n$，$\lambda_{\max}$ 所对应的特征向量均由非负数组成。特别是当判断矩阵具有完全一致性时，$\lambda_{\max}=n$，除 $\lambda_{\max}$ 外，其余特征根均为 0。

为检验判断矩阵的一致性,需要计算它的一致性指标 $CI = \frac{\lambda_{\max} - n}{n - 1}$。显然,当判断矩阵具有完全一致性时,$CI = 0$。

此外,还需确定判断矩阵的平均随机一致性指标 RI。对于 1~9 阶矩阵,RI 的取值如表 3-12 所示。

不同阶数 RI 的取值　　　　　　　　　　　　　　　　　　　　表 3-12

阶数 n	1	2	3	4	5	6	7	8	9
RI	0.00	0.00	0.58	0.90	1.12	1.24	1.32	1.41	1.45

对于 1、2 阶判断矩阵,RI 只是形式上的,因为根据判断矩阵的定义,1、2 阶判断矩阵总是完全一致的。当阶数大于 2 时,判断矩阵的一致性指标 CI 与同阶的平均随机一致性指标 RI 的比称为判断矩阵的随机一致性比例,记为 CR。当 $CR = CI/RI < 0.10$ 时,认为判断矩阵有满意的一致性,否则需调整判断矩阵,再行分析。

(四) 层次总排序

利用同一层次中所有层次单排序的结果,就可以计算针对上一层次而言,本层次所有单元重要性的权值,这就是层次总排序。层次总排序需要从上到下,逐层顺序进行。对于最高层,其层次单排序即为总排序。假定上一层次所有单元 A_1,A_2,$\cdots$,A_m 的层次总排序已完成,得到的权值分别为 a_1,a_2,$\cdots$,a_m,与 a_i 对应的本层次单元 B_1,B_2,$\cdots$,B_n 单排序的结果为:$(b_1^i, b_2^i, \cdots, b_n^i)$。这里,若 B_j 与 A_i 无联系,则 $b_j^i = 0$。由此可得到层次总排序表如表 3-13 所示。

层 次 总 排 序 表　　　　　　　　　　　　　　　　　　　　表 3-13

层次 B	层次 A				B 层次总排序
	A_1	A_2	$\cdots$	A_m	
	a_1	a_2	$\cdots$	a_m	
B_1	b_1^1	b_1^2	$\cdots$	b_1^m	$\sum_{i=1}^{m} a_i b_1^i$
B_2	b_2^1	b_2^2	$\cdots$	b_2^m	$\sum_{i=1}^{m} a_i b_2^i$
$\vdots$	$\vdots$	$\vdots$	$\vdots$	$\vdots$	$\vdots$
B_n	b_n^1	b_n^2	$\cdots$	b_n^m	$\sum_{i=1}^{m} a_i b_n^i$

显然,$\sum_{j=1}^{n} \sum_{i=1}^{m} a_i b_j^i = 1$。

(五) 总排序的一致性检验

为评价层次总排序计算结果的一致性,需要计算与层次单排序类似的检验量,即 CI (层次总排序的一致性指标)、RI(层次总排序的随机一致性指标)和 CR(层次总排序的随机一致性比例），其计算公式分别为：

$$CI = \sum_{i=1}^{n} a_i(CI_i) \quad RI = \sum_{i=1}^{n} a_i(RI_i) \quad CR = \frac{CI}{RI}$$

式中，CI_i 为与 a_i 对应的 B 层次中判断矩阵的一致性指标，RI_i 为与 a_i 对应的 B 层次判断矩阵的随机一致性指标。

与层次单排序一样，当 $CR \leqslant 0.10$ 时，便认为层次总排序的计算结果具有满意的一致性，否则需对本层次的各判断矩阵进行调整，再次进行分析。

二、判断矩阵特征向量与最大特征根的计算

AHP 计算的根本问题是确定判断矩阵的最大特征根及其对应的特征向量。线性代数中给出了解决这一问题的精确算法。但当判断矩阵阶数比较高时，精确算法计算比较繁杂，因而在实际工作中，一般多采用一些比较简便的近似算法。下面给出两种近似算法。

（一）方根法

方根法的计算步骤是：

(1) 计算判断矩阵 B 每一行元素的乘积 M_i

$$M_i = \prod_{j=1}^{n} b_{ij} \quad (i=1, 2, \cdots, n)$$

(2) 计算 M_i 的 n 次方根 $\overline{W}_i$

$$\overline{W}_i = \sqrt[n]{M_i} \quad (i=1, 2, \cdots, n)$$

(3) 对向量 $\overline{W} = (\overline{W}_1, \overline{W}_2, \cdots, \overline{W}_n)^T$ 进行规范化处理

$$W_i = \frac{\overline{W}_i}{\sum_{j=1}^{n} \overline{W}_j} \quad (i=1, 2, \cdots, n)$$

则 $W = (W_1, W_2, \cdots, W_n)^T$ 即为所求的特征向量。

(4) 计算判断矩阵的最大特征根 λ_{max}

$$\lambda_{max} = \sum_{i=1}^{m} \frac{(BW)_i}{nW_i}$$

式中，$(BW)_i$ 表示向量 BW 的第 i 个元素。

（二）和积法

和积法的计算步骤是：

(1) 对判断矩阵的每一列进行规范化处理

$$\overline{b}_{ij} = \frac{b_{ij}}{\sum_{k=1}^{n} b_{ij}} \quad (i=1, 2, \cdots, n)$$

(2) 将每一列规范化后的判断矩阵元素按行相加

$$\overline{W}_i = \sum_{j=1}^{n} \overline{b}_{ij} \quad (i=1, 2, \cdots, n)$$

(3) 对向量 $\overline{W} = (\overline{W}_1, \overline{W}_2, \cdots, \overline{W}_n)^T$ 进行规范化处理，其方法与方根法相同，所得

到的 $W=(W_1, W_2, \cdots, W_n)^T$ 即为特征向量。

(4) 计算判断矩阵最大特征值 λ_{max}，其方法与方根法相同。

三、层次分析法应用举例

（一）问题的提出——层次分析模型的建立

[**例 3-16**] 某工程项目经理部为搞好施工管理，对如何提高施工效果问题进行了深入研究，并归纳出图 3-13 所示的系统层次结构模型。

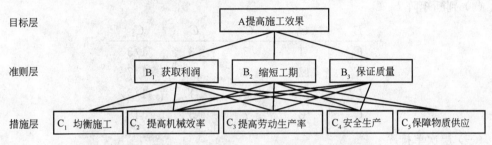

图 3-13 提高施工效果层次结构模型

该模型共分为三个层次。第一层为目标层，它规定了本问题研究的总目标是提高施工效果。第二层为准则层，为了达到提高施工效果这一目标，必须根据获取利润、缩短工期、保证质量三个准则来进行。第三层为措施层，包括均衡施工、提高机械效率、提高劳动生产率、安全生产、保障物质供应等 5 项措施。

（二）建立判断矩阵

通过征询有关专家意见，并由项目经理综合权衡后，得出各判断矩阵如下：

(1) 判断矩阵 $A\text{-}B$

A	B_1	B_2	B_3
B_1	1	1/5	1/3
B_2	5	1	3
B_3	3	1/3	1

(2) 判断矩阵 $B_1\text{-}C$

B_1	C_1	C_2	C_3	C_4	C_5
C_1	1	3	5	4	7
C_2	1/3	1	3	2	5
C_3	1/5	1/3	1	1/2	3
C_4	1/4	1/2	2	1	3
C_5	1/7	1/5	1/3	1/3	1

(3) 判断矩阵 $B_2\text{-}C$

B_2	C_2	C_3	C_4	C_5
C_2	1	1/7	1/3	1/5
C_3	7	1	5	3
C_4	3	1/5	1	1/3
C_5	5	1/3	3	1

(4) 判断矩阵 B_3-C

B_3	C_1	C_2	C_3	C_4
C_1	1	5	3	1/3
C_2	1/5	1	1/3	1/7
C_3	1/3	3	1	1/5
C_4	3	7	5	1

(三) 层次单排序

若用方根法进行计算，对判断矩阵 A-B，其计算过程如表 3-14 所示。

方根法计算表　　　　　表 3-14

A	B_1	B_2	B_3	$M_i = \sum_{i=1}^{n} b_{ij}$	$\overline{W_i} = \sqrt[n]{M_i}$	$W_i =$ 上列/3.8717	BW
B_1	1	1/5	1/3	$1 \times 1/5 \times 1/3 = 0.0667$	0.4055	0.105	0.318
B_2	5	1	3	$5 \times 1 \times 3 = 15$	2.4662	0.637	1.937
B_3	3	1/3	1	$3 \times 1/3 \times 1 = 1$	1	0.258	0.783
合计				—	3.8717	1.000	—

由此可求得：$\lambda_{max} = \sum_{i=1}^{n} \frac{(BW)_i}{nW_i} = \frac{0.318}{3 \times 0.105} + \frac{1.937}{3 \times 0.637} + \frac{0.783}{3 \times 0.258} = 3.035$

$$CI = \frac{\lambda_{max} - n}{n - 1} = \frac{3.035 - 3}{3 - 1} = 0.0175$$

查 $n=3$ 时 RI 值 (表 3-12)，得 RI=0.58，则

$$CR = \frac{CI}{RI} = \frac{0.0175}{0.58} = 0.0302$$

按同样的计算方法对判断矩阵 B_1-C，有：

$$W = \begin{bmatrix} 0.491 \\ 0.232 \\ 0.092 \\ 0.118 \\ 0.046 \end{bmatrix} \quad \lambda_{max} = 5.128 \quad \begin{array}{l} CI = 0.032 \\ RI = 1.12 \\ CR = 0.086 < 0.1 \end{array}$$

对判断矩阵 B_2-C，有：

$$W = (0.055, \ 0.564, \ 0.118, \ 0.263)^T$$

$\lambda_{max} = 4.117$, CI=0.039, RI=0.9, CR=0.043<0.10

对判断矩阵 B_3-C，有：
$$W=(0.263,\ 0.055,\ 0.118,\ 0.564)^{\mathrm{T}}$$
$$\lambda_{\max}=4.117,\ \mathrm{CI}=0.039,\ \mathrm{RI}=0.9,\ \mathrm{CR}=0.043<0.10$$

由于各判断矩阵的 CR 值均小于 0.1，可以认为它们均有满意的一致性。

若采用和积法进行计算，对判断矩阵 A-B，其计算过程如表 3-15 所示。

和积法计算表 　　　　　　　　　　　　表 3-15

$$B_{ij}=\dfrac{b_{ij}}{\sum_{k=1}^{n}b_{kj}}$$

A	B_1	B_2	B_3	$\overline{B}_1$	$\overline{B}_2$	$\overline{B}_3$	$\overline{W}_i$	W_i
B_1	1	1/5	1/3	0.1111	0.1304	0.0769	0.3184	0.106
B_2	5	1	3	0.5556	0.6522	0.6923	1.9001	0.633
B_3	3	1/3	1	0.3333	0.2174	0.2308	0.7815	0.261
合计	9	1.5333	4.3333	1.0000	1.0000	1.0000	3.0000	1.000

比较表 3-14 和表 3-15 的 W_i 列，显然二者相差甚少。因而，在实际工作中，可任选其中的一种方法进行计算。

（四）层次总排序

A-B 的层次总排序即为相应的层次单排序，B-C 的层次总排序计算过程如表 3-16 所示。

层次总排序计算表 　　　　　　　　　　　　表 3-16

层次 C	层次 B			层次 C 总排序
	B_1	B_1	B_1	
	0.105	0.637	0.258	
C_1	0.491	0.000	0.263	$0.105\times0.491+0.637\times0+0.258\times0.263=0.119$
C_2	0.232	0.055	0.055	$0.105\times0.232+0.637\times0.055+0.258\times0.055=0.074$
C_3	0.092	0.564	0.118	$0.105\times0.092+0.637\times0.564+0.258\times0.118=0.399$
C_4	0.138	0.118	0.564	$0.105\times0.138+0.637\times0.118+0.258\times0.564=0.235$
C_5	0.046	0.263	0.000	$0.105\times0.046+0.637\times0.263+0.258\times0=0.172$

（五）总排序的一致性检验

$$\mathrm{CI}=\sum_{i=1}^{n}\alpha_i(\mathrm{CI}_i)=0.105\times0.032+0.637\times0.039+0.258\times0.039=0.038$$

$$\mathrm{RI}=\sum_{i=1}^{n}\alpha_i(\mathrm{RI}_i)=0.105\times1.12+0.637\times0.9+0.258\times0.9=0.923$$

$$\mathrm{CR}=\dfrac{\mathrm{CI}}{\mathrm{RI}}=\dfrac{0.038}{0.923}=0.041<1 \quad \text{满足一致性要求}$$

根据上述计算结果可知，为提高工程项目的施工效果，所提出的五种措施的优先次序为：

（1）C_3——提高劳动生产率，权值为 0.399；

(2) C_4——安全生产,权值为 0.235;
(3) C_5——保障物资供应,权值为 0.172;
(4) C_1——均衡施工,权值为 0.119;
(5) C_2——提高机械效率,权值为 0.074。

第六节 博弈论方法

一、博弈论概述

博弈论(Game Theory)是在经典决策论基础之上发展起来的。经典决策方法强调单个决策者在确定或不确定状态下,按照某种决策准则选择最优决策。博弈论则是以数学模型为主要分析工具,研究多个决策者之间的交互性决策行为以及决策结果。所谓交互性的决策行为,是指决策者在进行策略选择时,不仅要考虑己方的策略,还要考虑自己的策略对对手会造成什么样的反应。比如,一个企业单方面宣布某产品的降价,一方面会在短期内导致销售量的增加,但同时也会引发竞争对手采取一些应对的策略。企业在进一步决策时,必须要考虑竞争对手的反应,以及自己针对对手反应所应采取的对策,从而形成决策的交互性。同时,为了与单人决策相区分,博弈论用参与人(Player)来表示一个决策者。

博弈论应用的领域极为广泛。比如企业间的商业竞争、政治家的竞选、不同国家之间的贸易争端、建筑企业的投标报价、企业间的商务谈判、新产品的定价策略等,都可以应用博弈论。

和其他决策模型类似,博弈论也有很多模型,以及不同分类方法。按照强调个体理性还是群体理性,博弈论可分为合作博弈(Cooperative Games)和非合作博弈(Non-cooperative Games);按照不同局势下参与人收益总和是否总是为 0,博弈论可分为零和博弈(Zero Sum Games)和非零和博弈(Nonzero-Sum Games);按照参与人之间是否存在不为其他参与人所知的私人信息,博弈论可分为对称信息博弈(Symmetric Information Games)和不对称信息博弈(Asymmetric Information Games);按照博弈分析是否强调行动的先后次序,博弈论还可以分为静态博弈(Static Games)和动态博弈(Dynamic Games)。

本节主要对完全信息静态博弈模型及相应理论进行介绍。

二、完全信息静态博弈模型

先举出几个例子,这些例子都是博弈论中非常著名的例子。

[例 3-17] 囚徒困境问题(Prisoners Dilemma)。警察抓住了两个合伙犯罪的罪犯,但却缺乏足够的证据指证他们。如果其中至少有一人供认犯罪,就能确定罪名成立。警察将这两名罪犯分别关押以防止他们结成攻守同盟,并给他们同样的选择机会:如果两人都拒不认罪,则他们会被判以 1 年徒刑;如果两人中有一人坦白认罪,则坦白者立即释放,而另一人被判 8 年;如果两人同时坦白认罪,则他们将各被判 5 年。如果你是囚徒之一,将会怎样决策?

[分析] 如果把"被判 1 年"记为 -1,"被判 8 年"记为 -8,"被判 5 年"记为 -5,

立即释放记为 0，则可用表 3-17 表示两个囚徒在不同的策略组合下，双方各自的"收益"状况。

[例 3-18] 猎鹿问题。两个人同时发现 1 头鹿和 2 只兔子，如果两人合力抓鹿，则可以把这头价值 10 单位的鹿抓住，兔子则跑掉；如果两个人都去抓兔子，则各可以抓到 1 只价值 3 单位的兔子，鹿就会跑掉；但如果一个人选择了抓兔子而另一个人选择了抓鹿，那么选择抓兔子的能抓到 1 只兔子，选择抓鹿的人则一无所获。假定两个人来不及商量，较优策略应是怎样的呢？

可用类似囚徒困境问题的矩阵形式表示猎鹿问题，见表 3-17、表 3-18。

囚徒困境问题的表示　表 3-17

		囚徒 2	
		坦白	不坦白
囚徒 1	坦白	−5, −5	0, −8
	不坦白	−8, 0	−1, −1

猎鹿博弈　表 3-18

		猎人 2	
		抓鹿	抓兔
猎人 1	抓鹿	5, 5	0, 3
	抓兔	3, 0	3, 3

上面两个博弈模型具有如下特点：

(1) 都存在若干个决策者，称之为参与人(Players)。一个博弈模型如果有 N 个参与人，则称该博弈为 N 人博弈问题。针对具体问题，参与人可以是个人、政府或者是公司的整个董事会。参与人必须是有独立决策能力，并能承担博弈结果的一个决策体。一个分别有 11 人参加的两个足球队比赛，从博弈论角度看，每个队伍都是一个参与人，因此这是一个二人博弈问题。动物界的捕食者和被捕食者之间的竞争，捕食者和被捕食者也可以看成是博弈的参与人。在 N 人博弈问题中，参与人往往用 i 来表示，参与人集合用 N 来表示，$i \in N$。

(2) 各参与人都有若干个行动或策略。比如在囚徒困境问题中，每个参与人都存在两个策略：坦白，不坦白。参与人 i 的策略用 s_i 表示，参与人 i 的所有策略构成的集合称为策略集，记为 S_i，$s_i \in S_i$。各参与人的策略组合 $s = (s_1, \cdots, s_i, \cdots, s_N)$ 构成了博弈的一个局势，表示所有参与人选定了某个策略后，确定的一个博弈结局。例如，在囚徒困境问题中，(坦白、坦白)就是一个策略组合，表示两个囚徒都选择了坦白，(不坦白，坦白)也是一个策略组合，表示囚徒 1 选择了不坦白，囚徒 2 选择了坦白。除了参与人 i，其他参与人的一个策略组合可以表示为 $s_{-i} = (s_1, \cdots s_{i-1}, s_{i+1}, \cdots s_N)$，相应的策略组合集则记为 S_{-i}。所有参与人的一个策略组合，可表示为 $s = (s_i, s_{-i})$，相应的策略组合集，可表示为 (S_i, S_{-i})。

(3) 各参与人对各种可能的策略组合结果，都存在一个评价，我们称之为支付(Pay-offs)，用以表示参与人对可能策略组合的主观偏好。比如在囚徒困境问题中，对于策略组合(不坦白，坦白)，囚徒 1 和囚徒 2 的支付水平分别为 −8，0。

(4) 参与人的策略选择是同时的，即参与人无法事先知道其他参与人的策略选择。参与人策略选择是否同时进行，是静态博弈的重要特征。如果各参与人的行动存在先后次序，且后行动者可以全部或部分观测到先行动者的行动信息，则这样的博弈为动态博弈。

需要说明的是，有些博弈行为，虽然行动上存在绝对时间意义上的先后次序，但后行动者无法获得更多关于先行动着策略选择的信息，比如针对一个建设项目的不同时间递交投标文件行为,这样的博弈实质上也属于静态博弈。

(5) 参与人的信息是完全的,即每个参与人对所有参与人的策略集、支付函数等博弈信息是清楚的,并且每个参与人都知道其他参与人对所有参与人的策略集、支付函数等信息,否则就是不完全信息。

对于一个完全信息博弈,可以形式地表示为 $G = \{N, S_i, u_i\}_{i \in N}$,这样的模型表示被称为博弈的策略式表示。同时,这样的表示方法特别适于描述一个静态博弈。

对于一个二人博弈,如果双方各自的策略个数有限,则可以用形如表 3-17 所示的形式表示该模型,其中各行对应参与人 1 的策略,各列对应参与人 2 的策略,各参与人对策略组合的偏好水平(支付值)则标记在表格相应位置,称这样的表示形式为双矩阵形式。

三、均衡的概念

(一) 占优均衡(Dominant-Strategy Equilibrium)

在博弈中,不管其他参与人选择什么策略,一个参与人的某个策略给他带来的支付值始终高于其他策略,或至少不劣于其他策略,则称该策略为该参与人的严格占优策略或占优策略。占优均衡则是指在一个博弈的某个策略组合中,如果对应的所有策略都是各参与人的占优策略,则该策略组合为该博弈的一个占优均衡。

以例 3-17 的囚徒困境问题为例,无论囚徒 2 采取什么策略,对于囚徒 1 说,"坦白"总比"不坦白"收益要大:如果囚徒 2 选择"坦白",囚徒 1 选择"坦白"收益为 -5,选择"不坦白"收益为 -8,"坦白"要比"不坦白"收益大;如果囚徒 2 选择"不坦白",囚徒 1 选择"坦白"收益为 0,选择"不坦白"收益为 -1,也是"坦白"要比"不坦白"收益高。所以,"坦白"是囚徒 1 的占优策略。同理,"坦白"也是囚徒 2 的占优策略。

于是策略组合(坦白,坦白)构成了囚徒困境的占优均衡,双方在均衡策略组合下的支付结果均为 -5,但明显比非均衡策略组合(不坦白,不坦白)的结果要差。但(不坦白,不坦白)这个策略组合是不稳定的,正如前面分析的那样。

(二) 重复剔除严劣策略均衡

并不是所有的博弈都存在占优均衡,比如表 3-19 所示的博弈,参与人 1、2 均没有占优策略。

再进一步对表 3-19 进行分析,会发现参与人 2 的三个策略中,"右"要严格劣于"中"。所谓严格劣于的含义,是指不论参与人 1 选择什么策略,参与人 2 选择"右"获得的收益,严格地小于"中",因此,参与人 2 可以在策略集中剔除"右"策略,见表 3-20。

重复剔除严劣策略均衡(1)　表 3-19

		参与人 2		
		左	中	右
参与人 1	上	1,0	1,3	0,1
	下	0,4	0,2	2,0

重复剔除严劣策略均衡(2)　表 3-20

		参与人 2	
		左	中
参与人 1	上	1,0	1,3
	下	0,4	0,2

表 3-20 中,参与人 1 的"下"策略严格劣于"上",故参与人剔除"下"策略,见表 3-21。

此时参与人 2 的"左"策略严格劣于"中"策略,故剔除"左"。

最后两个参与人都只剩下了惟一的策略,这时,策略组合(上,中)被称为重复剔除严劣策略。

重复剔除严劣策略均衡(3) 表 3-21

		参与人 2	
		左	中
参与人 1	上	1,0	1,3

(三) 纳什均衡

1. 纯策略意义下的纳什均衡

对于一个策略式表述的博弈 $G = \{N, S_i, u_i\}_{i \in N}$,称策略组合 $s^* = (s_1^*, \cdots s_i^*, \cdots, s_n^*)$ 是一个纳什均衡(Nash Equilibrium),如果对于每一个 $i \in N$,s_i^* 是给定其他参与人选择 $s_{-i}^* = \{s_1^*, \cdots, s_{i-1}^*, s_{i+1}^*, \cdots, s_n^*\}$ 的情况下参与人 i 的最优策略,即 $u_i(s_i^*, s_{-i}^*) \geqslant u_i(s_i, s_{-i}^*)$,对于任意的 $s_i \in S_i$,任意的 $i \in N$ 均成立。

通俗地说,纳什均衡是指这样的一个策略组合,对于任意一个参与人来说,给定其他参与人都坚持纳什均衡所对应的策略选择,该参与人没有任何动机偏离于纳什均衡所确定的策略,否则其收益可能会减少。因此纳什均衡具有一定程度的稳定性。

[例 3-19] 古诺模型。古诺模型是博弈论中相对古老的问题。这里给出两个厂商的古诺模型。假设有两个企业。每个企业的策略是选择产量(用 q_i 表示),支付是利润(用 π_i 表示),它是两个企业产量的函数,生产成本与产量有关,用 $C_i(q_i)$ 表示,产品销售价格为 $P = P(q_1 + q_2)$。于是第 i 个企业的利润函数为:$\pi_i = q_i P(q_1 + q_2) - C_i(q_i)$,$i = 1, 2$。

两个企业同时选择产量,那么纳什均衡产量是什么呢?假定每个企业都具有相同的不变单位成本,即 $C_1(q_1) = q_1 c$,$C_2(q_2) = q_2 c$,销售价格为 $P = a - (q_1 + q_2)$,于是两个企业的利润就可以表示为

$$\pi_i = q_1[a - (q_1 + q_2)] - q_1 c, \quad i = 1, 2$$

根据纳什均衡的定义,纳什均衡是这样的一个产量组合:给定企业 1 选择了产量 q_1^*,企业 2 的产量 q_2^* 是最优的,给定企业 2 选择了产量 q_2^*,企业 1 的产量 q_1^* 是最优的。于是可根据一阶极值条件(结合本例,可保证得到全局最优解),得出如下形式的方程:

$$\frac{\partial \pi_1}{\partial q_1} = a - (q_1 + q_2) - q_1 - c = 0$$

$$\frac{\partial \pi_2}{\partial q_2} = a - (q_1 + q_2) - q_2 - c = 0$$

从而求出均衡产量为 $q_1^* = q_2^* = \frac{1}{3}(a - c)$。

两厂商古诺模型均衡产量的和,大于垄断企业的最优产量 $\frac{1}{2}(a - c)$,市场价格也相应降低,整个行业的利润水平也会减少。因此,打破垄断,建立适当竞争机制,对整个社会是有好处的。

[例 3-20] 尝试求出表 3-22 中的纳什均衡。

先考虑参与人 1,给定参与人 2 分别选择 L、C、R 策略,参与人 1 的最优应对分别为 M、U、D。于是对表格相应位置的第一个数字进行标记,表示参与人 1 针对参与人 2 的不同策略的最优对应策略,见表 3-22。

同理，当参与人 1 分别选择 U、M、D 时，参与人 2 的最优应对分别为 L、C、R，也在表格中对相应数字进行标记，见表 3-22。

可以看出，表中(6,6)这两个数字都被标记，表明策略 D 和 R 都是针对对手相应策略的最佳应对策略，因此策略组合(D, R)是纳什均衡。

需要说明的是，纳什均衡和均衡结果是两个不同的概念，纳什均衡是一个策略组合，而均衡结果则是在纳什均衡策略组合下，各参与人的收益状况。以例 3-20 为例，纳什均衡是(D, R)，均衡结果则是(6, 6)。

2. 混合策略

观察一个儿童游戏石头、剪子、布，该博弈可用表 3-23 表示。

纳什均衡求解算例　　表 3-22

		参与人 2		
		L	C	R
	U	0, <u>4</u>	<u>4</u>, 0	5, 3
参与人 1	M	<u>4</u>, 0	0, <u>4</u>	5, 3
	D	3, 5	3, 5	<u>6</u>, <u>6</u>

石头、剪子、布　　表 3-23

		参与人 2		
		石头	剪子	布
	石头	0, 0	1, −1	−1, 1
参与人 1	剪子	−1, 1	0, 0	1, −1
	布	1, −1	−1, 1	0, 0

显然，对于任一个参与人来说，策略"石头"、"剪子"、"布"都够不成纳什均衡的一个策略，因为任何一个策略组合都不是稳定的。然而直觉上就可以知道，如果分别以 1/3、1/3、1/3 的概率选择这三种策略，应该是"最优"的。

如果参与人在各自的(有限)策略集上，对策略进行随机化的选择，就是混合策略(Mixed Strategies)。如果以概率 1 选择一个策略，这样的策略是纯策略(Pure Strategies)。纯策略可看成是特殊形式的混合策略。

一般地，在博弈 $G=\{N, S_i, u_i, i \in N\}$ 中，假设参与人 i 的纯策略构成的策略集合为 $S_i = \{s_i^1, \cdots, s_i^k\}$，设每个参与人的策略集合是有限的。若参与人 i 以概率分布 $p_i = (p_i^1, \cdots, p_i^k)$ 在 k 个备选策略中随机选择"策略"，其中 p_i^j 表示参与人 i 选择策略 s_i^j 的概率，称这样的策略选择方式为混合策略。这里，$0 \leq p_i^j \leq 1$，$p_i^1 + \cdots + p_i^k = 1$，$j=1, \cdots, k$。

在混合策略意义下，参与人的策略组合构成了一个局势。通常假定各参与人混合策略选择彼此独立。仿照纯策略意义下策略组合的记法，对于混合策略意义下的一个策略组合 (p_i, p_{i-1})，对于一个纯策略意义下的策略组合 $s=(s_1, \cdots, s_N)$，如果参与人 i 选择 s_i 的概率为 q_i，则策略组合 s 发生的概率为 $q(s) = \prod_{i \in N} q_i$。

于是在混合策略组合 (p_i, p_{i-1}) 下，参与人 i 的收益则表示为一个期望支付，即
$$u_i(p_i, p_{i-1}) = \sum_{s \in S} u_i(s) q(s).$$

以表 3-23 的博弈为例，假设参与人 1 选择"石头、剪子、布"的概率分别为(1/3, 1/3, 1/3)，参与人 2 相应的概率选择为(0, 1/2, 1/2)，则参与人 1 的收益为：

$$u_1(p_1, p_2) = \frac{1}{3}\left[0 \times 0 + \frac{1}{2} \times 1 + \frac{1}{2} \times (-1)\right] + \frac{1}{3}\left[0 \times (-1) + \frac{1}{2} \times 0 + \frac{1}{2} \times 1\right] +$$
$$\frac{1}{3}\left[0 \times 1 + \frac{1}{2}(-1) + \frac{1}{2} \times 0\right] = 0$$

参与人 2 的收益的计算，请读者自己练习。

3. 混合策略意义下的纳什均衡

对于混合策略意义下的一个策略组合 (p_i^*, p_{-i}^*)，如果对于每一个 $i \in N$，以及参与人 i 的任意一个混合策略 p_i'，$u_i(p_i^*, p_{-i}^*) \geqslant u_i(p_i', p_{-i}^*)$ 均成立，则称策略组合 (p_i^*, p_{-i}^*) 为（混合策略意义下的）纳什均衡。

对于上述定义的纳什均衡，纳什的非凡贡献是证明了纳什定理：有限策略式博弈至少存在一个纳什均衡。虽然一个有限策略博弈至少存在一个纳什均衡，但对于一个给定的策略式博弈模型，求出一个纳什均衡多数场合并不是一件容易的事情。

但对于每个参与人只有两个策略的二人博弈问题，纳什均衡的求解则非常简单。这里通过一个算例进行介绍。

[例 3-21] 性别战博弈（Battle of Sexes）。一对夫妻要决定去看时装表演还是看足球赛。有关纯策略及相应支付情况如表 3-24 所示。计算该博弈的纳什均衡。

性 别 战 博 弈　　表 3-24

		妻子	
		时装	足球
丈夫	时装	1, 2	0, 0
	足球	0, 0	2, 1

[解] 设妻子的混合策略为 $(r, 1-r)$，丈夫的策略为 $(q, 1-q)$。这里的 r，q 分别表示妻子或丈夫观看时装表演的概率。

若丈夫以 q 的概率选择去看时装表演（以 $1-q$ 的概率去看足球），则妻子选择时装和观看足球的期望收益分别为 $\pi_1 = 2q$，$\pi_2 = 1(1-q)$。当 $q < 1/3$ 时，妻子选择看时装的支付为 $2q$，小于看足球的支付，因此，应选择看足球；当 $q = 1/3$ 时，选择看时装和足球支付情况没有差异，妻子可以任意概率在时装和足球策略上进行随机化；当 $q > 1/3$ 时，则选择看时装表演。于是可将妻子对丈夫不同的策略选择（即不同的 q 值）的最佳应对（称为最优反应函数）表示为图 3-14 中的粗线形式。

同理，可绘出丈夫的最优反应函数。为便于对比，将丈夫的最优反应函数和妻子的最优反应函数放在同一张坐标系上，见图 3-15。需要说明的是，丈夫的反映函数是关于妻子的不同策略（即 r 的不同取值）的最佳应对，该函数是关于 r 为自变量的。

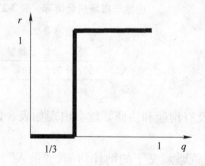

图 3-14　性别战博弈的图解法（1）

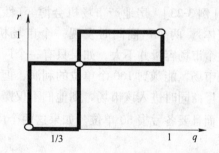

图 3-15　性别战博弈的图解法（2）

图 3-15 中，妻子和丈夫的最优反映函数共有三个交点，对应的坐标分别为 $(0, 0)$、$(1/3, 1/3)$、$(1, 1)$，对应的策略组合分别为（时装，时装）；妻子以 1/3 的概率选择看足球，2/3 的概率选择看时装，丈夫以 1/3 的概率选择看时装，以 2/3 的概率选择看足球。按照纳什均衡定义，这三个策略组合都是纳什均衡。其中，第二个纳什均衡是非退化的混

合策略意义下的，第一、第三个则是纯策略意义下的纳什均衡。

（四）博弈论在企业管理中的应用

博弈论在西方发达国家取得了较为广泛的应用，涉及商务谈判、招投标、拍卖、新产品定价、竞争策略、市场营销策略等方面。被称为有史以来最为成功的一场拍卖——FCC（美国联邦通信委员会）无线频谱拍卖，从1994～2001年，共进行了33项拍卖，为美国财政带来400亿美元的收入，涉及数千个使用许可，涉及电信企业400余家，预期收益大大超出了产业和政府的事先估计。在参与竞拍的决策过程中，相关企业大量地应用了博弈论方法。

国外甚至有专门的商业机构，采用博弈论方法，为企业的相关决策活动提供决策咨询服务。比如，美国的DII公司（Decision Insights Inc.），已经参与了5000多项基于博弈论的决策咨询服务，客户多数为排在财富500强的国际公司，成功率超过了90%（www.diiusa.com）。

限于篇幅，这里仅举出若干简单例子，说明博弈论在企业管理中的应用。

[例3-22] 两个变相的"囚徒困境"例子，见表3-25、表3-26。

在表3-25中，假设一个企业仅有两个工人，每个工人分别有两个策略"勤奋"、"偷懒"，相应的策略组合的收益状况如表3-25所示。该博弈的惟一纳什均衡为两个工人均选择"偷懒"，获得相对较低的收益（与两个人都是勤奋的相比）。这将促使企业建立新的机制，改变这种不利的情形。

表3-27中，是两个企业间价格战博弈的一种情形。与"囚徒困境"分析类似，最终纳什均衡结果为两个企业均选择"低价"策略，分别获得相对较低的利润600。

工人间的工作博弈　　　表3-25

		工人2	
		勤奋	偷懒
工人1	勤奋	2, 2	0, 3
	偷懒	3, 0	1, 1

企业间的价格竞争　　　表3-26

		企业2	
		高价	低价
企业1	高价	1000, 1000	−200, 1200
	低价	1200, −200	600, 600

[例3-23] 房地产市场机会博弈（性别战的变体）。两个厂商同时发现一个市场机会，但这个市场容量并不大。如果只有一个厂商进入该市场，能赚到100个单位的利润，但如果两个厂商同时进入该市场，则他们不仅赚不到钱，而且要各亏损50单位。如果这两个厂商事先没有沟通和协商，就会出现如表3-27的博弈。

房地产市场机会博弈　　表3-27

		企业2	
		进入	观望
企业1	进入	−50, −50	100, 0
	观望	0, 100	0, 0

与"性别战博弈"分析类似，该博弈有两个纯策略意义下的纳什均衡（"进入"、"观望"），（"观望"、"进入"）。此外还有一个混合策略意义下的均衡：分别以2/3的概率选择"进入"，以1/3的概率选择"观望"。

对于上述3个纳什均衡，实际中究竟哪个均衡会发生？这是个很微妙的问题。尤其是第三个（混合策略意义下）均衡，双方有4/9的可能性同时选择"进入"，这将带来很大的风险。

实际应用博弈论方法进行决策选择，应在模型分析基础上进一步分析。比如对于上面的博弈，一个推荐的策略是，其中一个厂商可借助广告媒体或其他方式造势，造成一种"破釜沉舟"的态势，迫使对手不敢进入，从而实现相对有利的结果：获得100单位受益。

复习思考题

1. 结合你所在的建筑企业的一项具体活动，如融资、设备租赁等，论述一下采用定量化决策分析的思路。

2. 对于一个建筑企业，请论述在投标决策时候，如何确定决策目标？需要考虑哪些因素？怎样确定可行解？

3. 人力资源管理问题。一家公司要制定下半年某项工作的人力雇用计划，根据有关分析，得出一周内每天职员需要量如下表所示。按规定职员连续工作5天，然后休息2天。平时每天工作的工资为20元，周六、周日工作还需额外支付10元。问如何安排员工雇用计划，使得在满足需要的前提下，所花费的工资支出总额最少？

下半年某公司员工需用计划

工作日	星期一	星期二	星期三	星期四	星期五	星期六	星期日
需要员工数	20	16	13	16	19	14	12

4. 一个决策者消费两种商品，这两种商品是完全互补的（比如一个人的左鞋和右鞋），请找到一个效用函数，来表示该决策者对这两种商品的效用。

5. （两只小猪的博弈）两头小猪被关在同一个猪圈里，猪圈的一头安装着一个特制的按键，另一头安装着一个食槽。当一头猪按下按键时，会有10个单位的食物进入槽中，但按键的猪会付出2单位的成本。这两头猪中，有一头为大猪，如果大猪先到食槽，则小猪只能吃到1个单位的残食，但若小猪先到食槽的话，则能得到4单位的食物。若两头猪同时到，则小猪可吃到3单位的食物。回答如下问题：

（1）用双矩阵的形式表述该博弈。
（2）该博弈的纳什均衡策略是什么？
（3）通过对该博弈的分析，结合具体企业问题，你有什么启发？

参考文献

[1] 陈忠，李莉. 数据、模型与决策：在管理中的应用. 上海：上海交通大学出版社，2004
[2] 王要武，关柯. 建筑系统工程学. 北京：中国建筑出版社，1994
[3] 岳超源. 决策理论与方法. 北京：科学出版社，2003
[4] 彭勇行. 管理决策分析. 北京：科学出版社，2000
[5] 杨家本. 系统工程概论. 武汉：武汉理工大学出版社，2002
[6] 徐国祥. 统计预测和决策. 上海：上海财经大学出版社，1998
[7] 卢有杰，卢家仪. 项目风险分析. 北京：清华大学出版社，1998
[8] 黄孟藩. 现代决策学. 杭州：浙江教育出版社，1998
[9] 谭跃进. 定量分析方法. 北京：中国人民大学出版社，2002
[10] 张保法. 经济预测与经济决策. 北京：经济科学出版社，2004
[11] 弗雷德里克 S. 希利尔，杰拉尔德 J. Lieberman. 运筹学导论（英文版. 第六版）. 北京：机械工业出版社，1999
[12] Martin J. Osborne. 博弈入门. 上海：上海财经大学出版社，2005

第四章 建筑企业组织行为与人际关系

第一节 员工个体行为

一、员工个体行为的概念

(一) 行为与个体行为

从组织行为学的角度研究，行为被解释为主体由内在心理支配和外在目标驱使而构成的行动和作为。行为的主体是指人的个体和人的群体，也可以指由人构成的组织整体。

个体行为是指作为员工个人在企业或工作场合表现出的有意识的动作和行为。个体行为是由行为目的所决定的，也是受客观环境影响的。总体上来说，行为可以归因为内部因素和外部因素两个大的方面。内部因素可以划定为个体的"性格"方面，外部因素可以划定为个体的"环境"方面。不同的性格影响着员工们的感知环境，不同环境影响和改变着员工们的性格。

从心理学观点来说，人的性格是由心理、生理和认知水平综合构成的。员工不同的感知环境方式和程度，表现出员工不同类型的性格；自然、社会和文化的特定条件构成环境，不同的环境塑造出不同个体的性格；环境的变化也决定着性格的变化。因此，企业管理者可以通过改变和创造外部环境，包括现场环境和作业环境影响员工，并导致员工行为的改变。

(二) 员工行为的心理学解释

1. 动机

动机是个人为满足特定需要而形成的心理内驱力，动机引导行为实现目标。动机源于需要，产生行为，达到目标。动机的高低同需要的强弱成正比，行为的质量同动机的高低成正比，目标绩效的优差同行为的质量高低成正比。

2. 角色

每个员工在企业、在家庭、在社会按一定的规则扮演不同角色。在企业中，员工个人按职位、工种、权力和责任要求扮演着特定的角色；每一角色都希望被重视而成为重要的角色；被重视的角色往往会产生高效的行为。

3. 态度

态度是个体基于特定价值判断而对某一事物所形成的情感倾向和行为反应。按照心理学的观点，作为社会分子的每一个人都会力图寻求自己内心态度和外部行为的一致性，做到表里如一、言行一致。而另一方面，人们又会在不同程度上产生认知失调，导致态度与行为的不一致性，如口是心非等。这种不一致性会造成人们的心理压力，产生焦虑情绪。为了缓释心理压力，人们通常采用改变自己的行为、改变自己的态度或淡化两者的不一致性的方法来应对。

4. 知觉

知觉是人对客观事物各个部分和属性的整体反映。知觉可以因人而异。例如：对同一个图形，不同的人感知就可能不相同。不同的人观察事物就可能有多义性，可能产生错觉，影响对事物评价的客观性、准确性。

5. 成熟

人的个性的发展经历着从不成熟到成熟的渐进过程。管理者要顺应人的个性的发展规律，正确评价，因势利导，创造条件，使员工有更多的机会成熟起来。

按照个性与职业理论，组织中的个体按其共同特征可以划分为六种类型：控制型、权威型、实用型、自尊型、自律型、冒险型。因此，需要注意个性的特殊性质与岗位的角色要求之间所具有的相关性，对不同个性的人应该注意用其所长。

企业经理人应该注意树立正确的工作理念和工作方法，善于分析员工的需要，扩大员工的动机张力和强度；强化员工的角色意识，尤其要重视普通员工的角色；要充分认识知觉的特点，避免在对人对事的评估时以自己的主观知觉为依据，防止可能产生的片面性与局限性，防止以偏概全，尊重和调动员工的主动性和积极性。

二、员工的行为环境

每一个员工都处在一定的社会环境和企业人文、文化环境之中。这种环境是经过长期的历史过程逐渐形成和发展起来的制度和文化的总和。是由知识体系、思维方式、价值观念和心理素质所构成社会的各个方面综合。

从社会上看，人们生存在生产、分配和消费过程之中，生存在人与人的经济地位与人际关系之中，生存在一定的社会法律关系之中，一定的社区组织之中，一定的自然生态之中，也生存于一定的文化精神之中。

从历史上看，社会思想道德的进步和变化，无时无刻不在影响着每一个人。从传统的计划经济到今天改革开放的市场经济。从过去"助人为乐"的精神到今天"感动中国"的事迹，时代变了，人们的行为准则也在发生着巨大的变化。

从地域性上看，不同地理环境中的人群具有不同的文化特质。中国传统文化中可细分出黄河文化、长江文化、珠江文化等，或再细分出燕赵文化、齐鲁文化、秦晋文化、吴越文化、荆楚文化、岭南文化等，突出地体现出文化的区域性特征。

从职业上看，建筑工人群体一直是工作累、收入低的群体。大部分的工人从事繁重的户外体力劳动，众多的民工缺乏社会保障。他们粗犷、直率，比较注重工作待遇，注重自身在群体中的地位，是一个特殊的群体。

经济全球化的到来，不同文化背景的跨国公司、多国公司、合资公司等组织呈现在我们眼前，不同的文化在企业组织中呈现出多种多样的关系态势，由不同文化支配下的员工行为以及对这些特殊行为的认知、矫正、融汇和引导问题需要我们去面对。历史的经济与政治制度的变革，新科技与新文明的出现，不断地改变着社会和企业文化的特质。千差万别的个体行为，千差万别的组织文化，为企业组织和个体的行为研究提出新的课题。社会、文化、环境、制度、性格、变革冲击着人们传统的观念，创造出斑驳陆离的复杂的个体行为世界。

第二节 企业员工的群体行为

一、群体的定义和特征

（一）群体的定义

群体是指为了实现某个特定的目标，两个或两个以上相互作用、相互依赖的个体的组合。从系统论的角度来看，如果将组织理解为一个人际关系系统的话，那么个体就是构成这个系统的要素，而群体则是介于组织系统与个体要素之间的子系统，是组织活动的基本单位。

（二）群体的特征

按照组织理论，群体具有如下特征：

(1) 由两个或者两个以上的成员组成；
(2) 群体成员认为自己是群体的一员；
(3) 群体之外的人将他们视为同一群体；
(4) 群体成员之间相互作用，相互依赖；
(5) 具有群体成员共同遵守的行为规范；
(6) 群体成员拥有共同的目标。

在企业组织中，群体可以说是比比皆是。但并非所有的人群都是组织行为学意义上的群体。例如：围观看热闹的可以构成一个人群，但不是群体。因为尽管他们能感受到对方的存在，但相互之间没有依存关系，行为上也不相互作用和影响，也没有共同关注的目标和利益。

二、群体存在的形式

（一）正式群体

正式群体是指具有一定的目标，并且由规章、制度等规定着组织各成员之间相互关系和职责范围的群体。正式群体旨在完成一个特定的目标或服务于一个具体的目的。为了保证组织目标的实现。正式群体具有严明纪律，并具有明文规定的规范标准，组织形式有明确的职责分工，群体成员有固定的编制，有规定的权利和义务。在正式群体中，一个人的行为由组织目标规定，并且是指向组织目标的。在绝大多数情况下，由管理层委任领导，受托管理全体成员，以规章制度约束行为。

正式群体主要表现为命令型群体和任务型群体两种形式。

(1) 命令型群体。由组织结构规定，并由直接向某个主管人员报告工作的下属组成的群体。命令型群体由正式的命令与服从关系所维系，由直接向某个上司报告工作的下属和该上司共同组成。他们之间总是具有直接的上下级关系。

(2) 任务型群体。由组织结构和组织关系所决定，是由为完成某项工作任务而在一起工作的人组成的群体。

所有的命令型群体必然是任务型群体，而任务型群体不一定是命令型群体。

（二）非正式群体

非正式群体是指为满足成员需要而自发组成、没有明确的工作职能或完全没有工作职能的群体。比较而言，非正式群体是以成员的感情、兴趣、价值观、信息沟通等非工作性因素为主要联系纽带，以满足个体需要（安全需要、地位需要、自尊需要、情感需要、权力需要、信息需要）为主要目的而在工作环境中自然形成的。按照形式、动机的不同，常见的非正式群体主要可分为利益型群体、友谊型群体和兴趣爱好型群体。

（1）利益型群体。由于对某类特定事物和利益的共同关心，为了特定的目标，共同活动而形成的群体。如公司中有些员工为了获得加班工资而结合在一起组成群体，集体上诉讨要工资以实现他们的共同利益。

（2）友谊型群体。为了满足其成员的个人安全感、自尊和归属需要，寻求相互关照、情谊和友爱而自发结成的群体。例如：远离家乡的民工比较注重同乡同族，自发结成的诸如同乡会等群体。这种类型的非正式群体往往对满足人们的心理需要有很大的作用，对其工作也有重要的影响。

（3）兴趣爱好型群体。由具有共同的业余爱好和兴趣的个人自行结成的群体。群体活动主要安排在休息时间，组织成员自愿参加，其目的是促进成员的兴趣爱好或感情交流。这种群体可以丰富组织成员的业余生活，减缓工作压力。

非正式群体通常产生在正式群体之中。在某些情况下，由于其成员会对其共同认可的任务协同努力，因而能够促进组织目标的实现。但在有些情况下，尤其是当群体成员认为组织目标无效时，非正式群体也会对组织目标的实现产生消极作用。

非正式群体虽是无形的，但它对组织、对上级的态度非常重要。如果它采取不支持甚至是反对的态度，则其影响往往比正式群体发挥的作用还大。因此，有效的管理者除了通过正式群体进行指挥协调外，还应当重视通过非正式群体的途径来沟通意见、协调行动，以更有效地推进工作。

（1）正确认识非正式群体。非正式群体有其积极的作用，只要引导得当，对组织的发展有一定的帮助。

（2）充分利用非正式群体的特点。一般来讲，非正式群体成员之间关系较融洽，信息沟通较快，凝聚力较强。在某些情形下，非正式群体承担某些任务可能更有利。

（3）重视非正式群体中的领导人。在结合较紧密的非正式群体中形成的领导人，往往人缘较好、能力较强、知识面较宽、威信较高。他们的行为倾向对组织发展十分重要。

（4）区别对待各种非正式群体。管理者对已存在目标与组织目标一致的非正式群体应予以支持和鼓励；对于存在目标与组织目标相悖的非正式群体应予以适当的引导，以使其对组织的不利影响降到最低限度。

（三）正式群体与非正式群体的比较

非正式群体是正式群体的孪生兄弟，正式群体一旦成立，非正式群体必然会相继产生。在组织中，两者各自发挥着它们的作用。表4-1列出了正式群体和非正式群体的主要区别。

正式群体和非正式群体的主要区别　　　　表4-1

比较因素	正式群体	非正式群体
形成方式	经规划形成	自发产生
一般性质	官方的	民间的
领导权力来源	由管理上层授予	由群体授予

续表

比较因素	正式群体	非正式群体
管理手段	正式权力和政策	权威与责任
关注的焦点	职位	个人
行为规则	成文的规章制度	不成文的群体规范

三、群体行为

（一）群体规范

所谓群体规范是用来指导和约束群体或个人行为的非正式准则。这些规范既可以是规定性地说明哪些行为应当执行；也可以是禁止性地说明哪些行为应当避免。群体规范在群体行为中起到主导作用。

尽管群体规范多种多样，但它们基本上涉及以下几个方面：

（1）关于工作绩效的行为规则。如：组织成员应完成多少任务、应当付出多大努力，工作中应该怎样、不应该怎样等。

（2）关于仪表形象的规则。

（3）关于人际交往的行为规则。

（4）关于资源分配的行为规则。如对完成什么样的工作业绩，收入、晋升机会奖励方式等。

群体规范的形成主要源于先例、惯例、上级组织的精神、众人共同的倾向等。企业通过广大员工恪守群体规范，便可以形成群体特有的行为序列。

（二）从众行为

从众是指在群体规范的压力下，个体会改变自己的态度从而与其他成员保持一致的行为。由于实际存在的或头脑中想像的社会压力与团体压力，使人们产生了符合社会要求与团体要求的信念，这就是从众心理。这种信念体现在个体行为上就是相符行为。当个体行为同群体行为相一致时，个体心理就会达到平衡；相反，当个体行为同群体行为相悖时，个体就会感到紧张，这时，个体就会在从众心理的影响下改变自己的意愿和行为，采取相符行为，尽量与群体趋于一致。

作为从众心理体现的相符行为是一种心理特征，它既有积极作用，又有消极作用。一方面，它有个体向群体要求一致和协调的特征，在一定的范围和条件下，能促使个体行为不断向符合群体行为的积极健康的方向发展；另一方面，它又有很大的盲目性和片面性，往往使一些人产生盲从，出现思想和行为上的偏差。因此，研究和掌握相符行为的特点和规律，自觉地利用从众心理和相符行为的积极作用，克服消极作用，是企业做好员工思想工作的重要途径。

（1）要努力培养和创造积极健康的团体心理。任何社会成员，总是处在特定的社会生活条件下和一定的社会关系范围内，处在一个群体或团体之中，个体心理会受到团体心理的制约和影响。当一个集体形成了一种高度自觉的纪律观念，团结友爱的道德风尚，勇于开拓的进取精神的积极健康的团体心理，个体就会在从众心理和相符行为的驱使下进步有为。

(2) 要引导个体克服盲目性，正确选择相符"目标"。在现实生活中，由于人们的思想、道德修养、文化水平和认识问题能力的差异，决定了个体在选择相符"目标"时，也存在很大的差异。任何一个企业群体内，总是有先进、中间、落后之分，总是既有先进之"众"，又有落后之"众"。因此，必须通过深入细致的工作，引导员工善于分辨真、善、美和假、恶、丑，让员工头脑中有一个明确的是非标准，从而使员工不至盲从后进、错误之"众"，而自觉跟从先进、正确之"众"。

(3) 要引导个体克服逆反心理和非相符行为，自觉同自己的岗位职责行为相符。在现实生活中，既有从众心理，又有逆反心理；既有相符行为，又有非相符行为。具有逆反心理和非相符行为的个体，往往为表示自己不随波逐流，不随便受人左右，故意与团体的准则和行为相对抗，对团体有对立情绪，团体的认同感和归属感很低。而非相符行为则往往是意气用事，具有较大的盲目性和消极性，严重地影响个体行为同群体行为的协调性和一致性，影响个性的健康发展和团体的整体利益。因此，要引导员工陶冶健康的个性心理，养成良好的性格、气质和情趣，努力使个体行为同企业正确要求相符合，与企业整体利益相符合。

（三）合作与竞争

1. 合作

合作是社会化劳动的一种形式。它是指两个或两个以上的个体或群体，为了实现共同的目标，自觉或不自觉地相互配合的一种行为方式。

(1) 合作的条件。一般来说，合作必须具备一定的条件。首先，合作者必须有共同的目标、利益和兴趣，这是实现合作的前提。其次，合作必须具备一定的物质技术基础。合作的项目必须是一个人或一个群体难以胜任的，在合作进程中，一个人或一个群体目标的实现要依赖于其他人或群体。此外，还必须要有协调一致的专业技术，以确保合作目标的实现。

(2) 群体合作的形式。群体合作的形式是多种多样的，但最典型的形式有两种。一是内部合作，即在组织内，将员工组织起来，分工协作共同完成一项任务。二是外部合作，主要是指群体之间的合作。在社会化大生产的情况下，由于受到技术、物资、人力等各种因素的制约，或考虑到经济效益的因素，有时仅仅依靠一个组织是很难完成任务的，于是诸如协作生产、联合经营等各种合作形式就十分常见了。

2. 竞争

竞争是指群体中个体与个体之间或群体与群体之间为达到一定的目标，力求超过别人，取得优势地位的心理状态。竞争是人的"争先意识"或"寻求卓越"动机的具体表现。没有竞争就没有发展。竞争既是群体所面临的压力，也是群体活力的源泉。它不仅可以激发员工的主动性、创造性，而且可以促进社会科技的发展、民族素质的提高、群体凝聚力的增强、管理效益的提高。

优胜劣汰、新陈代谢是宇宙万物的普遍法则，也是人类社会发展的客观规律。有商品生产就有竞争，有人群就有竞争，竞争是在社会生产实践中不可忽视的客观存在。而在现实生产实践中，在群体内成员之间，以及在群体间的合作与竞争都会对工作效率产生影响。

从群体动力学的观点出发，一般宜提倡开展群体之间的竞争，而不主张群体内成员之间的竞争，在群体内提倡互相合作，使每个成员的个人目标与组织目标相一致，把个人利益与集体利益联系起来。既培养集体主义精神和集体荣誉感，又能促进生产目标实现。

第三节 企业员工的激励

一、激励概念及作用

（一）激励的概念

激励是指激发人的内驱力，使人有一股内在的动力，使个体朝向所期望的目标努力的心理活动过程。因此，也可以说激励是调动积极性的过程。激励具有如下基本特性：

(1) 努力程度。指人们在工作中表现出来的工作行为的强度或者努力的总和。显然，它包括不同类型的工作中的不同类型的活动。例如，一名项目经理和一名研究人员都可以以不同的方式作出努力，这两种努力都是以与本职工作相符合的工作方式作出的努力。

(2) 持久程度。指个人在努力完成工作任务方面表现出来的长期性。激励的最佳状态应该是既能取得成就，又能保持一种良好的工作状态。

(3) 方向性。指不仅要考虑努力的强度，还要考虑努力指向组织目标，并且和组织目标保持一致。

（二）激励的作用

(1) 激励可以吸引人才、留住人才，完善组织的人力资源管理职能。通过激励可以把有才能的、企业需要的人才吸引过来，并长期为企业工作。通过一系列的激励方法，使员工为实现企业的目标而努力工作。

(2) 激励可以提高员工的工作绩效和工作效率。通过激励可以使在职的员工最充分地发挥其知识和才能，从而保持工作的有效性和高效率。美国哈佛大学的心理学家威廉·詹姆士在《行为管理学》一书中提到，在对员工激励研究中发现，同样一个人在通过充分激励后，所发挥的作用相当于激励前的3~4倍。

(3) 激励可以调动和挖掘人的内在潜力。通过激励可以进一步激发员工的创造性和革新精神，从而大大提高工作的绩效。随着科学技术的不断进步和生产过程的日趋复杂，对员工能力素质的要求越来越高。因而，进一步激发员工的创造性和创新精神就显得越来越重要。

总之，对员工有无激励，其工作效果是完全不一样的。如何有效地运用激励理论和手段，真正挖掘出人们的内在潜力，是企业经理人管理中关键的课题之一。

二、内容型激励理论

内容型激励理论集中研究引起人们的行为的原因，以动机的激发因素为主要研究内容。许多学者认为：需要是激励过程的起点。而内容型激励理论就主要从人的需要出发，探讨工作动机激励的规律性。

（一）马斯洛的需要层次论

马斯洛的需要层次理论是早期行为科学关于人的需要—动机—激励理论的重要代表之一。马斯洛认为，人的需要由低到高可以分为五种类型：

(1) 生理需要。包括食物、水、居所、生存等基本的需要。

(2) 安全需要。包括身心安全，免受伤害。对许多员工而言，安全需要表现为安全而稳定以及有医疗保险、失业保险和退休福利的职业。

(3) 归属需要。包括情感、归属、被接纳、友谊等需要。

(4) 尊重的需要。包括内在的需要（如自尊心、自主权、成就感等）和外在的尊重（如地位、认同、受重视等需要）。有尊重需要的人关心的是成就、名声、地位和晋升机会。

(5) 自我实现的需要。包括个人成长、发挥个人潜能、实现个人理想的需要。

马斯洛将这五种需要划分为高低两级。生理需要和安全需要属于低级需要，归属需要、尊重需要和自我实现需要属于高级需要。需要层次的排列表明需要依次由低到高的递进性，即当低层次的需要在一定程度上得到满足后，个体才可能会追求高层次的需要。

马斯洛的理论在管理领域得到了广泛的认可。我们可以将需要层次理论概括为以下几点：第一，需要是个人努力争取实现的愿望；第二，只有满足了低层次的需要，高层次需要才能发挥激励作用；第三，需要得到满足时，它们对个人来说，重要性就下降了，也就不再有激励作用；第四，在特定的时间内，人可能受到各种需要的激励。任何人的需要层次都会受到环境和个体的影响，并且会随着时间的推移而发生改变。

(二) 激励—保健因素理论

激励因素—保健因素理论又称双因素理论，是美国的行为科学家弗雷德里克·赫茨伯格 (Fredrick Herzberg) 提出来的。20世纪50年代末期，赫茨伯格和他的助手们通过对200名工程师、会计师的调查访问发现，使员工感到满意的都是属于工作本身或工作内容方面的；使员工感到不满的，都是属于工作环境或工作关系方面的。他把前者叫做激励因素，后者叫做保健因素。

保健因素的满足对员工产生的效果类似于卫生保健对身体健康所起的作用，它不能直接提高健康水平，但有预防疾病的效果。保健因素包括公司政策、管理措施、监督、人际关系、物质工作条件、工资、福利等。当这些因素恶化到人们认为可以接受的水平以下时，就会产生对工作的不满意。但当人们认为这些因素很好时，它只是消除了不满，并不会导致积极的态度。

那些能带来积极态度、满意和激励作用的因素就叫做"激励因素"，这是那些能满足个人自我实现需要的因素，包括：成就、赏识、挑战性的工作、增加的工作责任，以及成长和发展的机会。如果这些因素具备了，就能对人们产生更大的激励。

赫茨伯格的双因素理论同马斯洛的需要层次论有相似之处。他提出的保健因素相当于马斯洛提出的生理需要、安全需要、感情需要等较低级的需要；激励因素则相当于受人尊敬的需要、自我实现的需要等较高级的需要。当然，他们的具体分析和解释是不同的。两种理论也都没有把"个人需要的满足"同"组织目标的达到"这两点联系起来。

双因素理论促使企业管理人员注意工作内容方面因素的重要性，特别是它们同工作丰富化和工作满足的关系，因此是有积极意义的。双因素理论告诉我们，满足各种需要所引起的激励深度和效果是不一样的。物质需求的满足是必要的，没有它会导致不满，但是即使获得满足，它的作用往往是有限的。要调动人的积极性，不仅要注意物质利益和工作条件等外部因素，更重要的是要注意工作的安排，量才录用，各得其所，注意对员工进行精神鼓励，给予表扬和认可，注意给员工以成长、发展、晋升的机会。

(三) ERG 理论

美国耶鲁大学教授克莱顿·奥尔德弗(C. Alderfer)根据自己的实验和研究，提出了一个需要类型的新模式——ERG 理论。ERG 是生存(Exsistence)、关系(Relatedness)、成长(Growth)需要的简称。ERG 理论认为，生存、关系、成长这三个层次需要中任何一个的缺少，不仅会促使人们去追求该层次的需求，也会促使人们转而追求其他层次的需要。任何时候，人们追求需要的层次顺序并不那么严格，优势需要也不一定那么突出，因而激励措施可以多样化。

ERG 理论明确提出了"气馁性回归"的概念。需要层次论是基于"满足—前进"的逻辑，即个体较低层次的需要相对满足后，会向更高层次需要前进。而 ERG 理论不仅是"满足—前进"，还包含有"受挫—后退"的逻辑。"受挫—后退"表示在高层次需要没有相应满足或受到挫折时，需要的重点可能会转向较低层次。

ERG 理论认为在任何时间里，多种层次的需要会同时发生激励作用。所以它承认人们可能同时受赚钱的欲望、友谊或新的工作机会等多种需要的激励。

ERG 理论认为在激发高层次需要之前不一定要先满足低层状的需要。一个人的背景或环境有时会使归属需要比尚未满足的生理需要处于更优先地位。从这一意义来说。ERG 理论更符合实际，比需要层次理论和双因素理论更为完整和严密。

(四) 成就需要理论

成就需要理论是美国学者麦克里兰(David Mecle Lland)及其学生于 20 世纪 50 年代提出的。认为具有高成就需要的人，喜欢做难度大、有风险的工作，无论成功或失败都归因于自己的努力或不够努力，对自己的能力充满信心，相信只要努力而为就没有办不成的事。他们是企业迅速崛起、发展和取得经济效益的宝贵资源，应该派他们去做挑战性的工作，如果被放在例行的、没有挑战性的岗位上就会被埋没。麦克里兰还指出，这类具有高成就需要的人，可以通过教育和培训造就出来。

三、过程激励理论

过程激励理论主要解释从行为动机的产生到行为的产生、发展、变化这一过程中，人的心理活动规律，阐明如何通过心理激励使人的行为积极性维持在一个较高的水平上。

(一) 期望理论

美国心理学家弗鲁姆(Victor H. Vroom)于 1964 年提出了期望理论。该理论的基本观点是：当人们预期某一行为所带来的既定结果是有希望且有吸引力的，人们才会采取这种行为。期望理论较好地反映了人的行为的心理机制，因而成为分析管理措施、管理目标的激励力量的很有效的工具。

期望理论的基本思想可以用下述公式表示：

$$激励力 = 效价(效果的可能性) \times 期望值(效果的价值)$$

其中：激励力是指一个人受到激励的程度；效价是指个人对于某一成果的价值的估计，或指对某种成果的偏好程度；期望值是指个人通过特定的努力达到预期成果的可能性或概率。

期望理论认为：当某人对一目标的实现毫无兴趣时，其效价为零；当他不希望此目标实现时，则效价为负数，这时不仅没有动力，反而会有负作用。当期望值很小或为零时，人们对目标的达成同样不会有什么积极性。高度的激励取决于高的效价和高的期望值这两个因素。以奖酬为例，虽然公司规定达成某一工作指标可以得到丰厚的奖励，但是如果员工认为达到这一指标的可能性很小，则不会付出努力。

（二）公平理论

美国心理学家亚当斯(J. S. Adams)于1956年提出"报酬公平理论"。他认为，只有公平的报酬，才能使员工感到满意和起到激励作用。而报酬是否公平，员工们不是只看绝对值，而是进行社会比较，和他人比较，或进行历史比较、和自己的过去比较。报酬过高或过低、都会使职工心理上紧张不安。

公平理论的实质是探讨个体投入与所得报酬的比值，即个人所做的投入或贡献与他人所取得的报酬之间的平衡。公平理论描述了一种日常生活中常见的现象：人们对自己是否受到公平合理的对待十分敏感，个人在组织中更加注意的不是他所得到报酬的绝对值，而是与别人相比较而得出的相对值。在工作环境中，对公平的评判有许多因素和角度：一类是纵向比较，包括员工在同一组织中把自己的工作和待遇与过去的相比较，也包括员工将自己在不同的组织中的待遇进行比较；另一类是横向比较，包括员工在本组织中将自己的工作和报酬与其他人进行比较，也包括与其他组织员工的工作与报酬进行比较。如果员工通过比较认为自己的付出与收益不成比例，则会强烈地感到不公平，从而挫伤员工的工作积极性。

公平理论的观点可以用下述公式表示：

$$\frac{O_P}{I_P}(个人) = \frac{O_o}{I_o}(他人); \quad \frac{O_P}{I_P}(现在) = \frac{O'_P}{I'_P}(过去)$$

其中 O_P 代表个人所得，I_P 代表个人付出，O_o 代表他人所得，I_o 代表他人付出，O'_P 代表个人过去的所得，I'_P 代表个人过去的付出。

一旦员工认为自己受到了不公平的待遇，不管这种不公平是"报酬过高"还是"报酬过低"，都会使员工产生心理上的紧张和不平衡。为了舒缓这种心理不平衡，员工通常会采取以下几种方式：①改变自己的投入，如：不再努力工作；②采取相应对策，改变自己的收入以寻求实际平衡；③改变自我认知，如：通过自我解释，达到自我安慰；④重新选择参照对象或改变对其他人的看法，获得主观上新的平衡；⑤寻找发泄途径，甚至放弃工作。

需要特别说明的是，不同的个体会因其所受教育程度、不公平感的大小、所处环境、所受客观条件制约程度等因素的不同而采取不同的行为方式。

在大多数工作环境中，员工报酬的绝对值与其积极性的高低并无直接的必然联系，只有当其对所付出的劳动与所获得报酬的比值与同等情况下其他人相比较时，主观感觉上的公平感或不公平感才会真正影响人的积极性。对大多数员工而言，激励不仅受到绝对报酬的影响，还受到相对比较的影响。

（三）目标设置理论

目标设置理论认为：工作目标的明确性可以提高工作的绩效，因为实现目标是一种强有力的激励，是完成工作的最直接的动机，也是提高激励水平的重要过程。每个人都有希望了解自己行为的结果和目的的认知倾向。这种倾向可以减少行为的盲目性，提高行为的自我控制程度。明确的工作目标可以使人们知道他们要完成什么工作，以及付出多大努力可以完成。目标相对于员工的能力，既有一定的难度，又是通过一定程度的努力可以实现的，因而能提供一种挑战性。通过目标的完成，员工获得成就感，也满足了自我成长的需要。目标设置理论非常强调及时地给予员工工作情况的反馈，使得员工对自己的工作完成情况有清楚的认识。

从激励的效果来看，有目标比没有目标好，有具体的目标比空泛的目标好，能被执行者接受而又有较高难度的目标比随手可得的目标好。对于难度很高的长远目标，可采取"大目标、小步子"的目标管理方法，即把大目标分解为若干个较易达到的阶段性的小目标，通过实现阶段性小目标，最终导向远大的、总目标的实现。如果管理人员让员工掌握企业的目标和明确的个人目标，并让他们有参与实现企业目标的工作机会，就能促使员工产生工作积极性。

设置企业的目标通常是一个反复的过程，要用不同的目的加以组合，直到获得符合意图的方案为止。

四、行为改造激励理论

行为改造激励理论是研究如何巩固和发展人的积极行为，如何改造和转变人的消极的行为的系统理论。包括：强化理论、挫折理论、归因理论等。

（一）强化理论

强化理论认为，行为是由环境引起的，应该从人的行为与客观环境刺激的相互关系中去寻求改造人的行为方法，而不重视人的心理活动的作用。行为并不是由反射或先天决定的，而是后天习得的。在具体的行为之后设立令人满意的结果，会增加这种行为的频率。如果人们的行为得到了积极强化，则更有可能重复这种行为。这个理论强调通过控制刺激人的外部环境中的两个条件（即人的行为的外在目标和行为结果的奖励）来影响和改变人的行为。

强化主要分为正强化、负强化、惩罚和自然消退四类。

（1）正强化。运用刺激因素，使人的某种行为得到巩固和加强，使之再发生的可能性增大的一种行为改造方式。如认可、表扬、赏识、奖金、晋升、加薪等。

（2）负强化。预先告知某种不符合要求的行为或不良绩效可能引起的后果，要求员工按允许的方式行事来避免令人不快的后果。如果员工能按所要求的行事，则可减少或消除不良行为的产生，也增加了符合要求的行为重复出现的可能性。

（3）惩罚。以某种带有强制性、威胁性的后果，如批评、降职、降薪、罚款等一些令人不快甚至痛苦的环境，以示对某一不符合要求的行为的否定，从而减少或消除这类行为重复发生的可能性。惩罚比负强化有着更大的惩治力度，更严重的处罚后果。

（4）自然消退。撤消对人的某类行为的强化，通过淡化使这种行为出现的频率逐步减少。

强化的基本方式可以采用连续、间断的形式进行。

（二）挫折理论

挫折是一种行为目标没能达到的心理感受。挫折产生后，个体可能以消极的行为待之，也可能以积极的行为对之。究竟会采取何种行为，一方面取决于个体的心理状态，另一方面取决于周围环境所给予的影响。

1. 积极的建设性的行为
(1) 升华。人们在遭受挫折后,把敌对、悲愤等消极因素化为动力的一种积极反应。
(2) 增加努力。坚持原有目标,加倍做出努力。
(3) 重新解释目标。达不到目标时,延长实现目标的期限或者调整目标。
(4) 补偿。当一个人确定的目标受到条件等限制而无法达到时,用实现另一个目标来进行补偿,或者以新的需要来取代原来的需要。

2. 消极的或破坏性的行为
(1) 折衷。采取折衷调和的方法避免或减少挫折。
(2) 反向行为。压制自己的意志和感情,勉强去做一些违背自己意愿的事。
(3) 合理化。为解释某种受挫的行为寻找借口。
(4) 退缩。知难而退或畏难而退。
(5) 逃避。不敢面对受挫的现实,努力从其他活动求得心理平衡。
(6) 表同。这是一种以理想中的某人自居的心理。通过在心理上分享他人的成功,以冲淡挫折感。
(7) 幻想。面对受挫折的现实,以胡思乱想作精神上的寄托。
(8) 抑制。将痛苦的记忆和经验从意识中排除出去,压抑到下意识之中。
(9) 回归。面对挫折所表现出来的一种与年龄不相称的幼稚行为。
(10) 侵略。一种无理智的、消极的侵害他人求得心理平衡的行为。
(11) 放弃。失去信心,自暴自弃。什么事都打不起精神,对挫折漠然视之。

挫折的表现各不相同,引起挫折的原因更加复杂。有客观环境的因素,也有主观原因。无论是什么原因,对于挫折进行积极地引导是有意义的,对于员工受到挫折的宣泄需求也应该给予理解。避免无谓的挫折是经理人保持员工积极心态所必须的工作。

(三) 归因理论

归因是指根据人的外在表现来对其心理状态做出解释和推论。归因理论主要研究三个对象:第一,对人们心理活动的原因的探讨;第二,对人们外在的行为和表现进行心理分析;第三,对人们未来行动的预测,即根据过去的行为表现来预测在以后遇类似的情景中将会产生的行为。

归因理论主要强调一个人的知觉与其行为间的关系。人们的动机或行为产生的原因是不能直接观察到的,但是人们的行动与他的认知密切相关。通过分析人们的认识过程,说明内在力量和外在力量对人们所产生的行为之间的关系,就是归因理论希望解决的问题。

与此相关的概念还有轨迹控制,它是指人们对自己行为所造成的结果究竟是受到外因还是受到内因控制的一种认识。当员工感到行为主要受内因控制时,他们就会觉得可以通过自己的努力、能力或技巧来影响行为的结果;当员工感到行为主要受外因控制时,他们会觉得行为的结果非自己所能控制,而是受外力左右。针对具体不同状态,可以推测具体管理措施对人们的心态和组织的绩效带来的不同影响。

五、激励的原则与方法

(一) 激励的一般原则

(1) 真诚。激励是做人的工作的艺术。激励的根本目的是要调动人的积极性。激励得当，人们的工作热情就会高涨；反之，人们的情绪就会低落，组织的目标就难以实现。做人的工作，其前提是真诚。这样，激励才会为人们心里所接受，才能起到应有的作用。

(2) 时效。奖励必须及时，不能拖延。应该表扬的行为得不到及时的鼓励，会使人气馁，丧失积极性；错误行为受不到及时的惩罚，会使错误行为更加泛滥横行。

(3) 物质奖励与精神奖励相结合。物质利益不是激励人的惟一的动力。现实生活中，人们的需要是多方面的，既有物质方面的，也有精神方面的。因此，奖励也应该注意物质奖励与精神奖励相结合。

(4) 实事求是。无论是正向激励，还是负向激励，都必须把握分寸，做到实事求是。

(二) 激励的策略与方法

激励的方法指在关怀、尊重、体贴、理解的基础上，以诚挚的感情，实事求是的科学态度，恰如其分的手段，对受激励的对象加以启发和开导，调动其内在积极因素，促使其振奋精神，积极向上，努力进取。常见的精神激励方法有：

(1) 目标激励。通过树立起工作目标来调动人们的积极性。在大多数情况下，人们都希望工作具有挑战性，能在工作中充分发挥自己的能力，从而体会自我价值的实现和成就感。在管理过程中，给每一个人都确立一个通过努力可以实现的、明确的工作目标，可以起到调动积极性的作用。

(2) 情感激励。情感是人们对于客观事物是否符合人的需要而产生的态度和体验。它是人类所特有的心理机能。当客观事物符合人的需要，就会产生满意、愉快、欢乐等情感。反之，就会产生忧郁、沮丧等消极情感。经理人必须注重用真挚的感情去感染人。

(3) 榜样激励，也称典型激励。典型是公开树立起来的旗帜，发挥典型的导向作用，使好人好事得到社会和众人的承认和尊重，使员工向先进看齐，以先进为榜样，培养健康、向上的工作氛围。

(4) 行为激励。从管理心理的角度来看，每个人都会对他周围的人产生行为影响力。但由于人们权力、地位、资历、品德、才能和心理素质等情况的差异，对其周围的人产生的行为影响力的大小是不同的。正因为如此，经理人应当加强自身修养，通过自己的言传身教影响、激励广大员工群众。

(5) 考核激励。对员工的业务水平、工作表现和业绩进行考核。对成绩突出、表现优秀者给予奖励、晋升。对不称职者换职换岗，必要时还应降职和处分。

(6) 尊重激励。自尊心是人们潜在的精神能源，是前进的内在动力。每个人都有自我尊重、自我成就的需要，总是要竭力维护和努力争取自己的面子、威信、尊严。一个人的自我尊重需要得到满足，就会对自己充满信心，对工作充满热情。反之，可能会消极颓废，自暴自弃，畏缩不前。

(7) 关怀激励。管理者把他人的利益时刻放在心里，对其工作、学习、生活、成长和进步给予关心和支持。通过关心他人的冷暖和切身利益，帮助排忧解难，激励其积极工作，多做贡献。

(8) 危机激励。危机激励就是从关心人的立场出发，帮助分析问题和找出存在的问题的原因，提醒可能会产生的不良后果以及危害，使人产生危机感和责任感，启发人积极进取，奋发有为。

（9）表扬激励。对好人好事给予公开赞扬，对人们身旁存在的积极因素和积极表现及时肯定、鼓励和支持。表扬是一种艺术，可以激励积极行为，抑制消极行为。

（10）荣誉激励。奖状、奖旗、奖牌、记功、授予称号等传统的激励方式，是物质奖励无法取代的一种激励方式。

除上述精神激励方法外，还可以采取物质型激励法。通过满足人们对物质利益的需求，来激励员工的行为，调动员工的工作积极性。主要有：晋升工资、奖金、持股激励以及其他物质奖赏（如住房、轿车、带薪休假）等。

第四节　企业组织行为管理

一、组织行为的管理模型

（一）专制模式

专制模式（autocratic model）是以强权为基础来达到管理目标的管理模式。这种模式的基础是权力，如果员工不服从命令就将受到惩罚。

在专制模式条件下，管理层认为雇员的责任就是服从命令。这种传统的管理观念导致工作中对员工的严密监管。员工的取向是服从老板，老板的雇用、解雇的权力是绝对的。在这种管理模式下，员工完成最低限度的绩效，老板支付最小限度的薪水。员工之所以还愿意完成最低限度的绩效，是因为他们必须为自己和家庭满足最低限度的生存需要。

专制模型对于完成工作是一种有效的方法，它的主要缺点在于其高昂的人力成本。在过去没有其他选择时，专制模型是一种可接受的指导管理行为的理论，而如今在某些情况下（如组织危机），它也依然是有效的。但是，随着对员工需要的认识逐渐深入，再加上社会价值观的普遍改变，需要实施更加人性化的组织行为方法。

（二）看护模式

看护模型（custodial model）是以改善劳资关系为基础来达到管理目标的管理模式。在专制的管理模式下，虽然员工嘴上从来不顶撞，但他们的心里却满怀积怨。员工对老板的感受是充满了不安、沮丧和愤恨。客观上要求管理者采取办法，提高员工的满足感和安全感。如果能消除员工的不安全感、挫折感和敌意，他们可能会感到更喜欢工作。因此，在19世纪末20世纪初，很多公司启动了福利计划来为员工提供安全感，业主、工会、政府都开始注意员工的安全保障需要，看护模型在许多场合得到了运用。

看护模式有赖于企业经济财力，如果一个组织无力支付各项福利费用，便不能有效地达到管理目标。看护模式的管理取向是：由于员工的生理需要已经获得了一定的满足，管理人员把安全保障需要（需要层次论的第二层次）作为对员工的激励动力。

（三）支持模式

支持模式（supportive model）起源于"支持关系理论"，其观点与人力资源观点很类似。支持模型是以领导而不是权力或金钱为基础，通过领导和管理营造一种推动员工成长的气氛，为员工提供一种适当的机会，优先考虑支持雇员成就业绩，而不是单纯地提供物质福利等一套经济保健措施。其结果是使员工感到他们在"参与"管理，自己也包含在组织之中，使员工获得了从以前模式中从未获得过的强大激励，满足了员工们的高层次需要,促发了员工对工作的自觉驱动力。管理的取向在于对员工的工作绩效予以支持,员工得到更大的激励,因为他们的地位和尊重的需要都得到了更大的满足。

(四) 团队模式

团队模式(collegial model)是对支持模型的一种有效扩展,体现一种团队的精神。它也在其他各类组织中得到了广泛的应用。团队模式给员工造成的心理效果是自我约束,自我要求。如同足球队员为了整个球队取胜而自觉遵守比赛规则和维护集体利益一样,为了完成协同任务而严格要求自己。置身于这样的环境中,员工会具有某种程度的恪尽职守、工作价值和自我实现感。过去这个模型很少被用于生产一线,因为其严格的工作环境使社团模型很难得到发展。而对于没有固定程序的工作,在脑力劳动环境,在有相当的工作自由的地方,团队模式往往会更为有效。团队模式的"管理取向"是协作、指导、协调,员工则以高度的责任感参与协作。采用团队模式的心理学结果是自律,以自我实现感来激发员工的工作热情。

二、非等级权力控制企业的建设

(一) 非等级权力控制企业建设的意义

等级权力控制管理是在工业经济时代前期发挥了有效的作用,它对生产、工作的有序进行和有效指挥具有积极意义。但是在工业经济后期,尤其是进入信息时代、知识经济时代之后,这种管理模式越来越不能适应企业在科技迅速发展、市场瞬息万变的形势下竞争取胜的需求。企业家、经济学家和管理学家们都在寻求一种更有效的能顺应时代发展需要的管理模式。

面对飞速发展和急剧变化的世界,已经有越来越多的企业不适应这种变化。为企业提出了非等级权力控制企业建设的课题。通过非等级权力控制企业的建设,力图把全企业的智慧集中起来,把全企业的积极性调动起来,迎接经济社会新的挑战。

我们可以从几个方面比较这两种类型的管理成效,见表4-2。

等级权力控制企业与非等级权力控制企业管理成效比较　　　　表4-2

	等级权力控制企业	非等级权力控制企业
领导者	思考、决策(完全靠自己或少数人)	思考、决策(多方面获得建议和信息)
被领导者	行动(被动、消极)	思考、行动(上下互动、主动积极)
管理思想	强调集中控制,管理中心上移	强调基层为主,控制中心下移
管理结果	认为领导有现成答案;有人遥控,束缚创造力;被动、等待、低效	知道没有现成答案;命运自己掌握;增强创造力;主动、创造、高效

(二) 非等级权力控制企业的建设

(1) 企业领导者要做企业文化、企业精神的倡导者和设计者。凝聚全企业一同奋斗,首先要从领导做起。调动大家的积极性就要改变传统的权力机制,企业兴衰人人有责,要实行分权与自主管理,通过众人的意愿实现资源要素整合,通过深化"共同愿景"促进每个员工积极地心态,铲除发展道路上的障碍,不断突破组织成长的极限,从而保持组织持续发展的态势。

(2) 树立共同目标。要把企业目标与每个个人目标结合起来,让企业的发展与员工个人息息相关，发挥组织目标对员工的导向作用、凝聚作用、激励作用和规范作用。使员工创造性地劳动，使组织的创新活动达到从单项创新到系列创新，从一次创新到持续创新，从能人创新到群体创新的新境地。在这个过程中，凝聚着企业与员工共同的命运紧紧相连。

（3）改善心智模式。心智模式是人的心理素质和思维模式。不同的心智模式会导致不同的行为方式。在管理过程中，一些生产管理措施不能很好地付诸实施，往往是因为它和人们深植心中的对于周边世界如何运作的看法和行为相抵触。管理者必须检视自己的心智模式，在不断的学习中反思自己的心智模式，学会系统思考和辩证地分析问题、解决问题。通过探询他人的心智，学会与人合作，培养团体团结合作的能力，提高工作管理能力。

（4）建设自我超越团队。团队学习可以使团体智商远远大于个人智商，使个人成长速度更快，并使学习迅速转化为现实生产力。团队必须善于自由和有创造性地探讨复杂而重要的问题，彼此用心聆听、集思广益。应自觉消除习惯性防卫的智障，使潜在的团队智慧变为实实在在的团队智慧，不但使人勤奋工作，而且更注意使人"更聪明地工作"。发挥员工优势，上下联动，自主管理，才能让企业取得持久的成功。

第五节　企业内部人际关系

一、人际关系的含义和作用

（一）人际关系的含义和作用

人际关系是指在一定的社会制度下人与人之间的关系。它是在社会生活实践的基础上，通过交往这种主客体矛盾运动的过程形成并发展起来的，具体表现为人与人之间的心理相融程度和感情靠拢程度。

人际关系的好坏对员工的工作效率有极大的影响，是影响组织绩效的重要因素之一。因此，对于组织的管理者来说，就应该注意群体中的人际关系，努力寻求合理方法，来调动员工的积极性，使员工获得更大满足的同时，达成组织的目标。

现代社会，人的行为更加复杂多变，而人际关系也显得更加错综复杂，如果处理不好组织中的人际关系，不仅影响组织的效率，而且会对组织成员的身心健康造成不利的影响。因此，管理者需要研究人际关系，找出其中的规律和因果关系，作为行为预测和控制的工具，改善和协调人与人之间的关系，建设和谐的人际关系，促进组织的完善与发展。

（二）群体中人际关系的类型

（1）工作型人际关系。这种人际关系的建立或交往完全是以工作为行为主体内容，彼此间的沟通仅以工作为界限。

（2）相似型人际关系。这种人际关系的建立是以交往对象在性格、动机、需求、态度以及兴趣等方面的某些相似之处为基础，或从事相似、相近或相同的工作而建立起来的人际关系。

（3）互补型人际关系。这种人际关系是通过心理上、行为上或工作上的互补关系而建立的一种人际关系。

（4）接近型人际关系。这种人际关系的建立往往是出于某种时间、空间或工作上的接近而形成的。由于群体成员彼此间具有较多的接近机会和频率，使得他们能够比其他人更容易建立人际关系。

（5）吸引型人际关系。这种人际关系是因为一方有吸引对方的因素，这些因素可以包括人格、性格和性别吸引等。

（6）报偿型人际关系。这种人际关系是在给予或报答的基础上产生的，由于交往的一方从另一方获得了某种帮助，随之以报答的方式加强了彼此间的交往，最终成为一种固化的人际关系。

（7）价值均衡型人际关系。这种人际关系是基于利害、功利和价值的人际交往类型，成员之间的交往是为了寻求某种功利的交换。当他们之间的交换出现不平等或其中一方失去交换价值时，这种人际关系就会遭到破坏。

在建筑企业中，群体中的人际关系并非表现出单一的形式，而大多是上述几种类型的综合。

二、群体人际关系的建立

工作群体中人际关系的建立主要有两个交往渠道：一是基于工作关系的交往；二是基于社会关系的交往。而这两种交往又相互交织，构成工作群体的人际关系和人际关系的网络。

组织管理中的大部分工作正是通过这种人际交往的过程起到指挥、控制、协调和沟通的作用。工作中建立和保持人际关系表现在三个取向上：

（1）组织和群体中的各层管理者如何与下级保持良好的人际关系。由于管理者在组织中的地位，决定着他们在这个人际交往中占有主导地位。

（2）作为群体成员保持与上级必要的人际沟通和良好的人际关系。一般来说，下级会采取与上级保持一定距离的人际关系交往的策略。

（3）位于同一层次的组织成员或群体成员之间的人际交往。这类交往的基础是交往成员之间地位、身份和关系的平等和平行。

三、群体凝聚力

（一）群体凝聚力的内涵

群体凝聚力是群体对成员的吸引力和向心力。对于凝聚力高的群体，成员之间彼此吸引、相互喜欢，成员之间的信息交流畅通频繁，成员有较强的归属感，关心群体，接受群体的目标并愿意为之努力；相反，对于凝聚力低的群体，成员之间彼此不喜欢、各行其是，作风散漫。

群体凝聚力与日常所说的群体团结有类似之处，但也有区别。凝聚力主要是指群体内部的团结，而且可能出现排斥其他群体的倾向。

（二）影响群体凝聚力的因素

（1）群体的目标。如果群体存在一个共同的目标，该目标的实现对所有成员的个人目标和切身利益都有利，这样成员之间的目标就是正相关的。这是形成群体高凝聚力的首要因素。

(2) 外部威胁或竞争。面对其他群体的威胁或竞争，群体成员会把以前内部的不快、冲突暂时忘记，协作起来共同对外。

(3) 成员沟通时间。如果大家在一起工作、活动、学习、游玩的时间越多，凝聚力就越高。

(4) 共同的业余兴趣。当一个群体中各成员都能从与其他成员共同交往中得到更多的乐趣时（如有共同的爱好和兴趣），成员之间的吸引力就强，凝聚力就大。

(5) 群体规模。一般来说，小群体成员彼此间相互作用与交往的机会多，感情会加强，凝聚力大；而大群体则相反，凝聚力相对较低。

(6) 群体的领导方式。一个有个人魅力而尊重员工、愿意与员工沟通的领导，成员就会对领导有一种向心力，凝聚力就高。

心理学家认为，一个具有凝聚力的群体，内部团结，士气高昂，具有适应外部变化的能力以及处理内部冲突的能力，每个成员都明确地意识到群体的目标，群体成员对群体的目标及领导者抱肯定和支持的态度，群体成员有维护其群体存在和发展的意向。在组织管理中，凝聚力与生产效率的关系是非常密切的，它是提高生产效率的必要条件之一。

四、群体冲突及管理

(一) 冲突的性质

处在组织中的人们出于相互间的交往，总要形成人与人以及群体与群体间的关系。因为这样或那样的原因，常常会产生意见分歧、争论、冲突和对抗，使彼此间的关系出现紧张状态。在组织行为学中把它们统称为"冲突"。

实质上，冲突是指两个或两个以上的社会单元在目标上互不相容或互相排斥，从而产生心理上或行为上的矛盾。冲突的产生不仅会使个体体验到一种过分紧张的情绪，而且还会影响正常的群体活动的组织秩序，对管理产生重大的影响。冲突包括群体内个人与个人之间的冲突，也包括群体与群体之间的冲突。

冲突是任何组织都不可避免的。如果一个群体没有任何冲突，只能说明这个群体的某些矛盾被掩盖着。从这个意义上说，群体出现冲突是有积极意义的。它可以使问题暴露，使矛盾得到解决。

要想成功地处理冲突，首先要确认一个适宜的冲突水平。冲突水平如果过高，可能导致混乱；冲突水平过低，则导致缺乏创新意识和低绩效。在冲突程度不够强烈的地方，管理者要有意识地暴露矛盾，积极地解决冲突。

(二) 冲突的来源

冲突主要源于三个方面：

(1) 沟通因素。管理者们把大多数冲突归因于组织沟通不良。完善的沟通可以使受讯者能把发讯者的信息理解得毫无差错，缺憾的沟通会由于信息在传递过程中失真或中断引起误解。虽然，由不成功的沟通引起的冲突不同于本质上对立的冲突，但它仍然有着强大的影响力。

(2) 结构因素。群体的规模，群体中员工的参与程度，群体中每个个体的角色冲突，奖酬制度可能存在的不足，可分配资源的有限性，权力的行使等社会组织中的各个方面可能在群体中形成矛盾，爆发冲突。

(3) 个人行为因素。个体之间的差异也是冲突的来源。一些人的价值观或知觉方式可能导致与他人的冲突。管理者的某些固定模式（如独断专行）和观念带来不同群体的心理感受也会引发冲突。一些个体喜欢惹事生非，寻衅闹事，具备引起冲突的个人的一些特质。

（三）冲突的管理

(1) 建立双赢的理念。让群体的成员把目光放在全局的范围，认清合作共赢的好处，冲突和破坏对大家的伤害。在心理上真正认识到合作的意义，把精力集中到共同目标的达成上面。形成一个团队开诚合作、竞争向上的心态。

(2) 采取强制手段。在紧急情况和处理企业重大问题时，通过硬性规定、强制调离等方式减少冲突；通过组织调整的方式解决冲突和问题。

(3) 适当拖延。处理冲突并不一定要马上解决问题。有些事情马上处理，矛盾可能正处于比较尖锐的状态。而把事情放一放，有利于双方冷静下来思考问题。通过回避、克制的方式，并采取必要的思想工作，加强对员工的教育，以求从根本上解决冲突。

(4) 进行谈判和沟通。尽量寻找双方都可以接受的方案，提倡矛盾双方的充分沟通。管理者应当充分认识到组织或群体内部成员之间信息沟通对于防止和解决冲突的重要性。尽可能维护所传递的信息的真实性和可信性。要坚持信息的双向沟通，做到上情下达和下情上通。

管理者还要通过各种方式建设健康向上、振奋愉快的工作环境，努力建设和谐组织、和谐企业和和谐社会。

案 例 分 析

案例1：

许多管理者认为，自己是领导，员工是下属，自己理应受到员工的尊重，领导总是要与群众保持一定的距离。

某建筑企业有一位王经理，最近刚参加完上级组织的学习培训，对管理者与员工之间的管理有了新的认识。回到企业以后，他开始注意走访员工，主动到工地找各级员工交谈，除了询问生产问题以外，还会问起员工的家庭生活。时间长了，员工们见面开始主动和他打招呼，有时还会开上几句玩笑。

他把自己的经理办公室对员工开放，欢迎员工们来反映和讨论有关问题。每天都有员工来找他反映问题。他对单位的情况更熟了，对单位存在的问题比过去了解的更多了。当然，有时他也会因此遇到一些麻烦事。该找他不该找他的事，员工都喜欢来找他。时间久了，单位里产生了一些议论。有人说，他不会做领导；也有人说，他不会做建筑企业中的领导。也有人说，他是另有图谋。

王经理也听到了大家对他的议论，开始并不在意。可是时间久了，他也开始怀疑起自己的做法来了。自己错了吗？管理者与员工之间应建立什么样的关系？面对这种种的议论，自己应该怎样应对？

案例2：

某构件厂新来一位李经理，上任不久就发现他负责的生产车间工作效率很低。这一天，李经理来到了车间，看见白班工人要下班了，就用1支粉笔在黑板上写了一个大大的$120m^2$就离去了。夜班接班的师傅们上班得知领导来检查过，$120m^2$就是白班的有效产量。

结果这一夜夜班的师傅工作产量达到了 $122m^2$。李经理照样把他们的成绩写在黑板上。从那以后,工人师傅上班都先看看那块黑板。有时,李经理没到车间来,工人们也习惯地把自己班的产量写到黑板上去。从此,车间的产量一直保持着较高水准。

有人说,李经理会做工作,生产的成绩是李经理做出来的。有人说,李经理利用了员工的好胜心理。还有人提出生产状况本与李经理的写黑板无关,怀疑仅仅一个数字不会在工人中产生那么大的作用,是不是李经理采取了什么别的措施?你认为是不是还可以采取其他别的措施?

复习思考题

1. 举例说明施工生产活动中可能出现的知觉偏差现象?
2. 试比较内容性激励、过程性激励的差异?建筑企业更适合哪种方式?
3. 员工个人为什么会趋向加入一个群体,或远离一些群体?
4. 试说明团队与群体的异同?
5. 为什么人们会产生从众行为?它对企业管理工作会产生什么影响?
6. 试说明建立学习型组织的意义?
7. 如何解决好建筑工人群体内部的冲突?

参考文献

[1] 王培才. 公共关系理论与实务. 北京:电子工业出版社,2005
[2] 居延安. 公共关系学. 上海:复旦大学出版社,2001
[3] 黄荣生. 公共关系学. 大连:东北财经大学出版社,2000

第五章 建筑企业公共关系管理

第一节 公共关系的主体与客体

公共关系是社会组织运用各种传播手段来维持和发展与公众之间的良好关系的互动过程。公共关系由社会组织、公众、媒介三个要素构成,其中公共关系的主体要素是社会组织,客体要素是社会公众,联结主体与客体之间的媒介是信息传播。这三个要素构成了公共关系的基本范畴。

一、公共关系的主体

(一)作为公共关系主体的建筑企业

公共关系主体是指在公共关系活动中处在主导地位的各类社会组织机构,是公共关系活动的策划者和组织实施者,在这里指的就是建筑企业。

在公共关系中,企业的公关活动起到决策、发动、组织、实施、控制、管理等决定性作用。企业通过代表企业行使公共关系职能的机构、代表企业具体执行公共关系职能的公共关系人员,协调公众关系,改善公众环境,树立自身形象,提高企业社会信誉。在内外沟通联络中,谋求合作发展,赢得公共关系的主动地位。

(二)企业公共关系活动中的相关因素

1. 公共关系与企业目标

建筑企业是从事建筑生产劳动的人群的集合,它存在的目的是在满足社会需求的同时,企业和员工获得丰厚的经济回报。提供社会产品和获得经济回报两者并不矛盾。提供社会产品是获得回报的基础,获得回报是提供社会劳动的目的。建筑企业是经济组织,主要目标是盈利。但是,没有一定的社会声誉和社会信誉,盈利的目标就要落空。这就体现了公共关系和企业目标之间的相关关系。

2. 公共关系与企业组织

企业是由其下属的各单位或部门按一定的结构组合而成的整体。每个部门负责相关业务,行使相关职能。而企业的社会信誉却是企业每个个人和每个部门在长期的工作中树立起来的。企业组织系统内部各部分之间是相互联系、相互制约的,其中任何一个部分发生变化都会影响整体变化。社会是一个多层次的复杂的大系统。企业社会组织存在于一定的社会环境之中,组织系统与外部大系统都在产生信息和物质的交换。组织系统的复杂性是构成公共关系复杂性的重要原因。

3. 公共关系与企业生产

建筑企业的生产活动有着特殊性。施工的场所多在城区和居民区,它的产品过程可以直接造成街区环境的污染,施工所产生的噪声等可以直接导致企业与社会群体的矛盾。施工现场不断地与社会进行精神、物质、信息和能量的交流，施工企业比其他企业更具开放性。在建筑产品美化城市街区的同时，施工过程也在影响着现场附近的自然环境。

4. 公共关系与企业产品

建筑企业为社会居民提供住房，为机关、企业提供办公、生产用房，也同时在接受着社会的检验。建筑涉及每一户人家，每一个人，建筑本身又是一个投资巨大的商品，人们对房屋质量的要求相对较高。建筑企业的生存发展过程，就是社会对建筑产品检验和评价、挑选的过程。企业的声誉、信誉、在公众中的形象对企业生存关系重大。

（三）企业社会环境

1. 企业内部环境

企业的内部环境，包括企业内部的人际关系环境、企业内部的管理环境以及外观环境，其中人际关系环境是企业最普遍、最重要的内部环境。做好企业内部公共关系工作是企业搞好内部环境建设的重点。

企业要想生存发展，必须具有较强竞争力，而健全的运行机制、高效的工作业绩以及全体成员的精诚合作是一个企业立于不败之地的根本保证。企业是一个相互依存、相互联系的若干要素组合而成的一个复杂的系统。企业内部各职能之间能否密切配合、协调一致，企业员工是否爱岗敬业、士气高昂，反映着这个企业是否具有生存和发展所必需的生机与活力，决定着企业目标能否得以顺利实现。

2. 企业外部环境

企业的外部环境，包括企业所处生态环境、社会文化环境、政治环境和经济环境等。如果说企业内部环境重在影响组织本身的动作过程，那么企业外部环境则重在制约组织的运行方向和目标。企业生存于特定的社会环境之中，企业形象的塑造与推出必须要考虑环境的要求并与之相适应。区域的经济发展状况、区域的建设市场状况、劳动力市场状况、政府管理状况、社会治安状况无不在影响着企业的工作。企业需要与政府有关部门协调、与相关单位协调、与居民住户协调、与周边单位协调、与供应商协调，以求和谐共存。

（四）企业公共关系机构

在现代市场经济条件下，许多社会组织，包括建筑企业都在单位内设置了公共关系机构，或把这项职能指定到有关的部门，主要负责协调企业内部的各种公共关系，参加社会的公共关系社团，维持企业与社会有关方面的联系。通过向外宣传企业，树立企业形象，解决处理矛盾。

1. 企业公共关系机构的设置

从事公共关系工作的部门多采用公共关系部、公共事务部、对外关系部、信息广告部、社区关系部、市场推广部等名称。设置方式主要有以下几种：

（1）部门所属型。这种类型的公共关系机构通常附属于行政部门、销售部门或广告宣传部门，其地位不是很突出，公关工作只是一种偶然性的活动。一般适合小型企业采用。

（2）部门直属型。这种类型的公共关系机构与企业的销售、财务、人事、技术各部门处于同一层次，是二级部门，地位较为突出。当然要成功地开展工作，还需要积极与其他部门密切配合。

（3）领导直属型。这种类型的公共关系机构从组织系统和组织地位来看，归属于部门经理负责领导，是一个有相当自主权的职能机构。这种设置比较有利于公关工作灵活全面开展。

(4) 职能分散型。在许多企业的机构设置系列中，不设专门的公共关系机构，但可将公共关系的职能分解在其他部门。

2. 企业公共关系机构的职能

(1) 从事外部关系的协调。主要涉及媒介关系、政府关系、社区关系等。其具体工作有：负责同新闻媒介、出版机构的合作关系；负责同政府有关部门的联系；负责与社区的联系；对消费者以及宾客接待工作等。

(2) 从事内部关系的协调。包括员工关系、部门关系、股东关系、干群关系等。其具体工作有：与员工沟通；教育引导组织的员工增加责任意识；搜集组织内部员工的各种意见；为领导层确定公共关系目标提供方案和决策咨询等。

(3) 专业职能工作。其具体工作有：组织安排社会组织的庆典活动；组织安排开(闭)幕仪式；策划和组织纪念活动；举办记者招待会；与新闻媒介的接触；举办展览会；举办参观活动；开导广告业务；负责图片、摄影制作等技术性工作；进行民意测验和舆论意见的调查研究。

二、公共关系的客体

公共关系的工作对象是社会公众，公众的支持和信任是组织生存的基础。公关的工作对象和中心任务就是处理和协调好企业所面临的各类公众，在公众心目中树立良好的企业形象，营造一个和谐合作的公众环境。可以说，公共关系实际上就是公众关系。

(一) 公众及其特征

公众是指与特定的企业发生相互联系和相互影响的群体、组织和个人，是公共关系工作对象的总称。公众的基本特征是：

(1) 层次性。企业所面临的相关公众环境是由若干个人、群体和社会团体组合而成的，具有多层次的主体结构。企业的公众从外到内都是复杂、多样的。有紧密程度比较高的内部公众，有比较松散的外部有组织的公众，还有更松散的外部无组织的公众。

(2) 相关性。一个人或一个群体和组织能够成为企业的公众，是因为他们与企业存在着一定的相关性。企业的行为对公众会产生影响，同时公众的言行和态度对企业的存在与发展也会产生影响。他们由于共同的需求和目的而成为企业的相关公众。

(3) 互动性。互动性是指某些公众的意见、观点和行为同企业相关且相互作用。公众对企业的目标和发展具有实际或潜在的影响力、制约力。同样，企业的行为对它的公众也具有实际或潜在的影响，制约着公众所面临问题的解决及需求的满足。

(4) 多变性。公众与企业之间的联系及相互作用总是处在不断变化和发展过程中。如在公众性质方面，相关公众变成无关群体，潜在公众变成行动公众，次要公众变成主要公众，协作关系转化为竞争关系等。其次，在公众数量方面，表现为用户增多或减少等；再次，企业内部员工也经常处于变化之中，如员工吸纳与解雇等。

(二) 公众的类型

1. 按公众的隶属关系分类

按公众的隶属关系不同，公众可分为内部公众和外部公众。内部公众与企业有归属关系，是企业的组成部分，它包括组织的员工、股东及家属等。这类公众与企业有着密切的关系，他们的意见、态度、情感等对企业的生存与发展会产生直接的影响。外部公众是指那些与企业没有归属关系的公众,是企业面临的外部微观环境,包括政府公众、社区公众、媒介公众、消费者公众、同行公众、社会名流公众等。

2. 按公众对企业的态度分类

按公众对企业的态度不同,公众可分为顺意公众、逆意公众和边缘公众。顺意公众是指那些对企业的政策、行为持赞成意向和支持态度的公众。逆意公众指对企业的政策、行为持否定意向和反对态度的公众。边缘公众是指对企业政策、行为持中间态度,或尚未表明观点的公众。

3. 按公众构成的稳定性程度分类

按公众构成的稳定性程度不同,公众可分为临时公众、周期公众和稳定公众。临时公众是因某突发事件、偶然因素或专题活动而形成的公众,如示威游行的队伍,展览会、音乐会的观众等。周期公众是指按一定规律和周期出现的公众,比如节假日的游客,他们的出现是有规律的,可以预测的。稳定公众即比较稳定的公众,如老主顾、老用户、社区人士等。

4. 按公众发展过程阶段分类

按公众发展过程的阶段不同,公众可分为非公众、潜在公众、知晓公众和行动公众。非公众是指与企业无关,其观点、态度和行为不受企业的影响的公众;由企业行为引起的某种问题,会与某一社会群体、个人与企业发生利益关系,但这些问题尚未暴露或这些公众还未意识到问题的存在,这些公众就成为企业的潜在公众;知晓公众,是由潜在公众发展而来的。当潜在公众意识到自己面临的问题就发展成为知晓公众;行动公众是由知晓公众发展而来的。当知晓公众采取实际行动或准备采取实际行动来解决所面临的问题时,他们就成为行动公众。

(三) 公众的心理

1. 公众的心理倾向

公众接受企业的信息并非都是被动的,而经常是主动的。公众的这种能动性发挥得越好,他们的参与意识和实际介入程度越高,公关活动也就越容易成功。这与公众的心理倾向有着密切的联系。这些心理倾向包括:

(1) 公众的兴趣。兴趣是人脑对特定事物的特定反映,它表现为个人渴望深入探究某种事物,并力求参与该种活动的意向。兴趣对一个人的动机和行为模式有重要的影响。公关人员要善于观察、发现不同公众在不同时间和地点的不同兴趣和爱好,做好针对性工作。

(2) 公众的需要。需要是人们对某种目标的渴望和个体的欲望,是人缺乏某种东西或受到某种刺激时产生的一种主观状态。不同的人有不同的需要,同一个人在不同的时间和场合也有不同的需要。在某一特定时期里,每个人都会有他最迫切的需要,我们称其为优势需要。作为公关人员要及时了解和满足公众的优势需要,以赢得公众的支持和依赖。

(3) 公众的价值观。价值观是一个人对周围事物的是非、好坏、善恶和重要性的评价。它是决定人的态度和行为的心理基础。在相同的客观条件下,价值观不同的人会产生不同的行为。公关人员需要加强学习,学会与不同价值观的人打交道,学会求同存异,以取得更多公众的支持。

(4) 公众的自我倾向。公众中有的人是主观自我倾向占主导地位,有的人则是客观的自我倾向占主导地位。主观自我倾向就是强调自身的主体地位,经常考虑"我想怎样"、"我要怎样";而客观的自我倾向则更多强调环境的制约作用,"我应该怎样","我能怎样"。这两种自我意识、因人而异，因时间和地点不同而异。而公众的这两种自我意识都可以通过对某件事的认识、评价以及他们的态度反映出来。作为公关人员，要了解公众的自我倾向，引导公众使公众的态度与评价向着有利于组织的生存与发展的方向转化。

（5）公众的决策倾向。不同的人以及同一个人在不同的场合，对于某件事的决策也会表现出不同的特点。以常见的顾客购买行为为例，就有理智型、冲动型、习惯型、不定型等几种决策倾向。公关人员应该针对不同的收入阶层，不同的职业和文化水平，以及不同的性别和年龄段的消费者，采取差异的应对策略。

2. 公众的心理定式

公众的心理定式，是指在一定社会条件下，由人与环境相互作用而出现的公众对于某一对象（人、事、物等）的共同的心理状态与一致的行为倾向。心理定式有时会产生积极作用，但很多情况下会造成消极的影响。在公关活动中，在与人交往的过程中，如何利用心理定式，如何对待和处理公众的心理定式，具有十分重要的意义。

（1）首因效应。首因效应就是"第一印象"的意思。在公关活动中，公关人员与人打交道要十分注意自己的仪表和形象，给人以良好的"第一印象"。首因效应不仅来自直接的接触，很多情况下也来自传播媒介的间接影响。因此，开展公关活动还应注意传播媒介的特殊功能。

（2）近因效应。近因效应是指最后给人留下的印象往往会形成的影响。如文艺演出，放在最后的一个节目往往给人印象最深，俗话所谓"压轴戏"。同样道理，搞公关活动，在活动结束时，把气氛搞得浓烈一些，更容易给人留下深刻印象。

（3）晕轮效应。"晕轮效应"用以表示主体对认知对象的一种认知偏差倾向。这主要表现为"以木为林"，以偏概全的心理定式。例如：一个企业家被评为先进，那么，他所领导的企业就会被公众看好。企业在一个项目上获得了鲁班奖，那么企业的多个项目就会得到公众的信任。

（4）社会刻板印象。由于地理、政治、经济、文化等条件不同，人们往往对不同的人群形成一种较为稳定的看法。这种判断未必有充分的理由，但在很多场合却有着人们对不同人群的评价和人格判断，这就是社会刻板印象。社会刻板印象也是一种以偏概全的思想方法，刻板印象的存在，阻碍着人与人之间的正常沟通。

（5）定型效应。定型效应也叫定型作用或经验效应，是指公众个体要对对象进行认知时，总是凭借自己的经验对对象进行认识、判断、归类的心理定式。

（6）移情效应。移情效应是指人们在对对象形成深刻印象时，当时的情绪状态会影响他对对象本身及其关系者（人或物）的评价的一种心理倾向，即把对特定对象的情感迁移到与该对象相关的人或事物上，引起他人的同类心理效应。广告的"名人效应"就是一种移情效应的一种运用。

第二节　公共关系的传播与媒介

一、信息传播

（一）信息传播的概念

信息传播是指企业在特定的时空范围内，将自身产生的或业已吸收的信息，通过一定的编码处理，借助于一定的信息传输通道，按照预定的目标，向有关公众进行传播的一种组织信息传播活动。信息传播包括以下三方面的含义：

（1）信息传递。一方将信息通过对方可以理解的符号传送给对方。

（2）双向交流。收到信息的另一方面引起反应，并反馈回来，相互影响，构成信息上的双向交流关系。

（3）信息共享。双方通过信息的传递、交流，明白信息的内容和双方所要表达的意思，取得一定的共识。

（二）信息传播的要素

（1）信息发生源。信息发生源是信息交流的基础，即传播者。在传播过程中，传播者处于积极、主动的地位。它确定传播的内容，选择传播的形式、方法。因此，信息发生源是信息传播中最关键的因素。

（2）信息接收源。信息接收源是信息接收者，实际上就是公众，是信息到达的地方，即接受并利用信息的一方，又称受传者或受众。受众是传播的目标和归宿，在传播活动中虽然处于被动地位，但在对信息的接受上则有决定权。

（3）信息内容。信息是可以被感知、采集、储存和传递的，它是信息传播的原材料，是传播得以存在的基础。信息内容包括信息的实质内容及其表现形式。选择与加工出质高量足的信息内容，也是确保信息传播有效性的关键之一。

（4）信息通道。信息传播通道，是指信息从发生源传输到接收源的过程中所经过的途径，也称媒介。媒介是信息传送的载体或渠道，用于记录、保存、传递、反馈信息，如语言媒介、文字媒介、实物媒介等。

（5）信息反馈。在信息传播系统中，信息的发出者将信息传输给接收者，接收者将接收、应用的效果和有关问题作为信息反向传输的内容传输给信息发出者，以便信息发出者了解传播效果以及为下一次的传播活动决策提供依据，这种信息的逆向传输过程就是信息反馈。

（三）传播的模式

1. 拉斯韦尔模式

美国传播学家拉斯韦尔将传播的过程归纳为五个方面，即：who（谁是传播者）、what（什么传播内容）、which channel（通过何种渠道）、whom（对谁传播）、with what effects（达到什么目的传播效果）。因为这五个方面的英文字头都带有 W，所以又称 5W 模式。

5W 模式是单向的信息传播，也被称为线性传播模式。

2. 香农—韦弗模式

该模式是美国贝尔电话实验室工程师香农和韦弗在研究如何获得传播的最好效果时从信息论角度提出的传播模式，如图 5-1 所示。

香农—韦弗模式的特点是包含了"制成符号"和"还原符号"，特别是提到了"噪声"，表明信息在传播过程中会受到干扰，从而可能引起信息的失真。

这种传播模式仍属于一种单向直线传播模式。后来的研究者们认为，只考虑到噪声还不够，传播中的信息反馈过程更能反映出其实质。因此，后来的研究者在研究传播模式时，都在尽可能的范围中充分体现接收者的反馈作用。

图 5-1　香农—韦弗模式

3. 施拉姆模式

施拉姆是美国的大众传播学权威，他提出的传播模式（控制论传播模式）如图 5-2 所示。

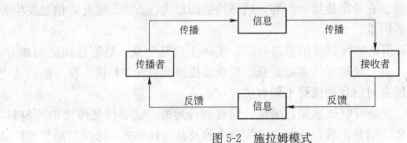

图 5-2　施拉姆模式

施拉姆模式是一种双向的循环式运行过程，它与传统线性传播模式的根本区别在于它引进了反馈机制。

以上三种模式，分别代表了不同时期人们对传播过程的不同理解，体现了人们对传播的认识的不断深化。

4. 克拉帕模式

指美国学者约瑟夫·克拉帕针对受传者进行专门研究后提出的传播模式。它主要强调认知主体的内部心理过程，并把公众看做信息加工主体。

一般认为，信息传播者往往把一些符合自己意图的信息编成特定的符号，然后通过一定的渠道达到目的地。这个目的地就是传播者企图与之共享信息的接收对象，即受众。但是，时常发生的结果是信息在受众那里遭到冷遇。人们可以在阅读报纸、杂志时跳过某些版面的内容，可以随意转动旋钮调换广播波段，也可以随意按动遥控器调换电视频道。经过长期的观察和研究，传播学者发现受传者在接触媒介和接收信息时有很大的选择性，这就是受众心理上的自我选择过程。

克拉帕将这一过程的三种现象概括为：选择性注意（selective attention）、选择性理解（selective perception）、选择性记忆（selective retention），简称"3S"理论。选择性注意、选择性理解、选择性记忆是受众的心理过程的三个环节。这三个环节可以看成是受众心理的三层"防卫圈"。信息如果不合乎受众的个人需求，则会被挡在"防卫圈"之外。

（四）传播的类型

信息传播类型不同，其特点、适用范围、实施过程和具体要求也不尽相同。因此，在信息传播中，明确地区分信息传播的类型，有利于正确地选用信息传播方法，以使组织取得良好的公关效果。

(1) 按照信息传播范围划分，信息传播可分为组织内部传播与组织外部传播。
(2) 按照信息传播目标对象划分，信息传播可分为单向传播与多向传播。
(3) 按照信息传播级次划分，信息传播可分为直接传播与间接传播。
(4) 按照信息的传播媒介特征划分，信息传播可分为人员传播与非人员传播。
(5) 按照信息传播渠道特征划分，信息传播可分为正式渠道传播与非正式渠道传播。
(6) 按照信息传播的数量与集中程度划分，信息传播可分为集中性传播与连续性传播。
(7) 按照传播的方式划分，信息传播分为自身传播、人际传播、组织传播和大众传播。
(8) 按照公共关系理论研究和实务活动划分，信息传播可分为新闻宣传型传播、公共信息型传播、双向对称型传播和双向非对称型传播。

双向对称型传播是指信息传播是双向的，公关人员既向公众传递信息，也了解公众的意见；双向非对称型即传播者并不打算根据公众的信息反馈改变自己，而是希望通过组织传播信息来影响或改变公众的态度和行为。

二、传播媒介

公关工作是一种针对各类公众的全方位的沟通、说服工作，因此需要利用一切媒介来达到传播目的。公共关系传播媒介是指公共关系信息从发送者传递到接收者的过程中所运用的一切信息传输手段。公共关系传播媒介大致有五种类型，即：人际传播、组织传播、大众传播、邮电传播、信息网络传播。

（一）人际传播媒介

人际信息传播是指社会中人与人之间通过相互的交往所进行的信息传播。人们之间可以进行有关消息、经验、思想、感情、态度等内容的传播。

人际传播媒介的特点是：它是个体对个体的传播，即在两个人之间进行的传播。如父子、夫妻、同事、朋友之间等；它的传播范围狭窄，传播符号多样。除了语言、文字、图像、音响之外，还有眼神、表情、动作、姿态、服饰等；它的反馈机制明显。人际信息传播具有一一对应关系，传播者可以及时获得反馈信息，及时调整自己的传播内容、方式和符号。

运用人际传播媒介传播信息，应注意掌握人际交往的知识，善于处理各种人际关系，正确运用人际交往的方法和技巧，运用人际关系网络，形成多级多层次的公共关系传播系统。

（二）组织传播媒介

组织传播媒介是指通过一定的组织形式而进行的组织内各成员之间、组织与组织之间、成员与组织之间的信息传播。

组织信息传播的特点是：信息传播具有明确的目的性，即通过信息传播来疏通企业内外的沟通渠道，加强企业的内外关系，进而提高组织效率；信息传播具有明显的针对性；信息传播具有特定的反馈机制；另外，组织信息传播具有一定的规范和监督模式。

运用组织传播媒介，要注意企业组织管理的有关情况，如组织类型、目标、规范、制度等。要组织成员的积极参与，还要合理选用信息传播方式，包括口头传播、书面传播方式以及其他的传播方式。

（三）大众传播媒介

大众传播媒介是指通过专门社会机构复制大量信息，使之按一定目标传递给广大公众，从而达到众多的社会成员共享信息的目的。大众信息传播的媒介主要包括报纸、刊物、书籍、广播、电视、电影、电讯等。

大众传播媒介的特点是：信息传播者高度专业化；信息传播对象高度大众化；传播的信息内容大众化；信息传播活动高效化；信息传播缺乏反馈机制；信息传播过程受到社会的监督与控制。

企业必须根据公共关系传播的需要来选择大众传播媒介。公共关系传播的目标、对象、内容、空间范围、时间要求等不同，选用的媒介应有所不同。要考虑公共关系传播的经济性，要全面了解各种大众传播媒介的基本特点和适用范围，搞好与大众传播媒介的关系。

（四）信息网络传播媒介

信息网络传播媒介是指借助社会上已建立的信息网络将信息传播给广大公众的公共关系传播媒介。现在，公共关系传播已经进入网络传播时代。

信息网络传播的特点是通过高速信息传输通道相互连接起来进行信息传递和交流，信息传播超时空、高速度；扩散性、共享性。

运用信息网络传播公共关系信息，企业可以通过上网加入有关信息网站传播公共关系信息，也可以通过建立开通企业网站传播公共关系信息，宣传自我。

具体选择什么媒介渠道进行传播，往往要根据企业公共关系活动的目标、信息的内容，针对公众的特点和考虑经济性原则进行选择。

三、公共关系传播的原则和要求

（一）公共关系传播的原则

(1) 目的明确。公关传播的目标是树立组织的良好形象，形成有利的舆论环境，获得各界的支持。因此，公关传播是要人们改变或建立某种意见或态度，是通过传播事实和观点，影响人们思想认识的过程。目的明确的传播要求目标公众也要明确，每组织一次传播活动，接收者的情况如何、兴趣在哪儿，公关人员必须准确把握，有针对性地组织活动，避免盲目性和随意性。

(2) 双向沟通。信息传播是双向的、互动的，有信息的发出，也有信息的反馈。这体现了公关传播过程是双向沟通的。在工作中，创造双方的共识区域，找到共同的语言，产生心理的共鸣，开展公关工作也就顺利了，双向互动就有了基础。

(3) 心理平衡。心理平衡理论是关于受众态度的理论。该理论认为：当人处于不平衡状态时，会感到心情紧张。当人处于平衡状态时，会感到舒适、轻松。平衡理论要求创造一种平等的沟通前提，在沟通中诉诸情感，通过情感和思想交流，达到态度的一致和关系的平衡。

(4) 有效沟通。通过沟通活动要取得预期的效果，即通过沟通得到公众理解、喜爱、支持。公众是复杂的群体，所以对于沟通活动，从设计时起就要充分考虑对于受众可能产生的效果，要尽量争取使公众中的多数对自己发生从无知到知晓、从漠然到喜爱、从偏见到认同、从敌对到合作的转变。

（5）准确及时。沟通的目的是使信息的传播者传递的信息被接收者明确理解并接受，此时的信息才是准确的、有价值的信息。但是在实际公共关系传播中，常常因接收者不能理解传播者所用的语言、不习惯传播者所用的传播方式，或者不理解传播者发送的非常专业的信息等造成信息传播受损，或接收者理解失真。这就要求信息传播者信息准确、及时、无误。

（6）七个"C"原则。包括：可信赖性（credibility）、一致性（context）、内容相关（content）、明确性（clarity）、持续性与连贯性（continuance and consistency）、渠道适宜（channels）、被沟通者的接受能力（capability of audience）。沟通必须考虑被沟通者的种种因素，保证信息沟通具有实际意义。

（二）公共关系传播的要求

1. 保证传播信息的基本质量

信息的质量可由真实性、准确性、全面性、系统性四个指标来衡量。

（1）真实性。所传播的信息必须是真实的、客观公正、实事求是的。

（2）准确性。所传播的信息的加工和处理应是准确的。

（3）全面性。所传播的信息必须能全面反映事实的基本状况，喜忧兼报。

（4）系统性。从整体上来看，传播的信息不是零散、支离破碎的。

2. 准确选择信息的目标公众

目标公众是指企业公共关系传播的主要对象，是信息的主要接收者。目标公众不是一成不变的，它会随着企业公共关系传播的内容、方式、时间、空间等的不同而不同。公共关系传播的目标公众可以选择普遍性目标公众策略、选择性目标公众策略、集中性目标公众策略，提高传播效率和传播水平。

3. 抓住公共关系传播的有利时机

公共关系传播要选择恰当的时机。同一公共关系信息的传播，在不同的时期就应有不同的传播内容、传播方式和传播范围。企业应根据自身的发展，判断企业经营是处于初创时期、稳步发展时期、重大创新时期、风险时期还是低谷时期，进而确定公共关系传播活动的不同侧重点。准确把握公关时机能够增强公共关系传播的针对性，提高传播的效果，并能调整、维持和改善社会组织的公共关系状态。

4. 选择良好的公共关系传播通道

在现代社会中，公共关系传播的通道多种多样，选用得好，可以提高公共关系传播的效率，事半功倍。选用不当，则可能事倍功半，甚至一事无成。因此，选好公共关系传播的基本通道也是取得良好公共关系传播效果的重要要求。

5. 注意传播效果的分析

各类传播对目标受众都会产生一定的影响和效果。针对公共关系的目标和公关传播的目标评估，传播效果对于受者的影响可以达到四种程度。

（1）信息层次。即将信息传播给目标受众，使之完整、清晰地接收到，并且较少歧义、含混、缺漏。

（2）情感层次。传播者传出的信息从知晓进而产生情感，使目标受众在感情上与传播内容接近、认同。

(3) 态度层次。心理学认为，态度是比较稳定的心理特征，一经形成就难以改变。传播如果能达到这一层次，对目标公众的影响就非常深入了。

(4) 行为层次。这是传播效果的最高层次。它是指目标公众在感性、理性认识之后，行为发生改变，做出与传播者要求目标一致的行为。

6. 把握影响传播效果的因素

在传播过程中，有很多因素同时作用于信息接收者，并对其产生强度不同的影响。了解主要的影响因素，并有针对性地加以引导和应用，会使传播效果得到改善、提高。因此，要注重影响传播效果的因素。包括：传播媒介、信息的内容与表现方式、信息的重复、目标公众接收信息的条件等。

第三节　企业公共关系协调

社会组织的公共关系涉及的范围非常广泛，但归纳起来可以分为两大类，一类是企业内部公共关系，一类是企业外部公共关系。努力协调好企业的内外部公共关系，为企业创造和谐的公共关系环境，是实现企业目标与可持续发展的必要条件。

一、公共关系协调的意义

(一) 公共关系协调的含义

公共关系协调是指建立和保持企业与各类公众的双向沟通，向公众传播企业信息，争取理解和支持，强化与公众关系的职能。公共关系协调有以下两种含义：

(1) 企业与其公众之间的关系处于协调的状态。形容企业与相关公众之间配合得适当，关系和谐。

(2) 企业为争取公众的支持与合作而进行的一系列努力和开展的各种协调公共关系的工作。表明企业为建立和谐的公共关系环境所付诸的实际行动。

(二) 公共关系协调的意义

公共关系为争取公众支持、理解与合作所开展的协调工作，其主要目的也可概括为追求企业与公众关系的和谐，因此公共关系协调的意义可从以下两个方面来认识：

(1) 和谐宽松的公共关系环境是企业生存与可持续发展的必要条件。同其他社会组织一样，企业是人们有意识建立并追求其特定目标的社会单元。离开企业目标，企业就失去了自身存在的意义。然而，目标是相对过程而言的，企业完成目标的过程就是企业的运行，企业只能通过运行才能实现其特定的目标。而企业的运行，又是在一定的现实环境之中进行的，必然要涉及相关的各方面公众并发生各类公共关系。比如：企业在运行中，要与员工、供应厂商、顾客、社区、政府部门、新闻媒介等内外部公众发生关系。这种公共关系的环境和谐与否至关重要。它作为一种无形的社会客观存在，不仅成为企业运行的制约力量，而且为企业的生存和发展提供契机。

(2) 公共关系的协调是建立和谐的公共关系环境的根本保证。公共关系协调一方面是一种和谐、协调的公共关系状态，成为实现企业的目标和可持续发展的必要条件；另一方面又是企业为此对相关公众开展的各种公共关系协调的工作。没有搞好公共关系协调的各种切实努力，和谐的公共关系环境就不可能建立和形成。

二、内部公共关系的协调

组织的内部公共关系如何,直接关系到组织的生机和活力,并进而影响企业的合作行为,企业要协调的内部公共关系比较复杂,存在多层关系,包括企业各组织间、组织的公共关系部门与内部其他部门、与员工、与非正式组织、与股东的关系等。

(一)员工关系的协调

员工是企业的细胞,企业生产经营行为多是员工操作完成的。员工的一言一行构成企业形象的基础,良好的员工关系是企业成功的动力和源泉,也是构建企业良好的外部公共关系的条件和基础。

1. 员工关系协调的焦点

企业与员工关系的焦点是利益,利益关系是社会组织内部最基本的关系。离开了利益,员工就失去了根本的动力机制。不同的员工有不同的利益需求,同一个员工在不同的时期也会有不同的利益需求,但总的来说,员工对组织的利益需求主要有工资报酬、奖金福利、工作环境、参与管理、培训晋升等。毫无疑问,员工的这些利益需求都是正常的、合理的。

2. 员工关系协调的内容

(1) 了解员工需要。这是搞好员工关系的基础,只有在准确了解员工的状况、想法、需要和存在的问题,了解员工的身体状况和思想状况的基础上,才能做出具体计划和部署。

(2) 重视员工的物质利益需求,尽可能满足员工的物质利益需求。要及时向领导反映员工对物质利益分配的意见和要求,合理地解决工资调级和利益分配问题。

(3) 尊重员工的精神需求,激发员工的工作潜力和工作积极性。精神需求主要包括赞扬、尊重、教育、参与民主管理等内容。通过在工作中的创造性活动获得尊重,得到心理上的平衡和满足。

(4) 树立"以人为本"的观念,尊重员工的个人价值。把个人价值和团体价值结合起来,相信和依靠员工,放手让他们工作,及时肯定和赞赏他们的成绩和贡献,尊重其人格和自主权。

(5) 让员工分享足够的企业信息,参与一定的企业管理决策,培养员工的主人翁意识。满足员工的知情权,使员工感到自己是组织的一员,得到应有的重视。

(6) 建立健全合理化建议制度,培养员工的进取心和自豪感。员工最熟悉自己工作领域的情况,对自己所涉及工作最有发言权,员工中蕴涵着无穷的创造性,建立健全合理化建议制度,广泛征求搜集员工改进工作方式、工作程序、操作技术的意见,对企业发展具有重要意义。

(7) 协调好正式组织与非正式组织的关系。每个企业都有着按一定编制而形成的正式组织系统,如科室、班组等。同时,每个企业内又有一种自然的、以感情为纽带而形成的非正式组织。非正式组织有不成文的奖惩方式,有比较灵敏的信息传递渠道,其成员往往更重视非正式组织的行为规则。因此,应发挥非正式组织的积极作用,避免非正式组织的消极影响,学会与非正式组织的"意见领袖"交朋友,引导非正式组织活动向健康方向发展。

3. 与员工关系沟通的方式

(1) 网上直播、网上聊天。公司的高层管理人员通过互联网,向员工介绍公司最新的业务发展以及某个专门问题的情况,和员工进行互动的沟通,回答员工现场提出的各种问题。也可以根据需要,进行一对一的面谈。

(2) 员工简报。员工简报是一种员工内部沟通的重要方式。把公司及工厂里发生的最新重要事情、消息,通过简报的形式告知员工。在简报上开办生产情况、员工问答等栏目,加强双方沟通和谅解。

(3) 定期的沟通会议。各业务与职能部门定期召开会议,经理人定期和所有的下属进行及时沟通,听取员工的建议与想法,传达公司的政策与各项业务决策。

(二) 股东关系的协调

股东关系,是指企业与其投资者之间结成的公共关系。其实质是企业经营者与所有者之间的关系。股东是企业的财力支持者,与企业的利益密切相关。随着我国市场经济的发展,很多企业开始具备股东关系,它是企业内部公共关系的新课题。

构建良好股东关系的基本要求是:尊重股东、对股东负责、为股东谋利益。在此基础上,要了解股东情况、意见和需求,及时向股东报告组织信息,重视与股东中介机构(如金融组织、证券公司、投资分析家和经纪人等)的沟通,策划以股东为主题的公关活动,把企业与股东的关系建设好。

三、外部公共关系的协调

外部公众是企业生存和发展的重要外部条件,也是企业主要的关系。包括与消费者关系、供货商与销售商的关系、新闻媒介关系、社区关系、政府关系的协调。

(一) 消费者关系的协调

消费者关系是企业外部关系的轴心。企业的生存与否主要看企业产品的消费者。树立"消费者至上"的经营理念,全心全意为消费者服务,把消费者的需要和利益放在首位应该成为全体员工身体力行的自觉行动。协调消费者的关系,离不开搞好组织与消费者的双向信息沟通。要通过各种方式的调查研究,了解消费者的需求和认真听取消费者的意见;要通过各种媒介和渠道,积极做好对消费者的指导和引导以及咨询服务,不断提高组织的认知度、美誉度、和谐度。

1. 消费者关系协调的基础

维护消费者正当合法的权益,为消费者提供满意的产品和服务,是与消费者建立良好关系的基础。

(1) 维护消费者正当合法的权益。消费者有权决定是否购买商品;有权挑选产品的品种、式样;有权了解商品建造、使用、保修方面的信息和知识;有权对商品的质量、款式、性能、价格等方面提出意见;当使用不合格的商品蒙受损失时,有权得到补偿。

(2) 为消费者提供满意的产品和服务。良好的消费者关系建立在消费者对组织所提供的产品和服务需要的基础上,企业要为消费者提供质量优良、价格合理、计量准确的建筑产品,保证工程质量,杜绝假冒伪劣;杜绝"冷"、"硬"、"顶"的恶劣服务态度,推行各种形式的"承诺"制度、"绿色通道"服务措施等,执行售前、售中、售后服务制度,认真处理投诉,为消费者提供热情的服务态度和周到的服务项目。

2. 与消费者沟通的方式

(1) 口头沟通，包括通过电话向消费者联系。这是最常见、最普通的沟通方式。

(2) 利用私人信件。企业经理人、公共关系人员定期或不定期与消费者通信，可以使消费者感到受到企业的重视和诚意。

(3) 利用传播媒介。利用报刊、电台、电视、网络等传播媒介向消费者宣传介绍企业情况，沟通信息。另外，也可利用公告栏上的公告等形式，向消费者介绍企业及其产品。

(4) 出版消费者刊物。通过编辑出版有关产品刊物，使消费者可以及时、详细地了解企业及其建设信息。还可以组织消费者参观商品房、使消费者有最直接的感受和了解。

3. 与消费者协调的方式

在社会中，消费者与企业发生误解、冲突、纠纷是常见的事情。为此，企业的公共关系人员需要经常处理企业与消费者的纠纷。以协调企业与消费者之间的关系。

在与消费者协调时，应注意耐心倾听，态度诚恳，不要急于为自己企业或产品解释或辩解；对投诉合理的，应当即表明处理态度，立刻与有关部门联系；当发现顾客的投诉有普遍意义，应该主动统一处理；应设专人负责处理投诉，及时解决，及时反馈。

(二) 供货商关系的协调

建筑企业与供货商的关系十分重要。建设工程使用大量物质，包括各种设备、能源、原材料、劳动服务等。需要企业与供货商的配合与协调，离不开与供货商的合作。

(1) 遵循互惠互利原则。在企业与供货商之间发生利益冲突时，应力求在目标一致的前提下，以大局为重，通过协商，以互谅互让的精神，求得互惠互利。

(2) 遵循平等协商原则。企业与供货商之间虽然各自归属、职能、经营目标等不相同，但它们都是相对独立的经济实体，以平等的身份相互协商，了解彼此的需要和意见的异同，有利于达成一致的协议。

(3) 遵循真诚相待原则。企业与供货商之间是互相依赖、互相需要的。所以双方在解决利益矛盾时都应该真诚相待，树立整体观念，不存心欺骗对方和社会公众舆论，真心实意地解决存在的问题和矛盾。

在处理供货商关系上，企业应做到"四个主动"：①主动向供货商反映需求信息；②主动为供货商提供帮助，解决困难。积极协助供应商解决生产上的技术问题，增强供应商的生存和发展能力；③主动为供货商开拓市场；④主动增进与供货商的感情联系，推动企业之间关系的和谐、协调与双赢。

(三) 新闻媒介关系的协调

新闻媒介被称为"无冕之王"，是一种特殊的公众，具有双重性。一方面，新闻媒介是企业与公众实现广泛、有效沟通的必经渠道，具有工具性；另一方面，新闻媒介又是企业必须特别重视的公众，具有对象性。新闻媒介不仅是企业输出信息与输入信息的主要通道，而且是企业获得社会舆论支持的重要中介。

在与新闻媒介关系的协调中，企业应努力做好以下几方面工作。

(1) 熟悉新闻媒介。要了解新闻界人士的职业特点，遵守他们的职业准则，尊重他们的职业道德；熟悉各种新闻媒介的报道特色、编辑方针、编辑风格、版面安排、发行时间和渠道以及各自拥有的读者、听众、观众的情况等。

(2) 与新闻媒介保持经常联系。加强与新闻媒介的日常交往，广交朋友，举办各种形式的联谊活动,增加企业与新闻界人士的个人友谊;通过让记者了解企业的各方面情况,为企业提供新闻宣传的机会。

(3) 支持新闻界人士的工作。向新闻界提供的信息应实事求是,不隐瞒事实真相,不欺骗社会公众,尤其是遇到有对企业不利的报道,更应积极与新闻界配合,力争挽回影响,重塑企业形象。而不是采取仇视、对立的态度。

(4) 主动向新闻媒介提供组织信息。主动向新闻界提供有新闻价值的素材,如有关新产品、产品价格的大幅度调整等具有一定新闻价值的信息。企业应以健康正当的手段,善于通过"制造新闻"去争取引起新闻界的注意,有意识地采取既对自己有利,又使社会和公众受惠的行动,去引起社会公众和新闻界的关注。

(四)社区关系的协调

社区关系是指企业与所在地机关、社会团体、经营机构、居民之间的睦邻关系。虽然这些单位不和企业发生经济业务关系,却是企业外部环境的重要组成部分,对企业的生产经营产生巨大影响。他们为企业提供了不可缺少的后勤服务,为企业创造了生活工作环境,为企业提供了潜在的劳动力资源和产品的潜在市场。

企业与社区有着千丝万缕的联系,企业要维护社区环境和利益,加强与社区居民的联系,建立良好的社区关系,求得社区公众的理解、支持与合作。要支持社区公益活动,为社区提供服务,增加沟通、消除误解、避免矛盾。要积极履行应尽的义务,作社区"合格公民",做到安全生产,守法经营,照章纳税,保护环境。

(五)政府关系的协调

政府是国家权力的执行机关,是国家对社会进行统一管理的权力机构。建筑企业除了与主管部门打交道外,还要与公安、工商、税务、物价等管理部门联系和处理问题。任何一个企业作为社会的一分子,都不能超越政府的管理,政府关系是各企业以及组织都避不开的一种关系。企业要处理好与政府的关系,必须做到以下几点:

1. 恪守政府关系原则

(1) 遵纪守法原则。企业要树立遵纪守法的良好形象。政府通过各种法律、法令、条例、政策等来管理社会生活,规范个人和组织的各种行为,企业必须严格遵守。只有这样,才有可能赢得政府的信任和支持。

(2) 公众利益至上原则。在理论上来说,企业的利益和公众利益是一致的。但在许多具体问题上,两者之间常常会出现利益上的矛盾。当企业利益与公众利益相冲突时,企业应以公众利益为重。如果企业事事处处都只考虑自身的利益,不顾公众利益,就必然会失去政府公众的信任和支持。

(3) 多做贡献原则。企业必须在提高经济效益上,力争为国家为社会多做贡献。企业的盈利是国家财政收入的主要来源之一,国家利用这些资金来扩大再生产,进行国家和区域经济建设,提高社会福利水平,改善人民生活,为社会提供积累,从中企业才能获得自己的地位,实现自己的价值。

2. 重视同政府的沟通

(1) 熟悉和掌握国家和政府的法律、法令、条例和政策。企业要做到遵纪守法,前提是必须了解熟悉与建筑工程有关的法律、法令、条例和政策,分析研究遵守政府所颁布的各种工商、税务、安全等政策和法令,并随时注意其变动情况,遵法首先要知法。

(2) 熟悉政府组织结构及职能。企业要充分了解和熟悉政府机构的设置、职能、结构、工作范围和工作程序，赢得政府相关部门的支持，提高自身办事效率。

(3) 主动与政府保持联系。企业要取得政府对自己的了解和支持，就需要与政府有关部门保持密切的联系，主动、及时地向政府部门传递各种信息；在政府组织的社会公益事业活动中积极参与；认真接受政府有关部门的财税检查、安全检查，积极支持政府工作。

除此之外，企业还应设法拓宽与政府的沟通渠道，同社会知名人士、社会团体领袖、专家、学者保持密切联系，使他们了解并理解企业，并通过他们的影响来争取政府相关部门的支持。

第四节 公共关系危机管理

一、公共关系危机的基本概念

(一) 危机与公共关系危机

(1) 危机。事物由量变的积累，导致事物内在矛盾的激化，事物即将发生质变和质变已经发生但未稳定的状态。这种质变给企业或个人带来了严重的损害。

(2) 公共关系危机。由于主观或客观的原因，企业与公众的关系处于极度紧张的状态，企业面临十分困难的处境。

(3) 公共关系危机管理。企业公共关系人员在危机意识或危机观念的指导下，依据管理计划，对可能发生或已经发生的公共关系危机事件进行预测、监督、控制、协调处理的全过程。

(4) 公共关系危机处理。公共关系从业人员在公共关系理论和原则的指导下，运用公共关系的策略、措施与技巧，来改变因突发事件而造成的公共关系主体所面临的危机局面的过程。

(二) 公共关系危机的特点

(1) 必然性与偶然性。必然性是指公共关系作为开放复杂系统的结果，公共关系危机是不可避免的，只要有公共关系就会有公共关系危机。偶然性则决定于系统的动态特征，是指公共关系危机的爆发往往是由偶然因素促成的。由于公共关系大系统是开放的，每时每刻都处于与外界的物质、能量、信息的变换和流动之中，其任何一个薄弱环节都可能因某个偶然原因而导致失衡、崩溃，形成危机。

(2) 突发性与渐进性。公共关系危机的爆发是一个从量变到质变的过程，酿成危机的因素是一个累积渐进的过程，通过一定潜伏期的隐藏和埋伏后，如果未能得到有效控制，它就会继续膨胀，就会形成企业公共关系危机的总爆发，并迅速蔓延，产生连锁反应，使公众与企业关系突然恶化。大量的顺意公众变成逆意公众。一个企业突然爆发危机不会是没有任何潜在因素的过程，无论问题是出自主观还是出自客观，危机的爆发多是企业平时疏于警觉的后果。

(3) 破坏性与建设性。危机一旦出现，不论对企业、还是对社会都会起破坏作用。从企业的角度看，它破坏企业的形象，影响企业的经营，给企业带来严重的形象危机和巨大的经济损失。根据系统学的观点，危机既有破坏性特征，又有建设性特征。认识危机的破坏性，才不会掉以轻心、麻痹大意；认识到危机的建设性，才会采取主动姿态。沉着冷静、满怀信心地面对危机，为企业的解决问题创造机会。

(4) 急迫性与关注性。组织公共关系危机总是在短时间内猛然爆发，具有很强的急迫性。一旦爆发会造成巨大影响，常常会成为社会和舆论关注的焦点和讨论的话题，成为新闻界报道的内容，成为企业竞争对手发现破绽的线索，成为主管部门检查批评的对象。总之，组织公共关系危机一旦出现，它就会像一颗突然爆炸的"炸弹"，在社会中迅速扩散开来，对社会造成严重的冲击，它就会像一根牵动社会的"神经"，迅速引起社会各界的不同反应，若控制不利，必然产生严重后果。

(三) 公共关系危机的原因

1. 企业内部环境原因

(1) 企业员工自身素质低。企业员工自身素质指一个组织内部所有普通工作人员的素质和领导者的素质，这两类素质低下都有引发危机的可能。特别是如果领导者自身素质低下的话，导致企业危机的可能性就更大。而且在企业公关危机出现之后也难于主动有效地处理危机。

(2) 企业缺乏危机意识。有很多企业在得到一定成绩稳步发展时往往沾沾自喜，对危机丧失了警惕。而往往就是在企业取得成绩的同时，一些问题也在积累，发生着量变。

(3) 经营决策失误。在现代社会中，企业经营决策都应自觉考虑到社会公众、社会环境的利益和要求，不能有损于公众、有损于环境；否则，即属于经营决策失误。

(4) 法制观念淡薄。现代社会是法制社会，企业是否具有法律意识，是否知法、守法，是否将企业的经营活动置于法的监督、保护之下，这对于正确开展经营活动、规范企业管理行为，树立良好的企业形象有十分重要的意义。然而，事实上，有的企业法律观念淡薄，置国家法律于脑后，霸气十足，随意践踏公众权利，必然酿成企业危机。

(5) 公共关系行为失策。由于公共关系中的不慎重行为，导致对企业的不良影响。由于策划不当，造成混乱，导致企业陷入危机。由于公共关系活动缺乏必要的准备，造成成功率低。

(6) 面对公众的摩擦纠纷，反应不当，酿成危机。企业在与外部公众的交往过程中，在与消费者的交易过程中，由于各自利益的不同有可能引起摩擦和纠纷。企业如果反应得当，就能使摩擦和纠纷消于无形；反之，就会引发危机。

(7) 忽视公关调研，损害企业声誉。调研是公共关系运作程序中最重要的一步。企业通过调研可以明确自己所处的环境，验证对公共关系状况和公共关系状态的假设，可以有效地减少公共关系策划和计划中的不确定因素，也为企业的长远发展提供了有价值的分析资料。但事实上许多企业以种种借口不做调研，凭空决策，自然会给企业带来不必要的麻烦。

2. 企业外部环境原因

(1) 自然环境突变。包括自然灾害和建设性破坏两个方面。自然灾害是不以人的意志为转移的，它往往给人带来意想不到的打击。这些灾害具有很大的突然性、无法回避性、重大损失的特点。建设性破坏灾害是一种人为的灾害，它是指人们出于短视、疏忽、决策失当等原因，没按客观规律办事所酿成的破坏。

(2) 企业恶性竞争。恶性竞争作为企业公共关系危机的一个外部因素，是指本企业受到外部其他企业的不正当竞争，使本企业面临严重的经营危机和信用危机，从而发展为企业公共关系危机。在现实生活中，一些不正当竞争者或者采取散布谣言、恣意损害竞争对手的形象，或盗用竞争对手的名义生产假冒伪劣产品，或进行比较性广告宣传有意贬低竞争对手的能力，或采取恶劣行径严重扰乱竞争对手的经营秩序等，这些恶性竞争行为，都可能导致企业严重的公共关系危机。

（3）政策体制不利。国家的经济管理体制和经济政策是企业难以控制的外部因素，它对企业的经营和发展产生着重大影响和制约作用。一般来讲，如果企业遇到在环境、政策方面对企业发展不利的状况，那么企业就可能在经营活动中遭遇风险，陷入困境，出现公共关系危机。

（4）科技进步影响。人类社会的科技进步，既能给组织带来创新发展的机遇，也会导致组织原有技术落后与贬值而出现危机。因此，科技进步所导致的组织公共关系危机往往具有突发性的特点。因科技进步导致的组织公共关系危机的原因可以包括两类：因技术本身的危险性所致和因技术进步带来技术标准变化所致。

（5）社会公众误解。公众对企业的了解并不是全面的，有的公众会因获得信息的缺乏或专听一面之词对企业形成误解。尤其是当企业在产品质量、生产工艺、营销方式、竞争策略等方面有了新的进步、新的发展、新的探索，但公众一时还不能适应，判断不准，导致一些危机事件。

（6）公众自我保护。随着现代科技的发展和保护消费者法律的不断完善，消费者正在觉醒，并且学会用法律的手段保护自己，一些原来认为合理的、正常的东西，现在在消费者的思想中已经变成不合理的，他们对企业的这种情绪，使得企业面临新的危机。

（7）全新传媒出现。因特网将全世界许多国家和地区的用户联系到一起，形成一个全球范围的网络，它可以进行文字数据图像的多媒体的沟通，任何一个不满的顾客都可能成为高破坏力事件。

除了上述列举的危机发生的原因之外，劳资争议以及罢工、股东丧失信心、具有敌意的兼并、股票市场上大股东的购买、谣言、大众传媒泄露组织秘密、恐怖破坏活动等都可以给企业带来冲击，甚至是破坏性的冲击。

（四）公共关系危机的种类

1. 按危机内容划分

（1）信誉危机。指企业由于在经营理念、组织形象、管理手段、服务态度、组织宗旨、传播方式等方面出现失误造成的社会公众对企业的不信任，甚至怨愤的情绪。信誉危机也称之为形象危机。

（2）效益危机。指企业在直接的经济收益方面面临的困境。例如，出现了同行业产品价格下调；原材料价格上涨；出现了行业的恶性竞争；或者是该产品市场疲软，产品过剩；或者是企业的投资出现了偏差等等。

（3）综合危机。指兼有信誉形象危机和经济效益危机在内的整体危机。这种危机的爆发往往是出现了影响重大的突发性事件，而且情况总是从信誉危机引起，由于处理不及时，或者是事态发展太快而造成了经济效益的全面下降，促成了互相联系的连锁损失。

2. 按危机形式划分

（1）点式危机。这种公关危机事件的出现是独立的，短暂的，和其他方面联系不大，产生的影响比较有限,它往往是产生在一定范围内的局部性危机,这也是一种程度较轻的危机状况。

(2) 线性危机。这是由某一项危机出现的影响而造成的事物沿着发展方向出现的一系列的危机连锁现象。这种状况往往造成的是一个危机流,如不赶紧阻挡事态发展的势头,就会造成灾难。

(3) 周期性危机。这是一种按规律出现的危机现象。也就是由于事物的性质和发展规律造成了某些公关工作在经过一段时期后,有节律地出现困难、危机状态。

(4) 综合性危机。这是指在企业一个社会组织中,突然出现了兼有以上几种危机汇成的爆炸性危机。它是一种迅速蔓延,向四面发展的危机状态,也是一种最严重的危机状况。

二、公共关系危机管理

(一) 公共关系危机预防

公共关系危机预防是指对公共关系危机的隐患进行监测、预控的危机管理活动。一般说来,危机事件的发生多半与企业自身的行为错失有关。或是因为违反法令,或是因为不了解民情,或是因为管理失当,或是因为产品、服务缺陷所致。当然,其中偶然也有因政府行政过失,媒介妄言轻信,或消费者贪婪鲁莽而起,但多数还是根在企业,责在自身。所以,预防是企业最重要的策略和手段。

(1) 培养全体员工的忧患意识和危机意识。在市场经济的今天,任何企业都没有永久占有的优势。任何在技术改进和管理变革的停滞都可能使企业被无情淘汰。每个企业是出资人的财产,同时,也是员工的饭碗。激烈的竞争促进生产力的快速发展,"不进则退"不再是一句警句,而是活生生的事实。只有企业全员树立危机感,企业才有可能生存和发展。

(2) 设置符合危机管理要求的组织保障。在管理和制度上,一是确保企业内信息通道通畅;二是确保企业内信息得到及时的反馈;三是确保企业内各个部门和人员责任清晰、权利明确,不会有推诿扯皮现象;四是确保企业内有危机反应机构和预案。

(3) 做好必要的资源准备。资源准备包括人力资源和财力资源两个部分,但其中最为关键的是人力资源准备。人具有主动性,可以灵活指挥处理企业危机。因此,在建立企业自身的精英队伍,包括技术精英、生产行家、法律顾问非常必要。事实上,物质资源是可以通过经济手段调动的。但是,人才资源的不足却是很难紧急补充的。

(二) 公共关系危机的处理

1. 对公共关系危机迅速作出反应

(1) 立即成立临时机构。公共关系危机爆发后,社会组织应立即成立由企业领导人、公关人员和部门负责人组成的危机处理临时机构,以为公共关系危机事件的有效处理提供强有力的组织保证。

(2) 迅速隔离危机险境。当出现严重的恶性事件和重大事故时,为了使企业及其相关公众的生命财产不受损失或少受损失,必须采取有效措施,迅速隔离危机险境,其中应特别做好被困人员和重要财产的隔离,对于伤员更要进行无条件的隔离救治。

(3) 严格控制危机势态。在严重的恶性事件爆发后的一段时间里,还可能进一步恶化和转化,迅速蔓延开来。因此,必须采取得力措施控制危机范围的扩大。如在企业的某些部门与逆意公众群体发生对抗性冲突时,也必须及时阻止和劝开,以免对抗升级。

(4) 及时搜集有关信息。在危机爆发和延续的过程中,公共关系人员还应即时实施全面观察。观察的内容主要包括危机事件发生的时间、地点、涉及人员、影响范围、发展情况、危害程度等。在危机事件得到控制后,还要迅速进行调查,从事件本身、亲历者、目击者和有关人士等广泛全面地搜集信息,详细做好记录,为危机事件的善后处理提供充分的信息基础。

2. 查清造成公共关系危机的原因

造成公共关系危机的原因很多,可以从社会组织内部和社会组织外部两方面来查找。

3. 对公关危机事件的处理

通过协商对话的形式,开展双方之间心平气和的平等交流和双向疏导,在互相倾听和思考对方意见的基础上,化解积怨,消除隔阂,统一认识,平衡关系,达到新的合作。可以采取适合的方法,做到公正处理。

(1) 思想工作法。通过意识形态的传播、教育和引导,使公众提高觉悟,认识问题,并主动配合协助处理公关危机事件,解决关系纠纷,走出公共关系逆境。

(2) 舆论引导法。通过社会舆论引导和理顺组织与相关公众的关系,达到公关危机的妥善处理。通过信息发布等形式,让正面的舆论起主导作用。

(3) 损失补偿法。社会组织出现异常情况,特别是出现重大事故时,公众有着较大损失,社会组织必须承担责任。通过给予公众一定的精神补偿和物质补偿,以弥补公众损失。损失补偿法适用于事故性公共关系危机。

(4) 权威意见法。某些特殊的公共关系危机事件处理中,企业与公众所持看法不一致,难以调和,此时可以依靠权威发表意见。权威可以是权威机构,如政府、专业机构等;也可以是权威人士,如专家学者等。许多情况下,权威意见法对公共关系危机的处理能起到有效的作用。

(5) 法律调制法。运用法律手段处理公关危机事件,主要包括两个环节:一是依据事实和有关法律条款来处理;二是遵循法律的程序来处理。法律调制法的作用是:维护处理公共关系危机事件的正常秩序,保护企业和相关公众的合法权益。特别适用于企业因被他人侵权受到损害而形成的公共关系危机的处理。

4. 重建社会组织的良好社会形象

公共关系危机事件得到妥善处理,并不等于危机处理的结束,还有一个企业良好社会形象的恢复和重建过程。

(1) 要树立重建良好社会形象的强烈意识。公共关系危机的出现,会使企业的形象受到不同程度的损害。为此,必须进行良好社会形象的恢复和重建。要树立强烈的形象重建意识,有重振旗鼓、再造辉煌的决心。只有当社会组织的良好形象恢复了,社会组织的公关危机状态才能谈得上转危为安,危机处理才能谈得上完结。

(2) 确立重建良好形象的目标。重建良好社会形象的基本目标是消除危机事件带来的形象后果,恢复或重新建立知名度和美誉度协调发展的良好声誉,再度赢得公众的理解、支持与合作。做到:危机事件受害者及其亲友得到安慰;利益损失者的利益得到补偿,达到心理平衡;观望怀疑者消除疑虑,成为企业的支持者;企业知名度和美誉度达到有机的统一；事件结束，企业赢得了更多的支持者。

(3) 采取重建良好社会形象的有效措施。对内，要安排诚实和坦率的交流活动，达到充分沟通，增强员工对企业的信任感；以积极主动的姿态动员员工参与新的发展规划，让员工形成危机已经过去，希望在前的感受。对外，要同本企业息息相关的公众保持联络与交往，及时告诉他们组织的新进展和新局面。要针对企业社会形象受损的内容和程度，重点开展有益于弥补形象缺陷的公共关系活动。全面沟通广大社会公众，设法提高企业的美誉度，争取拿出优质的产品和服务在社会中公开亮相，从本质改变公众由于事件对本企业的不良印象。

5. 总结经验教训

危机事件处理的实施，并不意味着危机处理的过程结束。对企业来讲，最为重要的一个危机处理环节便是总结经验教训。这是因为企业可以从这个环节中发现企业经营管理中存在的问题，并且有针对性地进行改进和提高。要分析研究，确定对策。企业危机处理人员提交危机事件的专题调查报告之后，应及时会同有关职能部门，进行分析、决策，针对不同公众确立相应的对策，制定消除危机事件影响的应急预案。

案 例 分 析

案例 1

某建筑公司在一个大学教学楼的施工过程中，在地下挖到两块石碑。建筑工人把石碑搬到一旁，又继续施工。项目经理老王一边布置人把石碑放置好，一边想一个问题：这块石碑怎么处理最好？

老王找来了这个学校人文学院的老师，帮助鉴定这两块石碑的文物价值。出乎大家的意料，这两块石碑竟然是距离现在 300 多年的文物，是清代皇族家门前树立的表达大户人家身份地位的牌坊。这下老王可忙了起来，他马上给新闻媒体打电话，给市文化局的文物管理部门打电话，也通知工长把工程现场打扫个一干二净。

当天晚上，老王的工地被电视台播放了，工人们爱护文物的举动得到了新闻媒体的夸赞。公司里也给老王来了电话，通知公司明天开会，要把这件事总结总结！老王的公共关系意识得到了公司的表扬，老王的工作怎样能做的更好是企业还在思索的问题。

案例 2

某建筑公司施工的一个楼房出现了质量问题，房顶的漏水十分严重，这事儿被电视台曝光了，公司的声誉受到极大影响。引发了不大不小的一场企业信誉危机。

公司对这事非常重视，马上成立一个小组来处理这个问题。小组成立以后，首先向公众发布了一个信息：本公司对于产品质量问题无条件负责，对于质量带来的损失本公司负责补偿，并保证业户对处理结果的满意。随后公司开展了调查，是什么原因造成房顶这么严重的漏水质量事故？分析的结果表明，是所使用的一种屋面材料质量问题。通过采取一系列的措施，质量问题得到了解决。

尽管事实已经表明，事故与施工过程质量没有关系，公司依然按照自己的承诺，向有关单位包赔了损失。并且向其他企业通报了屋面材料质量情况及解决过程中出现的问题，取得的经验和教训，媒体在追踪报道中，把这些情况都作了实事求是的报道。

通过这件事情的处理，公众了解了企业处事的规则和理念，结果没有对企业产生不信任，企业的美誉度实际上还得到提高。

也许，在这件事中，企业还有许多应该总结的。

复 习 思 考 题

1. 如何根据企业实际情况建立企业公共关系机构？
2. 试分析建筑企业面对的公众具有哪些特征？
3. 举例说明公众心理定势的表现？
4. 建筑企业传播的主要媒介有哪些？
5. 如何做好与政府的协调工作？
6. 公共关系危机的特点？
7. 如何做好公共关系危机的处理工作？

参考文献

[1] 孙云. 组织行为学. 上海：上海人民出版社，2001
[2] 黄维德等. 组织行为学. 北京：清华大学出版社，2005
[3] 徐颖. 组织行为与组织管理. 北京：中国统计出版社，2001
[4] 李宏，杜学忠. 组织行为学精华读本. 合肥：安徽人民出版社，2002
[5] 王玉莲. 组织行为学. 北京：机械工业出版社，2003

第六章 建筑企业领导艺术与执行力管理

第一节 管理者角色定位及有效性管理

在社会、工作和生活中,每个人都扮演着不同的角色,建筑企业经理人同样如此,在新的激烈竞争的环境下,建筑企业经理人只有明确自己在企业中的角色定位,学习和运用多种领导艺术和方法,通过有效性管理和团队建设等措施,才能在实际工作中提高执行力,带领下属为企业创造更大的价值。

一、管理者角色定位

管理者的工作内容和工作重点不同,并因此形成管理效果的差异。合理的角色定位是有效管理的必要条件之一。

(一) 管理者角色理论

1. 角色及管理者角色

角色是与人的社会地位和身份相一致的一整套权利、义务和行为模式。社会上每一种地位及身份的人,都具有社会所要求和规定的行为模式和作用。

管理者角色(Management Roles)概念是由美国管理学家彼得·F·德鲁克(Peter·F·Druck)在 1955 年提出的。他将管理者角色分为三类:管理一个组织,求得组织的生存和发展;管理管理者;管理工人和工作。20 世纪 60 年代末,加拿大管理学家亨利·明茨伯格(Henry Minzberg)以美国和加拿大两国典型企业为研究样本,对五位总经理的工作进行了仔细的研究,提出将经理人的工作角色分为三大类 10 种不同种类,但高度相关的角色。分别为:人际关系方面的角色(领导者、联络者)、信息方面的角色(信息接收者、信息传播者、发言人)和决策方面的角色(企业家、故障排除者、资源分配者和谈判者)。

2. 管理者角色特征

明茨伯格关于管理者角色的分析非常有利于职业经理人认清自己的价值。企业经理人通过自己的专业知识与管理经验获得社会地位。作为经济领域的一个重要阶层,社会对经理人的权利、义务和行为规范有着特殊的要求,因此企业职业经理人必须意识到角色赋予自己的各项要求和义务,并以自己在企业经营管理中的业绩,来完成角色赋予的各项任务。

但是也必须注意,明茨伯格的角色理论有其时代特性和各产业统一的普遍性。管理者角色是一种相对关系,这种关系表明在一定的环境或条件下,管理者具有一定的地位或身份,这种地位或身份随着场合的不同、对象的不同而改变,同一个管理者可以在不同的时间里扮演不同的角色。一个管理者只有正确认识到现在处于什么场合,自己担任的角色是什么,以及如何进入这种角色,不断地矫正和转换角色,才能真正把握住自己的角色和位置。对于建筑企业经理人来说,在现今经济全球化、电子商务、知识经济、环境保护、核心竞争力等问题的驱动下,常常扮演不同的角色,这就需要建筑企业管理者首先进行管理角色定位,认清自己的角色,才不至于出现拖延决策,贻误时机。

(二)建筑企业经理人管理角色分析

建筑企业管理是以建筑产品生产的主体、客体、生产过程及其结果为管理对象的管理活动。由于建筑企业管理活动的多样性、多层次性与多环节性,其管理者的角色并不是单一的,而是十分复杂的。对于建筑企业的管理者来说,要使整个企业有效运营,就要在正确认识的基础上,分别扮演好决策者、领导者、执行者、沟通者、绩效伙伴五种角色。

1. 决策者

身为一名决策者,头脑一定要清醒,要牢记决策的重要性。在建筑企业经营管理过程中,项目计划、投标报价、合同谈判、施工过程管理等具体决策很多,不同的决策对管理提出不同的要求。决策决定管理,决策推动管理。决策失误,一切管理都将是无效劳动;决策正确,就能激发员工的积极性,为管理打下良好的基础,从而促使管理的不断改进和强化。所以,在抓管理时,建筑企业经理人应把决策摆在第一位。

2. 领导者

职业经理的角色不只是对所拥有的资源进行计划、组织、控制、协调,而关键在于发挥影响力,把下属凝聚成一支有战斗力的团队,激励和指导下属选择最有效的沟通渠道,处理成员之间的冲突,帮助下属提升能力。职业经理人必须重视把下属的需要和组织的需要协调起来,以便促进有效作业。这是建筑企业职业经理人十分重要的角色。

3. 执行者

建筑企业职业经理人对于企业的规章制度的执行和维护起着极大的作用。建筑企业的规章制度包含很多层面:工作纪律、组织结构、财务管制、保密事项和奖惩制度等。对于违背规章制度的行为,应该及时制止与处罚,否则长期下来,在麻木不仁的气氛中,一些不良风气、违规行为就会滋生。管理者虽然是规章制度的制定者或监督者,但是更应该成为执行者,遵守规章制度的表率。

4. 沟通者

作为沟通者,经理人需要表达信息和倾听信息,也包括信息接收者对信息发生者的反馈。担任沟通者的角色必须具有客观性,敢于直言不讳,同时要具备较强的综合分析能力。建筑业中,业主选择建筑企业,其巨额投资要求回报满意的价值。要使得业主满意,作为建筑企业的管理者,需要接收业主及项目各方面的信息,包括项目的进度信息、工料用量信息、工程款的收付信息、项目的成本信息等。在分析各种信息后,发出反馈信息,并传达给下属。在加强建筑企业内部管理中应具有强烈的问题意识,要善于发现问题,分析问题,解决问题。

5. 绩效伙伴

绩效伙伴的概念,是现代企业中非常流行的一个概念。可以说,职业经理人是下属的绩效伙伴,双方通过共同的努力,实现下属的工作目标,进而实现职业经理的目标,最终实现整个企业的目标。

绩效伙伴的含义是:

(1)绩效共同体。经理人的绩效依赖于下属,下属的绩效依赖于经理人,互相依存。

(2) 双方平等。既然是伙伴，就是一种平等的、协商的关系，而不是一种居高临下的发号施令的关系。通过平等对话指导和帮助下属，而不是通过指责、批评帮助下属。

(3) 从下属的角度考虑问题。从对方的角度出发，考虑下属面临的挑战，及时帮助下属制定绩效改进计划，提升能力。

（三）管理者角色定位常见的误区

建筑企业经理人需要准确地定位自己，避免一些常见的管理误区：

(1) 担心下属做错事。管理人员应该信任下属，相信他们的能力。给下属创造机会，帮助他们成长。

(2) 担心下属表现太好。必须明确，下属的成就，就是管理者的成就，是经理人管理的结果。管理者要有足够的雅量，接受别人表现得比自己更好的事实，而且要衷心地为下属的成就喝彩。在部门中，不管下属表现得多好，都有上级管理的功劳。

(3) 担心丧失对下属的控制。有的管理者担心下属失去控制，不服从命令。这是因为管理者的管理技术太单一，不懂得如何真正有效地管理员工。控制仅仅是一种手段而已，而使人心悦诚服的追随，才是高明的领导艺术。

(4) 不愿意放弃原有的工作。管理者通常不愿放弃原有的熟悉的工作，放弃得心应手的工作会令人沮丧。如果拓展自己的眼界，让自己从更困难的挑战中获得更大的成就感，不用太在意失去那份熟悉的工作。

（四）建筑企业经理人实现管理者角色的要领

(1) 做管理者该做的事情。作为管理者，经理人应制定目标，支持、激励下属，并与他们沟通，为下属创造很好的工作环境，带动团队去完成工作目标。

(2) 正确处理业务与管理的关系。建筑企业经理人必须面对大量的业务问题，对于这些问题，必须予以回答和解决。一般来说，经理人是最终解决者。除了业务问题，经理人还必须面对管理问题，如制定计划、对下属实施激励、对下属的工作追踪及评估、与下属沟通、与其他部门协作，解决部门间、部门内部的人际矛盾和冲突问题等。总之，经理人必须懂管理、善管理。一方面，经理人必须通过下属们的工作才能达到目标，而这就需要有良好的管理；另一方面，经理人又必须是业务带头人，必须在业务上花费许多时间和精力。于是，经理人往往要陷入业务与管理的两难境地，优秀的职业经理必须二者兼顾。

(3) 处理好管理者和领导者的关系。职业经理既是管理者又是领导者，这就要求他不仅要具备计划、组织、协调和控制的能力，还需要具有影响员工的能力，能够激励和引导员工。职业经理要引导下属共同为企业的目标而努力。

二、有效性管理

（一）有效性管理理论

1. 有效性管理的概念

管理是在有限资源条件下，为达到一定的目标所进行的优化资源配置活动。因此，管理主体，即人的工作效率以及效果对于最大限度地实现资源有效整合和资源的优化配置是至关重要的。如何调动管理者的积极性，增强其工作的有效性，是企业管理的着眼点和着力点。

有效性中"效"包括三方面的内容：一是效率，二是效果，三是效益。效率属于管理的范畴；而效果和效益，两者加起来成为效能，效能属于经营范畴。管理一般属于微观性质，目的主要是提高效率；经营属于把握方针政策，制定发展目标之类的宏观内容。因此，效能＝目标×效率，即目标方向正确，再提高工作效率，就会出现效能。

有效性管理是指能够产生效率和效能的管理活动。一切物质因素只有通过人，特别是管理者才能得以开发利用，不充分发挥人的主观能动性，就不能充分发挥现代技术的作用，也就不能提高劳动生产率，为企业创造效益，为社会创造财富，也就谈不上有效性管理。有效性管理的核心思想是管理者根据被管理者的心理因素，进行有针对性的科学管理，充分发挥员工的积极性、主动性和自觉性，从而使在一定的物质条件下，提高产品的质量和数量。每个管理者在效率和效能两方面都要担负一定的责任。

因此，管理者在有效性管理中起着决定性作用。德鲁克在《有效的管理者》一书中指出，作为管理者，不论职位高低，应力求有效，即能做出实质性的贡献，并且列出作为一个有效的管理者应该具备的条件：有效的管理者必须知道他们的时间花在什么地方；有效的管理者致力于对外界的贡献；有效的管理者重视发挥长处，包括自己、上级、同事、下级和周围环境的长处；有效的管理者应集中精力于少数主要领域，以便以优秀的管理产生卓越的成果；有效的管理者能做出有效的决策。

2. 有效性管理的作用

（1）有效性管理是管理科学的重要内容和基本原则。对管理的有效性分析是研究在一定的基础条件下，现实的管理状况，分析管理者的主观能动作用，考察其努力程度，分析管理有效性高低的原因及对策，为科学地评价管理者的工作和提高管理水平提供有效的途径。

（2）有效性管理是制约管理绩效和企业效益的重要原因。有效性管理的程度不高，必然影响企业管理的绩效，从而造成企业的低效益，甚至严重亏损。提高有效性管理是提高企业效益、改善管理绩效的必要条件，企业经理人务必充分认识有效性管理在企业经营中的重要作用。

（3）有效性管理是管理制度兴衰的重要标志。制度发展，事实上必然表现为人的积极性与创造性的高涨，表现为有效性的提高，反之，则是有效性的下降。

（4）有效性管理是选择管理模式的根本标准。管理的目的是调动人的积极性，提高工作效率。不同的管理方式、管理手段具有不同的效率结果。同一种管理方式在不同的社会历史条件下所产生的管理效果也不尽相同，究竟选择哪一种管理方式、手段，关键在于要能取得较高的有效性管理。

（二）建筑企业有效性管理的衡量标准

（1）以人为本。有效性管理要求管理者能够在企业经营思想及其理念、企业发展理论及其目标等方面吸引员工，引起共鸣。

（2）创新精神。有效的管理应营造建筑企业最佳的生存环境，不断获取新的市场信息，新的经营思想，新的工艺流程，掌握新材料、新技术，获得新的成果，保持企业在激烈的市场竞争中立于不败之地。

（3）奖罚公正。有效的管理应给予良好的报酬，包括金钱方面及精神方面，下属的贡献应得到大家的公认，同时要给予下属有效地发挥自身的创造力机遇。

（4）重视对下属正确引导。建筑企业经理人应信任下属，发挥激励作用，将下属的潜在能量充分地挖掘出来，并把握企业总的经营战略适时做出重要决策。

（5）适应性。建筑企业应能迅速适应外界变化，包括设备配置，职工技能，组织结构，经营管理方面的适应性。

（三）有效性管理对建筑企业经理人的要求

经理人之所以能侧身于管理行列中，是因为他们对上司有影响力，又能对下属有影响力。在大多数情况中，影响力是三部分的结合：知识和技能、个人素质以及管理态度。

1. 知识和技能

（1）知识结构。建筑企业经理人是复合型的管理人才，既要有专业技术知识的深度，又要有社会科学知识的广度，要达到博而专。①专业技术知识。建筑企业经理人不可能对专业技术样样精通，但必须熟悉建筑工程的主要技术和工艺流程，掌握决定建筑质量、成本、工期的主要因素，再借助于技术经济专家的帮助，就可以应付自如。②社会科学知识。建筑企业经理人主要职能是管理，而不是技术专家。只精通技术而不熟悉管理和社会科学的人，不会是有效的经理。经理的知识要广，特别是在管理理论与管理业务上要训练有素，能够灵活运用。对于经济、财会、税收、金融、法律等方面的知识和法规，要熟练掌握。对于文化、教育、心理、公共关系等方面的知识，也应有基本了解。③丰富的实践经验：理论与实践结合才能成为一名出色的经理人，没有足够的实际管理经验，没有在基层设计、施工的实际工作阅历，通常在实际管理中不会十分有效。

（2）政治意识。政治意识是指经理人在制度中推动工作。这里所说的具有政治意识，不是指运用政治手腕去图谋、操纵或追求私利。真正有效的经理人，应当能够与具有异议的人沟通，找到适当的人去接洽适当的人，促进各方的合作。

（3）沟通能力。沟通能力是指听、说、读、写的能力。沟通能力对于一位经理人所能达到的管理的有效性，有重大的影响。知道何时沟通，以及沟通什么，也同样重要。

（4）组织和规划能力。组织和规划能力指能够构思和分派工作。真正有效的经理人，即使处身于业务分明的管理职位中，也随时都能在必要的时候进行规划和组织方面的调整。这种能力能使他提出改进建议，并且在现行制度发生动摇时，采取防御措施。即使在他任期之内并无任何变革的需要，具备思考和规划的能力对他在组织阶梯上的攀升大有裨益。

（5）认清环境。经理人务必认清组织的环境，这种认识不但在大公司中非常重要，就是在小公司中也是如此。对组织以及当地环境的认识，关系于一位经理人的成败。

2. 个人素质

建筑企业经理人若是缺乏相当的知识和技能，是难以执行其职务的。同样，一个人如果在个人特质方面不能表现出相当的潜能，也很难达到有效性管理的要求。

（1）注重仪表。一个人给人的初步影响力一般都是视觉上的。在真正了解一个人之前，第一印象形成了对他的看法。企业的运转会以各种不同的方式接受经理人发出的讯号，有效性的影响力是从所见、所听以及所感受而得到的印象。虽然依据虚浮的外表判断一个人是主观的，然而影响力却是以一种方式与外表周旋，必须承认别人因服饰外表而对你产生好感的想法也许是沉默的，但却是强烈的。

（2）亲切和活力。经理人必须认识到对别人变得友善，别人也以友善回报。平易近人可以打开沟通之门，管理功能缺此是无法运转的。活力和耐力可以激发出工作热情和提高生产效率。

（3）有条理。经理人应设定条理清晰的制度，划定每一个人的工作范围，可以减少许多日常的决策，设定报告的期限，可以及时得到报告，也可以减少不断催促别人的烦恼。有了标准的工作分派和计划流程，可以简化工作。当组织中的每一人都在遵守制度时，相互之间的摩擦可以减少。

（4）扩展眼界。扩展眼界是从长远的角度去看事情，眼界可以使经理人不致因为解决了今天的问题，而为明天带来了新问题，可以不致忽略可能会演变成大问题的小事情。

（5）敏锐的记忆力。良好的记忆力是有影响力经理人一项必要的能力。这无论对工作或其他事情，都会产生影响力，经理人若想行事有效能，就不能不注意这一点。

（6）乐观与幽默感。经理人应该以严肃认真的态度做事，但是不能不苟言笑。实施工作方案是为了成功，就应该维持乐观的气氛，这时经理人应该自己先表现出乐观来。

3. 管理态度

管理态度反映在经理人对自己、对工作，以及对别人的看法上。当经理人表现出这些态度时，别人即会对他有所判断和反应。别人对他的判断如果是良性的，而反应又是积极的，就可以创造一种能够使得经理人有效管理的环境。

（1）自信。自信具有良性循环作用。自信的经理人只要看准了某事，就会勇敢地朝前迈进。当他看准了某人，也会信任重用。这是一种具有感染性和建议性的态度，最后可以渗透到整个组织中，就形成了有效性管理。

（2）设定目标，努力奋发。定出长期计划和实施的合理进度，同时拟定替代性方案。目标明确而又能全力以赴的经理人，才会得到别人的支持与合作，从而达到有效性管理。

（3）能使工人都对质量、数量和利润感兴趣。有效的经理人会清楚说明，利润是保障工作机会的基础；企业盈利之后才能成长；企业成长之后，大家才有晋升的机会和加薪的可能。他也会清楚说明质量、数量以及利润之间的辩证关系。

（4）不推诿责任。有效的经理人承认领导带有危险性，知道当工作任务失败时，他要负责；成功时，他也可以得到报偿。他知道下属可协助（也可以制约）他完成任务，有效经理人一方面愿意承担责任，另一方面也愿意让大家分享荣耀。

（5）敢于冒风险。有效的经理人都了解经营涉及风险，因此会把冒险视为工作中的一部分，过分谨慎的经理人经常会落在积极的竞争后面。然而冒险并不就是赌博。冒险是详加计算，而不是胆大妄为。经理人不管决定做什么，除了看清目标外，还会注意到危险，这种态度可以促使他仔细考虑失败后的情况，以及考虑替代性方案。

（6）实事求是。有效的经理人追求的是真理，根据事实做决定，接受现实，并不会戴上有色眼镜去看事情。有效的经理人从不同的角度使自己处事客观，首先是开始接近决策或行动的方式，在形成结论之前，先观察事实和搜集资料，并在进入某一问题时，把主观臆断排除掉。

（7）公平正直。公平正直的态度能够促使工作顺利地进行，赢得下属的尊敬信任，必须要以有意识的自律，才能表现出来。

三、领导方法

领导方法就是领导者为达到一定的领导目标，按照领导活动的规律采取的领导手段。

领导方法是领导者发挥其影响力的最为广阔的领域。领导方法有效，会极大地提高领导绩效。建筑企业经理人的工作千头万绪，领导方法也因人而异，各有千秋。但从国内外许多成功的实践和体会来看，大多强调以人为本，进行生产经营管理，实现对企业的有效领导。

（一）以人为本，领导就是服务

(1) "领导就是服务"是领导者的基本信条。必须明白，只有我为人人，才能人人为我。

(2) 精心营造小环境，努力协调好组织内部的人际关系，使个人的优缺点互补，各得其所，形成领导队伍整体优势。

(3) 领导首先不是管理员工的行为，而是要让企业每一个成员都对企业有所了解，逐步增加透明度，培养群体意识，团队精神。

(4) 要了解下属在关心什么，需要什么，并尽力满足他们的合理要求，帮助他们实现自己的理想。

(5) 要赢得下属的尊重，首先要尊重下属，要懂得权威不在于手中的权力，而在于下属的信服和支持。

(6) 设法不断强化下属的敬业精神。

(7) 要虚心好学，不耻下问，博采下属之长。

（二）发扬民主，科学决策

(1) 要发扬民主，以事业凝聚人，不搞独断专行。

(2) 既要集思广益，又要敢于决策。领导主要是拿主意、用干部，失去主见就等于失去领导。

(3) 要善于倾听下属意见，不要敷衍下属。

（三）讲究艺术，懂得激励

(1) 要带头按照工作程序办事，坚持分层负责，逐级管理的原则，不要越俎代庖。要充分尊重下属的职权，既不越级指挥，也不受理越级报告，以免挫伤下属的积极性。

(2) 不以个人的好恶影响对于别人工作成效的评价。

(3) 对人要热情，做事要讲原则。

(4) 对下属要一视同仁，不能有亲有疏，更不能拉帮结派。

(5) 把培育部属工作放在第一位，敢于和善于重用能力超过自己的人。

(6) 对下属宽严相济，一时宽大为怀，就会流于放任；过分严格要求，下属畏缩不前，不敢大胆工作。

(7) 对下属不要求全责备，更不能抓住缺点不放。要做到奖惩分明，能够诚挚地、接纳犯错误者，团结包括反对过自己而又反对错了的人。尊重下属，自己也更受到下属的尊重。

(8) 批评下级的语言不要含糊其辞，要具体指出错误，尽快查明为什么会出现错误，而不是首先追究谁的责任。

(9) 在事情没有搞清楚以前，不轻易下结论。

（四）以身作则，思想领先

(1) 要做到言而有信，言必行，行必果。不能办到的事千万不要许诺，切不可失信于人。

(2) 有错误要大胆承认，不要推诿责任，寻找替罪羊。

(3) 大公无私，不贪图小便宜，更不能损公肥私。

(4) 养成换位思考的习惯。把自己应该做，但又一时做不了的次要事情交给下属去做。

(5) 要学习、学习再学习。在当前知识快速更新的时代，不学习就要落伍，工作再忙也要挤时间学习。学习可以提高领导的质量和效率。

(五) 运用文化和影响力

每个企业组织都具有一种特殊的文化，这一观念已经深深地植根于管理思维中。这里的文化指同事们共享的一套人生哲学和共同的价值观。

第二节 团队建设与学习型组织

一、团队建设理论

(一) 团队建设的涵义

团队理论始于日本，再次发展并流行于欧美企业界，是对传统管理理论的一次巨大革命。团队理论的内涵就是为了整合各个成员的力量，是实现组织扁平化的一种有效途径。

1. 团队的定义

团队是两个以上个人的组合，集中心力于共同的目标，以创新有效的方法，相互信赖地共同合作，以达成最高的绩效。团队是正式群体，内部有共同目标，其成员行为之间相互依存、相互影响，并能很好地合作，追求集体的成功。

2. 对团队的误解

(1) 把组织等同于团队。在实际生活和企业工作中，人们经常提到团队和团队精神，团队是把一群人集合到一个组织当中，但如果组织只是一个框架，成员之间相互没有关系，那么这个组织就不是团队。因此，团队不是组织，而是组织的一种表现。

(2) 把与团队的关系看成雇用关系。个人与企业是雇用关系，但个人与团队之间却不是雇用关系。团队成员是平等的、没有组织意义上的上下级关系，所有的成员隶属于一个团队，而且这种隶属是一种自觉自愿的关系，没有任何契约规定。

(3) 把与团队的关系看成依附关系。长期受计划经济的思想影响，使得个人对组织产生了依赖关系，"有困难找组织"。但是可以看到，很多企业里看起来有人身的依附，但实际上人心涣散，所以这种依附关系与团队没有关系。

(4) 把团队与狭隘的集体主义混淆。团队精神与狭隘的集体主义有根本的区别，如表6-1所示。

团队精神与狭隘集体主义的对比　　　　表6-1

狭 隘 集 体 主 义	团 队 精 神
强调的是组织目标	强调的是共同的目标
虽然强调不同的分工，而实际却是相同的角色	强调不同的分工，不同的角色
集体的利益大于个人的利益	注重团队与个人双赢的原则

(二) 高效团队的基本特征

团队成员之间的真诚合作、相互依靠、共同努力是塑造高绩效团队的关键。通常情况下，高绩效团队应具备以下几个特征：

(1) 目标性。具有一个所有成员共同追求的、清晰的目标，这个目标能够为团队成员指引方向、提供推动力，让团队成员愿意为它贡献力量。当然，这一目标还需要被转化成为具体的、可衡量的绩效目标。

(2) 个性。团队的个性体现了团队自身以及其他群体对团队的看法，其中包括团队成员的构成、团队文化、团队伦理、团队形象以及团队远景。它不是每个成员不同个性的简单相加，它呈现出的整体威力远大于部分总和。

(3) 协同性。团队成员之间，为了达成团队共同目标，把资源、知识、信息，及时地在团队成员中间传递，以便大家共享经验和教训。协同性成为推动整个团队前进的一股特殊力量，是所有成员的动机、需求、驱动力和耐力的综合体。当所有成员都忠诚于团队以及团队的远景目标，他们都努力为团队的目标的实现而奋斗时，团队内部的交往就会产生协同力。

(4) 良好的沟通。良好的团队首先能够进行良好的沟通，成员沟通的障碍越少，团队就越好。

(5) 共同的价值观和行为规范。现在所倡导的企业文化实际上是要求企业中要有共同的价值观。价值观对于企业，就像世界观对于个人一样，世界观指导个人的行为方式，企业的价值观指导整个企业员工的行为。

(6) 归属感。归属感是团队非常重要的一个特征，当成员产生对团队的归属感，他们就会自觉地维护这个团队，愿意为团队做很多事情，不愿意离开团队。

(7) 有效的授权。这是形成一个团队非常重要的因素，通过有效的授权，才能够把成员之间的关系确定下来，形成良好的团队。

(三) 建筑企业团队建设的作用

(1) 有利于提高企业工作效率。团队由一组人构成，其知识、经验与判断力都会比其中任何一个人要高。由于社会助长作用，许多人在一起共同工作，可以促进个人活动的效率，出现增量或增质的现象。通过集体讨论、集体判断可以避免由于个人知识、经验、能力的局限所引起的失误。通常团队能以有效而富于创造的方法解决问题，决策质量会得到提高。

(2) 增强组织间的协调。建筑企业中，由于各部门的划分，可能会产生"职权分裂"现象，即对某个问题，一个部门没有完全的决策权，只有通过几个相关部门的职权结合才能形成完整的决策。解决这类问题可以通过上级主管人解决，但采用跨部门的团队就可既减轻上层主管的负担，又有利于促进部门间的合作，还有助于提高效率。除了增强部门间的协调之外，通过团队，其成员间也能更好地协调工作。在目标和价值观一致的情况下，团队内部的协调就更加自觉和高效。

(3) 加强沟通及信息的传递和共享。在团队中面对面的接触，可以更清楚方便地弄清问题，这是一种非常有效的沟通方式。而且，各方能同时获取信息，了解决策，减少信息传递时间，减少信息传递失真。

(4) 有利于分权。通过团队建设可以更有效地分权与授权。在决策中，成员间可以发挥权力制衡作用，避免个人独断专行。团队中的各成员代表不同的利益集团，从而可以使团队的决策和行为广泛地反应各个利益集团的利益,获得广泛的支持。

(5)有利于提高企业人力资源的使用效率。团队建设通过分享工作与责任,提升自我价值,使员工受到激励。员工不但会积极参与决策与计划的制定,还会认真接受和执行决策与计划。

(6)有利于员工的成长。通过团队建设,各成员能了解到整个组织的情况,并能有机会向其他人员学习,从而有助于发挥个人的技能。团队建设还能使组织的工作分类更少、更单纯,能够适应新员工的价值观,提高对各种变化的反应速度。

(四)经理人在团队建设中所起作用

1. 建筑企业经理人在团队中角色

随着团队建设时代的来临,建筑企业经理人必须脱离传统的狭隘领导观念,以团队领导者的观念来带领团队成员。因此,经理人应该清楚自己在团队领导上扮演的角色:团队沟通的媒介;团队愿景的舵手;团队精神的支柱;团队能力的教练;团队方法的推手。

为扮演好以上各个主要角色,必须执行以下活动完成职责:

(1)带领团队成员,确定团队未来的愿景,分享意见共识,从而确定具体的远、中、短期目标,拟定实践计划。

(2)依据团队成员的个性,尊重其差异性,并引导互补,求同存异,建立荣辱与共、互信互助的团队精神。

(3)协助团队成员盘点其能力,拟定具体的培育计划,并提供教练式的指导活动。

(4)引进先进有效的作业系统,推动流程的合理化改善,并鼓励团队成员以创新的方法,突破障碍以达成团队目标。

(5)灵活运用不同的沟通方式,促成团队成员间信息互动,产生集思广益的团队效应,使团队运作能顺利进行。

2. 建筑企业经理人在团队建设不同阶段所起作用

一个团队的建立,一般需要经过四个阶段,如图6-1所示。在不同阶段,经理人的工作重点也有所不同。

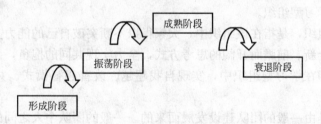

图6-1 团队发展四个阶段示意图

(1)形成阶段。促使个体成员转变为团队成员。为使团队明确方向,经理人一定要清楚地向团队成员说明团队的目标,描绘出目标成功后的美好前景以及团队成功后将为每个人带来的益处,并公布任务的工作范围、质量标准、预算及进度计划的标准和限制。经理人在这一阶段要进行组织构建工作,包括确立团队工作的初始操作规程,规范沟通渠道、审批及文件记录工作。

(2)振荡阶段。经过一段时间,成员之间相互了解,大家发现对团队只是抱有一种不合实际的美好期望,团队的问题开始暴露,人与人之间的矛盾开始出现。这时候,团队就会进入一种很危险的状态。人的能力还不是特别高,思想较混乱。因此,在这一阶段,经理人要作引导工作,致力于解决团队内部矛盾,决不能通过压制来期望负面情绪自行消失。

(3) 成熟阶段。通过振荡阶段的考验,团队进入了发展的成熟阶段。团队成员逐渐接受了工作环境,对团队很认同,精神状态也很好,开始有能力为团队做出贡献,团队的凝聚力开始形成,团队进入高产时期。随着成员逐渐信任,团队内成员交流频繁,进行信息、观点和感情沟通。经理人要发掘每个成员的责任意识,并创造良好的沟通环境和学习环境。

(4) 衰退阶段。团队建设的最后阶段是衰退阶段。高产期到一定程度,有一个边际效应,一段时间之后就会进入衰退期。出现有的人居功自傲,有些人不思进取,有些人墨守陈规等等现象。这一阶段,经理人要特别关注预算、进度计划、工作范围等方面的业绩,如果实际进程落后于计划进程,经理人就要协助支持修正行动的制定与执行。

二、建筑企业的学习型组织建设

(一) 学习型组织理论

1. 学习型组织的产生与含义

20世纪80年代以来,随着信息革命、知识经济进程的加快,企业面临着前所未有的挑战,企业组织如何适应新的知识经济环境,增强自身的竞争力,延长组织寿命,已成为世界企业界和理论界关注的焦点。在这种情况下,学习型组织理论应运而生,以美国麻省理工学院彼得·圣吉(Peter M· Senge)教授1990年出版的《第五项修炼——学习型组织的艺术与实务》为代表。90年代中期,企业开始积极推广学习型组织管理理论。现今,理论界和企业界对学习型组织的研究和应用方兴未艾,理论文献呈直线增长态势,企业组织积极投入学习型组织建设中。学习型组织理论已成为当今世界最前沿的管理理论之一。

学习型组织理论认为,在新的经济背景下,企业要持续发展,必须增强企业的整体能力,提高整体素质,未来真正出色的企业将是能够设法使各阶层人员全心投入并有能力不断学习的组织——学习型组织。

所谓学习型组织,是指在该组织中,大家得以不断突破自己的能力上限,创造真心向往的结果,培养全新、前瞻而开阔的思考方式,全力实现共同的抱负,以及不断一起学习如何共同学习。即在学习型组织中,实现自我超越、改善心智模式、共同愿景、团队学习、系统思考。

学习型组织是由一般的团队建设发展而来的。一般的团队个人之间的联盟不需要太多的合作,不用太多的集体决定。相对于一般团队而言,学习型组织的绩效取决于能否紧密、有效的合作。

2. 学习型组织的特征

(1) 组织成员拥有共同愿景。组织的共同愿景(Shared Vision)来源于个人愿景同时又高于个人的愿景,它是组织中所有员工共同愿望的体现,能使不同个性的人凝聚在一起,朝着组织共同的目标前进。

(2) 组织由多个创造性个体组成在学习型组织企业中,班组作为一个团体,是基本的学习单位,团体本身应理解为彼此需要他人配合,组织的所有目标都是直接或间接地通过班组的努力来达到的。

（3）善于不断学习。善于不断学习指：强调终身学习，即成员养成终身学习的习惯，营造良好的学习气氛；强调全员学习，即企业组织的决策层、管理层、操作层都要全心投入学习，尤其是企业经理人，作为经营管理的决策层，决定着企业发展方向，因而更需要学习；强调全过程学习，即学习贯彻于组织系统运行的整个过程之中，不能把学习与工作分割开来，边学习、边准备、边计划、边推行，然后再学习；强调团体学习，即不但重视个人学习和个人智力开发，更强调班组的合作学习和群体智力的开发。

（4）扁平式结构。学习型组织的结构是扁平的，即从最上的决策层到最下面的操作层，中间相隔层次很少。尽最大可能将决策权向组织结构的下层移动，让最下层单位拥有充分的自决权，并对产生的结果负责，从而形成扁平式的组织结构。

（5）自主管理。这是使组织成员边工作边学习，并使工作和学习紧密结合的方法。通过自主管理，成员可以自己发现问题，分析问题，制定对策，实施评估，在这过程中形成共同愿景，以开放求实的心态互相切磋，不断学习、创新，从而增加组织快速应变的能力和意识、观念的统一。

（6）员工家庭与事业的平衡。学习型组织承诺支持每位员工充分的自我发展，而员工也对组织的发展尽心尽力作为回报，个人与组织形成共同体，实现工作生活质量和家庭生活质量的共同提高。

从上述特征可以看出，学习型组织是一个高效的团队。

3. 学习型组织的学习方式

学习型组织作为一种先进高效的组织形式，最重要的一个特征是组织学习。组织学习按照深度不同可以划分为单环学习和双环学习。

（1）单环学习：单环学习是将组织动作的结果与组织的策略和行动联系起来，并对策略和行为进行修正，以使组织绩效保持在组织规范与目标规定的范围内。而组织规范与目标本身，如有关项目质量或工作绩效的规范则保持不变。单环学习只有单一的反馈环，它是在当前的系统和文化框架下去提高组织的能力，完成已确定的任务和目标。其目标是适应环境、取得最大效率并延长组织生命，学会如何在相对稳定的环境下生存下去。单环学习在短期内促进团队达到自身认为的理想水平，但在长期是不够的。

（2）双环学习：双环学习是重新评价团队组织目标的本质、价值和基本假设。这种学习有两个相互联系的反馈环，不仅要发现与良好的绩效有关的策略和行动的错误，而且还要发现规定这些绩效的规范的错误。当团队目标从自身利润最大转向更多地满足用户的需求时，组织的双环学习就发生了。

单环学习与双环学习对团队学习都很重要，它们适用于不同的环境。团队要学会在不同的情况下进行不同深度的学习。但单环与双环学习的划分不是一成不变的，两者可以同时发生。

（二）建筑企业对学习型组织建设的需求

1. 建筑企业缺乏学习

在建筑企业里，缺乏有效的学习。主要表现为：企业领导应该是进行持续学习的样板，但现实情况则是他们深陷日常事务、会议、应酬中，领导带头不力。一些企业学而不习。虽然顺利地完成了学习计划，但是过程完成后不进行评估、检验，只把学习当作最终目的,从而使学习效果大打折扣。员工学习的主动性不够,员工的沟通缺乏相应的机制和渠道,或者沟通局限于横向交流,阻碍了企业竞争力的提升,也严重阻碍了建筑企业成为学习型组织企业。

2. 建筑企业对学习型组织建设的目的

(1) 培养企业目标,即共同愿景。对一个企业来讲,共同目标是首要的,它使人们走到一起,协同工作并产生一体感、信任感、亲近感。培养企业目标,使员工对企业发展方向更加明确,个体与集体利益更趋于一致,员工也更容易全身心投入到企业经营生产当中。

(2) 培养意识。意识指自我超越意识,包括危机意识、创新意识、学习意识、主动意识等。所有这些意识的培养,对企业的发展是必不可少的。这需要用鲜活的例证去教育员工,营造自我超越气氛,实现员工和企业的共同提高。

(3) 培养学习方法。应培养员工具有能转换创造力的学习方法,即工作学习化,学习工作化。在企业里,不可能招揽各种人才,这就要求在内部培养复合型员工,教会员工学习方法,让员工在工作中提高,能够成功的一般都把工作过程看成学习的过程;而学习工作化,就是指要把学习当作工作的一部分,严格要求。

(4) 产生创造力。如果不能创造自我、提高效率,那么学习型组织只是形而上学。孔子提出"学而时习之",在学习型组织企业里体现出的就是反思和系统思考。对于个人,通过在工作学习化和学习工作化过程中不断获得新知,并不断地反思、反馈,从而调整自己、完善自己;对于企业组织,通过学习培养员工尤其是决策层系统思考的能力,决策时大家都进行整体非局部、动态非静止、本质非现象的思考,确保实现共同愿景的有效性和正确性。

(三) 建筑企业学习型组织的任务

(1) 建立反馈型学习系统。学习型组织应建立一个让员工、班组以及整个企业能不断得到各种信息反馈的学习系统。这类信息主要包括:企业内部经营决策、管理动态的信息;外部市场的客户信息、竞争对手的动向、行业的新发展。企业必须对这些信息进行搜集、整理、公布,从而激发企业员工的危机意识、主人翁意识,不断超越自我。现今企业利用 Internet 网,实现企业信息化,为信息反馈构建畅通渠道提供了良好的条件。通过大家对信息反馈不断有视觉反应而主动调整行为,这就是建立信息反馈学习系统的优势。

(2) 建立反思型学习系统。要做到工作决策有决策反思,行动有行动反思。反思性学习系统是通过不断地总结、评估、质疑来改善工作机制的有效性,将危机和障碍消灭在萌芽状态中。应该注重落实会议的组织、召开以及完整的记录,对问题的认识会更深刻,同时也更容易实现共享,即工作学习化。应该在企业组织中建立质疑机制,丰富和完善职工参政议政途经,鼓励职工通过观察、思考,善于从平稳发展的现状中以及决策者不易感觉到的现场生产中发现问题,为企业决策提供意见或建议;大力提倡开展合理化建议活动,吸引员工的金点子,充分发挥企业整体人力资源优势为决策服务。

(3) 建立共享型学习系统。建立以共享为基础的学习系统,其核心就是推行知识、经验等的公开交换。共享也是学习型组织核心思想,是实现组织整体提高的重要方式。通过企业论坛实现个体之间、班组之间、企业之间相互交流,知识共享,营造学习环境,打破等级界限。在这个系统中,管理者应该以身作则,带头学习、带头交流,否则学习环境的塑造将十分困难。建筑企业创建学习型组织，大力提倡"终身学习、全员学习、全过程学习、团体学习"，提高人员素质，增强企业核心竞争力，将是应对日益残酷的市场竞争，立足市场并取得突破的战略大计。

第三节　执行力管理

一、建筑企业组织执行力与管理制度

（一）组织执行力

1. 概念

组织执行力是指企业建立管理制度来规范和约束人们的行为，贯彻落实领导决策、及时有效地解决问题的能力，是企业管理决策在实施过程中原则性和灵活性相互结合的重要体现。

2. 组织执行力提升企业核心竞争力的作用

核心竞争力的本质是一种超越竞争对手的内在能力，是企业独有的、比竞争对手强大的、具有持久力的某种优势。核心竞争力是包含在企业内部，与组织融为一体的技能和技术组合，是企业内部集体的能力，而不是某一个单一的、独立的技能和技术。核心竞争力的本质是一种超越竞争对手的内在能力，是企业独有的。打造核心竞争力没有一成不变的模式，更不可能单打一地去实现，执行力是核心竞争力的保障。

3. 组织执行力不佳的原因

缺乏执行力是成长中的中国建筑企业的通病，其中组织执行力不佳的原因主要有：

（1）对执行的偏差没有敏感性，也不觉得重要。

（2）不注重细节，不追求完美。提高执行力，就是要树立一种严谨些、再严谨些，细致些、再细致些的工作作风，改变心浮气躁、浅尝辄止的毛病，以精益求精的精神，不折不扣地执行好各项重大战略决策和工作部署，把小事做细，把细节做精。

（3）不会在自己的范围内处理一切问题。执行力是在每一个环节、每一个层级和每一个阶段都应重视的问题，企业的所有员工都应共同地担负起责任。不管从事什么职业，处在什么岗位，每个人都有其担负的责任，有分内应做的事，才能形成整个组织的执行力。做好分内的事是每个人的职业本分，也是执行力的最好体现。如果一个人连分内应做的事都做不好，整个组织又如何执行呢？"在其位而不谋其政"或"在其位而乱谋其政"，其结果必定是"失职"，很可能会造成严重的后果。

（4）管理者出台管理制度时不严谨、朝令夕改，制度本身不合理，缺少针对性、可行性，执行的过程过于繁琐，囿于条款，不知变通缺少良好的方法，不会把工作分解、汇总，管理者没有常抓不懈，虎头蛇尾缺少科学的监督考核机制，没人监督也没有监督方法只有形式上的培训，忘了改造人的思想与心态，缺少大家认同的企业文化，没有形成凝聚力，从而导致组织缺少执行力。

（5）对于企业的要求不能坚持，也不想坚持。如何真正有效地保证决策变成事实，达到既定的效果，这需要制定激励与约束执行者的标准和制度，即好的执行往往以建立好的流程和标准为基础。

（二）执行力与管理制度

制度对经济发展和组织执行力提升的意义不言而喻，严谨管理制度的创立对于企业的执行力也是不可或缺的重要要素。

1. 管理制度的概念

管理制度是企业一系列成文或不成文的规则。制度不仅约束企业中人的行为，也保障和鼓励员工在企业中自由活动。企业的管理者根据行为是否有利于企业利益，采取奖惩措施，奖励促进企业利益发展的行为，惩罚阻碍企业利益发展的行为，从而有效地刺激企业员工约束自己，提高组织的执行力，同时，企业的各项规章制度也得以推行和巩固。

企业推行一种规章制度的目的在于企业期望获得最大的潜在利润，而最直接的原因则在于提高组织的协调性和管理的有效性。从某种意义上讲，企业创立、创新一种制度是企业组织的一种形式，目的是协调企业内各部门之间协作效果和企业与外部衔接的有效性。

2. 制度对执行力的重要性

经理人管理企业，必须要夯实管理制度的基础。因为员工需要一个更加开放、透明的管理制度，需要建立一个顺畅的内部沟通渠道，更重要的是形成规范的、有章可循的"以制度管人，而非人管人"的管理制度，增加内部管理的公平性。在企业持续发展阶段缺少"人本管理"并不可怕，而缺少行之有效、人人平等、贯彻始终的制度管理是可怕的，它会导致管理流程混乱，执行无效。因此，企业只有通过严格的制度管理，实行"制度管人"的管理方式，才能将管理职能化、制度化，明确管理者的责、权、利，从而提高管理效率和管理执行力。具体来说，管理制度对于执行力的提高主要体现在如下三点：

（1）用制度规范执行力的标准。通过规范化的制度来完善整体策略规划，员工必须按照制度的要求规范行为，不能按各自的理解来做事，用制度来达到调动企业员工工作状态的目的。

（2）用制度统一员工与组织的执行力。执行力，在现代企业的运作过程中，并不是简单地由个人来达成，而是由组织来达成。因此，执行力的表现就必须在个人和组织之间形成一种平衡和统一的关系，既不因过分强调个人执行力的提高而忽视了组织的力量，又不会违背了个人的特性和价值体现。

（3）用制度建立一个执行力激励机制。执行力的激励机制包括：薪酬体系、考核机制、奖惩制度、压力制度等。

3. 管理制度不严谨对于执行的危害

管理者出台管理制度时不严谨，没有经过认真的论证就仓促出台，经常性的更改，让员工无所适从，最后将导致虽有好的制度、规定出台，也得不到有效的执行。

4. 合理管理制度制定的原则

（1）简单明了。制定合理有效的制度的关键在于尽可能的使之简单、清晰、全面。

（2）减少反复。管理制度的制定不能朝令夕改。

（3）全面完整。制度一旦建立起来，必须力求于完整全面，管理制度应该包含所有团队、部门和企业。

（4）动态更新。制度的制定和更新必须遵循相应程序。

（三）三个核心执行流程

1. 人员流程

(1) 人员流程的三项目标：准确而深入地评估每位员工；提供一个鉴别与培养各类领导人才的架构，以配合组织未来执行策略的需要；充实领导人才储备。

(2) 有效人员流程的原则：注重挑选人才；对人才的足够信任；开发现有人才。

2. 战略流程

(1) 战略的基本目标：赢得客户的青睐，创造永续性的竞争优势，同时也为股东带来利益，战略界定了企业的方向与定位，并让企业得以往这个方向移动。

(2) 有效执行战略的七个步骤：量化愿景；用口号传达战略；规划结果；规划不需完成的战略问题；开放战略；进度的自动化管理；建立执行与战略的良性循环。

3. 运营流程

(1) 运营流程的内容。运营计划包括企业预定在一年内完成的各项方案。销售率、获利率与现金流量等指标均能达到预定水准。这些方案涵盖产品上市、行销计划、把握市场优势的销售计划、标明产出水准的制造计划、改善效率的生产力计划等。运营计划所根据的假设是以现实状况为基础，同时经过与财务人员与实际负责执行的业务主管讨论而得。

(2) 运营流程的关键指标。选取的关键指标应是与改善经营成果密切相关的重大事项并且与经济环境与竞争情况相关，依据不同企业包含：营业收入、营业利润、现金流量、生产力、市场占有率等不同项目。

(四) 提升组织执行力的具体方法

1. 提升员工的士气

执行涉及到很多问题，但首先是人的问题。要发挥执行力，首先要提升员工的士气。如果一个企业的员工士气低落，该企业一定不会取得成功。其次企业要关心员工，因为是他们在执行企业的策略，反馈企业的文化。

激发员工的士气，可从组织、环境、心理等多方面着手。现代劳动心理学研究成果表明，员工的需要已经有了如下的变化趋势：

(1) 要求参与决策的愿望大大加强。

(2) 要求工作富有变化，能在工作中找到乐趣。人们已越来越不安于单调呆板的工作。

(3) 要求有更多的成长和发展的机会。希望自己在职位上、报酬上能突破现状。

(4) 要求对组织的目标有明确的了解，了解企业的真实经营情况。

(5) 要求被尊重、被关心、被理解、被倾听。

(6) 要求有沟通的机会。人们越来越不喜欢别人以简单的命令来支配自己，希望双方协商的方式来工作。

(7) 要求全方位的自我实现和成就感。

提升员工士气，一定要针对他们的特点，做到：

(1) 企业理念教育。让员工了解企业的社会价值和存在意义，使他们认为自己所从事的工作对别人和社会都是很有价值的。

(2) 岗位理念教育。让每个部门的员工都觉得自己的岗位对整个公司是举足轻重，不可或缺的，自己对公司的成败负有相当大的责任。

(3) 奖励机制。奖励是士气最好的催化剂。员工需要经常性的新奇刺激来维持工作的干劲，漠视和无理的批评只会使人沮丧。

(4) 坚决消除不满情绪。员工不满的地方往往就是士气低落的瓶颈所在。要直面这种不满，不惜代价解决这些问题；一时无力解决的，要向员工解释清楚。

(5) 和员工打成一片。一种融洽的领导与被领导关系，要比压服式的"高压统治"，更能令人由内心深处产生动力。

(6) 合理的薪水、福利待遇和各种休假制度，多劳者必能多得。

(7) 良好的工作环境。采光、色彩、音响、温湿度等，让员工觉得工作时身心愉悦。

(8) 共渡难关。企业经营有困难时，坦然向员工说明，请他们共渡难关。

2. 培养执行力文化

企业的执行文化，就是把"执行"作为所有行为最高准则和终极目标的文化。所有有利于执行的因素都予以充分而科学地利用，所有不利于执行的因素都立即排除。以一种强大的监督措施和奖惩制度，促使每一位员工全心全意地投入到自己的工作中，并从骨子里改变自己的行为。最终使团队形成一种注重现实、目标明确、简洁高效、监督有力的执行力文化。

3. 重视执行中的创造性

创新是企业兴旺发达的不竭动力。一个企业，总是在竞争的环境中生存和发展的。有没有创新意识和创新能力，能不能创造性地开展工作，是对每一个员工特别是管理者最重要的要求之一。要提高执行力，要时时、事事都有强烈的创新意识。今天的执行力绝不应该是简单地"保质保量"，而应是"创造性完成"。执行中的创造性就是在执行任务过程中进行方式方法创新、技术创新、管理创新、措施创新，以完美的执行力，安全、高速、优质地实现战略目标。在执行中，领导更多的是出一个思路，确定一个目标，规定一个时间期限，提出一期望的结果，这就需要执行者须有能力去策划整个操作过程，并且其结果往往大于领导的预期。

4. 加强团队建设

良好的执行力来自优秀的团队。决策是企业管理层的事情，但是一个好的决策能否不折不扣地得到及时执行，却要靠优秀的团队。执行力好的企业，其团队中的每一个执行者都能够具体问题具体分析，拿出与市场情况和总部战略相吻合的执行方案来，并加以有效执行。良好的执行力离不开充分授权。只有充分授权，给不同地区的分公司以相应的应变权限，准许其灵活经营，才能调动各地员工的积极性，提高企业的整体执行力，从而使企业提高生产率。

二、建筑企业个人执行力

(一) 个人执行力构成

1. 执行能力内容

职业经理人的执行能力主要表现为：

(1) 计划能力。经理人执行任何任务都要制定计划，把各项任务按照顺序列出计划表，分配下属来承担。在计划实施及检讨时，要预先掌握关键性问题，不能注重琐碎的工作而影响了重要的工作。

(2) 领导能力。为了使下属有共同的方向可以执行既定的计划，必须通过一定的领导来实现。首先考虑工作分配是否合理，员工与工作的关系是否对应。也要考虑领导艺术，领导能力是一种影响力，它的最高境界是使下属自觉自愿的为公司的目标去努力工作。

（3）协调能力。管理者的大部分时间都会花在协调工作上，包括内部上下级、部门与部门之间的共识协调，也包括与外部客户、合作伙伴、竞争对手之间的利益协调。任何一方协调不好都会影响执行计划的完成。协调能力要求，最好的协调关系就是实现双赢。

（4）授权能力。任何人的能力都是有限的，作为管理者要培养、教育下属与自己共同成长，为下属创造成长空间。由于管理一般要通过下属来达成工作目标，因而只有对下属进行有效授权，才能调动他们为实现共同目标而努力的积极性。所以，授权对于职业经理人也是非常重要的。

（5）时间管理能力。优秀的经理人和糟糕的经理人的效率可能会相差很大，导致这种差距的重要原因就是对时间管理的不同。职业经理处在企业执行的枢纽地位，对时间的管理不仅影响其本身的效率，也会影响他的上级、同级和下属。因而，高效的时间管理是职业经理人必备的能力。

（6）领导团队能力。一个企业发展的关键，一部分通过文字形式描述的管理制度，而一大部分则是靠团队协作执行完成的。一个团队里，每个成员各有自己的角色，各有自己的长处和短处，成员间的互补能够实现团队的协作的功能。经理人必须善于发掘下属的优点，以及在成员间发生冲突时，提出解决的办法。

2. 组织执行力与个人执行力

建筑企业要想取得经营成功，管理制度与执行力缺一不可。许多企业虽然有好的制度，却因缺少执行力，最终导致失败。建筑企业市场竞争日益激烈，企业与竞争对手的差别就在于双方的执行能力高低。现在的企业已经认识到执行的重要性，并以执行的好坏来判断企业或个人的执行力高低。由此可见，企业迫切需要执行力，而培养企业执行力的关键就是培养经理人的执行力。

（1）经理人必须具备必要的执行力。企业要培养执行力，应把重点放在经理人身上。经理人的执行力能够弥补制度上的不足，而再完美的策略也会死在没有执行力的管理者手中。执行力是企业成败的关键。为了更好地实现经营目标，必须反思管理者的角色定位，不仅是制度的制定者，还应该具备相当的执行力。

（2）经理人需要兼顾制度拟定与执行力。制度只有在成功执行以后才能表现出其价值。因此，作为经理人必须既要重视制度又要重视执行力。制度和执行力对企业的成功来说，缺一不可。制度是企业发展的方针，根据制度制定执行方案，执行是制度实现的手段，靠强力、切实的执行去实现制度。一方面，经理人在制定制度时应考虑其是否是切实可行的制度。另一方面，管理者在制定制度的时候必须考虑执行力问题，好的制度应能与执行匹配。

（3）经理人是制度执行最重要的主体。知易行难，经理人制定制度后也需要参与执行，只有在执行过程中才能准确及时发现制度是否可行，是否需要调整。管理者不能把对执行的忽视当成必要的授权，等到发觉制度不能执行，再进行调整就无济于事了。

（4）经理人必须重视培养下属的执行力。经理人是制度执行最重要的主体，但并非是大小事物都要亲历亲为，应该重视自身执行力的同时，重视培养下属的执行力。执行力的提升应该是企业里每个人的事情，管理者是否致力于培养下属的执行力，是企业总体执行力提升的关键。

（二）企业经理人提高执行力措施

（1）了解企业和员工。经理人必须时时以企业为念，在执行成效不彰的企业中，经理人往往与日常运作的真实情况脱节。虽然有人呈送大量的信息，却都是经过筛选由直属部下提供的数据，当然难脱各人的理解、能力以及业务重点的局限。这些经理人并未实际参与行动，对业务不够投入，因此无法掌握组织全貌，与员工之间也难免产生隔阂。经理人必须学会全心全力地体验自己的企业；必须亲自参与企业运营当中，绝不能采取一种若即若离的态度；必须深入了解公司的真实情况和员工心理，并通过这种方式有效建立作为一个领导者应有的权威性；可以经常问一些尖锐的问题。通过深入实际，经理人可以和员工建立更为密切的联系，和员工建立起真正诚实的对话关系，这会培养员工们的使命感和忠诚度。

（2）确立明确的目标和实现目标的先后顺序。经理人更为关注"一些"每个人都能把握清晰的目标，把精力集中在三四个目标上是最有效的资源利用方式，组织中的人也需要一些明确的目标，这是组织正常运行的关键。经理人必须为自己的组织设定一些顺序清晰而又比较现实的目标，这将对企业的整体绩效产生非常重要的影响。为了明确目标顺序，需要彻底改变自己以往的视角。

（3）对执行文化起到示范作用。经理人培养执行力的目的在于为组织提供一个良好的示范，使组织形成一种执行文化，促使各级经理人执行水平得到改善。在建立企业执行文化过程中，经理人的示范作用非常大，从某种意义上来说，管理者的行为将决定其他人的行为，最终演变成为该企业文化中的重要部分。

（4）落实执行。有了能执行的人，有了执行的文化，接下来经理人就应当严谨地进行落实。确保负责计划的人员能依照原定进度完成当初承诺的目标，并找出缺乏纪律或理念与行动不配合等问题，同时也能肃清各项具体细节，让组织各运作单位的步伐协调。如果遇到外在环境发生变化，完善的后续跟进也可使计划执行者迅速灵活地应变。

（5）对执行员工进行奖励。如果希望员工能够完成具体的任务，就要对他们进行相应的奖励。不具备执行型文化的企业根本没有任何措施来衡量、奖励和提拔那些真正有能力的员工。经理人要做到奖罚分明并把这一精神传达到整个公司当中，否则人们就没有动力为公司做出更大的贡献。

（6）提高员工的能力和素质。经理人工作的一个重要组成部分是把知识和经验传递给下一任经理人，也正是通过这种方式不断提高组织中个人和集体的执行力。对其进行指导是提高其能力的有效手段，经理人要把每一次和下属的会面看成是一次对其指导的好机会。仔细观察个人行为，然后向他提供具体而有用的反馈，这是最有效的指导方式。

（三）细节管理

1. 建筑企业对细节管理的需求

作为一个公司领导，不需要、也不可能事必亲躬，但一定要明察秋毫，能够在注重细节当中比他人观察得更细致、周密，做到能够细致，一个计划的成败不仅仅取决于设计，更在于执行。如果执行得不好，那么再好的设计，也只能是纸上蓝图。惟有执行得好，才能完美地体现设计的精妙，而执行过程中最重要的在于细节。细节是执行过程中的重中之重。提高执行力，就是要树立一种严谨些、再严谨些，细致些、再细致些的工作作风，改变心浮气躁、浅尝辄止的毛病，以精益求精的精神，不折不扣地执行好各项重大战略决策和工作部署，把小事做细，把细节做精。

2．建筑企业经理人如何做好细节管理

（1）要明白宏观决策和细节之间的关系。宏观决策是大前提，是总的、统揽全局的东西，而细节是各项战略指标的具体落实。因此，经理人必须为领导提供可靠的信息和详实的基础材料，做好公司领导决策时的参谋。当重大战略决策做出后，必须要落实在细节上，只有踏踏实实做好、做细一切工作，才能充分实现战略目标。

（2）做好宣传教育工作。人的行动是受其思想意识支配的，对细节的重要性认识不足、了解不够，是不可能做好细节的。因此，不但每一位经理人要深刻领会，而且还有责任教育全体员工，重视细节、关注细节，充分认识细节的重要性。

（3）每个经理人都要把重视细节的精神转化为日常工作的实际行动，从自己做起，从现在做起，牢固树立重视细节的观念，凡事都要从大处着眼，从小事做起，决不容许漠视细节的现象存在。对于公司的每项决策都要化分为操作规范，设立考评指标，使其与平时的每项工作都挂起钩来；扎扎实实地工作，紧抠细节，在工作的方方面面都要做得细而又细。

第四节　时间管理

一、时间的特性和时间管理

（一）时间的特性

时间是经理人拥有的宝贵资源，不同于政策、金融、人才、材料、交通、环境等为大家普遍认同的资源，时间作为一种重要的有效资源，具有以下特性：

（1）供给毫无弹性。时间的供给量是固定不变的，在任何情况下都不会增加和减少，每天都是24小时，管理者可以想方设法去筹措资金，物色人才，但绝不可能用租、借、买的方式去获得时间。

（2）无法蓄积。时间不像人力、财力、物力和技术那样被积蓄储藏。不论愿不愿意，我们都必须消费时间，一旦消费就无法追回。

（3）无法取代。任何一项活动都有赖于时间的堆砌，即时间是任何活动所不可缺少的基本资源。对其他资源而言，当某种资源缺少时，可以用另一种资源去替代，而时间资源则不能。

（4）可以伸缩。时间可以转瞬即逝，也可以发挥最大的效力，也就是说，我们在占用时间的数量上是相等的，但在利用时间的效率上是不相等的。

时间是管理中的稀有资源，是企业的潜在资本。因此，对于时间的管理是非常重要的。对建筑企业来说，无论是生产或是商业活动，如果不能在单位时间内创造比别人更高的价值，就无法在竞争中取胜。正是这种无法累积，不可复制的性质，使时间管理对企业经营者而言格外重要，可以这样说，不懂得高效管理时间就是无能的管理者，浪费时间就等于浪费企业的财富。

（二）时间管理的内涵

所谓时间管理，就是经理人面对时间的流动而进行自我的管理，以过去为改善时间管理的参考，把未来作为时间管理的目标，在恰当的时间用正确的方法处理各项事宜。

时间管理理论、观念和工具的发展至今已有四代：

第一代时间管理的主要目的在提醒人们切勿遗忘，管理工具为简要的备忘录及查核表，表格的设计虽然因人因需要而异，但大抵不外乎月、日、时间、人物、内容的范围。

第二代时间管理重在规划及筹备，管理工具为行事日历及工作清单。本阶段时间管理的规模，显而易见较以往庞大复杂，因牵涉到规划阶段，在防范于未然的情况下，的确可节省不少过去花在琐碎事物上的时间。

第三代时间管理则除了包含规划外，更进步做到排定优先顺序以及控制。这个阶段的主要管理工具为可以表达出统合价值观、目标、进度表的规划书，时间管理至此可说已完全脱离便条纸或是随手小卡片的时期。

前三代时间管理观念是：提高工作的效率，充分利用每一天每一小时每一分钟。

新时期时间管理以自然原则为核心，追求时间的平衡，主张时间管理的关键不在于时间，而在于个人管理。经理人与其着重于时间与事务的安排，不如把重心放在维持产品与产能的平衡上。

（三）时间管理的关键

有效的时间管理应从以下角度考虑：

1. 时间管理的远近规划

为了能掌握时间，管理者必须根据自己和企业的目标安排长期、中期和短期乃至以天为单位的时间规划。

规划是时间管理的起点，因为有规划，我们才知道应当将时间运用在什么地方。因为有规划，我们才能在事前安排，将时间的浪费降到最低的状况。规划可以分为几个方向：

（1）规划目标与工作重点。每隔一段时间一定要重复找出现阶段的目标与工作重点，作为下阶段投入的方向。

（2）规划行动计划与工作清单。目标设定不等于真正的规划，没有实际执行计划的目标并没有太大的意义，好的规划者懂得将目标转化为具体的行动计划，列出每个阶段应当采取的行动与工作清单。

（3）规划行程。一旦规划出具体的行动清单，这众多的行动事项就必须透过有效的时间安排，也就是行程规划来加以完成，因此，经理人应会在每个月、每周、甚至每一天找寻适当的时间来做时间计划，有效地规划行程，将同类型的工作合并一起完成，让自己能够以最少的时间创造最大的边际效益。

（4）规划检视点。规划与实际执行往往有着相当程度的落差。规划目标的"检视点"也是相当重要的工作，在每个目标和计划规划时设定检视点，也就是进行一段时间后做检视，可以避免进度一直无限期地拖延，而造成最后不了了之的状况。

（5）规划配合的对象。在讲究团队与组织运作的企业中，许多工作和目标的完成往往不是靠个人的力量，也不是完成个人的部分就可以了，而是必须配合整个组织团队；因此，在做规划时也必须将组织和相关的伙伴一并纳入，当彼此都有规划的习惯，并且有效地沟通与协调，整体的产值才能提升，组织的力量也才能相对贯彻。

事实上，当组织规模发展得越大，组织内经营的人数越多，经理人所要考虑的事项和工作也相对增多，此时，规划便越显重要。规划的能力是决定是否能成为好的管理者的关键，因此，学会做规划、习惯做规划，才能让组织不断壮大，实现企业的发展。

2. 时间管理的优先顺序

为了提高单位时间产生的效益，管理者需要将个人和企业经营过程中发生的各项事宜根据其对个人和企业绩效的影响划分优先级别。先找出最为重要的工作事项，将它列为绝对要完成的"重点"，优先将时间用在这类最重要、最有产值的事情上面，然后再将剩余的时间用在其他工作事项上面。

在企业经营和个人提升过程中，好的经营者或是管理者，总是清楚知道什么样的事情对个人和整个企业是最重要的，而一般表现较差的管理者，无法更为成功的原因往往是因为分辨不出什么是最重要的事情，永远搞不清事情应有的轻重缓急。

以下是在分类的事项中被列为首要，应当绝对优先处理的事情：

（1）跟"阶段性目标"有密切关联的事情。企业处于不同的发展阶段，其阶段性目标也不尽相同，在企业初创时期，开拓市场，建立品牌是企业经营的主要方向，当企业发展到具有相当规模，优化内部管理，实施人才战略，提高企业效益，变得逐渐重要。因此，在不同的阶段，首要完成的事务也不尽相同，管理者应根据阶段性的目标来判断各项事务的优先顺序。

（2）影响层面广大的事情。如果某项事务的影响层面很大，做不做会对企业的发展和运行产生巨大的影响，这些事务就应当处于优先处理的范畴之内。

（3）不处理会造成破坏性的影响。除了正面的工作事项，当企业经营过程中出现的某个问题，如不妥善解决将会扩大负面影响，进而造成破坏性的伤害，则应当列为优先处理的事项。

在拟定优先工作事项的过程中，要特别注意必须是根据"客观的判断"而非"主观的期望"，真正理性地分析什么是最重要的事情，以事情的"重要性"和"影响性"作为判断基准，而非以情绪化的考虑作为优先。

3. 时间管理的制约因素

经理人必须找出造成时间拖延、浪费的限制因素，并寻求解决方法，使时间管理的目标达成度增高，使对时间使用的规划实际可行。在企业内部，造成时间拖延、浪费的因素有以下方面：

（1）缺乏制度或缺乏远见而产生的时间浪费因素。企业组织如果缺乏制度，不能以制度管人往往会导致员工疏忽和忙乱，甚至产生钻组织空子的现象，没有激励机制，就不能充分发挥员工的主观能动性，造成员工的拖拉和懒散，这不仅浪费时间，也会导致工作水平的大幅度下降。

（2）人员过多造成时间浪费。人员过多，就难免彼此侵犯、相互冲突，产生人群关系问题和做事相互推诿的现象，这需要管理人员花费大量时间处理这些人事摩擦和纠纷，协调他们工作中的争执与矛盾。

（3）组织不健全导致时间的浪费。组织不健全，表示职位结构不合理、单位设置不当，这也可能产生部门间的扯皮、推卸责任和互不合作等现象，管理者下达的任务往往没法落实，职责分工不明确而造成信息不能正确、及时传达。这些问题需要管理人员花费大量时间采用开会或个人交谈等方式来协调处理，十分浪费时间。

从经理人自身出发，常见的造成时间管理不善的原因如下：

（1）中途停顿。经理人往往因为各种原因没有彻底完成一件事或没有按既定的方针一直努力下去，一段时间后又要重新捡起这件未完成的事让自己重新去熟悉、回忆，这不仅浪费时间，也会降低办事的质量。因此，高效的管理者应当尽量做事圆满，避免中途停顿造成前期工作时间的浪费和重新开始工作而进行的重复劳动。

(2) 纠缠小事。经理人往往将时间浪费在处理各种鸡毛蒜皮的小事，苛求小事的完美，而没有足够的时间来处理各种大事和紧急的事。精明的管理人员应当避免过度注意低效益、低价值的项目，避免追求短期效益和目标。

(3) 过度干涉下属。对于下属和员工，要充分发挥他们的时间利用效果，不要轻易打扰他们的工作，公私事要分明，决不能将私事交给下属来做。同时，要尽量让员工们一次性完成一件事情，不要中断他们现在的工作而让他们为自己做事。

(4) 不懂拒绝。经理人无法克服不好意思拒绝的心理，接受他人事务性的委托，而将时间浪费在自己并不愿意履行或对个人和企业意义不大的事务上。

(5) 时间安排过度紧张。很多经理人认为时间管理的好坏可以用管理者是否忙碌来衡量，因此对于时间的安排太过琐细和紧张，造成身体和精神的疲劳，降低了工作效率。

4. 时间管理的结果评估

经理人应对一定时期内的时间管理计划及实施情况和效果进行评估，以清楚地了解目标计划的超前与落后，各种未曾预测到的限制发生与可能的风险因素以重新调整或改进，使整个时间的流动处于管理者的控制之中。

二、建筑企业时间管理的方法

(一) 确定优先次序的方法

在实践中，确定优先次序的常用方法是 ABC 分类法。ABC 分类法又称"重点管理法"，先按照图 6-2 所示流程，把全部工作分为 A、B、C 三类，明确重点与非重点，之后再对不同的类别采取不同的策略。

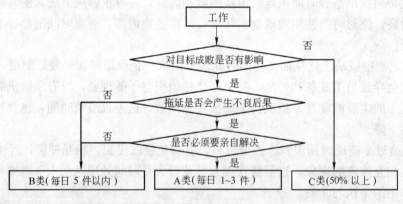

图 6-2 ABC 分类法

其中 A 类工作份量最重，时间最紧，影响最大，数量约占总量的 10%～15%，价值约占总值的 70%～75%，是管理者必须处理、及时处理、亲自处理的工作，投入的时间必须最多，应该在 80% 左右。B 类工作份量一般，不太紧迫，影响也一般，数量约占总量的 25%～30%，价值约占总量的 15%～20%，这类工作管理者或自己去做，或授权别人去做，投入的精力不宜过多，在 20% 左右即可。C 类工作既不重要，也不紧迫，无暇顾及亦不会产生严重后果,数量约占总量的60%~65%,价值约占总量的5%~10%,这类工作管理者可不必介入。

(二)设立目标的SMART法则

(1)目标要具体(Specific)。目标过于笼统便无法度量,无法度量便毫无意义,譬如:理财的目标不应该是"进一步压缩行政开支",而应该是"三个月之内把办公费由每月5000元降至3000元"。因为前者无所谓完成与完不成。

(2)目标要有意义(Meaningful)。不值得争取或者与集体利益冲突的目标都没有意义。

(3)目标要一致(Aligned)、要有可实现性(Achievable)。目标具有层次性,中间不能出现冲突和断层。一致的即正确的,不一致的即不正确的,可实现性是目标的生命。

(4)目标要具有可行性(Realistic)。主要是指条件允许。

(5)目标要有时限(Timely),可以进行跟踪(Traceable)。没有时限的目标即使量化得天衣无缝也难以实现,因为意志薄弱者极易从中找到借口,从而置之于脑后。同时时限长短直接影响行动方式的选择和行动计划的制定。

(三)时间分配的方法

1. 帕累托法则

19世纪末期,意大利的经济学家维拉福莱多·帕累托发现,英格兰80%的土地掌握在只占总人口20%的人手中,帕累托随后又发现这条二八"不均衡分配定律"在生活的其他领域中同样能够成立。帕累托之后的许多经济学家们进一步拓展了这一理论,并最终将这一理论命名为"帕累托定律"。这条基本定律是时间管理的核心理论之一,帕累托定律又称"80/20"原理,是指在任何特定群体中,重要因子通常只是少数,约占总量20%,而非重要因子则是多数,约占总量80%,抓住重要的少数,就能控制全局。因此,经理人只需处理20%,其余都应该授权下属去做。

2. "60/40法则"

经理人的时间不要100%地计划,一般情况下只规划60%,其余40%用于应急,处理未纳入计划或各种突发事件。

(四)授权

把工作交给下属去做叫做授权,授权可以借用下属的时间,而把经理人的时间用在处理相对紧急和重要的事务上面。

(1)可以授权的工作。授权要在适当的时候把适当的工作交给适当的人去做。除了决策工作、涉及面比较大的工作、风险比较大的工作、极其特殊的工作、没有时间解释和检查的工作以及必须保密的工作,其他工作都可以授权他人去做。特别是文件起草工作、比较琐碎的日常工作、带有辅助性质的工作以及可以由下属代理的工作、为了处理更重要的事情而必须放弃的工作、同决策有关的信息收集工作、决策实施前的准备工作和决策实施工作等。

(2)授权方法。授权有多种方式,经理人可根据具体工作的需要来选择合适的授权方式:下属研究汇报,经理人作决定;下属拿出多个方案,经理人选择最佳方案;下属处理,事后向经理人汇报结果;下属全权负责。授权并不等于责任转移,经理人仍需对授权事宜负责。因此,授权必须慎之又慎,一要用人得当,二要把任务交待清楚。三要赋予必要的权力,四要明确权利与义务,五要监督到位。

（五）学会拒绝

经理人要学会拒绝，在事前充分考虑清楚应承下来是否有助于目标实现，是否需要因此付出代价，会产生什么后果，该说"不"的时候一定要说。迟疑只会进一步加重自己的负担。拒绝是一种量力而行的表现，有些事自己做的效率和效果不如别人做，拒绝不仅对对方有利，对自己也有利。在下列情况下必须拒绝对方的请求。一是对方的要求欠考虑；二是对方试图强加意志于你；三是对方无缘无故地转嫁负担于你，而且不做任何解释；四是权衡的结果是弊大于利。

拒绝对方的要求要讲究策略。要耐心听取对方的要求，这一方面是为了了解请托事项的确切内涵，另一方面也是为了表示对对方尊重，这样一来对方比较容易接受拒绝的结果；对于不能当场答复的问题，应给对方一个明确的答复期限，不要含糊其辞，试图以拖时间的办法不了了之；要把拒绝的理由交待清楚，表达明白自己的立场；措辞得体温和但是不能留有商量的余地，可能的话可以提供建议。

（六）培养时间管理哲学

任何组织或个人的奋斗中时间可以看作最需要竭尽全力争取的最有价值的资源。即使时间是一个没有终点的货品，但它是一个不可复制而日益衰竭的资源，一旦丢失便永远不可追回。时间管理其实堪称一门有效利用时间的艺术和科学。

时间管理是效率管理的关键因素，善于管理时间的组织和个人在商业社会中能更具竞争力地面对个人和专业的挑战。时间不仅成为用于组织研究的一个工具，也是市场竞争中获得优势的手段，基于时间的管理，循环时间减少和时间增值这些理念已经成为竞争策略不可或缺的关键特性。经理人必须加强培养个人的时间管理哲学：要有远大的眼光，要有延后满足的能力；培养个人的特质，在行动中自我操练；要记住时间等于金钱，衡量每一件你被期待去做的事；时间管理是一生的技巧，要努力完成较高价值的工作；以榜样去引导你的部属，学会平衡与适度相结合，放轻松，要休假和运动；确定你的目标与价值的一致性。

第五节　沟　通　管　理

建筑企业的管理活动，一方面要以施工经营管理为中心，以项目为单位对施工的工程进行合理的组织，另一方面要加强内部管理，注重应用各种管理方法，打造先进的管理团队，从而为业主提供优质的服务，才能打造出企业的品牌和形象，迎接日益严峻的竞争挑战。在建筑企业管理过程中，管理者要同项目团队、业主、供应商、服务商，以及政府相关部门、金融机构等等形形色色的个人和组织打交道，通过及时地信息交流和反馈，控制项目进度和成本，了解业主意愿，掌握企业各层次人员的工作状态和心理水平，构建和谐的外部关系等等，可以说，无阻滞的沟通决定了建筑企业管理的成败。

对于建筑企业经理人而言，沟通渗透在每一个管理职能之中，不论是制定计划，还是执行政策，不论是激励员工，还是收集信息，不论在企业内部，还是在企业外部，经理人在企业庞大的信息网络中占据着核心的地位，负责从组织内外收集信息，然后把适当的信息发布给相应的人员。无论是与个人还是其他组织进行沟通，企业领导管理沟通的技巧和能力是企业日常管理活动的基础。

一、沟通概述

(一) 沟通的含义

沟通是指两个或两个以上的个体或群体之间为达成共识而进行的信息共享过程,通常这一过程伴有激励或影响行为的意图。简言之,沟通就是信息的传递与理解的过程。实质上就是人与人之间、人与组织之间、组织与组织之间信息共享的过程。作为管理活动的重要组成部分,沟通管理是为了实现个人或组织目标而进行的管理信息交流的行为和过程,通过管理,使沟通活动的目的更加明确,更有计划,渠道更加顺畅。沟通必须具备三个基本条件:

(1) 必须涉及两个或者两个以上的个人或者团体。
(2) 必须有一定的沟通客体,即信息。
(3) 必须有沟通的媒介,即信息的载体。

不难看出,沟通不仅仅是信息的传递,更重要的是沟通双方对于信息的理解应该达成一致。由于信息的接收者不同的教育、文化背景,对于接收到的信息极易产生误解,造成沟通的障碍。

(二) 沟通的媒介

按照沟通媒介,可以将沟通分为口头沟通、书面沟通、非语言沟通和电子媒介沟通等。随着科学技术的发展,通信技术得到了日新月异的变革,可以作为沟通媒介的载体越来越丰富,组织或个人可以根据不同的需要来进行选择。

(1) 口头沟通。口头沟通是信息传递的重要通道,包括人员之间面谈、电话、讨论会、演说会等,既可以是面对面的直接信息交流,也可以是群体的会议和讨论;既可以是正式的交谈,也可以是非正式的闲聊。

(2) 书面沟通。书面沟通是指以书面文字的形式进行的沟通,信息可以得到长时间的保存,一般情况下,发送者与接收者双方都拥有沟通记录,如果双方对传递的信息有疑问,过后的查询是可以的。对于复杂的活动来说,书面的记录有利于双方的信息沟通。

(3) 非语言沟通。非语言沟通渠道主要包括身体语言沟通和副语言沟通。身体语言包括动作、手势、面部表情、身体空间、服饰和仪态等。副语言沟通包括声音、语调、停顿等等。非语言沟通往往比语言沟通更为有效、便捷,通常人际沟通中65%的意义是通过非语言沟通来传达。

(4) 电子媒介沟通。电子媒介沟通是随着通信、电子和网络技术的发展而产生的沟通媒介,随着企业信息化的发展,这种沟通媒介得到了越来越广泛的应用。

各种媒介具有的优势和劣势如表 6-2 所示。

各种沟通媒介的比较　　　　　　　　　　表 6-2

媒　介	优　点	缺　点	例　子
口　头	传递和反馈速度快,信息量大	信息失真严重、难以核实	会议、交谈、演讲
书　面	持久、有形,易于核实	效率低	文件、报告、通知
非语言	信息意义丰富,灵活多样	传递距离有限,易被误解	动作、语调、光信号
电子媒介	传递迅速、信息量大、廉价,可重复使用	单项传递,缺乏感情	传真、网络、电子邮件

二、人际沟通管理

人际沟通是人们运用语言符号系统或非语言符号系统传递、理解信息和情感的过程,它是人类沟通中最重要的沟通形式之一,其目的在于人们需要分享信息、传达思想、交流情感和表达意愿。人们通过沟通,相互认知、相互吸引,并通过沟通影响别人和调节自己的行为。

(一)人际沟通的作用

良好的人际沟通能力,使企业的管理者传递思想,使自己的经营理念和方法得到更多人的接受和执行;树立形象,得到下属的支持和拥护;建立人际关系网络,谋求社会角色的实现。

(1)人际沟通是人际关系的构成条件和促成"人和"的手段。人们通过沟通与周围的社会环境相联系,而社会是由人们互相沟通所维持的关系组成的网络。沟通就像整个社会系统的心血管系统,在社会网络中,沟通是一种自然而然的、必需的、无处不在的活动。

(2)人际沟通贯穿于生活的所有领域。人的绝大多数活动都是通过沟通进行的。管理者通过人际沟通来劝说、协调关系,以及分享信息、谋求共同发展和激励他人。良好的人际沟通是管理者工作和与外界建立联系的重要技能。

(3)人际沟通是不断学习的过程。人们掌握的知识,很大的部分来源于社会学习,通过人际沟通,例如与朋友、同行的聊天、聚会和交际,都是获得社会信息和知识的过程。

(二)人际沟通的障碍

在沟通过程中,存在着妨碍信息沟通的因素,存在于沟通过程的各个环节之中,影响信息传递的速度和正确理解,我们将之称为沟通障碍,主要有人为障碍、语义障碍和物理障碍。

1. 人为障碍

人为障碍是人的精神状态、价值观念、能力水平等造成的沟通干扰,是影响沟通因素的重要因素。

(1)思想和感情。沟通双方都是有思想、有感情、有心理活动的个体,如果个体的心理活动产生了一定的障碍,必然会影响沟通的效果。所以,信息发送者的思想状况会直接影响沟通效果。在对下属的信息沟通中,若管理者有自以为是、高人一等、惟我正确的想法,就会很少主动与下属沟通,组织中的地位不同引起的心理差异和心理隔阂,也阻碍了有效的沟通。

(2)表达能力。人的沟通能力有相当大的区别,往往影响有效的情感沟通和信息沟通。沟通能力的差别,源于个人的知识水平和个人的秉性。沟通主要借助口头和书面语言来实现。主题不突出、观点不明、结构不合理、语言不生动、文法不通的书面语和口齿不清、语无伦次、平铺直叙、词不达意的口头语,势必影响沟通的效果。

(3)信誉不良。沟通双方若对对方的人品、说话的态度、信誉程度心存顾虑和怀疑,就会对沟通的内容产生不信任,必定无法实现有效的沟通。

(4)角色障碍。沟通双方社会角色的不同,特别是当信息的接收者与发送者的地位相差悬殊,接收者在沟通中会表现出担忧、恐惧的心理反应,从而影响其接收能力和沟通效果。

(5) 理解能力。由于信息发送者和接收者在知识和经验水平上的差距，接收者在接收信息时，会发生理解上的困难和沟通障碍，双方就同一信息常常在理解上出现分歧。

(6) 情感偏见。由于某种偏见或人为的观念，例如对信息发送者看法的先入为主，接收者会根据这种偏见对接收到的信息进行过滤、曲解和断章取义，接收者只接收对自己有利的那部分信息，而对其他部分视而不见。

2. 语义障碍

沟通基本上是利用符号来表达一定的含义，这种符号多种多样，符号本身又常常具有多种含义，如果沟通双方对符号的理解不同，或选择的不恰当的符号，就会出现语义障碍。

(1) 词语引起的语义障碍。在沟通中我们要注意到一个词的多重含义，避免沟通双方对同一个词的不同词义的接收；在使用专业术语的时候，必须保证双方都熟悉这些术语的含义，必要时可以加以解释；此外，还要考虑是否会使对方产生词义之外的联想，以免引起信息接收者对信息理解的偏向或误解。

(2) 图像引起的语义障碍。除文字之外，图像是另一种重要的沟通符号，如图表、模型等等，图像具有直观性和形象化的特点，但是由于视觉误差，人们也会对图像产生多种联想和理解。

(3) 非语言符号引起的语义障碍。身体语言、语音语调、声光符号等非语言沟通，在表达信息的过程中具有含义丰富，易于接受的优点，但是，这种沟通符号往往受到环境的影响，例如，沟通双方不同的文化背景，可能导致对一个身体动作的不同理解，因而导致理解上的障碍。

3. 物理障碍

物理障碍也可以影响沟通的效果和效率。

(1) 渠道不畅。由于种种干扰，尝试沟通渠道受阻或不通畅，从而影响沟通的效果。

(2) 距离障碍。组织机构庞大，层级过多，会使信息传递不畅，信息逐级失真，影响沟通的效果。

(3) 时机不当。沟通时机包括沟通的时机和空间。沟通时机直接决定沟通的结果，如果接收者由于某种原因心情不佳或正在从事某项重要而不能拖延的工作时，这时的沟通效果就会很差。例如，对于某些信息而言，必须当面交流，如果采用信函的方式，势必影响沟通。

(三) 有效的人际沟通技巧

沟通障碍的出现是不可避免的，重要的是管理者必须学会克服种种不利因素，实现有效的沟通。

(1) 明确沟通的内容。管理者需精心构思需要沟通的信息，针对具体的沟通目标，很多组织管理者试图在一次沟通中包含尽可能多的信息，影响接收者的效率和反馈，应当在沟通过程中明确一个或几个关键信息，使信息能被快速接收和反馈。

(2) 了解沟通对象的背景。尽可能设身处地的从信息接收者的角度来考虑和看待问题，进行真诚而富有建设性的沟通。

(3) 克服信息失真。为了避免双方对于同一信息的不同理解，可以要求接收者确认或重复信息的要点，杜绝模棱两可的信息。

(4) 抑制情绪化的反应。信息发送者情绪化的反应，会使信息的传递严重受阻，作为管理者，一方面要关注自己情绪的变化，避免这种变化对沟通对象的影响，另一方面，要留意沟通对象的情绪反应，做好随时改变沟通策略的准备，必要时可以暂停进一步的沟通，使双方恢复平静。

(5) 保持语言和非语言沟通的一致性。手势、衣着、姿势、表情甚至语调等非语言沟通媒介应最大限度的与语言信息保持一致，防止发送错误的信息。

(6) 获取沟通的信任。组织管理者应尽力创造充满信任气氛的沟通环境，管理者应通过长期的积累树立自身的可信度，建立与沟通对象的和谐关系，有利于沟通对象对信息的接收。

(7) 选择恰当的时机和场合。沟通对象对于信息的接收在某种程度上受到周围环境的影响，因此组织管理者应注意选择适宜的场合和机会向沟通对象传递信息。

(8) 倾听。倾听是管理者最重要的沟通工具，管理者通过倾听来获得信息，可以通过邀请和鼓励，或是采用提问的方式，听取沟通对象的意见和对于信息的反馈。找到沟通对象的兴趣点，随时调整自己的沟通方式和媒介。

三、组织内沟通管理

组织内时刻都存在着大量的信息流动，组织内沟通是指组织中以工作团队为基础单位形成的信息交流和传递的方式，优秀的管理者，必须对组织内沟通进行有效管理。

(一) 组织内沟通的作用

为了实现组织的目标，组织内部必须形成一个高效的信息传递系统，在适当的时间，将适当的信息，用适当的方法，传递给适当的组织或个人。良好的组织内沟通具有以下作用：

(1) 沟通是正确决策的前提与基础。组织目标的实现与否，一般不在于组织内部的日常管理，而在于组织重大方针的决策。而决策是需要以大量的信息为基础的，如企业管理中问题的提出、各种解决方案的比较都需要组织内外的大量信息。

(2) 沟通是明确任务行动一致的工具。当领导机构做出某一决策或制定出某一政策时，由于组织内部成员或部门之间所处的位置不同、利益不同、掌握的信息不同，因而对决策或政策的态度一般是不一样的。为了使组织成员及部门明确今后的任务并一致行动，就必须进行充分而有效的沟通，以交换意见、统一思想、明确任务并一致行动，以最有效的方式完成组织任务。

(3) 沟通是组织成员之间建立良好人际关系的关键。一个组织内部人际关系如何，一个组织的外部关系如何，都与组织的沟通水平、态度与方式有关。组织成员之间相互交换信息、建立融洽的人际关系、建立实现组织目标的良好气氛，都与沟通的效果密切相关。而良好的人际关系的建立对于实现组织目标是至关重要的。

(二) 组织内沟通的形式

一般情况下，组织内有两种沟通形式。

1. 正式沟通

正式沟通是指通过组织的正式结构或层次系统进行沟通的通道。是由组织内部管理规章制度所规定的渠道，和组织结构紧密相关，包括正式组织发布的命令、指示、文件，组织召开的正式会议，正式颁布的法令、规章、简报、手册、通知、公告，组织内部上下级和同事之间的工作接触。正式沟通按照信息的流向可以分为上行沟通、下行沟通、平行沟通和斜向沟通。

（1）上行沟通。指在组织中信息从较低层次向较高层次流动的一种沟通。通过上行沟通，管理者才能了解下级的需要和意见，才能有效地反馈管理措施的效果。

（2）下行沟通。组织中信息从较高的层次向较低层次的传递所形成的沟通。下行沟通是传统组织最主要的沟通流向，运用下行沟通方式，可以保证组织的决策迅速、正确的贯彻和执行。

（3）平行沟通。同层次、不同业务部门之间以及同级人员之间的沟通。这是为了更好的开展工作而进行的沟通，在组织的具体运作中非常重要，也是各个部门日常运作不可缺少的环节。

（4）斜向沟通。信息在不同层次的不同部门之间流动，按照组织跳板原则，在必要时可以进行横向的信息沟通，使得组织更加富有效率，但沟通之后要向上级部门汇报。

2. 非正式沟通方式

组织中的正式沟通是通过组织中的正式渠道来进行的，在组织中还存在一些非官方的、私下的沟通，我们将之称为非正式沟通。这种沟通在某种程度上可以弥补正式沟通速度慢、刻板等缺点，在沟通管理中需要领导者的引导和利用，但是不可否认，这种非正式沟通的信息扭曲和被歪曲的可能性较大，形成谣言，影响正常的信息沟通。

（三）组织内沟通网络

组织的沟通网络可以分为正式和非正式网络两种，每种网络又各有不同的表现形式，组织管理者可以通过了解不同的表现形式来更好的加以利用，提高沟通的效率。

1. 正式沟通网络的形式

正式的沟通网络有 5 种形式，如图 6-3 所示。

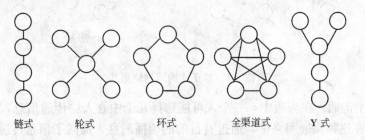

图 6-3　正式沟通网络的形式

（1）链式沟通。信息逐级传递，只有上行和下行沟通，居于两端的人只能与邻近的成员联系，居于中间的人可以分别与两端的人沟通信息。组织中这种形式常常存在。由于信息经过多层传递、过滤，信息的内容容易失真，使得信息接收者所得到的信息差异较大。

（2）轮式沟通。一个管理者分别于多个下属进行沟通，但是下属之间没有相互沟通，这种控制性的沟通网络，由于管理者处于信息的传递和交汇点，解决问题速度快，集中化程度高,但沟通渠道过于单一,不能使下属了解组织的相关信息,容易导致下属的不满和士气低落。

(3) 环式沟通。又称为团队型沟通,在沟通网络中,成员间依次以平等的地位相互联系,不能明确谁是主管,组织的集中化程度地。由于沟通渠道少,信息的传递速度慢,但成员之间的满意度和士气较高。组织在建立工作团队时可以考虑使用这种方式。

(4) 全渠道式沟通。在这种沟通网络中,渠道较多,每一个成员之间都有一定的联系,地位平等,合作气氛浓厚,主管身份不明确,组织集中化程度低,但成员满意度和士气较高。

(5) Y式沟通。又称为秘书控制型沟通。这种沟通相当于企业领导、秘书和下属人员的关系。秘书是信息收集和传递的中心,对上级领导负责。这种沟通网络减轻的组织领导的负担,解决问题速度快,但除了主管外,其他成员的满意度和士气低下,降低了工作效率。

2. 非正式沟通网络的形式

非正式沟通网络主要有 4 种形式,如图 6-4 所示。

(1) 单一型沟通。信息在非正式网络中异地传递,由一个人转告给另一个人,也只告诉一个人。

(2) 流言型沟通。由沟通网络中的一个人向其他所有人传播信息,传播者是网络的关键人物。

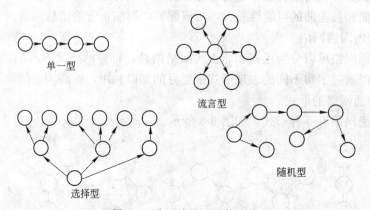

图 6-4 非正式沟通网络形式

(3) 选择型沟通。在沟通中,一个人可能选择几个中心人物传递信息,再由他们把信息传递出去。在这种沟通网络中,通过有目的的传播消息,提高了信息传递的效率,目的比较明确,使人们常常采用的沟通网络。

(4) 随机性沟通。信息传播者把消息随机传递给某些人,这些人随机传递给其他人。

(四) 组织内沟通的障碍

影响人际沟通过程的障碍同样干扰组织沟通,此外,组织的特有因素也会造成沟通障碍。

(1) 正式沟通渠道。随着组织的发展和成长,正式沟通渠道的覆盖范围越来越广,导致在大型企业中进行沟通越来越困难,信息在组织的不同层级中自由流动,导致管理者通过正式沟通渠道获得信息的难度越来越大。

(2) 组织中权利和地位的差异。这种差异往往决定了沟通的内容和形式。组织领导容易因为权力地位较高而忽视下属的贡献，权力地位较低的下属不愿意向上级报告坏消息，担心上级对自己能力的怀疑。也造成了高层管理者与基层谈话有时会变得流于形式化和表面化的现象。

(3) 组织内团队之间的差异。组织中，每个团队都站在自己的角度看待问题。在同一团队当中，拥有相同的目标、任务、知识背景，相对而言，团队内的沟通变得容易，而不同团队之间的沟通由于利益和背景不同受到影响。

这些组织特有的障碍，对于沟通的效率和效果都会产生影响。

(1) 沟通信息不完全。当管理者没有给组织成员提供完成任务所必需的信息时，下行沟通就会出现问题。

(2) 管理者和下属之间，下属和下属相互间缺乏公开性。管理者可能认为某些信息没有必要与组织成员共享，使成员对组织缺乏归属感。

(3) 信息的耗损。产生耗损的原因多种多样。可能是信息在层级之间的传递，组织成员和管理者之间缺乏信任和报喜不报忧的心态，以及团队间对于信息理解的差异造成的信息的损失等多方面因素共同作用的结果。

(五) 组织内沟通的框架

组织内部沟通框架可以应用 4S 策略进行描述。将组织内的沟通纳入组织发展战略中，以恰当的沟通结构，进行组织长期的沟通活动，并对沟通结果进行讨论研究，形成建议并且指导行动。

(1) Strategy——战略。说明组织已经把内部的沟通视为管理的一种战略工具，同时也要求组织必须在众多的信息中提炼出战略要点，集中反映组织未来的发展方向和共同的远景目标，并准确无误地传达给员工。

(2) Structure——结构。指沟通渠道的结构和手段，常用的沟通交流手段有内部文件、内部刊物、电子邮件、成员会议、讲话等规模较大的沟通方式，也有例会、聚餐、出游等非正式、小规模的沟通；此外，双向的沟通越来越受到管理者重视，很多企业的管理者开始采用巡查的方式，深入到现场，与一线员工面对面之间交流。

(3) Study——研究。突出对想要传达的信息资料的进一步研究，来把握组织成员的思想状况和看法，有目的地传达组织的信息。

(4) Support——支持。及对传播信息的反馈。互动式的沟通对此非常关注，组织要保持对外界环境的敏感和适应性，必须及时对机会和威胁提出相应的应对措施，互动式的沟通最能体现这一点。

(六) 组织内部沟通技巧

作为组织的管理者，如何运用基本的沟通方法解决实际问题，提高组织内部的沟通效率，是必须面对的课题。

(1) 上行沟通的技巧。在上行沟通之前，要对所汇报的问题和相应的解决办法考虑周到，节约沟通的时间，抓住问题的重点并且表述清楚，反映组织中目前面临的问题。

(2) 向下沟通的技巧。作为上级，在沟通的过程中，必须打消下属的顾虑，创造宽松的沟通环境，聆听下属的真心话，即使是指除错误和反对的意见。在企业的实际操作中，组织成员的态度和建议往往受到忽视甚至压抑，挫伤了员工的积极性，不利于组织凝聚力的形成。

(3) 同级的沟通技巧。日常工作中，组织内不同团队之间的协调依赖于同级的沟通交流，企业管理者要打破团队之间的隔膜，树立整体的观念，建立共同的目标。

(4) 会议沟通技巧。主持会议要做好准备，调动会场的气氛，吸引听众注意，让会议的参加者充分发表自己的意见，把握会议的节奏和主导方向，从而提高会议的沟通效果。

(5) 采用灵活多样的沟通方式。改变过去单向的、自上而下的沟通方式，开展多方面、多形式的沟通通道。建议管理者加强双向交流，了解最直接的信息，除此之外，管理者可组织公益活动、聚餐、旅游等活动，让组织成员感受组织对于自己的重视，提高员工对组织的关注。

四、组织间的沟通

所谓的组织间的沟通是组织同其利益相关者进行的有利于实现各自组织目标的信息交流和传递的过程。组织间沟通的宗旨是充分利用社会的各种资源，协调各方利益，实现组织共生的可持续发展，同时，组织通过这种对外沟通，建立和组织外部环境的良好关系，获得相关公众的信任和好感，为组织的经营活动提供有利的支持。

组织间沟通思想是企业长期竞争发展的产物。20世纪初，企业主要生存于相对狭小的市场区域中，竞争的驱动力并不强大，组织沟通的重点在于内部信息沟通。但随着竞争力量的逐步加大，生产要素流动的便利性和壁垒的存在，单凭企业内部活动已不能达到占领市场的目标。企业并购的理念随之成为风潮，管理者试图通过一体化将外部组织资源纳入到企业内部，实现市场内部化，从而避免来自供应商、顾客、同业竞争者等各个方面的竞争压力。但是，随着企业并购的蓬勃开展，一体化企业的弊病也暴露出来，高度资产专用化的风险、管理成本的增加和内部摩擦产生的影响使企业通过并购想要实现的竞争优势大打折扣。因此，管理者开始转向承认外部组织资源存在的合理性，寻求与利益相关的组织的沟通，达到共同发展的目的。20世纪90年代以来，通信和计算机技术的快速发展，为组织间沟通提供了物质和技术的支持，同时，全球一体化的经济发展趋势，使组织间的沟通日益成为组织沟通中重要的组成部分。

第六节　商务活动技巧

一、商务谈判

谈判是人们在交往过程中广泛采用的沟通方式，大到关系国计民生的政治、经济、军事等事宜的磋商，小到个人与他人的交往和沟通，都可以划入谈判的范畴之内，对于建筑企业而言，经济领域的谈判，特别是商务谈判，是影响企业经营、市场和发展的重要活动，企业经理人作为谈判活动的组织者、参与人和决策人，对于谈判的理解和采用的策略，直接影响了谈判活动的进行和最终成败。

(一) 商务谈判的定义和特点

商务谈判主要是指经济领域中，进行经济交往的当事人或经济实体之间为了协调、改善彼此的经济关系，满足贸易的需求，围绕涉及双方的标的物的交易条件，彼此通过信息交流、磋商协议达到交易目的的行为过程。

随着市场经济的发展,商务谈判成为经济生活中必不可少、频繁发生的商务活动,一般来说,商务谈判具有以下特点:

(1)专业性较强。商业活动是专业性很强的一种经济活动,它涉及许多商业的专门知识和技术,参加谈判的人员具有相关的知识,才能代表企业进行谈判。

(2)谈判对象的广泛性和不确定性。随着世界经济发展全球一体化进行的深入,越来越多的商务活动需要跨地区跨国界进行。因此,谈判的对象可能遍及全国各地乃至全世界。此外,为了尽可能实现对己方有利的条件,也需要广泛接触交易对象。由于谈判活动这种双向选择的性质,要求谈判者不仅要充分了解市场行情,及时掌握价值规律和供求关系的变化,并选择适当的广告媒体宣传自己,树立形象,经常与社会各方面保持联系,维持老客户,发展新客户。

(3)以经济利益为目的。商务谈判是人们为实现经济利益而进行的活动。在谈判过程中,谈判双方都要注意谈判的成本和效率,经济效益是衡量一场商务谈判成功与否的主要指标。

(4)价格是核心议题。商务谈判一般都是以价格问题作为谈判核心议题。尽管价格只是谈判的内容之一,而且谈判者的需求或利益也不惟一表现为价格,但价格是各种商务谈判的核心议题。主要是因为双方经过谈判,最后经济利益的划分的直接表现形式就是价格。谈判各方在各种利益因素上的得与失、既定的谈判目标实现多少,很大程度上是折算成一定的价格,通过价格的升与降得到体现。

(5)谈判过程具有多变性和随机性。经济活动的运行处于激烈竞争和瞬息万变的市场中,作为经济活动重要组成部分的商务谈判,它的进展及变化和谈判主体的思维和行为方式有密切的关系。这些原因使谈判比一般的经济活动变化快、更加丰富,而且也难以预料。由于谈判中的议题情况、格局、环境和策略的多变,谈判会表现出各种各样的变化形式。对谈判双方来说,谈判态势是不断变化的,因此,谈判双方处于不同的地位形势下,需要把握时机,采取不同的策略,围绕谈判的目标随时调整。

(二)商务谈判的基本程序

尽管各种商务谈判关注的内容不同,实现目标的过程也复杂多变,但是大体上,商务谈判总是经历三个阶段。

(1)开局阶段。谈判开始时,谈判各方寒暄和表态,对谈判对手的底细进行探测,为影响控制谈判进程奠定基础。在开局阶段,双方就谈判的程序及态度、意图等取得一致或交换意见。摸清对方的真正需要,特别应注意摸清对方队要成交买卖的期望值的大致轮廓,做到心中有数;尽快掌握对方有关谈判经验、技巧、谈判作风等方面的信息,以及使用的谈判策略等。对整场谈判而言,谈判开局起到相当重要的影响和制约作用。它不仅决定着双方在谈判中的力量对比,决定着双方在谈判中采取的态度和方式,同时,也决定着双方对谈判局面的控制,进而决定着谈判的结果。

(2)磋商阶段。这个阶段是实质性的谈判阶段,是指谈判开局以后到谈判终局之前,谈判双方就实质性事项进行磋商的全过程,是谈判的中心环节。不仅是谈判主体间的实力和技术的具体较量阶段,也是谈判主体间求同存异、合作、谅解、让步、妥协的阶段。在这个阶段,谈判各方开始真正根据谈判对方在谈判中的行为,来调整自己的策略,修改既定目标,逐步确立谈判协议的基本框架。

(3) 收尾阶段。谈判的收尾阶段就是谈判的结束阶段,在这个阶段要以书面等法定形式将成交的内容固定下来。经过前两个阶段的讨价还价,双方都取得了很大的进展,双方趋于达成一致,但是还有各种细节和具体问题等待商榷,因此,必须做好收尾工作,达到圆满的谈判目标。

(三) 商务谈判应遵守的原则

(1) 平等自愿。指有独立行为能力的交易各方能按照自己的意愿进行判断并做出决定,无论其经济力量是强还是弱,他们对合作交易项目都具有一定的否决权。

(2) 客观真诚。这是成功谈判的首要原则,谈判各方都应服从事实,用事实说话,维护商业信誉,采用客观的标准和衡量各方的条件和要求。

(3) 互惠互利。在谈判过程中,参与谈判的各方都能获得一定的经济效益,并且要使其获得的经济效益大于其支出成本;谈判结束后,各自的需求都有所满足,最大限度地实现谈判各方的利益。

(4) 求同存异。为了实现谈判目标,谈判者在谈判中应尽力协调分析,遵循求同存异的原则:即对于一致之处,达成共同协议;对于一时不能弥合的分歧,不求得一致,允许保留意见,以后再谈。

(5) 合法。商务谈判中的合法原则是指在商务谈判中要遵守国家的法律和政策。一是谈判各方所从事的交易项目必须合法,二是谈判各方在谈判过程中的行为必须合法。

(四) 商务谈判技巧

(1) 不轻易给对方讨价还价的余地。价格是商务谈判的核心,因此价格往往成为谈判双方争执的焦点。要想在价格问题上掌握主动,方法之一,就是运用"价格—质量—服务—条件—价格"逻辑循环谈判法则。即不给对方讨价还价的余地,使对方处于一种只能在枝节问题上进行交涉,而在核心问题上无法进展的境地。

(2) 不打无准备之仗,不打无把握之仗。商场如战场。在没有充分准备的情况下,应避免仓促参与谈判,在条件许可的情况下,应努力事先掌握谈判对手的企业现状,其优势和劣势;搞清本次谈判的利益何在、问题是什么、谁是对方的决策人物等有关资料。只有知己知彼才能百战不殆,才能有针对性地制订谈判策略,击中对手的要害,使己方处于优势。

(3) 不要轻易放掉客户。一个客户就是一次商机,因此要采取一切措施,使谈判对方对谈判保持极大的兴趣。通过给予对方心理上更多的满足来增强谈判的吸引力,如施展个人的形象魅力,树立诚实、可信、富于合作精神的风貌,使对方产生可信赖、可交往的感觉,缩短对方心理上的距离;或让对方预感到他即将获得的成功,设法增强其自我满足感,使其保持良好的心绪和持久的自信心,从而使对方不轻易中断和己方的谈判。

(4) 不要急于向对手摊牌,或展示自己的实力。让对手摸不到底是谈判重要的计策之一,所以不要轻易把自己的要求和条件,过早地、完整地、透彻地告诉对方,应采取有效的暗示方式,如通过第三方的影响或舆论的压力。

(5) 要为对手制造竞争气氛。让对手们彼此之间去竞争,以取"鹬蚌相争,渔翁得利"之益;对于自己的竞争者,则要沉着应战,不要惊慌失措,不然对谈判于事无补。

(6) 为自己确定的谈判目标要有机动的幅度,留有可进退的余地。一般来说,目标可分为三级,即最低目标、可接受目标和最高目标。最高目标是己方应努力争取的,最低目标是己方退让妥协的底线,可接受目标是己方可谈判的目标。但无论何种情况,没有适当的让步,谈判就无法进行下去,而让步是有原则的,让步的原则是:让步要稳;要让在明处;要步步为营,小步实施。如果是单方面让步,其危害性不仅仅在于让步的大小,主要在于它削弱了己方的谈判地位;让步之后要大肆渲染,即己方让步所做出的牺牲和所受到的损失,希望对方予以关注,并要求对方予以补偿。

(7) 注意信息的收集、分析和保密。在信息时代,谁掌握的信息多,谁就在谈判中处于主动;谁把握信息快,谁就在谈判中占据优势。这就要求参与谈判的时候,只有在十分必要的情况下才能将有关的想法一点一滴地透露出去,绝不要轻易暴露自己已知的信息和正在承受的压力,并且应想方设法多渠道去获取有关的信息,以便及时调整己方的谈判方案。

(8) 在谈判中,应多听、多问、少说。谈判不是演讲,演讲的目的是要把自己的主张和想法告之听众,而谈判的目的,是通过语言交流实现自己的谈判目标,分得更多的利益。这就要求尽可能多地了解和获悉对方的意图。倾听是发现对方需要的重要手段;恰当的提问是引导谈判方向、驾驭谈判进展的工具,所以谈判能手往往是提问的专家。而说的过多则会产生不应有的失误。同时,多听多问有助于发觉事情的真相,探索对手的动机和目的,迫使对方进行更多的信息反馈,使我们从中获悉新的情况,以确立和调整己方的策略、措施和方法。高层领导尽量不要介入纯技术性的商业磋商,而应将这些工作交给具体部门负责,以给领导留下回旋余地。

二、口才表达

口头交际是能够最直接、最及时、最省事、最经济、最有效地了解人的高超才能的"窗口"。在口头交际中,人的才、学、胆、识、业务能力、工作作风等都能显现出来。口头交际能力,是企业管理者所必备的素质之一。通过谈吐,才能让别人对你有更深一层的了解,也就更易取得信任。经理人是商务活动的指挥中心,是商务决策、调控、监督的中心,是重大事件的启动中心。因此,经理人特别需要讲究口才艺术。

(一) 施展口才表达能力的基础

(1) 经理人的心理素质。人的一切活动都是在人的心理支配、控制下进行的,说话也不例外。人的心理是人在活动中发展的。处于某一特定的时间、空间的人,会有特定的心理活动,这种情形就是心理状态。一个人在讲话时的心理状态,直接表现为专注或分心、镇定或慌乱、理智或鲁莽。经理人心理健康水平越高,情绪越饱满,精力越充沛,口才发挥的水平就越好。心理健康的表现是智力正常、情绪稳定而愉快、行为协调、适应人际关系、反应适度等。

(2) 经理人的文化素质。一个人的文化素质,主要指一个人在知识、智能方面的素质,同时还包括体现在人们精神生活中的、人们社会关系中的伦理观念。内涵丰富、风趣幽默、意味深远的口头表达要求管理者具有相当的学识,从纵的方面来说,要有较系统的历史知识;从横的方面来说,要有相关学科的知识。同时,对风土人情,异国文化的了解,是保证管理者在不同的场合,面对不同的听众表达得体的基本。此外,说话时的动作、姿势、语音语调都会影响表达的效果。因此,管理者必须要坚持锻炼和学习,做好知识储备和准备工作。

(3) 经理人的政治素质。政治素质,主要是指人的政治信念和思想品质,包括世界观、人生观、价值观、幸福观、责任感、义务感、荣誉感、良心感等内容。管理者的政治素质是言语内容正确性的根本保证。政治素质的另一组成部分是思想品质。诚实、坦率、严肃、认真是思想品质的重要内容。只有诚实，才会说实话、讲实事；只有坦率，才能待人以诚，从而取得听者的信任。严肃，绝非刻板，是指管理者在管理活动中不信口开河而说话算数。认真，指说话一丝不苟，求真务实，说出的数据、事例进行过认真核对。管理者的思想品质决定着管理者口才表达的质的规定性。

（二）商务口才表达的主要形式

商务口才活动，从形式上可分为日常交谈、即兴发言、论辩演讲和专题演讲等。

(1) 日常交谈。日常交谈是人们在商务社交过程中交流思想、传递信息的言语互动过程，成功的交谈，能使双方沟通感情、增进了解、促进工作、增长知识、获得愉悦的心理体验。为此，交谈者应该注意讲究交谈的风格。谈话的风格大体可分为简洁型、委婉型和风趣型三种。其中，属于简洁型的交谈者，往往表现出思维敏捷、性格直爽、适应现代社会快节奏的心理特点。在交谈时，信息传递清晰、迅速；而委婉型的谈话风格，能表现出谈话者训练有素，善于选择最佳词语表达思想情感，懂得谈话策略，注意树立自身的良好形象，同时，也使对方的自尊得到维护；风趣型谈话风格的人，具有较强的自信心、想象力，能够以愉快的心境投入交谈，善于以特有的幽默感和较强的驾驭语言的能力改变沉闷、尴尬的气氛，缓解紧张、偏激的情绪，使人在轻松、活泼的谈话中获得启迪。上述三种谈话风格不是截然分开的，它们可以互相融合、渗透，并受制于具体的谈话背景。谈话者可根据自己的气质、性格、驾驭语言的能力、学识水平以及生活经验去培养独具特色的交谈风格。无论谈话风格的表现形式有何不同，有一点要求是共同的，即人们在交谈时，应该具有真挚的感情、诚恳的态度、高尚的人格、适度的谦恭。

(2) 即兴发言。在各种集会场合，经理人随时可能成为无准备的发言者，因此，掌握即兴演讲的技能，已经成为时代发展的需要。进行即兴演讲时，应该抓好这样几个环节：第一，把握主题，即弄清特定的讲话时境和现场主题，发言内容要紧紧围绕主题展开；第二，确定意核，即构思出新颖的分论点，形成一个层次清晰的讲话线索；第三，调动积累，即在已有的知识库存中提取与演讲主题关系密切的信息资料，用以充实意核；第四，用语简洁，即在有限的时间内注意选择精炼的词句进行表述，做到言简意赅。

(3) 论辩。论辩是商业谈判过程中常用的技巧。论辩者应该明确辩论的目的是为了坚持目标，尽最大可能的维护己方的利益。因此，在辩论过程中应该做到：主题鲜明，论据真实而充分，论证方式严密；以理服人、以据服人。切忌以势压人、以声吓人；思维敏捷、机智善变，及时揭露和纠正错误；品德高尚，谦恭待人，表现出优良的人格修养。

(4) 专题演讲。专题演讲是由自己或他人命题、事先有准备的演讲，这种口语表达活动，从立题、构思到有声语言、态势方式以及心理承受力等都有准备，因此，听众对演讲者的要求也就更高。演讲者应该竭力使演讲效果与听众的期望值相接近。满足听众的心理需要，同时展现个人的领导魅力。为此，演讲者应该从以下几个方面做出努力：一是准备充分，读熟或背熟演讲稿，并在正式演讲前反复推敲有声语言和态势语言的表达技巧；二是情绪饱满，临场发挥时要表现出高度认真、负责的态度，赢得听众的信赖；三是表述完整，从开场的称呼到主题的展开乃至结尾的处理，都应该按事先准备的脉络进行，给听众留下完美的印象。

（三）经理人口才训练方法

口才并不是一种天赋的才能，它是靠刻苦训练得来的。要想练就一副过硬的口才，必须要一丝不苟，刻苦训练，同时还要掌握一定的方法。管理者可以从以下几个方面提高口才表达能力。

(1) 提高有声语言修养。首先要掌握尽可能标准的语音语调，选择恰当的词汇，发音准确，不会产生歧义。其次要讲究优美的发音效果。在口语表达过程中应该做到吐字清晰，送音有力，语速流畅，语调动听。声音清楚圆润，语言速度在变化时语流连贯。第三，使用简洁精炼的语言，纠正不良的口语表达习惯。以较少的词语传递出较多的信息，使表达的内容集中概括。表达的线索主干清晰，表达的句式结构紧凑，注意摒弃无用信息，压缩次要信息，提高传递有效信息的效率。

(2) 采用正确的态势语言。除了通过声音传递信息外，还需要借助仪表风度、手势动作、眼神表情等态势语言进一步表情达意。态势语言是一种非口语表现形式，以形象为信号对听众产生心理暗示，可使听众心领神会。优美得体的态势语气，能增强口语表达者的人格力量，辅助、补充、加强和渲染有声语言的表现力，乃至替代有声语言传递那些微妙的信息。

(3) 培养良好的心理品质。一个成功的口语表达者，要与听众产生思想的交流、感情的共鸣，是离不开良好的心理品质修养的，主要包括充分的自信心、敏锐的观察力以及坚强的自制力的培养。讲话者自信心的表露可以直接激发听众的热情，增强听众对谈话内容的可信度。自信心还可以促使讲话者充分发挥创造力做到临变不惊，有效抑制自卑怯场的心理。敏锐的观察力可以帮助讲话者观察听众的接受能力和心理反应，及时调整谈话的内容和方式。通过自制力，讲话者可以控制在重要或公开场合讲话时产生的紧张情绪，以及防止在表达过程中出现过度激动的现象。

(4) 丰富知识储备。经理人应该通过不断的学习来充实自身的文化修养，尽可能多的涉猎不同领域的知识，为商务口头交流储备素材，做到有备而来，也可以灵活面对各种场合，随时调整话题，适应各个阶层的听众的需求。

(5) 通过实战提高口才交际能力。经理人应克服畏难的情绪，积极投入到商务交际之中，注意自己说话的方式并及时调整，逐渐的提高应对不同场合和听众的能力。

三、商务礼仪

随着市场经济的发展，人际交往越加频繁。人与人之间的交际应酬，不仅是一种出自本能的需要，而且也是适应社会发展、个人进步的一种必不可少的途径。交际实质上就是一种信息交流，而信息乃是现代社会中最为宝贵的资源。由此可见，具有较强的交际能力，是经理人构筑人际关系网络的必备能力。在此背景之下，作为交际艺术的商务礼仪不仅仅体现出企业高级管理人员的个人修养，更在某种程度上代表了一个企业的形象、企业团队的素质和企业的内在文化，决定了商务活动的成败。

（一）商务礼仪的内涵

商务礼仪是商务人员在商务活动中应恪守的行为规范，用以维护企业形象或个人形象，对交往对象表示尊重与友好的行为规范和惯例。它是一般礼仪在商务活动中的运用和体现，并且比一般的人际交往礼仪的内容更丰富。同一般的人际交往礼仪相比，商务礼仪有很强的规范性和可操作性,并且与商务组织的经济效益密切相关。

商务礼仪要求管理者从自身做起,注重自身的言谈话语、举止行为、仪容仪表、穿着打扮,在商务活动中设计适当的形象,注重细节,体现品味,不卑不亢,维护企业和自身的形象,并且时时守规矩、处处讲规矩、事事有规矩,表达出对交往对象的尊重。通过面对交往对象时进行交际与应酬的基本技巧,表达出对他人兴趣爱好、文化习俗和行为准则的尊重。

(二)商务礼仪的重要作用

(1)沟通。商务活动是一种双向交往活动,交往的成功与否,首先取决于沟通的效果如何,或者说,是否取得对方的理解。商务交往实质上是一个交际过程,交际活动实际上是一个人际传播过程,但是由于交往对象的文化背景、观点不同,这使交往双方的沟通有时变得不那么容易,甚至会产生误解。若交往达不到沟通,不仅交往的目的不能实现,反而会给交往双方所代表的组织造成严重的负面影响。

(2)形象。礼仪的基本目的就是树立和塑造个人及企业的良好形象。这是组织和个人在激烈的市场竞争环境中取胜的因素。所谓个人形象就是个人在公众观念中的总体反映和评价。所谓树立公司的形象是指在激烈的商务竞争环境中,通过得体而诚挚的商务接待、拜访、谈判、宴请、通信、社交、送礼等活动,为自己树立高效、讲信誉、易于交往、善待商业伙伴的形象。当前,竞争的特点是产品和服务的趋同化趋势,同类公司提供的产品和服务并无太大差别。这就使形象竞争和品牌竞争成为组织致胜的重要战略。形象战略除了企业标志、公关活动、企业文化等要素外,还有一项就是人员差别化,而人员的差别化不光包括专业技能、专业知识和忠诚度,还需要礼仪素质和沟通能力。

(3)协调。在商务活动过程中,有时会碰到购销不畅、谈判不顺利等问题,有时也会碰到与你有敌意的同事或客户等棘手问题,对这些问题处理不当,就会激化矛盾或小事闹成大事,影响企业的形象。而通过一定的商务礼仪的巧妙应用,则可能化解矛盾,消除分歧,相互理解,达成谅解,缓和人与人之间的紧张关系,使之趋于和谐,从而妥善地解决纠纷,广交朋友。

(4)创造发展空间。一个人的言谈举止影响着别人对他的看法,而这些看法可能会影响一个人的人际关系。同样,恰当的举止和优雅的服饰,可以更好地展示自己的优势和长处,赢得更多的机会。对于一个经理人来说,良好的行为举止可以使管理工作更有效,使他的人际关系更加和谐,更加容易得到上级的赏识和下级的理解与支持,对于一个集体来说,有着良好的礼仪规范就意味着这个集体有着更强的凝聚力和更多的生存和发展机会,更容易做到全员公关,从而树立组织的良好形象。

(三)商务礼仪的基本规范

商务礼仪渗透在商务活动中的每个人细小的环节当中,无论是商务宴会还是会谈磋商,无论是馈赠礼品还是发送函电,甚至是一句话或是一个动作,是否得体恰当,都会影响商务活动的开展,因此,经理人必须时刻注意遵守基本的礼仪规范。

(1)遵守公德。公德是指一个社会的公民为了维护整个社会生活的正常秩序而共同遵循的最起码、最简单的公共生活准则。公德的内容包括尊重妇女、关怀体贴老人、遵守公共秩序、救死扶伤等。这些内容也体现在各种商务礼仪之中,是商务礼仪所包含的基本要求。遵守社会公德表现了人与人之间的互相尊重以及对社会的责任感,所以,它是文明公民应具备的品质。

（2）真诚谦虚。人际交往中需要诚心待人，心口如一，谦虚恭敬，不能自以为是。待人处事要自然大方，善于听取别人的不同意见，即使是对比较尖刻的人，也能给予表达观点和看法的机会。在商务活动中，有些人喜欢自吹自擂、趾高气扬、卖弄学问、夸夸其谈、惟我独尊，听不得半点不同意见，这种自以为是的言行，其实正是缺乏修养的外在表现，这样反而不容易在商务活动中获得真正的成功。

（3）平等尊重。礼仪行为总是表现出双方性或多方性，你给对方施礼，对方也自然会还你以礼，这种礼仪施行必须讲究平等的原则，平等是人与人交往时建立情感的基础，是保持良好的人际关系的诀窍。平等在交往中，表现为不要骄狂，不要我行我素，不要自以为是，不要厚此薄彼，更不要以貌取人，或以职业、地位和权势压人，而是应该处处时时平等谦虚待人，惟有此，才能结交更多的朋友。每个人都有自尊心，都希望得到他人的尊重。尊重是相互的，不是单向的，它包括自尊与尊人两个方面。自尊指的是对自我的尊重，是一个人对待自身的态度，是自我意识的表现。一个人能够自己尊重自己，接纳自己，保持自己的人格和尊严，就叫做自尊。尊人讲的是对待他人的态度。这种态度要求承认和重视他人的人格、感情、爱好、习惯和职业、社会价值以及所应享有的权力和利益。尊重他人在社交场合要注意三点：给他人充分表现的机会；对他人表现出你最大的热情；给对方永远留有余地。自尊和尊人的原则是礼仪的基本原则。在商务活动中，讲究礼貌并不是虚伪的客套，而是为了表达对别人的尊重，只有这样才能得到对方的真诚回报。人们相互尊重，才能保持和谐的人际关系，塑造良好的社会风气。

（4）守时守信。所谓守时，就是要遵守规定或约定的时间，不能违时或失约；所谓守信，就是讲信用，对自己的承诺认真负责。现代社会工作节奏快，时间就是生命，时间就是效益，这早以为世人所认同。违时既会给对方造成各方面的损失，也是对对方的不尊重。同时，在日常生活和工作中，一个人难免会对他人许下这样或那样的承诺，"言必信，行必果"，这是对自身的肯定，也是对自身人格的尊重和肯定。违时失约和不守信用，都是失礼的行为，是人际交往中的大忌。在商务活动中，如果已和宾客约定了时间或是做出了承诺，一般不能轻易变动，而应想方设法去做到。在不得已需要变更时，也须提前打招呼并做出令人信服的解释，尽量避免给对方造成麻烦或使对方产生误解。凡是需要承诺的事情，要量力而行，不能仅仅是为了顾及面子就随便答应，事后又不负责任地随意毁约。一旦言而无信，尤其是养成了习惯，就会造成对别人的不便，甚至会对企业、对自己的形象和声誉造成很大损害。

（5）热情有度。热情指对人要有热烈的感情，使人感到温暖；适度是指对人热情的表现要有一定的分寸，恰到好处，使人感到能够自然适应。热情的人往往使人觉得容易接触，也愿意与之接近交往。因此，要想在商务交往中获得成功，就必须热情友善，同时还要注意言行适度。言行适度要求人们在交往中，为了保证取得交往效果，必须注意技巧，合乎规范，特别要注意做到把握分寸，认真得体。在交往前，首先考虑目的何在，然后根据目的，针对不同场合、不同对象，正确地表达自己的敬人之意。热情适度，要求商务人员在交往中，既要彬彬有礼，又要不卑不亢，要亲切和气，不要虚情假意。

（6）宽容理解。在商务交往中，理解和宽容是十分重要的，这也是礼仪修养的基本内容。所谓理解，就是懂得别人的思想感情，意识到和宽容别人的立场、观点和态度，能够根据具体情况体谅别人、尊重别人，体会到别人的喜怒哀乐。宽容就是大度，宽宏大量能容人，尤其是在非原则问题上，能够原谅别人的过失。要真正做到理解别人，并不是一件容易的事，特别是理解与自己立场、观点和态度不同的人，理解自己看不惯的人，理解有缺陷、有自卑感的人，理解与自己志向、性格完全不同的人时，就更是如此。以宽容的态度待人处世并不是懦弱的表现，而是一种有气度的行为，有气度的行为往往具有巨大的感化力量。宽容别人不但能缓和气氛，有助于改善交往环境，显示出自己良好的礼仪修养，而且能在相当程度上潜移默化地影响对方，使其有可能受到感化。

案 例 分 析

案例1：上海某工程公司的学习型组织创建

上海某工程公司是从事隧道工程、高速公路、高层建筑、建筑装潢等领域的工程建设单位。该公司在其发展面临瓶颈期，外部市场竞争日益加剧的情形下，认识到企业竞争进入了学习力的竞争的时代，从而选择了以学习型组织理论来改造企业。在企业中创建学习型组织，保持长远的竞争优势。

（一）创建学习型组织的具体修炼方法

1. 不断激励员工自我超越

激发员工个体的学习动力和创新精神，树立创造型工作观，进而谋取企业整体的自我超越。

（1）树立不断自我超越的典型。公司大力宣传一位通过自学成才，成为硕士研究生和施工技术专家，"上海市杰出青年"的先进事迹，树立不断自我超越的榜样，创造员工自我激励的氛围。

（2）为不同层次、不同岗位、不同年龄的员工设立奋斗目标。在技术人员中，每两年评选一次"科技精英"；在青年员工中，评选企业的"希望之星"；在工程第一线职工中，评选授予"隧道勇士"称号；在老员工中，评选授予"隧道功臣"荣誉；在民工队伍中，评选"最佳民工"。

2. 改善阻碍企业发展的心智模式

克服影响了解世界和采取行动的思想方法和思维方式，确立正确的心智模式。大力宣传，使员工树立危机意识，竞争意识，效益意识。在管理上，采取尾数淘汰制。

3. 建立"中国隧道事业领头羊"的共同愿景

（1）强化企业文化建设，确立"拼搏奉献，争创一流"的企业精神，强调凝聚一流群体，建设一流工程，成为一个催人奋进、有强烈的学习力和奉献精神的一流企业，在21世纪中叶，成为国际著名的建筑施工跨国企业。

（2）宣传、灌输"隧道股份、为民造福"的价值观和使命观。

（3）逐步完善企业礼仪，如每逢公司大型会议，高唱公司歌，工地开工举行升旗仪式；举办职工文化艺术节；设立工程展示厅。

4. 开展团队学习

（1）完善和制定学习制度，如20＋4学习制度。

（2）建立共享机制，每个员工拿出一本好书建立"无形图书馆"；公司建立局域网，重要资源和信息进入"公共文件夹"，并在公司因特网页中开设特殊窗口，用密码开启可进入资源共享库。

(3) 不断开展团队学习好的典型宣传。

(4) 在企业中,领导班子是最重要的团队,创建学习型企业首先要创建学习型领导班子。

5. 开展系统思考,提出"九字方针"

(1) 以改善心智模式和团队学习为基础,帮助员工防止单个思考,注意整体思考;防止静止思考,注意动态思考;防止表面思考,注意本质思考。

(2) 结合企业要实现共同愿景,必须收缩战线,集中力量发展地下工程施工主业的战略思想,提出"专领域、深开发、广覆盖"的九字经营发展方针。

(二) 取得成果

(1) 改善了员工的心智模式,提高了管理水平。公司通过创建学习型组织活动,改善了员工的心智模式,提高了员工深入思考能力和企业综合实力,使企业连续三次获得上海市建设金杯奖。公司下属的城市污水治理二期工程项目部,把学习型组织创建活动导入党建工作,同业主单位建立了稳固的党组共建关系。双方以"双赢"为共同目标,在工程管理、施工的协调上比以往有重大突破。

(2) 通过创建学习型组织,促进了企业内部资源共享,原先企业内部设计、制造和使用单位之间的矛盾得到了有效的解决,消除了以前存在的大家做事各不相干,各个协作单位之间建立起沟通反馈渠道。公司下属某分公司是新组建单位,主要由以前的"三产"单位构成,结构复杂,管理困难。但在创建学习型组织思路的指导下,分公司结合工会开展的班组创建活动,全面开展"争当智能型员工"等活动,下属十几个单位间形成了良好的团队协作氛围,涌现出码头班组等一批优秀班组,使学习型组织理念成为班组建设的新方向。

(3) 强化员工自我超越的要求。分公司作为该公司首批创建试点单位,较早导入学习型组织理念,并开创了学习型项目经理部等创建范例,连续二次获得建设金杯。在其承接的苏建B9工程项目中,项目经理部成员努力改变心智模式,努力超越自我,在项目以让利52%中标的前提下,通过说服业主变更施工设计,通过优化工艺和加强成本管理控制,最终不仅取得了优质工程,还把工程款追加到2300万元,使工程扭亏持平。

案例2:中建某公司执行力建设

中建某公司在进入中原仅两年八个月的时间中,签约3.7亿元的合同额。公司自进入河南市场以来,相继中标平顶山市市政大厦、河南省职工之家、河南省委第二招待所服务楼等一大批河南省标志性建筑。这些突飞猛进的成果是由于该公司一直注重依靠执行力建设提升企业的核心竞争力,全面推进团队领导的执行力和企业组织执行力建设,逐步形成了"精心管理、精耕细作、精打细算"的执行力理念,在建筑市场上具备了强大的核心竞争力。

(一) 重在培育管理者执行力

2002年,中建某公司在承建河南市场的第一个工程——河南省委第二招待所服务楼时,没有像有些公司那样先搭分公司的领导班子,而是依据工程项目管理的需要设立郑州经理部。这表明,该公司的决策层对进入河南市场持慎重态度。实际上,项目班子不但让这个工程按时竣工,而且还在这一年的施工中连续承接了四个工程。2003年,当时的郑州经理部先后中标了五项工程,尤其是承接到平顶山市三项重点工程中的两项,在市场布局上形成高校、医疗、政府工程三足鼎立的局面,合同额达2.87亿元,自行完成施工产值1.1亿元,工程款回收率达80%。此外,他们管理的工地未发生一起重大质量、安全事故、重大机械设备事故和人员伤亡事故,连轻伤频率都控制在0.12%以下。2004年竣工的四项工程全部一次性通过各方验收,河南省委第二招待所服务楼还在去年7月以第二名的好成绩被评为河南省优质结构工程。

(二) 重在培育组织的执行流程

从进入郑州市场那一刻起,该公司就面临着一系列问题:在省委第二招待所服务楼工程即将完工时,他们连投了好几个标都没中;在施工郑州大学新校区北区教学楼工程时,面对着复杂的结构、庞大的工程量、紧迫的工期,面对着同台竞技的河南省一建、二建的竞争压力,面对着众多怀疑的目光,怎样拿出质量合格的工程;工程多了,管理人员却出现缺口,如何强化管理、保证效益、光大品牌。

所有这些问题的解决都是依靠一把名为执行流程的钥匙打开了不计其数的市场铁锁。公司的执行流程包括:战略流程、人员流程和运营流程。战略流程的目标是保证企业能制定正确的企业竞争战略。运营流程的目标是使得企业在现有的人力资源的基础上和企业竞争战略的前提下制定合适的运营计划,它是战略流程和人员流程的结合。人员流程则是企业执行流程的关键。

(三) 重在培育执行团队

在国内企业家知道韦尔奇后,很多企业都在学习GE的成功。但是有些企业忽略了一点,这就是GE拥有一个非常完善的执行系统,它包括完善的执行流程和一些高效的执行工具。而该公司却学习到了GE的执行团队建设和执行工具的应用。在进入郑州市场短短的两年多时间内,他们利用各种社会关系建立起了一套行之有效的对外经营网络,及时提高了对接河南市场的能力。他们依靠的就是"千辛万苦跟项目、千山万水跑项目、千言万语谈项目、千方百计签项目"的开拓精神。所以,平顶山市市政大厦和平顶山市第一人民医院由郑州分公司承建合情合理。公司的执行工具是管理。2004年,是他们的"管理年"。这一年,他们坚持走质量效益型道路。严格按照质量体系要求,执行七大制度,打造过程精品。他们还从控制建筑业的"五大伤害"入手,加强安全文明施工;从狠抓经营费、材料费、人工费、机械费和管理费五个成本控制点入手,强化成本控制;从建立、完善二级管理体系入手,提高执行能力;从加强精神文明建设和思想政治工作入手,丰富中建的项目文化。种种迹象表明,通过加强基础性管理工作,公司的组织执行能力正在逐渐成熟起来。

案例3:金地集团"高管沟通日"活动

(一) 活动过程

第一站:深圳时间:2003年5月30日

参加人员:金地集团领导、职能部门经理及深圳分公司经理助理以上人员。

以"开放·分享·共荣"为指导思想的金地"高管沟通日"活动第一站选择了金地深圳地产公司举行。这次活动的目标在于:加强集团高层管理人员对深圳地产公司战略、管理、文化等信息的沟通;通过公司高层对子公司高层管理人员、中层干部的管理经验传授,提升子公司整体管理能力;同时通过访谈,了解员工满意度及传输企业文化。

第二站：北京时间：2003年8月1日～2日

参加人员：金地集团领导、职能部门经理，金地北京地产公司经理助理以上及相关人员、骨干员工。

这次沟通会进行了管理主题研讨、中层干部辅导、员工与高层管理人员面对面沟通三项内容。针对金地北京地产公司的特点，北京高管沟通日选择"本地化经营模式"为主题，从战略规划、工程管理、人力资源及企业文化等四方面探讨了本地化经营的实践及经验。

第三站：上海时间：2003年8月4日～6日

参加人员：金地集团领导、职能部门经理，金地上海地产公司经理助理以上及相关人员、骨干员工。

此次沟通以"创新机制探索"为主题，分战略与组织流程、技术管理、品牌营销策略、人力资源四方面，深入探讨了在新进入大盘市场后，如何实行与多项目操作配套的各项管理机制。

第四站：集团总部时间：2003年9月5日

参加人员：金地集团领导，子公司领导，金地集团职能部门经理，所有新进员工。

举办了以"讲述金地故事·分享成长智慧"为主题的高层领导与新员工对话会，对话围绕金地的发展战略和经营管理现状、新员工的发展和职业生涯规划、金地的文化和金地的发展历程以及在集团化经营管理前沿所遇到的难点问题而展开。

（二）效果分析

金地集团通过"高管沟通日"活动，构建了企业组织内一个双向的、各个层次互动的、面对面的沟通管道，不同于传统的纵向沟通渠道，这种沟通方式提高了沟通的效率，减少了信息在传递过程中的损失。通过企业高层管理者向各级员工介绍企业的经营状况和发展远景，让各级员工对企业和所在的部门有明确的认识，高层管理人员也可以借此机会倾听不同级别的组织成员的愿望和意见，有助于企业和谐的发展。针对不同岗位、不同类型的员工，采取适合的沟通主题，使每个员工都对沟通的主题有所触动，调动了员工表达意见和看法的积极性。同时，这种企业高层管理人员与员工的交流有助于在组织中树立管理者形象，增加团队的凝聚力和向心力。

案例4：招投标谈判

（一）谈判过程描述

A木业企业成立之初，即逢北京一大型办公楼业主B就铺地材料公开招标，A方随即带样品、检验报告等B方规定资料准时赶到现场，发现中标难度很大：第一，50余个厂家投标，一类品牌居多，A作为一个刚刚起步的公司，没有优势，竞争如此激烈，利润状况也十分堪忧；第二，A方由多个业主代表联合组成招标班底，组成人员复杂，沟通难度较大。

投标会后，A方主动帮助清理会场，并向B方提出建议：在质检报告方面，最好是看一下企业原件，谨防个别厂家作假，影响用户未来使用。

B采纳了A的建议，要求各投标方提供质检原件后，二轮招标中投标企业为12家，出于A上次的表现，B对A印象较好，双方沟通变得较为容易。

二轮投标中，根据各厂家提交产品中抽样送权威质检机构检测的环保数据，包括A

共 5 家胜出，双方开始谈判。

B："建材行业掺假成风，你们的全部产品质量怎么可以保证。"

A："我方出费用，自产品海关检验出关后，由贵方协海关出关单现场验收，全程看护，直至工程现场卸货，直接入贵方库房。"

B："工程辅料是施工队伍利润空间最大之处，同时也可能是我方投入无底洞。"

A："我方有专业辅料配备，同时贵方可根据同等质量考察市场行价。"

A一行充分准备，就保修问题、安装细节、账款结算、质保金得体回答，得到了B一致认可，要求A一天之内提供供货成本价与利润空间报表，表明B大体认可A产品与服务，A迅速制成15%毛利的标书投向B，等待回复。

5日后，B回复：

"根据我们的工程人员市场了解，如果一单工程没有25%毛利，工程质量难以保证，你们的产品虽好，但这么低的报价我们不放心。"

面对这种情况，A老总迅速赶往B，做出解释和承诺。

"为什么15%的毛利我们可以做好这单工程，原因在于我们会在各个环节的精打细算、统筹安排后，去挣另外10%毛利，首先，我们采用"门对门"供货，从德国厂家到贵方仓库一站式服务，节约仓储、运输费用大约1%~2%。其次，我们与厂方付款方式采用的是德国马克，我方财务人员会根据汇率变动合适时机向其付款，预计我们可以节约2%~5%费用，第三，贵方所订购产品多为市场畅销款，我们在此基础上5倍要货，后续产品成本降低，厂方奖励2%，余货我们在自身渠道内零售，利润会高出5%~7%，统一核算，开源节流，我们估计会额外挣到9%~12%毛利，所以，我们敢向贵方报低价位，同时，我们也会有利润，我们还能确保工程质量。"

由此乙方最终获得了全部工程合同，后期安装、结款基本没有了障碍。

（二）谈判效果分析

这是招标方占据明显优势的谈判案例，A能够从众多投标企业中脱颖而出，有效地谈判技巧起到重要作用。

（1）A会后自觉整理现场体现了良好职业操守，得到了B初步信任，提示B看质检原件，考虑对方利益，充分体现了通过合作达到双赢的谈判原则。

（2）A针对谈判各种资料准备充分，谈判策略是步步细化，通过丰富谈判技巧、周密计划和严谨财务核算赢得谈判。

（3）在谈判过程中，A始终抱着坦诚、客观的态度面对B，对己方的最终受益透明化，达到了良好的沟通，并赢得了对手的信任。

（4）A企业领导在关键时刻就关键问题发挥作用，对于决定谈判成败的最终矛盾，由企业领导出面解释和保障，使投标条件更具说服力和分量。

复习思考题

1. 管理者角色的含义是什么？
2. 分析建筑企业经理人的管理者角色定位。
3. 绩效伙伴的含义是什么？
4. 建筑企业经理人的领导方法有哪些？

5. 高效团队的特征。
6. 什么是学习型组织。
7. 执行力的概念是什么?
8. 建筑企业经理人如何提高执行力?
9. 什么是细节管理?
10. 什么是时间管理,为什么时间管理如此重要?
11. 为什么管理者要授权?
12. 应用时间规划方法,根据个人的情况,拟定本周的学习或工作计划。
13. 影响人际和组织内沟通的障碍有哪些?
14. 人际沟通的作用有哪些?
15. 常用的组织内沟通方式有哪些?
16. 假设你是某企业总经理,设计一项促进组织内不同层次人员交流的沟通活动。
17. 商务谈判有哪些特点?
18. 良好的口才表达需要哪些素质?
19. 简述商务礼仪的作用。

第七章 建筑企业文化管理

第一节 企业文化与建筑企业文化

一、企业文化概述

（一）企业文化的概念与特征

1. 企业文化的由来

企业文化一词正式使用于 20 世纪 70 年代，作为管理学的概念并真正成为系统理论是在 20 世纪 80 年代。企业文化是美国管理学界通过对东西方国家成功企业的主要经验，特别是对美国与日本两国成功企业进行管理模式比较研究后的产物。

1981~1982 年，美国管理学界相继出版了《Z 理论——美国企业怎样迎接日本的挑战》、《日本企业管理艺术》、《企业文化》、《寻求优势——美国最成功公司的经验》等四部管理名著，其中美国哈佛大学教授迪尔和麦金赛咨询公司顾问肯尼迪合著的《企业文化》一书，对企业文化做了全面阐述，从而初步奠定了企业文化的理论框架，是企业文化理论真正诞生的标志。

2. 企业文化的涵义与构成要素

企业文化理论问世以来，国内外学者对企业文化的定义多达 180 多种，几乎每一个管理学家和企业文化学家都有自己的定义。观点的差异主要是在对企业文化涵义的范围界定上。狭义的企业文化是指以企业价值观为核心的企业意识形态。包括企业价值观、经营观、风气、员工工作态度和责任心等。广义的企业文化是指企业的物质文化、行为文化、制度文化、精神文化的总和，是一种与民族文化、社区文化、政治文化、社会文化相对独立而存在的一种文化形态，具体表现为一切经验、感知、知识、科学、技术、厂房、机器、工具、产品、组织、纪律、时空观、人生观、价值观、市场观、竞争观、生活方式、生产方式、行为方式、思维方式、语言方式、等级观念、角色地位以及伦理道德规范等。

综合看，企业文化的涵义较为适当的提法是：企业文化是指企业全体员工在长期的生产经营活动中培育形成并共同遵循的最高目标、价值标准、基本信念和工作规范，是企业物质文化、行为文化、制度文化、精神文化的复合体。

企业文化的构成有五个要素。一是企业环境。它对企业文化的形成影响最大，是决定企业成功与否的关键因素。二是价值观。价值观是企业的基本思想和信念，是企业文化的核心。三是英雄人物。英雄人物是企业价值观的人格化，且通过他为全体员工提供具体的楷模。四是礼节和礼仪。礼节和礼仪是公司日常生活中的惯例和常规，是向全体员工表明对其所要求的行为模式。五是文化网络。它是公司内部的主要（但非正式的）交际手段，是公司价值观和英雄人物传奇故事的"运载工具"。

3. 企业文化的特征

(1) 个异性。不同社会、不同民族、不同地区的不同企业，会有不同的文化风格，即便是在环境、设施设备、管理组织、制度手段上十分相近甚至一致的企业，在文化上也会呈现出不同的特色和魅力。体现着一定共性文化的个性文化是企业文化的魅力和生命力所在，个性文化一旦形成就会产生巨大的感召力、凝聚力和对外辐射力。

(2) 共识性。企业文化是多数员工的"共识"，虽然这种共识开始时往往比较集中地体现在企业少数代表人物身上，也总是以少数人具有的先进思想意识为起点向外发散，但是这些思想通过领导者的积极倡导和身体力行后，已经成为多数人的"共识"。

(3) 非强制性。企业文化通过启发人的自觉意识达到自控和自律。对少数人而言，一种主流文化一旦发挥作用，即使他们没有产生认同或共识，也同样受这种主流文化的约束。违背这种主流文化的言行会受到舆论谴责或制度惩罚。所以"非强制性"是针对认同企业文化的人员而言的。

(4) 相对稳定性。企业文化一旦形成，就会成为企业发展的灵魂，能长期在企业中发挥作用。当然，稳定性是相对的，企业文化也应根据企业内外经济条件和社会文化的发展变化，不断得到调整、完善和升华。

(二) 企业文化的结构与功能

1. 企业文化结构

企业文化在结构上由基础部分、主体部分和外在部分三部分组成，分为由里及表的四个层次：精神层、制度层、行为层和物质层。

(1) 精神层。是企业文化的深层，是企业文化的灵魂。是企业领导和员工共同的意识活动，具体包括企业精神、企业目标、企业经营哲学、企业风气、企业道德、企业宗旨。企业精神是企业全体员工共同遵守的基本信念，是对企业的观念、行为习惯的积极因素进行总结提炼和倡导的结果；企业目标是全体员工共同价值观的集中体现，反映了企业领导和员工的理想抱负所追求的层次；企业经营哲学是企业领导者对企业发展战略、生产经营方针和策略的理性思考及抽象概括，是企业领导者在实现企业目标过程中所遵循的基本信念；企业风气是企业全体员工在长期生产经营活动中逐步形成的特有的精神风貌，是区别于其他企业的最具特色、最突出、最典型的个性作风；企业道德是企业内部调整人与人、部门与部门、个人与集体、个人与社会、企业与社会之间关系的准则和规范，包括道德意识、道德关系和道德行为等；企业宗旨是指企业存在价值及作为经济单位对社会的承诺。

(2) 制度层。是企业文化的中介层，指具有本企业特色的各种规章制度、道德规范和职工行为准则等的总和，规定了企业员工在共同的生产经营活动中应当遵循的行动准则和风俗习惯。制度层主要包括一般制度、特殊制度和企业风俗。一般制度就是企业中一些带有普遍性的管理制度，如岗位责任制、职代会制、按劳取酬等。特殊制度主要指本企业特有的、非一般的制度，如员工与领导对话制度、庆功会制度等。有良好企业文化的企业，必然有多种特殊制度，特殊制度比一般制度更能体现出企业管理的个性与特色。

(3) 行为层。是企业文化的浅层，指企业员工在生产经营、学习娱乐中产生的活动文化，它包括企业经营、教育宣传、人际关系活动、文娱体育活动中产生的文化现象，是企业经营作风、精神面貌、人际关系的动态体现，也是企业精神、企业价值观的折射。从人员结构上划分，行为层包括企业家行为、企业模范人物行为和企业员工行为。

(4) 物质层。是企业文化的表层,是由企业员工创造的产品和各种物质设施等构成的器物文化,企业生产的产品和提供的服务是物质层的首要内容,企业的标志、环境、建筑、广告等是物质层的主要内容。

2. 企业文化功能

企业文化作为一种新的管理方式,不仅强化了传统管理方式的一些功能,而且还具有传统管理方式不具备的其他功能。

(1) 凝聚功能。和拢管理、走动式管理和抽屉式管理是世界上一度流行的三种管理方式,其中,和拢管理是最重要的,而企业文化是实现和拢管理最重要的途径。企业文化如同一根纽带,把员工个人的追求和企业的追求紧紧联系在一起,如磁石一般将分散的员工个体力量聚合成团队的整体力量。企业文化比外在的硬性管理方法更具凝聚力和感召力,更能使员工产生归属感、荣誉感和服从感。

(2) 导向功能。这主要表现在企业价值观对企业领导者和广大员工行为的引导上。对多数人而言,这种导向是建立在自觉基础之上,他们力求使自己的言行符合企业目标;对少数未取得"共识"的人来讲,这种导向功能就带有某种"强制"的性质,迫使他们按照企业的目标、规章制度、传统、风气行事。

(3) 激励功能。积极的企业文化强调尊重并相信每一个员工,员工在企业中受到重视,参与愿望得到满足,从而激发员工的积极性和首创精神,使员工士气步入良性轨道,并长期处于最佳状态。如,日本人提出的"车厢理论",比单纯强调"火车头"作用的理论就更科学。"车厢理论"强调在一个目标轨道上,每节车厢(个人)都有动力,这样的列车动力强劲,速度更快。

(4) 约束功能。企业文化对员工行为具有无形的约束力,它虽然不是明文规定的硬性要求,但以潜移默化的方式,形成一种群体道德规范和行为准则后,某种违背企业文化的言行一经出现,就会受到群体舆论和感情压力的无形约束,使员工产生自控意识,实现自我约束。

(5) 辐射功能。优秀的企业文化通过企业与外界的接触,甚至通过员工在社会上的言行,向社会展示本企业成功的管理风格、良好的经营状态和积极的精神风貌,从而为企业塑造形象,树立信誉,扩大影响。企业文化是企业巨大的无形资产,为企业带来高美誉度和高生产力。

(三) 企业文化的经济价值

优秀的企业文化会产生文化力,文化力可以转换为经济力。日本本田汽车创始人本田宗一郎曾说,思想比金钱更多地主宰世界,好的思想可以产生金钱。优秀的企业文化通过四个方面实现其经济价值。

(1) 市场经济的客观规律和法则往往通过企业文化作用于企业的各项经济活动。优秀的企业文化能够引导企业按照市场经济规律办事,保证企业在市场经济的舞台上稳扎稳打,避免受经济规律的惩罚。

(2) 良好的商誉是一种竞争力量,能提高企业的增值力,给企业带来高于一般水平的利润。而商誉是企业文化的社会效应,优秀的企业文化能带来良好的商誉。

(3) 优秀的企业文化使广大员工发挥聪明才智和劳动积极性,并积极参与管理,提出合理化建议,提高劳动效率,给企业带来较高的经济效益。

(4) 优秀的企业文化能够促使企业进一步深化改革，完善组织结构和经营机制，促使企业采用新的经营方式和科学管理方法，从而带来组织效率的大幅提高，为企业提高经济效益创造良好条件。

二、建筑企业文化建设

(一) 建筑企业文化建设的特殊性

(1) 提高员工的职业道德水准是建筑企业文化建设的重点。一方面，建筑企业多是劳动密集型企业，人的因素在生产力构成中所占的比例大，劳动者个人的质量意识、协作意识、责任意识都直接对产品质量构成影响。实证地看，建筑产品质量问题历来人为的因素占绝大部分；另一方面，建筑产品的生产过程是各工序、各工种协同合作的过程，大量的隐蔽工程除靠有限的检查把关外，主要靠工人的责任心与自觉性。在这个问题上，工人的主动与被动是造成工程质量优劣的根源，必须通过企业文化建设杜绝那些"明明能干好，却不好好干"的不良现象，将重点放在职业道德建设上。

(2) 建筑企业文化建设具有离散性。由于施工地点分散，临时用工多，工作强度大，从而加大了建筑企业文化建设的难度，需要企业文化建设工作更加灵活，更有声势，更具感染力，需要将企业文化工作做到施工现场去，着力加强项目文化和工地文化建设。

(3) 建筑企业文化建设具有直接的经济效益性。近年来，建筑市场竞争一直非常激烈。企业文化建设，尤其是企业形象，在企业竞争中作用很大。建筑企业如果能艰苦奋斗、吃苦耐劳、科学管理、勇攀高峰，在不利的环境下建成用户满意的优质工程，就能受到建设单位的好评，就能把企业文化的精神财富直接变成物质财富。建筑企业的文明施工是企业文化的直接体现，通过文明施工，带动、促进和完善企业整体管理，改善生产环境和生产秩序，培养企业尊重科学、遵守纪律、团结协作的大生产意识。通过企业文化建设，从另一个角度促进施工现场秩序化、标准化、规范化，达到加强管理、提高效益的目的。

(二) 建筑企业文化建设的目标和原则

1. 目标

建筑企业文化建设的总体目标是建设优秀的建筑企业，具体目标则包括五个方面：

(1) 使企业获得良好的经济效益，并为社会和国家做出贡献。

(2) 使企业有一个好的形象。

(3) 创造一个使人心情舒畅的环境，形成和谐、团结的人际关系，培育人人受尊重的风尚。

(4) 使员工的物质文化生活要求逐步得到满足。

(5) 全面提高全体员工的素质，探掘和开发人的潜能，充分发挥人的主观能动性。

2. 原则

(1) 目标原则。将企业的宣传、文化活动与企业目标联系在一起，让每个员工都明确自己的工作与企业目标相联，是为实现企业目标而努力。

(2) 价值原则。有意识地将员工行为规范到企业共有价值观上来，始终奉行高水准的商业道德，充分尊重员工的价值，积极构筑实现每个人价值的社会平台。

(3) 亲密原则。在组织与个人之间，管理者与员工之间、上级与下级之间建立起亲密感,满足每个员工情谊、友爱的需要。

(4) 参与原则。要求员工参与管理、参与决策,调动员工积极性。

(5) 卓越原则。激励员工积极向上,追求卓越,永不言败。

(三) 建筑企业文化建设步骤和途径

1. 步骤

(1) 系统分析现存文化。企业大小有别、所处环境各异,现存文化均各有特殊性。要分析企业已经形成的传统文化、行为模式和制度特点,并进行归纳。要分析企业在市场竞争中的地位,明确自己拥有什么,缺少什么,应当发扬什么,摒弃什么,进而确定适合本企业积极向上的价值观。

(2) 明确企业文化建设的目标。在认真调查研究的基础上,根据对企业的综合分析,提出既适于企业又具个性的企业文化建设目标。这一目标要有针对性和现实可行性,进而为企业目标的实现创造环境与条件。

(3) 将目标条理化、具体化。用富有哲理的语言去表达企业文化建设的目标,形成制度、规范、口号、守则。如中建一局建设发展公司的"用我们的智慧和承诺,雕塑时代的艺术品";北京城建集团的"建一项工程,树一座丰碑"、"踏一方热土,留一片美名"等提法,就很生动形象,具有个性。

(4) 设计企业文化体系。发动广大员工提方案,不仅要从公司总部到施工现场,从领导干部到普通员工,处处体现企业文化,形成一个整体信念和形象,而且要与企业管理工作相协调。

(5) 开展企业文化宣传活动。通过各种形式的文化活动,大力提倡和传播企业文化,将企业精神渗透到生产经营管理的全过程,形成认同—强化—提高—再认同、再提高的循环过程,将感性的经验上升为理性的认识,不断提高企业文化的层次。

(6) 适时发展企业文化。在企业不同的发展阶段,企业文化应有不同的内容,不同的风格。要根据企业发展的需要,使企业文化在不断更新的过程中优化、发展、创新。

2. 途径

每个企业在发展企业文化过程中,基本都是沿着两条主线展开,一是创建和树立优秀的企业精神,二是将企业文化建设寓于企业内部各项工作中。其主要途径有:

(1) 领导重视、做出榜样。企业领导者要从企业战略发展的高度来制定企业文化的建设规划,要注重对企业文化的总结塑造,宣传倡导,要做出表率和示范。企业领导者的模范行为是无声的号召,他们的素质和精神状态对员工起着示范力和导向力的作用。企业领导者只有以身作则,不断让自己的行为符合他们所树立的价值标准,才能向广大员工灌输这种价值观念,最终形成优秀的企业文化。

(2) 培训员工的责任感和归宿感。前面已经提到,建筑企业中,劳动者的个人素质、协作意识、责任意识,直接影响工程进度与产品质量。因此要坚持以人为本,有意识地培养员工的责任感和对企业的归属感,使员工的行为符合规范、遵循标准。通过开展诸如"假如我是一个用户"的讨论,使员工自觉从我做起,做到对用户负责、对企业信誉负责、对自己负责;通过员工参与、献计献策,改进管理,优化企业形象,使员工在攻克生产技术和管理难关中获得自豪感。

(3) 落实社会责任管理体系、质量管理体系、环境管理体系和职业健康安全管理体系。社会责任管理体系(SA 8000)、质量管理体系(ISO 9000)、环境管理体系(ISO 14000)和职业安全管理体系(OHSA 18001)对建筑企业具有很强的针对性,建筑企业文化建设要认真落实这四大体系,注意企业的社会责任、环境要求、安全保证,树立"百年大计,质量第一"的价值观,以质量求信誉,以信誉求市场,以市场求发展。要强化全员质量意识,树立让用户满意的质量观,建立有效的质量保证体系和运行机制,努力构筑上下参与、全员认可、持续发展的质量文化。

(4) 以多种形式宣传和推行企业文化,塑造良好的氛围。①提供平台。通过标语、现场广播、黑板报、内部刊物,为广大群众员工提供传播企业文化的阵地。②树立榜样,典型引导。先进员工的行为是企业价值标准和企业精神的最直接体现,把那些最能体现企业整体价值观的个人和集体树为典型,大张旗鼓地宣传、表彰,根据客观形势的发展不断调整激励方法,强化全体员工的行为,促进优秀企业文化的形成与发展。③完善制度、体制保障。企业文化是软硬结合的管理技巧,在培育企业员工整体价值观时,必须建立、健全必要的规章制度,使员工既有价值观的导向,又有制度化的规范。同时,建设企业文化时,要调整好企业内部的组织机构,建立和形成文化建设所要求的组织体系。④把QC小组活动、合理化建议活动与企业文化建设活动联系起来,以此去沟通员工与管理部门之间的联系,缓冲企业内部矛盾,培养员工的主动精神,提高员工的自信心、责任感。⑤开展思想教育型、生产技术型、文体娱乐型、生活福利型等各种文化活动,传播企业文化,深化企业文化。这些企业文化活动就是企业文化的创造、培养、建设、传播和产生影响的企业管理活动。⑥帮助新员工熟悉和了解企业,接受企业的价值观念,真正成为企业的一员。

(5) 树立企业形象、实施CIS战略、推进品牌建设。良好的企业形象是一种无形资产,对外,可增强用户的信赖,提高工程中标率,增强企业竞争力;对内,可使全体员工产生与企业同呼吸、共命运的价值观,调动员工积极性。良好的品牌不仅代表优秀的企业形象,而且能大大提高企业的知名度和美誉度,给建筑企业文化建设插上有力的翅膀。

(6) 搞好文明施工,严格现场管理。文明施工是建筑企业文化的直接表现,通过文明施工,安全生产,改善生产环境和生产秩序,培养团结协作的大生产意识,从而促进企业文化的建设。

第二节 企业形象策划

一、企业形象策划综述

(一) 企业形象的涵义

企业形象是指社会公众心目中对一个企业综合认识后形成的全部认知、看法和综合评价。在现代社会中,一个企业的形象如何,会直接影响到企业的生存和发展。因此,树立良好的企业形象,是企业至关重要的任务。

企业形象的构成,可分为三种表现形式:

(1) 物质表现形式。主要包括企业办公设施、设备、产品质量、环境、标志、装饰、资金实力等。对一般企业来说,其中最重要的是产品质量,它是树立企业形象的核心,是给人的第一印象。

(2) 社会表现形式。包括企业员工队伍、人才阵容、技术力量、经济效益、工作效率、工作作风、公众关系、管理水平等。其中最重要的是员工素质。

(3) 精神表现形式。包括企业的信念、价值观念、道德水准、口号精神等。

建筑企业由于面对的社会关系非常复杂，企业形象要素体现于多个方面，主要有名牌工程的多少、经营布局情况、施工现场形象、员工形象、企业家的形象、企业的社会形象、公共关系形象等等，综合起来就形成企业的总体形象。

（二）企业形象策划的涵义及基本特征

1. 企业形象策划的涵义

企业形象策划是指企业为树立良好的企业形象，实现企业目标，根据企业形象的现状和目标要求，以及企业总体发展战略，在充分进行企业形象调查的基础上，对企业总体形象战略和塑造企业形象的活动进行谋略、设计和实施的一种活动。

2. 企业形象策划的基本特征

(1) 目的性。企业形象策划有着明确的目的性。企业形象策划所确定的目标分为总目标和具体目标。总目标是指任何企业形象活动都希望达到的最终目标。一般来说这个最终目标就是建设具有理想的知名度和美誉度的企业形象。

(2) 创新性。企业形象策划的思维过程是一种创造性思维。策划设计往往追求独创性，以新颖的策划设计方案提高企业形象活动成功的概率。

(3) 计划性。计划性即按照企业形象目标，根据企业形象活动的特点，有计划、分步骤地实施企业形象策划，使公众的观点与行为朝着对企业有利的方向发展。

(4) 思想性。企业形象策划过程是一种思维过程，它受到具有思想特质支配的人脑的制约，并通过策划者对社会环境、企业条件和策划目标的分析来完成。我们在策划时要充分考虑我们所处国家的政治、经济、文化、民族心理、价值观等。

(5) 针对性。企业形象策划没有一个统一的、一成不变的模式。它受制于企业所处的外部环境、自身条件和企业形象状态以及策划者本身的创造性思维方式，对不同的企业需要策划不同的企业形象方案。

(6) 调试性。企业形象策划方案应该有一定的弹性，进行策划设计时，应考虑条件的变化，考虑企业形象策划实施的环境、目标公众的需求动机和心理承受力来进行适时、适度的调整企业形象策略。

（三）企业形象策划的起源与发展

企业形象策划最早的应用事例是在 20 世纪初，德国 AEG 通用电气公司采取了著名设计师贝汉斯（Peter Behrens）设计的商标，并将视觉标志广泛地应用在公司生产的所有产品上，使原先分散的视觉形象得以统一。真正意义上的企业形象策划起源于第二次世界大战后，到 20 世纪 70、80 年代逐渐形成世界潮流。在 20 世纪 80 年代中期，企业形象策划首先以理论形式传入中国大陆，随着经济的发展和改革开放的深入，从理论逐步应用到社会实践。尤其是 1995 年后，大批有实力的企业集团先后导入企业形象策划，使之在中国得到迅速发展。

（四）企业形象策划的战略重点

企业形象策划需要对企业面临的社会公众的需求和利益进行分析，而企业所面临的社会公众是多层次和多方面的,各类公众对于企业的利益要求也是不一致的。企业对公众需求不能面面俱到,要有所选择,有所侧重,要明确企业形象策划的一般规律与特殊情况之间的关系,关注本企业所面对的主要公众是哪些,通过对主要公众的调查,寻找企业形象不足之处,发现影响企业良好形象建立的最主要因素,从而确定企业形象策划的战略重点。

实施企业形象策划的关键,是建立一套完整的企业识别系统 CIS(Corporate Identity System)。企业识别系统框架是由三大要素构成企业形象策划总体,即理念识别 MI(Mind Identity)、行为识别 BI(Behavior Identity)、视觉识别 VI(Visual Identity)。三者各具功能、相辅相成,其主要内容和相互关系如图 7-1 所示。

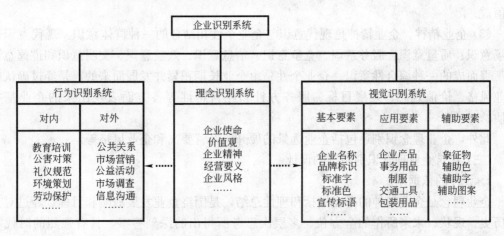

图 7-1 企业识别子系统的主要内容和相互关系

随着企业形象策划理论的发展,听觉识别也得到有关专家的重视。听觉识别是指以听觉传播作为感染体,将企业理念、产品特色、服务内容、风格个性、企业规范等抽象语意转换为具体符号,以标准化、系统化的有声语言传播给社会公众,从而达到塑造企业独特形象,凸显企业个性的一种经营技法。

(五)企业形象策划的作用

在现代社会中,良好的企业形象已成为企业越来越重要的无形财富。企业形象策划不仅是市场经济对于现代企业提出的强烈要求,也是企业加快自身发展的迫切需要,同时又是许多成功的现代企业通过经营实践总结出来的宝贵经验。它对企业的日常运作,对企业的生产经营和发展,具有不可或缺的功能和极其重要的作用。

(1)企业形象策划有助于企业在竞争中赢得优势。
(2)企业形象策划有助于增强企业的凝聚力和向心力。
(3)企业形象策划有助于企业品牌的扩散和延续。
(4)企业形象策划有助于企业获得社会各界以及政府部门的重视和帮助。

二、企业理念识别

(一)企业理念识别的涵义

企业理念识别是形象识别系统的精神内涵,是企业文化的经典概括,它是在充分反映社会、文化和管理的未来趋势的基础上,对企业长期积淀的精神财富和对未来的发展追求进行的理性升华,用以规范企业日常的行为和管理,关注和指导企业长远的发展。

(二)建筑企业理念识别的内容

(1)企业使命。企业的使命是企业存在的目的的阐述,是企业从事生产经营活动的意图和目的,它表明企业依据何种思想观念来确定企业的行为、开展企业的各项生产经营活动。

(2)价值观。价值观通常被认为是企业理念识别系统的核心,是对企业的生存理念及价值取向的阐释,即企业中的人如何看待组织和工作的基本的观念。它是企业在追求事业成功的过程中,个人推崇的基本信念及奉行的行为目标,亦即企业为获得成功而对企业行为所作出的价值取向。其中企业对最有价值事物的看法和所要追求的目标即是企业的核心价值观。

(3)企业精神。企业精神是现代意识与企业个性相结合的一种群体意识。现代意识是市场意识、质量意识、服务意识、竞争意识、信息意识、效益意识、文明意识和道德意识等汇聚而成的一种综合性意识。企业个性是由企业长期积累并发展而来的,是经过确认的企业风格、价值观念、发展目标、服务方针和经营特性等各方面表现出来的企业基本性质。

此外,企业理念识别还包括企业远景的展开、经营要义和企业风格等。

(三)建筑企业理念识别系统的设计

1. 设计的依据

企业理念是企业精神的高度概括和理性总结,是围绕企业发展战略和目标,经过对企业历史、现状、未来所作的全方位、多层次思考所得出的深刻答案,具有强烈的时代特征。因此,对建筑市场、建筑行业特征、建筑企业的历史、现状和文化的正确把握是设计企业理念识别系统的重要依据。

2. 设计的原则

(1)个性化。个性化的理念识别系统便于传播和识别,对建筑企业竞争能力的提高具有重要作用。建筑企业理念识别的设计所倡导的个性化包括:民族特色、建筑行业特色、建筑企业自身特色,以及理念识别表达的个性特征。

(2)市场化。理念来自市场,只有以先进的市场观念为根本的理念系统,才能最终有利于企业的发展。建筑企业理念识别的企业宗旨、价值观、经营要义等要素的设计要反映建筑企业的市场观念,体现其市场观念的要求。

(3)先进性。先进性是理念识别系统生命力的根本。理念识别系统要承担起关注和指导企业长远发展的重任,要能够吸引和凝聚优秀员工,必须以先进性为前提。

(4)回归管理。企业理念可以促进企业的制度建设,可以促使员工自觉遵守企业制度,能够深入到企业制度不可能到达的各个方面,促使员工在各种条件下都能够遵循企业有利的原则。企业理念必须回归管理,但并不是简单的复归。如何在坚持制度创新的同时,进行富有成效的建筑企业理念识别系统设计,已经成为现代企业管理的重要内容。

(5)人文化。作为建筑企业的价值观体系,理念识别系统的人文精神要与企业的经营管理理念密切相关互为一体。人文化原则也可表现为:为员工营造和谐的工作氛围;同舟共济,同甘共苦;信任和尊重员工;提高员工素质,发挥员工潜能等等。

三、企业行为识别

（一）企业行为识别的涵义

企业行为识别是指在企业理念的指导下，逐渐培养起来的、全体员工自觉遵守的行为方式和工作方法，是显现企业内部的制度、管理、教育等行为，并扩散回馈社会公益活动、公共关系等的动态识别形式。

（二）建筑企业行为的特点

（1）建筑企业的质量控制行为是顾客最注重的行为，也是直接影响从业人员职业荣誉的行为。建筑产品与其他产品最大的区别在于它的惟一性和不可逆性，这使建筑企业的质量控制行为成为顾客最重视也最关心的行为。从从业人员的角度分析，建筑产品良好的展示性和永久性使从业人员产生职业荣誉感，而建筑产品的惟一性、不可逆性以及与生命财产安全的直接关联性则使从业人员产生职业危机感，质量控制行为也就成为直接威胁从业人员职业荣誉的行为。

（2）建筑企业的安全生产行为是受国家法令法规强制约束的行为。建筑行业是高危行业，安全事故频发，因此国家专门针对建筑行业出台了一系列安全生产法律法规，以确保人民群众的生命财产安全。

（3）建筑企业的经营行为是全社会普遍关注的行为。建筑市场整体秩序比较混乱，业主行为不规范是其主要原因，但建筑企业经营行为不规范也较常见，挂靠、转包、违法分包、贿赂招标、串通投标、偷工减料等现象屡禁不止。这些不规范的经营行为往往和腐败行为联系在一起，引起全社会普遍关注，并使建筑企业群体在公众心目中的形象受到影响。

（三）建筑企业行为识别系统的策划

1. 策划的原则

（1）守法经营为前提。这里所说的守法经营有专指的含义。具体来说，建筑企业应将严格的质量控制行为、可靠的安全生产行为、规范的市场经营行为作为策划企业行为识别系统的前提条件。因为一次质量事故或一次安全事故或一次不规范经营行为的曝光，就足以将良好的企业形象一笔勾销，并大大增加形象重建的难度。

（2）一致化。企业形象识别系统是理念识别系统、视觉识别系统和行为识别系统的有机统一。在策划行为识别系统时，应与企业理念系统保持高度一致，并要将视觉识别要素与之有机结合。

（3）重在执行。顾客识别一个企业，既要辨其貌，察其言，更要观其行。顾客看重的不是企业如何说，而是企业如何做。对于光说不做或言行不一的企业，顾客会产生逆反心理。因此，"说你要做的，做你所说的"应作为建筑企业的行为准则。

2. 策划的内容

（1）企业制度设计。企业制度包括战略管理制度和基础管理制度两大部分。企业战略是企业行为识别系统与企业理念识别系统最重要的接口。企业战略谋划和战略思想是企业理念识别系统策划的前提和基础。企业行为识别系统阶段的任务，就是将战略管理制度化，以确保企业的运行不脱离战略管理的轨道。建筑企业基础管理制度主要有营销管理制度、合同管理制度、项目管理制度、质量管理制度、安全管理制度、科技管理制度、人事管理制度、财务管理制度、物资管理制度、行政管理制度、审计监督制度等。

(2) 企业习俗设计。企业习俗是企业长期相沿、约定俗成的节日、仪式、典礼和活动。企业习俗是企业个性的鲜明体现，对企业内外都有重要的识别和教育意义，在企业行为识别系统中具有独特的地位。企业习俗具有非强制性、程式性和可塑性。非强制性和可塑性是与企业制度的不同之处，而程式性则与企业制度有相通之处。

(3) 员工行为规范设计。员工行为规范一般应能涵盖员工工作行为所及的各个方面，包括团队准则、职业道德准则、工作程序要求、工作纪律和作风、礼仪礼貌规范、工作环境优化、个人素质修养等方面的内容。

(4) 专题活动策划。建筑企业的专题活动是指企业正常生产经营活动之外为了特定目的而组织的活动，包括市场营销、公共关系、新闻广告、社会公益等活动，这些活动主要是以外部公众(或顾客)为对象而组织的。对外部公众而言，专题活动具有比制度行为更强的识别意义，因此更要精心组织，注重效果。

四、企业视觉识别

(一) 企业视觉识别的涵义

企业视觉识别是指将企业的经营理念和战略构想翻译成词汇和画面，使抽象理念转换为具体可见的视觉符号，形成一整套统一化、标准化、系统化的符号系统。

(二) 企业视觉识别的构成

企业视觉识别由基本要素、应用要素和辅助要素构成。

(1) 基本要素。主要包括：企业名称、企业品牌标识、企业品牌标准字、企业专用印刷字体、企业标准色、企业象征造型与图案、企业宣传标语和口号等。

(2) 应用要素。主要包括两大类：一是属于企业固有的应用媒体；二是配合企业经营的应用媒体。企业固有的应用媒体有：企业产品、事务用品、办公室器具和设备、招牌、标识、制服、衣着、交通工具等。配合企业经营的应用媒体主要有：包装用品、广告、企业建筑、环境、传播展示与陈列规划等。

(3) 辅助要素。主要包括：吉祥物或象征物、辅助色、辅助字、辅助图案、特殊使用方法等。

(三) 建筑企业视觉识别系统的设计

1. 设计的原则

(1) 有效传达企业理念。企业视觉识别系统的各种要素都是向社会公众传达企业理念的重要载体，脱离企业理念的视觉识别设计只是一些没有生命力的视觉符号而已。最有效、最直接地传达企业理念是企业视觉识别设计的核心原则。

(2) 突出民族文化特色。不同的文化区域有不同的图案及色彩禁忌。由于社会制度、民族文化、宗教信仰、风俗习惯不同，各国都有专门的商标管理机构和条例。由于文化背景不同对牌号、形象也有不同的解释，在设计标志、商标时应特别留心。此外，由于各民族的思维模式不同，在美感、素材、语言沟通上也存在着差异，所以应该考虑带有民族文化特色的设计，才能被国人所认同，进而才能赢得世界的认同。

(3) 产生强烈视觉冲击。企业视觉识别系统的设计所要做的是通过设计，使社会公众对企业产生鲜明、深刻的印象。因而所涉及的视觉形象必须给人以强烈的视觉冲击力和感染力,达到引人注目和有效传播的目的。

(4)保持设计风格统一。设计风格的统一性是充分体现企业理念,强化公众视觉的有效手段。强调风格统一并不是要求千篇一律,没有变化,而是在基本原则不变的前提下的统一。

(5)具有独特艺术魅力。视觉符号是一种视觉艺术,而接收者进行识别的过程也是审美过程,因此,企业视觉识别设计必须根据美学特性,使视觉识别系统具有独特的艺术魅力,从而使接收者——社会公众产生强烈的美感冲击,自然而然地接收视觉符号传递的信息,最终达到在社会公众心目中树立起良好企业形象的目的。

2. 设计的内容

(1)企业名称设计。一个易读易记并富有艺术性和形象性的企业名称设计,能迅速抓住大众的视觉,诱发起浓厚的兴趣和丰富的想像,使之留下深刻印象。

(2)企业标志设计。企业标志是一个企业的象征,是企业识别系统的核心基础。标志设计的成功与否,将直接影响到视觉识别计划的成败。企业标志以其构成要素划分,可以分为文字标志、图形标志和组合标志三大类。

(3)企业标准字设计。和企业标志同等重要的企业标准字也应具有识别性、易读性、造型性、延展性、系统性的特点,企业标准字强调整体风格和富有个性的基本形象,追求创新感、亲切感和适度的美感,传达出企业的行业特性,并依照国家颁布的简化汉字标准,做到准确规范、可视易读。

(4)企业标准色设计。企业标准色与企业标志、标准字体等基本视觉要素合一,形成完整的视觉基础系统。企业标准色具有科学性、差别性、系统性的特点。企业标准色彩应表达企业性质、企业理念、经营管理等方面的个性差异,尽量回避与业内同行的近似和雷同。

除此之外,企业视觉要素设计还包括企业造型设计、企业辅助图形设计、企业专用字体设定以及标志和标准字的变体和象征设计等。

3. 施工现场形象策划

建筑企业很多工程项目,如机场、车站、道路桥梁、大型写字楼、酒店、商住楼等,多位于城市的显要位置,因此这些项目的施工现场就成为建筑企业向公众和社会展示自身形象的窗口,充分利用施工现场这一得天独厚的载体,宣传企业,展示企业形象,必然起到事半功倍的良好效果。

施工现场的形象策划可归纳为十三大要点:施工现场大门、施工现场围墙、施工现场标牌、现场办公室、现场会议室或接待室、现场门卫室、现场宿舍用房、现场食堂、现场卫生间、现场机械设备、人员着装形象、楼面形象和旗帜等。

第三节　企业品牌塑造与管理

一、品牌概述

企业形象的策划和实施必须以品牌的形成为归宿,这是常被忽视的一个重要问题。21世纪,市场竞争日趋激烈,产品高度同质化,越来越多的企业开始认识到,品牌是竞争制胜的法宝。

（一）品牌的定义

"品牌"（brand）一词来源于古挪威文字 brandr，意思是"烧灼"。早期的人们利用这种方法来标记他们的家畜，后来发展到手工品的标记。现代品牌被定义为：经过企业刻意设计的品牌、识别体系，并在顾客心中留下的一种综合印象。美国著名营销学者菲利普·科特勒（Philip Kotler）对品牌定义的表述是："品牌是一种名称、名词、标记、符号或设计，或是它们的组合运用，其目的是借以辨认某个销售者或某群销售者的产品和劳务，并使之同竞争对手的产品和劳务区别开来。"

（二）品牌的构成要素

一个完整的品牌不仅只是一个名称而已，它含有许多信息，只有将这些信息最大限度地整合起来，品牌才是完整的。品牌的构成要素主要有以下两个方面。

(1) 显性要素。这些要素是品牌外在的、具象的东西，可直接给予消费者较强的感觉上的冲击，主要包括品牌名称、标识与图标、标记、标志字、标志色、标志包装、广告曲。

(2) 隐性要素。它们是不可以被直接感觉的，它存在于品牌的整个形成过程中，是品牌的精神和核心。它包括品牌承诺、品牌个性和品牌体验。

（三）品牌的特征

(1) 识别性特征。这是品牌名称、标志物等符号系统带来的外象特征。企业或生产者通过整体规划和设计所获得品牌造型符号，具有特殊的个性和强烈的视觉冲击力，能够帮助目标消费群体来区别本产品和其他产品。

(2) 价值性特征。品牌因其具有的优质性能及服务，成为一种企业的外化形象，并成为企业利用外部资源的契约主体。它在市场上覆盖面广、占有率高，必然可以给企业带来巨大经济利益。同时因其自身具有的知名度、美誉度等社会因素，它又可以独立于产品存在，并形成一种可以买卖的无形资产价值，这种价值要比它给企业带来的有形资产价值更重要。

(3) 领导性特征。品牌和普通产品不同，它不只是靠广告和包装来打动消费者，它在消费者心中无可替代的地位是由其高质量、高价值、高信誉决定的。品牌是企业的核心要素，是企业向目标市场传输信息的主要媒介。它具有的风格代表了与众不同、高人一等的经营理念，一旦迎合了目标市场的口味，就具有了非常重要的地位，可以引领市场潮流，影响消费群体的价值观，这种能力是普通产品难以企及的。

（四）品牌的类别

品牌不是从来就有的，它是市场经济发展到一定阶段的产物。品牌存在于各行各业，传统的行业有品牌，现代工业产品也有品牌，中国有中国的名牌，世界有世界的名牌，品牌的类型纵横交错，复杂攀结。为了加深对品牌的理解，本书从以下几个方面进行品牌分类，见表 7-1。

品 牌 类 别　　　　　　　　　　表 7-1

按知名度划分	当地品牌	
	地区品牌	如：北京二锅头等
	国家品牌	如：联想、红塔山等
	国际品牌	如：可口可乐、微软等

续表

按来源划分	自有品牌	如：东风、永久等
	外来品牌	如：联合利华收购的北京"京华"牌，相对于联合利华来说，"京华"便是外来品牌
	嫁接品牌	如：海尔的前身"琴岛—利勃海尔"
按属性划分	产品品牌	如：万宝路香烟等
	企业品牌	如：迪斯尼、肯德基等
	组织品牌	如：中央电视台、联合国等
按行业划分	家电业品牌	如：长虹等
	食用饮料业品牌	如：娃哈哈等
	日用化工业品牌	如：大宝等
	汽车机械业品牌	如：大众等
	建筑业品牌	如：中国建筑、上海建工等
	服务业品牌	
	网络信息业品牌	如：网易、搜狐
按生命周期划分	短期品牌	
	长期品牌	如：全聚德、王致和等
按品牌延伸性划分	主品牌	如：海尔品牌
	副品牌	海尔冰箱、海尔洗衣机
	副副品牌	海尔小神童、海尔节能王
按品牌性质划分	大众品牌	如：麦当劳、吉列刀片、可口可乐饮料等
	高档品牌	如：劳斯莱斯汽车、劳力士手表等
按品牌营销战略划分	功能性品牌	如：冷酸灵等
	效果性品牌	如：宜而爽等
	情感性品牌	如：红豆、百事可乐等

(1) 按知名度划分。按品牌知名度的辐射区域划分，品牌可以分为当地品牌、地区品牌、国家品牌和国际品牌。当地品牌是指一个县内的品牌，这样的品牌知名度较低，一般情况下只有县区域内和临近地知晓。地区品牌是指在一个较小地区范围内公众认知的品牌。而国家品牌是指在一国境内有较高知名度，产品辐射全国，在全国销售的产品。国际品牌是指在国际范围内公众认知的品牌，在国际市场上享有较高的知名度、美誉度。

(2) 按来源划分。按品牌的来源可以将品牌分为自有品牌、外来品牌和嫁接品牌。自有品牌是企业通过自身努力创立的品牌。外来品牌是指企业通过特许经营、兼并、收购或其他形式而取得的品牌。嫁接品牌主要指通过合资、合作方式形成的带有双方品牌的新产品。

(3) 按属性划分。按品牌的属性划分可有产品品牌、企业品牌、组织品牌。产品品牌是指公众以知晓产品为主的品牌。企业品牌是指公众以知晓企业为主的品牌。组织品牌是指非企业性组织所构成的品牌。

(4) 按行业划分。按品牌产品的所属行业不同可将品牌划分为家电业品牌、食用饮料业品牌、日用化工业品牌、汽车机械业品牌、建筑业品牌、服务业品牌、网络信息业品牌等几大类。

（5）按生命周期划分。根据品牌的生命周期长短来划分，可以分为短期品牌、长期品牌。短期品牌是指品牌生命周期持续较短的品牌，由于某种原因在市场竞争中昙花一现。长期品牌是指品牌生命周期随着产品生命周期的更替，仍能经久不衰，永葆青春的品牌。

（6）按品牌的延伸性划分。按品牌的原创性与延伸性可划分为主品牌、副品牌、副副品牌。设立子品牌，对于大部分公司来说，既是为了划分产品类型，同时也是为了降低母品牌易受损害的风险，如果解决不好二者的关系，往往会影响品牌的发展和推广。

（7）按品牌性质划分。按品牌的品质和价值以及公众的对象差异，可分出大众品牌和高档品牌。大众品牌以价格适中、产量巨大、市场占有率高为特征。高档品牌则是面向少数甚至极少数公众群体，以高定价、低产量为特征，这类产品一直被人们理解为身份地位的象征。

（8）按品牌营销战略划分。按品牌的营销战略定位可把品牌划分为功能性品牌、效果性品牌、情感性品牌等。品牌的内涵寓意通常表明了企业对消费者的告知。

（五）品牌与文化的关系

文化是人类在长期与自然环境的相互作用中创造出来的物质文明与精神文明的总和。品牌，是一种文化，而且是一种极富经济内涵的文化。一方面文化支撑着品牌的丰富内涵；另一方面品牌又可展示其代表的独特文化魅力，两者相辅相成，相映成辉。品牌是物质和精神、实体和符号、品质和文化高度融合的产物，即品牌文化的最终成果；而文化则是品牌的生命、产品的精髓、企业形象的内核、产品品质的基础。

品牌与文化的结合，有利于创造与发展企业的文化内涵，在企业中树立一种积极向上、奋发拼搏的实干精神风气，增强企业的凝聚力，提高企业的整体素质；有利于树立与宣传企业的形象，塑造企业的品牌形象，增加市场竞争力；有利于企业经济价值更好地与社会价值结合，营造企业发展的大环境；有利于企业抓住机遇，提高市场份额。

二、建筑企业品牌塑造

加入WTO后，随着我国建筑行业与国际市场接轨，企业将面临更加激烈的国际化竞争。经营理念上要实现由计划型向市场型转换，由粗放型向精细型转变，由以产品为中心的竞争向以客户为中心的竞争转变，使企业成为能满足客户不断提高的物质和文化生活需要的"品牌"企业。

而就中国建筑市场的不断发展来说，中国建筑企业也逐渐进入了一个全新的品牌竞争时代。一方面，品牌展示了企业的综合形象，具有不可估量的市场价值，它的形成始终贯穿于企业发展之中，另一方面，品牌又是一个建筑企业综合素质的标识，它不能被企业的规模和业绩所替代。综观现代建筑企业的成功与失败，无一不与其品牌塑造的成败密切相关。在建筑品牌的范畴中，品牌涵盖了企业规模、业绩、施工质量、工程质量、企业信誉、跟踪服务、业务范围、产品宣传、社会效应、文化价值等各个方面，并且这是一个系统的、持续的、长期的、琐细的工作。建筑企业打造品牌的策略可以从下面几个方面进行：

(一) 品牌定位

定位的重点在于对可能成为顾客的人的想法施加影响，唤起或强化顾客原本已存在的欲望和渴求，使他倾向于企业的导引，所以，定位最根本的目的就是使品牌在顾客心目中取得一个无可替代的位置，树立起品牌的正面形象。

1. 品牌定位的类型

品牌定位没有固定的模式，这可以减小品牌之间的差异性，增强品牌的市场影响力。在实践当中，成功的品牌定位大致分为七种：以产品或服务特点为导向；以目标市场为导向；以竞争为导向；以情感与心理为导向；以利益为导向；以激情为导向；以价值为导向。

2. 品牌定位的基本原则

建筑企业要塑造品牌就必须给品牌一个合理、明确、独具个性的品牌定位。品牌定位不是一件简单的事，更不是企业领导者主观上的某个想法，它需要结合企业现状和企业战略远景、行业现状以及社会发展的总体趋势来进行综合分析。具体的品牌定位有以下六大原则：

(1) 执行品牌识别。当一个品牌的定位存在时，该品牌的识别和价值主张才能够完全地得到发展，并且具有系统脉络和深度。

(2) 切中目标消费者。要以始终如一的形式将品牌的利益与消费者心理上的需要连接起来，通过这种方式将品牌的定位明确地传递给消费者。

(3) 积极传播品牌形象。品牌是在消费者心中被唤起的想法、情感、感觉的总和，因此，只有当消费者心中关于品牌定义的内容得以确认时，公司的资源才可能产生积极的效益。

(4) 创造差异化优势。竞争者是影响定位的重要因素。没有竞争的存在，定位就失去了价值。因为不论以何种方法、策略定位始终要考虑与竞争者的相对关系。

(5) 考虑竞争者的定位。在市场竞争十分激烈的情况下，几乎任何一个细分市场都存在一个或多个竞争者。在这种情况下，企业应力图在品牌所体现的个性和风格上与竞争者有所区别，否则消费者易于将后进入企业的品牌视作模仿者而不予信任。

(6) 品牌定位要考虑成本效益比。不考虑成本而一味付出、不求回报不符合企业的经营宗旨。在定位时要遵循的一条基本规则就是：收益大于成本。收不抵支的品牌定位最终只能导致失败。

(二) 塑造品牌形象

企业要创名牌，要塑造好的品牌形象，首先必须在消费者心目中建立起良好的企业形象。通过企业形象设计，来创造企业形象、提高品牌知名度，是目前国际流行的做法。其次，在塑造品牌形象的过程中，很重要的一点是要培养品牌忠诚。品牌塑造时要突出自己的特点，手法可以有变化，但品牌最基本的形象不能变。

从总体上说，企业所追求的企业形象要素都是高效、优质、服务良好、赢利合理、热衷公益事业但对具体行业而言又存在一些差异，各有特点。就建筑业来说，企业形象则更需注重传统性、规模化、持续有效性及与时代潮流的呼应。

(三) 品牌名称

1. 品牌名称的作用

品牌名称能为品牌的创立起到多方面的作用,首先,是识别作用,使消费者能准确地认识品牌。其次,一个好的品牌名称,能够让消费者从名称本身看出它所代表的商品的某些特点,能够提示商品信息。第三,品牌名称作为商标的一个极其重要的组成部分,不但具有视觉上的传达性,而且具有听觉上的传达性。

2. 品牌取名原则

品牌取名既是一种科学,又是一门艺术。一般来说,品牌取名要遵循以下原则:

(1) 可记忆性。为了达到这个目的,品牌名称应该是便于记忆的,这样可以促进消费者对品牌的回忆。

(2) 有意义性。是指品牌名称本身具有含义,而这种含义可以直接或间接地传递商品的某些信息。

(3) 可转换性。意思是品牌名称是否能扩展到其他产品品种上,是否能扩展到不同的国家或市场,在很大程度上,取决于品牌名称的文化内涵和语言特点。

(4) 可适应性。品牌取名要考虑名称在品牌的发展过程中应该有适应性,主要是要能够适应时代的变化。

(5) 被保护性。不但在法律意义上能够得到保护,最好可以在全球注册,而且在市场竞争意义上也能得到保护。

在品牌取名上,还可以将中外结合。由于英语已成为事实上的国际语言,为了便于传播,大部分的国际品牌是以英文构成的。所以,我国的企业和产品在走向国际市场,参与国际竞争时也应该采用全球通行的语言来创造性地设计出符合国际品牌取名惯例的新品牌名称,而不是采用汉字及汉语拼音,或作简单的机械式翻译。

(四) 商标设计

商标设计必须构思巧妙,不但能体现产品优点和特性,还能够使消费者产生美好的联想。商标标识在企业识别诸要素中最具形象性、显著性,可以把企业形象、产品特征等各种要素融合在一起迅速传递给公众和消费者。所以,在设计商标标识时,除了达到最基本的平面设计和创意要求外,还需要考虑营销因素和消费者的认知、情感心理。

典型的设计方法有两种,一种是文字和名称的转化,另一种是图案的象征寓意,由这两种方法可设计产生文字型、图案型及图文结合型的标识。

三、建筑企业品牌管理

(一) 品牌管理涵义

管理,指一定组织中的管理者,通过实施计划,组织人员配备,指导控制等职能来协调他人的活动。如果我们把品牌管理说成是军营,一个军官对他军营的管理士兵除外,尚有武器、军容、旗帜、文化、思想、纪律、风格等等,而品牌管理除了品牌队伍外,则包括品牌符号、品牌名称、品牌文化、品牌定位、品牌形象、品牌创新、品牌策划、品牌竞争、品牌服务、品牌扩展等等,如图7-2所示。

(二) 品牌管理核心

(1) 质量管理。质量是品牌的基础、品牌的生命,名牌的显著特征就是能提供更高的可感觉的质量。质量历来被视作为名牌的生命。质量是品牌的本质,这是由质量的重要性决定的。品质是企业创名牌的根本,是使顾客产生信任感和追随度的最直接原因,是品牌

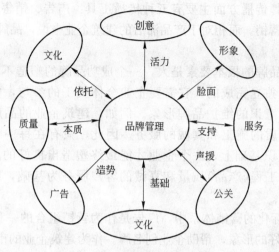

图 7-2 品牌管理

大厦的根基。没有高品质,不可能成为真正的名牌。所以树立品牌要有质量基础,创立名牌更需要高质量的保障。

(2) 价值管理。一个品牌的核心构成部分是产品,因此要充分发掘品牌价值,对于产品概念的把握就显得至关重要。一般而言,产品的整体概念包括三部分:一是实质部分。即提供给消费者的核心利益与价值,这是品牌广告策略提取主题诉求的最重要部分。二是形式部分。即产品牌名、商标、形态等外显性部分,特别在采用塑造品牌形象策略时。三是扩增部分。即额外的利益,像质量保证、维修等,有时候这些也给确定广告诉求提供方向,形成新的竞争依据。

(3) 服务管理。服务是商品整体不可分割的一部分,在当今市场竞争中已成为市场竞争的焦点。为顾客提供优质、完善的服务是企业接近消费者,打动消费者的最佳途径,也是企业品牌树立的途径。服务可以减少或避免顾客的购买使用风险,为顾客提供超值的满足,服务是创品牌的利器,也是品牌不可缺少的重要组成部分。品牌背后的服务包括了售前调研、收集资料、征询意见、售中咨询、售后维修、安装等。这些服务是品牌的强力后盾。

(三) 品牌管理实施

1. 品牌传播

品牌的传播推广,实际就是将品牌的相关信息按照品牌拥有者的意图编码、传播给品牌利益相关者,从而构建起品牌资产的过程。图 7-3 给出了传播过程各要素的关系模式。

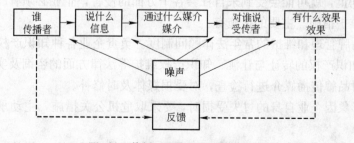

图 7-3 传播过程各要素的关系模式

通常来讲,在品牌传播方面主要有五种传播工具:广告、销售促销、公共关系与宣传、人员推销和直接营销。而相对于产品滞后的建筑企业来说,品牌传播更应从以下四点进行考虑:

(1) 人员传播。品牌的根本要素是人,一个成功品牌的塑造不是一个人、一个部门或一个咨询公司能够独立完成的,它需要企业全体员工的参与,要求全体员工都必须有品牌管理意识,有意识的维护品牌形象。例如,建筑企业的品牌塑造,不仅需要卓越的销售,也需要优质的施工和真诚的服务。因此,只有在每一个环节都有强烈的责任心和自觉的品牌意识基础上,一个企业才能最终塑造出良好的品牌。换句话说,品牌塑造必须以优异的工程(产品)质量和真诚的客户服务为基础,所以说品牌塑造需要全体员工的全程参与。

(2) 广告。在国际化的营销体系中,广告是作为营销组合的一种重要因素而存在的,它能帮助企业树立良好的形象,帮助企业创名牌。作为建筑企业的市场前线人员,营销人是建筑企业品牌的关键。任何人都不会乐意与一个形象邋遢不堪的营销人多打交道。例如,在建筑这种高价值的工程营销中,一幢厂房或一座体育场馆,少则百万,多则数千万,甚至数亿元,客户在选择承包商时十分慎重,营销人个人形象的好坏直接影响到客户对承包商品牌形象的最终判定。同样,由于客户大多数对工程的专业知识所知甚少,因此营销人在与客户的沟通中,营销人需要能够流利地回答客户的种种疑问。而在营销人与客户的沟通过程中,营销人不可能回答客户的所有问题,这就需要营销人具备娴熟的沟通技巧,随机应变,尽力避免可能出现的冷场或尴尬,以保持良好的个人品牌形象,并充分地在客户心中强化企业的良好品牌形象。

(3) 公共关系与宣传。建筑企业塑造品牌的关键是做公关,而不是做广告。建筑企业公关活动必不可少的环节便是创造并发布新闻。根据社会发展趋势、行业发展趋势和企业发展趋势创造出的新闻才能很容易地被广泛传播,以确保品牌在社会大众或消费者心中的知名度、美誉度,甚至可以提高他们的忠诚度。

(4) 确定媒体组合。要有计划、有步骤地进行正确有效的媒体选择和组合。这是一个至关重要的问题,媒体选择的恰当与否直接影响到广告效果的优劣。建筑企业广告的受众应该是具有一定社会地位和影响力的企业中高层领导,因为他们的意见直接影响究竟选择哪一家建筑企业为公司服务。因此投放广告时,要重点考虑目标受众经常与哪些媒体接触,主要受哪些媒体影响,然后从中选择主要的几种传播工具进行投放。

2. 品牌维护

品牌一旦问世,就可能会受到来自社会各个方面的侵害,企业必须有品牌形象维护意识和品牌形象维护措施。主要的措施有:

(1) 建立品牌管理和维护的常年法律顾问制度。负责企业各种知识产权的申请、无形资产的评估、知识产权的转让与让渡、知识产权维护等法律方面的咨询及实务。

(2) 定期对品牌传播媒介进行检查,对受损媒体及时修补。

(3) 品牌形象因企业自身的过失受损时,要采取危机公关措施,主动承认错误并迅速纠正过失。

(4) 品牌形象受到非竞争者的损害时,要主动说明情况采取相应措施,及时挽回不良影响。

(5)严厉打击对企业的各种侵权行为。如企业商标专用权、企业名称专用权受到其他企业或个人的侵犯时,应及时向工商行政管理机关申请制止与制裁,工商机关一般依据企业商标注册在先,企业名称登记在先的原则进行处理。

第四节 企业民主管理与和谐企业

一、企业民主管理

（一）企业民主管理概述

1. 企业民主管理的来源

企业民主管理作为一种管理制度和管理方式,由来已久。其目的是促进企业与人的共同发展,通过民主与管理的融合,使企业、员工及相关者利益统一,以利企业形成合力、发展壮大。

在西方发达国家,企业工人参与管理从肇始至今已有200多年历史,二战以来发展成势不可挡的世界潮流。因各国历史文化背景、政治经济环境不同,企业民主管理的具体表现形式也各有千秋。主要概括为四种形式：劳资共决制、企业委员会、劳资集体谈判、车间与班组工人自主管理。

2. 基本涵义

从我国的国情和实践看,企业民主管理是企业员工依法以主人翁的身份,通过一定形式,行使当家作主的权利,参加企业重大决策和管理的制度。其行为主体是广大员工群众,客体是企业。它是社会主义民主在企业管理中的具体体现,是企业领导制度和管理制度的重要组成部分,是社会主义企业的本质特征。

3. 基本原则

搞好企业民主管理,必须坚持和完善企业民主管理制度,把坚持党的领导、组织员工参与管理和依法治企有机统一起来。坚持党的领导,是其根本保证；组织员工参与企业管理,是其本质要求；依法治企,是其必然选择。基本原则是：既要全心全意依靠员工群众办企业,又要一心一意为员工群众谋利益。

4. 主要作用

（1）有利于落实科学发展观,建设社会主义政治文明。党中央提出"坚持以人为本、全面协调可持续的科学发展观",以及"加强五大执政能力建设",其中就包括"发展社会主义民主政治的能力"。在企业贯彻这些要求的一个重要方面,就是搞好企业民主管理。在社会主义现代化建设中,物质、政治和精神三个文明是辩证统一的,它们相互依存,相互促进,缺一不可。发展社会主义民主政治的基础在基层,而企业民主管理则是其有机组成部分。

（2）有利于适应市场经济新形势,广泛参与国际竞争。我国已加入WTO并签署《国际劳工公约》,中国企业参与国际竞争,必须遵守国际通行"游戏规则"。在AS 8000社会责任标准、ISO 9000、ISO 14000、ISO 18000等国际认证体系中,发挥"工会作用、推行企业民主管理、规范企业行为",都是必备条件。

（3）有利于解放和发展生产力,促进企业创新发展。企业民主管理,就是要扩大员工民主参与的领域和渠道，建立健全员工民主监督制度和机制，充分体现劳动者在企业的主体地位、主人翁地位。这对于充分调动各方面积极性，解放和发展生产力，促进企业创新发展，意义十分重大。

（二）建筑企业民主管理的主要内容、方式及重点

建筑企业民主管理，必须重点抓好三方面工作：

（1）职代会工作。职工代表大会制度是企业民主管理的基本形式，是员工行使民主管理权力的机构。建立职代会制度，保障员工的民主权利，是人民当家作主的具体体现。它作为一项基本制度已列入《宪法》，企业必须认真坚持并不断完善；它是企业组织广大员工从源头参与管理企业事务的重要方式；是落实知情权、参与权和监督权的最好形式。

（2）厂务公开。厂务公开是一种让员工知企情、议企政、管企事、促企兴的手段，其主要目的，就是要组织员工实行和深化以职工代表大会为依托的厂务公开民主监督，把企业权力运行置于员工群众的监督之下。职代会是厂务公开的主要载体和形式，厂务公开是职代会的主要内容。抓厂务公开，必须与企业党风廉政建设、职代会制度建设、员工队伍建设结合起来，把所应坚持的原则和精神，贯穿体现到职代会职权之中。职代会前，把需公开内容向员工代表交底，广泛征求意见；会议期间，对公开的内容进行认真审议，达成共识、形成决议；闭会以后，工会要与有关部门一起，跟踪检查，督促落实，并通过职代会组长联席会议、民主议事会、厂务公开栏等辅助形式，进一步补充和完善。

（3）规范劳动关系。组织员工加强和规范集体协商和集体合同工作，以促进劳动关系和谐稳定发展，保证主人翁地位的实现。大力推进平等协商、集体合同制度、建立完善分配协商机制，推行签订工作时间、劳动安全、补充保险、劳动合同管理、女职工特殊权益保护等方面的专项集体合同。其重点：一要建立健全集体协商机制，督促企业经营管理者树立在决定企业重大问题时与工会协商的观念；二要重视集体合同质量；三要狠抓集体合同的履约兑现。

二、构建和谐企业

胡锦涛总书记指出："社会主义和谐社会，应该是民主法治、公平正义、诚信友爱、充满活力、安定有序、人与自然和谐相处的社会。"企业作为创造物质财富的经济组织，承担着为社会发展、国民经济建设提供物质产品、创造经济效益的重要任务。构建和谐企业，是构建社会主义和谐社会的重要组成部分，是落实科学发展观、实施党中央重大战略决策的重要实践，更是构建社会主义和谐社会的有力保障。

（一）和谐企业的涵义和特征

1. 基本涵义

和谐企业概念来源于落实科学发展观、构建和谐社会的总体要求，是指构成企业系统中的各部分、各要素相互协调、平衡发展。其核心是通过促进企业内外"和谐"，达到企业的经济、环境、社会效益"三统一"，最终实现企业持续、健康、协调发展。

2. 主要特征

（1）经济和谐，管理有序，效益提升。主要表现：企业持续健康稳定发展，经济与社会效益、市场与资本运作和谐统一。企业发展规划长远，产权、产业、组织结构科学，有

规范的法人治理结构和创新的管理制度,科学高效的运行机制与工作流程,安全、稳定、文明的经营管理。

(2) 关系和谐,理念统一,沟通顺畅。主要表现在:企业内部人际关系和谐统一。领导者与被领导者之间、管理者与员工之间、员工与员工之间和谐相处、无缝沟通;企业内部理念和谐统一。企业精神、管理哲学、核心价值观成为全体干部员工的共识和行为准则;沟通的和谐统一。沟通是"看不见的生产力",及时有效顺畅的沟通对于执行上级决策、处理各种问题有着重要的促进作用。

(3) 整体和谐,合作广泛,互补共赢。主要表现:企业与竞争对手、与业主、社会、政府、自然环境之间的全面和谐。建筑企业主要表现在企业与业主、监理、设计方以及与劳务队伍、材料商的默契合作,与竞争对手之间的合作共赢,与地方政府、新闻媒介的相互理解、支持,与环境、社会的和谐相处、共同发展。

3. 企业民主管理与构建和谐企业的关系

企业民主管理是构建和谐企业的重要手段和内容;构建和谐企业是企业民主管理的重要目标。两者有机结合,相辅相成。

(1) 两者同为创建和谐社会的重要组成部分。企业是国民经济的细胞和社会的有机组成。企业生产社会产品,创造社会财富,推动社会科技进步,培植社会人才,稳定社会。尤其是建筑企业要吸收和带动大量社会就业,是社会经济的重要稳定器,是社会主义三大文明的重要基础。实现这些目标,企业民主管理、构建和谐企业同为不可或缺的手段和内容。

(2) 两者同为企业自身发展的需要。构建和谐企业的目标是发展壮大自己,增强竞争力,将企业做强、做大、做久。而企业民主管理是充分调动和发挥积极性和创造性,提高核心竞争力,推动企业健康发展的重要手段。其实质同为企业内外各种要素高度和谐一致,同为企业自身发展之必需,同为企业内在的强烈追求。其共同任务是提升企业管理水平,促进持续健康协调发展,解放和发展生产力,创造更好的社会和经济效益。

(3) 两者同为企业肩负历史责任之需要。当前和未来国家间的竞争核心在于综合国力的竞争,体现在各国企业之间的竞争。担此重任,要求各企业必须全面提升综合素质,增强国际竞争能力。而企业素质的首要体现是内部和谐、关系协调、运转有序、活而不乱,能为市场提供质优价廉的高品质产品,为国家创造更多更好的经营利润和无形资产,为国家竞争力打下坚实的微观基础。同时还要主动承担起对自然环境及社会各利益相关者的义务。实现这些目标,都需要加强企业民主管理,构建和谐企业。

(二) 构建和谐企业的环境分析

构建和谐企业,要求企业与内外各种资源和谐相处。了解企业所处的内部环境和外部环境,充分利用、协调好各种有利资源,把握和处理好各种不和谐因素至关重要。

在此,我们重点分析内部环境因素中影响构建和谐企业的不和谐因素,提出一些急需解决的问题;重点分析外部环境各要素对构建和谐企业的影响及要求。

1. 企业内部环境中不和谐因素分析

企业内部环境,包括企业集团内部、企业自身内部的环境,也包括企业文化环境。构建和谐企业必须统筹协调好企业内部各种关系。

(1) 集团内部环境中不和谐因素。主要表现:第一,企业发展战略及规划与社会经济发展不相适应，因片面追求经济效益，忽视环境与社会效益而使集团形象受损；第二，集团内部的产业、产权、组织结构与市场环境不相适应，影响集团持续发展能力的提升；第三，集团对下属成员单位控制力不足，"内耗"削弱了集团的整体产出能力；第四，因无序压价竞争导致施工中偷工减料，"豆腐渣"工程难以杜绝，因漠视员工身体安全和健康引发的重大伤亡事故频发。

（2）企业内部环境中不和谐因素。主要表现：第一，企业内部民主决策、监督机制不完备，影响积极性发挥；第二，党群、干群关系不和谐以及分配不公引起信任缺失，团队精神不足；第三，企业内部上下单位间、机关部门间过于强调小集体利益，内耗严重；第四，机关整体素质与其所承担的管理服务职能不相适应，影响管理服务职能的发挥，等等。这些问题的存在，既影响企业各种积极性的发挥以及创新能力、整体合力的增强，又会损害企业形象，削弱持续发展能力；甚至可能直接影响和谐社会构建，譬如因忽视劳务分包队伍管理，拖欠农民工工资而引发恶性、群体性上访，直接危害社会稳定。

2. 企业外部环境分析

企业外部环境包括经济、政治、技术、社会文化与自然资源环境等多个方面。企业与其外部环境是辩证的矛盾统一体。企业行为发生的依据是环境，其经营思想、经营方法、经营手段等应顺环境之变而变化；企业与环境各要素相适应，环境则可促进和谐企业的构建。在此我们重点列举一下建筑企业所面临的经济、政治、技术与社会文化环境中，一些值得特别关注的因素和现象，由此引发建筑企业对加强民主管理、构建和谐企业方面的思考。

（1）企业面临的经济环境。第一，当今世界政治环境主题仍是"和平与发展"，建筑业发展有广阔市场空间。第二，我国建筑和房地产业随国民经济快速增长，已成为拉动经济增长的第一支柱产业。第三，国家西部大开发、中部崛起与振兴东北老工业基地的政策倾斜将激活当地的建筑市场。第四，国家大力倡导的节能环保政策、《经济适用住房管理办法》将对建筑、房地产业发展产生长远影响。第五，国家发改委提出的"代建制"模式在我国建设领域中全面提速，并可能引发工程管理和行业管理新的革命。

（2）企业面临的技术环境。第一，新工艺、新材料与新技术推动了建筑行业的进步。第二，信息技术快速发展，对建筑企业如何运用信息技术提高管理水平和经济效益，提出新要求。第三，建筑企业粗放型增长方式未根本转变制约了企业的发展。

（3）企业与社会文化及自然资源环境。第一，人民物质文化生活水平持续提升，消费者对建筑产品提出更高要求。第二，能源、矿产资源严重匮乏，环境污染愈发严重，对文明施工、营造生态绿色建筑提出新要求。第三，建设部与科技部联合颁发了《绿色建筑技术导则》，对建筑企业提出了更高的行动准则。

（三）构建和谐企业的策略

构建和谐企业的策略，必须根据构建和谐社会的总体要求，针对企业内部环境中影响和谐的诸多因素，以及外部环境对企业提出的要求，以求得企业与外部环境广泛和谐为原则，从和谐规划与决策、和谐管理、和谐发展等方面，把握几个要点。

1. 和谐规划与决策

（1）确立正确的政绩观，确立企业的定位与发展战略。按照科学发展观的要求，以服务社会、福利员工为己任，将企业经济发展与社会发展放在同等重要位置；认真肩负起企业的经济、政治与社会责任。

（2）建立科学、民主的决策机制。坚持民主集中制，决策前广泛听取意见，决策后坚决贯彻执行。保持企业政策的相对稳定，避免政策多变，朝令夕改，影响企业执行力。

（3）兼顾效率与公平，建立科学公正的业绩评价、分配与激励机制，使多数员工能够分享企业改革发展的成果。

（4）强化民主管理，建立和谐的企业文化。要充分调动各方面参与企业民主管理的积极性和创造性，集思广益，群策群力，形成良好的文化氛围。

2. 和谐管理

解决五大矛盾，调整员工心态，畅通沟通渠道。

（1）解决好物质与精神的矛盾。既重视员工物质、利益需求，建立公平合理的绩效考核制度和激励机制，让员工工作安心；又高度关注员工精神需求，领导关心下属，经常鼓励帮助，增强幸福感，让员工舒心。

（2）解决好务实与理想的矛盾。企业作为经济组织，既要立足现实，积极创造经济效益，履行社会责任；又要立足长远，确立企业发展远景，以此凝聚员工，持续促进企业发展。

（3）解决好经验与创新的矛盾。注重经验与创新的有机结合，既注重学习、吸收别人的先进经验；更注重确立自有创新体系，更新发展观念，创新发展模式，提高发展质量，增强企业自主研发能力，使企业拥有持续竞争力。

（4）解决好文化与制度的矛盾。既要加强制度建设，强调法治化、制度化、规范化，严格依法治企；又要注重先进文化的建设，注重亲情文化，尊重人、发展人，让员工有归属感，有奉献精神。

（5）解决好效率与公平的矛盾。既要强调效率优先，通过提高效率更多创造利润；又要兼顾公平，多为员工谋福利，提供培训提高机会；使员工与企业共同发展，依法维护员工利益，广泛调动各方积极性。

3. 和谐发展

从单一追求经济利益增长、实现利润最大化，走向全面实现企业、社会、环境和谐发展的最高境界。

（1）准确界定企业使命，自觉履行更多社会职责。为市场提供高品质的物质产品和服务；增强环保意识，强化环境与建设，营造绿色建筑，履行社会义务；保证环境、资源和社会效益，实现企业最大利润，为国家创造更多物质财富和无形资产；全面提升国际竞争能力，打好国家竞争力的微观基础。

（2）构建企业内部的整体和谐。一要达到企业表层物质文化、中层制度文化与深层精神文化协调一致、同步发展；二要达到企业各项战略相互适应、互相促进；三要达到企业经营各项工作相互配套、运转协调、管理高效。

（3）推进企业外部的广泛和谐。企业与相关各方构建利益共同体，求得各方共赢；大力推进绿色服务，实现人与自然、企业与自然和谐相处，确立良好社会形象。

（四）构建企业内部和谐

1. 构建"集团和谐"关系

以促进集团内部企业间和谐相处、相互协作、优势互补为目标。集团通过确定整体发展目标、规划，创造出富有磁性的文化氛围，使各子系统都能够充分发展，取得成功；通过协同作战实现系统整体目标。以各子系统充满活力为基础，以良好内部环境为催化剂，创造出集团的整体活力和竞争力。

集团和谐的三个要点：一是增强大局观念，加强感情沟通，相互支持和谦让。二是加强市场协调力度，调整组织机构，实行区域化管理，避免内部恶性竞争。三是发挥集团优势，资源共享；在集团统一品牌之下，强强联合、优势互补、合作共赢。

2. 构建"部门和谐"关系

"部门和谐"概念宽泛，包括企业内部上下级单位、各职能部门之间的团结和谐，相互服务，形成企业内部的整体合力。三个要点：第一，提高认识，不断健全和完善企业法人治理结构，处理好企业母、子公司之间的责、权、利关系，理顺公司与项目部、机关与项目部的关系，从制度和机制上保证企业内下级单位之间的团结和谐；第二，明确责任分工，以促进企业发展为根本目标凝聚各方力量，强化企业内各职能部门之间协调合作、和睦相处；第三，促进公司机关与项目部之间的计划、财务、物资以及工程等各职能部门协调与配合，最大程度地发挥整体功能。在强化管理的同时，增强服务意识和服务水平，提高"法人管项目"的管理和服务水平。

3. 构建"人企和谐"

包括企业与员工的相互理解信任，利益风险共担；企业与个人共同发展；员工之间的和谐相处，团结互助，竞争发展。其中企业与员工的和谐，是构建和谐企业的根基。必须抓好三个关键环节：

(1) 建立和谐劳动关系，抓住企业与员工和谐的根本。强化民主管理，规范劳动合同，使劳动矛盾关系双方按照集体合同规定的权利和义务，各自履行职责，保护和谐劳动关系，形成企业利益共同体，实现双赢。

(2) 改善党群、干群关系，抓住企业与员工和谐的关键。建立群众工作的长效机制，逐步建立顺畅的民意沟通机制、有效的矛盾调处机制、完善的监督机制和严格的责任追究机制，始终做到与员工心连心，和衷共济，风雨同舟。

(3) 营造和谐交流沟通氛围，抓好企业与员工和谐的载体。一是建立顺畅沟通渠道，培养"心相通、情相融、力相合"的团队精神；经常倾听员工心声，尊重员工意见和建议，保障员工合法权益。二是用心关爱员工，不断改善施工条件、优化生活环境，开展"送温暖"、扶贫帮困活动，积极为员工排忧解难。三是坚持"尊重劳动、尊重知识、尊重人才、尊重创造"，调动员工积极性、创造性，营造员工各尽所能、各得其所的工作环境；开发多种员工价值分流渠道，帮助员工实现自我。

(五) 构建企业外部和谐

在市场经济中，外部环境对建筑企业有着重要的影响，有时甚至还会对企业能否健康发展起着决定性作用。这就要求企业要适应形势，构建和谐的外部关系。重点把握好八个关系：

(1) 构建真诚服务、平等共事、利益共享的"和谐业主"关系。在相互尊重、信任、理解、支持的关系中，与业主结成牢固的利益共同体。

(2) 构建实事求是、相互尊重、顾全大局的"和谐设计监理"关系。尊重科学，严格规范，以高质量的、安全、及时的保证竣工为目标，在共同的责任下，完成各自的任务。

(3) 构建依法运作、严格把关、人本管理的"和谐总、分包"关系。总包方要以建造"百年精品"的意识，以质优价廉为原则，严格选择分包商和材料商，与之平等相处，给予其相应的理解和支持，并与腐败行为做坚决的斗争。

(4) 构建坚决服从、规范操作、积极反馈的"和谐政府"关系。要坚决服从各级政府主管部门的领导，按要求规范操作；发现问题和特殊情况，要及时反馈，寻求指导、帮助和支持。

(5) 构建诚信互利、支持理解、顺畅沟通的"和谐银企"关系。创造最大化的现金流量和经济效益，建立真实、明晰的财务账目，在发展自身业务的同时，努力支持银行扩大业务发展，并进而获得银行的进一步支持。

(6) 构建资源共享、诚信合作、多方共赢的"和谐战略伙伴"关系。要善于组合包括竞争对手在内的社会资源，形成大的利益共同体，对接大市场、大业主、大项目，诚信合作，相互支持，最终共同赢得利益。

(7) 构建注重环保、立足长远、服务社会的"和谐环境"关系。以营造绿色建筑为己任，注重安全环保、文明施工、节约能源，与环境和谐共生，为人类社会的长期健康发展贡献力量。

(8) 构建客观真实、及时互动、良性监督的"和谐媒体"关系。要充分认识新闻报道对企业的重要作用，善于为媒体及时提供客观、真实、新鲜的素材，并善于从媒体获得有价值的市场信息；帮助媒体对企业进行良性监督，引导大众对企业的正确认知，扩大品牌影响力和美誉度。

案 例 分 析

案例1：中铁工程总公司某分公司企业文化建设

中铁工程某分公司是以从事铁路电气化建设为主的国有施工一级企业，公司按照"在不断否定中超越自我，在不断创新中追求卓越"的企业理念，逐步形成了以"三重"为特点的企业文化。

（一）重在培育企业精神

1995年，公司健全了工作机构，形成党政工团齐抓共建的运行机制，颁布了《企业文化建设规划》和《企业文化建设实施意见》，确定了总体建设目标，印发了《企业文化手册》，典型引路，以点带面，全面展开，逐步深入到了讲求经营之道，培育企业精神的阶段。公司通过提倡"以人为本的主人翁精神，艰苦奋斗的创业精神，甘于奉献的牺牲精神，攻难克险的拼搏精神，顾全大局的协作精神，居安思危的竞争精神，同舟共济的团队精神，追求卓越的创新精神"，去培育"敬业、勤业、精业、乐业"的企业精神。

（二）重在确立企业理念

围绕着公司战略目标，进行企业文化整合，确立"四三"理念，即：坚持"三型方向"：构筑学习型企业，实施文化型管理，建立效益型组织；弘扬"三种精神"：精诚协作的团队精神，科学严谨的求实精神，勇争第一的拼搏精神；实施"三无战略"：市场开发系统的目标是无坚不摧，生产指挥系统的目标是无往不胜，财务管理系统的目标是无懈可击；强化"三一"意识：公司一盘棋的整体意识，安全第一的强基意识，质量第一的竞争意识。

(三) 重在形成特色文化

特色一：注重精神作用，规范企业行为。

把精神文化作为主体框架，同时，建立配套规章制度，注重硬件投入，夯实企业文化根基。公司注重企业文化的生成机制和发展规律，遵循"把经验加工为理念—把理念阐释为规范—把价值观内化为信念—把信念转化为习惯"的引入过程，不断进行文化的吸收，逐渐建成员工自觉接受的企业文化。使企业文化建设的过程成为规范员工行为、提高员工素质的过程。

特色二：启动人才工程，加快人才培养。

提出"人人都是人才"的用人理念，营造"以德选人，以才用人"的良好氛围。全力构筑学习型企业，培育知识型员工。

特色三：深化企业改革，实行机构整合。

精干管理层，强化作业层，充实一线队伍，逐步建立适应市场变化，精干高效的效益型组织机构。

特色四：倡导贡献分配，完善激励机制。

强化"贡献分配、效率优先"原则，提高了关键岗位、技术岗位和高素质短缺人才岗位的工资水平，注重向一线倾斜，奖励特殊贡献者，形成了"公司兴我兴，公司荣我荣，我靠公司生存，公司靠我发展"的企业价值观。

特色五：搞好共融互补，发挥各自优势。

把看似比较单一的活动，统一纳入到企业文化建设的大框架中。党组织坚持开展创建好班子活动，开展"党员岗位承诺"、"党员写实"、"创岗建区"、"创先争优"、"一个党员、一面旗帜、一个支部、一个堡垒"、"党员工程"活动；工会组织抓好"标准工地建设"、"模范职工之家"建设；共青团组织开展"优秀青年突击队"、"青年岗位能手"、"创新创效"活动。

特色六：展示企业形象，扩大企业影响。

制作了《企业简介》和专题片，统一了标识，导入了CI战略，印发了《礼仪手册》。举办了30多期企业文化培训班，进行了礼仪知识竞赛和主题各异的演讲会。做到了把企业文化展示在环境中，渗透在制度里，体现在行为中，聚集在形象上。各级领导成为企业文化的倡导者和推动者，广大员工的一言一行成为集中体现企业文化的窗口。

案例2：中国建筑工程总公司企业形象策划实例

中国建筑工程总公司于1996年开始系统地推进企业形象策划，并取得了很好的效果。在视觉形象推进阶段，坚持先工程现场、后办公环境；先国内、后国外的原则。在整个企业形象推进阶段，坚持先视觉形象、后行为理念的原则。在全系统先后制定颁布了《中国建筑工程总公司企业形象视觉识别规范手册》、《视觉识别——施工现场分册》、《视觉识别——办公环境分册》、《企业形象行为分册》和《企业形象理念分册》等。中建总公司还在全系统实行了CI达标创优活动，实行了评审员制度。2000年3月，中建总公司科技部邀请社会各方面的专家召开了中建总公司CI实施系统研究与应用课题鉴定会，CI体系的科学性、有效性、系统性和规范性获得了与会代表的充分肯定和高度评价。

(一) 理念识别

《中国建筑工程总公司理念识别规范手册》分为三章：企业宗旨，反映企业发展的根本指导思想、使命和核心价值观。核心理念，是为实现企业宗旨而贯穿于企业一切组织行为之中的核心精神，以及核心理念寓于管理之中而形成的规范企业重要经营管理行为的基本思想和观念。经营要义，是企业为实现中长期发展战略目标而制定的短期经营方针和管理政策，用以辅助理念传达。主要理念如下：

企业宗旨：服务社会，造福人类；建设祖国，福利员工。
质量方针：过程精品，质量重于泰山；中国建筑，服务跨越五洲。
核心理念：追求阳光下的利润最大化。
企业精神：铸造精品，超越自我。
经营理念：竞争无情，商机无限；市场为大，经营为先。

（二）行为识别

中建总公司认为企业的行为必然要通过员工的行为来实现。他们将企业行为的基本准则保留于企业的管理制度之中，将员工的行为规范直接列为《中国建筑工程总公司员工行为规范手册》的主体内容。根据员工行为的特点，从团队守则、职业道德、工作纪律、工作作风、基本礼仪和个人修养等六个方面提出四十七条行为规范。如：

团队守则：第一条"爱企业，爱家庭，自尊自爱"，第二条"团结协作，集体奋斗"等。
职业道德：第七条"诚实守信，以诚立业"，第八条"维护市场秩序，公平参与竞争"等。
工作纪律：第十一条"工作时间按规定着装，佩戴胸卡"，第十二条"遵守作息时间"等。
工作作风：第二十条"严谨、务实是我们基本的工作作风"，第二十一条"工作就是服务"。
基本礼仪：第二十九条"要随时注意仪容仪表"等。
个人修养：第三十九条"正直为人，豁达处事"等。

（三）视觉识别

作为建筑企业，中建总公司的施工现场视觉识别规范最具代表性。《中国建筑工程总公司企业形象视觉识别规范手册——施工现场分册》由基础系统和应用系统两部分组成，并制定了施工现场CI评分标准。

基础系统包括企业标识、企业标准色、辅助图形及施工现场常用标准组合规范等，是中建总公司施工现场企业形象视觉识别系统中的核心部分。中建总公司的标志及标志释义如下：

中国建筑工程总公司的标志（图7-4）外形方正、坚实，象征建筑的基石，喻示着公司雄厚、稳定的实力，开拓进取的精神和严谨、诚信的企业作风。由英文名称缩写CSCEC组成的高大建筑造型，表达中建总公司以建筑施工为核心的企业特征。大海一样深邃的蓝色，表达中建总公司海内外一体化经营，领域广阔，并象征着中建总公司健康、纯净的品格和充满希望的未来。手册对标志的最小使用范围、标志的制作、标志与通用中文简

图7-4 中国建筑工程总公司的标志

称组合、标志与标准英文组合等也制定了具体规范。

应用系统包括施工现场具体执行CI的内容，评分标准及标准色色标卡等，是中建总公司施工现场视觉识别规范的具体组成部分。对施工现场大门、施工现场围墙、施工现场标牌、现场办公室、现场会议室或接待室、现场门卫室、现场宿舍用房、现场食堂、现场卫生间、现场机械设备、人员着装形象、楼面形象和旗帜等方面都做出具体规定。对工地大门的规定如图7-5所示。

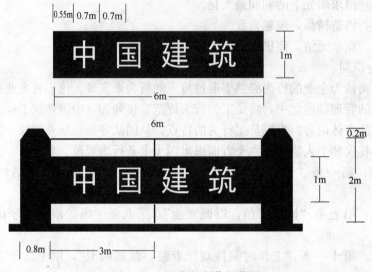

图7-5　工地大门制作规范图

复习思考题

1. 企业文化的五个要素。
2. 企业文化的本质特征与从属特征。
3. 企业文化的基本经济价值。
4. 建筑企业文化建设的特殊性。
5. 建筑企业文化建设的主要途径。
6. 企业形象策划的含义及基本特征。
7. 建筑企业理念识别系统设计的依据。
8. 建筑企业行为的特点。
9. 企业视觉识别系统设计的原则。
10. 什么是品牌？
11. 品牌的定位原则是什么？
12. 怎样成功地塑造企业品牌？
13. 实施品牌管理需要从哪三方面入手？
14. 企业民主管理的基本含义是什么？
15. 企业民主管理必须把握的基本原则是什么？
16. 企业民主管理的主要作用体现在什么地方？
17. 企业民主管理的主要内容、方式和重点是什么？
18. 和谐企业的基本内涵是什么？

19. 和谐企业的基本特征体现在哪些方面?
20. 企业民主管理与构建和谐企业的关系体现在哪些方面?
21. 构建和谐企业的策略应该从哪些方面把握?
22. 建筑企业构建内部和谐应该把握哪些要素?
23. 建筑企业构建外部和谐应该注意哪些问题?

第八章 建筑企业资本运营

第一节 资本运营概述

一、资本与资本市场

(一) 资本

1. 资本的概念

资本是指企业从事生产经营活动而垫付的本钱。资本是一种稀缺的生产性资源,是形成企业资产和投入生产经营活动的基本要素之一。

资本通常分为物质资本、人力资本与金融资本。狭义的资本是指物质资本(厂房、机器设备、存货)。

在西方国家,"资本"一词的原始意义是指人的"主要财产"、"主要款项"。随着社会化大生产的形成和商品经济的日益发展,资本已成为联结生产要素、配置社会资源、形成现实生产力的基础性因素。增加资本的效果,追求资本的保值和增值,已成为现代企业生产经营管理的核心目标。

2. 资本的功能

(1) 联结生产要素,形成现实的生产力,推动价值的增值和积累。在市场经济条件下,生产资料、劳动力以及各类生产要素处于某种分离状态,它们只有通过资本购买,才能转化为现实的生产力。

(2) 联结流通要素,促进商品流通和货币流通,实现剩余价值和分配价值。只有流通资本的投入才能实现流通要素的结合,流通资本的根本职能在于通过促进商品流通和货币流通,完成剩余价值的实现和分配。

(3) 资源配置的职能。资本为了追求高利润率的投资场所,就会不断从利润率低的部门转出,转入到高利润率的部门,这必然带动资源从低利润率的部门转到高利润率的部门,从而优化资源的配置。

(4) 激励和约束的职能。为了追求超额利润,各企业必然努力改进技术,改善管理,降低个别成本,这是资本追求超额利润的激励功能。资本要取得较高的利润率,就要尽可能减少预付资本的投入和固定资本的占用,尽可能发挥现有资本的作用;提高资本的利润率,就要尽可能节约不变资本的支出,消除原材料方面的浪费和闲置现象,尽量压低工资、奖金的支出。这些方面,客观上形成了对企业行为的有效约束。

3. 资本的特性

(1) 资本的增值性。追求价值增值是资本的直接目的,也是资本最根本的特征。资本不同于货币的根本特征,在于它在运动中要带来剩余价值。如果资本不能在运动中带来剩余价值，也就不称其为资本了。

（2）资本的运动性。资本增值是在运动中实现的。运动性是资本的重要特征，资本的运动性表现在资本循环与周转的无限性以及资本向外转移的开放性两个方面。资本对于价值增值的无尽追求决定了资本不断地、周而复始地进行循环。资本运动的内容包括实物形式的运动（物质替换）和价值形式的运动（价值补偿）。资本运动具有跨行业、跨地区、跨国界的全面开放性，不断地促进资本增量和存量调整，促进资源的优化配置。

（3）资本的竞争性。资本的增值本性决定了资本与资本之间必然要展开竞争，而竞争一旦形成，对于资本的存在和运动又会转化为一种外在的强制力。所以，竞争性既是资本内在属性上的要求，又是面临外在压力的反应。资本在部门之间的竞争，表现为生产不同种类产品的生产者之间的竞争。竞争的目的是追求能取得高利润率的投资场所，竞争的手段是资本从利润率低的部门向利润率高的部门转移，竞争的结果是平均利润率和生产价格的形成，实现了等量资本要求等量利润的平等权力。

（4）资本的独立性和主体性。资本的存在形式和运动形式具有独立性的特点。微观资本要求有明确的利益和产权界限，要求独立地进行投资，表现为独立的利益主体，资本成为经济运动的一般主体或真正的主体。

（5）资本的开放性。在市场经济条件下，企业资本既可以自由地输入，也可以自由地输出。从企业资本的形成看，既有国内资本，也有国外资本；既有国有资本，也有法人资本和个人资本。从企业资本输出来看，它既可以从一种资本形态转向另一种资本形态，提高资本利润率，也可以向其他企业投资、参股、入股，以此来分散风险，发展壮大自己；既可以通过兼并、收购等途径扩大企业规模，也可以通过出售自己的部分产权来盘活存量资产，调整产品结构。这种开放性的特征，有利于资本的迅速积聚与集中，有利于资本规模的扩大与发展。

（二）资本市场

1. 资本市场的概念

资本市场是相对于货币市场而言的。一般来说，由期限在一年以下的各种融资活动组成的市场为短期资金市场，亦称货币市场；由期限在一年以上的各种融资活动组成的市场为中长期资金市场，亦称资本市场。

资本市场与货币市场是相互区别的。其显著区别是后者的金融工具是同质的，即它代表短期的货币形式的资金；而其前者的金融工具则是不同质的，资本市场工具代表了不同类型的、异质的资本品，如股票代表企业投资形式的各种形式的资产，住房抵押证券则代表了房地产等。资本市场由于其金融工具的独立性，使其表现为由各种分割的小市场所组成的市场体系，而货币市场则是全国统一的。

货币市场与资本市场又有非常密切的联系。一般来说，货币市场的资金，可以随时转化为资本。发达的货币市场是资本市场发展和稳定运行的基本条件之一。在市场经济不发达的情况下，货币市场对于资本市场有一定的替代作用。银行机构可以将货币市场上的短期的、分散的、小额的资金聚合在一起，转化成为长期资金，这样就可以购买机器设备、买进原材料或支付工资。就是在发达的市场经济中，货币市场往往也成为中小企业获得融资的主要渠道。因此，货币市场通过商业银行提供信贷所起到的资源配置作用，历来是很大的。此外，货币市场与资本市场的联系，还表现在以下几个方面：金融市场的参与者可能同时在两个市场进行投资；融资者可能同时在两个市场进行融资；资金同时在两个市场流进流出；一些金融机构和机器设备同时服务于两个市场，如商业银行同时提供长期和短期贷款；所有接近到期日的中长期证券都成为短期证券；长期证券和短期证券的收益率是相互联系的；货币市场投资的收益率也影响到资本市场，成为资本市场投资的重要参考。

2. 资本市场的主体

资本市场主体通常称为市场参与者，代表从事各类资本市场活动中的机构、组织或个人。在发达的资本市场中，发行和购买金融工具的市场参与者一般包括家庭、企业、中央政府及其代理、地方政府以及境外投资者。境外投资者一般包括国际机构（如世界银行、国际金融公司、亚洲发展银行、国际货币基金组织等）、外国公司和境外个人投资者等。

参与资本市场的企业分为非金融企业和金融企业。非金融企业生产物质产品或提供非金融服务，金融企业（也称为金融中介机构）一般包括存款机构（如商业银行、储蓄信贷协会、储蓄银行和信用社等，它们通过出售存款单的形式来增加其负债和筹集资金，并将这些资金贷给各类企业）、证券公司、证券交易所、投资顾问公司、保险公司、退休基金、投资基金和投资银行等。金融企业最主要的特点是其资产负债表的绝大部分是由各种不同的金融资产构成的，它主要提供以下金融服务：

(1) 发行各种金融工具，即将各种金融工具通过资本市场销售给不同类型的投资者，这种功能又被称为金融中介功能；

(2) 代其客户进行金融资产的交易；

(3) 自己进行金融资产的交易活动；

(4) 为其客户设计新类型的金融资产并将其销售给其他资本市场参与者；

(5) 对其他市场参与者提供投资咨询服务；

(6) 为其他参与者进行投资资产管理服务等。

3. 资本市场的功能

(1) 合理配置资源。一国的经济结构一般由四个部门组成，即企业、政府、家庭和国外部门。家庭部门一般来说是收支盈余部门，企业和政府从总体上来说则是收支差额部门。盈余部门一般要将其剩余资金进行储蓄，而收支差额部门要投资则须从其他部门筹资，收支差额部门要对盈余部门举债，收支盈余部门将其剩余资金转移到收支差额部门之中去，这就需要合理配置资本资源。现代社会的资本资源配置方式有两种，即由计划经济性质决定的中央计划配置方式和由市场经济决定的资本市场配置方式。在发达市场经济中，资本市场是长期资金的主要配置形式，并且其效率是比较高的。

(2) 资本资产风险定价。在发达的金融体系中，资本市场的一个最基本的功能是风险定价，资本市场也正是在这一功能的基础上来指导增量资本资源的积累与存量资本资源的调整。风险定价是现代资本市场理论所研究的核心问题，是指对风险资产的价格确定，它所反映的是资本资产所带来的未来收益与风险的一种函数关系。在所有的风险资产中，股票是最为基本和最为重要的一种。普通股是综合性的资本资产，它不仅包括企业一般所拥有的各种不同的有形资产，而且还包括大部分公司所具有的独特技术、人才和信誉等无形资产。因此，股票价格往往与新建立同样企业或现在企业的有形资本的价值不一致。企业在一定的条件下可以通过发行新股票来增加其可利用的金融资源，但企业对新发行股票的实际依赖程度在不同的国家或同一国家的不同时期是大不相同的。例如，在美国，基础好的企业一般不大发行新股票,新股票市场主要是具有较大投机特征的新企业筹集资金的来源。近年来,美国市场的股票发行净增加额一般都是负数,这是因为股票的注销和回购超过新发行股票的总数。但在发展中国家,新增的股票总额往往会是正数,这是因为新兴市场的总的规模在一定时期内会长期持续地扩张。

(3) 提供资本资产的流动性。投资者在资本市场购买了金融工具以后,在一定条件下也可以出售所持有的金融工具,这种出售的可能性或便利性,称为资本市场的流动性功能。流动性良好的资本市场中,投资者的积极性就会更高,他们也会愿意持有更多品种的金融工具,并可以根据市场的变化和自己对市场变化的预期调整其投资组合。如果资本市场的流动性不高,投资者就被迫持有金融工具到该工具的到期日,这可能是一个较长的时间段,在这段时间内他不能出售这些工具,这无疑增大了投资者的投资风险。因此,流动性的高低,往往成为检验资本市场效率高低的一个重要指标。

资本市场在经济运行中主要是通过上述三大基本功能在经济中发挥重要作用的。在这三大基本功能中,风险定价功能提供一种运作机制,并且是一种最基本的功能;提供流动性功能是风险定价功能的实现形式;资源配置功能是风险定价功能的一种自然结果。资本市场基本功能的发挥程度,是检验资本市场效率高低的基本标志。

二、资本运营的概念、特点和基本原则

(一) 资本运营的概念

资本运营是指对企业可以支配的资源和生产要素进行运筹、谋划和优化配置,以实现最大限度的资本增值目标。资本运营的目标在于资本增值的最大化,资本运营的全部活动都是为了实现这一目标。

长期以来,由于受计划体制的影响,许多企业管理者对企业的物质管理了如指掌,对资本运营则较为生疏,不善于根据市场的长期预测,决定企业的经营战略和资本流动方向,致使企业资源在闲置和凝固中浪费和流失。资本运营理念强调要将资金、劳动力、土地、技术等一切生产要素都通过市场机制进行优化配置,即要将一切资源、生产要素在资本最大化增值的目标下进行结构优化。这一经营理念对于企业的经营者思考问题、解决问题的思路和方式转到市场经济上来有着重要意义,将对企业的发展产生深远的影响。

(二) 资本运营的特点

资本运营不同于生产经营,是一种全新的理念,它具有如下特点:

(1) 资本运营是以资本导向为中心的企业运作机制。在传统体制下,人们对经营概念的理解都很狭窄,将经营仅仅理解为生产经营,对资本的概念深恶痛绝,更不用提资本经营了。传统的生产经营是以产品导向为中心的运作机制,企业只注意产品的生产和开发,不注意资本的投入产出效率;只注意产品的品种、质量问题,不关心资本的形态、资本运行的质量、资本负债结构等问题;只关注产品价格的原材料、设备成本的变动,不注意资本价格和价值的变化。而资本经营是以资本为中心的导向机制,要求企业在经济活动中始终以资本保增值为核心,注意资本的投入产出效率,保证资本形态变换的连续性和继起性,资本经营的主要目标是实现资本最大限度的增值。

(2) 资本运营是以价值形态为主的管理。资本运营要求将所有可以利用和支配的资源、生产要素都看做是可以经营的价值资本,用最少的资源、要素投入获得最大的收益,

不仅考虑有形资本的投入产出，而且注意专利、技术、商标、商誉等无形资本的投入产出，全面考虑企业所有投入要素的价值并充分利用，挖掘各种要素的潜能。资本运营不仅重视生产经营过程中的实物供应、实物消耗、实物产品，更关心价值变动、价值平衡、价值形态的变换。

（3）资本运营是一种开放式经营。资本运营要求最大限度地支配和使用资本，以较少的资本调动支配更多的社会资本。企业家不仅关注企业内部的资源，通过企业内部资源的优化组合来达到价值增值的目的，还利用一切融资手段、信用手段扩大利用资本的份额，重视通过兼并、收购、参股、控股等途径，实现资本的扩张，使企业内部资源与外部资源结合起来进行优化配置，以获得更大的价值增值。资本运营的开放式经营，使经营者面对的经营空间更为广阔，资本经营要求打破地域概念、行业概念、产品概念，将企业不仅看做是某一行业、部门中的企业，不仅是某一地域中的企业，也不仅仅是生产某一类产品的企业，它是价值增值的载体，企业面对的是所有的行业，所有的产品，面对的市场是整个世界市场，只要资本可以产生最大的增值。

（4）资本运营注重资本的流动性。资本运营理念认为，企业资本只有流动才能增值，资产闲置是资本最大的流失。因此，一方面，要求通过兼并、收购、租赁等形式的产权重组，盘活沉淀、闲置、利用率低下的资本存量，使资本不断流动到报酬率高的产业和产品上，通过流动获得增值的契机。另一方面，要求缩短资本的流通过程。以实业资本为例，由货币资本到生产资本，由生产资本到商品资本，再由商品资本到货币资本的形态变化过程，其实质是资本增值的准备、进行和实现过程。因此，要求加速资本的流通过程，避免资金、产品、半成品的积压。

（5）资本运营通过资本组合回避经营风险。资本运营理念认为，由于外部环境的不确定性，所以企业的经营活动充满风险，资本运营必须注意回避风险。为了保障投入资本的安全，要进行"资本组合"，避免把鸡蛋放在同一个篮子里，不仅依靠产品组合，而且靠多个产业和多元化经营来支撑企业，以降低或分散资本经营的风险性。

（6）资本运营是一种结构优化式经营。资本运营通过结构优化，对资源进行合理配置。结构优化包括对企业内部资源结构如产品结构、组织结构、技术结构、人才结构等的优化；实业资本、金融资本和产权资本等资本形态结构的优化；存量资本和增量资本结构的优化；资本经营过程的优化等等。

（7）资本运营是以人为本的经营。企业的一切经营活动都是靠人来进行的，人的潜能最大，同时，也是最易被忽视的资本要素。资本运营将人看做是企业资本的重要组成部分，将对人的管理作为资本增值的首要目标，确立"人本思想"，不断挖掘人的创造力，通过人的创造效益获得资本增值。

（8）资本运营重视资本的支配和使用而非占有。资本运营把资本的支配和使用看得比资本占有更为重要，因为利润来源于使用资产而非拥有资产。因此，重视通过合资、兼并、控股、租赁等形式来获得对更大资本的支配权，即把"蛋糕做大"。还通过战略联盟等形式与其他企业合作开拓市场，获取技术，降低风险，从而增强竞争实力，获得更大的资本增值。

（三）资本运营与生产运营的区别

（1）运营对象不同。资本运营的对象是资本，通过营运资本，使之增值。营运的重点是加速资本流动周转,尽量缩短物质流在企业各环节的流动时间,其最关注的是投资的使用效益和资金的循环增值;生产经营的对象是产品,用以销售。运营重点是物质流,企业习惯于围绕产品决策和运转,最担心的是生产没有适销对路的产品。

(2) 运营思维与方式不同。资本运营是通过资本不断流动到报酬率高的部门、行业和产品上,从而获得增值契机不断增值。其运营多是开放式的,尽可能利用社会力量发展壮大自己,精于主业,分流辅助,实行大配套、大协作,而最忌讳资产闲置和三项资金增加;商品经营注重的是资产增量投入,关心的是能否贷到款,而忽略资产的利用率和效率,其运营是内向型的,总是在既定范围和现场内自我配套。

(3) 运营风险度不同。资本运营往往把资本多元化,靠多个产业或多元化经营支撑企业,减少或分散经营风险;而生产经营往往依靠单一性的产品经营,注重产品的开发和换代。对有效益的投资,资本经营者愿与他人合作,减少投入,利益均享,风险共担;而商品经营者往往是"肥水不流外人田"。

(4) 技改思维方式不同。资本运营者以效益为中心,关心的首先是技改投入的回报率,决不追求无效益的先进技术;而生产经营往往注重技术的先进性而忽略其经济性,一般是为扩大产品生产能力,完善产品工艺而改造。

(四) 资本运营的基本原则

(1) 资本系统整合。加入企业的每个资本要素、每个运转环节构成了一个完整的资本运行系统。资本营运的思想应贯穿于该系统的每一部分,使其整体功能得到最优发挥。

(2) 资本最优结构。企业的资本结构必须保证各资本要素发挥最大作用。只有这样才能使同样数量的预付资本,有更多的产出和回报。

(3) 机会成本最小。企业的经营方向是可变的,资本要不断地从那些盈利性低的部门退出,畅通地进入盈利性更高的领域。

(4) 开放运营。资本运营是开放性的,它不应只着眼于企业自有的各种资本,还要充分运用宏观资源配置的一切机制和条件,如信用、租赁等制度,调动非企业所有的各种社会资本加入到企业的经营系统中来,以最小的总预付资本推动最大的经营规模。

(5) 资本周转时间最短。资本周转速度的大小决定了资本增值的快慢,资本运营应尽可能缩短资本周转的周期,提高流动速度,从而提高投资回报率。

(6) 资本的最优规模。企业的资本运营规模也不是越大越好,而应保持适应的规模才能既获得规模效益又不会因管理层次的增加而导致信息成本监督费用的增加。

(7) 资本的风险结构最优。投资风险大小与收益大小一般成正比,即风险大,收益也大;风险小,收益也小。投资在风险大小以及收益大小之间应合理搭配,既要有风险大、回报率高的项目,又要有风险小、回报率低的项目;既保证资本的安全性,又保证资本的增值速度。

三、资本运营的内容

资本运营的内容极为丰富。从资本运营形态的角度,可以将资本运营划分为实业资本运营、产权资本运营、金融资本运营和无形资本运营。

(一) 实业资本运营

1. 实业资本运营的概念

实业资本运营是指企业将资本直接投放到生产经营活动所需要的固定资本和流动资本之中，以形成从事产品生产或者提供服务的经济活动能力的运作过程。实业资本运营的方式主要包括固定资产投资经营和流动资产投资经营两种类型。实业资本运营的最终目的是要运用资本投入所形成的实际生产经营能力，从事产品生产、销售或者提供经营服务等具体的经济活动，以获取利润并实现资本的保值、增值。实业资本运营是企业资本运营范畴中最基本的运作方式。

2. 实业资本运营的特点

(1) 实业资本运营伴随着实际的生产经营管理活动，即企业要参与实际的生产运作过程。企业投入资本从事实业资本运营之时，也就是其真正参与产品生产或提供服务的开始。在整个运营过程中，企业要对各方面的资源进行合理调配，并组织相应的管理活动，以实现企业的经营目标。可见，实业资本运营实质上就是企业从事具体的生产经营活动的过程。

(2) 资本投入回收较缓慢。由于实业资本运营主要是通过产品或服务来实现资本增值，在这个过程中，企业首先要购买原材料，然后再通过生产过程制造出产品，最后，企业生产出来的产品要被消费者认可和接受，企业才能获得收益，收回初始的资本投入。如果上述任何一个环节出现脱节和阻滞，则资本的转化过程都会受到影响，导致企业投入无法按期收回。而在现实生活中，由于外部环境动荡不定，企业的生产经营过程常常会受各种不可测因素的干扰，造成企业投资难以回收。即使在正常情况下，企业的产品开发、生产和销售也需要较长时间，因此投资回收周期一般较长。

(3) 资本流动性较差，变现能力低。实业资本运营的运作主要是以物质形态的资本为载体，它一般包括两大类，即固定资本和流动资本。对于企业经营者来说，一旦将资金投入到某个项目的运作，那么投入的资本就成为固化的资产，企业就不可能轻易改变投入资本的形式和用途，而且，已经固化于企业的厂房、设备等实业资本上的变现能力也远不如股票、债券的变现能力。因此，实业资本的资本流动性和变现能力均较差。

(4) 资金利润率较高，收益较稳定，受通货膨胀的影响较小。由于实业资本运营要求企业参加实际的生产经营管理活动，减少了中介机构，其资金收益率相对较高。而且，它的运作对象是以物质形态的资产为主，即使经济形式发生波动，也不会发生大的贬值，因而较好地避免了通货膨胀的影响。

(二) 产权资本运营

1. 产权资本运营的概念

产权资本运营是指企业经营者依据企业的法人财产权经营企业的法人资产，以实现企业法人资产的保值增值目标。产权资本运营的主要活动包括：通过资产交易使资产从实物形态变为货币形态，或者从货币的形态转变为实物形态，资产交易的结果是改变了不同资产在总资产中的比例；企业进入资本市场发行企业债券；进入企业产权交易市场进行兼并、收购、参股、控股、租赁等等。

产权资本运营的对象是产权，经营的主要方式是产权交易。通过产权的交易可以使企业资本得到集中或分散，从而优化企业的资本结构，为企业带来收益。产权从某种意义上可以看作是一种资本，强调产权是一种资本，其意义在于将企业的经营资源不仅仅局限于企业自身的资本、劳动力、技术等，而要在更大的范围内运作资本，使企业通过兼并、收购、租赁等产权资本经营形式,实现资本扩张,获得资本的最大增值。

2. 产权资本运营的前提条件

(1) 产权的界定。产权界定与运用市场机制配置资源的代价存在着密切的关系,产权界定明确,运用市场机制的代价就小,反之,将导致交易成本巨大,资源配置困难。人们通过比较交易成本的大小来选择各自的责、权、利关系,或者说,选择产权制度。产权制度是指以产权为依托,对财产关系进行合理有效的组合、调节的制度安排,是在对财产占有、支配、使用、收益和处置过程中所形成的各类产权主体的地位、行为权利、责任、相互关系加以规范的法律制度。在合理的产权制度下,能够形成有效的约束、激励与监督机制,保护产权所有者的利益,促使资源优化配置。产权资本运营的制度基础是公司制。在现代公司制度下,确立了企业的法人财产权,实现了出资者所有权、法人财产权和经营权的三权分离,具有明晰的产权关系。现代公司制的典型形式是股份公司,股份公司通过股东会、董事会和执行机构等公司治理结构的设置和运作,明确划分责、权、利,形成了调节所有者、公司法人、经营者和职工之间关系的制衡和约束机制。

(2) 产权交易市场的规范。产权交易市场是产权交易的场所,是企业产权交易关系的总和。产权交易市场是产权交易顺利进行的重要条件,它可以使企业生产要素在更广阔的范围和更深层次上进行优化配置。同时,交易市场使货源配置的成本降低。从微观形态来看,产权市场具有提供交易场所,为交易双方提供信息以及各种服务和组织协调等功能。在我国,产权交易市场包括股票交易所、产权交易所(中心)、资产调剂市场、承包市场或租赁市场,以及国有资产经营机构等以企业所有权与使用权的买卖或有偿让渡为内容的交易场所等。

(3) 完善的法律、法规。产权交易必须规范进行,要通过出台相关的法律、法规,解决因产权转让市场不发育而造成的存量资产流不动的问题,使产权交易活动有章可循。

(三) 金融资本运营

1. 金融资本运营的概念

金融资本运营是指企业以金融资本为对象而进行的一系列资本经营活动,它一般不涉及企业的厂房、原料、设备等具体实物的运作。这里所说的金融资本,实际上是与实业资本相对应的资本形态,主要以有价证券为表现方式,如股票、债券等,也可以是指企业所持有的可以用于交易的一些商品或其他种类的合约,如期货合约等。企业在从事金融资本经营活动时,自身并没有参加直接的生产经营活动,而只是通过买卖有价证券或者期货合约等来进行资本的运作。因此,企业金融资本运营活动的收益主要来自有价证券的价格波动以及其本身的固定报酬,如股息、红利等所形成的获益。它不是依靠企业自身的产品生产、销售行为来获利的。企业从事金融资本经营,其主要目的并不是为了控制自己所投资企业的生产经营权,只是以金融资本的买卖活动为手段和途径,力图通过一定的运作方法和技巧,使自身所持有的各种类型的金融资本升值,从而达到资本增值的目的。

企业金融资本运营最主要也是目前最常见的方式有三种,即股票交易,债券交易,期货、期权交易。

2. 金融资本运营的特点

(1) 经营所需的资本额可以相对少一点。实业资本运营,尤其是项目较大的固定资产投资经营活动,往往都要求企业投入巨大的人力、物力和财力,对企业的整体综合实力要求较高。但金融资本运营没有如此苛刻的要求，只要企业交纳一定数量的保证金或购买一定数量的有价证券，企业就可以从事金融资本经营活动。因此，金融资本运营是一种适合于大多数企业进行的资本运作方式。

（2）资金流动性较强，企业的变现能力较大。金融资本运营的结果主要体现在企业所持有的各类有价证券上，而这些证券又都是可以随时变现、随时充当支付手段的媒介。由于在企业金融资本运营活动中，资产的流动性和变现能力都较强，这也就使企业在从事金融资本运作时有了较大的选择余地和决策空间，换言之，一旦企业觉察形势有变或者有了新的经营意图，它可以较方便地将资产变现或者转移出来，及时满足企业的需要。

（3）心理因素的影响巨大。社会心理因素对各种资本运营方式都会有不同程度的影响，造成经营行为和效果发生偏差，这些影响一般都是间歇的、偶发的。但在金融资本运营中，心理因素却每时每刻在起作用，因此随之而来的风潮可能一触即发。例如，当证券投资者预感到一种证券价格即将发生变动时，他就会依据自己的心理判断抢先作出行动。当这种意识为许多人共有时则会形成集体的"抢先"意识。这种共有的意识构成了证券市场每日每时的心理潮流，并常常会由此引起价格的剧烈波动，而这种现象又反过来进一步加强了投资者的心理动荡。

（4）经营效果不稳定，收益波动性大。金融资本运营是一项既涉及企业内部自身条件，如企业的资金实力、决策人员的能力、素质、企业所拥有的金融资本运营的经验和技巧等，又涉及外部宏观环境因素，如国家宏观经济形势、政府所制定的相关法律法规和行业政策、国民经济增长水平、居民收入等，从而使金融资本运营活动容易受到不确定因素的干扰，导致收益呈现出波动性。而且，金融资本运营的收益主要是依靠有价证券价格的变动来获取的，由于证券交易市场上价格的频繁变化，企业收益发生波动也就是必然的了。

（四）无形资本运营

1. 无形资本的涵义

无形资本即资本化的无形资产，是指特定主体控制的，不具有实物形态，对生产经营与服务能持续发挥作用，并能在一定时期内为其所有者带来经济利益的资产。

无形资本的内涵有两层涵义：首先，它是资本化的资产，是投资后能带来收益的资产；其次，它是无形的，这是它区别于有形资本的个性。

无形资本与有形资本不同的是，有形资本的价值与使用价值是融为一体的，而无形资本的使用价值是使其他有形资本增值，人们不能离开有形资本的使用来谈论无形资本的使用价值。

按照我国《企业财务通则》的规定，无形资本一般包括专利权、商标权、著作权、土地使用权、非专利技术、商誉等。

2. 无形资本的类型

依据不同的标准，无形资本可以划分为不同的种类。根据无形资本的价值计量特点，可以将无形资本分为可确指的无形资本和不可确指的无形资本；而按照无形资本的内容进行划分，可将企业无形资本划分为以下四大类：

（1）知识产权类无形资本。指人类智力发明创造的科研成果在一定条件下形成的无形资本。知识产权类无形资本具有以下三个共同特点：专有性，表现为法律赋予知识产权所有人对其权利客观享有占有、使用、收益和处置的权利；地域性，指知识产权在授权国境内享受该国知识产权法律的保护；时间性，无论什么知识产权，都有一定的期限。知识产权类无形资本可以脱离企业整体而独立存在，可以作为单项资产进行转让或出售。它们主要包括：专利权、非专利技术、商标、计算机软件、著作权等。

（2）契约权利类无形资本。指企业通过签订契约有权获得优越产销地位而形成的无形资本。企业契约的具体形式很多，包括取得生产要素和出卖产品的各种合同、协议、证明文书和商业约定，也包括政府授予的专营权、专卖权等方面的特许证书等。契约权利类无形资本主要有：优惠合同、特许经营权、土地使用权等。

（3）关系类无形资本。指企业在长期的经营过程中与外界有关企业、人员、机构以及内部员工之间形成的有助于企业经营的良好关系。具有关系类无形资本性质的内容很多，但最主要有两项：素质较高的职工队伍和供销网络。

（4）综合类无形资本。综合类无形资本不能脱离企业整体而独立存在，它们或是企业全体的象征，或是关系到企业整体的竞争力，通常不宜作为单项资产进行转让或出售，也不宜随时进行核算或估价。它们是促进企业在同行业市场竞争中处于较为优越地位的综合性因素。这类无形资本主要有：商业秘密、商誉。

3. 无形资本运营的涵义

无形资本运营是指企业对所拥有的各类无形资产进行运筹和谋划，使其实现价值的最大增值的活动。

长期以来，企业普遍缺乏对无形资产的认识，认识不到无形资产的价值，更不用提无形资本运营了。无形资本运营有利于企业通过吸收高新技术，向高新技术产品迈进；通过运用高新技术，可以提高产品的技术含量，增加产品的附加价值。

第二节　建筑企业的兼并、收购与重组

一、企业兼并

（一）企业兼并的概念与特征

企业兼并是指在市场竞争机制作用下，被兼并企业产权有偿让渡给兼并企业，兼并企业实现资产一体化。同时取消被兼并企业法人资格的一种经济行为。

企业兼并具有如下基本特征：

（1）企业兼并的存在基础是商品经济形态。这就是说企业兼并属于商品经济中的产权转让机制。在非商品经济形态中，例如在自然经济中或产品经济中，虽然也会发生企业资产的变动（如行政性的关停并转），但与本书分析的企业兼并不能相提并论。企业兼并是一个与商品经济相联系的范畴。

（2）企业兼并的活动主体是财产独立或相对独立的企业法人。在法律上，无论是兼并者还是被兼并者，双方具有平等的法律地位，即同属于独立的民事财产主体；在市场上，双方都是自主经营、自负盈亏的商品生产者和经营者，双方的地位具有平等性和独立性。

（3）企业兼并是以产权有偿转让为基本标志的，通过产权转让使被兼并企业资产流向兼并企业。但是，不能说只要是企业产权有偿转让，就一定是企业兼并行为发生。例如租

赁，也发生产权有偿转让，但它不是兼并。

（4）企业兼并是市场竞争中的优胜劣汰、"优吃劣"的行为。这种行为的根本点在于兼并有利于优势企业迅速集中资产，实现资产一体化，达到最佳生产规模，从而有利于企业长远发展及在市场竞争中占据更有利的位置。

（5）企业兼并的基本点是吞并或吸收其他企业法人的资产，从而实现产权转移。在兼并过程中兼并一方因吸纳另一方企业而成为存续企业，并获得被兼并企业的产权；而被兼并企业则伴随着兼并过程的完结而最终丧失法人资格。因此，可以这样说，企业兼并的根本标志是企业法人地位的丧失和转移。企业兼并将取消被兼并企业的法人资格，但这种取消方式不是以被兼并企业破产为代价，这种行为相比较而言对社会产生的震荡较小。

（二）企业兼并的类型

1. 按照被兼并对象所在产业部门划分

按照被兼并对象所在产业部门来分，企业兼并的方式有横向兼并、纵向兼并、混合兼并三种。

凡兼并与被兼并方都属同一产业部门，其产品属于同一产品市场，这种兼并称为横向兼并。凡兼并与被兼并方是前后生产工序、销售与生产厂方之间的关系，此种兼并称为纵向兼并。凡兼并与被兼并方分属不同产业领域，且产业部门间并无特别生产技术联系，这样发生的企业兼并称为混合兼并。一个优秀企业往往是先通过横向兼并以占领市场，立稳脚跟；然后通过纵向兼并以稳定供货和降低销售费用；最后通过混合兼并以分散风险。

2. 按照兼并交易方式划分

按照兼并交易方式来分，企业兼并可有两类方式：友好协商、强迫接管。

（1）友好协商兼并方式。通常是指兼并企业与被兼并企业双方高层之间通过协商决定两者之间兼并的诸项事宜。具体来说，一般先由兼并企业确定被兼并企业即目标企业，然后设法与被兼并企业高层管理当局接触，商讨兼并事宜，诸如资产评估、收受条件（尤其是收购价格，人事安排）等，若被兼并企业不满意兼并条件，则双方还可以进一步讨价还价，在双方都可接受的条件下，签订兼并协议，最后经双方董事会批准，股东大会三分之二以上赞成票通过。由于兼并方事先已较为清楚地了解了被兼并企业的运营状况，因此，此兼并行为有一定的成功率。

（2）强迫接管兼并方式。通常是指兼并方不顾被兼并方企业的意愿而采取非协商性购买的手段，强行兼并对方企业。由于对被兼并企业来说，被兼并虽然较之破产来说要好一些，但毕竟也是一件痛苦的事，因为一旦被兼并，原企业法人地位便消失，企业人员面临新的就业选择，管理人员也许会降低，更何况有时兼并方提出的各种兼并条件是相当苛刻的。因此，被兼并企业在得知兼并企业的兼并企图之后，可能采取一切反兼并措施。例如发行新股票以分散股权，或收购已发行的股票，来收回股权以免被他人购买用于控制本企业等等。同样，兼并企业在得知被兼并企业不愿意被兼并时，也会采取一切手段，想方设法去兼并目标企业。这些手段中常用的有两种：第一，收购被兼并企业股东的投票委托书。如果兼并方能够获得足够的投票委托书，使其发言权超过被兼并企业管理当局，就可以设法改组后者的董事会，最终达到兼并的目的。然而，这种手段需要花很多钱购买投票委托书，而且作为被兼并企业的局外人来争夺决定性发言权较为困难，故成功率不高；第二，收购被兼并企业的股票。兼并企业在公开市场上购得一部分被兼并企业股票作为摸底行动之后,宣布直接从被兼并企业的股东手中用高价购买其部分或全部股票。这个价格叫做接管价格,通常要比市价高20%~25%。从理论上讲,只要兼并企业能够买下51%的股票,就可以重组董事会,从而最终达到兼并这个被收购股票的企业的目的。

3. 按兼并后被兼并对象的处理方式划分

按照兼并定义,被兼并对象一旦被兼并,其法人资格即被取消,资产并入兼并企业,由兼并企业一体化考虑。从这个意义上来看,处理方式似乎是惟一的。但实际上并不如此,可以有两种处理方式:

(1) 将被兼并企业法人资格取消,实行资产一体化,此时被兼并企业并入兼并企业。

(2) 被兼并企业法人资格虽然被取消,但该企业经改组后成为兼并企业的二级法人,或是兼并企业的分公司,或是兼并企业所属的一个企业。

例如许多大公司在海外兼并之后,往往将被兼并企业按兼并企业的意图、战略、经营方针、管理方式等改造成为本企业的海外公司,这种海外公司仍然打着兼并企业的牌号,但其本身仍有法人资格,在总公司领导下实行独立核算、自负盈亏、自主经营。

4. 按照企业兼并的内在动因划分

(1) 为追求企业生产规模扩大,谋求规模经济效益的企业兼并行为方式。这种兼并方式的特征往往在于兼并企业试图通过兼并其他企业以尽快扩大企业规模,降低生产成本。

(2) 谋求提高市场占有率的企业兼并行为方式。此类行为产生的主要原因是为谋求高市场占有率,以期能够垄断市场,获得高额利润。

(3) 分散风险多角经营的企业兼并行为方式。此类行为产生的主要动因为考虑经营风险分散并开展多角化经营以获取组合效益,即1+1>2的效益。

(4) 进行生产经营一体化的企业兼并行为方式。此类行为目的在于兼并前后生产工序、销售服务企业,以实现生产经营一体化,既能保证原材料半成品供应,又能获取由于一体化后免于购买中间投入品而带来的销售价与生产出厂价之间差价的收益,以及销售商的利润。

(5) 心理满足和成就感为主要动因的企业兼并行为方式。此类行为在西方企业兼并中时有发生,虽然兼并企业领导人未必在口头上承认这一点,但其发生的兼并动因并没有其他明显原因就是一种证明。

5. 按照兼并企业与被兼并企业所在国情况划分

按照兼并企业与被兼并企业所在国情况,可划分为国内兼并与跨国兼并两种类型。企业国内兼并是指兼并企业与被兼并企业同属一个国家的兼并。跨国兼并是指一国企业兼并另一国企业的企业兼并行为方式。

当然在现实中,要确定企业兼并方式究竟是属于哪一类型,是很困难的,因为每次企业兼并的产生往往是各种原因兼而有之,各种类型交织在一起。

二、企业收购

(一) 企业收购的概念

企业收购是指在现代企业制度下,一家企业通过收买另一家企业部分或全部股份,从而取得另一家企业控制权的产权交易行为。

企业收购的前提是"在现代企业制度下",即收购方或被收购方都是产权明确的现代公司,企业产权股份化或称证券化,证券价值的面值便是资本的价格,通过证券价格的市场波动可以反映市场对这种资产的需求状况。产权证券化是进入收购市场的前提。

(二)企业收购的途径

(1)控股。收购公司购买目标公司(被购买公司)一定的股份,成为目标公司最大的股东,掌握控制权。收购公司也可以对目标公司进行增资投入,取得更多的股权,在目标公司的经营决策中拥有更多的表决权,收购公司作为新股东,与目标公司其他股东共同负担目标公司的盈亏。

(2)购买。收购公司购买目标公司全部股份,使之成为自己附属的全资子公司,收购后收购公司对目标公司享有支配权。

(3)吸收。收购公司的所有者将目标公司的净资产或股份作为股金投入收购公司,使之成为收购企业的一个股东。这种吸收式收购,有时也可能是在被收购企业财产整体并入的情况下,成为收购企业的财产,目标公司所有者对原有财产净资产具有的所有权,仅仅体现在股权上,与收购企业同样具有按股分红的权利和负亏义务。

(三)企业收购的类型

从收购企业与被收购企业关系来看,收购可分为三种:横向收购、纵向收购和混合收购。

(1)横向收购。生产同类产品,或生产工艺相近的企业之间的收购。其优点是可以迅速扩大生产规模,节约共同费用,便于提高通用设备的使用效率;便于在更大范围的合并;企业内部实现专业分工协作,采用先进技术设备和工艺;便于统一技术标准,加强技术管理和进行技术改造;便于统一销售产品和采购原材料,等等。

(2)纵向收购。生产过程或经营环节相互衔接、密切联系的企业之间,或者具有纵向协作关系的专业化企业之间的收购。主要是加工制造企业对同它有联系的原材料、运输、贸易公司实行的收购。纵向收购的优点除了扩大生产规模,节约共同费用的基本特性外,主要是可以使生产过程各环节密切配合,加速生产流程,缩短生产周期,减少损失、运输、仓储,节约资源和能源,等等。

(3)混合收购。横向收购与纵向收购相结合的企业收购。有的学者还把围绕主要产品协作配套,或者围绕资源、能源综合利用而实现的企业收购称为"环形收购"。混合收购的收购规模一般都比较大,因为它不仅兼有横向收购和纵向收购的优点,而且有利于经营多样化和减轻危机对企业的影响。

三、企业重组

(一)企业重组的概念

企业重组是指对被改组企业的生产力诸要素进行拆分、整合以及内部优化组合的过程。

企业重组的内涵有广义和狭义之分,广义企业重组的主要内容包括业务重组、资产重组、债务重组、股权重组、职员重组和管理制度重组;狭义的企业重组就是指企业的资产重组。

1. 企业重组的本质

企业重组的本质是对企业的生产力的重组,按照现代生产力理论,生产力诸要素是指企业的劳动者、劳动资料、劳动对象、生产管理和科学技术等,所以企业重组是对这些生产要素的重组。

2. 企业重组的内容

企业重组的内容包括业务重组、资产重组、负债重组、股权重组、职员重组和管理体制重组，其中资产重组是企业重组的核心，是其他重组的基础。

(1) 业务重组。业务重组是指对被改组企业的业务进行划分从而决定进入上市公司的业务的行为，它是企业重组的基础，是资产重组和其他重组的前提。国有企业的业务一般分为盈利性业务和非盈利性业务：前者是指以盈利为目的的业务，又包括主营业务和非主营业务；后者是指不是以盈利为目的的业务，主要包括"企业办社会"的内容。企业重组的模式主要由业务重组决定。

(2) 资产重组。资产重组是指对一定重组企业范围内的资产进行拆分、整合或优化组合的活动。对资产重组的分析主要侧重于固定资产重组、长期投资重组和无形资产重组，而流动资产、递延资产以及其他资产的重组主要表现在其于资产重组模式的定量分析上。

(3) 债务重组。企业负债是指企业所承担的能以货币计量、需以资产或劳务偿付的债务，它包括长期负债和流动负债。债务重组一般以"负债随资产"的原则进行重组。

(4) 股权重组。股权重组是指对企业股权的调整，是企业重组的内在表现。

(5) 职员重组。职员重组的基本目的在于优化劳动组合，提高劳动生产率。职员重组的内容本身比较简单，其基本要求是减少企业冗员，优化其劳动组合。

(6) 管理体制重组。管理体制重组是指将企业的工厂式的管理体制或有限责任公司的管理体制改变为符合公司运行特点的现代股份有限公司体制。

(二) 企业重组的分类

1. 根据企业重组的具体形式分类

企业重组的具体形式是对单个或多个企业的诸多生产力要素进行拆分、整合以及内部优化重组，以达到在符合有关法律条例的前提下提高企业的上市筹资能力和整体竞争能力。由此，根据企业重组的具体形式可以将企业重组划分为分拆重组、整合重组和内部优化重组三类。必须指出的是，作为某一种具体的形式，它既可以单独行使一种重组行为，又可以与其他形式同时行使一种重组行为，而在实际重组案例中，后者往往多于前者。

(1) 分拆重组。分拆重组是指采取一定的形式剥离非上市的部分的重组行为。分拆重组的分拆内容可以是原有企业的子公司事业部，也可以是原有企业的某一个非独立的部分。

(2) 整合重组。整合重组是指在原有实体的基础上吸收某一些经济实体后进行重组的重组行为。

(3) 内部优化重组。内部优化重组是指对一定的重组实体按照提高运行效率的要求进行优化组合的重组行为。

2. 根据企业重组的内容分类

根据企业重组的内容，企业重组可以划分为业务重组、资产重组、债务重组、股权重组、职员重组和管理体制重组。

四、建筑企业并购、重组策略

(一) 建立现代产权制度

建立现代产权制度是完善基本经济制度的内在要求，是构建现代企业制度的基础。国有建筑业企业产权制度改革应通过引进战略合作伙伴、规范上市、中外合资、互相参股等途径改制为投资主体多元化的股份制企业，发展混合所有制经济。大型建筑业企业要以产权制度和现代企业制度改革为契机，按照区域性或专业化原则，归并重组子公司，理顺各级公司之间的产权纽带关系，实现资源优化配置，充分发挥集团公司的整体优势。

（二）转换企业经营机制

建筑业企业要研究制定企业发展目标和战略，突出主业，强化管理，切实提高企业核心竞争力和运营效率。要继续深化劳动人事制度改革，建立市场化的选人用人机制。要按照国家有关规定参加社会保险，履行缴费义务。要完善企业激励约束机制，探索多种有效分配方式，对工程设计咨询类企业，可以根据国家有关规定积极探索实行股权激励机制。要逐步分离企业办社会职能，实施主辅分离和辅业改制，妥善分流安置富余人员。

（三）大力推行工程总承包建设方式

以工艺为主导的专业工程、大型公共建筑和基础设施等建设项目，要大力推行工程总承包建设方式。大型设计、施工企业要通过兼并重组等多种形式，拓展企业功能，完善项目管理体制，发展成为具有设计、采购、施工管理、试车考核等工程建设全过程服务能力的综合型工程公司。鼓励具有勘察、设计、施工总承包等资质的企业，在其资质等级许可的工程项目范围内开展工程总承包业务。工程总承包企业可以依照合同约定或经建设单位认可自主选择施工等分包商，并按照合同约定对工程质量、安全、进度、造价负总责。

（四）发展工程咨询服务体系

培育发展为投资者提供技术性、管理性服务的工程咨询服务体系，是提高我国建筑业整体素质和建设项目投资效益的重要措施。要改进现行工程勘察、设计、咨询、监理、招标代理、造价咨询等企业资质管理办法和资质标准，支持有能力的企业拓宽服务领域。要统筹规划，建立健全工程建设领域专业人士注册执业制度，提高注册执业人员的素质。要坚持建设项目可行性研究报告的客观性和公正性，为投资决策提供科学依据。提倡对重要建设项目开展第三方设计咨询，切实优化建设方案。鼓励具有工程勘察、设计、施工、监理、造价咨询、招标代理等资质的企业，在其资质等级许可的工程项目范围内开展项目管理业务，提高建设项目管理的专业化和科学化水平。

（五）建筑设计企业结构调整

努力建设一批设计理论和设计技术达到国际一流水准的大型综合性建筑设计企业，面向大型公共建筑，强化方案设计和扩大初步设计能力，拓展建设项目前期咨询和后期项目管理功能，逐步将施工图设计分离出去。鼓励部分建筑设计企业与大型施工企业重组，发挥设计施工一体化优势，促进设计与施工技术的结合与发展。大力发展由注册建筑师或注册工程师牵头的专业设计事务所，促进建筑个性化创造的发展，繁荣设计创作，提高技术水平和服务质量。建筑设计事务所依照合同约定或经建设单位认可自主选择结构设计和其他专业设计分包人，并对建设项目设计的合理性和完整性负责。

（六）重组整合具有国际竞争力的大型建筑企业集团

按照市场需求、优势互补、企业自愿、政府引导的原则，鼓励具有较强海外竞争力和综合实力的大型建筑业企业为"龙头"，联合、兼并科研、设计、施工等企业，实行跨专业、跨地区重组，形成一批资金雄厚、人才密集、技术先进，具有科研、设计、采购、施工管理和融资等能力的大型建筑企业集团。建筑企业集团要加强战略管理，广纳适应国际化经营的优秀管理人才，提高在世界范围组合生产要素的能力，发展核心和优势技术，健全重点国家和地区的营销网络，尽快使本企业的经营规模、技术质量安全管理水平和净资产收益率等达到国际同行先进水平。

（七）资本向产业链上游转移，由建筑产品的生产制造者向拥有者转化

一类是向建筑配套产品投资方向发展，一类是向房地产业发展，一类是向项目设计、投资、建设、运营一体化的 BOT 等方向发展，并依托新的项目承包方式，培育不同行业投资项目的运营能力，最终发展成为跨行业、跨领域的投资商。

（八）培育和发展项目融资能力，从源头上夺取高端项目

项目融资能力不但要求企业自身具备雄厚的资本实力，而且要求企业熟悉国内乃至国际资本市场，熟悉各种现代金融工具，具备很强的项目风险评估能力和项目投资控制能力。建筑企业一旦具备了足够的融资能力，包括资源组合的能力和资本运作的能力等，就可以说是具备了夺取高端项目、从源头上争取项目的能力。

第三节　建筑企业投资方式

一、建筑企业投资分类

（一）按投资性质分类

按投资性质，可分为实业投资、证券投资和其他投资。

1. 实业投资

实业投资又称生产性资产投资，包括以下几种：

（1）与企业创建有关的创始性投资，如购建厂房、购买机器设备、原材料等。

（2）与维持企业现有生产经营有关的重置性投资，如更新陈旧或毁损设备进行的投资。

（3）与降低企业成本有关的重置性投资，如购置高效率设备代替原有设备的投资。

（4）与现有产品和市场有关的追加性投资，如增开新的生产线、装配线所进行的投资。

（5）与新产品和新市场有关的扩充性投资，如为开发新产品和新生产线及开拓新市场进行的投资。实业投资需要企业首先提出各种不同的可供选择的投资方案，然后利用一定的投资决策方法进行决策，从中选出最佳投资方案。

在实际工作中，实业投资中各种类型的投资往往是交织进行的。比如，在更新设备过程中，可能会对设备进行一定改造，以达到扩大生产经营的目的，这样，就同时出现了重置性投资和追加性投资。

2. 证券投资

证券投资又称金融性资产投资，它是企业将拥有的资产购买债券、股票等各种证券形成的投资。证券投资包括股票投资、债券投资和其他金融性资产投资三类。

（1）股票投资。即企业以购买股票的方式进行的投资，与债券投资相比，企业所购入的股票除可依法转让外，在股份公司的存续期内不能收回，而且股票投资收益也有较大的

不确定性。另外，股票投资是一种风险较大的投资，如果公司破产，企业不仅不能收到投资收益，而且可能失去入股本金。

（2）债券投资。是企业以购买债券的方式进行的对外投资。债券是政府、企业、银行和国际金融机构对其债务承担还本付息义务所开出的长期承兑凭证。企业债券投资的目的是为获取较高的利息收入，作为债权人，企业所关心的是能否定期收回固定的利息以及债券到期的本金。

（3）其他金融性资产投资。是指一些商业票据投资、期货投资、期权投资等。

3. 其他投资

其他投资是除去证券投资和实业投资以外的其他投资，主要有联营投资、兼并投资等。企业在进行联营投资时，按联营协议承担相应的责、权、利。企业在投出资产后，除联营合同期满，或由于特殊原因联营企业解散外，一般不得抽回投资。兼并投资是企业付出一定的代价后取得另一企业的所有权或实际控制权，通过兼并投资，企业可以在最短时间内迅速膨胀，成为竞争者中的佼佼者。

（二）按投资对企业未来的影响程度分类

按投资对企业未来的影响程度，可分为战略性投资和战术性投资。

（1）**战略性投资**是指对企业全局及未来有重大影响的投资，比如新产品投资、多元化投资、公司间兼并投资等。它往往要求投资数量大、回收时间长、风险程度高。因此，要求从投资方案的提出、分析、决策和实施都要按严格的程序进行。

（2）**战术性投资**是指不影响企业全局和前途的投资，如为提高劳动生产率而进行的投资，为改善工作环境而进行的投资和更新设备的投资等。它一般涉及的投资量不大，风险较低，见效快，而且发生次数频繁，因此，一般由企业的部门经理经过研究分析后提出，经过批准后即可实施，不必花很多的研究、分析费用。

（三）按投资时间长短划分

按投资时间长短可分为长期投资和短期投资。

（1）长期投资。是指在一年以上才能收回的投资，主要是对厂房、设备以及无形资产的投资，也包括一部分长期占用在流动资产上的投资和时间在一年以上的证券投资。由于长期投资中固定资产投资所占比例最大，因此，有时长期投资也称为固定资产投资。

（2）短期投资。是指可以在一年以内收回的投资，主要包括现金、有价证券、应收账款、期货等流动资产。因此短期投资亦称为流动资产投资。

（四）按投资发生作用的地点划分

按投资发生作用的地点，可分为企业内部投资和外部投资。企业内部投资是指把资本投入本企业生产经营。企业外部投资是指把资本投入外企业，其目的是为了获得投资收益或控制其他企业的生产经营。这种投资可以以现金、存货、固定资产和无形资产等多种形式进行。随着我国多元经济和市场经济的发展，外部投资将会越来越多。

（五）按投资的风险程度划分

按投资的风险程度，可分为确定性投资和风险性投资。确定性投资是指风险小，未来收益可以预测得比较准确的投资。在进行这种投资时，可以不考虑风险问题。风险性投资是指风险较大，未来收益难以准确预测的投资。大多数战略性投资属于风险性投资，在进行决策时，应考虑到投资的风险问题，采用一定的分析方法，以作出正确的投资决策。

（六）按投资动机分类划分

按投资动机分类，可分为诱导式投资和主动式投资。诱导式投资是由于投资环境条件的改变、科技的进步和政治经济形势的变革，特别是由于生产本身激发出来的投资类型。这类投资决策偏重于对客观形势的分析与决策。主动式投资则完全是由企业家本人主观决定的投资，它受到投资者个人的偏好、对风险的态度及其灵活性的影响。因此，后一类投资更注意发挥投资者个人的主观能动性。

二、建筑企业证券投资方式

（一）建筑企业债券投资

1. 企业债券投资的意义

筹集资金是发行债券，运用资金则是购买债券和在合适的时机再卖出债券。从企业运用资金的角度看，债券具有安全性和盈利性。

（1）安全性。企业将资金用于购买债券，其安全性表现在以下三个方面：一是政府对债券发行人的实力和信誉有较高的要求。能够发行债券的一般为中央政府（代表国家）、地方政府（代表省、市、县）、金融机构和大企业。二是债券不象股票，它是必须还本的（虽然现在也有"无限债券"，但数目很小，中国目前还没有）。债券期限有长有短，短的只有一年甚至更短，长的可到30年、50年。但都是法律规定必须还本的。期限短的债券满期一次还本，期限长的债券分期偿还，可以不一下子增加债务人的还本负担，使其偿还债务更有保证。三是债券必须按规定期限付息，一般是不管期限长短，半年付一次利息（期限短的金融债券不在此列）。如果是买股票，红利多少由企业经营状况决定，多盈利多分，少盈利少分，不盈利或亏损可以不分。债券则不管企业经营状况如何，必须按规定付息，否则视为违法。另外，债券的利率一般是固定的，到付息日准能收回一定量的利息。我国目前发行的各种债券包括国库券、金融债券和企业债券都是满期一次付息，不分期付息，这和世界各国的做法不一致。按规定期限付息这一点决定了购债人获取利息是安全的。

（2）盈利性。债券的收益率一般都高于存款。债券多数为固定利率，购买者可以不必担忧利率的波动，稳获收益。同时，债券具有可转让的特性，具有流动性，但流动性的好坏依债券市场的发达程度和不同债券的知名度不同而有所不同。

2. 企业债券投资的风险

（1）利率变动风险。利率变动风险即因整个金融市场利率水平变化而使购买债券者可能会遭受的损失。大部分债券采用固定利率方式，而且期限都比较长，一旦这期间利率调整变化，就可能出现"相对受损"情况，即运用资金未获得最大收益的情况。

（2）行市变动风险。债券一般均具有可转让的特性，即购买股票和债券后可以再转卖给别人。转卖时的价格与债券票面上的价格不一定相等，第一次转卖和第二次转卖时的价格又不一定相同，每次转变价格的不同形成了债券价格的波动，这种波动会影响购买债券人的收益，使有的人得不到预想的收益水平甚至亏损。这就是"行市变动风险"，又称"价格变动风险"。

（3）再投资风险。购买有价证券又被称为"证券投资"，购买人一般称为"投资者"，而购买债券则被称为"债券投资"。持有分期付息的债券，每半年可获得一次利息，将利息收入再用来买债券或存款、投资等，一般称为"再投资"。在分期取得利息用于再投资过程中，如遇利率调整，会影响这部分利息再投资取得收入的多少。如果由于利率降低使利息难以再生出更多的利息，投资者没有取得预期的收入，就可视为受到了损失。这种因外界条件变化对再投资收益可能带来的影响，就被称为"再投资风险"。

（4）中途偿还风险。国外大部分债券都是中间开始分次还本，还本的具体方式又多是"抽签偿还"，如果手中持有的债券在行市非常好时被抽签还本，就会得不到预想的高收益。这种因抽签还本可能给债券持有人带来的风险就称为"中途偿还风险"。

（5）市场性风险。这主要是指由于所买的债券流动性差，到应该卖时卖不出去，而给持有人可能带来的损失。债券的流动性依债券的种类而有所不同，有些债券发行者较有名气，人们乐于买卖，流动性就好，有些债券则没有什么名气，很多人根本没听说过，人们就不太愿意买卖这种债券，流动性就差。常有这种情况，有的企业将暂时闲置的资金投在了收益率虽高但流动性差的债券上，等急需用钱时，没人肯买，卖不出去，只能降价销售，结果是得到的收益极少，甚至亏本。

（二）建筑企业的股票投资

1. 企业股票投资的意义

（1）股票能够带来红利收入。股票是股份公司所有权的象征，公司赚取利润后，股票持有人有权要求分取利润，也就是红利。如果不考虑股票价格变动的因素，红利收入在一般情况下都是大于存款或债券的利息收入的。

（2）股票能够带来贱买贵卖的差价，即"资本收益"。在债券买卖中，人们优先考虑的是债券能够带来的利息，其次是能否赚到"资本收益"。而在股票买卖中，二者的次序却颠倒了过来，这是因为股票可能带来的资本收益远远超过了红利。

（3）股票能够带来很多账面收入以外的好处。红利收入、"资本收益"是表现在账面上的货币收入，这自然对企业很重要，但股票带来的非直接收入也是不容忽视的。这种非直接收入类似直接投资带来的好处，即原材料的低价买入或保持稳定供给，产品的销售渠道畅通等。西方国家中企业通过购买其他企业的股票，可以联络感情、搞好业务关系，保证本企业稳步发展。例如，加工行业的企业可以购买原材料生产企业和外贸企业的股票，从而可以派代表参加这两个企业的董事会，进而接触其上层领导，建立良好的协作关系。在原材料供应紧张时，生产原材料的企业可以优先保证本企业的原材料供应，在原材料供应不紧张时，可以用优惠价格买到原材料。与外贸企业搞好了关系，外贸企业可以优先采购、销售本企业的产品，保证产品有销路。这些好处在一定意义上比红利收入和"资本收益"还重要。企业可以通过这种相互购买股票的方式形成企业集团，加强协调与合作，增强集团竞争能力。

2. 企业股票投资的风险

（1）红利风险。股份企业经营上出了问题，利润很少，或者无利甚至亏损，股东们就只能分到一点或分不到红利，这种因企业经营状况的变化而可能给持有股票人带来的损失叫作红利风险。红利风险具有程度上的区别，企业盈利少可以少分红，持股票人得到的红利收入少于银行存款或买债券的利息收入，这种情况可以称作相对损失。如果企业未盈利甚至亏损，持股票人可能是分文不收。

（2）破产风险。破产风险指由于股份公司倒闭破产而可能给持有股票人带来的损失。商品经济社会的一个特点就是竞争激烈。如果企业经营不善，极容易倒闭破产。股份企业破产后，股东们想出卖股票已不可能，全部入股资金只能被用来充抵债务，对持有股票人产生巨大影响。

(3) 行市变动风险。股票市场是自由交易的市场，价格变动非常频繁，有时甚至狂升暴跌，这种价格变动极容易给买股票的人带来损失，这就是行市变动风险，也称价格变动风险。

(4) 政治风险。政治风险是指资金运用出去（包括购买股票和其他形式）后，因战争、政权更迭等原因对方不肯或无法还债，而使己方遭受意外损失。企业若想把资金运用到国外去，就要认真研究欲将资金投入的国家或地区的政治形势，注意有无发生动乱、政变或地区冲突的可能性，防止意外损失。我国国内虽不存在政治风险，但可能出现"政策风险"，即因某些宏观政策的变化而影响企业的资金运用。例如当股票价格过高时，金融管理当局可能采取一些行政措施，限制交易量和交易价格，以防止股票市场上的投机行为，这就可能使购买股票希望其在短期内升值的企业遭受损失。再如当某股份制企业从事违法行为时，政府主管部门可能会令其停业整顿甚至撤销，这也会使购买该企业股票的企业蒙受损失。此外，政策上鼓励股份制时，股票市场就比较繁荣；而当政策上限制股份制发展时，股票市场就会变得冷清，股票价格也将下降。

(三) 建筑企业基金投资

基金投资是集中不确定的众多投资者的零散资金，交由专门的投资机构进行投资，投资收益由原有的投资者按出资比例分享的一种投资工具。

1. 企业基金投资的特点

(1) 积沙成丘。众多中小企业可供投资的资金较少，而证券市场风险又高，凭自身实力难以回避风险，取得较稳定和较高的收益。而基金给中小企业提供了一种安全投资的可能。它将众多的小钱汇集成大钱，积沙成丘，容易取得规模效益，而且基金的手续费与管理费较自己聘请经纪人或代理人的花费要少得多，但投资者却享受到专业投资经理的服务。

(2) 组合投资，发散风险。基金将一定数量的资金按不同的比例分别投资于各种不同的有价证券和其他多种行业上，是投资基金区别于其他投资方式的最大特点。为了保障广大投资者的利益，基金投资都有一个较为分散风险进行投资组合的原则。即使是单一的市场基金也不准只购买某一两种股票，有些基金明文规定投资组合不得少于20个品种，而且买入某一公司股票，都有一定比例的限制。由于基金拥有众多有价证券，即使某几种有价证券发生了损失，也可由另几种上涨的有价证券带来的收益弥补，风险性大大降低。

(3) 专家经营。基金是一种间接投资工具，投资于基金就等于聘请了一位投资专业顾问，帮助你进行证券投资决策。基金从投资者手中吸收的资金都交由专业经理人才去操作。他们与普通投资者相比，优势在于具有丰富的投资管理经验，专门从事研究和分析国内外的经济形势和国际市场发展动态，能够随时掌握各种产业的发展前景、上市公司的经营状况和瞬息万变的市场信息，并通过发达的通讯网络，与国内外证券市场保持密切联系。这样，投资基金要比投资其他金融产品有保障，且省心省力。

(4) 专人保管。一般来说，基金资产并不是由基金经理公司掌管的。为保证基金资产的安全，单位信托基金在"信托契约"中均明确规定，基金资产必须由另外一家独立的保管公司持有和保管，经理人员无法损公肥私。保管基金资产的公司往往是较大的跨国财团或银行或实力雄厚的投资机构,其设备先进,通讯手段广泛灵活,基金注册地又往往在海外。这样可以使基金资产离岸化,即使投资者所在国出现政治或经济政策变化,投资者的资金也不会被冻结,基金资产安全性高。

(5) 基金流动性强。购买基金的程序非常简单,你可以直接到基金公司办理买入手续,也可以通过委托投资顾问公司代为买入。支付一定数额的认购款后投资者就拥有了一定数额的基金,成为该基金的受益人。基金大多是开放型的,每天都会公开进行报价买卖,投资者可随时购买或赎回,流动性很强。即使是封闭型基金,也可以通过证券交易所的上市交易进行买卖,只需数日便可完成整个转让或交易过程。

(6) 收益稳定,灵活方便。基金投资者按持有"基金单位"的份额分享基金的增值收益。一般而言,基金风险比股票低,收益比债券高,封闭型基金上市后,还有可能获得差价收入。基金经营期满时,投资者享有分配基金剩余资产的权利。对于机构投资者来讲,因为它的资金运作有周期性,在富余资金较多的情况下,通常考虑把一部分资金用来购买合适的投资基金。这样既能保持资金的流动性,又能取得高于银行存款利息的收益。作为自身拥有投资经营机构的金融性公司来说,参与基金能使他们有更多时间和精力运筹其他投资工具,以期股东权益最大化。

2. 企业基金投资的类型

(1) 契约型基金。契约型投资基金是由委托人、保管人和受益人三方订立信托投资契约,基金经理公司(委托人)依照契约运用管理信贷资产进行投资,保管人负责保管信托财产,而投资成果由投资者(受益人)享受的一种基金形态。

(2) 公司型基金。公司型基金又称共同基金或互惠基金。它不是按照一定的信托契约而是按照公司法组成的以盈利为目的的股份有限公司进行营运。它通过发行股票或受益凭证的方式来筹集资金。一般投资者购买了该公司的股票后就成为该公司股东,凭股票以股息或红利形式分享投资所获得的收益。

(四) 建筑企业期货投资

期货投资指企业通过投资期货交易来达到套期保值或投机获利的目的。期货交易是相对于现货交易来说的,它是指在商品交易所内进行的按买卖双方成交契约中规定的价格在远期办理交割手续的商品交易形式。

期货投资的一个基本经济功能就是,它能为生产企业提供一个比较理想的转移价格波动风险的渠道,使经营者可以把价格波动的风险转移到期货市场上去,从而专心于企业生产经营,获取正常的利润,而不管现货市场上的价格如何波动。

在期货市场,一些企业投资不是为了回避风险,而是为了投机获利。他们预测到将来期货市场价格可能上涨或下跌的情况下,当时就购买期货合约,希望通过将来在较高的价格上进行对冲,变换交易部位,从中得利。

三、建筑企业的其他投资方式

(一) 建筑企业的房地产投资

1. 房地产投资的概念

房地产投资是将资金投入到房地产综合开发、经营、管理和服务等房地产业基本经济活动中,以期在将来获得不确定的收益。

2. 房地产投资的风险

(1) 财务风险。财务风险是由于房地产购买者财务状况的变坏而使房地产投资及其报酬无法全部收回的可能性。房屋商品化的推行，房地产信用关系的发展，使这种风险大量存在于房地产市场中。破产倒闭一般总能被投资者预知，但是比破产倒闭更常见的财务状况恶化和债款拖欠，同样会使投资者入不敷出。拖欠不是破产，但却和破产有异曲同工之处。财务风险严重影响房地产投资的回收。

(2) 利率风险。即使能够准确地预见到不存在财务风险，房地产投资依然存在由于市场利息率的变动而产生的风险。在市场利率发生变化的情况下，房地产价值会发生变动。一般说来，市场利率的微小变动都会使房地产价值产生较大变化。

(3) 变现风险。投资者在投资一段时间以后，会把房地产投资转换成现金。在这种情况下，房地产投资变现有可能导致损失，这和房地产投资周期长、变现差的特点是一致的。

(4) 购买力风险。购买力风险是由物价总水平的变动引起的。对于这种货币购买力的变动，投资者应该给予高度重视。企业在考察投资收益时，不仅要考察名义上的收益率，更要考察实际的收益率。

(5) 自然灾害和意外事故风险。自然灾害风险是指由于人们对自然力失去控制或自然本身发生异常变化造成损失的可能性，如火灾、洪水、地震等。意外事故除了包括上述自然力破坏之外，还包括意外的人的过失行为或侵权行为，这种行为往往也会给房地产投资带来风险。

(二) 建筑企业的 BOT 投资

1. BOT 投资概念

BOT 是英文"Build, Operate and Transfer"的缩写，译意是"建设——经营——移交"。它是利用私人资本投资于公益性基础设施(或工业性项目)的一种投资方式。具体说来，它是指政府部门就某个基础设施项目与私人企业(或项目公司)签订特许权协议，授予签约方的私人企业来承担该基础设施项目的投资、融资、建设、经营和维护。在协议规定的特许期限内，这个私人企业向基础设施使用者收取适当的费用，由此来回收项目投资、融资、建造、经营和维护成本并获取合理的回报；政府部门则拥有对这一基础设施监督权、调控权；特许期满，签约方的私人企业将该基础设施无偿移交给政府部门。

2. BOT 投资的特点

(1) 东道国政府是 BOT 项目最重要的参与者和支持者。东道国政府首先必须批准 BOT 项目，通常与项目公司签订详尽的特许权协议，协议将详细规定政府与项目公司各自的权利和义务。东道国政府通常提供部分资金、信誉、履约等方面的支持，尤其是对发展中国家吸引外资的 BOT 项目。

(2) 项目公司是 BOT 项目最重要的参与者和执行者。项目公司通常是由具有资金实力、富有专业能力和经验的一个或一组联营体组成。这个联营集团可以都是私营企业，也可以是公私合营企业，有的还需要让东道国政府加入项目公司股东的圈子。因为 BOT 项目前期工作非常复杂，费时费力费钱，所以，许多参与项目公司的股东成员，一般在项目初期阶段组建项目公司，以便能对联营集团各成员分担前期开发费用作出安排，并由项目公司出面同参与的东道国政府、工程设计者、建造承包商、供应商、经营管理者、融资机构、担保者、保险人以及股东自身等进行谈判签约。

（3）BOT项目筹资是将传统的股本投资与项目融资结合在一起。项目融资是以项目预期收入的资金流量作为贷款和偿还债务的国际融资，它与常规的国际商业贷款的不同之处在于：项目融资的贷款对象股东或项目公司的资产、收入及权益，没有追索权或只有有限追索权，一般不由东道国政府和金融机构提供还款责任担保，所以，又称为"无追索权或有限追索权贷款"，金融机构提供的项目融资贷款数额大，风险大，回报率低。因此，在BOT项目中一般会遇到由项目公司与金融机构签订的较为复杂，互为因果，相互制约的融资协议，以降低主要融资者的融资风险。

（4）BOT投资一般均采用分散、分组风险的办法。通常将建造超支和延误工期等建设风险分散，由承包者承担；经营、维护成本和服务质量风险分散到签订采购合同的供应商手中。至于投资者难以控制的风险，如通货膨胀、政策变化、相关法律修订等引发的风险，往往由东道国政府部门承担。承担风险的大小与索取合理回报的高低是直接挂钩的，这也是投资所应遵循的一项基本原则。

（5）BOT项目投资应具有明确而又稳定的收益来源。通常要求项目的可行性研究必须建立在科学论证基础上和严格标准的财务分析上。它的严密性并不是来自政府部门的要求，而是产生于投资者保护投资的本能，尤其是财务效益的分析非常重要，其分散收益足以支付项目债务，加上股本投资者合理的回报等。

（6）BOT项目的特许期限结束时，要求将项目移交或转让给东道国政府部门。

案 例 分 析

某建筑企业的集团化战略

某建筑企业为实现企业真正意义上的"做强做大"，实施了集团化战略，总体构想是在企业内部进行"裂变"，建立诸多独立法人的子公司，形成以投资、控股为纽带的母子公司结构体系。

一、建立一级独立法人的专业化子公司

该建筑企业先后将下属电梯公司、机电公司、房地产公司、装饰装潢公司、市政公司、消防公司、建筑设计院、建筑工程质量检测中心等单位改制为独立法人的专业子公司。专业子公司实行自主经营、独立核算，以将该专业做专做精为目标。

二、建立独立法人的地区子公司

该建筑企业计划在市场所在地进行注册，成立具有一级施工资质的独立法人的地区子公司，使企业真正融入当地市场，实现企业的城市化；地区子公司建立后，将是企业在该地区的成本核算中心，人、财、物的调度中心和区域管理中心，同时也能有效提升管理层次，缩短管理半径，实现管理的扁平化；母公司对地区子公司进行控股，按照控股公司规范运作，子公司的法人代表和财务总监由母公司委派，子公司高管层的参股比例必须达到子公司总股本的40%以上，子公司法人代表和高管层先前在母公司的股权分红权也转入其所在的子公司，同时以股权奖励的方式代替现金激励。地区子公司的建立主要是通过企业内部"裂变"，即把公司所属的地区分公司建成独立法人子公司而实现的；而对企业不能直接进入的市场，则通过兼并该地区的企业将其股权结构进行调整，形成母子公司结构体系。

三、集团化战略分析

集团化战略的实施,可以解决管理成本高、市场壁垒和地方保护难以打破等诸多制约企业进一步发展的瓶颈问题,使企业步入发展的快车道:

(1) 专业子公司的成立,使企业把一定的资源投入到特定的产业和市场,有利于子公司以"做专做精"为目标,集中精力致力于该专业的经营和发展;实行独立经营、独立核算,则能让子公司在市场经济的大潮中接受磨练,提高经营水平和市场竞争力,做专做精做强本行业。

(2) 地区子公司的成立,使企业突破了地区封锁和地区保护,实现了经营本土化,可以与当地企业在同一平台上进行竞争,承接高端建筑工程,这些工程较高的利润率也相应地会给企业带来较高的经济收益;同时,企业还能享受到当地政府在税收等方面的优惠政策,这也有利于提高企业的经济效益。

(3) 地区子公司的成立,使企业成为地道的当地公司,有利于引进更多的当地高级人才,解决企业多年来高级人才缺乏和由于地域原因高级人才难以引进的难题,为企业向更高层次发展提供人才优势。

(4) 地区子公司的成立,使企业实现了管理方式的变革,组织结构上采取了扁平的管理模式,这种管理模式减少了管理层次,缩短了管理半径,裁短了管理链条,从而降低了管理成本,提高了企业经济效益。

(5) 子公司高管层人员除在子公司占有较大股份外,在母公司股权的分红权也转入其所在的子公司,使其经济收入与子公司的利益捆得更紧;同时,由于他们在母公司股权的选举权仍在母公司,所以与母公司有着密不可分的利益关系;以股权奖励代替现金奖励,使公司有更多资金用于资本运作,方便资金周转。所有这些,都在很大程度上提高了子公司法人代表及高管层人员的工作责任心和对公司的忠诚度。

(6) 子公司是独立的法人实体,独立承担法律责任,所以分散了整个集团的经营风险,避免了因一个事件而影响整个公司大局的不利局面的产生。这一点尤其体现在安全生产方面,新的《安全生产许可法》出台后,对安全生产提出了更高的要求,对发生安全事故的企业的制裁也更为严厉。该建筑企业将几万人的大企业"裂变"为诸多独立法人的子公司,就不会因为"一着不慎"而"满盘皆输"了。

(7) 地区子公司成立后,企业实现了城市化,这有利于地区子公司的职工在当地安居乐业,所以在一定程度上提高了大家的工作积极性和整个员工队伍的稳定性,使他们能更好地为企业的发展做贡献。从该建筑企业集团化战略的可行性和实效性的分析中,可以看出集团化战略确实可以解决许多制约外向型、成长性民营建筑企业发展的瓶颈问题,帮助企业跳出发展迟缓的怪圈,对企业实现真正意义上的做强做大起着十分关键的作用。由于各子公司独立经营,权力分散,母公司对子公司的控制力可能有所削弱,这就要求总公司对子公司的控股地位不动摇,必须全力做好重要决策和监督工作,这样才能保证集团化战略的顺利有效实施。

复习思考题

1. 在建筑企业生产经营活动中,资本具有哪些作用?
2. 什么是资本运营?资本运营包括哪些主要内容?请结合工作实际,谈谈建筑企业应如何进行资本运营。

3. 请结合工作实际，谈谈建筑企业兼并、重组的意义。
4. 建筑企业在进行股票投资决策中，应注意哪些问题？

参考文献

[1] 何小锋，黄嵩，刘秦. 资本市场运作教程. 北京：中国发展出版社，2005
[2] 陈东升. 资本运营理论·方法·案例. 北京：企业管理出版社，1998
[3] 高闯，曲昭光，徐明威. 资本运营. 北京：法律出版社，1998
[4] 耿裕华. 论企业兼并重组与集团化战略. 中国建设报，2004年12月31日

第九章 建筑企业信息化管理

第一节 企业信息化概述

一、企业信息化的定义

企业信息化，即挖掘先进的管理理念，应用先进的计算机网络技术去整合企业现有的生产、经营、设计、制造、管理，及时地为企业的"三层决策"系统（战术层、战略层、决策层）提供准确而有效的数据信息，以便对需求做出迅速的反应，其本质是加强企业的"核心竞争力"。

（一）企业信息化的内涵

企业信息化的内涵主要表现在以下几个方面：

(1) 目标。企业进行信息化建设的目的是"增强企业的核心竞争力"。

(2) 手段。计算机网络技术。

(3) 涉及的部门。企业的各个部门，包括：企业的生产、经营、设计、制造、管理等职能部门。

(4) 支持层。高级经理层（决策层）、中间管理层（战略层）、基础业务层（战术层）。

(5) 功能。进行信息的收集、传输、加工、存储、更新和维护。

(6) 组成。企业信息化是一个人机合一的系统，包括人、计算机网络硬件、系统平台、数据库平台、通用软件、应用软件、终端设备。

（二）企业信息化的外延

企业信息化的外延主要表现在以下几个方面：

(1) 企业信息化的基础是企业的管理和运行模式，而不是计算机网络技术本身，其中的计算机网络技术仅仅是企业信息化的实现手段。

(2) 企业信息化建设的概念是发展的，它随着管理理念、实现手段等因素的发展而发展。

(3) 企业信息化是一项集成技术：企业建设信息化的关键点在于信息的集成和共享，即实现将关键的准确的数据及时的传输到相应的决策人的手中，为企业的运作决策提供数据。

(4) 企业信息化是一个系统工程：企业的信息化建设是一个人机合一的有层次的系统工程，包括企业领导和员工理念的信息化；企业决策、组织管理信息化；企业经营手段信息化；设计、加工应用信息化。

(5) 企业信息化的实现是一个过程：包含了人才培养、咨询服务、方案设计、设备采购、网络建设、软件选型、应用培训、二次开发等过程。

（三）企业信息化的分类

信息化可分为：国家信息化、城市信息化、政府信息化、企业信息化、教育信息化等。而企业的信息化建设可以按照不同的分类方式，常用的分类方式有按照行业、企业运营模式和企业的应用深度等进行分类。

（1）按所处行业划分。可分为制造业的信息化、商业的信息化、金融业的信息化、服务业务的信息化等。

（2）按照企业的运营模式划分。可分为离散型企业的信息化建设和流程型企业的信息化。

二、企业信息化的驱动因素

企业信息化是一个动态的发展过程，人们对企业信息化的认识也在与时俱进。企业信息化的驱动因素主要包括：

（一）信息技术的飞速进步

从20世纪80年代开始，随着计算机技术和通信技术的融合以及网络技术的出现，迎来了企业信息化的一个建设高潮，围绕着企业内部网、外部网、电子商务和集成化系统的活动大大拓宽了企业信息化的边界，丰富和深化了企业信息化的内容。信息技术对企业信息化的影响主要体现在以下三个方面：

（1）信息技术进步导致企业信息化所依赖的信息技术投资品，如半导体芯片、计算机、通信设备等硬件产品价格以及信息通信费用的持续下降，从而极大地刺激了企业对信息技术资本的投入。

（2）在信息技术投资品和信息通信费用迅速下降的同时，信息技术投资品，无论是硬件设备、还是软件和网络设施的质量和性能都得到了大幅度改善。

（3）面向企业信息化不同需要的各种新技术不断地被创造出来，这种新技术的持续创新既扩大了信息技术在企业中的应用范围，而且也使得技术的投入产出效率得到持续的改进，从而推动了企业信息化的不断深入和发展。

（二）企业管理和组织变革与企业信息化的互动

一方面企业信息化要求企业管理和组织的变革，另一方面，企业的管理和组织变革也需要信息技术的支撑，二者的互动导致企业信息化不断深化。

企业组织结构由垂直化和科层化向扁平化结构的转变，是企业组织和管理结构变革的一个基本趋势，这一变革以沟通成本的降低和协调能力的提高为前提条件，必然带来企业对各种管理信息系统的需求。同样，"精益"生产方式、柔性制造系统等新的生产和管理模式的创新和应用，也需要各种信息管理系统和网络技术的相应支撑。

在企业信息化的发展过程中，我们可以看到，各种新技术的开发和应用总是与新的管理思想、管理理念和管理方法相联系、相融合。例如客户关系管理、供应链管理、企业资源计划（ERP）、电子商务等技术无一例外都与组织、管理和业务流程的重组再造、虚拟企业、网络营销、学习型组织、核心竞争力、知识管理等流行的管理思想紧密相连。信息技术与管理思想变革的日益融合推动了企业信息化由事务处理阶段向智能化阶段的转变，从而极大地丰富了企业信息化的内涵。

（三）市场竞争的加剧

经济全球化和电子商务的发展使企业所面对的市场竞争日趋激烈，竞争压力不断增加。企业只有不断提高信息化和网络化水平，才能适应经济全球化和电子商务发展所带来的全新的市场竞争环境。以电子商务为例，电子商务的出现不仅改变了企业与供应商、分销商和用户的信息交流和交易方式，而且也扩大了企业竞争的市场空间，企业竞争的范围由地区、国家向全球扩展，这种新的竞争环境促使企业加快信息化的步伐，特别是网络技术在企业中的应用。

（四）政府的推动

政府的政策也是推动企业信息化发展的一个重要因素，特别是对发展中国家而言，政府的推动对企业信息化的跨越式发展发挥着关键作用。政府可以通过发展信息基础设施、支持企业信息化共性关键技术的研发、制定法律法规、投资和税收优惠政策、以及推进试点、示范工程来创造企业信息化的外部环境，引导企业信息化建设的方向和速度。

三、企业信息化发展历程

为了对企业信息化的发展状况、发展特点和主要内容进行准确分析和判断，人们提出了企业信息化的水平划分。由于研究者视角和划分标准的不同，人们对企业信息化发展水平的划分也有所不同。

根据企业应用信息技术的深度和广度以及企业开发和利用信息资源的程度，将企业信息化的发展水平分为四个层次，分别是：

（一）起步阶段

以单点散状应用为主要特点。在这一阶段，计算机硬件和软件的应用仅限于企业内部各部门信息的数字化处理，企业内各部门信息多是静态和孤立的。

（二）初级阶段

以单一系统独立应用为主要特点。在这一阶段，企业以部门内信息整合、信息共享为目标，基本建成了各部门专用的信息系统。主要表现是：在生产领域，计算机辅助设计（CAD）、计算机辅助制造（CAM）、可编程控制器（PLC）、分布式控制系统（DCS）等得到应用；在管理领域，建立了以财务管理、办公自动化为核心的企业人、财、物、产、供、销的计算机辅助系统；在网络建设方面，企业建立了以信息发布为主的网站或网页。

（三）中级阶段

以企业内部系统集成为主要特征。在这一阶段，企业开始在内部统一和整合信息资源，以消除"信息孤岛"现象。同时企业开始对组织结构、管理流程和业务流程进行全面再造。主要表现是：在生产领域，集成制造系统、柔性控制和柔性加工制造等技术得到广泛应用；在管理领域，企业进入到管理信息集成阶段，MRP-II 以及 ERP 等得到初步应用；在网络建设方面，企业建立了全局的基于 LAN 或 Intranet 的网络平台，企业的网站具有了互动功能，可以初步开展电子商务业务。

（四）高级阶段

以虚拟制造和电子商务为主要特征。在这一阶段，企业已经成为一个智能主体，能通过网络和系统集成实现与供应商和用户信息的互动交流，企业的内、外部信息资源得到全面整合为企业的虚拟制造和个性化服务提供全面的支持。主要表现为：在生产领域，企业的设计、生产和制造过程全面实现了自动化和智能化，并可进行跨地域、跨时空的网上协同设计与制造；在管理领域，供应链管理、客户关系管理，以及 ERP 得到全面应用，管理方式实现网络化：在网络建设方面，实现了企业内部网和企业外部网的整合，企业可利用网络平台全面开展 BtoB、BtoC 等电子商务活动，并通过电子商务与企业内部 ERP 系统的结合，全程实现商务运营的电子化。

四、企业信息化的意义和影响

（一）企业实施信息化管理的意义

（1）有利于迎接加入 WTO 后的挑战，适应国际化竞争。加入 WTO 以后，企业将更直接地面对国际竞争的挑战，在全球知识经济和信息化高速发展的今天，信息化是决定企业成败的关键因素，也是企业实现跨地区、跨行业、跨所有制，特别是跨国经营的重要前提。

（2）有利于实现国有企业改革与脱困目标。在综合运用好国家已经出台的各项政策的同时，利用现代信息技术，有效地开发和利用信息资源，有助于改善企业管理，提高竞争力和经济效益。

（3）企业信息化实现企业全部生产经营活动的运营自动化、管理网络化、决策智能化。其中，运营自动化是基础，决策智能化是顶峰。

（4）增加企业间的技术流通，总体提升整个行业的技术水平。

（二）信息化对企业的影响

企业信息化可以为企业带来很多变化。

（1）有利于增强企业的核心竞争力，适应市场化竞争的要求。

（2）有利于理顺和提高企业的管理，实现管理的井井有条。

（3）提高设计效率，缩短设计周期，保证设计质量。

（4）降低企业的库存，节约占用资金，节约生产材料，降低生产成本。

（5）缩短企业的服务时间和提高企业的客户满意度，并可及时的获取客户需求，实现按订单生产。

（6）加速资金流在企业内部和企业间的流动速率，实现资金的快速重复有效的利用。

（7）加速信息流在企业内部和企业间的流动速率，实现信息的有效整合和利用。

（8）加速知识在企业中的传播，实现现有知识的及时更新和应用。

（三）企业信息化对员工的影响

企业信息化也可以为使用人员带来方便和福利：

（1）降低技术人才的劳动强度，用计算机实现繁杂、重复的简单体力劳动，从而提升技术人才的脑力价值。

（2）可以改善职工的工作环境。

第二节 企业信息化的内容

企业信息化的主体内容会因信息技术的演变以及企业的性质、规模、类型的不同而有所改变。在信息技术发展的早期阶段，企业信息化局限于生产过程的自动化管理以及企业内部日常办公事务的处理等方面。

从 20 世纪 80 年代开始、随着计算机硬件和软件技术的发展，特别是计算机和通信网络技术的日趋融合，企业信息化内容发生了巨大的变化，信息技术在企业中的应用不再局限于企业活动的某些环节，而是逐步地渗透到企业活动的各个领域、各个环节，极大地改变了企业的生产、流通和组织管理方式，推动了企业物资流、资金流和信息流的相互融合。

一、建筑企业信息化的基本内容

（一）生产过程的信息化

生产过程的信息化是生产制造业类企业信息化的一个关键环节，其主要目的是在生产管理流畅的基础上综合利用电子技术、计算机技术和软件技术实现对生产过程的管理和控制，从而达到提高产品质量和生产效率的目的。建筑企业生产过程的信息化涵盖项目的招投标、设计和开发、建造、物料管理、品质检验等各生产环节。在设计和开发环节，主要是应用CAD技术、虚拟现实和模拟技术以及网络技术等，以缩短建筑产品的设计和开发周期，加强各个专业的配合。在生产环节，主要是利用计算机辅助制造(CAM)技术实现生产过程的控制。整个过程的信息化并不是孤立进行的，而是与其他环节如库存、财务、质量、设备、人员等管理方面的信息化紧密联系的。在这个方面，建筑企业信息化体现了与其他行业的不同，体现出了建筑产品的特殊性。

（二）企业内部管理信息化

建筑企业内部管理的信息化是企业信息化中应用很广泛的一个领域，涉及企业管理的方方面面。企业内部管理的信息化以企业的各种应用系统为基础，通过各种类型的信息应用系统来有效地组织、利用信息资源，实现管理的高效率。企业的应用系统按功能可以分为事务处理系统(TPS)、管理信息系统(MIS)、决策支持系统(DSS)、智能支持系统(ES)、人力资源管理系统、财务管理系统、库存管理系统、生产计划管理系统等。按应用的职能部门又可以分为财务管理系统、销售信息系统、库存管理系统、人力资源管理系统、办公自动化系统(OA)等。对于企业而言，各种应用系统既可以自成一体，以服务于企业某一个或某些部门的职能需要，也可以是通过企业内部网有机联系在一起的集成应用系统。在这个方面，建筑企业与其他企业没有本质上的差异。

（三）企业供应链和客户关系管理的信息化

企业采购和销售过程中的信息化极大地拓宽了企业信息系统的应用范围，使企业的信息化由内部扩展到外部，并借助于企业内部网、外部网和公共网络将企业内部的生产管理和外部的供应、销售整合在一起。供应链管理的目的是利用网络和信息系统等手段整合供应商和企业的交易和信息流程，以提高企业的采购效率，客户关系管理则是利用信息技术来收集、处理和分析客户的信息，以便更好地满足客户地要求。电子商务技术的发展为企业整合内部的信息系统和外部的供应、销售提供了新的手段，从而成为企业信息化建设的一个重要内容。在这个方面，建筑企业体现出了自己的特色。

二、企业信息化的要素构成

企业信息化是由一系列要素构成的，这些要素的成熟度和作用效果决定了企业信息化的发展水平、应用水平和效用发挥。企业信息化的要素可以分为两大类，分别是内部要素和外部要素，二者既相互独立，又相互关联。只有合理组织和利用企业信息化的各种要素，才能确保企业信息化建设的高效率。

（一）企业信息化的内部要素

企业信息化的内部要素可分为以下几种：

(1) 信息基础设施。信息基础设施是决定企业的信息能力和信息化水平的重要因素，它由硬件、软件和网络构成。硬件包括各种计算机设备、网络和通信设备、生产自动化和办公自动化设备等。硬件是企业信息化的物质基础，也是企业信息化建设有形投入的主要部分。软件包括各种专业化的软件工具以及面向企业各种应用的信息系统。从发展的角度看，软件和应用系统相对于硬件而言，在企业信息化中的重要性在逐步提高。网络包括企业内部网、企业外部网以及公共网。

(2) 信息资源。企业的信息资源一般被分为两类，一类是内部信息资源，另一类是外部信息资源。内部信息资源是企业在生产和经营各环节所积累的信息，包括生产计划、财务、产品、库存、人员信息等；外部信息资源是指存在于企业外部，可以为企业所用的各种信息，包括宏观经济、市场、竞争者信息以及国际信息等。企业内、外部的信息资源非常巨大，能否有效开发和利用将决定企业信息化的成败。

(3) 信息化人员。企业信息化建设不仅依赖于硬件和软件等基础设施，信息化人员也是一个重要的因素。企业信息化的建设，不仅需要专业的工程师，而且也对相关员工的信息技能提出了较高要求。

（二）企业信息化的外部要素

企业信息化的外部要素主要有：

(1) 社会信息基础设施。企业信息化向网络化和电子商务发展的趋势，使得企业对外部网络和通信设施的依赖性日益增强。信息基础设施，特别是通信和网络基础设施的发展水平、运行效率将对企业信息化产生重要影响。

(2) 外部供应商。企业信息化建设日益依赖外部供应商，即外包服务。外部供应商包括计算机和通信设备供应商、软件供应商（ISV）、软件开发商、系统集成商、咨询顾问公司、信息系统监理商等。外部供应商的专业化程度将极大地影响企业信息化建设的投资效率、开发效率和技术的先进性和实用性。

(3) 政策法规与标准规范。尽管企业信息化是以企业为主体、以市场机制为导向的一种自发过程，但是，政府的投资政策、税收政策、技术产业政策、法律法规、标准规范等也将对企业信息化建设的效率产生广泛而深刻的影响。以电子商务为例，电子商务的发展需要政府制定一系列的法规和标准、如数字签名和认证、电子合同、网络支付和信用卡等法规，以及信息交互换标准、网间互联标准、银行信用卡标准等。没有上述法规和标准的支持，电子商务的发展将是不可想象的。

第三节 信息化规划与实施

一、建筑企业信息化的指导思想与策略

建筑企业信息化是一项长期任务，是一项复杂的系统工程。必须"解放思想、实事求是"，一定要明确指导思想，从实际出发，借鉴国际先进经验，确定实施战略。

(一) 以提高企业的效益和竞争力为目标

高定位、立足现实、全面规划、分步实施企业信息化建设是企业发展的重要组成部分。要认识信息技术的发展规律和发展趋势，瞄准世界先进水平，制定出一个中长期的发展规划和阶段计划，尤其是企业信息化的近期计划，该计划既要满足企业当前和今后两三年内参与市场竞争、开展主要、关键业务工作的需要，又要符合企业信息化建设的中长期发展规划，满足未来的需要。企业信息化建设的发展规划重点要反映：

(1) 企业知识平台的建设计划；
(2) 企业业务流程再造和资源优化计划；
(3) 企业需求、企业管理思想在信息化管理系统中的实施计划；
(4) 企业全体员工进行信息技术、管理科学、专业技术的培训计划；
(5) 企业产业结构、组织结构的调整计划等。

规划的最终目的是企业要通过推进信息化建设，使用信息化手段，全面提升企业生产经营和管理水平，提高企业的核心竞争力和经济效益，彻底改变企业面貌，使我国建筑企业进入一个良性循环的发展阶段。

(二) 企业需求是构建企业信息化框架的前提

企业信息化不是一个脱离企业需求、管理制度的单纯的技术系统。企业对信息应用的需求由计划经济时期的报表处理，到市场经济时期的企业运作、运作管理、战术管理和战略管理。信息化辅助企业的运作和管理是为了提高企业的运作功能、效率和经济效益，信息化辅助企业的战略制定和战略管理是为了提高企业的核心能力、适应市场变化的能力和参与市场竞争的能力。强调这四个方面的应用，是建筑企业信息化建设中要解决的关键问题，只有满足了企业的这些应用需求，所构造出的企业信息化系统框架才是合理的、实用的。

(三) 突出重点、科学构建、合理布局

企业信息化由三大部分组成：生产运作系统、企业管理决策系统和市场营销系统。这三大块中企业管理决策系统又是重中之重，它是企业信息化系统的主干，它的成败决定着企业信息化系统的价值。之所以这样说，除了管理决策在企业中的核心地位外，它要总揽全局（企业所有部门、业务，所有信息体系），指挥、协调各方（各子系统、职能部门），涉及面广（最高决策者、各职能管理部门和产、供、销等所有企业生产、经营活动），信息量大（企业内外市场信息、企业内财务、生产、人力资源等所有信息）。因此，在进行企业信息化建设中，要将企业管理决策信息系统作为建设的主体，首先要认真考察、研究、设计管理模式，然后设计管理决策系统信息，在此基础上再建设各业务系统。管理决策信息系统除了科学的结构设置、精细实施外，更重要的在于信息更新、系统维护。所以，企业信息化系统要以企业管理决策系统为纲，突出重点、科学构建、合理布局，从而带动企业的整个信息体系建设。

(四) 信息化、工业化共同发展、相互促进

我国建筑企业在机械化基础设施、科学化工艺技术和科学管理等基础方面还比较薄弱，应该说建筑企业尚未完全进入工业社会，工业化建设的任务还要继续下去，与此同时还要进行信息化建设，我们不能走西方发达国家的发展道路：先工业化再信息化。信息化与工业化是相辅相成的，知识经济是以成熟的工业经济为基础，没有工业经济这个基础，

知识经济也就没有了依托；而信息化的建设、发展，又有利于加速企业的改造、重组和工业化进程，促进工业经济的发展。因此，在这种情况下进行企业信息化建设，企业必须要担负起信息化和工业化建设的双重任务，绝不能以信息化建设代替工业化建设，或者只搞工业化建设而忽视信息化建设。

（五）信息化与体制改革相结合

随着市场经济的推进，企业体制改革正在深入进行。信息化建设的过程本身也是一场改革，将企业信息化建设与企业转轨改制结合起来非常重要。

企业信息化的关键不是计算机科学技术问题，而是管理问题。信息化建设要求在企业体制、管理规范化（符合市场经济的要求）的基础上进行，若不对企业进行整顿、体制改革和加强管理，就去建设企业信息系统是徒劳的。因此，企业要通过推进信息化促进企业的重组和革新，促进企业全面转轨、改制、改革经营模式、建立新的管理章程，要通过推进信息化，建立和强化包括思想、文化在内的现代企业软管理体系，建立市场驱动和灵活生产的经营方式，对企业生产经营流程进行改造，这也正是企业信息化建设所要达到的工作目标。

（六）开发、利用信息资源是企业信息化的核心

企业信息化的核心是开发、利用信息资源，企业信息化的核心是管理软件，管理软件的本质是企业知识、业务数据、管理思想的载体建设信息系统的一条基本原则是信息系统应以数据为中心，应用开发应该面向数据，而不应该面向处理过程。信息系统强调高层规划，即以总体数据规划为中心的总体规划和总体设计。

信息资源是企业最重要的资源之一，开发、利用信息资源既是企业信息化的出发点，又是企业信息化的归宿，企业信息化的一切建设活动，最终表现就在有效地利用信息资源上，也就是要将企业和社会的信息资源收集、整理、储存并充分挖掘出来，将它提炼成知识，再把知识激活为企业发展的动力，这就是信息化建设的根本所在。因此，我们在建设企业信息系统时，必须将信息资源的开发利用放在系统设计的核心位置，尤其要在信息源的分布，信息采集、传输、信息处理、深加工和数据库建设上下功夫，采取有力措施，注重形成企业独特的信息或知识，其目的是要保证最后提供给决策者或用户的信息是有价值的。

（七）以信息管理的规范化和标准化为基础

企业信息系统是否成熟、信息管理是否走上正轨，其重要标志是其信息是否规范化。在企业信息化建设中，建立信息资源管理基础性规范、标准及编码体系是推进企业信息化基础性的工作，所有信息和信息处理的规范和标准要逐步建立并作为企业信息化的一个重要方面。

（八）不要追求时髦，但要追求个性

我国建筑业企业多，规模大小不一，企业的性质和类型也不太一样，存在的问题、人员结构、素质、管理基础也各不相同，信息资源开发的涉及内容广泛、种类繁多、应用面大，企业对信息化的需求也不一样，企业信息化没有统一模式，因此，建筑企业的信息化建设较为复杂。尽管在信息化建设技术上有一个近似的标准，但在总体设计上，包括管理模式、信息流程、数据组织等方面是不一样的。企业要根据自身的条件、需求和能力，务必实事求是，做到切实可行。不要追求时髦，但要追求个性、实用。不要搞成一个模式，

千篇一律，而要各具特色，这样，才能都走向成功。

（九）要以人为本

人是企业信息化的重要组成部分。企业信息化成功与否，最终决定于建设、应用、维护信息系统的人，决定于人的素质，决定于企业是否有一支高水平的队伍，而不是一两个人。因此企业在建设信息化的同时，要下大力气培养和造就一支能掌握现代信息技术和应用知识的、有战斗力的信息化队伍，企业只有具备了运用现代信息技术的人和高品质的信息系统，这才是真正的企业信息化系统。

二、建筑企业信息化的规划与实施

在建筑企业内部，信息数据分散在多个部门，甚至多个组织之间，难以及时形成建筑企业领导层关心的全面而高浓缩的商业智能，很多企业因此感到迷茫，认为投资得不到应有的回报。究其根源，企业信息化建设盲目性大，计划性淡薄，在企业中地位不高。我国建筑企业应根据自身的特点结合当代的信息化技术的特点，制定自身信息化实施策略。

（一）企业信息化的前期准备工作

前期准备是指在软件选型之前在技术上需要完成的准备工作，包含的内容有：确定企业的发展战略、业务流程再造、组织机构调整、业务数据分析和定义系统功能等。充分的技术准备可以为软件选型提供科学的依据，为软件的实施指明方向。我们可以将建筑企业信息化的基本要素分为硬件和软件两大类，其中硬件包括客户、设备、产品和资金，软件包括服务、营销、技术和制度。这些要素间的相互协调和平衡构成企业的功能网络，借助信息化手段就可以对以上资源进行互动管理。建筑企业信息化强调各部门的通力合作，对人员素质要求相对较高，因此，在实施前必须做好缜密规划和充分准备。

(1) 要形成高度统一的共识。企业信息化是"一把手"工程，因为它不仅涉及到资金和人力的投入，更涉及到企业各部门之间协调配合的大量实际问题。企业信息化项目实施以前，务必统一企业高层和各业务部门的思想认识，让信息部门充分把握企业决策层的思想，提高在企业中的权威，确保项目实施顺利推进。

(2) 要制订明确的实施目标。坚持自主创新与对外合作相结合的原则，不能盲从咨询公司或软件服务商，因为经验再丰富的咨询或软件专家也不可能比企业高层更了解企业自身的问题所在。因此，要组织扎实细致的需求分析，清楚地知道瓶颈的位置，才能制定出具体的实施目标。如：产品交货周期控制的具体时间，库存资金的平均占用率等等。

(3) 要找出企业业务流程与信息化系统的结合点。在确立目标以后，就要深入了解信息化系统所提供的实施方法，通过不断调整企业自身的业务流程、组织功能和系统方案，寻找两者的最佳接点。如：企业经营活动必须符合以销定产的原则，只有把分销系统和应用系统实际对接，才能确保实施后不致出现矛盾。

(4) 要建立严格规范的实施制度。成立由企业高层、业务骨干和服务商组成的项目实施工作小组，明确各自职责。一般由企业高层负责整个项目的决策和协调，根据企业要求定制系统模块和功能，企业的市场预测、经营决策、工程投标、技术开发、合同、财务、质量、安全管理等业务部门描述业务流程和具体方案，企业的部门则负责数据管理和系统维护工作，并做好业务部门之间的沟通，最后制定出分工落实到位、管理层次清晰、责权利明确的实施方案及细则，层层分解到各部门和人员。落实领导联系制和部门责任制，避免项目推进过程中出现"无人管"和"无法管"的现象。

（5）要建立完整、精确、统一的基础数据库。有人用"企业信息化三分技术，七分组织，十二分数据"来形容数据的重要性。对项目预算、投标、建筑物料编码系统、建筑材料仓库库位、供应商及建设单位资料等基础数据要建立起通用数据库。这项工作十分繁琐，但这是确保信息化系统实施成功的先决条件，而且是"一次投入、终身受益"的工作。

（二）企业信息化的实施程序

（1）开展全员信息化知识培训，掌握相关的信息技术知识。进行信息化及管理知识的培训是项目实施过程中一个基础环节，应组织业务与技术骨干配合服务商，尽快实现技术对接和知识转移。此外，多角度、分层次地对企业全员进行理念灌输和操作培训是必不可少的。通过有步骤、全方位的培训，营造项目实施的理论环境和知识平台。企业的信息化是一项系统工程，需要各方专业人才的共同努力。信息化方案的引进启动，只是信息化工程的开始，接下来的实施过程，才是企业提高竞争力的基础。

（2）改变传统的业务流程的运作方式以适应信息化作业的要求。管理信息化实质上就是使用信息技术改造企业的信息系统。业务流程是企业办事的程序、做事的方式。在管理信息化之前，企业的流程往往不是在经过深思熟虑之后设计出来的，而是在实际操作中自然形成的。其中存在许多不必要的环节和相互矛盾的地方，日常运作中出现的许多问题，包括部门间的冲突，办事效率低下，工作质量差等都与业务流程的结构问题有着直接的关系。为了有效地利用信息技术提升企业管理的水平，管理信息化首先需要对业务流程进行再造。业务流程再造就是要对这些自然形成的流程进行评估和分析，发现其中的问题，并且结合信息技术对流程进行改进，使之变得更为合理和有效。

（3）信息化项目的组织与具体实施。全程贯彻"整体规划、分步实施"的原则，把企业的当前需要与长远发展结合起来。通常是将项目分解为工程承包管理、物资采购管理、人力资源管理、施工技术管理、现场安全管理、成本管理、质量管理、环境管理等几个模块逐一实施。加强对项目实施进度的组织与管理，严格控制系统实施内容和范围的随意变动。按实施要求，对各类基础数据进行整理与核对，确保录入系统的数据正确有效。

（4）改善信息化绩效评价机制。项目正式实施进入正常状态一段时间后，就要对照系统实施目标，对企业业务流程各节点和运营链进行业绩和效能的评价，具体考核在以下三方面是否取得突破性进展：通过预算编制、执行和评价过程，强化企业的监控指导职能；通过随时可以查询的各类报表及业务信息，便于公司决策层针对市场变化及时作出反应；通过不断积累的业务数据和分析指标，提高资源流同步化能力和系统决策水平。改善措施要遵循"企业竞争力最大化"原则，涉及具体部门的特殊业务需求，要与服务商论证后分别对系统予以修正，使系统更贴近运营方式，确保健康稳定运行。

（5）提高信息化应用水平。系统的成功仅仅是企业信息化的起步，重要的是在以后的应用中发挥其作用。首先是要充分利用系统，不断获得经营战略和经济效益的投资回报。同时要尽快建立起自己的咨询与系统维护队伍，并积极培养系统应用与维护的后续梯队，推动企业持续性的管理变革与应用深化。

（三）企业信息化的实施方法

（1）根据企业发展战略目标确定信息化项目目标。明确或理解企业的发展战略目标，分析实现企业发展战略目标的核心竞争力,列出衡量企业竞争力的指标;分析目前提高企业竞争力存在的问题及解决对策;按存在问题与对策列出功能需求。

(2) 系统总体功能设计。规划系统总体功能框架。

(3) 分系统设计。分系统设计有以下主要工作内容:分系统目标:围绕实现总体目标细化本分系统目标;分系统体系结构和功能模型;分解系统总体系结构,细化本分系统的体系结构和功能模型。例如展开总体结构图中的协同设计分系统。分系统信息模型:为实现分系统中各模块的功能,设计相应的信息实体。确定每个实体为保证每条记录惟一性的主键,定义描述实体间约束关系的外来键。如果企业购买商品软件,此工作不必自己做。主要业务流程和信息接口:这是描写实施过程的视图。列出按照业务流程的各模块间的信息接口和信息传递过程。如果企业购买商品软件,此工作不必自己做,由软件供应商培训。

(4) 分系统间信息接口设计。列出分系统间的共享信息,从不同角度、不同层次提出共享信息的需求。如果有统一的数据库,可取自同一个数据库表;如果是各自独立的系统,要做专门的信息接口。

(5) 计算机网络设计。根据使用部门、地点、信息量大小等需求信息以及功能模块C/S方式与B/S方式的合理选择等要求,设计计算机网络系统。具体包括:网络拓扑设计、确定网络体系结构、选择通信媒体、节点规模设计和选择操作系统。

三、企业信息化绩效评价

企业信息化绩效评价主要是以企业信息化体系作为主要对象进行评价,即企业根据自身业务发展和信息化项目的需要,评价自身信息化实施的状态和效果。

随着市场竞争的加剧,利用信息化增强企业综合竞争优势已成为共识。为了适应竞争变化与技术变革,企业投入大笔资金用于复杂度日益剧增的信息系统建设与管理,但是信息技术投资回报往往处于不确定状态。面对这样的挑战,企业高层经理对信息技术的投资往往持十分谨慎的态度,企业希望能通过评价找到正确的战略实施方向,减少项目风险,提高信息化的投资收益。因此,这种微观层面的评价对于帮助企业正确认识信息化的作用,理性进行信息化投资,具有非常重要的意义。

企业信息化在实施过程中往往分为几个不同层面:战略层、控制层、执行层,分别对应于企业的战略管理层、信息部门和具体的项目组。因此,企业信息化的评价也可以根据不同管理层所关注的重点不同,划分成三类:即分别从战略层面、管控层面、项目层面对企业信息化过程的绩效进行评价,形成一套综合完整的绩效管理评价体系。

(一) 以企业信息化战略实施为基础的评价

在企业信息化战略层面的主要任务是,根据企业战略目标,通过规划、实施、维护、调整等工作,建立起适合企业运作环境的信息系统体系,目的是提高企业流程质量,改善企业对环境变化的灵敏度。以战略实施为基础的评价关注的是信息化支持企业的战略目标是否实现,如何实现,实现效果如何。企业拥有领先、适用的信息化战略,能够利用信息系统资源突破企业竞争中的地域、时间、成本、结构等障碍要素,进而提高企业差异化和适应变革的能力,建立起企业竞争优势。

(二) 以企业信息化管理控制为基础的评价

企业信息化管控层面的主要任务是，以组织的业务目标为核心，对组织的信息资源进行统筹规划，并采用一定的控制准则和方法针对企业信息化建立集中的管控体系，平衡在信息技术领域的投资与风险，并提供业务所需的信息。管理控制为基础的评价关注信息部门如何有效管理渗透其整个组织的复杂的信息技术，既能使企业充分利用其信息，达到收益最大化，又能更好地控制信息，降低应用信息技术的风险。

（三）以企业信息化项目管理为基础的评价

信息化实施的中心环节是信息系统的建设和应用，并且通常是以项目形式组织实施的，因此，以项目为基础而进行的评价显得尤为必要。基于项目管理的系统评价主要是以信息系统项目为核心，其目的是保证项目管理的科学性，主要分为纵向评价和横向评价。

（1）纵向评价。主要从项目进程的角度进行评价，包括：①项目前瞻和立项论证——事前评价；②项目建设中——中期评价和工程监理；③项目建成交付和投入运行后——验收评价和事后评价。

（2）横向评价。主要从下面几个角度进行综合评价：①技术角度：建立系统建设、系统性能等技术评价指标体系；②经济角度：直接经济效益和潜在经济效益，定量与定性分析相结合；③社会角度：评价系统对社会进步的贡献；④环境角度：评价系统对环境的影响。

以信息化战略实施、管理控制、项目管理为基础的三类评价构成微观企业信息化评价的重点，这三类评价虽然在侧重点上各有不同，但在评价内容上存在交叉，因此在应用时可以结合企业信息化的具体实施策略，单独运用某一种评价框架，或者综合运用。

四、实施企业信息化需要避免的误区

企业实施信息化往往存在着一些认识和操作上的问题，需要企业引起高度重视以规避风险。

（一）企业盲目跟风，陷入信息化投资的"黑洞"

据粗略统计，我国主要企业在应用 MPRII 系统的累计投资已经超过 100 亿元，但应用的成功率不超过 20%，近几年的 ERP 系统项目实施更是鲜有成功案例。企业在信息化的投资仿佛遭遇黑洞，不断地投入，盼望的收益却遥遥无期。信息产业竞争激烈，信息技术发展十分迅速，生命周期很短。因此，企业在实施信息化工程的过程中，还是应该从分析自身的需求出发，面向实用，解决主要问题，不能片面的追求先进性。

（二）企业高层重视不够

企业领导必须对信息化建立基本的认识，必须认识到信息化是一种手段，需要为我所用，为企业的发展服务。企业高层往往简单地认为信息化是服务商和企业信息部门的事情，没有给予足够的支持和协调，造成信息化项目举步难艰。在我国企业信息化的初期，人们对"企业信息化"的概念大多当作一个技术的问题。信息化的主要任务，集中在对软硬件系统的选型采购方面，信息化的工作也被视为"技术性"工作，大多交由处于企业中下层的"技术人员"担当。企业投入大量的资金，购买了先进的硬件和网络设备，建立计算中心，引进著名的软件系统，认为这样就完成了企业的信息化任务。二十年的发展历程表明，大量的设备被闲置，高端的计算资源被极大浪费，企业的施工效率依然低下，信息化走进了硬件与技术的误区。这种现象在我国多数企业中普遍存在过，而且存在相当长的时间。

（三）缺乏整体观念

信息化是一个复杂的系统工程，企业必须把信息化作为一个长期的分阶段实施的大项目来进行科学管理。在实施过程中，必须进行监控，必须对每一个阶段的实施成果进行评估和分析。信息化工程这一关系到企业生死存亡的项目的成功实施，必须满足项目成功的三个基本条件，即实施周期、实施成本和实施效果。目前很多企业满足现状，保留不合理的习惯行为，体现在项目中则往往与规范、先进的管理思想和行为背道而驰，造成应用效率低下甚至矛盾重重。在企业内部，一般都设立计算中心、CAD开发中心等技术专业部门，越来越多的企业也建立了信息部，隶属于管理部或者由公司高层直接领导。但是，企业的部门之间，不同职能部门员工之间，管理层与员工之间，多层次、多方面地存在信息化的差异，没有形成统一的信息化思想。由于体制等多方因素，国有大中型企业的领导与管理层人员年龄普遍偏大，信息化的任务尚处于普及电脑知识的层面，无法将管理与技术、战略与实施有效地融合在一起，信息化无法达到有效的产出水平。

（四）对待信息化工作急于求成

企业对自身信息化的需求没有深刻的认识，仿佛为了信息化而信息化。在没有进行充分的需求分析的基础上，企业受到厂商的宣传与鼓励，盲目做出决策。信息化并不是赶潮流，而是希望通过信息技术，对我国企业长期以来形成的种种业务及管理上的落后之处以科学的方法精细化、系统化。不经过系统的战略分析、管理分析与实施分析，面对IT应用市场的一片繁荣景象，各种方案层出不穷，企业往往仓促上阵，缺乏选择的标准与方法，被动地接受厂商的方案，造成了方案不切合实际，从信息化的初始阶段就埋下了隐患。

（五）重视硬件，轻视软件

过于看重系统价格而不断压低项目经费，对项目实施中专业咨询所起的作用认识不够，往往与优秀的服务商（系统）失之交臂。任何一个试图提高效率、降低成本的革新，一开始总是会降低效率、提高成本。企业这个大系统需要一段时间的适应，才能把革新的成果融入企业，信息化工程也不例外。因此，对信息化过程中的困难和问题，房地产企业应有客观、理智的认识，企业领导要敢于冒有准备的风险。信息化工程的关键，是企业能够在咨询服务商或者软件公司的帮助下，弄清自己的需求。信息化软件实际上是企业管理思想和理念的一种载体，如果软件本身所包含的管理思想和理念与制造业企业相冲突，信息化工程是不可能成功的。因此，企业需要有既懂管理，又能够清晰地描述自身企业的管理模式与信息化需求，并能够与咨询公司或软件企业进行交流和配合的管理人才队伍。

（六）应处理好整体规划与分步实施的关系

信息化工程的整体规划实际上就是对一个大型项目所要使用的资源、达到的目标、任务分解的步骤、成本计划等进行计划。而分步实施就是按照这个总体计划进行执行，而且在执行过程中不断根据信息技术的发展变化和企业自身需求的变化而逐渐调整的过程，由于信息化工程的内容庞杂，实施周期较长，因此，在实施过程中出现变化是十分常见的。整体规划是十分必要的，没有整体的分析和计划，就可能造成许多局部最优解，而得不到整体最优解；分步实施也是必要的，它使得企业可以适应自身和外围环境的变化，在实施过程中可以选择技术更先进的产品，同时避免一次性的较大投资。在总体规划时，应仔细考虑信息集成方案;而在分步实施过程中,则不管选择的技术和产品如何变化,仍然需要保证应真正按计划实现集成,使得信息流在整个企业信息系统中能够畅通无阻。

案 例 分 析

案例一:建筑施工企业的信息化建设

(一) 施工企业信息系统分析

在单纯的建筑施工企业中,有传统的面向职能部门的管理、有面向流程的管理如材料采购,它们各自都有自己的特点,对应不同的方法,在进行企业信息系统分析中是不能混淆的。

一般地,建筑施工企业的信息系统应包括四个层次的内容,构成一个自下而上金字塔型的结构:

第一层:基本信息,即企业作为一个生产、经营的系统与外界发生的数据交换。例如:企业的人力资源、生产经营成本、利润等等,就构成了企业需要处理的信息内容;

第二层:信息结构,分析企业所从事的业务活动,明确进行这些业务活动所需的数据和信息之间的联系;

第三层:业务结构,描述了支持信息结构所需的业务系统和数据存储方式;

第四层:信息技术结构,描述了支持业务结构所需的软、硬件设备环境。

由此可见,进行信息系统的分析过程是一个自顶向下,结构化的过程,首先关注的就是信息本身,如人力资源、生产成本、项目情况、项目成本、资金、企业资源等等,因此首先要做好基础调查,理清信息来源,其次,分析信息结构。例如搞企业机械设备管理,如果缺少企业自有机械的信息、租赁设备的信息、设备使用状态维修情况的信息,我们肯定就无法进行企业机械设备的日常管理。

信息之间的这种关系,就是信息的结构。为此,应调查经营、预算、生产、人力资源、机械设备租赁、材料、技术等相关部门及项目部、分公司,分析其信息结构,明确各类信息的处理方法、流程。

在明确信息结构的基础上,以现有的职能管理、流程管理为基础,企业度身定做一套业务系统结构,覆盖管理机关和各基层生产单位,集施工生产管理、人力资源管理、企业文档管理等专业子系统为一体的管理信息系统,使企业每一名员工、每一台机械、每一块地盘、每一份合同、每一个施工项目、每一份预算都要纳入企业管理信息系统。

最后,选择既能满足上述系统需求,又能适应企业的财力、物力现状,还能兼顾企业发展的软硬件环境。实现以公司总部为信息中心,各部门(项目部)、各子公司通过本地局域网或工作站实现与公司总部的信息交换。

(二) 施工企业信息管理系统的基本内容

施工企业的管理信息系统应包括合同预算子系统、施工生产子系统、人力资源子系统、项目管理子系统、企业形象展示子系统、基本单位管理模块、综合查询功能等。

(1) 合同预算子系统:一是建立一个企业内部定额库,也就是模拟市场要素,进行内部成本核算;二是建立已签定的每份合同基本情况数据库,以及合同的执行状态。系统主要完成合同数据管理、合同查询、企业内部定额管理等功能。

(2) 施工生产子系统:建立单位工程施工生产基础数据库。系统主要完成单位工程基础数据管理，计划统计基础数据管理，单位工程进度统计报表，信息查询，能满足合同预算系统和基本单位系统的调用。包括对项目经理、质量验证单位、形象进度、指标名称等进行查询。

(3) 人力资源子系统：根据公司在职职工情况按人建库，设置记录内容，并建立多张表单，以便按不同的方式、条件来实现人力资源的检索、管理。每人的基础数据有工作简历、培训情况、工作业绩、个人工资数据。系统应能完成员工注册，数据录入，更新，基本信息查询、组合条件检索、排序、统计、打印等功能。

(4) 项目管理子系统：包括项目完成产值统计，实物工程量统计，材料消耗统计，劳动、材料定额统计等功能。同时，要能实现与流行项目管理软件 PROJECT 或 P3 无缝接口，实现功能调用。

(5) 机械设备子系统：记录内容包括设备基本状况、设备价值状况、使用年限、存放状态等。系统提供的主要功能是数据的输入，设备的各种分类、状况的查询，各种管理报表的运算和打印，设置组合查询条件，选择查询项目。

(6) 基本单位管理：系统对主要功能是基本单位的录入管理，基本单位的行业、经济类型等统计，以及基本单位查询和浏览。

(7) 综合查询系统：主要对查询人员的操作口令、用户名进行管理，同时将各子系统的查询功能和报表功能集成，方便各用户使用。

(8) 企业形象展示子系统：主要包括企业业绩、投标公共资料、企业 CI 形象宣传和企业网站管理。也可以与项目管理子系统实现一定程度的调用。

案例二：施工技术中的信息化案例

在施工技术中采用信息化手段，是建筑企业信息化的重要补充。

(1) 混凝土搅拌站计算机现场控制。利用工业计算机现场控制技术对混凝土搅拌站进行技术改造，实现配料、搅拌及检测等生产过程的自动控制和管理。

(2) 利用计算机控制的激光定位技术对高层建筑进行垂直纠偏。在高层、超高层及高耸构筑物的施工工程中，建筑物的垂直度偏、扭、检测的结果精度直接影响到施工的质量和安全，采用计算机控制的激光定位技术把检测结果准确直观，采用计算机控制的激光定位技术把检测结果准确直观地显示在屏幕上，做到发现问题及时采取措施。

(3) 大体积混凝土施工地计算机自动测温技术。利用计算机和传感器对大体积混凝土地浇注和养护过程中地应力变化进行动态跟踪监测和分析，根据反馈的信息指导混凝土施工和采取有效的养护措施。

复 习 思 考 题

1. 什么是信息？在你的企业里有哪些信息？信息化的"化"字如何理解，如何进行信息"化"？
2. 用你自己的理解解释一下什么是企业的信息化，在你的企业里，有哪些信息工具，信息化有哪些具体的作用？
3. 如果你是企业的领导，准备将您的企业"信息化"，请思考信息化是不是你企业的当务之急？信息化对你的企业在行业竞争中有什么作用吗？信息化的成本你考虑过了吗？搭建"企业信息化班子"所需要的人才具备哪些基本素质，你本人在这方面需要补充哪些知识？
4. 企业信息化与管理的关系是什么？
5. 企业信息化与企业的决策支持(辅助决策)是什么关系？

参考文献

[1] 闽南企业管理网 http://www.mnqg.com
[2] 杨志文,康健. 推进建筑企业信息化建设,宜春学院学报. 2004年8月 第26卷 第四期 P12~15
[3] 任朝辉,顾孟迪. 基建优化基于网络技术的建筑企业信息化管理探讨. 2003年2月 第24卷 第一期 P19~24
[4] 崔惠钦,杨富春. 建筑企业管理信息化问题与对策的研究与实践. 施工技术,2005年2月 第34卷 第二期 P8~10
[5] 李立新. 建筑企业信息化技术的应用现状与发展对策. 工程建设与设计,2004年 第1期 P20~24
[6] 黄如福. 建筑企业信息化建设的战略思考工程设计. CAD与智能建筑,2002年 第9期 P1~6
[7] 张凯. 建筑企业信息化实施策略研究. 网络与房地产,2004年4月 77期 P35~37
[8] 鄢伟,金利洪,郑洪. 建筑施工企业的信息化建设. 四川建筑,2003年8月 第23卷 P288~291
[9] 汪文忠. 建筑施工企业信息管理的策划实施. 基建优化,2002年6月 第23卷 第三期 P13~16
[10] 汪文忠. 建筑施工企业信息化建设思考. 建筑经济,2003年 第二期 P30~35
[11] 王晓明. 企业信息化:机遇与挑战并存. 国防信息化 2005年 第九期 P26~30
[12] 苑国良. 企业信息化建设中的问题及对策. 制造业信息化,2005年10月 第5期 P77
[13] 王雅秋. 浅析建筑企业信息化建设. 甘肃科技,2005年10月 第21卷 第十期 P171~174
[14] 张希黔. 信息技术在建筑施工企业的研究与应用. 长江建设,2003年 第一期 P12~15

第十章 建筑企业法人治理结构

第一节 公司法人治理结构概述

19世纪末、20世纪初,企业所有权与控制权开始分离,由30年代的企业所有权与企业控制权分离不彻底,到60年代企业所有权与控制权彻底分离产生了现代企业制度。现代企业制度中的公司治理的重要性十分明显也十分复杂,不仅仅是一个"老三会"(党委会、工会和职代会)与"新三会"(股东会、董事会和监事会)之间的关系问题。依据公司治理手段来源划分,公司治理分为内部治理结构和外部治理结构。内部治理结构也称为法人治理结构。

党的十六大报告指出:"按照现代企业制度的要求,国有大中型企业继续实行规范的公司制改革,完善法人治理结构。"公司制是现代企业制度的一种有效组织形式,公司法人治理结构是公司制的核心。要明确股东会、董事会、监事会和经理层的职责,形成各负其责、协调运转、有效制衡的公司法人治理结构。所有者对企业拥有最终控制权,董事会要维护出资人权益,对股东会负责。简而言之,要建立现代企业制度,就要规范和完善公司法人治理结构这个核心。经过近几年的改革,我国大部分国有大中型企业基本建立了现代企业制度。截止2001年底,国内上市公司已达1100多家,其中多数是由国有改制上市的。世界银行2002年5月26日公布的题为《中国的公司治理与企业改革》的报告也指出,目前中国80%以上的中小企业已经过改制,引进了个人和外来投资者,大约有1300家大公司通过上市实现了股权的多元化。

由于公司治理制度的完善程度直接关系到中国加入世贸组织之后吸引外资和参与国际竞争的能力,是中国经济改革至关重要的环节。因此,今后一段时间,国有企业改革仍是整个经济体制改革的中心环节。要按照"产权清晰、权责明确、政企分开、管理科学"的要求,继续深化国有企业改革,健全责权统一、运转协调、有效制衡的法人治理结构。

一、法人治理结构的内涵及其理论发展

法人治理结构,英文表述为Corporate Governance,也被译为公司治理结构,是指所有者、经营者和劳动者三者间制衡关系的制度与机制的总和,它包括企业在特定融资结构合约安排下,与一定的融资方式相适应的控制权配置和激励机制的设计。它是指明确划分股东、董事会和经理层各自的责任、权利和利益并形成相互分权制衡体系的一系列规章制度安排的总称。法人治理结构包含以下两种含义:第一,它是一种合约关系,它以简约的方式,规范公司各利益相关者的关系,约束他们之间的交易,来实现公司交易成本的比较优势。第二,公司治理结构的功能是配置权、责、利,即通过法人治理,在出现合约未预期的情况时对决策权的安排。总的来说,通过法人治理结构这一体系可以使所有权和控制

权分离而带来的代理问题等一系列问题得到解决。

法人治理结构最早于20世纪70年代初由美国经济理论界提出的。1992年5月，美国法律协会颁布《公司治理原则》，规定了公司董事和高级管理人员的职责和权限，监事、董事、高级经理和控股股东的公正义务、诉讼权等内容。1995年6月，欧洲政策研究中心发表《公司治理建议》。1996年，美国教师保险年金协会——大学退休股份基金发表《公司治理报告》。1997年6月，美国通用汽车公司出台《公司治理若干重要问题指南》，同年9月，美国商业圆桌会议发表《公司治理声明》。1998年4月，由29个发达国家组成的经济合作与发展组织（OECD），根据世界各国的公司治理结构经验和理论研究成果，成立了制定公司治理结构的国际性基准的专门委员会，经过一年多的工作，这个专门委员会拟定了《法人治理结构原则》，1999年5月OECD理事会通过了该《法人治理结构原则》，用来指导全球企业的公司治理进程。2001年11月，在北京召开了"WTO，企业发展与公司治理原则"研讨会，会议主要议论了制定"中国公司治理原则"和成立中国公司治理原则委员会问题，其目的在于发展和完善中国的法人治理理论。

不过，迄今为止，企业界、理论界对法人治理结构还众说纷纭。按照米勒的定义，公司治理是为了解决如下的委托—代理问题而产生的："如何确知企业管理人员只取得为适当的、盈利的项目所需的资金，而不是比实际所需多？在经营管理中，经理人员应该遵循什么标准或准则？谁将裁决经理人员是否真正成功地使用公司的资源？如果证明不是如此，谁负责以更好的经理人员替换他们？"梅耶则将公司治理定义为："公司赖以代表和服务于它的投资者利益的一种组织安排。它包括从公司董事会到执行人员激励计划的一切东西……公司治理的需求随市场经济中现代股份公司所有权与控制权相分离而产生。"科克伦和沃特克指出："公司治理问题包括在高级管理阶层、股东、董事会和公司其他的相关利益人（stakeholder）的相互作用中产生的具体问题。构成公司治理问题的核心是：（1）谁从公司决策/高级管理阶层的行动中受益？（2）谁应该从公司决策/高级管理阶层的行动中受益？当在'是什么'和'应该是什么'之间存在不一致时，一个公司的治理问题就会出现。"钱颖一认为："在经济学家看来，公司治理结构是一套制度安排，用以支配若干在企业中有重大利害关系的团体——投资者（股东和贷款人）、经理人员、职工——之间的关系，并从这种联盟中实现经济利益。公司治理结构包括：（1）如何配置和行使控制权；（2）如何监督和评价董事会、经理人员和职工；（3）如何设计和实施激励和机制。"吴敬琏更进一步将公司治理结构具体化为："所谓公司治理结构，是指由所有者、董事会和高级执行人员（即高级经理人员）三者组成的一种组织结构。在这种结构中，上述三者之间形成一定的制衡关系。通过这一结构，所有者将自己的资产交由公司董事会托管；公司董事会是公司的最高决策机构，拥有对高级经理人员的聘用、奖惩以及解雇权；高级经理人员受雇于董事会，组成在董事会领导下的执行机构，在董事会授权范围内经营企业。"张维迎指出："公司治理结构狭义地讲是指有关公司董事会的功能、结构、股东的权力等方面的制度安排，广义地讲是有关公司控制剩余索取权分配的整套法律、文化和制度性安排，这些安排决定公司的目标，谁在什么状态下实施控制、如何控制风险和收益、如何在不同企业成员之间分配等问题。因此，广义的公司治理结构与企业所有权安排几乎是同一个意思，或者更准确地讲，公司治理结构只是企业所有权安排的具体化，企业所有权是公司治理结构的一个抽象概括。"

可见，对这一概念理论界有不同理解。狭义的法人治理结构将法人制理机制视为一种内部治理体制，主要通过股东会、董事会、监事会的机构设置，明确各机构的权责分配，达到三者间约束与权力制衡的目的。广义的法人治理结构更多依赖于公司外部市场的间接调节，即以公司股票价格、证券市场的收购机制等形式，促使公司不良经营者面临被股东罢免、被其他公司收购的压力，达到公司治理的目的。公司治理结构的实质就是权力分配制衡机制，即明确股东、董事、经理和其他利益相关人之间权利和责任的分配，规定公司议事规则和程序，并决定公司目标和组织结构，以及实施目标和进行监督的手段。二者所不同的仅仅在于两者所采取的手段与方式。总而言之，法人治理结构的基本内容是对企业的所有者、支配者、管理者和监督者之间的权责利关系进行规范，从而解决企业的不同利益主体之间的利益与风险、激励与约束等问题，建立起企业的权力机构、决策机构、经营机构和监督机构之间相互独立、相互制衡的高效率的企业领导制度，确保企业各方利益的均衡和合理目标的实现。

二、法人治理结构的主要模式及其特点

不同的市场经济国家由于各自的经济发展道路、生产力水平、政治法律制度、文化环境以及企业的股权结构的不同，经过长期的公司发展历程和企业制度的演变，表现出不同的治理结构和治理机制，在具体控制机制设计、激励安排和有效性等方面也各具差异，由此形成了不同的公司治理模式。目前世界上主要存在三种模式的法人治理结构：英美模式、日本模式和德国模式。

（一）英美模式

该模式强调以股东意志为主导。其特点主要为：

1. 以股权高度分散化和高度流动性为主要特征，强调股东自治，股东会有很强的约束力。统计资料显示，美国股份公司个人持股率达到60%以上，如果加上由个人享受其利益的"养老基金"所持有的股份，则个人持股高达80%。

2. 采取单一委员会制（single-level），单一委员会制又称董事会领导下的经理负责制，即公司不设监事会，董事会中独立董事数量较多，董事会下设各个专门委员会，由公共会计师、审计员等负责日常的监督执行工作。

3. 公司董事会权力很大，它有权聘用高层经理，也有权罢免他们。美国公司在经理人员报酬项目中设计了股票期权。例如，美国最大的1000家公司中，经理人员总报酬的1/3左右是以期权为基础的。这就使经理人员因股票期权而努力工作，增加企业效益，使股价上升，从而使其财富最大化，股东的利益也因此而得到保证。通过股票期权制度建立起对公司高层经理的激励机制。

（二）日本模式

该模式是典型的内部人控制。其特点主要为：

1. 股权结构上法人相互持股，股东权利相对弱化。日本公司的法人持股率达到72%以上。而在法人股东中，金融机构和事业法人（企业）所占比例最大。

2. 银行在企业中占有重要地位。一个或少数几个有影响的银行拥有一个公司最多或接近最多份额的股票，这种银行就成为主银行。主银行是公司重要的治理者，当然，主银行并不选拔经理人员，也不明确控制公司的经营战略，只是当公司陷入财务困境时，主银

行才迅速介入。

3. 为了平衡企业内部的关系，防止经营者权力过于集中产生的腐化，对经营者实行较多的约束，如设立监察人制度。

（三）德国模式

该模式强调股东、经营者与职工共同决策。其特点主要为：

1. 实行双层委员会制（two-levelboards），即董事会和监事会，监事会实际上类似于美、日公司中的董事会。监事会是公司的最高权力机构，它有权决定董事会成员的任免、薪金待遇，也有权对公司的重大事项作出决策。

2. 工会的力量强大，职工监事以经营参与的方式广泛参与企业的治理。按照德国《企业组织法》等法律的规定，在雇用5名以上职工的企业中，必须设立企业职工委员会。委员会成员由工人和职员按比例选举产生，委员会每个季度都要召开大会，向职工作工作报告。目前，德国雇员2200多万，实行职工参与制的企业共有雇员1860万，占雇员总数的85%。

美、日、德三国法人治理结构比较　　　　　　　　　表10-1

	美　国	日　本	德　国
股东大会	由于大股东（主要是一些养老基金、互助基金、社会慈善团体等机构投资者）因法律限制不直接出面干预公司的运行，公司的经营管理者掌握了较大的权利，股东会的权利趋于淡化	各企业法人间进行环状持股，使自然人持股的比例很低，加之股权的极度分散化，因此股东大会基本上是流于形式，不少企业的股东大会从开始到结束只需要几十分钟的时间	股东大会能够正常的发挥作用，公司要定期或不定期的举行股东大会，在一些股东较多、股权较分散的大公司，小股东们通常是委托银行或投资机构作为其代理人参加股东大会
董事会	董事会一般由内部董事和外部董事组成，外部董事一般占董事会成员的60%左右。董事会的主要作用依次是监督与评价经理层的工作、对经理人员进行任免以及对公司的经营管理活动进行指导与咨询	董事会成员一般由公司内部产生，多数董事由公司各部门的行政领导人兼任，外部董事平均只占8%。日本公司的董事会名义上是最高决策机构，但实际上是由社长（总经理）领导下的常务会或经营会等行使决策权	最高决策机构叫监督委员会，决策执行机构叫理事会。监督委员会的成员多为企业内部成员，企业外部成员很少。理事会主席（总经理）虽然不是监督委员会的成员，但有较大的决策实权，重大的决策方案通常由理事会主席提出，然后由监督委员会讨论决定
监事会	美国公司一般不设监事会，监督的职能由董事会履行	虽设有独立高级监事职位，但监督的职能更多地是由主银行来执行	监事会职能是由作为最高决策机构的监督委员会来行使的
民主管理	不发达	比较发达	比较发达
激励机制	对经理人员采取股票期权制度进行激励	以高薪和很高的社会声望来实现对经理人员的激励	没有明确的激励机制

（资料来源：http://www.newr.com）

以上三种法人治理模式各有侧重，英美模式较注重外部治理结构，使管理层能追求较为单一的盈利目标，但对经营者控制不足；德国模式较注重内部治理，能较好的进行"经营者控制"，但效率略嫌低下；日本模式则较折中。

另外，按照投资者行使权力的情况，可将法人治理结构分为外部人模式（outsider system）和内部人模式（insider system）两种。

（1）外部人模式以英美等国为代表。其主要特征表现为：股权分散在个人和机构投资者手中，尤其是在美国，机构投资者已成为最大的股权所有者；以资本市场为基础对管理层进行监督，公司管理层面临较大的来自资本市场的压力；通过建立、健全法律法规体系来保护投资者利益和保障信息披露。

（2）内部人模式存在于大部分 OECD 国家和发展中国家。其主要特征表现为：股权高度集中在内部人集团中，机构投资化程度低于外部人模式国家；通过公司内部的直接控制机制对管理层进行监督，公司管理层可以逃避来自资本市场的外部压力而不受小投资者的约束。

第二节　法人治理结构的相关法律规定及存在的问题

一、我国法人治理结构及其相关法律规定

公司制是现代企业制度的有效组织形式，而法人治理结构则是公司制度的核心。按照《公司法》的规定，建立现代企业制度，必须建立规范的法人治理结构。对于有限责任公司和股份有限公司来讲，规范的法人治理结构包括股东会、董事会、监事会和经理层。这四个层次按照权力和义务划分，分别代表了公司的权力机构、决策机构、监督机构和执行机构。他们在公司中应相互独立、相互制衡、相互协调，只有这样，才能从体制和机制上保证公司健康有序地发展。我国目前采取的法人治理结构较类似于德国模式，采取双层委员会制，强调职工参与。但实践中，由于我国股份公司国有股一股独大、监事会职权弱化等原因，公司法人治理结构被扭曲，"内部人控制"现象较严重。因此，如何立足本国国情，借鉴国外法人治理强构的优点，实乃当务之急。我国的《公司法》规定：我国的公司可采用有限责任公司和股份有限公司的形式，其中，有限责任公司又包括国有独资公司这种特殊形式。由于公司的形式不同，因此在法人治理结构上也表现出一定的差异，这三种公司形式的法人治理结构情况如下：

我国三种公司形式的法人治理结构比较　　　　表10-2

公司形式	法人治理结构
国有独资公司	不设股东，由公司董事会行使股东会的部分职权，董事会中应当有一定数量的职工代表；对公司的监督主要是由国家授权的投资机构或国家授权的部门来承担；公司的高层经理人员（包括董事长、总经理等）一般都由国家有关部门或国家授权的投资机构任命
有限责任公司	有限责任公司的治理结构可以分为两种情况，由两个以上的国有企业或者其他两个以上的国有投资主体投资设立的有限责任公司，其董事会和监事会中必须有一定数量的职工代表，而对除此以外的一般的有限责任公司，则不必这样要求；有限责任公司的高层经营管理人员应当按照《公司法》的要求产生
股份有限公司	在此治理结构中，不但一些职工代表能够通过法定的程序进入董事会、监事会，参与决策和监督，而且职工还有可能通过其他途径（如职工持股会）选举代表参加股东会、董事会；股份有限公司的高层经营管理人员必须严格按照《公司法》的要求产生

（资料来源：http://www.newr.com）

我国《公司法》有关股东会、董事会、经理和监事会等法人治理结构方面的规定主要有：

(一) 有关股东会

《公司法》第 37 条规定："有限责任公司股东会由全体股东组成，股东会是公司的权力机构"，股东会依法行使下列职权：

(1) 决定公司的经营方针和投资计划；
(2) 选举和更换董事，决定有关董事的报酬事项；
(3) 选举和更换由股东代表出任的监事，决定有关监事的报酬事项；
(4) 审议批准董事会的报告；
(5) 审议批准监事会或者监事的报告；
(6) 审议批准公司的年度财务预算方案、决算方案；
(7) 审议批准公司的利润分配方案和弥补亏损方案；
(8) 对公司增加或者减少注册资本作出决议；
(9) 对发行公司债券作出决议；
(10) 对股东向股东以外的人转让出资作出决议；
(11) 对公司合并、分立、变更公司形式、解散和清算等事项作出决议；
(12) 修改公司章程。

(二) 有关董事会

《公司法》第 45 条规定："有限责任公司设董事会，其成员为三人至十三人。"董事会对股东会负责，行使下列职权：

(1) 负责召集股东会，并向股东会报告工作；
(2) 执行股东会的决议；
(3) 决定公司的经营计划和投资方案；
(4) 制订公司的年度财务预算方案、决算方案；
(5) 制订公司的利润分配方案和弥补亏损方案；
(6) 制订公司增加或者减少注册资本的方案；
(7) 拟订公司合并、分立、变更公司形式、解散的方案；
(8) 决定公司内部管理机构的设置；
(9) 聘任或者解聘公司经理（总经理，以下简称经理），根据经理的提名，聘任或者解聘公司副经理、财务负责人，决定其报酬事项；
(10) 制定公司的基本管理制度。

(三) 有关经理

有限责任公司设经理，由董事会聘任或者解聘。经理对董事会负责，行使下列职权：

(1) 主持公司的生产经营管理工作，组织实施董事会决议；
(2) 组织实施公司年度经营计划和投资方案；
(3) 拟订公司内部管理机构设置方案；
(4) 拟订公司的基本管理制度；
(5) 制定公司的具体规章；
(6) 提请聘任或者解聘公司副经理、财务负责人；

(7) 聘任或者解聘除应由董事会聘任或者解聘以外的负责管理人员；
(8) 公司章程和董事会授予的其他职权。

（四）有关监事会

《公司法》第52条规定："有限责任公司，经营规模较大的，设立监事会，其成员不得少于三人。监事会应在其组成人员中推选一名召集人。"监事会由股东代表和适当比例的公司职工代表组成，具体比例由公司章程规定。监事会中的职工代表由公司职工民主选举产生。有限责任公司，股东人数较少和规模较小的，可以设一至二名监事。董事、经理及财务负责人不得兼任监事。监事会或者监事行使下列职权：

(1) 检查公司财务；
(2) 对董事、经理执行公司职务的行为进行监督；
(3) 当董事和经理的行为损害公司的利益时，要求董事和经理予以纠正；
(4) 提议召开临时股东会；
(5) 公司章程规定的其他职权。

《公司法》同时规定：董事、监事、经理应当遵守公司章程，忠实履行职务，维护公司利益，不得利用在公司的地位和职权为自己牟取私利。董事、监事、经理不得利用职权收受贿赂或者其他非法收入，不得侵占公司的财产。董事、经理不得挪用公司资金或者将公司资金借贷给他人。董事、经理不得将公司资产以其个人名义或者以其他个人名义开立账户存储。董事、经理不得自营或者为他人经营与其所任职公司同类的营业或者从事损害本公司利益的活动。从事上述营业或者活动的，所得收入应当归公司所有。董事、经理除公司章程规定或者股东会同意外，不得同本公司订立合同或者进行交易。董事、监事、经理除依照法律规定或者经股东会同意外，不得泄露公司秘密。董事、监事、经理执行公司职务时违反法律、行政法规或者公司章程的规定，给公司造成损害的，应当承担赔偿责任。

二、当前我国公司法人治理结构存在的问题

国务院发展研究中心的《〈国有企业改革与发展〉课题报告》指出：从1994年以来，我国大多数国有大中型企业按照《中华人民共和国公司法》进行了公司化改制。但是，这些国有企业的管理和效益并没有像原来预想的那样得到改进。现在已经建立了现代企业制度的部分国有大中型企业中，其法人治理结构的建立并不规范，目前，我国法人治理结构主要存在以下几个方面的问题：

1. 出资者缺位造成的"产权虚置"问题。困扰20年国有企业改革的核心问题，始终是产权问题。尽管实行了公司制，但对大多数企业来讲，由于国有股仍然占有绝对的控股或独资地位，企业最大（或惟一）的股东还是国家。现有的9000多家股份公司里，国家股平均持股率为63%。因此，在产权代理链条中，缺乏一个有效的代表国家行使所有者权利并真正对国有资产负责的产权主体，国家作为所有者很难对企业进行有效控制，以至于造成国有产权"人人都有，人人都没有"的现象。另外，《公司法》规定："国务院确定的生产特殊产品的公司或者属于特定行业的公司，应当采取国有独资公司形式。"由于股东只有国家一家，不存在建立股东会的问题。即使建立了董事会，董事长往往由国家授权和任命，董事、监事成员往往也都是企业内部人。同时，由于"产权虚置"问题带来产权责

任不明确,尽管建立了由股东会、董事会、监事会组成的法人治理结构,国家一般不派人员,而是授权委托企业作为国有股权的代表。这样,真正代表国有出资者的往往还是企业"内部人",国有股权代表行为不规范问题也随之而来。所有者缺位再加上激励机制薄弱,使经理层容易出现"内部人"的自利行为,"内部人控制"——"大股东"控制问题也就不可避免。

2."一股独大"的股权结构问题。"翻版公司"的存在,主要是因为企业投资主体未发生明显变化,国有股"一股独大"的股权结构问题。多数国有大中型企业在建立现代企业制度时,没有吸收更多的投资者参与,国有法人股一股独大,造成企业产权比较单一。许多改制为国有独资公司的企业,国家仍是企业的惟一股东。即使有些上市公司,发起人往往也是国有企业或国家事业单位,有的甚至是虚设发起人。这些企业虽然也建立了"三会制度",但仍然由国家绝对控股,导致股权多元化难以真正实现。据统计,上市公司大部分股权仍由政府持有,国有股和国有法人股占了全部股权的54%;有国家背景的董事在董事会中占绝对优势,平均占董事人数的75.5%。股权结构决定着公司控制权的分布,决定着所有者与经营者委托代理关系的性质,是影响公司治理健康有效的最重要因素。因此,实现股权多元化是国有企业改制上市、规范运作的基础。发达市场经济中公司运作的实践表明,公司股权集中度与治理有效性之间的关系是倒 U 形曲线,股权过于集中或过于分散都不利于实现有效治理。由于国有企业改制上市通常是以原企业为惟一发起人、剥离非核心资产的方式实现的,因而大多数公司的股权结构都存在过分集中的弊端,使保障小股东权益缺乏必要的基础。

3. 出资人利益不能得到充分保障问题。魏杰认为,目前中国的企业法人治理制度是最大限度地维护出资人利益的制度,已经落后于新经济的需要。出资人利益是企业利益的核心,这是十五届四中全会文件在改革理论上的一个重大突破。出资人利益,或者说资本利益是企业利益的核心。这个判断是在总结我国过去 20 年改革经验基础上得出的符合市场经济规律的结论。20 世纪 80 年代初以来,在此问题上,或者错误地用国家利益、职工利益或经营者利益取代了出资人利益,或者在忽略出资人利益的基础上强调企业利益的独立化。正由于这些缺陷的存在,一段时间来,理论界一直为"厂长经理究竟代表谁"、"企业自我积累的资产属于谁"等难题所困扰。集诸多经验,现在我们终于确认了市场经济条件下的这样一个基本原则:出资人是企业的主人,经营者必须维护出资人的利益,企业积累是出资人利益的一部分。

三、完善法人治理结构的若干思考

《公司法》规定了传统法人治理结构中权力机构、决策机构、监督机构和执行机构的责任。现实中的许多国有公司的股东、董事、监事、经理却没有按照法律规定实行规范化的运作,其根源就是公司法人治理结构不完善。国有大中型企业建立现代企业制度,必须建立规范的法人治理结构。这个关键性的问题是无法回避也不能回避的。如何完善法人治理结构,改变"形备而实不至"的状态,我们认为,除了要落实本书第三章"规范委托代理关系的对策"外,还应做好以下几方面的工作:

1. 确保出资人主体到位是首要任务。

十六大报告提出:"建立中央政府和地方政府分别代表国家履行出资人职责,享有所有者权益，权利、义务和责任相统一。"从制度上落实这一要求，首先要解决的是主体到位问题。从国企改革的现行做法看，充当国家出资人代表的主体，主要有三种形式。第一是政府授权的国有企业集团或者国有独资公司。这种形式是由已有的国有企业发展而来。实践证明，这是落实国家出资人代表的成功做法。目前，已经有一批国有企业通过发展壮大，成为具有多级资本结构的"金字塔"式的大型企业或企业集团。处在"塔尖"的公司（例如，中石油、中石化、国家电力公司、上海汽车），通过独资或控股方式，拥有众多的下属企业。第二种形式是地方政府组建的国有资产经营公司。这类公司实际上是由政府主管部门转变而来。实践中，不少这类的公司在不同程度上还带有原来的行政色彩。目前，有些地方已经制定了地方法规（例如，《上海市国有资产授权经营公司管理暂行办法》），对这类公司的设立、权利和职责、投资决策、资产收益、运行监控等事项作出了规定。第三种形式是由政府直接充当国有企业的国家出资人代表。这在国外有大量先例。根据我国国企改革的经验，对于少数国有独资的大型、特大型企业，可以由国务院或省级人民政府直接行使国家出资人权利。这种形式主要适用于两种情形：一是对于充当下属企业中国家出资人代表的上述两种公司，需要由政府来对它们行使国家出资人权利；第二，对于少数必须由国家垄断经营的企业，需要由政府来行使国家出资人权利。

2. 实现股权多元化、分散化。

一些上市公司中存在的法人治理结构不规范和"内部人控制"等问题，主要是由于企业股权结构不合理造成的。股权结构要决定着公司控制权的分布，决定着所有者与经营者委托代理关系的性质，是影响公司治理健康有效的最重要因素。因此，实现股权多元化是建立现代企业制度的基本要求，是国有企业改制上市、规范运作的基础。在实现企业股权多元化的同时，还要尽可能地实现企业股权分散化，使企业有一个合理的股权结构，是完善现代企业制度的当务之急。因此，要加快把国有企业改制为多元化产权关系的股份公司或有限责任公司。同时，推进已建立的股份制企业股权结构的调整。现在上市公司的国有股比重偏大，一些信誉好、发展潜力大的国有控股上市公司，在不影响国家控股的前提下，可适当减持部分国有股。国有股的持股主体也应多元化，防止股权只集中在某一机构手中。目前国有股和法人股仍处在不能流通的状态，很不适应市场经济的要求，应当积极探索建立国有股和法人股的流通机制。以中国石化为例，在重组改制上市过程中，既坚持石油石化基础产业以公有制为主体，又努力构建多元化的股权结构。在1999年重组创立股份公司的过程中，抓住"债转股"的有利时机，分别与国家开发银行、信达资产管理公司、东方资产管理公司、华融资产管理公司签订总计301.5亿元的债转股协议。在2000年发行H股时，积极引入埃克森、壳牌、BP、ABB等国际著名大公司成为战略投资者。在2001年发行A股时，又引入社保基金理事会、中化公司、中远集团、青岛港务局、宁波港务局、宝钢集团等战略投资者。目前，中国石化股份公司的股权结构是，中国石化集团持股55.06%，银行和国有资产管理公司持股22.36%，外资持股19.35%，国内公众持股3.23%，有效实现了股权多元化。这一股权结构尚需进一步完善，但总体看比较合理，既可以保证石化集团代表国家实现对石油石化这个重要产业的有效控制，又可以有效保障中小股东的合法权益。

3. 完善激励机制、约束机制和监督机制。

邓小平同志曾深刻指出："不讲多劳多得，不重视物质利益，对少数先进分子可以，对广大群众不行，一段时间可以，长期不行。革命精神是非常宝贵的，没有革命精神就没有革命行动。但是，革命是在物质利益的基础上产生的，如果只讲牺牲精神，不讲物质利益，那就是唯心论。"完善激励机制，主要任务就是要建立经理人的绩效评价体系，对经理人进行客观的绩效评价。报酬要和绩效挂钩，董事长及其他经营层的收入水平应与公司的盈利情况、公司的实力、为股东带来的回报挂钩，薪酬不仅仅是对劳动者的回报，更是激励董事长们、董事们、管理层发挥潜能，创造更多财富的重要指标。绩效的考核要公平、透明。如何实现上述目的，有些企业已推出为数可观的年薪制，有的地方如北京、上海等地还萌动了期权激励机制的想法。在约束机制和监督机制方面，要进一步发挥内部稽核（审计）部门的作用。建立对董事会负责的内部稽核（审计）部门，以加强董事会对日常经营管理的监督，防范"内部人控制"风险和其他经营管理内险，在一定程度上弥补监事会不到位的缺陷。

4. 健全独立董事制度。

独立董事的独立性表现在三个方面：一是独立于大股东；二是独立于经营者；三是独立于公司的利益相关者。他们既不在公司内担任其他职务并领取薪水，在公司内又没有其他实质利益关系。从立法角度看，独立董事制度始于1940年美国国会通过的《1940年投资公司法》。这部法律规定，公司董事会构成中，必须有40%的董事由独立董事人士担任。然后兴起于20世纪60年代至70年代美国首次明确提出"法人治理结构"这一概念后。1971年，美国学者玛切教授，在一份著名研究报告中揭露董事职能减弱的客观事实。认为这种现象的存在严重制约了公司的发展。此后，美国用了大约10年的时间在公司形成独立董事制度，借以对其法人治理结构进行完善化。经济合作与发展组织（OECD）在"1999年世界主要企业统计指标的国际比较"报告中，专门列项比较了董事会中独立董事会成员所占的比例，其中美国是62%，英国34%，法国29%。1999年末纽交所市值前六位上市公司的董事会构成中，独立董事的比例很高，达到了85%。

建立独立董事制度，对于改变我国企业特别是上市公司中"国有股一枝独大"、"内部人控制"的现状有着积极的现实意义。因为董事虽然由股东选举产生，但公司的高层管理人员和内部董事对董事提名产生影响，这就使得董事会丧失了监督经营者的职权，产生了"内部人控制"，使股东无法对董事会和经理人员进行有效的约束。在董事会中引入独立董事正是在这一背景下产生的。引进独立董事不仅有助于完善企业法人治理结构和提高上市公司的质量，而且可以防止企业"内部人控制"现象并有效保护中小投资者的利益。但从我国目前情况来看，建立独立董事制度来强化董事会的制约机制，保护中小投资者的利益，需关注以下问题：

（1）建立独立董事的适当标准，明确独立董事的任职条件。独立董事的条件包括：首先是政治思想条件，主要指独立董事必须具有高度的责任感和事业心，具有良好的职业道德，坚持原则，顾全大局，善于处理和协调各种利益关系。其次是专业条件，独立董事要具有一定程度的教育背景，应具有胜任独立董事行使特殊职权的专业能力，最好是综合性人才，具有扎实的商业知识、法律知识、现代管理知识和现代科技知识，能够作出有价值的商业判断。再次是身体条件，独立董事不仅要具有丰富的企业和商业阅历，同时要身心健康、精力充沛。据国外专家实践考察，对于大多数人来说，最适合担任独立董事的时期是退休前10年。

(2) 在法律上明确独立董事的责任和权利。我国的《公司法》对设立独立董事没有作硬性规定,只是在《上市公司章程指引》里说,上市公司可以设立独立董事,法规上缺乏强制性。所以除了一些上市公司为了增强股民的信心设立独立董事外,大部分股份公司不愿意设立独立董事。中国证监会与国家经贸委公布的《关于进一步促进境外上市公司规范运作和深化改革的意见》的第6条提出:"逐步建立健全外部董事和独立董事制度",明确了独立董事的四大权力:独立董事所发表的意见应在董事会决议中列明;公司的关联交易必须由独立董事签字后生效;2名以上的独立董事可提议召开临时股东大会;独立董事可直接向股东大会、中国证监会和其他有关部门报告情况。这是国内第一次对独立董事的地位有了一个说法。对独立董事的责任和义务也需要在法律上予以明确,给独立董事以约束和压力。在国外,独立董事还要买保险,因为除了注意自己代表小股东的利益外,有些事情是无法预测的,如果被骗,可由保险公司来承担一部分责任。给予一定的法律压力和约束,才能使独立董事真正负起责任。

(3) 建立、健全独立董事的激励和约束机制。关于这一点,专家给出了不少方案。逐步建立物质激励机制。构建物质激励机制主要是建立报酬激励机制。独立董事的报酬机制,近期内宜采取适度津贴和奖金的办法,在取得一定经验基础上,过渡到固定津贴+奖金+少量股票期权多种组合的报酬激励机制。其理由是:第一,独立董事要认真履行其职责,充分发挥其作用,就必须花费大量精力和时间,没有报酬,工作积极性必然受到影响。即使有奉献精神和责任心的人,也不可能持久。第二,近期内实行适度津贴和奖金的办法比较好操作。第三,可以采取复合型的激励措施,每一种激励都有其特殊功能,这也是国外的通行做法。要建立精神激励机制,精神激励主要是声誉激励,包括以下几点:第一,对独立董事的资质进行考核和认定,发放资格证书,第二,可以通过独立董事协会确认为终身独立董事,使他们珍惜自己的声誉和地位。第三,发挥优秀独立董事在独立董事协会中的作用。对被授予终身独立董事者,在独立董事协会中,他们对独立董事的资格认定和推荐具有决定权。第四,奖励有突出贡献的独立董事。

第三节 公司治理中的激励机制和约束机制

解决代理问题的主要途径是公司治理,而科学的公司治理又依赖于有效的激励机构和约束机制。任何一种制度都必须具备动力激励和约束规范两个基本机制。有效的代理制度的控制措施有两个,一是激励(动力),二是监督(约束)。通过激励机制把代理人的努力诱导出来,通过监督机制把代理人对委托人利益损害的现象消灭在萌芽中。目前,我国企业的激励和约束机制都很差,而且约束与激励不对称,要么激励过重,而约束不足;要么强调约束,而忽视激励,约束从实,激励从虚。约束和激励是相互促进、相辅相成、互为补充的关系,两者缺一不可。没有约束的激励只能是产生腐败的温床,而没有激励的约束又是相对无力、缺乏刚性的。同时激励和约束又是矛盾的,约束往往会减少风险,但却有可能削弱代理人的积极性,而激励代理人的积极性有时却又难以实现有效的约束。在这一节中,我们将对公司治理中的激励机制和约束机制问题进行分析和研究。

一、公司治理中的激励机制

激励是指激发人的动机的心理指向与过程，即主体在某种内部因素或外部刺激作用下，把行为保持在满足、渴望、兴奋、专注的状态下。因此，从广义上说，激励就是调动人的积极性；从狭义上说，激励是一种刺激，是外部条件满足个人需要，而使人的心理处于高度激发的状态和过程。激励是人在内在驱动力和外在刺激的作用下，其需要、动机、行为和目标之间的关系发生相互作用的过程。激励是十分重要的，因为没有激励，就没有人的积极性，没有人的积极性，一切经济发展都无从谈起。

激励机制是所有者与经营者等利益相关者如何分享企业经营成果的一种契约。激励机制的核心是通过合理的设计使经营者等利益相关者的目标和股东的目标达到最大程度的统一，将经营者等利益相关者对个人效用最大化的追求转化为对企业利润最大化的追求，最大程度地实现公司的整体利益。

在现代企业制度中，激励因素即满足人们需要的因素。激励的根本目标是把个体行为的外部性内部化，从而使相应主体将其所产生的社会成本和社会收益转化为私人成本和私人收益。激励机制的设计应尽可能地将经营者所创造的收益与其所得保持较高的正相关关系。激励的主要来源是剩余索取权，公平合理地分配剩余索取权对大多数要素所有者来说是最大的激励。而剩余索取规则应该解决两个层次的问题，一是谁来索取剩余，二是按什么原则索取剩余。前者指谁创造剩余，谁获取剩余，这是基础层面的制度安排；后者指剩余索取权与剩余控制权的对应。

要建立有效的激励机制必须抓好两个环节：

第一，对企业及经理人的经营绩效进行准确的评估。如果没有准确的、透明的以及具有商业意义的企业财务信息，实施有效的激励就无从谈起。评估体系是指所有者根据可观测到的经营结果来推测企业经理人的行为。

大家都知道，公司绩效主要是以下四个方面因素的综合反映：一是运营状况，主要由主营业务、主营业务成本效率和主营业务的人均收入构成；二是盈利状况，主要由销售回报率、净资产回报率、资产回报率和人均净利润构成；三是资本结构，主要由长期财务杠杆和总财务杠杆构成；四是市场评价，即托宾 Q 值。托宾 Q 值是反映投资者对于上市公司总体评价的指标。Q 值越高则表明市场对上市公司的市场评价和预期越高。

根据反映公司绩效的综合因素，人们设定了一些考核公司业绩指标：

一是资本保全指标：

$$期末资本-期初资本=0$$

二是资本保值指标：

$$期末资本-期初资本\times(1+正常利润率)=0$$

三是利润总额指标。是考核企业资产经营的回报情况指标，属于效果指标。

企业利润主要来源于三个方面，价值创新、企业市场力量和企业效率。价值创新利润指的是企业在成本约束下为消费者带来新的价值而获得的利润；垄断利润（企业的市场力量）是因为企业在资源和产品价格方面具有更为强大的人为谈判力量而获得的经济利润；效率利润是指企业在产品生产和流通方面因为效率而形成的经济性所获得的利润。

四是净资产收益率指标：

$$净资产收益率(ROE)=\frac{税后净利率}{所有者权益}$$

净资产收益率是效率指标。净资产收益率应该有一个非常合理的区间。有的企业，净资产很高，净资产收益率很低，说明它的资产有效性不好。有的企业，净资产收益率很高，但是净资产很少，负债很高，说明它是高危企业，在运行中会出现问题。

五是现金流指标。人们所说的现金流指标，有两层不同的含义，一是指资本回报率为基础的业绩衡量指标。主要是看所有者(股东)获得的现金分红是否超过以其投入的资本可以得到的国债利息。二是指企业在一定时期内实现的收入。企业在一定时期内实现的收入，一般由内部的销售收入和外部的投资收益构成，其中销售收入是由企业主营业务实现的，具有稳定性和可控性，这也是企业经营现金流量不竭的源泉。现金流是企业经营中最密切关注的指标之一。收入必须是每天的、流水性的，支出必须是间断性的、隔几天或者几个月才支出的。企业的最优投资决策是当期现金流的边际价值和未来现金流的边际价值之间的权衡。西方国家的企业把现金流量看得比利润还重要，因为在发达的西方国家，企业破产与否的法律依据不是该企业能否实现利润，而是该企业是否拥有足够的现金及时清偿到期债务，这与我国企业的理财理念形成巨大的反差。

六是经济增加值指标：

$$经济增加值(EVA)=税后净利润-资本成本$$

经济增加值表示的是一个公司扣除资本成本后的资本收益，也就是说，一个公司的经济增加值是该公司的资本收益和资本成本之间的差。经济增加值显然与会计利润不等值。经济增加值代表公司在扣除包括股权成本之后的盈余，一方面它取决于公司的效率，而且更重要的一方面则取决于公司的资产负债管理。经济增加值指标考虑了负债和股权资本的成本，以及以企业经营风险为基础的机会成本。

$$公司资本成本=债务成本\times债务比重+股权成本\times股权比重$$

公司优劣标准不是每股收益或净资产收益率，而是安全警戒线，一是负债对资本的比率；二是有息负债对资本的比率。

如果是国有企业，还要考核承担的社会职能和产生的社会效益指标，如完成国家计划任务情况；维护公共利益情况；保障就业职能的状况。

第二，依据观测到的结果对企业经理人进行激励，即所有者根据经理人所实现的所有者的目标来对经理人支付报酬，从而实现企业剩余索取权和剩余控制权的对称分布。

企业或经营者的经营业绩取决于三个因数：经营者的能力；激励状况和工作环境(主要是公司治理模式)。我们在这里主要分析激励问题。一般来说，所有者对经营者的激励方式主要有物质激励和控制权激励，另外，还有市场激励。

首先，分析一下物质激励。人们通常要思考这样一个问题，就是为什么所有者股东要对企业的经营管理者进行激励，这个问题在前面的分析中实际上已经很明确了，我们在这里要说的是，在高昂的监督成本下，股东只有选择在一定程度上放弃监督，拿出一部分剩余索取权作为对经营者的激励，让经营者自己监督自己，这样做无论对股东，还是对企业经营管理者都有好处。对企业经营管理者进行物质激励的具体理由是：企业利润在不断增加；企业经营管理者承担较高的风险，对企业的贡献越来越大；为了保持企业对高能力的经营管理者的吸引力，与同行业其他公司争夺人才。低薪招来的可能是低能力的人，也可能将公司原有的经营管理人才放跑,将低能力的人留在公司。相反,当你给高素质人才出高薪时,他们除了安心工作外,还有余资可供个人发展,这里的个人发展,既包括通过在职学习和保养提高个人素质,也包括因为有了一个富裕的生活环境而无后顾之忧,从而动态地提高个人的生产效率。

一般来说,所有者对经营者的物质激励方式主要有两种,一个是非持股所得,一个是持股所得。非持股所得主要是指短期利润分享制。广义的短期利润分享制,具体包括税前分享和税后分享两种情况。税前分享主要是指在职消费。税后分享是指在税后分红中拿出一部分分给经营者,即年薪制。年薪制是以企业一个经营周期,即以一个年度为单位,确定经理收入的一种分配制度,是专门用于企业高层管理人员的一种特殊的标准工时制。年薪中,包括基础薪金和风险收入两部分。基础薪金部分是经理的劳动报酬收入,是同其从事的行业和岗位的性质决定,是管理者人力资本价格中的固定收入部分,应该纳入到企业的成本中。奖金部分是对经理人在一个年度内创新和承担风险的报酬,由企业经营成果决定,是为激励经理人充分使用其人力资本而付出的报酬,因此应该从企业利润中扣除。

要注意两个问题:一是单纯的薪资的量的变化不一定能提高经理人的积极性,要综合考虑新式薪资结构的变化,包括对个人自我需求最优化的考虑,即考虑如何提高个人舒适度、个人自我实现度;二是要寻求薪资量的变化中的替代品,如用职位的变动来替代薪水的变化,用企业文化的认同来替代单纯的薪酬变化。

持股所得,即股权激励,是将经营者的经营业绩与经营者可以获得的企业股份挂钩的激励方式,也被称为长期利润分享制,具体包括经营者持股、期股和股票期权(ESO)等。经营者持股包括经营者持大股(控股)和经营者持小股两种情况。经营者持大股可以有足够的激励作用,消除了股东与董事、董事与经营者之间可能出现的摩擦,缺点是可能会限制企业规模的扩大和自然地缩小了选择经营者的范围。有研究表明,在有些行业中,上市公司经营业绩与公司高级管理者持股比重是成正比的,一些高级管理者持股比重高的公司,其业绩与成长性普遍较好;而业绩较差的公司,其管理层持股比重一般也较低。

期股是指企业出资者同经营者协商确定的在任期内由经营者按既定价格获取适当比例的本企业股份,在兑现前期股只有分红、转让、继承等部分权利,股票收益将是长期兑现的一种激励方式。

股票期权(ESO)是指给予经理人员在将来某个时期购买企业股票的权利。公司经股东大会同意,将预留的已发行未公开上市的普通股票认股权作为一揽子报酬中的一部分有条件地授予高层管理者和有突出贡献的员工,以期最大限度地调动经营者和特殊员工的积极性。这一制度允许上述人员在特定时期按某一预定价格购买本企业的股票,这种认股的价格由特定实施认股时的市场价所决定。这种价格差额就是期权所有者的收入。股票期权,通常被称为"金手铐"。从期权中获利的条件是企业股票价格超过其行权成本,即股票期权的执行价格,并且股价升值越大,获利越多。股票期权是20世纪70年代中后期在美国产生的一种对高级管理人才进行激励的制度。股票期权按对象分为岗位股票期权和绩效股票期权;按价格分为激励型股票期权(法定股票期权)和报酬型股票期权(非法定股票期权),前者授予价格为市场公平价,享受纳税优惠;后者授予价格低于市场公平价,不享有纳税优惠;按期权获得方式分为无偿授予股票期权和有偿授予股票期权;按转让形式分为不可转让股票期权和可转让股票期权。

从股东利益角度看，经理人基薪、津贴和奖金都以现金形式发放的，基薪与津贴列入企业成本，奖金从税后利润中支取，所以股东更愿意用非合约收入及其认股权或模拟认股权方式来激励经理人。

按照国际惯例，股票期权授予额度通常没有下限，但上限不超过公司已发行股份的10%，高科技企业可达到20%。股票期权行权价一般为授予日市场平均价或给予一定折扣。在我国股票期权所需的股票来源有以下几个途径：新组建的公司发行股票时预留一部分；企业改制时经营者认购增量股份或协议受让其他投资方的股份；已改制公司，经营者可通过增资扩股或转配股等股权转让的方式；上市公司在二级市场回购股票等。

管理者股票期权（ESO）等股权激励方式，在形式上与管理层收购（MBO）均为经营管理者持股，但二者之间有很大的区别。与其他激励机制相比，股票期权有自己的特点：一是经营者能从股票期权获得的收益多少取决于公司股票价格的变动。换言之，公司股票的现价越是高于当初规定的价格，经营者获益越大。股票价格从根本上说取决于一个公司长期盈利能力。因此，股票期权有利于鼓励经营者提高公司长期盈利能力。二是经营者既有收益又有风险，体现了利益与风险的一致性。这就是说，公司股票价格上升能给经营者带来利益，但如果股票价格下降，经营者也要承担风险。三是股票期权收益要在股价上升，公司增值后才能兑现，而且，根据美国等国家的法律，期权不计入公司成本。这就可以在不增加公司财务负担的情况下，运用这种激励机制。股票期权并不是现金收入，而是一种剩余索取权的分享。

股票期权制的实质是授予经营者一定剩余索取权，假定企业业绩的货币变动部分转变为经营者的报酬变动。股票期权是通过承诺给予代理人一定的产权（期权）形成对其经营效果的激励，使委托人与代理人的目标趋于一致。股票期权有利于解决目前财务分配行为短期性与财务目标长期性的矛盾，将企业经营者的收入与企业长期利益联系起来，鼓励他们更多地关注企业长远发展，而不仅仅将注意力集中在短期财务指标上；股票期权有利于克服经营者付出与回报的不对称导致激励不相容的现象；股票期权有利于经营者目标与企业财务目标的一致性，让经营者充分享受到企业价值最大化的好处；股票期权有利于建立开放式的股权结构，改变企业剩余索取权的单一归属，从而有利于建立人力资本所有者的财务分配制度。股票期权还有利于在不发生现金流出的情况下，实现企业利益分配。

股票期权也有许多局限性和弊端。由于在股市上许多说不清的因素对股市都有影响，也就是说，公司股票价格的波动，往往更多地取决于"大势"，而不是公司的业绩。这样用股票价格来衡量公司业绩和经营者的努力程度就难免失之偏颇。股票期权更突出的问题是急剧拉大了经营者和普通员工的收入差距，在实践中产生了巨大的负面效应。正因为此，最近有些大的公司对股票期权制度进行了调整。微软决定不再给员工发认股权证，改发股票。微软从2003年7月起的本会计年度，开始把股票认购权与发放股票列入成本。英特尔也在考虑取代股权证的方式，包括给予员工现金或股票。戴尔也说，在2003年，给予员工的认股权证将减半。自从安然、世通等公司出现了财务造假事件后，人们更加怀疑股票期权制度的作用。一些经济学家提出，美国会计制度至少存在两个问题：一是没有把股票期权列入成本，不能真实反映公司成本开支；二是允许会计师事务所既为一家公司提供财务咨询，又为这家公司提供审计服务，形象地说就是让左手查右手做的账。

股票期权作为一种长期的激励机制，其作用也要受企业和市场环境的制约。一般来说，实行股票期权需要具备这样一些条件，一是企业产权明晰，是独立的法人实体，自负盈亏，靠自己的能力盈利。二是各企业在市场上能够平等而自由地竞争，不存在由于国家的干预而引起的企业权利的不平等。三是股市是完全竞争，不存在政府对股市的干预。四是有完善的立法和执法制度，是一个法制社会。五是有社会、新闻和公众公开透明的监督。六是企业经营者是竞争上岗的，存在一个发达的经理人市场。西方以"期权制"为特征的经济收入分配制度是以市场选聘经营者的组织制度为前提的。所以，对经营者偏离所有者利益的行为的治理应从选聘经营者的组织制度入手，而不只是从调整经营者的收入制度入手。

目前在我国，大多数公司都没有上市，其股票并没有市值，也不能通过股票市场变现而获利，期权收益与风险以及期权转让等衍生品更无从谈起。而且，非上市公司的资产封闭，流动性差，资产和人力资本的投入没有科学的市场定价，缺乏对未来的应有预期。换句话说，非上市公司和未建立现代企业制度的企业缺乏国外特别像美国那种实施股票期权激励机制的条件。事实说明，实现对经营者的长期激励，未必一定要照搬别国的模式。即使在上市公司，实施股票期权也要持谨慎科学的态度，并且一定要结合我国国情和企业实际情况进行理论和实践上的创新。

美国《财富》杂志对美200家最大公司的一项调查显示，这些企业的总裁报酬基本上由21％的工资、27％的奖金、16％的长期激励、36％的股票类收入构成，劳动收入与财产收入并举，风险收入超过基础薪金收入的特征非常明显。

上面我们分析了所有者对企业经营管理者的物质激励的两种基本方式，这里有一个重要的理论问题需要弄清楚。这就是，从表面现象上看，工资和利润都是钱，没有区别。但实质上，企业经营管理者在年薪制下获得的收入和在持股或投票期权下分得的股息及红利是有区别的。年薪制是雇用的含义，经营者拿的是薪水，持股和期权是所有者的含义，经营者拿的是股息和红利，是把企业经营管理者人力资本的投入视为是资本构成的一部分。

物质激励是有局限性的，即物质激励具有不可逆性或"棘轮效应"。要想有效地保持物质激励效应，就必须不断加大激励量，否则激励效应就会逐步递减。而且物质激励达到一定程度之后，报酬的边际效用将呈现明显的递减态势，这时物质激励作用已发挥到了极限，需要考虑物质激励以外的激励。经济学的边际分析方法告诉我们，增加数万元的收入给一个年薪数十万或上百万的经营者与给一位普通劳动者所带来的效用是大相径庭的。随着收入绝对量的增加，收入的边际效用则不断下降，事业的发展，培训机会和人际关系等"软"指标的效用都在增加。另外，物质激励措施有时还会导致管理层怠工，管理层之间非合作行为，甚至挑起上下级博弈。

其次，分析一下控制权激励。控制权激励主要是对名义权威安排进行再配置，使下层组织成员凭借局部的不可言说知识形成的实际权威转变成名义权威。也就是在名义上授予经营者更高的职位和更大的权力。职位、权力是最重要的精神激励资源，因此晋升的追求是一种良好的有效的激励。

物质利益、生理需要固然是人的需要的一个十分重要的方面。但人毕竟还是有精神上的和心理上的需要和追求，即人需要有精神上的寄托、感情上的满足、心态上的平衡。有时这些需要甚至是第一位的。因此，我们要加强对人的心理和行为进行关注和管理。为此，在把握人的行为，了解人的需要，认识人的思想活动规律、心理活动规律和行为变化规律基础上采用现代化科学管理方法,对人的思想心理行为进行科学的管理是十分必要的,从而能够形成更加有效的激励。控制权的激励恰恰可以起到这样的作用。

在现代经济生活中,控制权能够成为一种激励的原因主要是:在一定程度上满足了企业家施展才华和体现企业家精神的自我实现需要;满足控制他人或感觉自己处于负责地位的权力需要;企业具有职位特权,享受"在职消费",给企业家带来正规报酬以外的物质利益满足。

最后,分析一下市场的激励。市场激励,指资本市场上公司股票价格的不断上涨和企业家市场上经营者的身价飙升,都会对经营者形成激励。资本市场上的股票价格波动与企业恶意的收购和接管的威胁都提供了激励职能上的补充作用,起到促进经营者重视股东及其他利益相关者利益的激励。竞争、声誉等隐性激励机制能够充分发挥激励经营者的作用。市场激励从另一个视角看也是一种压力或反向激励。反向激励就是通过对经理人的某些行为给予威胁、否定、制止和惩罚,使之弱化或者消失,从而使企业的目标得到实现。企业经营者的代理权竞争的压力可能变为使经营者努力工作的动力。在西方社会,解雇的恐惧就是实现对企业经营者激励的一种有效方式。经济学认为,如果有完全的转让权、完全控制权和收益权,通过市场自愿交易就可以解决对代理人的控制和激励问题。但由于让渡权利涉及到交易成本和当事人的切身利益,为了使其具有效率,就必须规定一种制度框架,划分决策权,以及绩效计量制度和所有权控制制度。

我国企业特别是国有企业,存在着激励机制滞后、激励不到位和激励效应均分等问题。既缺乏对经营者经济利益的激励机制,也缺乏精神激励。一项调查显示,我国企业经营者的报酬大多数还是以月薪为主。实行经营者持股和股票期权的企业比例不高,和西方企业有明显的差距。美国企业经营者平均薪金是产业工人薪金的几十倍甚至上百倍。日本企业的总裁的收入是普通工人的 20 倍左右。我国企业经营者的平均薪金是工人薪金的 3～5 倍。由此可以看出,我国企业经营者的收入和他们付出的劳动、他们承担的责任、风险、作出的贡献及取得的效益相比是明显偏低的。根本没有形成与企业经营者对出资者贡献相联系的制度化报酬。在我国国有企业中,多数效益好的企业的经营者的收入偏低,而一些效益差的企业的经营者的收入又没有减少,表现出明显的激励效应均等化的问题。

我国国有企业激励机制存在问题的主要原因是,第一,国有企业经营者非独立化。由于受计划经济体制的影响,我国国有企业经营者没有成为一个独立的主体,其独立地位和独立利益往往不被承认,经营管理者的利益雷同于一般职工的利益。其实,在现代社会,机器大工业和社会化大生产使得经营管理者从一般劳动者中脱颖出来,形成一个独立的社会阶层,成为社会分工体系中的一部分,他们应该有不同于一般劳动者的独立地位和独立的经济利益。企业经营者的劳动不同于普通员工的劳动。经营者的管理劳动是一种集知识、经验、天赋和组织能力于一身的高度复杂的具有创造性的社会劳动。其劳动的责任和风险都远远大于一般的员工,经营者的劳动时间也比较长,在一定意义上说具有无限性。因为要经营好一个企业,往往需要经营者具有忘我的不计时间的奉献精神。与经营者特殊的劳动相适应,必须给经营者不同于一般员工的特殊报酬,同一般员工的报酬拉开档次,否则就不利于调动他们的积极性。实践证明,没有一批适应市场经济要求,有充分的积极性和创造性的经营者,就不可能有现代企业,市场经济也就无法运作。

第二,官本位的经营者任免选拔制度。在传统的计划经济体制下,我国国有企业的经营者属于国家干部，由政府或党务部门来任免。由于政府或党务部门不是真正的股东和出资者，不拥有企业的剩余索取权。因此在任免时往往忽视经营管理者的经营能力和经济绩效，造成经营管理者的选拔和连任与国有资产保值增值和企业的经营绩效无关的局面。有关部门发布了一项抽样调查报告，其中显示，67.3%的国有企业的经营管理者最关心的不是国有资产的保值增值和企业经营好坏和盈亏状况，而是来自上级主管部门对自己的评价。为了改变这种局面，我国正在进行着经营者任免选拔制度的改革。大型国有企业负责人不再由上级党委直接决定，更多考虑市场和出资人是否认可。除了改革企业经营者的任免机制外，还对国有企业经营者的管理机制和激励机制进行了改革，力图实现四个转变。一是选拔方式从组织直接配置向市场化配置转变。二是在任用方式上从国资委党委决定任免向由董事会依法聘任转变。三是在管理方式上从以职务级别为中心的党政干部管理方式向以职位职责为中心的契约化管理转变。四是评价方式上从党政干部评价重在领导机关和群众认可向企业经营管理者评价重在市场和出资人认可转变。

为了解决企业的代理问题，必须建立有效的激励机制。过去，我国国有经济的经营管理者主要是靠"党性"和觉悟来努力工作。虽然精神激励是时代的精神指引，但从制度创新的角度看，不能把我们的事业发展的希望完全寄托于个人的思想觉悟和良心发现上。在市场经济条件下，这样难以长期维持大多数经营管理者工作的积极性。社会主义公有制并没有从根本上消除人们经济利益上的差别和矛盾，从而也不能消除各个企业在生产资料占有上的独立性，个人的经济利益仍然是人们从事经济活动的基本动力。传统的计划经济体制忽视个人正当的经济利益，使经济运行过程缺乏个人经济利益这一经济发展的主要动力。我们只有在充分考虑企业经营管理的物质利益的基础上，建立有效的激励机制才能真正地解决企业动力问题和委托代理关系中的代理问题。

我国正在改变企业经营管理者选拔机制，并在此基础上，实行经营者收入分配方式的改革。我国新的国资委成立后，提出将对189家大型国企的经营者实行年薪制，年薪分三部分：基本工资、业绩奖金和中长期激励收入。以后两种形式为主要收入来源。中长期激励收入分为上市公司和非上市公司。上市公司拟采用股票期权方式，非上市公司可以与养老金和医保挂钩。

二、公司治理中的约束机制

在我国目前的国有企业公司制改革中，就总体上看，"激励机制"和"约束机制"都很弱，没有形成良好的激励和约束机制，使企业行为人缺少动力和对自己行为后果不能很好承担责任。但相对来说，激励机制有所加强，而约束机制更显不足。实际上，即使有一个比较完善的激励机制，经营者的行为仍有可能偏离所有者的利益。因此，还必须建立有效的约束机制。激励机制往往是在于事前和事中，而约束机制大都发生在事中和事后（惩罚），所以从时间关系上看，约束可作为激励的补充，两者相辅相成，并可在一定条件下相互转化。

约束机制主要是根据对企业业绩及对企业经营者各种行为的监察结果，企业所有者或市场对企业经营者或内部人作出适时、公正、无情的奖惩决定。

我国国有企业的约束机制不健全，既缺乏内部约束，又缺乏外部约束。结果既影响了企业的效率，也为国有资产流失留下过大空间。目前我国国有企业的约束机制存在很多问题，从内部的约束机制看，主要表现在，一是出资者未能进入企业法人治理结构。大家都知道，所有权约束的一个重要内容，是公司董事会、监事会通过控制重大战略决策权、经营者任免权、监督权等方式监控经营者，以确保公司的长期稳定发展。而国有企业的所有权属于"全体人民"，但是，全体人民既缺乏信息，又没有有效手段监督经营者，从而既没有积极性对经营者提供激励，又因为"搭便车"等问题的存在而没有"当家作主"的"自我激励"。实际上，国有企业的所有者是没有行为能力的。表面上由国有企业的董事会"行使出资者权利"，但由于在出资者对国有企业经营者行政控制弱化的同时，未能相应构建新的出资者对经营者的资产约束机制，从而形成普遍的"内部人控制"。二是存在着公司的权力机构、决策机构、执行机构和监事机构之间关系不顺，职权不明，治理结构不规范等问题，如股东大会的职权不能充分行使，董事会的构成和行为不规范，监事会职能不到位等等。三是由于委托代理链条过长，环节过多，及由其导致的信息传递迟缓、失真，又使代理成本太高，使有效的监督难以实现。

从外部约束机制来看，由于资本市场、经理人市场发育迟缓，又由于国有股不能上市流通，使股东无法用"脚"投票，对代理人施加约束，从而使外部约束机制失灵。由于市场体系还不成熟，市场机制还不健全，因此国有企业的代理人受不到来自经理从市场竞争的威胁，也不用担心自己的企业在产权市场上被兼并或破产，更无需顾忌在资本市场上自己的企业股票下跌而影响到自己的职位。也就是说，我国国有企业的厂长、经理几乎受不到来自各方面市场的任何约束和威胁，使约束机制缺位。

总之，我国经济体制改革以来，在国有企业改革过程中对企业经营管理者的约束未能与企业经营权的扩大同步加强，缺少有效的约束和监督机制。在委托人失去对代理人监督与约束的情况下，代理人与委托人利益发生背离，代理人会以牺牲委托人的利益为代价，而换取自己的私利，使许多国有资产不仅使用不当，有的还大量流失，还出现了严重的在职消费现象，以及企业的经营短期行为等。为了有效地扭转这种情况，保证全体人民的根本利益，国家应制定各项方针政策，从各个方面对企业经营者进行约束，如董事会、监事会的内部约束，市场的外部约束，建立科学有效的约束机制。

为了建立有效的内部约束机制。首先，公司应该按照国家财务、会计等方面的规定建立规范的信息披露制度，并实行公司信息公开制度。信息披露主要集中在两个方面，一是财务会计信息披露，一个是股东的信息披露。其次，要推行资产经营责任制，建立高级经理人员问责制度。对董事会成员实行以国有资产价值增值和重大投资经营决策为主的考核，对经理层人员实行以经营目标责任为主的考核，并实行"问责制"。所谓"问责制"，并不简单是出现问题后"责任追究制"。它包含明权、明责和经常化、制度化的"问"——质询、弹劾、罢免等方方面面，是一个系统化的规范；它不仅是犯了法、有了错要追究，它的溯及范围还包括能力不足、推诿扯皮等看似小节问题；还包括我们不太常见的"合理怀疑"等方面，比如面对面质询时，有些事就是说不清楚了，即使确实没做，也得随"问责"来源方的"合理怀疑"。再次，建立严格的奖惩制度。由于公司董事会是由股东会选举产生的，并对股东会负责，他们与股东之间是一种所有权的信托关系。所以，对董事会的奖惩是应该由股东会进行的。公司经理层是由董事会选聘的，并对董事会负责，经理层同董事会之间是一种经营权的委托代理关系。所以对经营者的奖惩应该由董事会来进行。

建立有效的外部约束机制必须建立竞争性的产品市场、资本市场和企业家市场以及劳动力市场。首先，通过产品市场的竞争，抑制企业经营者的道德风险问题。在产品市场上，经营者的再现和企业的经营业绩会通过其产品的市场占有率及其变化直接表现出来；产品市场的激烈竞争及其带来的兼并和破产威胁会使经营管理者能尽心竭力地提高自己的代理绩效。其次，通过建立有效竞争的资本市场，使委托人借此来校正代理人的行为。狭义的资本市场主要是股票市场。股票市场强化了私有产权制度的刺激机制。在投票市场上，股东对企业经营者行为和绩效的预期结果，被资本化的股票现值。资本（股票）市场提供了公司经营的相对信息，所有者对经营者的监督与评价可以借助具有可比性的指标来进行，这可以增加法人治理过程的透明性和客观性，并可以降低其成本；资本（股票）市场还为股东提供了逃避风险的途径，股东既有"共益权"，即用"手"投票，又有"自益权"，即用"脚"投票。股东通过"自益权"把对公司的监督权外化为股票的存留和抛售上，由多规则的内部监督转化为单规则的外部监督。再次，通过充分竞争的经理（企业家）市场，给代理人形成外在竞争压力。因为有效竞争的经理人市场能使代理人凸显出相应的层次性；经理市场还能够按照企业的绩效对经营者进行分类并形成报酬等级，即有效竞争的经理市场能够使委托与代理双方收益（价格）在市场上达到一个均衡合理的水平；经理人市场还为委托人提供一个广泛遴选代理人的场所和条件。第四，通过债权人市场的约束作用和企业破产的压力，使经营者更努力地工作，提高企业的绩效。债务被普遍认为是与破产联系在一起的硬约束机制。债务的约束功能和作用机制是，企业必须按时偿还债务，一旦发生违约（经营现金流为负）就必须以出售资产或破产拍卖等途径偿还债务。第五，通过立法、政府管制和司法调整建立起来的整套制度，保证对违规行为施加足够的限制，保证治理结构高效率。

第十一章 建筑企业项目管理改革理论与实践

第一节 建筑企业生产方式变革

一、计划经济体制下建筑业的生产方式

新中国成立之前，建筑业大都是一些规模小、技术水平低的私营营造厂和个体建筑业劳动者。新中国成立后，随着大规模经济建设的开展，建筑业蓬勃发展起来。国营建筑施工企业开始组建，并很快成为我国建筑业的主要力量。但计划经济时期，在思想认识和政策规定上都没有把建筑业作为国民经济的独立物资生产部门来对待，而是把建筑业看作是固定资产投资的消费部门。从20世纪50年代到70年代，我国建设项目管理体制实行过多种形式。

20世纪50年代学习前苏联，实行以建设单位为主的甲、乙、丙三方制。甲方为建设单位，乙方为设计单位，丙方为施工单位，分别由各自的主管部门管理。建设单位由政府主管部门组建，设计和施工单位由各自的主管部门下达任务，三方各成体系，项目实施过程中出现的许多质量、工期和资金等问题，均会引起三方争执扯皮，相持不下，从而影响工程建设的整体效益。

20世纪60年代实行以施工单位为主的大包干制，由于施工单位只能承担单一的施工任务，无力应对工程建设全过程的各项工作，往往造成投资和工期失控，贻误工程建设大局。

20世纪70年代大都以工程指挥部的管理方式为主，其主要问题：一是管理人员多系非专业人士，缺乏项目管理的知识和经验，不了解项目管理各个环节的内在有机联系，不清楚项目管理的程序和方法；二是往往把工程项目管理看作是一般行政管理，用行政管理的办法管理工程项目；三是临时组建的班子，项目建成后即解散，只有一次教训，没有二次经验，使国家年年交学费，蒙受很大损失。

在计划经济时期，我国施工管理体制政企不分，企业没有自主权，经营粗放，缺乏活力，管理落后，施工任务由国家分配，开销靠国家供给，分配吃"大锅饭"，机构臃肿，人浮于事，企业办社会等现象比较普遍。主要弊端可以概括为"三个落后"：一是对生产要素的占有方式落后；二是对生产资料的支配方式落后；三是施工企业的生产要素固化，流动方式落后。改革前，国有建筑施工企业一般都是按照行政层次，实行公司、工程处、施工队"三级管理，三级核算"体制，绝大多数施工企业都是采用固定建制式的组织形式，对生产要素特别是对劳动者采取固定式管理配置，导致自有工人过多，劳务密集；企业不是按照不同地域的工程项目需求来合理流动配置生产要素，而是采用拉家带口、成建制总体流动的投入方式，极大地浪费人、财、物资源。建筑企业的这些弊端与国民经济的

发展要求和改革形势很不适应，迫切需要改革。

二、建筑业生产方式变革的过程

企业生产方式的变革，是由社会生产方式的变革所推动的。1978年党的十一届三中全会以后，我国开始了改革开放，提出了"计划经济为主、市场调节为辅"的理论和政策，对经济体制进行全面改革。正是在国家经济体制改革的推动中，建筑企业的生产方式发生了结构性的变化，生产力开始不断上升到一个新的水平。

（一）建筑业成为城市经济体制改革的突破口

从1984年开始，全国经济体制改革在城市展开，1984年5月召开的全国六届人大二次会议提出，在城市各业中，建筑业可以率先进行全行业性改革。建筑业作为城市经济体制改革的突破口，同年9月18日，国务院做出了《关于改革建筑业和基本建设管理体制若干问题的暂行规定》，决定从推行工程招标承包制、推行百元产值工资含量包干、改革用工制度、实行工程质量社会监督等16个方面进行改革。特别是工程项目实行公开招标投标，建筑企业由原来计划经济体制下的任务分配开始走向市场调节下的招标投标的轨道，全面推动了建筑管理体制的改革。

（二）引入国际项目管理

在工程技术领域引入国际项目管理方法，有效地推动了建筑企业改革的深化。工程项目管理学科源于20世纪50年代，从20世纪60年代起，项目管理在世界范围内引人关注。目前有两大项目管理的研究体系，即以欧洲为首的体系"国际项目管理协会"（IPMA）和以美国为首的体系"美国项目管理协会"（PMI）。关于项目管理的定义，可以用美国项目管理学会在《项目管理知识指南》中一段话概括："项目管理就是指把各种系统、方法和人员结合在一起，在规定的时间、预算和质量目标范围内完成项目的各项工作，有效的项目管理是指在规定用来实现具体目标和指标的时间内，对组织机构资源进行计划、引导和控制工作。"从项目管理的应用的行业来看，工程建设领域最为广泛，效果也最为明显。

我国第一个引入国际项目管理方法建设施工的项目是鲁布革水电站工程。鲁布革水电站工程是贯彻国务院的改革部署，进行工程建设管理体制改革的一个典型。鲁布革水电站工程，是改革开放后我国水电建设方面第一个利用世行贷款、对外公开招标的国家重点工程。这项工程的主管部门原水利电力部，按世界银行要求，对引水隧洞工程的施工及主要机电设备实行了国际招标。引水隧洞工程标底为14958万元，日本大成公司以8463万元（比标底低43%）的标价中标。在施工组织上，承包方只用了30人组成的项目管理班子进行管理，施工人员是我国水电十四局的500名职工。在建设过程中，原水利电力部还实行了国际通行的工程监理制（工程师制）和项目法人负责制等管理办法。工程取得了投资省、工期短、质量好的经济效果。该工程的管理办法和取得的成效，受到了国务院领导同志的关注，要求当时主管基本建设工作的国家计委及时总结经验，加以推广。

1987年6月3日，国务院领导同志在全国施工工作会议上以《学习鲁布革经验》为题发表了重要讲话，明确指出：鲁布革水电工程是改革、开放、搞活政策在基本建设上的全面、综合的体现。关于鲁布革工程管理的经验，李鹏同志着重强调了三个方面：一是在工程管理上实行招标制。他指出，这个经验不仅对水电系统适用，也适用于其他重点建设项目和其他基本建设项目。二是在施工组织管理上有5点值得学习，包括精兵强将上前线、精干的指控机构、先进的施工技术和施工方法、合理劳动组合和灵活的激励机制等。三是大中型国营施工企业应该逐步建立起自己的生活基地，解除施工队伍的后顾之忧，后勤服务要逐步走向社会化。鲁布革工程的这些管理经验，为我国建筑业和工程建设管理体制的改革做出了示范。

（三）推广鲁布革工程经验

根据国务院领导同志关于总结、推广鲁布革工程经验的指示，1987年10月，原国家计委、国家体改委、劳动人事部、中国建设银行、国家工商行政管理局联合发布了《关于批准第一批推广鲁布革工程管理经验试点企业有关问题的通知》，确定了18家企业作为试点。1988年政府机构改革，国家计委主管的设计、施工职能划入新组建的建设部。1990年10月建设部发出《关于进一步做好推广鲁布革工程管理经验，创建工程总承包企业，进行综合改革试点的工作的通知》，进一步明确了试点工作的指导思想和重点，审批了第二批试点企业，使试点企业总数达到50家。通知明确指出，试点的目标是建立一批智力密集型的工程总承包公司。提出了建筑业施工管理体制改革的总体目标模式，即有步骤地调整改革现有施工企业，逐步建立以智力密集型的工程总承包企业为龙头，以施工承包企业和劳务分包为依托，全民与集体、总包与分包、前方与后方分工协作、互为补充、协调发展的建筑企业组织结构。从那以后，这方面的改革不断取得新的进展。鲁布革工程在管理上全面进行改革的经验及其取得的成功，对我国建筑行业管理体制和生产方式产生了巨大的冲击。在国务院领导同志的倡导和建设主管部门的组织引导下，这股冲击波有力地推动了我国建筑业的改革和发展。

三、项目管理对建筑企业改革的推动作用

（一）项目管理的起始

20世纪80年代中期到90年代前期，在我国建筑业引入项目管理的过程中，提出了"项目法施工"的概念，国有大中型建筑施工企业普遍推行了项目法施工。这是在当时历史条件下，推进企业改革和施工生产方式变革的重要内容。项目法施工与项目管理既有联系又有区别。1984年，中国化学工程总公司四建在承接宁夏银川化肥厂工程后，按照项目要求组织小分队包工期、包质量、包造价，创造了企业在前线按照工程项目的实际需要，合理地组织生产要素投入的施工新经验。国家计委施工局在总结这个经验时认为，仅仅总结小分队承包还不够。当时在计划和行政分配任务的体制下运行的企业，如果没有体制上的大改革，没有机制上的重大转换，想要普遍组织小分队承包是不大可能的。因此，必须把组织小分队的经验上升到企业体制改革的层次进行深化，由"企业法"施工转变为"项目法"施工。这时提出的"企业法"是用来表述传统体制的。鲁布革经验出来后，国家建设行政主管部门提出学习鲁布革经验一定要把机制创新作为主旋律。要有步骤地改革现行施工管理体制，调整好企业组织结构，精干国有施工队伍，并理顺有关的各项政策，从改革企业内部管理体制入手，寻求出一种新的机制，使企业能够自觉地创造鲁布革工程。以上过程说明，项目法施工既是起源于建筑施工企业在改革实践中的创新，又是国际项目管理经验"为我所用"的直接结果。

（二）项目管理对传统体制的冲击

对于尚未转型的国有建筑施工企业来说，学习国际项目管理方法遇到的最大障碍就是旧体制的束缚，没有企业运行机制和管理体制的配套改革，单纯引进项目管理方法寸步难行。所以，企业要推行项目管理，必须先进行企业内部管理体制改革，实现企业经营机制转换。项目法施工的实质正是对这一阶段建筑施工企业改革思路的高度概括。这一概括非常鲜明地表示出：

（1）项目法施工所表达的运行主体是施工企业；

（2）施工企业生产方式的变革是面向项目；

（3）重要施工企业内部配套改革才能适应项目管理的需要；

（4）项目法施工区别于一般意义的工程项目管理，有利于引导企业走深化改革的路子。

由此可见，项目法施工是以企业为对象，它是企业体制从计划经济向市场经济体制的改革，它指的是企业体制和机制的转换过程，这是项目法施工的实质。但是这个转换过程是以项目管理为核心的，或者说企业体制和机制改革的主旋律是项目管理，以此带动企业体制和机制的转换。因此项目法施工不只是项目管理的内容，还包括企业改革的内容。于是，国际项目管理方法的引入推进了企业生产关系的变革。在这个变革过程中，实行了项目生产力对企业生产关系的反复撞击。当时改革的主要内容有：

——改革企业内部管理体制，从而使固化的公司——工程处——施工队多层次的行政管理体制和劳动组织开始解体，组织结构扁平化和矩阵式组织管理系统开始建立。

——企业实行管理层、作业层两层分离，大型施工企业集团实现由劳动密集型向智力密集型转变的战略转型，成为主业突出、核心竞争力强的龙头企业。劳务基地化、市场化、社会化，劳务层逐步推向市场。

——企业实行生产与生活基地两线分开，从而使计划经济体制下国有施工企业"大而全"、"小而全"的功能开始分解。

——转换经营机制，优化配置人、财、物等生产要素的内部市场开始发育并初步形成，生产要素逐步得到优化配置。

——行业主管部门对建筑施工企业的项目经理实施了资质管理制度，有力的推动了企业对项目经理人才的培养，推进了项目经理向职业化、社会化的发展。

——行业主管部门提出了施工管理体制改革的总体目标模式，即有步骤地调整改革现有施工企业，逐步建立以智力密集型的工程总承包企业为龙头，以施工承包企业和劳务分包为依托，分工协作、互为补充、协调发展的建筑企业组织结构。当时推广鲁布革经验的第一批18家试点企业就担负了发育龙头企业的这个任务。通过10多年来的改革和发展，一批具有以总包管理和融资能力为龙头的智力密集型企业逐步发育起来。

从项目法施工提出以后，我国许多大中型工程相继实行项目管理体制，包括项目资本金制度、法人负责制、合同承包制、建设监理制等。其主要成效体现在以下几方面：首先，把"项目法施工"初期设想变为可以操作的一种新型的施工管理模式，初步形成了一套系统的工程项目管理理论和方法。二是推动了政府职能的转变，建立和制定了以资质管理为手段的三个层次的企业资质管理体系。三是促进了企业内部管理层和作业层分离实践。四是为企业培养了一大批懂法律、会经营、善管理的项目管理人才队伍。五是为项目经理人向职业化方向发展奠定了良好基础。

20年来从"项目法施工"到"工程项目管理"的改革历程，改变了在计划经济体制下建筑施工企业以固定行政建制为对象的生产经营方式。其内涵包括两方面的内容：一方面是企业转换经营机制，围绕项目管理，进行企业生产方式的变革和内部配套改革；一方面是工程项目上按照建筑产品的特性及其内在规律组织施工。改革的成果最终体现在建成了一批高质量、高速度、高效益的具有国际水准的代表工程。20年来，建筑施工企业运用项目管理新的管理模式和方法，先后完成了各类工业、能源、交通、邮电、水利、军工等项目百十万个，其中最有代表性的有小浪底水利枢纽、深圳天安大厦、地王大厦、上海金茂大厦等等。

第二节　项目生产力理论

推行项目管理必须对建筑业生产方式进行全面的改革，而建筑业改革又需要引进国际先进的施工管理经验。所以，项目管理引入中国以后，立即与建筑业的改革实践结合起来。在这个结合过程中，我们根据马克思主义的生产力理论，找到了建筑业改革的理论基石，这就是项目生产力理论。

一、马克思主义生产力理论的启迪

生产力理论是马克思主义最核心的理论。马克思主义认为，物质资料的生产是人类生存和发展的基础。生产过程中人与人的关系构成生产关系。生产力决定生产关系是最基本的经济规律。评判生产关系的先进落后归根到底是看其对生产力发展的作用。这对我们认识借鉴资本主义一切反映社会化生产规律的先进经营方式、管理方法具有很强的现实意义。人类社会要存在和发展，必须进行物质资料的生产。物质资料的生产活动，是人类最基本的实践活动，物质资料的生产过程也是生产要素结合的过程。

（一）生产要素必须有一定的结合方式

马克思在《资本论》中指出："不论生产的社会形式如何，劳动者和生产资料始终是生产的因素。但是，二者在彼此分离的情况下只在可能性上是生产因素。凡要进行生产，就必须使它们结合起来。实行这种结合的特殊方式和方法，使社会结构区分为各个不同的经济时期。"（《马克思恩格斯全集》第24卷，第44页）。马克思讲的这种结合就是生产关系，生产关系是生产力发展的社会条件。生产关系包括经济制度和经济体制两个层次。经济制度是指，在一个社会中经法律确认的、占统治地位的生产关系的总和，它构成该社会上层建筑赖以生存的经济基础。因此，一个社会的经济制度，又被称作这个社会的基本制度或基本经济制度，它规定着这个社会经济活动的总体方向和基本性质。经济体制是指，社会经济制度或生产关系所采取的具体经济组织形式和经济管理制度。它决定着人们在一定的社会经济制度基础上应该怎样从事经济活动和在怎样的相互关系下从事经济活动，它反映社会经济采取的资源配置方式，决定着整个国民经济运行的机制。经济制度是生产关系性质的体现，经济体制是生产关系的具体实现形式。生产的实现要有生产的条件。生产的条件一方面必须具备三个要素：劳动资料、劳动对象和劳动者，这三要素是生产活动得以进行的必要条件。另一方面劳动资料、劳动对象和劳动者必须有一定的结合方式，三要素的结合是生产活动得以进行的充要条件。也就是说，要生产必须得有生产三要素，但有了生产三要素并非一定能够进行生产,生产力的各种要素自身都很难作为一种生产力存在,生产要素如不通过一定的方式实现结合,便不能形成现实生产力,而只是潜在的生产要素。

(二) 生产要素结合方式必须适应生产力的特点

马克思还指出:"劳动生产力是由多种情况决定的,其中包括:工人的平均熟练程度,科学的发展水平和它在工艺上应用的程度,生产过程的社会结合,生产资料的规模和效能,以及自然条件。"(《马克思恩格斯全集》23卷53页)。从这段话中可以得到三个方面的启示。

(1) 根据在马克思所列举的这五个因素可以看出,生产力是由多种要素构成的复合系统,其构成要素分为两大类:一类为实体性要素,包括劳动者、劳动资料和劳动对象;一类为智能性要素,包括科学技术、劳动组织和生产管理等。显然,在其他条件不变的情况下,上述诸因素中任何一个发生变化,都会引起劳动生产力的相应变化。

(2) 生产过程的社会结合应该包括生产关系和企业组织管理。例如,在工程技术领域,这种生产过程的社会结合就是以工程项目作为一个载体,将业主、总承包商、专业承包商、劳务分包商、机械租赁商、材料供应商等联系在一起。判断生产力水平高低主要看构成生产力的要素即劳动者和生产资料相结合的程度。结合的越紧,劳动生产力水平就越高,反之就越低。在计划经济体制下建筑企业之所以不能顺利进行生产,根本原因不在于生产三要素的欠缺,而在于没有确立起适应生产力特点的结合方式,这是制约企业发展的根本问题。

(3) 要发展生产力,不仅要努力实现生产力诸要素的先进性,而且要适时调整生产关系,改革生产的具体社会组织形式即经济体制,实现生产力诸要素的结合方式的优化。

(三) 建筑业生产力的特点

(1) 建筑业生产力技术构成低。马克思把生产资料和劳动力之间的量的比率,叫做资本的技术构成。他说:"劳动的社会生产力在每个特殊生产部门的特殊发展,在程度上是不同的,有的高,有的低,这和一定量劳动所推动的生产资料量,或者说,一定数目的工人在工作日已定的情况下所推动的生产资料量成正比,也就是说,和推动一定量生产资料所必需的劳动量成反比。因此,我们把那种同社会平均资本相比,不变资本占的百分比高,从而可变资本占的百分比低的资本,叫作高构成的资本。反之,把那种同社会平均资本相比,不变资本比重小,而可变资本比重大的资本,叫作低构成的资本。"(《马克思恩格斯选集》第二卷183页)。

(2) 建筑业生产力是劳动者与生产资料是以半机械化、半手工和完全手工的方式相结合。从劳动者和生产资料相结合的方式分析,可归纳为四种方式:一是劳动者和生产资料结合的现代化、自动化的生产方式;二是自动化、半自动化的结合方式;三是一般机械化相结合、半手工相结合的方式;四是完全手工劳动相结合的方式。我国正处在向工业化过渡的发展阶段,同时又要向信息化时代迈进的社会转型时期,既有以机器大工业为主的现代社会生产力形态,又有以信息技术为新特征的先进生产力形态,还有以直接手工技术为特征的传统社会生产力形态,因此,社会生产力呈现出多层次性的分布特点。建筑业是一个特殊行业,从整体上说,资本有机构成低、生产工业化程度低,我国在相当长的时期内,建筑业的作业工人仍然主要靠农民工,目前有4000多万的劳动大军。与发达国家相比，人均年竣工面积仅为美国和日本的1/4和1/5，建筑业增加值仅为美国的1/20、日本的1/42，仍然属于劳动密集型、粗放型产业。

（3）建筑业施工生产具有建筑产品固定、人员流动的生产特点。建筑业产品特点和工业产品特点恰恰相反，工业是产品流动，人员固定。而建筑业是产品固定，人员流动，哪里有工程，包括人力、施工机具、建筑材料、设备等生产要素就流动到哪里，在施工生产过程中必须以项目为对象进行市场化的资源优化配置、动态管理和控制。特别是基本物料、设备、人员需求种类的一致性与不同工程项目对物流、设备、人员的不同要求，需要不断为每一个工程项目进行组合成一个功能齐全的临时供应链。有多少个工程项目，就会有多少次不同的资源优化配置和动态管理与控制。

二、建筑业与工业生产力对比分析

从技术构成方面讲：主要是看三个定量数字：一是看一个生产部门一个劳动者所占有的生产资料数量；二是看在一定时间内一个劳动者所推动的生产资料量产力；三是看总产值中物化劳动价值和活劳动价值的比例。按照定量统计分析的三个数字，我们把工业部门的生产力状况作为整个社会生产力水平的代表，把建筑业作为一个物质生产部门同工业部门进行比较，就可以对建筑业生产力水平有个整体的认识。

根据国家有关部门1984年的统计数据，以当时63295个规模以上工业企业和2956个建筑企业进行对比，结果如表11-1所示。从表11-1可见，一名劳动者所占有的生产资料量，建筑业企业是4300元/人，工业企业是9454元/人，仅为工业企业的45%；一名劳动者所推动的生产资料量，建筑业企业4800元/人，工业企业9300元/人，为工业企业的51%；一名劳动者投入的活劳动价值，建筑业企业为1278元/人，工业企业为1072元/人。物化劳动与活劳动的价值比率即资本的有机构成，建筑业企业为3.75：1，工业企业为8.65：1，建筑业企业为工业企业的43%。

建筑业与工业生产力对比(1984)　　　　表11-1

	企业个数	固定资产净值平均余额（亿元）	总产值（亿元）	增加值（亿元）	从业人员平均人数	人均工资（元）	人均占有固定资产（元/人）	人均推动生产资料量（元/人）	人均活劳动价值（元/人）	物化劳动与活劳动的价值比率
建筑企业	2956	226	370	252	524	1278	4300	4800	1278	3.75：1
工业企业	63295	3396	5045	3333	3592	1072	9454	9300	1072	8.65：1

根据国家有关部门的统计资料，对1999年的162033个工业企业（全部国有及规模以上非国有工业企业）和47234个建筑业企业（资质等级四级以上建筑业企业）的有关数据进行分析，结果如表11-2所示。从表11-2可见，一名劳动者所占有的生产资料量，建筑业企业是12853元/人，工业企业是106777元/人，仅为工业企业的11.78%；一名劳动者所推动的生产资料量，建筑业企业40250元/人，工业企业115499元/人，为工业企业的35%；一名劳动者投入的活劳动价值，建筑业企业为7982元/人，工业企业为7794元/人。物化劳动与活劳动的价值比率即资本的有机构成，建筑业企业为5.04：1，工业企业为14.81：1，建筑业企业为工业企业的34%。

建筑业与工业生产力对比(1999)　　　　　　表 11-2

	企业个数	固定资产净值平均余额（亿元）	总产值（亿元）	增加值（亿元）	从业人员平均人数	人均工资（元）	人均占有固定资产（元/人）	人均推动生产资料量（元/人）	人均活劳动价值（元/人）	物化劳动与活劳动的价值比率
建筑企业	47234	2542	11153	3022	3412	7982	7450	23829	7982	2.99∶1
工业企业	162033	47282	72707	21565	9061	7794	52181	56442	7794	7.24∶1

通过对比分析，可得出如下结论：经过 15 年的发展，工业和建筑业的生产力水平都有了很大的提高，但两个物质生产部门相比，建筑业企业生产力水平低于工业企业，比农业高一些，位于社会生产力四个层次中较低的位置上，介于机械化、半机械化、半手工这个层次，即第三层次。这就是建筑业生产力状况在整个社会生产力中所处的位置。

马克思还指出由于各物质生产部门生产的特殊性，因此不同生产部门的技术构成是不一样的。一般来说，工业要高于农业，石油、化工、钢铁、汽车等行业要高于建筑业。生产力的发展是多层次的，一个社会的生产力能包容不同行业生产力的发展水平。建筑业企业生产力水平主要是建筑业生产力具有与工业生产力不同的特点所决定的。

三、项目生产力理论的基本内容

（一）项目生产力

马克思把生产力划分为社会生产力、部门生产力和企业生产力三个层次。社会生产力是指是人类改造自然使其适应社会需要的物质力量。部门生产力是指不同的产业和行业的产业性或行业性生产力，例如，工业、农业、服务业，也包括一个产业中的不同行业。企业生产力是指一个具体企业的生产能力。马克思还把企业生产力比喻为社会生产力的细胞，借以形象地说明企业是构成社会生产力和部门生产力的微观有机体。因此讲生产力不能离开企业。企业是劳动者和生产资料结合的场所，是生产要素转化为现实生产力的载体，生产力只有通过企业才能展现自己的作用。但是建筑企业与工业企业不同，建筑业产品是固定的，具有较强的个体性和独立性，它是由建筑安装生产单位组织施工生产的。工程项目既是产品，又是劳动者、施工机具和劳动对象等生产要素只有在项目上才能真正结合为现实的生产力。也就是说，建筑企业生产要素的结合场所是在工程项目上。所以，建筑企业与工业企业存在一个重要区别，这就是建筑企业的现实生产力最终是在项目形成。由此在建筑业产生了第四层次的生产力，即项目生产力。对建筑业生产力而言，项目生产力才是它的细胞，只有优化项目生产力的结构，才能促进建筑业生产力的发展。图 11-1 给出了项目生产力的图示。

（二）项目生产力理论的研究对象和研究目的

项目生产力理论的任务是根据马克思主义原理，以建立和完善工程项目生产要素配置机制为出发点，从生产力和生产关系两方面研究

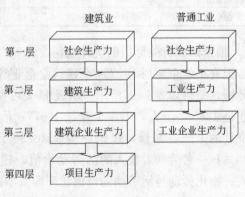

图 11-1　项目生产力

工程建设项目生产要素配置的规律性。规律是社会经济运动过程中经济现象之间的内在的、本质的、必然的联系。它体现着经济过程的必然趋势。规律具有客观性。人们既不能消灭、废除和改造经济规律，也不能创造和制定经济规律。经济规律的客观性决定了人们必须尊重经济规律，按经济规律的要求办事。项目生产力理论通过揭示建筑业生产要素的运动规律和特点，再针对其特点通过改革那些不适应生产力发展的生产关系的方方面面，来解放生产力和发展生产力。

（三）项目生产力理论的内涵

项目生产力理论从建筑业生产方式的技术特点和要素构成角度，分析生产要素的运动规律和特点出发，明确了生产方式变革是建筑企业体制变革的主题。

1. 明确了建筑企业生产要素运行的特点

（1）分散性。建筑企业的生产要素一般都是在远离企业本部的项目现场实现结合。项目建设是集人力、设备、材料、技术、管理于一身，在有限的时间和空间内，集中了大量的工人、建筑材料施工机具、设备零部件进行作业。因此这种结合的难度必然要大于工业生产，必然要对企业的管理方式提出特殊的要求，必然要把项目管理作为生产力的组织手段。项目管理水平越高，生产要素的结合就越充分、越紧密，生产效率就越高。

（2）流动性。项目的固定性要求所有生产要素都必须是高度流动的。大量人力的调进调出，不同工种的频繁更替、交叉，造成了参与这种流动和结合的人员必须按照特定计划要求的时间、数量、比例进入或离开项目现场，实现与生产资料的充分结合；各种设备、材料的需求在不同阶段、不同部位也呈现出很大的波动性。这就要求所有的生产要素都必须高度协调、统一地在流动中实现优化组合。

（3）在时间和空间上的间断性。工程项目作为一次性单件生产过程，各种生产要素的投入往往在不同阶段、不同空间中时断时续。这种间断性对生产要素的紧密结合提出了很高的要求。这就需要通过项目管理把时间、空间、资源加以统筹控制，充分而有效地利用有限的时间和空间，变局部的间断结合为总体的连续结合，从而实现总体的最佳控制。

2. 明确了工程项目是生产要素转化现实生产力的载体

由于工程项目是固定的，施工生产是流动的，科学管理、适用技术、劳动者、施工机具和劳动对象等生产要素只有在项目上才能真正结合为现实的生产力。所以项目才是生产要素转化现实生产力的载体。也就是说，建筑企业生产要素的结合场所是在建设项目上，项目管理是将各种生产要素结合起来的手段。离开了项目组织方式，企业的生产要素只是生产条件，还无法形成现实的生产力。因此，采用项目管理组织施工是建筑业生产力的本质特征决定的。项目管理反映了施工生产中生产要素的运动规律，只有按照这一规律办事，才能达到建设项目的预期目的，才能取得好的综合效益。

3. 明确了建筑企业生产力和项目生产力的关系

两者的关系简而言之，企业生产力是项目生产力的前提和条件，因为企业要占有和组织生产力的三要素，要配置这些要素，没有企业生产力，项目生产力就实现不了，就是无源之水。项目生产力是企业生产力的落脚点，是对劳动者、施工生产机具和劳动对象三大要素在工程项目上实现优化配置和动态管理，因而是现实的生产力。企业的管理水平和管理效率在很大程度上都体现在企业联结性资源的建立和创新上，如果缺乏这种形态的企业资源，企业就会缺乏将其他企业资源充分调动起来的保证。

企业生产关系与生产力的矛盾运动，推进了企业改革。对建筑企业而言，项目生产力起着决定性的作用。施工体制的变革的根本是要解放生产力、发展生产力，要发展生产力必须进行生产方式的变革。这要求我们通过改革来调整企业生产关系，变革内部管理体制，转换经营机制，实现组织结构扁平化和矩阵式组织管理，推动劳动者、施工生产机具和劳动对象三大要素在工程项目上实现优化配置和动态管理，以解放和发展企业生产力和项目生产力。

4. 理论明确了优化配置生产要素的双层次运作机制

管理始终是生产力发展的协调性、组织性要素。企业管理与项目管理是密不可分的。项目管理是企业经营管理的基础，而经营管理又是项目管理的前提和条件。只有把两者结合起来，实现企业和项目双层次项目生产要素的优化配置，才能对生产要素进行优化配置，实施动态控制，达到保证工程质量、降低施工成本、体现项目管理运作机制的运行质量和实际效果。推动生产力全面、协调和可持续的发展。

5. 明确了生产要素要采取市场化的配置方式

既然建筑企业生产力是以项目生产力为最终落脚点，那么，在计划经济体制下"大而全"、"小而全"国有建筑企业，固化的劳动组织，多层次、僵化的行政管理系统，企业跟着建设项目走，整体大搬家式的生产方式就大大违背了项目生产力的要求。取而代之的是应以项目管理作为人、财、物等生产要素配置和组织方式。而项目管理则要求各种要素自由流动和充分竞争的市场化，所以，企业不仅要发育适应项目生产力需要的内部市场。而且要把两层分离、主辅分离、实现组织结构的合理化和市场化作为改革改制的主要内容。

要推动建筑业生产力的发展，就必须根据马克思主义的生产力理论去研究建筑业和建筑企业生产力的特点，再而对建筑企业来讲，整体大搬家的生产方式违背了建筑企业生产力的要求，造成国家投资浪费大，企业困难大，职工情绪也很大。从建筑企业生产的特点出发，寻求一种适应行业和企业生产力要求的生产关系，使生产关系与生产力相互促进，形成新的生产方式，这正是项目法施工所追求的实质。

项目生产力理论的提出，为全行业实施项目管理提供了坚实的理论基石。20年来建筑业以项目生产力理论来指导改革的实践，对建筑业和建筑企业的生产关系进行冲击，推进了施工管理体制的改革，把"项目法施工"这一新生产方式的雏形变为可操作的一种新型施工管理模式，初步形成一套具有中国特色并与国际惯例接轨、适应市场经济、操作性强、比较系统的建筑施工生产方式。

第三节　项目管理的实践形式

项目管理在中国建筑业20年的实践过程中，促进了项目管理形式和内容的不断丰富和创新，实现了施工生产方式的根本变革。

一、项目管理组织形式

项目经理部是项目生产力的组织形式，在计划经济体制下企业是按内部行政层次来组织施工生产，现在是按项目经理部来组织施工生产。项目经理部主要特征就是对工程项目实行动态管理，并为企业优化配置社会生产要素，发展项目生产力，扩大营业规模提供了新的经营管理模式。

（一）项目经理部的发展

项目经理部作为企业改革中的新生事物，其管理模式也历经了一个不断完善和发展的进程。在20世纪80年代我国企业普遍推行承包制的背景下，项目经理部实行的是项目经济承包制，这种管理模式实质是生产经营单位厂长（经理）负责制的一种延伸，它强调项目的经营自主权，项目经理是作为项目施工的承包人出现的。基本特征是：包死基数，确保上交，超收多留，欠收自补。这种模式曾在转型时期发挥过作用，但实施当中其包盈不包亏等弊端也逐渐暴露出来。

20世纪90年代初期，国有企业改革强调转换企业经营机制，项目经理负责制开始取代项目承包制，但负责制强调项目经理个人的权力，这种管理模式仍然偏重于单纯的扩权让利，从而出现放权过度，法人经营权力下移、内部人控制失控的现象，包盈不包亏变成了负盈不负亏，当时很多企业都有"富了和尚穷了庙"之说。

为了强化项目经理的责任，项目经理责任制又取代了项目经理负责制。项目经理责任制的核心是摆正项目经理与企业的关系。项目经理是企业法定代表人派到项目中的代表人，两者是上下级关系，不能是合同关系，也不是搞承包。项目经理的职责是根据企业法定代表人的授权，对工程项目自开工准备至竣工验收，实施全面的组织管理。在这种管理模式下，项目经理按责任制考核，项目经理管理有优胜劣汰的竞争机制，有功过分明的激励约束机制，比较好地解决了项目经理的责权利问题。

从项目经济承包制到项目经理负责制的转变，再由项目经理负责制到项目经理责任制的提升，虽然只是承包制、负责制和责任制的几字之差，但它刻画出了企业运行机制不断完善的轨迹，有效地铲除了项目承包制的弊端。

（二）项目经理部的定位

项目经理部是由项目经理在企业法定代表人授权和职能部门的支持下组建的、进行项目管理的一次性组织机构。其特征是优化组合，动态管理，所以是一次性的临时机构。但在项目经理部的发展过程中，出现了项目经理部固化问题。一些企业把它当作传统管理体制中的工程处，按行政序列固定编制，甚至把设备、周转材料、经营效益也固定在经理部。项目经理部可以买汽车，可以购置固定资产，甚至有的项目经理部同时承接了若干个工程。形成了"滚雪球"式的核算体系，把本来是一次性的、临时组织机构的项目经理部，又搞成了固定的组织形式，存在着人员固化、机构固化、资源固化的问题，造成项目成本混淆，生产要素沉淀的弊端，这显然失去了项目管理的本来意义。为了正本清源，我们从项目管理的理论和实践中提炼出了"三个一次性"定位：项目经理部是一次性的临时组织，是一次性的成本中心，是企业法人的一次性授权委托人。这"三个一次性"定位从本质上划清了项目经理部与传统管理体制中的工程处之间的区别，为克服项目小团体化、混淆成本核算以及生产要素利用率低等不良倾向提供了理论依据。

（三）项目经理负责制

项目经理负责制是以项目经理为责任主体的施工项目管理目标责任制度，是项目经理部最基本的制度。项目经理的资质由行政审批获得。项目经理责任制指在企业的统一领导下，建立在企业职能部门与项目经理部之间明确、稳定的管理关系上，由项目经理在其职责范围内全权调动企业一切资源并全权负责项目实施工作的管理制度。企业通过在"项目管理目标责任书"中明确项目经理的责任、权力和利益，并相应规定企业的决策层、管理层（职能部门）与项目经理部之间的关系。项目经理根据企业法定代表人的授权，对工程项目自开工准备至竣工验收实施全面组织管理。项目经营的好与坏直接与项目经理本人挂钩，明确了项目经理的责、权、利，便于对项目经理进行全面的考核，做到奖罚分明。

项目经理责任制的基本内容，项目经理受企业法人委托，代表企业通过对工程项目全过程、全方位、全合同的管理，实现企业在工程项目上的三大目标，即公司向业主的合同承诺目标、公司对项目部下达的成本降低目标和施工现场管理目标，并把这三大目标定位为项目经理责任制的基本目标内容；其次，落实项目经理责任制的基本条件，一是授权条件，项目经理在授权范围内处理和协调内外及各方面的关系，保证工程项目的协调有序实施。二是机制条件，公司内部用完善的市场机制、用人机制、分配机制、服务机制、激励机制和约束机制等有效机制来保证项目经理责任制的落实。三是素质条件，即项目经理的自身素质和项目管理素质，运用高素质实现对项目管理基本运行。四是组织条件，通过建立项目管理的组织体系，有效、灵活地实现工程项目的进度、质量、安全、成本的"四控制"和合同管理、现场管理、信息管理、生产要素管理的"四管理"。

（四）项目经理职业化

顾名思义，经理就是经营管理，如果把经理界定在人格化范畴，就是指负责经营管理的人，经理一旦人格化，就变成一个非常具有诱惑力的头衔，所以在社会上人们把这样的人才称之为职业经理人。职业经理人是市场化的产物，没有市场也就不会有职业经理人的天地。职业经理人进入市场，一般受雇或受聘于一个载体，他既要负责经营管理这个载体，同时又要善于经营自己；职业经理人是一种复合型的人才，他不仅知识面要宽、精通经营管理业务，而且观察事物的视野要开阔，并有驾驭全局性工作的组织领导才能。

项目经理是法人代表委托在该项目上的代理人，是项目施工全过程全面负责的管理者，在建设工程管理中具有举足轻重的地位，他们所承担的重大责任直接影响到工程建设项目的成败和企业的经济效益。特别是项目经理的基本素质、管理水平以及其行为是否规范，对工程项目的质量、进度、安全生产和遵章守法等起着决定性作用。但是在实行项目经理制度的一段时期内，有许多企业按照计划经济的思路，采取了不分管理对象而一律按所谓的"科级干部"管理的做法。针对这种情况，建设部制定了对项目经理进行资质认证和行政审批制度，主要包括项目经理的资历、素质、业绩条件和等级标准以及审批程序等等，从而明确了项目管理经理在建筑企业中具有的重要地位和作用，使项目经理走上了职业化管理的道路。

项目经理的职业定位经历了两个阶段的变化。第一阶段为建筑施工企业项目经理资质管理制度，是以通过行政审批来实现的。项目经理资质等级与项目经理所在企业资质等级相挂钩。项目经理资质根据招标条件需要，进入市场参与竞标，中标后上岗扮演项目经理角色，与特定的项目实行管理对接，代表可服务的企业履行施工合同。第二阶段是以人事部和建设部联合印发的《建造师执业资格制度暂行规定》为标志，意味着国家正式启动建造师执业资格制度，取消项目经理资质行政审批核准，由注册建造师代替。市场准入方式虽然发生变化，但项目经理岗位职务的本质并没有改变。

国家建设行政主管部门对项目经理的市场准入实行指导。项目经理的市场准入是建筑业企业资质管理的一个重要内容。对工程项目经理实行市场准入制度，是在全面推行招投标制，规范市场竞争秩序中逐步建立健全的。实行这一制度的依据是《建筑法》、《招标投标法》、《合同法》和相关行政法规对市场准入的规定。实行这一制度的目的是规范市场秩序，保证建设工程质量和安全生产，建立项目管理的行为规范，提高从业人员的整体素质和管理水平。实行这一制度的方向是顺应工程项目管理与国际惯例接轨的发展走势。

项目经理职业管理的基本内容主要有以下三个方面。

(1) 具有工程项目管理的执业资格认证。《建筑法》规定，从事建筑活动的专业技术人员，应依法取得相应的执业资格证书，并在执业证书许可的范围内从事建筑活动，现阶段项目经理资格认证的途径主要有：政府建设行政主管部门印发在规定"过渡期"内仍然有效的建筑业企业项目经理资质证书；按国家执业资格制度规定，依法取得并经注册有效的建造师执业资格证书。在"五年过渡期"结束后，随着市场竞争的日益激烈和不断深入，取得建造师执业资格是市场经济体制的必然要求，大中型项目的项目经理，应由依法取得注册建造师执业资格的人员担任，一级建造师对应一级项目经理，二级建造师对应二级经理，企业聘用的项目经理对应三级项目经理，建造师执业资格和项目经理岗位殊途同归，都是在市场经济条件下，合法实施项目管理的必然归宿。

(2) 具有工程项目管理岗位职务。是否授予项目经理岗位职务历来由所在企业决定，假如一个项目经理已有职业资格，但没有项目客体存在，或没有取得项目管理的对象，则不认为是真正意义上的项目经理，所以企业应制定科学的评价办法，根据岗位业绩、工作能力、资信证明等内容，衡量项目经理的管理水平和贡献大小，择优选配项目经理上岗。

(3) 具有工程项目经理责任能力。工程项目经理应有履行项目管理的责任能力，因项目管理不善或工作失误导致的后果，应依法承担有关责任。项目管理的责任风险，主要表现为质量、安全、工期、成本和其他责任风险。企业应以通过签署《项目管理目标责任书》的形式，落实项目经理责任制，采取各种预防措施的应急预案，有效避免、转移或分解项目管理的责任风险。

据统计，从1990年开始，全国已培训了近80万项目经理，50万人取得了项目经理资质，其中一级项目经理10万人，为企业培养和造就了一大批懂法律、会经营、善管理、具有专业知识的项目管理人才队伍。

(五) 项目成本核算制

项目成本核算制是搞好工程项目管理的重点和核心，是提高项目管理经济效益的有效制度。它是以工程项目为对象，以项目经理部的责任成本为最高控制限额而进行的项目收支核算，归集工程成本，进行盈亏分析，准确反映项目管理经营情况，考核项目经理业绩。它是以降低成本为宗旨的一项综合性管理工作。进行成本管理是建筑企业改善经营管理，提高企业管理水平进而提高企业竞争力的重要手段之一。实行工程项目管理必须坚持企业是利润中心，项目是成本中心的原则。

为确保目标成本管理工作的有效运行，必须建立健全施工项目成本管理体系，包括建立各级组织机构、设计成本管理流程和运行程序、明确各级各岗的成本职责和考核办法，用成本管理体系文件的形式予以表达。

(1) 制定项目目标成本管理办法，对目标成本管理组织体系、职责，工作流程和原则，成本预算和控制方法，以及项目成本核算的内容和分析等都可作出明确规定，便于操作和执行。

(2) 建立施工前的成本核算评估制。工程开工前，要依据工程中标价或工程预算，组织专业技术人员对人、机、料、管理费等支出进行核算评估，测算各项支出后，能够盈利多少，做到心中有数，然后按照各作业层，将工程成本目标合理分解后再组织施工。

(3) 建立施工过程中的成本管理检查制，项目经理部每月召开一次成本分析会，结合工程进度、各施工机组施工情况及各项费用支出等进行分析、总结。公司每季度召开一次由专业管理人员参加的项目成本分析会，组织专业技术管理人员深入项目经理部进行查帐对比分析，严格对项目经理部目标成本指标进行比较、分析、考评，查找成本节超原因，及时调整偏差，并总结成本管理经验，进行试点推行，确保项目成本总目标的实现。

(4) 建立决算制，在施工过程中，要按月准确统计施工进度，定期做好预结算工作，使工程款及时回收。及时办理变更签证的报批手续，督促业主履行变更合同。工程竣工后项目经理部编制决算报告，公司组成决算审查小组，重点要考核完成工程产值总额、价款收入、成本开支、利润等，对项目经营业绩进行评价，分析目标成本指标的执行情况。

(5) 建立激励机制，奖金分配必须与项目经理部的整体利益、各岗位人员的责任和贡献挂钩，对项目经理部的监控管理，建立起强有力的激励、约束机制和项目经理部全体员工利益共享、风险共担的责任体系，极大地调动了全员关心成本核算的积极性。

(六) 项目管理责任体系

当前，项目管理正在实践中进一步完善，这就是要建立以项目经理责任制为核心的项目管理责任体系，形成一个覆盖全方位、全过程和全员的责任整体。在这个责任体系中，项目经理处于负总责的核心地位，现在还存在项目经理不到位的现象，往往建设单位在招标之前，项目经理既是优秀项目经理，又是一级项目经理，但是干活的时候，他不在了，不到位了。由此而引发工程质量、安全事故和经济责任不清的问题时有发生。所以，必须切实解决项目经理挂帅不出征的问题。同时，要针对总分包体制中社会化专业分工多、联系界面复杂、相互容易脱节的特点，建立健全总分包中的责任体系，理顺总分包管理责任关系，明确责任主体，落实管理职责，使各个专业、劳务分包商真正纳入项目管理的整体责任体系之中，以有效地控制施工过程中可能发生的各类风险。

二、项目管理运行机制

通过推行项目管理，在企业施工组织形态上呈现出三个层次，即企业层次、项目层次、作业层次。理清理顺了这三个层次之间的关系是实施项目管理的重要内容。

(一) 三个层次的定位

(1) 企业层次是一个法人的责任范畴，法人责任范畴包括三个主体：市场的竞争主体，履约合同的责任主体，企业利益的主体。三个主体的层次决定必须确立法人主体地位和利润中心地位。

(2) 项目层次是成本中心，负责单体工程项目的质量、工期、成本等管理，特征是优化组合，动态管理。

(3) 作业层次是大企业的劳务支撑，作为劳务分包作业队伍，发展方向专业化、独立化和社会化。

(二) 三个层次的关系

企业层次、项目层次和作业层次的关系解决了企业生产力在这几个层次上的衔接与接口问题，是调整好企业内部总体运行机制的关键。三个层次的关系是：

（1）企业层次服务于项目层次。企业法人层面要把自己当作生产要素控制的第一层面、调配生产要素的第一层面，在占有、控制生产要素的基础上，面向项目需要，充分发挥调配生产要素的作用。

（2）项目层次服从于企业层次。项目经理部必须按照"三个一次性"规范定位，而不能截留利润，固化机构，变成微型企业，与企业的主体地位和利益发生对抗，这是不可错位的。企业与项目是委托与被委托、授权与被授权的关系。项目经理在这一点上必须清醒。

（3）项目层次与作业层次是合同商务关系。项目同作业层之间，不管作业层是什么方式和配置，都是合同关系，受合同法制约。项目层次与作业层次是合同商务关系，是以管理层与劳务作业层相分离为前提的。建筑企业是靠劳动密集型起家的，劳动力组织形式一直是改革的难题。实现管理层、作业层两层分离后，就有一个作业层如何建设、如何发展的问题。这种两层分离在一个具体企业表现为管理层和作业层分离，在社会上表现为整个建筑施工队伍按照专业化分工，然后在项目上进行生产能力的组合，这样就可以把施工能力引导到按专业化发展、大生产方式的组合道路上，使很多老企业原来潜在的管理能力通过这种形式大大释放出来。作业层的发展方向应当是专业化、独立化、社会化。作业层专业化不是目的，是一种生产组织形式，最终目的是法人化。

（三）矩阵式组织结构

在推行项目管理以前，我国施工企业普遍套用一般工业企业的直线职能制组织形式。这种形式是与固定建制基层生产作业队伍为基础，企业生产要素相对固定地配备给各生产作业队伍，不易随企业生产任务、规模、种类的变化而调整。企业横向专业管理部门和纵向管理部门职能体系往往各自为政，造成各部门之间矛盾和权力分割，使生产作业队伍无所适从，不利于各专业力量优化配合完成生产作业任务。

推行项目管理使企业组织结构转向矩阵式组织形式。这种形式是适应企业施工任务弹性大、每个项目相对独立性较强的情况。其作用：一是把生产要素集中到企业层次，使之脱离某一固定的项目作业层，从而能够根据项目的需要合理流动和优化配置。二是企业管理层和项目管理层的利益相对独立，有利于明确两个方面的责权利，调动两个方面的积极性。三是横向专业管理部门为纵向管理部门职能体系服务，而纵向管理部门职能又以施工项目为管理的基点和重心，有助于施工活动的效率。

三、项目管理经验

项目管理在实践中不断创造出了的新经验。比较集中而鲜明的表述就是"三位一体"的新概括，即"过程精品、标价分离、项目文化"的管理方式。它可以用三条线来形象地表述。

（一）过程精品

第一条线是"过程精品、动态管理、节点考核、严格奖罚"的质量线。

过程管理的核心是把过程作为质量的主战场，强调上道工序必须保证下道工序的质量，每个环节的质量必须保证整体的质量。对于这一点，大家不会有不理解的地方，也不会怀疑这一提法。问题在于要真正把每一个过程都作为管理对象来展开。

所谓"过程精品"指的是在工程项目的整个建设过程中,做到把精品意识落实在过程控制之中,依靠每一道工序的高品质、每一位员工岗位工作的高品质,使施工的每一个环节都做到精益求精,每一个过程都力求完美,从而让业主真正满意放心。所谓动态管理,就是对人、财、物、时间从计划、实际角度进行全方位实现动态预测、控制和快速调整。在实践上我们也都清楚,任何事物的形成都在于过程之中,所有的工作都是通过"过程"来完成。我们每个人的岗位,从事的每件工作都处于一环一环的过程之中。过程在我们的手上,过程在我们的脚下,过程在我们的身边,过程评价着每个岗位,过程联系着你、我、他,过程贯穿于每一个瞬间。资源的配置在过程中发生,价值的增值在过程中实现,管理水平的提升在过程之中奠基。这一要求是点到了管理的"穴位"。因此基础管理要"唱过程戏,说过程话"。管理就是要用系统的观点,系统的方法对过程进行优化,只有在过程之中既开花又结果,才能把基础管理的工作落到实处。

应当说,与过程管理紧密联系的是全员性管理,过程依靠全员,全员覆盖过程。我们企业经营管理的主体是员工。只有企业全体成员都从不同的岗位、不同的方面、不同的生产和工作过程阶段来共同实施过程管理,才能把基础管理打牢。在这里每一位员工的自我管理就非常重要。所谓自我管理,就是以诚信的理念来对待自己所从事的每一件事,经常对"过手的活"问一问,是不是马虎凑合了,是不是对得起以诚为本的良知了。若全员都如此,就会形成诚信支撑全员,全员覆盖过程,过程提升基础管理的局面。

(二) 标价分离

第二条线是"标价分离、分层负责、精耕细作、集约增效"的成本线。

所谓标价分离,就是企业的中标价与项目经理部成本价格相分离,项目预算以"标价分离"为基础,严格控制项目成本费用。这要求把握关于投标报价、标价分离、成本控制的内在要求。它们的内在要求就是三个合理:投标报价要合理、标价分离要合理、成本控制要合理。三个合理的核心分别是,投标报价的合理关键看中标。中标合理有三维:企业自身承受价、竞争对手的竞争价、业主的期望价,三维形成合理价。标价分离合理,才能确保项目和企业的积极性。分离的合理性是保利,标价分离后成本到项目上去了,项目部承担制造成本的节超责任,成本控制就是保本,这才能促进项目层的精工细作,才能集约增效。成本控制的合理性就在于不超过目标成本。

所谓分层负责,就是将目标成本分解,明确项目各级管理人员的目标、义务、责任及利益,精打细算,增强全员的责任感和成本意识,对项目所有的施工流程都要实行量化管理,横向到边,纵向到底,使各个环节都有严格的"成本意识"和降低成本的有效措施,使项目部的一切经济活动都事关自身,真正做到一举一动为企业添利,一言一语为企业增益。同时要通过严格、严密的考核奖罚制度,与每一个责任人挂心连肉,坚决遏制管理粗放、效益流失等现象,争取经济效益的最大化。

(三) 项目文化

第三条线是"项目文化、文明施工、安全生产、立体标化"形象线。

所谓项目文化、立体标化,是在"外塑形象,内炼素质"的目标统领下,以成功导入CI视觉形象识别系统为发端的。项目是我们建筑企业生存的依托,是建筑企业最基本的生命细胞。项目管理是建筑企业管理的核心,建筑企业要持续发展,项目管理能否上新水平是关键。而当代项目管理上新水平不仅要有质量线、成本线,而且还要有文化线。所以在实施CI战略的同时,我们把项目文化提升起来,作为CI工作的主旋律,作为提高施工现场管理水平的重要举措。通过以项目文化为主旋律,成功地实践了工程创精品、精品树名牌、名牌托品牌的战略思想。"中国建筑"已经成为中建总公司宝贵的品牌资源;我们不断提升企业品牌的市场内涵,在竞争中充分发挥出了无形资产的文化优势。我们向社会有力地推出了中建企业的形象,拉进了市场、业主与中国建筑的距离;有力地提升了中国建筑品牌的含金量和影响力,扩大了企业的知名度和美誉度。

由这三条线形成的"三位一体",是以项目为中心的质量、工期、成本、现场文明施工的全面要求,而把三条线联结为"一体"的则是"过程"。从过程做起的管理思想体现了全面提升项目经营质量的科学管理。因此,"三位一体"的管理要"唱过程戏,说过程话"。只有在过程之中既开花又结果,才能把"三位一体"的管理工作落到实处。

项目管理的实践和发展告诉我们,项目生产力与企业生产关系相互适应、相互推进的新型生产方式的基本形成。作为一个新生事物,特别是在国有企业内部改革实践中形成的"三层关系、两制建设、三位一体、综合运行"的十六字新型框架,已成为了全行业普遍性的生产方式和经营管理模式。

四、项目管理信息化

建筑企业在日常管理中,由于地理条件、施工环境等原因,公司管理决策层不能及时得到生产经营信息,这无疑成为了企业发展的一大障碍。近几年来,信息化手段开始在项目管理中得到应用。许多大型建筑企业使用先进的技术手段,逐步建立以电子计算技术为基础的信息系统,并形成全国性的网络,全面提升了管理水平。从中建总公司在项目管理中应信息化作用来看,取得的效果比较明显。

为提高经济效益的目标,中建总公司提出加大机构整合力度,缩短中间链条,提高办事效率,推行集成管理。要实现这个目标,必须构造更为强大的企业总部决策管理中心功能,尤其是必须大力加强财务资金集中管理,有效控制企业的投入和产出,严格控制项目成本费用,强化企业层次对项目层次的服务调控能力。

这种集成管理提出,是企业管理方式的重大变革,其实质是推动企业利润中心和项目成本中心的"两心合一"的方向转变,实现这一跨越的手段就是先进的信息管理手段。

决策支持系统可以为决策管理者提供经营管理所需要的各种数字化、图形化的分析资料和分析方案,并能针对相应的项目进行发展趋势的分析,从而提高了管理层的快速反应能力,明显增强了调控能力,有利于公司整体优势的发挥。

通过远程网络财务管理、终端远程登录操作,企业总部决策层和相关部门可以及时调阅财务数据,实现对各项目财务工作的实时监督指导。因而在全面预算管理、项目成本管理、资金管理三个重要方面,实现了财务核算集中管理,财务数据集中管理,规范了集团的财务核算业务,保证了整个企业一套帐和财务制度执行的一致性,全面提升了集中财务管理水平。

由于建立了以公司总部为核心的网络与通信系统,公司总部可以从项目的进度、资金、质量等方面,自始至终紧密地监控整个项目的生命周期,通过对建筑项目管理的持续性改善,实现施工过程更经济、更快捷和更高质的要求。

实践证明,先进的信息管理手段完全可以打破企业总部与工程项目之间在地理空间上的错位问题，能够对千里之外的工程项目进行全过程的服务和调控，使项目在公司总部和现场之间有效执行。有人称之为这是"两心变一心、异地零公里"，实现了项目管理水平的新跨越。

五、项目文化建设

项目文化是项目管理的形象大使，这是中国项目管理的特色。项目文化具有四个特点。

（一）项目文化是"阵地文化"

项目文化作为项目管理的重要内容，是以现场形象为外在表现，以企业理念为内在要求，以项目队伍建设为对象的"阵地文化"。也就是说，项目文化是中建企业文化的"阵地"。这个阵地要体现企业的核心价值观和诚信理念；这个阵地要展现企业的品牌建设；这个阵地要凝聚广大员工和劳动者队伍。只有强化了阵地文化，把它作为企业文化建设的重点，才能更有利于使企业文化产生强大的社会影响力。

对施工企业而言，项目文化是企业文化在项目管理上的延伸和体现。无论是企业的价值观、经营理念还是品牌建设都是与项目管理紧密联系在一起的，都是要最终体现在项目管理上。所以强化项目文化，把它作为企业文化建设的重点，才更有利于使企业文化产生强大的社会影响力。要将项目文化建设融入项目管理的日常活动之中，凝聚在企业产品质量、信誉、品牌和市场竞争力之中，体现于企业各级管理者的管理行为之中。

（二）项目文化是沟通文化

在我们每一个项目上，有业主、有监理，有管理层次、还有作业层次，多方行为主体各自履行项目建设的职责，但其行为都必须通过统一的管理制度、项目文化来约束、沟通和协调，项目文化不涉及各个行为主体的隐性文化，有利于化解现场性的各种矛盾，我曾经将其归纳为"共创文化，凝聚各方"。

（三）项目文化是劳动文化

项目是劳动密集的场所，作业环境艰苦，各种作业队伍人员素质、文化取向千差万别，而项目是操作出来的，做好质量安全、文明施工的管理，依靠的就是这种融合了作业层次的项目文化的力量来实现的。

（四）项目文化是露天文化

与工业生产比起来，工程项目户外作业，建设周期长、社会联系广，是向社会公众展示企业形象的重要窗口，能够放大企业的社会影响面，项目文化的形象作用十分明显。

项目文化对项目经理提出了更高的要求。项目经理更需要具有实现企业核心价值观的实践素养，具有凝聚项目班子和劳务队伍的团队能力，有诚信业主和员工的品格力量，有协调现场各方以及与社会的运作水平。

在项目文化建设中，要善于把企业文化建设工作与思想政治工作密切结合，切实担负起在实践中建立核心价值观的任务，肩负起培育、提升经营理念的任务，肩负起凝聚企业员工的任务。全体党员尤其是党员领导干部一定要有率先垂范的意识，身体力行，大力宣传和塑造统一的企业理念，努力使自己成为这种理念的化身，通过自己的表率示范作用向广大员工灌输企业的价值观，以诚信的品质和实际行动影响广大员工，带动每一位员工自觉参与到文化建设中来。在"三位一体"的项目管理中，我们要通过责任目标、责任区制度等制度，把思想政治工作的目标和进度控制点、工作程序、具体要求一起分解到项目上，与施工管理同步规划、同步考核。在项目管理的各个环节充分发挥先锋模范作用，用实际行动保持共产党员先进性。

六、项目管理多样化

从全国建筑行业来看，项目管理已由国有企业改革当中推行的生产方式变革，扩展到了其他经济成分，成为整个行业普遍采用的生产方式。

（一）项目管理主体多元化

计划经济到市场经济的体制改革，推进了建筑市场主体日趋多元化。目前，在建筑施工领域，市场主体大体为以下几类：国有企业、集体企业、有限责任公司、民营私营企业、外资企业。根据2005年全国经济普查统计，北京市建筑企业数量超过8000家，其中私营企业比重最高，占半数以上。建筑市场主体多元化因而形成了项目管理主体的多元化。

（二）项目管理方式的区别

由于行为主体多元化，必然会在项目管理方面有各种不同角度的理解，导致项目管理方式的多样化。例如，新兴的民营私营企业也在实行项目管理的生产方式，也在采用项目经理部的组织形式，但同样是叫项目管理，内容却有很大的不同。

国有企业改革推行项目管理必须转换经营机制，冲击企业旧的管理体制，项目管理实际上担当了改革的任务，是企业改革的突破口。而民营私营企业由于是市场经济的产物，与国有企业相比，民营私营企业的优势是机制活，包袱轻，本身没有历史遗留问题，不存在对作业层分离的问题，从企业成立开始就采取市场化的方式配置资源。

在项目经理部的组织形式和运行方式上，民营私营企业的项目经理部是固化的、独立的，有的本身就是一个法人企业，其运行具有"四自"特点，即自揽项目，自筹资金，自我积累，自我发展。这与国有企业的项目经理部的特点是三个一次性是不同的。

民营私营企业的特点是与我们目前的建筑市场状况相适应的，这就是一般民用项目特别是房建项目多，技术要求不高、施工组织相对简单，因而他们的项目管理方式就有了存在的空间。但是对大型项目、技术要求复杂的项目、施工组织程度高的项目，这种项目管理方式就难以适应，企业也就难以做强做大。反映在项目的规模上，也有类似情况，项目的范围有大有小，时间有长有短，涉及的行业、专业人员也差别很大，难度也有大有小，因此出现了各种各样的项目管理方法。

（三）多样化与规范化的关系

由于项目管理主体的多元化，在实施项目管理当中虽然会呈现出多样性的走势，但始终存在如何优化社会施工生产条件和生产要素来提高自身的项目管理水平问题，始终存在如何选择合作伙伴和管理人才来提高项目管理水平的问题，始终存在如何针对工程项目类别的多样化来采用适用方法来提高项目管理水平的问题，等等。

如何将施工项目管理发展成为适应市场经济的、与国际惯例接轨的、适用于各种主体的现代化生产方式，仍需在实践中去探索、去创造。但是不论项目主体如何多元，工程项目如何多样，实行项目管理的规范化则是共性的，因此要在规范中提升，在提升中完善，才能达到提高项目管理水平的要求。

七、项目管理规范建设

我国建筑业是推行项目管理，实施项目经理制度最早的行业，从学习鲁布革工程质量经验开始，结合国情消化吸收，深化项目管理体制改革，已创立了一套具有中国特色的工程项目管理理论体系和科学的工程项目管理运行方式。2001年，国家建设主管部门推出的国家标准《建设工程项目管理规范》（CD/T 50236—2001）。该规范集十多年施工管理体制改革和项目管理经验，是我国建设领域项目管理规范化建设的重要成果。经过几年的实践，国家建设主管部门又在组织对2001版的《建设工程项目管理规范》进行修订，以推出《建设工程项目管理规范》（CD/T 50236—2005）。目的是在总结施工项目管理的理论成果和实践经验的基础上做到统一方向，实施科学管理，强化管理绩效，促进项目管理规范化发展。

第四节 项目管理走向的新趋势

项目管理的发展与工程承包方式的变化密切相关。在全球经济一体化、国际直接投资猛增的推动下，国际工程市场发生了很大的变化，一方面带资承包和项目融资日益盛行；另一方面，工程项目的大型化和复杂化导致发包方式更多地向集工程设计、融资、设备采购、施工和经营管理于一体的总承包模式发展。在这种情况下，国际大型工程公司纷纷改变了经营策略，项目管理走向出现了新的趋势。

一、国际工程发包方式的演变

（一）投资人结构的变化

20世纪末，全球经济的核心是一个以跨国公司推动的日益一体化的国际生产体系。国际直接投资已逐步取代国际贸易成为全球经济发展的及重要的动力。国际直接投资的迅猛发展，导致全球范围内的项目投资增加，有力地带动了国际工程市场的繁荣。在市场增大的同时，承包项目的出资结构也在逐步变化。政府出资项目逐步下降，20世纪90年代以后，随着经济全球化的发展，政府投入已赶不上经济发展的需求，各国政府向私人资本和外国资本开放更多的领域，积极鼓励私营部门参与基础设施的建设，尤其是电信、电力和交通等基础设施建设，以及一些大型的工业项目。可以预见，未来的建筑市场，不管是政府项目，还是私人项目，都将更多地要求带资承包。融资能力已经成为是否能够赢得工程的重要因素。

（二）工程发包方式的变化

全球经济的发展和人们需求的不断提高导致工程项目越来越向大型化、复杂化方向发展。传统承包方式已不能满足国际市场的需要，项目发包方式随之发生了巨大的变革，业主为了节约开支，缩短项目建设工期和尽量减少与更多的承包商打交道，越来越倾向于将工程项目所需的设备、物资和材料的采购逐步由承包商统一负责，项目总包方式和特许经营方式在国际工程中广为运用。建筑业本身的技术进步和管理水平的提高为工程承包项目规模的不断扩大提供了有力的保障，同时国际金融服务体系的不断完善以及各国政府的积极支持都为承包项目规模的扩大和融资项目的发展提供了可能，也为工程项目一体化开辟了广阔的空间。工程承包方式的变化按照国际工程惯例，一个工程建设项目通常可以分为五个发展阶段，即：计划阶段，包项目发起、规划、可行性分析、环境评估；组织阶段，包括资金筹集、征地、工程发包和承包；设计阶段，工程的设计方案；施工阶段，包括项目建筑安装、施工管理、监理和工程验收；项目管理阶段，包括项目维修、管理和运营。工程各个阶段的任务可以由业主承担，也可以由承包商、设计公司或咨询公司承担，设备供应商也在其中承担一定的角色。

（三）传统承包方式的扩展

在传统的项目中，项目的计划和组织通常由业主或由业主委托的咨询公司来完成。然后业主分别对项目的设计、设备采购和施工进行招标，分别由设计商、供应商和承包商完成。完工后项目交给业主，由业主进行经营和管理。因而，可以说在传统项目中承包商的作用比较单一，就是进行工程施工建设。

(1) 总承包项目管理。在工程发包方式逐步向总包和融资项目演变的当今世界，工程承包方式也相应发生了变化，传统的设计、施工、设备供成分离的工程承包方式逐步向项目总承包项目管理模式转变，提供设计—采购—施工一条龙服务的承包服务将愈来愈受欢迎。目前国际上的这种工程总承包方式主要包括 D—B、EPC、CM、PM 等。

(2) D—B(Design—Build)，即设计—建造总承包承包商负责工程项目的设计和建造，对工程质量、安全、工期、造价全面负责。D—B 模式是一种项目组织方式。业主和设计—建造承包商密切合作，完成项目的规划、设计、成本控制、进度安排等工作，甚至负责土地购买和项目融资。使用一个承包商对整个项目负责，避免了设计和施工的矛盾，可显著降低项目的成本和缩短工期。同时，在选定承包商时，把设计方案的优劣作为主要的评标因素，可保证业主得到高质量的工程项目。

(3) EPC (Engineering Procurement Construction)即设计—采购—施工模式，是国际上最常见的工程承包方式，交钥匙工程是一种典型的 EPC 方式。这种方式指承包商与业主签约，承担从工程方案选择、建筑施工、设备采购与安装、人员培训直至试生产等全部责任，工程竣工验收合格后，承包商只要交给业主工厂钥匙即可开工使用，在这种模式中承包商集设计、采购和施工于一身，业务领域扩大，作用增强。

(4) CM(Construction Management Approach)即施工管理，但是与通常意义上的施工管理概念有所不同，实际上有施工经营的义。在这种方式中，业主委托一个单位来负责设计协调，并管理施工。采取 CM 模式，业主须聘雇一个有管理施工技能的公司，经过对整个工程的分析，将全部工程(包括设计)划分成几个独立的部分，分别选定承包商，承包商要进行该部分工程的详细设计，并与其他部分工程的承包商紧密联系。CM 是一种有效的管理方式，其优点在于将工程的核心任务交给一个管理公司，由它代表业主的利益，进行管理。许多大型国际承包商都有专门的工程施工管理分部，负责施工管理方面的合同的实施。CM 承包方式优于传统承包方式的地方在于，它引进了工程设计环节，使传统的承包项目内涵扩大。CM 的特点之一是强调承包商的业主代理功能，即过去由业主进行的许多工作，包括项目的企划、可行性分析、环境评估、资金筹集、征地、工程设计以及发包工作，现在都可以由 CM 型公司代理完成。

(5) PM (Project Management)即项目管理，是指一个工程管理公司受雇于业主，对项目的投资、建设周期和项目施工质量三大目标实施控制，并向业主提供合同管理、信息管理和组织协调等服务。项目管理公司既不参与设计，也不参与施工活动，只负责向业主提供咨询。它受业主委托，代表业主的利益，是业主忠实的顾问。PM方式相对于CM的优点是它更加强调承包商的设计能力，并进一步引进了设备采购环节。无论是EPC、CM还是PM项目，都越来越多地要求承包商带资承包或垫资承包。

（四）融资项目方式盛行

项目融资是兴起于20世纪60年代，兴盛于20世纪80年代以后的一种新兴项目发包方式。它是以项目未来的现金流量和收益作为偿还贷款的来源，并且用该项目的资产作为贷款的质押获得资金。BOT（建设—经营—转让）就是应用最为广泛的一种项目融资方式。它是指政府部门或私人投资者与项目公司签定特许经营合同，由该项目公司承担一个基础设施或公共工程项目的筹资、建造、运营及维修。在项目的特经营期限内，项目公司对该项目拥有经营权，以经营的收益来偿还项目投资并获取一定的利润。经营期满后，项目无偿（或根据协议有偿）转交给东道国政府或私人投资者。在传统的承包工程项目中，承包商负责设计、土建和采购或其中的某个部分，而在BOT项目中，承包商可能作为股东参加项目公司，参与项目的融资和经营活动，一方面可以方便地获得项目，另一方面收益也将大大提高，但是这对承包商提出更高的要求，同时也意味着承担更多的风险。通过项目融资可以给各方带来利益、分担风险，还可以加快工程的建设、为经济的发展提供条件。在亚洲、中东、拉美、非洲等地区，由于各国放宽了对资本的限制，国内外的私有资本正有条不紊地进军建筑市场，BOT、BOO以及BOOT项目增多，项目融资已成为经济发展的大趋势。国际上大项目更是倾向于共同开发、共担风险、共享利润。美国最大的工程承包公司贝克特尔公司50%的工程属于这种情况。国际工程市场分工体系的深化，国际建筑市场经过多年的发展，逐步形成了一整套内部分工体系并不断加以深化。国际工程市场形成新的分工体系并不断加以深化，发展中国家公司在这样的分工体系中基本是处于施工承包的地位。

二、国际承包商的发展及主要做法

（一）国际承包商的发展

（1）项目管理型公司。国际工程发包和承包方式的变革促使新型承包商应运而生。在未来的国际承包商中有这样一类公司，即具备科研设计开发功能、工程管理功能、投融资功能和跨国经营功能的企业集团，也即项目管理型公司。发达国家的大型工程公司依靠强大的资金、技术实力和丰富的项目运作经验，在项目建设过程中往往占据领先优势，在工程建设中充当计划者、组织者、设计者和管理者的角色。这些公司承包工程的主要方式是施工管理或项目管理，即承担项目的五个阶段中除去施工阶段的各项工作，而其施工阶段中的建筑安装则由各个专业公司承包。施工管理和项目管理属于工程项目中智力、资金和技术密集型的部分，因而往往可以获得更高的利润。PMC即项目管理总承包公司，是目前项目管理的最高形式，它是由一个（或几个）有资格的工程公司，通过规范的竞标程序从业主处得到项目，负责对项目的全过程实施管理。其工作除了通常的项目管理外，还包括项目资金筹措、替业主承担责任、分组风险等内容。

（2）工程设计与施工结合型公司。这类公司的主要业务是承揽EPC项目、交钥匙项目，提供工程设计、采购和施工服务。这种项目主要是技术和劳动密集型项目，可以带动更多的相关设备出口。

（3）以施工为主的公司。大多数发展中国家的工程公司由于技术、资金和经验等方面因素的制约，加上劳动力成本低的有利因素，基本上是施工型承包公司，即从事工程项目中最苦、最累，但收益最少的施工部分，属劳动密集型部分。

（4）发达国家与发展中国家公司之间的竞争与合作。竞争是国际市场上永恒的主题，但是在工程项目规模和风险越来越大的情况下，单靠一个企业的力量是无论如何都难以在国际市场上立足的，同时，由于每个企业所从事的行业不同，技术水平、经营管理各具特色，一个企业不可能具备所有的优势，因而承包公司之间的合作显得日益重要。这种合作是全方位、多主体的，可以是横向的，也可以是纵向的，可以是两家企业合作，也可以是多个企业合作。合作的方式也是多种多样。一般来说，处于相同或相似水平的公司之间横向合作较多，而处于不同水平的公司主要合作关系是纵向合作。发达国家公司与发展中国家公司之间多是纵向的合作关系，即发达国家的大型承包公司依据资金、技术和管理优势获取项目总承包商的地位，然后将一部分设计、施工、安装等工程分别交给来自发展中国家的承包企业，因为后者往往在设备、劳动力的价格上具有较强的竞争力。

（二）国际承包商的主要做法

（1）以工程总承包承揽大型项目。国际上大型工程公司充分依靠和发挥自身在人、财、物各方面的优势，承揽中小公司难以胜任的大型和复杂的项目，包括大型基础设施、工业、石化、能源、交通、供排水、环保等领域。如美国柏克德公司承揽的墨西哥海上石油现代化和扩建项目合同额50亿美元、智利铜矿扩建项目合同额13亿美元。

（2）以项目融资方式承揽项目。包括交钥匙、EPC、CM 和 PM 以及 BOT 等方式。

（3）项目所涉及的领域逐步拓宽。如美国最大的建筑公司柏克德公司的优势在工业和石化项目上，同时也可以承揽土建项目、公共设施、军工项目、采矿及冶金项目、海上工程、管道工程、电力工程、电信工程、供水项目等，并提供全面的技术和咨询服务，从而可以在市场上立于不败之地。

（4）以工程设计带动工程承包。大型工程公司为了占领技术制高点，从而取得更多的项目，非常注重在技术进步方面的资金投入，加大研究和开发的力度，研制新产品、新设备、新材料。许多公司拥有很多技术专利，大型公司越来越多地依靠技术和智力优势来获得项目。

（5）以资金作为企业发展后盾。国外大型公司不仅本身具有强大的资金实力，而且具有强大的融资能力，因而可以承揽更多的大项目。如日本鹿岛建设公司净资产为17.7亿美元，具有雄厚的实力，在此基础上，银行对公司给予了大力的支持，1999年财政年度公司从银行得到的资金在150亿美元左右，使总资产规模达到167.6亿美元，加上附属机构的资产规模将近200亿美元；1999财年国内外营业额为103.3亿美元，在建项目合同额为167.5亿美元，如加上附属公司营业额合计可达137.1亿美元，连续多年跻身全球最大的10家承包商行列。

（6）企业兼并打开国际市场。在经济全球化浪潮的推动下，全球企业兼并一浪高过一浪，建筑企业间的跨国兼并也一直在进行着，并成为承包商开拓国外市场的一条重要捷径。国际大承包公司的老板们普遍认为，国际市场的竞争越来越激烈，如果不能够在当地拥有一个基地或组建合资公司，就难以在该地立足。国际承包公司兼并主要在欧美国家之间进行，日本公司仍没有更多地介入。近年来大企业兼并案不断增多，最引人注目的是德国霍克蒂夫公司对美国特纳公司的收购和瑞典斯堪斯卡公司收购美国两家大型工程公司和英国的克瓦纳建筑公司。企业兼并已成为建筑企业打开他国建筑市场的钥匙和进一步占领市场的重要通道。

三、中国总承包项目管理

项目管理从 20 世纪 80 年代中期在中国兴起，经过了近 20 的发展，当前正处在方兴未艾的历史时期，项目管理的方式和内容更加趋向国际化。其中，总承包项目管理将是中国先进的大型建筑施工企业实现国际化的必由之路。从当前的现实来看，总承包项目管理在中国还仅仅处于初始阶段，其形式可以概括为三种形式。

（一）施工总承包项目管理

这是在工程施工阶段对业主负总责的项目管理，包括土建施工、设备安装、装饰装修、园林绿化等等。总承包商根据所承包项目情况，采取招标形式将工程分包给具有相应资质的各专业分包商。总承包项目管理的组织结构包括施工总包单位、专业分包单位和劳务分包单位。总包对分包实行统一指挥、协调、管理和监督，分包企业按照分包合同的约定对总承包企业负责。为推进施工总承包项目管理的进一步完善，政府建设行政主管部门相继出台了相关的法规和规范性文件。如《房屋建筑和市政基础设施工程施工分包管理办法》（中华人民共和国建设部令第 124 号）已经从 2004 年 4 月 1 日起施行；建设部、国家工商行政管理总局也联合批准颁发了《建设工程施工专业分包合同（示范文本）》和《建设工程施工劳务分包合同（示范文本）》（建市［2003］168 号）；目前，建设部正在组织修订《中华人民共和国建筑法》，里面也有规范分包行为的相应的条款。这些法规和规范性文件的出台将对规范建设工程施工分包活动，培育和发展两级建筑市场，维护市场秩序，起到积极的作用。

（二）工程总承包项目管理

工程总承包项目管理扩大了施工总承包项目管理的范围，扩大的范围就是设计与施工紧密相连的施工图设计部分。所以，发展工程总承包项目管理的关键是施工图设计进入施工技术竞争领域。从国际惯例看，设计单位所做的工程设计，只到初步设计或扩大初步设计的深度，不出施工图设计。在国际建筑市场上，施工承包商基本上都承担一部分设计工作，主要是我们所谓的施工详图设计。就承担的设计任务而言，承包商所起的作用主要有以下几种情况：

(1) 按照合同图纸施工。业主在选定承包商之后，承包商就必须按照合同文件中设计文件的要求施工。

(2) 合同规定承包商承担工程的全部和部分设计。业主在招标前的资格预审中或以其他方式考察和了解投标人的设计能力。施工能力不相上下的承包商，设计能力强者竞争力就强。当合同规定承包商承担工程的全部和部分设计时，业主会在合同中设立激励机制，让承包商分享优化设计的成果，使其不但能从自己施工方便的角度，也能从为业主保证工程的质量、降低成本和加快进度的角度优化设计文件。

(3) 招标文件中请投标人提出自己的设计和施工方案。招标者为了降低工程成本，有些时候会主动请投标者在投标时另行提出与招标文件不同的设计。只有满足招标者的功能和技术要求，且花钱少、耗时短，能够保证质量的设计才能战胜竞争对手。

(4) 设计和施工均由一家单位承担。这种方式在理论上对设计和施工承担者所具有的激励作用最大，能够激发承包单位尽最大的努力优化初步和施工图设计。

(5) 施工图设计单独招标。在由业主选择的设计单位完成初步设计或扩大初步设计之后，业主或设计单位再通过竞争方式另行选择施工图设计单位。选择的标准，不能单看设计费的多少，而应当首先看根据施工图设计编制出来的预算的多少，是否便于施工，能否保证工程质量，以及施工时间的长短等。这种方式也能够很好地调动设计人员优化施工图设计的积极性。施工单位当然应该参与这种竞争。

(三) 项目总承包项目管理

项目总承包是对工程总承包的进一步扩展。这种建设管理模式是指项目业主聘请一家项目管理公司 (一般为具备相当实力的工程公司或咨询公司)，代表业主进行整个项目过程的管理，这家公司在项目中被称作"项目管理承包商"，与之签订项目管理承包合同。它不同于项目管理服务。在这种模式下，业主仅需对工程管理的关键问题进行决策，绝大部分的项目管理工作都由项目管理承包商来承担。项目管理承包商作为业主的代表或业主的延伸，帮助业主在项目前期策划、可行性研究、项目定义、计划、融资方案，以及设计、采购、施工、试运行等整个实施过程中有效的控制工程质量、进度和费用，保证项目的成功实施，达到项目寿命期技术和经济指标最优化。

四、项目管理人才的国际化

(一) 项目管理人才的三个根本性转变

在经济全球化的市场竞争中，中国建筑业正在走向世界，急需一大批国际化的工程项目经理。培养一批熟悉国际惯例的项目管理人才，实施"走出去"的战略，跻身于国际建筑市场，逐步扩大市场占有份额，仍是建筑业面临的一项战略性任务。我国工程项目经理要达到国际认同，必须努力实现三个根本性的转变。

(1) 必须有进入国际市场的执业资格。在国际工程承包市场上，取得相互认同的执业资格，并获得某一国度的准入，本身就是国际惯例，如国际上成立最早的英国皇家特许建造学会，至今已有150多年的历史，通过该学会授予的特许建造师，享有较高的国际声誉，得到许多国家和地区的认同，一旦取得特许建造师资格，等于拿到了在全球范围内从事项目建造活动的通行证。我国加入WTO以后，建造师注册制度象征着我国的建造师执业资格正向国际惯例靠拢，争取达成有关国家互认将是参与国际工程承包竞争、增强竞争能力的战略之举。

(2) 必须有取得国际认可的品牌优势。国际市场上具有较高知名度的承包商，一般都蕴含着潜在的品牌优势。它在一定程度上代表了企业的人才优势和竞争优势。在国际竞争中，我国入围的承包企业应有企业的品牌优势，品牌优势中实施项目管理的项目经理应有自己的人格魅力和知识修养，工程业绩、能力素质、信用证明是其综合体现。

(3) 必须有适应国际竞争的新型人才。根据专家预测，加入WTO后，国内承包企业和国外承包商"内出外进"的格局逐步形成。从建筑业实施"走出去"战略的总体形势看，参与国际竞争一定程度上是高素质人才的竞争。在应对知识经济时代的今天，作为项目经理，要通过不懈努力，尽快搭上理念更新、知识更新、方法更新的快车，把自己变成学习型、竞争型、创新型的人才，方是最佳的自我定位。

(二) 国际化对项目管理人才的要求

当前，对项目经理的培训和继续教育重点在于国际化，尽快培养一批高素质、具有国际水平的项目管理人才。针对在岗项目经理的现状和国际建筑市场对人才的需求，必须坚持"引进来"和"走出去"相结合的方针，注重培养三种管理人才和高级技术人才。

(1) 能适应、加速建筑企业结构调整和熟悉项目管理、创建建筑精品的复合型知识人才。

(2) 熟悉国际惯例，有一定外语水平并适应中高级工程技术的外向型人才。

(3) 能适应技术进步和建筑业发展经营需要的开拓型经营与决策人才。

(三) 国际杰出项目经理的培养

2002年，由中国建筑业协会工程项目管理委员会和国际项目管理协会、英国皇家特许建造师学会、英国皇家特许建造师学会(香港)、韩国建设事业管理协会、新加坡项目经理协会等项目管理组织共同发起成立了国际工程项目管理合作联盟并签署了合作协议。目的在于促进国际间的交流与合作，建立国际间项目管理人才的互认激励机制，大力推动以国际杰出项目经理为代表的国际项目经理人才的成长，使中国出类拔萃的项目经理走向国际市场的大舞台。

作为国际杰出项目经理必须具备以下四个条件：

(1) 必须是中国的优秀项目经理。

(2) 必须经过国际化培训，比如经过CIOB的培训或新加坡南洋理工大学以及国际项目管理协会(IPMA)的培训。

(3) 必须具有亲自组织项目管理并完成重大项目的代表作工程。

(4) 必须掌握一门外语。

按照这四条标准，中国建筑业协会项目管理委员会从2002年开始由各地协会推荐，经国际工程项目管理工作联盟组织评议，并经现场英语答辩。

(四) 项目管理职业资格认证体系

国际项目管理资质认证方面分为两大类。一种是PMP，另一种是IPMP。前者是美国项目管理协会(PMI)推行的一种认证体系，后者是由国际项目管理协会在全球推行的四级项目管理专业资质认证体系。IPMP最大的特点是注重本土化和实践能力。各国可以按照IPMP的标准，结合本国实际进行培训和资质认证。鉴于二者九大知识体系基本相同，而IPMP从认定方法到程序及它的实践性来讲，更适合于我国国情。中国建筑业协会项目管理委员会已经同国际项目管理协会中国认证委员会达成共识，由该会牵头负责中国建设领域的IPMP认证工作。目前正在参照IPMP认证考核标准，研究制定既与国际接轨，又能适应中国国情的国际项目经理专业培训及职业资格认证示范标准，目的在于建立一整套具有中国特色的国际项目管理人员职业资格认证体系，其中包括职业资格评估体系、培训体系、资格认证体系等，以进一步提升项目管理人员的系统理论知识和实际管理能力，全面提高中国项目管理者的国际化水平。

(五) 执业资格认证制度

为积极推进项目经理队伍的职业化、专业化和规范化建设，国家已经启动了以建造师执业资格为基本条件的职业资格认证制度。这一制度的实施将加速与国际上项目经理职业资格认证体制接轨的步伐。

　　这里需要说明的是，建造师与项目经理定位不同，但所从事的都是建设工程的管理。建造师执业的覆盖面较大，可涉及工程建设项目管理的许多方面，担任项目经理只是建造师执业中的一项；项目经理则限于企业内某一特定工程的项目管理。建造师选择工作的权力相对自主，可在社会市场上有序流动，有较大的活动空间；项目经理岗位则是企业设定的，项目经理是企业法人代表授权或聘用的、一次性的工程项目施工管理者。

　　建造师执业资格制度建立以后，项目经理责任制仍然要继续坚持，国发〔2003〕5号文是取消项目经理资质的行政审批，而不是取消项目经理。项目经理仍然是施工企业某一具体工程项目施工的主要负责人，他的职责是根据企业法定代表人的授权，对工程项目自开工准备至竣工验收，实施全面的组织管理。有变化的是，大中型工程项目的项目经理必须由取得建造师执业资格的建造师担任。注册建造师资格是担任大中型工程项目经理的一项必要性条件，是国家的强制性要求。但选聘哪位建造师担任项目经理，则由企业决定，那是企业行为。因此建造师执业资格制度不能代替项目经理责任制。通过实践证明，项目经理责任制在施工中发挥了重要作用，而且必将发挥更好的作用，因此这项制度必须继续坚持。

案 例 研 究

案例1：项目管理组织

日本大成公司鲁布革作业所机构组织

日本大成公司鲁布革作业所机构组织如图11-2所示。

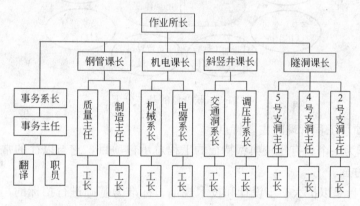

图11-2　日本大成公司鲁布革作业所机构组织

　　(1) 项目层次与企业层次的关系，在企业授权下，实行项目作业所长责任制，目标、责任、权力配套下达，职责明确，便于考核。

　　(2) 两层结合在项目上，管理层是由日本大成公司人员出任，包括课长、系长和事务部的职员、翻译。作业层都是中国水电十四局的职工，包括工长及以下人员。从图中可以看出，虽然是中日两个国家的企业，但正是在鲁布革这个工程项目上实行了管理层和作业层的结合。

　　(3) 项目管理体现出专业化分工的原则，作业所长面向四个作业课长和一个事务系长，横向协调各专业。从课长、系长的前置定语可以看出，项目的组织机构按照专业设置的。每个专业负责人都能够集中精力把本岗位的工作管全、管深、管细。如机电课长对机电施工设备的选配、调度使用、管理维修保养乃至零配件采购都是负责到底,全权处理,确保现场施工需要是他的最高宗旨。

案例2:"LG"工程总承包项目

(一) LG 项目概况

LG 项目是一座集写字楼和商铺于一体的高科技、高智能、高品质的综合国际大厦,投资方为韩国乐喜金星集团。大厦坐落于北京市东长安街建国门外,占地面积 13021m^2,建筑面积 151345m^2,地面 30 层,地下 4 层,高度 140m。采用双塔联体设计,主楼采用单元式玻璃幕墙、金属幕墙、框架式幕墙,裙房采用石材幕墙,建筑外形与 LG 设于韩国汉城的世界总部外型相仿。是繁华的建国门商贸圈一座拥有显著特质的地标性建筑。

LG 项目的总承包方为中建一局集团建设发展公司和 LG 建设组成的联合体,中标合同额 7.55 亿人民币,含全部结构、机电、精装修、幕墙工程。合同原则是合同范围总价一次包死,不予调整。项目于 2002 年 8 月 8 日开工,工期 36 个月。该项目无预付款,按照工程进度节点,每 4%一付,每次付 75%,每次的 25% 累计后做为保留金。截止 2004 年 10 月已经完成产值 5.2 亿元。图 11-3 示出了联合体的基本分工。

图 11-3 联合体的基本分工

(二) LG 项目工程管理的主要特点

LG 项目作为一个具有比较典型特征的工程总承包项目,它与以往的常规项目不同之处表现在三个方面。

(1) LG 项目是以扩大初步设计和技术规范、标准为基础进行招标的,施工图设计由总承包商负责完成。总承包商进入设计阶段,依据现场施工经验,通过系统优化经济技术方案,组织专家进行集中评审,既满足技术规范、标准的要求,保证理论上的最佳效果,又科学地减少了工作量和材料物资的消耗量。而常规项目的做法是以施工图设计为基础进行招标。建筑企业以往都是完全照图施工,即使有一些设计补充,也仅仅是用于完成施工的定位布图,解决现场施工矛盾,是一项辅助性、被动性工作。图 11-4 给出了施工图优化设计流程。

(2) LG 项目的专业施工分包、劳务分包、材料采购和设备采购由总承包商负总责的方式选定。而常规项目的做法经常是虽然总承包商名义上负总责,但分包基本都是业主指定,总承包商难以发挥总承包项目管理的优势。

(3) LG 项目的专业施工分包、劳务分包全部采取包清工的方式。尤其是在专业施工方面，无论专业程度怎样，一律采用劳务清包模式，总包分别控制所有环节，风险和效益并存，不但大幅度降低了分包的管理取费。而且更好的发挥了总包控制能力、履约能力。而常规项目的做法是，对专业性很强的分包工程，一般是采用大包形式，设计加包工包料，不仅有相当一部分管理费流向分包，而且总包控制力度有限。

从以上三个不同的特点可以看出，LG 项目是按照国际承包商标准管理的、具有真正意义上的总承包工程：包括了全部生产流程，从深化设计——技术要求制定——厂家/制作的单位的确定——定货/供货——现场安装管理——到最后的验收。其中优化施工图设计实现工程总承包的核心环节。图 11-5 给出了上述总包概念的变化。

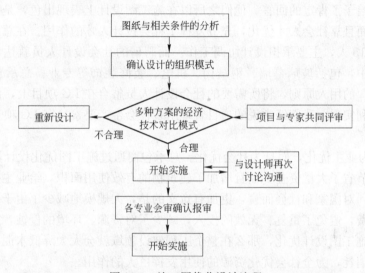

图 11-4 施工图优化设计流程

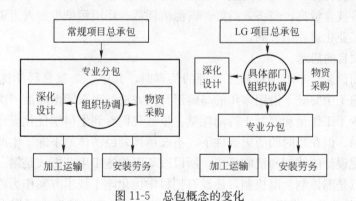

图 11-5 总包概念的变化

(三) 优化施工图设计的内涵

(1) 不仅是合理优化，而且是科学优化。所谓合理优化，一是指为满足生产需要、便利施工、解决现场矛盾而对施工图的优化，二是指在合同允许的条件下，对材料、设备的技术性能进行比照，采用性价比更高的材料、设备来降低工程造价。如在 LG 项目上原设计的进口材料有近 50% 由国产材料所替代，由此来降低工程造价。科学优化是指通过优化施工技术方案，既能够满足技术规范、标准的要求，还可以大量减少材料的使用。LG项目的总承包商通过施工图设计优化提高了施工技术方案的科技性和经济性含量，将潜在的降低工程造价的因素挖掘出来，实现减少工程量，降低消耗量，确保高质量的最佳效果。如在基坑支护方案比选中，鉴于深基坑的土质特点，支护结构采用降低地连墙高度，上部改用土钉护坡结构型式，地下连续墙同时作为大厦周边楼板的支点，形成正式结构的一部分，大幅度地减少了水泥、钢筋的使用量；对玻璃幕墙和铝板幕墙的优化设计，大批量地减少型材和玻璃的用量；对钢结构的优化设计，也使得用钢量大为减少。

（2）不仅靠自有人才优化，而且靠社会人才优化。过去许多人对总承包企业商能否担当施工图设计总抱有疑问，理由是缺乏相应的设计人员。但在LG项目上，中建一局集团建设发展公司给予了肯定的回答。他们之所以在施工图设计上表现出色，是因为不仅靠自有人才优化，而且靠社会人才优化，充分发挥了社会设计人才的作用。在总承包商自己的设计人员只有15人，主要承担设计协调工作。而聘请的社会设计人员就达200多人，在这些设计人员中，包括玻璃幕墙、钢结构、机电、装修装饰等专业。总承包商"不求所有，但求所用"的用人原则，将所需要的社会设计人员整合在LG项目上，使各专业的优化设计得以顺利实现。我们经常说的项目管理组装社会生产要素，在LG项目上得到了更加完整的体现。

（3）不仅为业主优化，而且为社会优化。总承包商通过施工图优化设计不但为业主降低工程造价，节省了大量资金，而且增加了建筑物的有效使用面积，给业主提供了价廉物美的建筑产品。对国家和社会而言，更加有意义的是，大规模地减少了由于保守设计带来的建筑材料浪费，避免了重复、无效的投入，减少了对资源、环境的侵蚀，如果所有的工程项目都实现施工图设计优化，那么在整个工程建设领域就会大大降低水泥、钢材、铝材等建筑材料的消耗，为全社会优化资源的使用发挥巨大的作用。

综上所述，优化施工图设计是施工管理与建筑产品整体系统优化，完全符合转变经济增长方式，走科技含量高、经济效益好、资源消耗低、环境污染少、人力资源优势得到充分发挥的新型工业化道路的方向。

（四）LG项目的启示

我们在前面讲到鲁布革工程施工管理的特点时，其中一条就是科学优化施工技术方案，在引水洞施工中突破了沿用多年的马蹄形开挖方法，采取圆形断面一次开挖成型，从而大规模的减少了工作量和混凝土的消耗量。虽然我们看到了科学优化设计所取得的十分可观的经济效果。但在当时的历史条件下，不改革计划经济体制下施工生产方式，企业就不可能具备优化设计的体制和机制环境，所以改革旧的施工生产方式是第一位的任务，鲁布革冲击的焦点是旧体制、旧机制，还没有把科学优化施工技术方案作为鲁布革经验的重点。经过20年的改革与发展，建筑业管理体制和企业经营机制发生了根本性的变化，基本实现了由计划经济向市场经济转轨，项目管理已经成为普遍实行的施工生产方式。进一步提升施工生产方式，就要发展以"减少工程量，降低消耗量，确保高质量"为核心内容的工程总承包。LG项目的经验对于当前建筑业改革具有十分直接和重大的意义，可以讲是继鲁布革之后的第二次冲击，这次冲击的目标是推动施工管理方式由粗放式向集约化发展，建立适应工程总承包需要的行业管理体制和企业"低成本竞争，高品质管理"的运行机制。

复习思考题

1. 如何认识生产关系对生产力作用的发挥？
2. 如何认识项目经理部"三个一次性定位"？
3. 如何认识项目管理中的"三层关系"？
4. 总承包项目管理有哪些形式？
5. 如何认识施工图进入施工技术竞争领域的重要意义？

第十二章 投资管理体制与代建制

第一节 投资管理体制改革与代建制的提出

一、投资体制改革历程

投资体制是我国经济体制的重要组成部分,它决定着社会扩大再生产过程中的资源配置方式,既与经济活动的宏观管理体制有直接联系,又与经济活动的微观管理紧密沟通,涉及宏观经济和微观经济。一方面,经济体制改革对投资体制改革提出了要求并指明了方向;另一方面,深化投资体制改革,对经济体制改革的全面推进和不断完善发挥着积极的推动作用,有利于加快建立社会主义市场经济体制的进程。

(一)改革开放前的投资体制

新中国成立以后,从1949年到1978年的近30年间,在高度统一的计划经济体制下,我国实行的是高度集中统一的投资管理体制。1958年开始,实行中央和中央各部门集中统一管理为主转变为以地方管理为主。1958年至1960年的"大跃进"期间,基本建设投资基本上处于无计划、无约束、无秩序的状态,直到1961年,中央政府实行收权措施,重新恢复了集中统一的投资管理体制。一直到改革开放,"集中统一"始终是投资管理制度基本特征。

在改革开放之前的经济和社会环境下,投资管理中存在着诸多的问题,其中主要包括:投资建设以领导意志为主,中央政府投资决策大多数是从政治的需要出发,经济的考虑往往放在第二位,不注意科学决策。特别是在"大跃进"和"三线建设"等时期,上了许多无效的项目,造成许多建设资金的浪费。但是当时的项目建设都是采用行政审批的办法进行管理,有较为严格的申请批准程序。

总结改革开放之前的30年间,投资体制的主要特点是:由中央政府主管全国的建设,国有单位的投资建设全部纳入国家计划。税收、企业利润、更新改造基金、固定资产折旧和大修理费等可用于固定资产投资的各项费用全部上缴政府,用于投资建设的资金由中央政府根据计划拨付地方政府和企业使用,地方政府和国有企业没有投资自主权。

(二)改革开放后实行的新措施

1979年,以党的十一届三中全会为标志,拉开了中国改革开放的序幕,投资体制从一开始便成为我国经济体制改革的重要内容。在改革开放后的25年中,我国政府在逐渐地推进投资体制改革,采取了许多切实有效的措施。主要表现在下列几个方面:

(1) 1979年8月,国务院批准了原国家计委、国家建委、财政部《关于基本建设投资实行贷款办法的报告》,并批准了《基本建设贷款试行条例》,拉开了投资信贷体制改革的序幕。

(2) 1984年9月，国务院颁发了《关于改革建筑业和基本建设管理体制包干问题的暂行规定》，提出包括全面推进基本建设项目投资包干责任制、改革建设资金管理办法、改革现行的项目审批程序等16个方面的改革。同年12月，原国家计委等单位颁布了《国家预算内基本建设投资全部由拨款改为贷款的暂行规定》，凡是由国家预算安排的基本建设投资全部由财政拨款改为银行贷款。

(3) 1988年6月，国务院批准原国家计委《关于投资管理体制的近期改革方案》，从扩大企业投资决策权等7个方面提出了具体的改革设想。

(4) 1990年12月和1991年9月，上海和深圳证券交易所分别开业，为通过发行股票筹集投资资金增加了重要的来源渠道。

(5) 1993年11月，十四届三中全会通过的《关于建立社会主义市场经济体制若干问题的决定》指出，要"逐步建立法人投资和银行信贷的风险责任"，用项目登记备案制代替现行的行政审批制。

(6) 1994年，在《进一步深化投资体制改革的实施方案中》，将投资大体分为竞争性、基础性和公益性项目投资3大类。同年3月，国家开发银行成立，其主要职能中就包括支持基础设施、基础产业和支柱产业项目的建设。

(7) 1995年6月，原国家计委、财政部联合颁发了《关于将部分企业"拨改贷"资金本息余额转为国家资本金的实施办法》。同年，国务院批准成立了国家开发投资公司。

(8) 1996年4月，原国家计委颁发了《关于实行建设项目法人责任制的暂行规定》。规定要求，国有单位经营性基本建设大中型项目必须组建项目法人，实行项目法人责任制；项目法人按照国家有关规定享有充分的自主权，项目法人对建设项目的筹划、资金筹措、建设实施、生产经营、债务偿还和资产保值增值，实行全过程负责。

(9) 1996年8月，为解决投资主体缺乏风险约束和项目建成后企业负债经营还本付息负担过重的问题，出台了《国务院关于固定资产投资项目试行资本金制度的通知》。从1996年开始，对各种经营性固定资产投资项目，包括国有单位的基本建设、技术改造、房地产项目和集体投资项目，试行资本金制度。所有项目必须按总投资的一定比例落实资本金后才能进行建设。

(10) 1997年8月，原国家计委发布了《国家基本建设大中型项目实行招标投标的规定》，拉开了在工程建设领域开展招标投标的序幕。

(11) 2000年1月，《中华人民共和国招标投标法》正式施行，促进了招标投标市场健康、有序地发展。

(12) 2001年11月，原国家计委率先取消第一批5大类行政审批事项，通过改革，更好地发挥市场机制的基础性作用，发挥企业作为市场主体和投资主体的功能。

新中国成立以来，为了尽快把我国建成社会主义的强国，党和国家一直非常重视投资建设。50多年来，在建设领域投入了大量的资金，对促进我国经济和社会的全面发展，壮大国家的综合实力，提高人民的生活水平起到了极其重要的作用。通过改革的不断推进，政府大力改革了项目建设管理体制，简化了投资项目审批程序，扩大了地方政府的投资决策权限，尤其是建设项目的法人责任制、投资项目资本金制、招标投标制、工程监理制和合同管理制的建立和推行，对积极推进政府投资体制改革起了重要的作用。

二、国务院关于投资体制改革的决定

为了保证我国的有限资源发挥更大的作用,改革开放以来,党中央和国务院非常重视投资体制的改革和建设,2004年7月16日颁布的《国务院关于投资体制改革的决定》(以下简称《决定》),把我国的投资体制改革向适应社会主义市场经济的发展推向一个新阶段。

(一)《决定》的指导思想和主要目标

2004年7月19日,温家宝同志批示:推进投资体制改革,是建立和完善社会主义市场经济体制的重要举措,对当前加强和改善宏观调控有特别重要的意义。就是要合理界定政府投资职能,通过制定发展规划、产业政策,运用经济和法律的手段引导社会投资;就是要改进政府投资项目的决策规则和程序,提高投资决策的科学化、民主化水平,建立严格的投资决策责任追究制度。

《决定》提出的政府投资体制改革指导思想和目标是:按照完善社会主义市场经济体制的要求,规范政府投资行为,促进生产要素的合理流动和有效配置,优化投资结构,提高投资效益,推动经济协调发展和社会全面进步。合理界定政府投资职能,提高投资决策的科学化、民主化水平,按照"谁投资、谁决策、谁收益、谁承担风险"的原则,建立投资决策责任追究制度;健全投资宏观调控体系,改进调控方式,完善调控手段;加快投资领域的立法进程;加强投资监管,维护规范的投资和建设市场秩序。

具体来讲,就是要改革政府对企业投资的管理制度,按照"谁投资、谁决策、谁收益、谁承担风险"的原则,落实企业投资自主权;合理界定政府投资职能,提高投资决策的科学化、民主化水平,建立投资决策责任追究制度;进一步拓宽项目融资渠道,发展多种融资方式;培育规范的投资中介服务组织,加强行业自律,促进公平竞争;健全投资宏观调控体系,改进调控方式,完善调控手段;加快投资领域的立法进程;加强投资监管,维护规范的投资和建设市场秩序。

(二)《决定》的主要内容

《决定》的颁布,是建立和完善社会主义市场经济体制的重要举措,这对当前加强和改善宏观调控有特别重要的意义,实行这项改革将会对调整结构、深化改革、转变经济增长方式发挥积极作用。其中的六项内容尤其令人关注,成为了改革的亮点。

1. 企业不使用政府投资的项目不再审批

【原文】 "对于企业不使用政府投资建设的项目,一律不再实行审批制,区别不同情况实行核准制和备案制。"

【解读】 企业不使用政府投资建设的项目一律不再实行审批,这是我国投资体制改革的一个重大突破,极大拓宽了企业自主投资"施展拳脚"的空间。

改革开放20多年来,我国投资领域打破了传统计划经济体制下高度集中的模式,但确实也还存在着一些企业投资决策权不落实等问题。《决定》中明确指出,彻底改革现行不分投资主体、不分资金来源、不分项目性质,一律按投资规模大小分别由各级政府及有关部门审批的企业投资管理办法。对于企业不使用政府投资建设的项目,一律不再实行审批制,区别不同情况实行核准制和备案制。

2. 颁布《政府核准的投资项目目录》

【原文】"《政府核准的投资项目目录》由国务院投资主管部门会同有关部门研究提出,报国务院批准后实施。未经国务院批准,各地区、各部门不得擅自增减《目录》规定的范围。"

【解读】《政府核准的投资项目目录(2004年本)》作为《决定》的附件,此次一并发布。

《决定》明确指出,要严格限定实行政府核准制的范围,并适时调整。《目录》中所列项目,是指企业不使用政府性资金投资建设的重大和限制类固定资产投资项目,分为农林水利、能源、交通运输、信息产业、原材料等13个类别。按照规定,企业不使用政府性资金投资建设本目录以外的项目,除国家法律法规和国务院专门规定禁止投资的项目以外,实行备案管理。

值得注意的是,这一目录所列项目是具有动态性的,将根据情况变化适时调整。有专家指出,这一目录将根据国民经济运行情况,适时动态调整,有利于强化和完善投资宏观调控手段。

3. 放宽社会资本的投资领域

【原文】"放宽社会资本的投资领域,允许社会资本进入法律法规未禁入的基础设施、公用事业及其他行业和领域。"

【解读】"非禁地,即可进",《决定》允许社会资本进入法律法规未禁入的基础设施、公用事业及其他行业和领域,这将极大调动社会资本进行投资的积极性。

《决定》明确提出,能够由社会投资建设的项目,尽可能利用社会资金建设。《决定》还指出,逐步理顺公共产品价格,通过注入资本金、贷款贴息、税收优惠等措施,鼓励和引导社会资本以独资、合资、合作、联营、项目融资等方式,参与经营性的公益事业、基础设施项目建设。对于涉及国家垄断资源开发利用、需要统一规划布局的项目,政府在确定建设规划后,可向社会公开招标选定项目业主。鼓励和支持有条件的各种所有制企业进行境外投资。

4. 加快推行代建制

【原文】"对非经营性政府投资项目加快推行'代建制'"。

【解读】所谓代建制,即通过招标等方式,选择专业化的项目管理单位负责建设实施,严格控制项目投资、质量和工期,竣工验收后移交给使用单位。

代建制突破了政府工程旧有方式,投资行为受到了规范。不少人将代建制看成是抑制腐败、克服"三超"(概算超估算、预算超概算、结算超预算)现象的有效武器,这将有效地预防部分政府投资项目中的不廉政和腐败行为。

5. 改进投资宏观调控方式

【原文】"改进投资宏观调控方式。综合运用经济的、法律的和必要的行政手段,对全社会投资进行以间接调控方式为主的有效调控。"

【解读】《决定》直接对政府投资行为,进行了大刀阔斧的改革,改革更是对政府部门提出了很大的挑战。相比过去对投资项目的层层审批,政府部门今后将主要通过经济的、法律的和必要的行政手段,对全社会的投资进行间接调控,切实做到"微观上该放的一定要放开,宏观上该管的一定要管住",保持国家对全社会投资的积极引导和有效调控。

要达到这一目的,就需要充分发挥市场配置资源的基础性作用,灵活运用投资补助、贴息、价格、利率、税收等多种手段,来引导社会投资、优化投资的产业结构和地区结构。

6. 建立政府投资责任追究制度

【原文】 "建立政府投资责任追究制度,工程咨询、投资项目决策、设计、施工、监理等部门和单位,都应有相应的责任约束,对不遵守法律法规给国家造成重大损失的,要依法追究有关责任人的行政和法律责任。"

【解读】 近几年,不少地方领导推崇的"政绩工程"、"形象工程"林林总总,最后"官"是升了,但其身后却落下了一大堆"花架子、无效益"的工程,劳民伤财。随着投资体制改革的推进和相关责任追究制度的建立,今后将有效抑制盲目投资,乱花钱的行为。

《决定》的这六项主要内容,初步形成了投资建设管理的新格局:投资主体多元化、投资决策分层化、融资渠道多源化、投资方式多样化、建设实施市场化、责任追究制度化。

三、代建制的提出

《决定》的主要内容之一就是对非经营性政府投资项目加快实行代建制,即通过招标等方式,选择专业化的项目管理单位负责建设实施,严格控制项目投资、质量和工期,建成后移交给使用单位。代建制的推行,成为政府投资体制改革的亮点之一。

(一)政府投资项目

1. 政府投资

在我国,政府投资也称政府性资金,主要包括:财政预算投资资金(含国债资金);国际金融组织和外国政府贷款等主权外债资金;纳入预算管理的专项建设资金;法律、法规规定的其他政府性资金等。

(1)政府投资原则。政府投资与企业投资不同,有其特定的投资原则。政府投资的原则是:政府投资应当符合国民经济和社会发展规划,有利于经济、社会和环境的协调、可持续发展,有利于扩大就业,有利于经济结构的优化,严格遵守科学、民主、透明原则,加强管理,注重效益。政府投资主要用于关系国家安全和市场不能有效配置资源的经济社会领域,用于加强公益性和公共基础设施建设,保护和改善生态环境,促进欠发达地区的经济社会发展,推进科技进步和高技术产业化。

(2)政府投资方式。按照资金来源、项目性质和宏观调控需要,政府投资分别采用直接投资,资本金注入,投资补助、转贷和贷款贴息等方式。其中,直接投资是指对于政府投资占主导地位的公益事业、政权基础设施和公共基础设施项目,采用直接投资的方式,通过拨款无偿投入;资本金注入是指根据实际需要政府参与投资的经营性项目,可以采用资本金注入的方式。投资形成的股权或资产,由国家授权经营机构依法行使出资人权利;投资补助是指根据经济和社会发展要求,对于需要政府扶持的项目,采用投资补助的方式,给予少量或者一定比例资金支持,通过拨款无偿投入;转贷是指使用外国政府或者国际金融组织贷款的项目,采用转贷方式的,由政府提供担保;贴息是指根据国家发展规划和产业政策,采用贴息的方式,支持公民、法人和其他组织利用银行贷款,扩大就业,进行产业结构调整优化,保护环境和节约资源,促进科技进步和高新技术产业化。

2. 政府投资项目管理体系

顾名思义，政府投资项目是指使用政府性资金投资建设的形成固定资产的项目。我国现行政府投资项目管理体系见图 12-1。

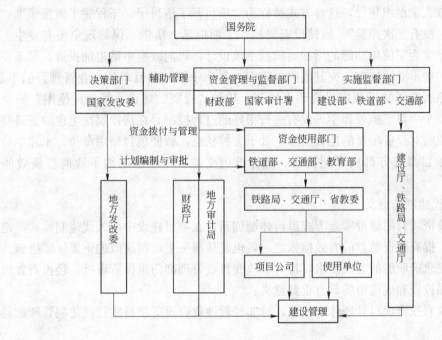

图 12-1　我国现行政府投资项目管理体系框图

(1) 项目分类。按照建设项目的性质，政府投资项目可分为经营性项目和非经营性项目。经营性政府投资项目，是指政府投资的可有一定经济回报的工程项目或者获得政府特许经营权的项目，如供水、供气、供热、垃圾污水处理和经批准可收费的道路、桥梁、隧道等。非经营性(公益性)政府投资项目，是指政府投资的公益性项目及无经济回报的项目，如园林绿化、城市道路桥涵(指不收费的)、学校、医院、图书馆、科技馆、博物馆等公益性项目以及党政机关办公设施、司法机构设施等无经济回报的项目。

(2) 项目实施方式。对于经营性政府投资项目，严格实行项目法人责任制，由项目法人对工程项目的策划、资金筹措、建设实施、生产经营、债务偿还和资产的保值增值等，实行全过程负责。项目法人也可以委托专业化的项目管理公司承担项目的组织实施，实行市场化、社会化、专业化的管理运作。对于非经营性政府投资项目，加快实行代建制，即通过招标等方式，选择专业化的项目管理单位负责建设实施，严格控制项目投资、质量和工期，建成后移交给使用单位。

(二) 实施代建制的必要性和意义

1. 代建制的概念

非经营性政府投资项目代建制，就是指政府通过招标的方式，选择社会专业化的项目管理单位，负责项目的投资管理和建设实施组织工作，严格控制项目投资、质量和工期，项目建成后交付使用单位的制度。代建制的推行中，有关行政部门对实行代建制的建设项目的审批程序不变，项目建设期间，代建人按照合同约定代行项目建设的投资主体职责。

2. 实施代建制的必要性

我国在政府投资非经营性项目的建设管理过程中，一直采取行政部门组建基建指挥部（办公室）的方式来组织建设，这种方式被称为"项目开了搭班子，工程完了散摊子"、"只有一次教训，没有二次经验"，致使投资失控、工期拖延、质量不保等现象屡有发生。项目使用单位经常为了使用功能的增加而随意更改设计，再向政府申请追加投资，结果使投资概算在追加中不断被突破。究其原因，表面上是由于部分项目单位专业管理经验不足，但深层次的原因在于缺乏政府投资约束机制，导致"投资、建设、管理、使用"四位一体，政府在整个项目实施过程中，没有进行很好的过程控制，在法律层次上也缺乏追究责任的权力，政府对投资项目的监管实际上处于失控状态，致使项目使用单位、承建单位和监理单位等项目参与方都成了超投资、超标准的受益者，严重制约了政府投资效能的发挥。

3. 实施代建制的意义

对政府投资项目的建设实施方式进行体制创新，在项目建设中引入代建制模式，是保证工程质量、提高投资效益的有效措施之一，也是从源头上遏制腐败的重要保障措施。同时，也是转变政府职能的客观要求，将有效改变投资管理部门重投资审批、轻投资管理的状况，对加强投资和规范市场具有重要意义。

与现行政府投资项目管理体制相比，对非经营性政府投资项目实行代建制管理，具有明显的意义：

(1) 能够充分发挥市场竞争的作用，从机制上确保防止"三超"行为的发生。首先，代建人通过招标产生，能够降低政府投资项目总体成本，体现了市场竞争意识。其次，代建人具有丰富的项目专业管理经验，有助于提高政府投资建设项目管理水平。再次，代建人与政府、使用单位三方签订《代建合同》，通过合同约束三方的行为，有利于排除项目实施中的各种干扰(主要是项目单位提出的"三超"要求)，符合法制理念。

(2) 能够规范政府投资项目建设实施管理行为，增强了项目使用单位的责任意识。在代建制项目中，项目使用单位主要职责是负责提出项目功能需求和实行工程质量、工期、资金合理使用的监督。首先，由项目使用单位提出功能需求、建设标准，使得建设项目能够满足使用单位要求。其次，项目使用单位从盲目、烦琐的项目管理业务中超脱出来，有助于减少建设实施过程中对建设规模、建设标准变动的随意性。再次，能够使项目使用单位集中力量加强对建设工期、质量和资金合理使用的监督，把项目使用单位从决策角色转变为监督执行角色，有利于规范政府投资项目管理行为。

(3) 有助于加快实现政府职能转变。对代建制项目，政府主要把握产业政策和宏观决策，项目具体执行实施依靠市场机制管理，有助于规范政府投资项目管理行为。代建制要求代建人能自觉地按投资主体(政府)的要求严格控制投资，较主动地按照经批准的规模和标准实施项目建设，减少"三超"现象。如果由使用单位自行控制投资，较难避免随意改变功能、提高建设标准，导致突破投资。两种建设体制取得不同的效果，其关键原因是利益机制的转换起了重要作用。

第二节 代建制的内容、模式与实施

一、代建制的内容

代建制工程与传统建设工程的运作模式相比,在形式上的变化是由过去的"建设、管理、使用"三合为一变化为"投资、建设、管理、使用"四分开的全新运作模式。应该根据非经营性政府投资项目的特点,选择合适的代建人,采用恰当的管理模式,执行建设程序,实施投资项目全过程管理,协调项目各方利益主体的不同需求,最终获得满意的结果。

(一)代建人的条件

承担政府投资项目代建管理的代建人应具备相应的条件:

(1)应具备独立的企业法人资格。

(2)应具有相应的工程建设类企业资质,如工程咨询、工程监理、招标代理、勘察设计等资质。

(3)应具有一定数量的项目管理专业人员以及良好的工作业绩。

(4)需要具有一定的资金实力,具备较强的抗风险能力。

代建人一般应通过公开招标确定,特殊情况下也可直接委托代建人。代建人一经确定,不得擅自变更,也不得将代建工作转包。

(二)代建各方职责

代建项目实行合同管理。代建人确定后,政府投资主管部门或其他由政府授权的投资机构作为委托人,代建项目使用单位作为使用人,应与代建人签订《委托代建合同》或《代建合作协议》。在合同或协议中,要约定委托人、代建人、使用人各自的权利和义务。

1. 委托人主要职责

(1)选择并确定代建人。

(2)协调代建人、使用人及与代建项目有关的各政府行政主管部门的关系。

(3)监督和指导代建项目的建设实施。

(4)按合同约定向代建人核拨建设资金和代建项目管理费。

(5)组织代建项目的竣工验收和移交。

2. 代建人主要职责

(1)编制并向委托方报送项目管理实施方案、项目进度总控制计划、项目投资总控制计划及项目资金使用计划。

(2)依据批复的项目建议书及使用人提供的项目功能需求报告,组织开展项目可行性研究。

(3)通过招标等方式选择征地、拆迁、勘察、设计、施工、监理、材料及设备供应等项工作的承担人,并与其签订相应经济合同。

(4)组织对方案设计、初步设计和施工图设计成果的审查。

(5)办理与代建项目有关的涉及投资、财政、规划、环保、建设、国土房管、消防、市政、园林、绿化及文物保护等政府主管部门的审批手续。

(6) 审查施工组织设计，并对施工阶段的项目建设实行全面管理与协调。

(7) 协助委托人组织项目竣工验收。

(8) 项目正式投入使用前，负责对使用单位运行管理人员进行培训。

(9) 编制工程项目决算报告，依法办理工程交付手续。

3. 使用人主要职责

(1) 严格按照国家规定的深度要求，组织编制项目建议书，报政府投资主管部门审批。

(2) 根据项目建议书批复的建设内容、建设规模、建设标准和总投资额，编制详细的项目使用需求(或功能需求)报告。

(3) 协助代建人办理各种与代建项目有关的，涉及投资、财政、规划、环保、建设、国土房管、消防、市政、园林及绿化等政府主管部门的审批手续。

(4) 参与项目可行性研究报告评估、方案设计、初步设计和施工图设计的审查工作，并对项目拆迁、勘察、设计、施工、监理、材料和设备采购等各项招标过程进行监督。

(5) 编制并提出项目运行管理方案，配合代建人组织运行管理人员培训。

(6) 依法办理工程接收手续。

(三) 代建项目组织实施

代建制实施过程中，代建各参与方按照各自权限，分工合作，做好相应的工作。政府投资主管部门应在项目建议书批复中对项目是否实行代建制以及代建方式和代建人的确定方式做出决定；政府投资主管部门会同有关部门研究确定代建项目管理目标，通过招标等方式选定代建人，并协调使用人、代建人，签订《委托代建合同》、《代建合作协议》；代建人在项目建设期间，代行项目业主的职能，组织实施工程的招标、设计、采购、监理和施工。

代建人依据国家有关法律法规，自主选择工程服务商和承包商，具备相应资质的代建人，经委托人同意，可直接承担其中的招标代理、设计、监理等工作。但是，与代建人具有利益关系的关联单位，不得承担代建项目的施工、材料及设备供应等工作。代建人协助委托人组织，并将验收合格的项目在规定时间内向使用人办理移交手续。

代建人应依法建立完整的项目建设档案，对项目建设各环节的文件资料，进行收集、整理、归档，并在代建项目完成后将工程档案、财务档案及相关资料向使用人和有关部门移交。政府各有关部门在其职责范围内对代建项目的实施依法进行检查监督。

(四) 代建项目资金管理与监督

代建人应在签订《委托代建合同》后和项目初步设计审查批准后，分别向委托人报送代建项目前期资金使用计划和项目实施阶段资金使用计划。委托人应在规定时间内完成相应资金使用计划的审批。委托人负责协调政府财政主管部门或其他由政府授权负责资金拨付的部门、机构按使用计划将建设资金核拨到代建人设立的代建项目专用资金账户。代建人应严格执行国家有关基本建设财务管理制度，政府财政主管部门负责监督代建人对建设资金的管理和使用。

(五) 代建管理费确定与拨付

代建管理费是代建人全面履行《委托代建合同》义务所应获取的报酬，不包括代建人自行承担代建项目可行性研究、招标代理、设计和监理等专业服务的费用。代建项目管理费应在政府制定的收费标准指导下,依据工作的内容、工作量、难度以及承担的责任和风险,由合同双方约定。代建项目管理费计入项目总投资,一般不超过建设单位管理费。

代建管理费的拨付中,委托人应负责协调政府财政主管部门或其他由政府授权负责资金拨付的部门、机构按照合同约定将代建项目管理费核拨到代建人的开户行账户。

(六) 其他

代建项目实行履约担保制度。在代建人与委托人签订的《委托代建合同》生效前,代建人一般应向委托人提供代建管理费5%~20%的履约保函。代建工作结束后,委托人可视代建人管理目标完成情况,给予相应奖励或处罚。具体奖惩办法在《委托代建合同》中约定。

在代建项目实施过程中,若发现代建人存在违约、违规、违纪、违法等行为,委托人可依据情况进行提示、警告、暂停资金拨付、暂停合同执行,直至解除合同,所造成的损失由代建人承担。构成犯罪的,交司法机关依法追究刑事责任。

二、代建制的运行模式

代建项目一般采用全过程代建方式,即由代建人对代建项目从项目建议书批复开始,经可行性研究、设计、施工、竣工验收,直至保修期结束,实行全过程管理。特殊情况下,经政府有关主管部门批准,代建项目也可采用分阶段代建方式。

(一) 全过程代建模式

全过程代建模式即由投资人在使用人提出项目建议书,基本确定建设的必要性后,委托招标代理机构通过公开招标选择代建人,签订委托人、代建人、使用人三方合同,明确责权利,代建人承担项目可行性研究、建设工期、质量和投资的风险,节奖超罚。

采用全过程代建模式,由代建人提出项目可行性报告,投资人或其委托的咨询机构通过可行性研究评估的论证,确定建设项目的建设规模、投资水平,授权代建人办理项目立项审批等手续,取得投资许可证;由代建人通过招标选择设计单位开展方案设计、初步设计,初步设计通过内容和概算审核,开展施工图的设计,取得项目规划许可证和土地使用证,并办理土地征用、拆迁等手续;通过招标选择工程监理单位,组织管理协调施工期工程建设;通过招标选择施工单位(包括工程分包单位),履行工程施工、如期竣工验收和交付使用的职责,负责保障工程项目在保修期内的正常使用。

采用此模式代建,突出了代建人的地位和作用,简化了三方之间的协调关系,如果代建人组织管理有效,有利于加快建设进度和提高工程总体质量。但是,如果建设的投资规模和水平在建设期间有可能发生较大的变更,建设投资在项目建设的阶段和具体建设内容的分配上,由代建人负责,有可能造成工程质量的不平衡和相对缺陷。

采用此模式代建,要求代建人的专业水平和技术管理水平较高。因目前国内此类较专业的建设项目全过程管理的单位较少,可选择的一般为专业咨询管理公司、具有管理资质的建筑类开发公司;对专业性较强的工程,可选择具有施工、设计总承包资质的公司,以更好地发挥专业化管理的水平。

(二) 分阶段代建模式

分阶段代建模式即代建工作分为两个阶段。第一阶段为前期代理,第二阶段为工程代建。

(1) 前期代理。由投资人委托或招标选择前期代理人,在使用人编制完成项目建议书的基础上,协助使用人编制项目可行性报告,负责组织完成项目可行性报告的评估工作并通过论证,完成立项工作。通过招标落实设计单位,完成项目方案设计、初步设计,初步设计通过内容和概算审核,施工图设计工作,取得规划许可证和土地使用证;协助使用人完成土地征用、拆迁等前期工作;投资人通过招标选择确定监理单位。

(2) 工程代建。按照初步设计所确定的建设标准和内容、投资概算,由投资人委托招标代理机构通过公开招标选择工程代建人,并签订投资人、代建人、使用人三方合同,工程代建人承担项目建设工期、质量和投资的风险,节奖超罚。授权代建人办理项目开工申请等手续,取得施工许可证;由工程代建人通过招标选择施工单位(包括工程分包单位),组织管理协调工程的施工建设,或者直接参加工程施工;履行工程如期竣工验收和交付使用的职责,负责保障工程项目在保修期内的正常使用。

采用分阶段代建模式,由于不同阶段的代建人不同,导致投资人需要协调的内容较多,相互之间的衔接水平较重要。

采用此模式代建,应将工程代建费用和工程建安费用分开报价,避免影响工程代建质量和工程本身的质量。

(三) 联合代建模式

联合代建模式即由国家投资主管部门在项目可行性报告通过论证,基本确定了建设项目的建设规模、投资水平和长远的调整规划后,通过公开招标选择代建人,该代建人的投标必须提供和达到初步设计阶段图纸文件的深度,中标的代建人签订投资人、代建人、使用人三方合同,明确责权利,代建人承担项目建设工期、质量和投资的风险,节奖超罚。

联合代建模式主要适用于有一定收益以及综合性较强的政府投资项目,如部分奥运场馆的项目法人招标模式。对代建人招标时,扩大招标内容,即一般要求代建人需要组成联合体(如包括投融资、法律、设计、施工多方参加)投标,投标文件延伸到初步设计。

采用联合代建模式,通过评审初步设计方案、建设投资概算、工期等,评标效果较好,可以较优地选择代建人(联合体)。但是投资人的成本较高,代建前期投入不足将影响投标人的积极性和参与感。

采用此模式代建,需要组织强大的顾问机构进行代建人、代建方案的评审、选择和认定,此项工作责任重大,直接关系到项目的成败。

三、代建制模式下市场竞争格局的变化

(一) 自建制的特性

在计划经济时期,政府投资的非经营性项目都是采取"自建制",即谁投资、谁建设、谁管理、谁使用的管理模式。"自建制"的市场格局具有两个特性:

(1) 附属性。项目主管部门的附属机构,多数称基建办公室。基建办公室的责任主体是上级主管部门而并非对项目负责。在这种投资项目管理体制下,"投资、建设、管理和使用"四位一体,必然是以满足使用为主导思想,因而改变项目功能、提高工程标准、增加工程量、追加投资就成为必然,"三超"现象屡屡发生。项目使用单位、施工承包单位和监理单位等项目参与方都成了超投资、超标准的受益者,政府对投资项目的监管实际上处于失控状态。

(2) 临时性。项目主管部门多为政府机关，无论是国务院各级政府主管部门，还是党中央的各有关机构，立一个项、建一项工程多数是一次性。因此不可能设立长期机构。基建办必然是临时机构、临时人员。"项目来了搭班子，项目完了撤摊子"、"只有一次教训，没有二次经验"是对这种"自建制"的生动描述。把基建办作为项目业主的组织形式，显然不能满足项目管理的要求。

由于自建制的附属性和临时性弊端，造成政府在整个项目实施过程中缺乏很好的过程控制，在法律层次上也缺乏追究责任的效力，这说明现行的政府投资项目管理模式已经到了非改不可的时候。

(二) 代建制的变革

对非经营性政府投资项目实行代建制，与旧有的市场管理体制相比，具有突破性的变革。

(1) 社会化。以前项目管理实行自建制，如前所说基建指挥部（办公室）都从属于行政管理部门，与政府有着不可分割的隶属关系。对非经营性政府投资项目实施代建制，实际上就是充分发挥了社会化分工的优势，通过将政府投资项目交给专业机构进行建设管理，实行项目管理社会化，专业机构对政府负责，不得扩大建设规模和提高建设标准；同时专业机构又对使用单位负责，按时、按质向使用单位交付项目。这理顺了政府投资工程中各方主体的责、权、利，从而使政府从工程的具体组织建设上解脱出来，促进了政府职能转变，使政府有关部门从项目的具体实施者，变成了真正对项目实施监督的监管者和使用者。

(2) 职业化。项目管理过去行政化，现在依靠社会专业机构实施代建，充分利用代建人的专业优势，提高了政府投资工程整体的建设水平，促使项目管理职业化。项目使用单位的主要职责是负责提出项目功能需求和实行工程质量、工期、资金合理使用的监督。参与代建的专业公司通过将以往项目管理采用的专业手段注入到政府投资项目中，有效的保证了工程质量和进度，并对工程的成本和投资进行了有效的控制。利用代建人的专业技术力量，从设计方案开始，包括建筑的规模、标准、形象、结构都体现用好国家每一分钱的原则。在采购活动、工程发包、施工阶段严控投资作为主线条贯彻每项经济活动中。代建人具有较丰富的基本建设经验。各项工作不靠走捷径，而以科学的论证和踏实的工作按基本建设程序为工程创造条件。如他们可以通过优化建设方案，为项目节省投资，提高政府投资项目的投资效益；可以严格按照规范的招投标程序，选出优秀的施工队伍；可以准确的核定工程量和工程进度，避免施工单位搞"钓鱼工程"等。

(3) 商业化。代建人实行商业化运做，能自觉地按投资主体（政府）的要求严格控制投资，较主动地按照经批准的规模和标准实施项目建设。如果由使用单位自行控制投资，较难避免随意改变功能、提高建设标准，导致突破投资。两种建设体制一定会取得不同的效果，其关键原因是利益机制的转换会起到重要的作用。过去概算超估算、预算超概算、决算超预算的"三超"现象，除了因为基建班子缺乏项目运作经验导致浪费之外，更本质的原因在于政府缺乏对投资的约束机制。在旧的投资体制下，工程项目的使用单位、施工单位和监理单位都是"三超"的受益者，而代建制实行商业化运做，就会抹杀这一现象。

(三) 对承包商提出新的挑战

如前所述，从"自建制"的"两性"转为代建制的"三化"，对承包商是新的挑战。

337

过去承包商是以对接各类基建指挥部(办公室)为主,在市场竞争中针对自建制的"两性"情况,摸索出了不少经营经验。由于自建制,导致了使用为主导,提高标准、增加工程量和投资,对承包商大有所益。承包商曾对科技先导型业主、经济先导型业主、关系先导型业主和政绩先导型业主的不同情况,采取"先中标再追加"的投标策略。这一策略将被"三化"的代建制化为泡影。

实行代建制以后,承包商转变为对接代建人为主。正如前面讲到的代建人是社会化、职业化和商业化的社会经济组织,对接这类经济组织远比各类基建指挥部(办公室)复杂得多。

(1) 代建人充分利用招标投标方式的优越性进行发包,采用招标投标活动的最显著特征是将竞争机制引入交易过程,通过对投标竞争者的报价和其他条件进行综合比较,从中选择报价相对低、技术力量强、质量可靠、具有良好信誉的承包商作为中标者,有利于节省投资,保证工程的质量。

(2) 因为代建人都是是职业化的专业技术与管理人才,是商业化的专业管理队伍,控制项目投资的效果直接与自己的经济效益挂钩,必然会严格决算封顶的制度。这些变化对承包商来说都是新的挑战,需要积极应对。

(3) 代建人的收益,基本都是代建管理费再加上项目投资的结余奖励。目前,参照财政部 2004 年《关于切实加强政府投资项目代建制财政财务管理有关问题的指导意见》,代建费绝大多数低于建设单位管理费。国家发改委推行的代建试点项目中,代建费不参与招标评分,明确按概算 2% 收取,与付出的代建劳动相比,代建收益相对较低。所以代建人必然主动地进行全过程的投资控制,尽量压缩投资,争取节余奖励。由于投资人对代建人实施投资节奖超罚,对承包商来讲,利润空间再一次被压缩了。

所以,代建人采取工程总承包的招标方式将是有利双方的最佳选择,承包商的挑战可转为机遇,利用先进的技术和管理来提高项目管理水平,实现"低成本竞争,高品质管理"的目标。

四、代建制的实施

(一) 实施代建制的省市

目前,在我国的许多省市,代建制试点工程都已经开始,有些已经取得了初步的效果,并制订了相应的代建制管理规定。

北京市政府从 2002 年起开始实施代建制试点,有效地解决了市政府投资建设的公益性项目中,政府对项目单位超投资、超规模、超标准缺乏约束等问题,取得了明显效果。从结果上看,效果非常明显:项目专业管理水平明显提高,可行性研究报告等项目前期工作明显深入,初步设计方案按照可研报告要求反复修改,代建人管理行为极为慎重,工程质量、工期和资金使用完全符合合同要求,建设实施中的临时改动基本杜绝。

进入 2004 年,北京市政府将加大政府投资管理改革力度,代建制在更大范围实行。北京市发展和改革委员会在关于《北京市政府投资建设项目代建制管理办法(试行)》(京发改【2004】298 号)的通知中指出:2004 年,北京市对新批准的政府投资项目要依法实现百分之百招标,对公益性项目要试行代建制。今后,包括奥运项目在内,凡是本市新批的非经营性政府投资建设项目,将百分之百地试行代建制管理。

从1993年开始，厦门市在深化工程建设管理体制改革的过程中，就通过采用招标或直接委托等方式，将一些基础设施和社会公益性的政府投资项目委托给一些有实力的专业公司，由这些公司代替业主对项目实施建设，并在改革中不断对这种方法加以完善，逐步发展成为了现在的项目代建制度。2001年7月，厦门市开始在重点工程建设项目上全面实施项目代建制。2002年3月开始在土建投资总额1500万元以上的市级财政性投融资建设的社会公益性工程项目中实施项目代建制度。

2003年2月27日重庆市政府就发布了《重庆市政府公益性项目建设管理代理制暂行办法》，使用各级财政预算内外资金和经有权机关批准收费筹集的资金1000万元以上，以及1000万元以下特别重要的政府公益性投资项目，实行项目建设管理代理制。目前，重庆市已经确定了21家名单，节省投资、缩短工期，从投资源头开始介入，几个部门通力协作，领导也无话可说，不便介入。2000年，为建设中国三峡博物馆和重庆人民广场，经过36市常务会议决定，由市政府授权建委在建设系统抽调专业工程建设管理人员组建重庆城建发展公司负责管理工程建设，公司的成功运做，至今无一项目超概算，项目均处在受控状态，直接推动了代建制在重庆的推行。目前有消息称，重庆市将在黔江机场建设、江北机场扩建项目和渝西几大公益性水库等政府投资项目建设中推行代建制，预防政府投资项目中的不廉政和腐败行为。代建人需达到建筑市场准入的四方面要求，方可向建委申请从事代建工作：具有一级（甲级）施工、设计、监理、咨询资质；具有相应的资产；具有相应的组织机构和项目管理体系；相应的专业技术经济管理人员和经验。代理机构分甲、乙两级，以3000万为界限。

2003年下半年，贵州省政府投资工程领域开始推行代建制。当时动工的贵州省疾病控制中心综合大楼引起业内人士极大关注。为此，贵州省建设厅还起草了《贵州省政府投资工程项目代建制实施办法》。

2004年2月11日，深圳市政府授权该市交通局，与深圳高速公路有限公司就深圳市南坪快速路一期工程项目，正式签订《工程建设委托管理合同》。合同约定，深高速将作为该项目建设期间的法人，代司投资主体职责，全权负责工程建设的组织和管理。这是深圳市第一个采用代建制模式的政府投资项目。据称，也是全国首例在市政道路建设中采用"代建制"模式。

2004年江苏重点实施10项重大社会事业项目。包括建设该省突发公共卫生事件应急防治体系、省防灾减灾信息系统一期工程；续建南京奥体中心及十运会场馆、南京图书馆新馆；开工建设省老年公寓、江苏科技历史文化中心；推进省人民医院扩建工程、江苏美术馆新馆、江苏剧院、南京博物馆二期改造的前期工作。这10个项目总投资101.6亿元。目前江苏省发展改革委已拟定《关于政府投资项目实行代建制的暂行规定》，将选择以上10个重大社会事业项目中的部分新开工项目进行试点。

2004年底，安徽省人民政府在关于切实解决建设领域拖欠工程款问题的通知中提出，改革政府工程项目建设管理制度，实行"建、管分离"。政府投资工程可结合投资体制改革逐步推行项目代建制，也可由财政部门按照政府投资计划、工程进度和国库集中支付制度有关规定，直接向中标的建筑业企业拨付工程款。目前，安徽成立公益性项目建设管理中心，直接采用交钥匙模式。

上海市，2001～2003年，76项重大基础设施工程有43项实施代建制。占到同期项目总数的57%。主要做了三项工作：一是调整政府直接投资管理职能，将水务、市政、绿化、环境、住宅局等政府部门的投资管理职能移交政府投资公司；二是健全政府投资公司职能；三是发育工程管理公司。

(二) 各地实施代建制的做法

(1) 以常设性事业单位为主，实行相对集中的专业化管理。即成立政府投资项目建设管理机构，全权负责公益性项目的建设实施，建成后，移交使用单位。这种做法以深圳市为代表。深圳市借鉴香港做法，成立工务局，作为负责政府投资的市政工程和其他重要公共工程建设管理专门机构，代表政府行使业主职能。其改革思路是：按照"相对集中，区别对待"的原则，对常年有政府投资工程任务，且有相应建设管理能力或特殊要求的专业部门，如国土、交通、水务、公安、教育等部门的政府投资工程，仍暂由其继续管理，其余政府投资的市政工程"一次性业主"的房屋建筑工程、公益性工程全部纳入工务局集中统一的管理。另外还有安徽省公益性项目建设管理中心、珠海市政府投资建设工程管理中心，也属于这种方式。

(2) 发挥政府性投资公司和工程项目管理公司的作用，由专业公司实施政府投资工程的建设管理。即由政府投资管理部门通过招投标方式选择专业项目建设管理公司代行业主职能，专业管理公司按合同只对政府投资管理部门负责。选择专业项目建设管理公司包括两种形式，一是有限选定代建人模式，另一是按项目公开招标选定代建人模式。有限选定代建人模式以上海、武汉的做法为代表。上海市政府投资工程管理方式是"政府、所属投资公司工程、管理公司"的三级管理模式。将水务局、市政局、绿化局、环卫局、交通局、住宅局等一批政府局的有关投资管理的职能移交政府性投资公司。投资公司作为政府业主代表具有投资主体的地位，主要任务是对项目投资与还贷、设施经营进行全过程管理。在市政、水务、环卫、交通等系统确定了11家单位为首批承担政府投资项目的工程管理公司，工程管理公司根据政府或者经政府授权的投资公司的委托，对政府投资工程建设项目进行专业化管理。武汉市通过招标选定了三家项目管理公司作为代建人。按项目公开招标选定代建人模式如北京市发改委委托专业招标代理机构，通过公开招标选定具备资格的代建人，其中项目总投资、代建管理费等均由回头确定。

各地的具体做法不尽相同，但改革的方向都是专业化的集中管理，改革的指导思想基本是一致的，即按照"投资、建设、监管、使用"分离和专业化管理的原则，对政府投资工程的建设实施实行相对集中的专业化管理，建立权责明确、制约有效、科学规范的政府投资工程管理体制和运行机制，提高投资效益和建设管理水平。

(三) 中央政府代建项目试点

中央政府投资项目试行代建制是配合政府投资体制改革的一个重要措施，中国残疾人体育综合训练基地建设项目招标选择代建人，标志着中央政府投资领域将引入代建制建设模式。中国残疾人体育综合训练基地建设项目，已经列入国家重点建设项目，作为备战2008年北京残奥会的训练基地，也是重要的奥运配套项目。国家发展改革委于2004年9月决定以中国残疾人体育综合训练基地建设项目为试点，试行中央政府投资项目代建制。

招标代理公司接受国家发改委的委托，严格按照《招标投标法》和相关规定，认真组织了这次招标工作。经过精心组织，在代建方案匿名讲解、投标文件技术部分严格保密的状态下，由随机抽取的评标专家评出了投标人的名次，最终某集团公司中标，拿到了中央预算内投资代建制试点项目第一单。中标单位将在代建过程中，以项目法人身份对项目建设全过程负责，对工程质量终身负责。此次招标工作由国家发展和改革委监察局的同志担任监标人，进行全过程监督。

中标人作为代建人需按招标文件中规定的金额提交"履约保证金"，如果工程出现质量、超工期、超概算等问题，将在履约保证金中抵扣。进入代建程序后，代建人将按照批准的建设规模、建设标准和概算总投资，组织施工图设计；办理规划、土地、环保、施工等许可手续；组织施工、监理、设备材料供应等招标活动；负责工程建设过程中有关合同的洽谈与签订，对工程建设实行全过程管理；按照项目进度，提出年度投资计划申请，报送月度工程进度和资金使用情况；编制决算报告，组织竣工验收和资产移交等。

此次试点代建制项目在制度设计上有所创新，如中标人在代建过程中进行招标采购，其关联企业必须回避的制度、鼓励代建人保质保量地进行项目管理等。

目前，国家发展改革委按照"边试点，边总结经验，边起草制定相关的管理办法"的模式，通过试点，在中央政府投资项目中广泛推行代建制。未来，作为控制投资、提高政府投资效益的重要手段，代建制将成为投资管理体系中的一项重要内容，保障政府投资项目的质量，提高资金使用效率，营造公平的市场环境。

（四）代建制存在的问题

代建制只是政府管理投资项目的一种制度和模式，并不意味着有了代建制，建设市场中存在的一切问题就迎刃而解了。代建制的顺利推行，代建市场的健康培育，还需要切实解决实施过程中的一系列问题。

（1）关于代建人的法律地位。在国家基本建设程序中，目前由于代建人没有法律授予的地位，客观上无法得到各级政府和与项目建设相关的行政部门，如规委、建委、环保、消防、质检等方面的认可，实际操作过程中遇到很多困难，虽然各方面已经给予了一些变通和处理方式，但实际操作过程中仍离不开投资人和使用人的大力支持。从法理上讲，任何一个法人承担了合同约定的责任和义务，必须给予与履行责任相对应的权力，否则合同只是一种形式，或者说是无实际意义的，当前的问题是代建合同上约定的代建人的权力超越了国家法律法规所赋予的权利。因此，政府应尽快出台明确代建人法律地位的文件，以法律的名义定义代建人，使之成为独立承担责任的法人。

（2）关于代建费用偏低问题。从目前情况看，代建费用普遍偏低，一般不超过建设单位管理费。代建人不仅要对工程设计、征地、方案报审、工程投资控制、招标投标、设计、施工、监理、工程验收、档案管理等工程建设全过程管理，更重要的是必须熟悉项目管理的每一个环节，为所有项目各方利益主体创造有利的条件，从不同的侧面来推进工程的顺利实施。巨大的责任和风险，需要确定一个合理的代建费用标准。如果代建费用偏低，不利于吸引高素质的代建队伍和人才参与项目管理，不利于提高代建人的工程管理水平，更不利于体现代建制度的优越性。

第三节 《建设工程项目管理试行办法》介绍

推行工程项目管理是深化我国工程建设项目组织实施方式改革，提高工程建设管理水平，保证工程质量和投资效益规范建筑市场秩序的重要措施；是我国勘察、设计、施工、监理、造价咨询企业调整经营结构,增强综合实力,加快与国际管理方式接轨,适应社会主义市场经济发展和加入世界贸易组织后新形势的必然要求。为了贯彻《国务院投资体制改革的决定》的需要,适应目前形势发展的需要,特别是适应投资体制改革和适应加入WTO形势发展的需要,建设部以建市［2004］200号发布了《建设工程项目管理试行办法》(以下简称《办法》)。

(一) 企业资质和个人执业资格

《办法》中规定,项目管理企业应当具有工程勘察、设计、施工、监理、造价咨询、招标代理等一项或多项资质。工程勘察、设计、施工监理、造价咨询、招标代理等企业可以在本企业资质外申请其他资质。企业申请资质时,其原有工程业绩、技术人员、管理人员、注册资金和办公场所等资质条件可合并考核。

从事工程项目管理的专业技术人员,应当具有城市规划师、建筑师、工程师、建造师、监理工程师、造价工程师等一项或者多项执业资格。取得城市规划师、建筑师、工程师、建造师、监理工程师、造价工程师等执业资格的专业技术人员,可在工程勘察、设计、施工、建立、造价咨询、招标代理等任何一家企业申请注册并执业。

取得上述多项执业资格的专业技术人员,可以在同一企业分别注册并执业。

(二) 服务内容

工程项目管理业务范围包括:

(1) 协助业主方进行项目前期策划、经济分析、专业评估与投资确定;

(2) 协助业主方办理土地征用、规划许可等有关手续;

(3) 协助业主方提出工程设计要求、组织评审工程设计方案、组织工程勘察设计招标、签订勘察设计合同并监督实施,组织设计单位进行工程设计优化、技术经济方案比选并进行投资控制;

(4) 协助业主方组织工程监理、施工、设备材料采购招标;

(5) 协助业主方与工程项目总承包企业或施工企业及建筑材料、设备、构配件供应等企业签订合同并监督实施;

(6) 协助业主方提出工程实施用款计划,进行工程竣工结算和工程决算,处理工程索赔,组织军工验收,向业主方移交竣工档案资料;

(7) 生产试运行及工程保修期管理,组织项目后评估;

(8) 项目管理合同约定的其他工作。

(三) 委托方式

工程项目业主方可以通过招标或委托等方式选择项目管理企业,并与选定的项目管理企业以书面形式签订委托项目管理合同。合同中应当明确履约期限、工作范围、双方的权利、义务和责任,项目管理酬金及支付方式,合同争议的解决办法等。

工程勘察、设计、监理等企业同时承担统一工程项目管理和其资质范围的工程勘察、设计、监理业务时,依法应当招标投标的应当通过招标投标方式确定。

施工企业不得在同一工程从事项目管理和工程总承包业务。

两个以上项目管理企业可以组成联合体以一个投标人身份共同投标。联合体中标的,联合体各方应当共同与业主方签定委托项目管理合同,对委托项目管理合同的履行承担连带责任。联合体各方面清顶联合体协议,明确各方权利、义务和责任,并确定一方作为联合体的主要责任方,项目经理由主要责任方选派。

项目管理企业经业主方同意,可以与其他项目管理企业合作,并与合作方签定合作协议,明确各方权利、义务和责任。合作各方对委托项目管理合同的履行承担连带责任。

(四) 项目管理机构与服务收费

项目管理企业应当根据委托项目管理合同约定,选派具有相应执业资格的专业人员担任项目经理,组建项目管理机构,建立与管理业务相适应的管理体系,配备满足工程项目管理需要的专业技术管理人员,制定各专业项目管理人员的岗位职责,履行委托项目管理合同。工程项目管理实行项目经理责任制。项目经理不得同时在两个及以上工程项目中从事项目管理工作。

在履行委托项目管理合同时,项目管理企业及其人员应当遵守国家现行的法律法规、工程建设程序,执行工程建设强制性标准,遵守职业道德,公平、科学、诚信地开展项目管理工作。

工程项目管理服务收费应当根据受委托工程规模、范围、内容、深度和复杂程度等,由业主方与项目管理企业在委托项目管理合同中约定。工程项目管理服务收费应在工程概算中列支。

业主方应当对项目管理企业提出并落实的合理化建议按照相应节省投资额的一定比例给与奖励。奖励比例由业主方与项目管理企业在合同中约定。

(五) 禁止行为

1. 项目管理企业的禁止行为

(1) 与受委托工程项目的施工以及建筑材料,构配件和设备供应企业有隶属关系或者其他利害关系;

(2) 在受委托工程项目中同时承担工程施工业务;

(3) 将其承接的业务全部转给他人,或者将其承接的业务肢解以后分别转让给他人;

(4) 以任何形式允许其他单位和个人以本企业名义承接工程项目管理业务;

(5) 与有关单位串通,损害业主方利益,降低工程质量。

2. 项目管理人员的禁止行为

(1) 取得一项或多项执业资格的专业技术人员,不得同时在两个及以上企业注册并执业;

(2) 收受贿赂、索取回扣或者其他好处;

(3) 明示或暗示有关单位违反法律法规或工程建设强制性标准,降低工程质量。

案 例 分 析

国家某重点项目,投资 50 亿,全部利用中央预算内资金。受托人根据委托人的委托,为国家某重点工程提供全过程项目管理咨询服务。

一、制定国家某重点工程规范性文件

(1) 国家某重点工程项目管理办法,包括国家某重点工程项目管理内容与程序、项目管理规划大纲和项目管理实施规划;

(2) 国家某重点工程招标投标管理办法,包括国家某重点工程设计、监理、施工招标投标管理办法;

(3) 国家某重点工程设计管理办法;

(4) 国家某重点工程监理管理办法;
(5) 国家某重点工程重大设备材料采购管理办法;
(6) 国家某重点工程代建管理办法;
(7) 国家某重点工程施工管理办法;
(8) 国家某重点工程合同管理办法;
(9) 国家某重点工程现场管理办法;
(10) 国家某重点工程信息管理办法;
(11) 国家某重点工程竣工验收管理办法;
(12) 国家某重点工程质量保修管理办法。

二、制定国家某重点工程造工程合同示范文本

包括:
(1) 国家某重点工程勘察合同示范文本;
(2) 国家某重点工程设计合同示范文本;
(3) 国家某重点工程招标代理合同示范文本;
(4) 国家某重点工程监理合同示范文本;
(5) 国家某重点工程重大设备材料采购合同示范文本;
(6) 国家某重点工程土建及安装施工合同示范文本;
(7) 国家某重点工程信息管理系统合同示范文本;
(8) 国家某重点工程安全技术防范系统合同示范文本;
(9) 国家某重点工程质量保修合同示范文本。

三、编制并审核国家某重点工程投标人名单

受托人提出了国家某重点工程投标人名单管理办法及操作程序。按照《中华人民共和国招标投标法》以及其他有关法律、行政法规和规定,受托人编制了《投标人名单管理办法》,进一步明确了招标代理、设计、监理、施工等投标人的投标资格要求,提出了投标人名单组成、投标人资格审查、投标人名单确定和调整、投标人选取的标准和程序;对参与工程前期准备工作的企业(招标代理、设计、监理)和参与项目实施阶段的企业(施工等)的入围名单产生方式进行了区分,考虑到招标代理、设计、监理服务周期较短,且没有过多的地域限制,因此,报名企业对项目建设具有参与意向,入围名单可以在报名的企业中产生;施工等服务半径较短,由于地域及远程施工费用等方面的制约,报名企业不一定能针对全部项目进行投标,吸收熟悉本地区情况的当地建筑企业参与投标,扩大施工企业的竞争范围。为避免因上述因素出现不接受邀请等弃标问题的发生,根据投标人的意愿,最后由项目业主审查通过短名单。

四、建立国家某重点工程信息管理系统

国家某重点工程信息管理系统由文档、图表管理和报表管理两个主要部分组成,将项目前期、招标投标、勘察设计、施工、竣工验收、交付使用、后评价等各阶段的项目文件、资料、数据汇集整理,建立完整的项目信息数据库。通过建立各种文档(文字,图片,设计图等)的阅读程序及全文检索系统,实现项目原始资料的检索和查询,实现对项目原始资料进行逐级汇总、统计,并采用数据加密传送方式上报项目主管部门。本系统的建立还要为实现全过程项目管理,建立项目造价、质量、进度分析系统和项目监控预警系统留

有接口。

系统主要完成项目常规数据采集和管理，系统以报表和文档管理两个主要功能为主，报表管理系统处理项目资料中可量化的部分以及从文字资料中抽取的量化数据，完成对报表数据的录入及逐级汇总、统计、查询。文档管理系统处理项目资料中原始文字资料、图表、图片等，并通过建立各种文档(文字文档，图片，设计图等)的阅读程序及全文检索程序，实现原始资料的检索和查看。

将项目前期、招标投标、勘察设计、施工、竣工验收、交付使用、后评价等各阶段的项目文件、资料、数据汇集整理，建立完整的项目信息数据库。

(一) 项目数据包括的内容

项目信息资料中，有很大一部分是文字及图表，对这部分资料除保存原始文档外，同时抽取其中可量化的数据及摘要建立主要信息表，以便能对其进行快速查询及汇总统计。

(1) 项目前期阶段。包括项目建议书报告、可行性研究报告、开工报告等，并从中提取出项目概况、主要经济、财务指标等数据。

(2) 招标投标阶段。包括勘察设计、监理、施工招标的招标文件、中标单位投标文件等，设计、监理、施工合同，施工图预算或清单报价。

(3) 勘察设计阶段。勘察、初步设计、施工图设计图纸及相关说明文档。

(4) 施工阶段。月度工程进度报表，月度质检报告，月度监理报告，资金拨付数据资料。

(5) 竣工验收阶段。竣工图，设计变更记录，结算资料等。

(6) 交付使用阶段。项目交工使用后的运行数据。

(7) 后评价阶段。后评价报告。

(二) 系统功能

(1) 数据采集。针对项目不同阶段不同的数据，分别设计相应的录入及维护程序，实现对其他软件(如 Excel)的接口，并预留与项目造价、质量、进度分析系统和项目监控预警系统留的接口。

(2) 文档管理。对项目中众多的原始资料进行分类管理，建立文档摘要和索引，实现对各种文档(文字文档，图片，设计图等)的存贮、管理和查看。

(3) 汇总统计。对项目数据进行逐级汇总、统计，并做表格内数据的合理性检查。

(4) 数据查询。用于对项目数据的快速检索，分报表数据查询和文档资料全文检索两大部分。

(5) 报表处理。用于对分级汇总数据以表格或图表形式形成最终输出结果，也可将统计或查询结果形成 Excel 图表。支持用户自定义表格。

(6) 数据加密传送。出于保密的需求，系统对传递的数据以脱机方式用光盘传递。系统设计专用的导入及导出功能，对于导出的数据，均以加密文件方式存贮。

(7) 权限管理。设置软件操作员的帐号，并分配登录密码、权限等级等。对项目数据设置浏览、查询、修改等功能。

本系统的建立还实现了全过程工程项目管理，建立了项目造价、质量、进度分析系统和项目预警预报系统。

复习思考题

1. 实施代建制的意义有哪些?
2. 代建制的运行模式有哪些? 各有何种利弊?
3. 代建制模式下市场竞争格局发生了哪些变化?
4. 工程项目管理服务的主要工作内容是什么?

参考文献

[1] 《国务院关于投资体制改革的决定》，2004 年
[2] 《建设工程项目管理试行办法》，建设部建市 [2004] 200 号，2004 年
[3] 张青林、董红梅，《代建制——投资体制改革的亮点》，北京，《中国工程咨询》2004 年第 11 期

第十三章 建筑企业市场营销管理

第一节 概 述

一、建筑企业市场营销问题的提出

自20世纪80年代以来，随着中国经济体制的改革和国内市场的逐步对外开放，经济运行的市场化进程不断加快。由于1984年世界银行贷款投资项目在中国的实施，引发了建设项目的招投标制度在全国建筑行业普遍推行。这就是说，在我国经济体制改革大规模推动的前夕，建筑企业就率先被推向市场，其原因是招投标制的运行机制体现了市场竞争的一般规则。二十多年来，中国建筑企业在计划经济体制向市场经济体制的转型过程中，无情地接受了市场经济风浪的洗礼。在优胜劣汰准则的锤炼下，一些企业消亡了，一些企业成长壮大起来，能够生存发展的建筑企业必定是适应市场、掌握市场竞争主动权的企业，或者说，这些企业能够根据市场运行的客观规律，有效开展市场营销活动，并在市场中确立本企业的应有地位。

对于以销售产品为主要特征的工业企业而言，市场营销已经形成了比较系统和完备的理论体系，并在实践中不断深化和提升，众多的学者和研究人员撰写了大量的市场营销文献和书籍，市场营销研究领域空前繁荣。与此同时，市场营销的理论和实践也在一定程度上导引了工业企业在市场竞争中运营和发展。与此相比较，建筑企业在市场营销的理论和实践上都显得较为落后。到目前为止，几乎极少能看到具有权威性的关于建筑企业市场营销的教科书，大多数的有关建筑企业管理的研究资料的浓墨之笔集中于项目管理、施工生产、合同管理、技术管理、质量管理等，而对于涉及到市场营销管理的内容只是稍作提及。

从1979年至2005年，中国经济获得年均9.4%的持续高速增长。为实现国内生产总值到2020年翻两番的目标，中国经济还应当保持年均7.18%的增长速度。投资拉动对我国经济的增长起着至关重要的作用，高水平的投资率是支撑中国经济扩张的重要因素，事实上，我国的固定资产投资率已经从20世纪80年代初的20%上升到本世纪初的35%。因此，国家经济发展的建设任务为建筑企业提供了实实在在的参与建筑市场竞争的机遇，建筑企业的市场行为与我国经济的持续增长态势直接相关联。面对远景恢宏的战略机遇期，建筑企业大有作为。

在社会主义市场经济条件下，市场营销是建筑企业管理的中心环节。建筑企业要想在市场竞争中谋求生存和发展，就必须以市场为中心，以市场营销体系为载体，推动企业走向市场，让企业的管理体制、运行机制、专业人才、科技水平等在市场博弈中接受业主的评判和挑选，接受市场准则和规律的检验。换言之，市场营销工作的结果是衡量建筑企业体制、机制、人才、技术、管理等要素的基本尺度。

(1) 市场营销工作成为建筑企业管理的中心环节是由建筑业这个劳务密集型行业的基本特征所决定的。随着我国从计划经济体制向社会主义市场经济体制的转变，建筑业已经成为完全竞争性行业，建筑企业一直在激烈的市场竞争环境中拼博。市场是企业生存的土壤，是企业生产经营活动的舞台，企业经济的增长点在于市场，企业的命运决定于市场，企业拥有市场就有了生存发展的基本条件。

(2) 市场营销工作成为建筑企业管理的中心环节是由建筑企业的基本性质所决定的。从企业组成上分析，可以把企业分为三个系统：一是政务系统，包括领导体制、企业领导班子建设、党组织建设、思想政治工作和工会共青团等群众工作；二是经营系统，包括市场开拓、经营结构调整、科学管理、资金运作等；三是监管系统，包括国有资产监督管理、经济责任监察、审计组织等。显然，政务系统是企业工作的领导、推进和保证，监管系统的工作目的是要促进企业工作的健康发展，经营系统的管理工作是整个企业管理工作的主旋律，而市场营销又处于经营工作的龙头地位。

因此，经营是前提，市场是先导，建筑企业必须牢固树立"市场唯大、经营为先"的观念，如果企业经营无方，拿不到项目承包订单，企业的一切都无从谈起。

二、经济增长与建筑市场关系分析

(一) 经济增长与固定资产投资的理论关系

1. 西方经济学关于投资与 GDP 关系的主要观点

凯恩斯学说着眼于国民经济短期的稳定运行，认为通过扩大政府投资可以弥补私人投资和消费的不足，从而达到提高国民收入、促进经济增长的目标。新古典综合派发展了凯恩斯学说，提出总需求是由消费、投资、出口共同决定的。从短期看，可以通过扩张性的财政政策和货币政策，刺激投资需求，促进经济增长。新凯恩斯主义学派的哈罗德——多马模型强调了投资在供给方面对于国民经济持续增长的作用，认为高投资率可带来高经济增长率。索洛和斯旺建立的新古典增长模型认为，较高的投资率对短期的经济增长的确有促进作用。但是从长期看，经济增长主要依赖于技术进步。20 世纪 80 年代，罗默和卢卡斯的内生增长理论用包括人力资本投资、研究与开发费用等在内的投资新概念，替代了传统意义的投资概念，再次得出高投资率带来高经济增长率的结论。从上述西方经济理论的主要观点看，扩大投资对于促进 GDP 增长能够发挥重要作用。

2. 全社会固定资产投资、资本形成总额的概念

(1) 全社会固定资产投资。全社会固定资产投资是统计概念，指以货币形式表现的在一定时期内全社会建造和购置固定资产的工作量以及相关费用的总称。按管理渠道可以分为：建设和改造投资、房地产开发投资以及其他投资。

(2) 资本形成总额。资本形成总额是国民经济核算概念，指常住单位在一定时期内获得的资产减去固定资产处置和存货处置，具体包括固定资本形成总额和存货增加两部分。其中，固定资本形成总额是指各核算单位在一定时期内获得的固定资产减去处置的固定资产的价值总额。固定资本形成总额与全社会固定资产投资的关系可用以下公式表示：固定资本形成总额＝全社会固定资产投资＋商品房销售增值＋矿藏勘探形成的固定资本＋土地改良形成的固定资本－扣减项。

3. 全社会固定资产投资和资本形成总额的关系

第一节 概 述

全社会固定资产投资是支出法计算国内生产总值（GDP）中资本形成总额的重要组成部分，全社会固定资产投资在转化为资本形成总额的过程中，主要增项包括三个：

（1）投资统计口径以外的、小于50万元及其他零星项目固定资产投资。

（2）商品房销售增值、矿藏勘探形成的固定资本和土地改良形成的固定资本（不包括投资统计口径中已计入的土地开发投资）。

（3）存货。

此外，还需要对全社会固定资产投资进行必要的扣减，主要是：

（1）购置旧建筑物、旧设备和土地所花费的投资。这部分投资只是用于资产价值的转移并没有增加新的资产。

（2）固定资产投资的其他费用中不形成固定资产的部分等。

4. 投资率、固定资产投资对GDP增长贡献率和拉动率

（1）投资率是指按支出法计算的资本形成总额占国内生产总值的比重，表示一个经济体的总产出中有多少份额用于投资。具体公式是：投资率＝（资本形成总额/GDP）×100％。

（2）固定资产投资对GDP增长的贡献率是指当年固定资本形成额年度实际增量占当年GDP实际增量的比重。该指标是从需求角度分析固定资产投资增长与GDP增长之间的关系。具体公式是：固定资产投资对GDP增长的贡献率＝（当前固定资本形成年度实际增量/当年GDP实际增量）×100％。

（3）固定资产投资对GDP的拉动率等于固定资产投资的贡献率乘以GDP增长速度。该指标和固定资产投资贡献率之间没有本质区别，只是把"占GDP增量的百分比"变成了"增长速度中的若干百分点"。

上述三个指标都反映了投资与GDP之间的关系。投资率反映了当年投资总量与GDP总量之间的比例关系，贡献率和拉动率则反映了当年投资增量与GDP增量之间的比例关系。投资贡献率在本质上决定于投资率，因此，在某种程度上对投资率的分析也适用于投资贡献率。

（二）我国固定资产投资拉动GDP增长的历史情况和现状

从世界各国经济发展的经验来看，在工业化进程中随着消费结构和产业结构的逐步提升，固定资产投资对经济增长的贡献不断加大，从而引起投资率上升、消费率下降。我国正处于工业化和城市化加快发展的经济发展阶段，积累和资本形成对经济增长具有重要影响，投资拉动对经济增长的重要作用需要保持投资较快增长。改革开放以来，全社会固定资产投资年均增长20.2％，超过社会消费品零售总额年均13.5％的增速，在保证GDP年均增长9.4％的同时，也使得投资率保持较高水平。表13-1给出了1993～2004年中国与美国、韩国投资率、投资贡献率和投资拉动率比较。

1993～2004年中国与美国、韩国投资率、投资贡献率和投资拉动率比较　　表13-1

年份	投资率（％）			投资贡献率（％）			投资拉动率（％）		
	中国	美国	韩国	中国	美国	韩国	中国	美国	韩国
1993	43.5	16.6	35.5	62.1	16.1	21.4	6.6	0.4	2
1994	41.3	17.2	36.5	35	27	42.5	8.4	1.1	3
1995	40.8	17.4	37.2	39.1	20.1	41.1	4.4	0.5	3.3
1996	39.3	17.7	37.9	30.5	23.8	45	4.1	0.9	2.6

续表

年份	投资率(%)			投资贡献率(%)			投资拉动率(%)		
	中国	美国	韩国	中国	美国	韩国	中国	美国	韩国
1997	38	18.4	34.2	24.2	29.7	−10.3	2.9	1.3	1.7
1998	37.4	18.4	21.2	26.5	18.2	68.6	2.1	0.8	−1.4
1999	37.1	18	26.7	31.5	10	90.5	2.1	0.4	2.9
2000	36.4	17.1	28.2	27	2.5	46.9	2.3	0.1	2.6
2001	38	15.3	26.9	53.6	−48.8	3.5	2.2	−0.2	1
2002	39.2		26	52.1		15.9	4		1.8
2003	42.3			66.7		26	4.3		0.9
2004	43.9			69.5			6.6		

表 13-1 反映了近 10 年来我国与美国、韩国的投资率、投资贡献率和投资拉动率的比较。从表中可以看出，我国的投资率、投资贡献率和投资拉动率不仅高于美国等发达国家，而且高于同属于东亚经济圈的韩国等国家。其主要原因，一方面，我国储蓄率一直保持较高水平，不仅为投资提供了资金来源，而且内在地要求形成更多的投资，以避免因储蓄不能有效地转化为投资而导致总产出水平的下降和银行运行出现问题。20 世纪 90 年代以来，我国储蓄率大体维持在 38%～40% 左右，同期韩国的储蓄率处于 31%～32% 左右。另一方面，我国经济增长基本上属于外延扩张为主的粗放型增长方式，发展经济主要依靠增加投入，追求数量扩张。在以高投入、高消耗为主要特征的粗放型经济增长方式下，投资效率不高进一步加剧了投资规模膨胀，导致投资率保持较高水平。

（三）固定资产投资与建筑市场的关系

固定资产投资规模直接决定着建筑市场的容量、结构和分布。

1. 固定资产投资总量决定建筑市场的容量规模

根据经验数据计算，在固定资产投资总额中，由建筑业完成的建筑安装工程投资占 65% 左右。从这样一个反映基本规律的数量关系中，建筑企业可以根据国家、地区计划的固定资产投资总量推测全国和该地区的建筑市场规模和市场发展前景，从而为本企业的发展目标提供参考。

2. 固定资产投资结构决定建筑市场的项目结构

建筑市场项目结构是指一定时期和一定区域内的工程建设项目的类别结构，现存的固定资产投资结构及其变动趋势是建筑企业确定和调整本企业经营结构的参考依据。

（1）按投资用途的分类结构。按投资用途，固定资产投资有四部分组成，即基本建设投资、更新改造投资、房地产开发投资、其他投资。相应地，建筑市场项目结构也可以划分为基本建设投资项目、更新改造投资项目、房地产开发投资项目、其他投资项目。

（2）按行业投资的分类结构。固定资产投资在不同行业间的分配是拉动行业发展的重要手段，国家在不同的社会历史发展时期也会对行业间的投资有所调整。对行业的投资可以分为铁路建设投资、公路建设投资、民航建设投资、水利建设投资、工业建设投资、电信业建设投资、文教卫生建设投资、住宅建设投资等，建设市场结构也可以进行类似的划分，如铁路建筑市场、公路建筑市场、住宅建筑市场等等。

3. 固定资产投资的布局决定建筑市场地区结构

国家为了实现区域发展战略必然会在固定资产投资布局上做出安排。例如，国家曾经实施过东部领跑战略、中部崛起战略、西部开发战略、东北振兴战略，这些战略的开端通常都由相应的投资措施启动。固定资产投资数额在各地区分布同时也就构成建筑市场的地区结构。

第二节 建筑企业目标市场

市场的本意是指买卖双方用以聚集与交换商品和劳务的具体场所。在经济学上，市场的概念是指所有从事商品和服务交易的双方及其关系的总和。市场营销在经历了大规模营销、产品多样化营销阶段后，已经进入到目标市场营销新时代。企业在进行目标市场营销时，首先进行市场细分，然后选择适合本企业的目标市场，最后对所选择的目标市场制定相应的营销策略。

一、建筑市场细分

在建筑市场上，建设单位（或称之为业主单位）是需求方，招标代理单位、设计单位、造价咨询单位、项目管理单位、施工单位、监理单位、设备材料供应单位是供给方。建设单位分布于不同的行业、不同的地理位置、对建筑物功能有不同的偏好、自身拥有不同的资源，因而每一个建设单位实际上构成了一个单独的市场，建筑企业应当为每一个既定的建设单位设计一套市场营销方案。

（一）建筑市场细分的种类

1. 按照行业细分。按照建设单位及相应建筑物所在的行业，可以将建筑市场细分为普通房屋工程建筑市场、高档楼宇建筑市场、公共场馆建筑市场、基础设施建筑市场、水利工程建筑市场、能源工程建筑市场、电力工程建筑市场、石化工程建筑市场、医疗卫生建筑市场、高校教育建筑市场、工矿工程建筑市场、公路建筑市场、隧道和桥梁工程建筑市场、铁路建筑市场、港口建筑市场、城市地铁建筑市场、环保工程建筑市场、国防工程建筑市场、建筑安装市场、建筑装饰市场。

2. 按照地理位置细分。按照建设项目所在的区域地理位置，可以将建筑市场细分为东部沿海地区建筑市场、中部地区建筑市场、西部地区建筑市场、东北地区建筑市场。按照建设项目所在的中心城市，可以将建筑市场细分为北京地区建筑市场、上海地区建筑市场、广州地区建筑市场等等。按照建设项目所在的行政区域，可以将建筑市场细分为华东地区建筑市场、华南地区建筑市场、西南地区建筑市场、西北地区建筑市场等等。按照建设项目所在的经济区位，可以将建筑市场细分为长江三角洲建筑市场、珠江三角洲建筑市场、环渤海湾建筑市场、成渝地区建筑市场、经济特区建筑市场。

3. 按照技术含量细分。按照建设项目的技术含量，可以将建筑市场细分为高端建筑市场、中端建筑市场、低端建筑市场。高端市场的特征是高科技含量和高资金投入，主要包括铁路、道路、隧道桥梁、城铁工程，水利和港口工程，工矿建设工程等。中端市场主要包括大型公共建筑、高档楼宇建筑等。低端市场主要包括普通房屋工程、简单的基础设施工程等。

（二）建筑市场细分的有效条件

对建筑市场细分的结果必需要能够指导企业的市场营销活动,为此,建筑市场的细分化要体现以下的特点。

1. 可衡量性。即建筑市场细分的相关变量、规模、特征是可以被量化的。
2. 可获得性。即能够通过有效途径进入细分后的建筑市场。
3. 可收益性。即细分后的建筑市场有一定的规模效益,值得建筑企业制定专门的市场营销计划,并投入相应的资金去实施。
4. 可行动性。即针对细分后的建筑市场,能够制订出可行的市场营销策略和方案。

二、建筑企业目标市场选择

(一)对建筑企业目标市场选择的评估

对于细分后的不同的建筑市场,建筑企业在对其进行评估时应当考虑三方面的因素,即市场空间、市场竞争态势和本企业自身的发展目标及资源条件。

1. 市场空间。主要体现在市场规模和和增长速度上。建筑企业要对细分后的建筑市场的规模、增长率、预期利润进行分析,以便于决定是否能够成为本企业的目标市场。

2. 市场竞争态势。主要是指市场竞争主体及其相应的变化。建筑企业要分析市场竞争组织的构成,各组织在竞争过程中的作用,各种资源要素市场价格变化趋势,为选定目标市场寻找切入点。

3. 企业发展目标和资源条件。建筑企业要将本身的发展目标、资源条件与所要选择的细分市场的情况结合起来,进行对应的分析研究。有些细分市场虽然有较大的吸引力,但不一定符合本企业的长远发展目标,有些细分市场可能前景诱人,但本企业的资源条件所限而难以进入。如果某一细分市场与本企业的发展目标与相一致,企业还要研究本身是否具有占领该细分市场的技术、管理能力和资源,企业只有拥有这些要素的支撑才有可能进入这一细分市场。

(二)目标市场选择策略

目标市场是指企业进入的具有共同需求或特征的需求方集合。在对细分市场评估之后,建筑企业应当决定选择哪些细分市场作为目标市场,通常可以采用无差异营销策略、差异性营销策略、集中性营销策略。

1. 无差异营销策略。指建筑企业不考虑细分市场的差异性,对整个市场只提供一种产品或服务。企业提供的产品或服务针对是需求方的共同需求而不是不同需求。例如,有些建筑企业只提供房屋建筑施工服务,有些专业化的建筑企业只提供某一工序的施工劳务服务。无差异营销策略的最大优点是能够节约成本。

2. 差异性营销策略。建筑企业在选择了几个细分市场后,针对每一个目标市场提供相应的产品或服务,大多数建筑企业都应当采用差异性营销策略。由于进入不同的细分市场以及针对不同的细分市场进行的市场调研、信息渠道管理、业务关系的建立、资源的配置等需要增加营销费用,因而差异性营销策略的实施会加大企业的成本。

3. 集中性营销策略。当建筑企业自身的资源实力有限时,可以采取集中性营销策略。在实施这一策略时,企业可以放弃某一细分市场中的一部分份额,而集中力量占领该细分市场中的大部分份额。这种集中性营销策略,能够使企业更加熟悉细分市场的业主需求,在它所服务的细分市场中占有优势地位,同时,由于集中性营销策略的针对性强、专业化程度高,企业可以节省营销支出。

三、建筑企业市场定位

建筑企业在决定进入某个或某几个细分市场后,还要在这些市场中进行市场定位。市场定位就是要确立建筑企业及其所提供的服务在需求方或者业主心目中的重要特征和地位。

(一)市场定位的几种方式

1. 根据建筑企业提供的具体服务形式定位。例如项目总承包商、施工总承包商、专业承包商等。

2. 根据建筑企业所拥有的资源特点定位。例如技术密集型承包商、管理密集型承包商、资金密集型承包商等。

3. 根据建筑企业的实力或能力特征定位。例如建筑集团企业、国际化大承包商等。

(二)实施市场定位的步骤

建筑企业通过实施市场定位,建立一整套独特的竞争优势,使本企业区别于其他企业,从而牢固占领细分市场。实施市场定位主要包括三个步骤。

1. 识别可能的竞争优势

建筑企业市场定位的根本要求就是区别于竞争对手,比竞争对手更好地理解顾客的需求,向顾客提供更多的价值,使企业赢得竞争优势。一般可以从服务差异、技术差异、管理差异、人员差异、品牌差异等方面提供区别于竞争对手的顾客需求或市场供给。

(1)服务差异。建筑企业向业主提供的是服务,这也是建筑企业生产经营业务活动的本质,具体形式上体现为设计服务、咨询服务、项目管理服务、施工劳务服务等,有些建筑企业提供的是单一的服务,有些则提供的是综合服务。不管是提供单一服务还是综合服务,建筑企业都应当力求使本企业能够向业主提供比竞争对手更周全、更细致、更便利、更满意的服务。

(2)技术差异。技术差异能够反映建筑企业的能力差异,建筑企业可以通过技术差异展示本企业的特殊能力,例如超高层建造能力、深基坑技术能力、大跨度结构能力、楼宇智能化能力、质量保证能力等。

(3)管理差异。管理水平是建筑企业综合素质的体现。建筑企业通过创造在管理风格、管理模式上的差异能够增强业主对企业的信任度。

(4)人员差异。建筑企业可以通过招聘和培训比竞争对手更好的人才获得竞争优势,这些人才在理解业主意愿、满足业主需求上发挥重要作用。

(5)品牌差异。建筑企业可以通过建立品牌形象使自己不同于竞争对手。企业的品牌形象应当能够传达和表明与众不同的理念、精神、文化、行为准则。打造一个境界高远、个性鲜明的品牌形象需要较长时间的艰苦工作。

2. 选择合适的竞争优势

对于建筑企业来说,并非所有的差异都能成为有别于其他企业的区别因素,也并不是所有的差异都有市场意义。每一种差异都有可能在给业主带来利益的同时却增加本企业的成本。因此,企业必须慎重选择区别于竞争对手的优势。通常可以考虑以下几方面。

(1)重要性,该差异能否给业主带来高价值的利益。

(2) 专有性，该差异是竞争对手无法提供的。
(3) 优越性，该差异优于其他可使业主获得同样利益的方法。
(4) 感知性，该差异是实实在在的，能够为业主所感知。
(5) 先占性，该差异不能为竞争对手所复制。
(6) 可支付性，该差异使业主有能力支付。
(7) 可盈利性，该项差异能让本企业获利。

3. 传播选定的市场定位

建筑企业在选择市场定位后，必须采取切实步骤把本企业的市场定位传达给潜在的和目标业主。企业的所有市场营销策略组合也必须支持这一市场定位战略。

第三节 建筑企业经营结构与市场布局

一、建筑企业的经营结构

据统计，国外大公司在20世纪70年代平均跨行业经营的行业数是4.2个，到90年代其平均跨行业经营的数目下降到1.2个。日本一位经济学家统计了日本62家公司18年来从事不同类型多元化经营与企业绩效的关系，得出一个结论：相关联多元化经营的企业收益率高，而无相关联多元化经营的企业收益率低。例如，海尔集团多元化经营的第一原则是把自己最熟悉的行业做大、做好、做强，在这个前提下进入与这个行业相关的产品经营。

(一)"三层面"理论简介

在企业增长的规划管理理论中，有一个"三层面"理论，第一层面是近期三年的发展规划，主要是捍卫核心业务；第二层面是中期五年可建立的相关新兴产业；第三层面是十年左右创造可行的未来事业。在实施这个规划时，首先必须以强化第一层面的核心业务能力为基础，当企业的核心能力坚实、经营业绩稳定、资本和人才充足时，才可选择与核心业务相关的新兴产业来发展，以形成与核心业务相关联的多元格局格。其示意图见图13-1。

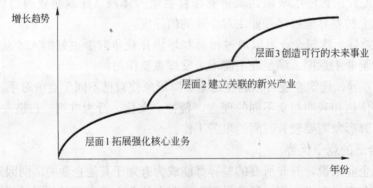

图13-1 "三层面"示意图

国内外企业的经验和趋势值得建筑企业在认真参考，具体地说，建筑企业要遵循有限相关多元化的发展思路，在市场结构的多元化上要注意解决好三个问题。

(1) 建筑企业的核心业务是工程承包，必须在明确主营业务的前提下，根据市场的需求和企业自身的条件去开展多元经营，不能没有经营边界的概念，不能漫无边际地什么业务都去做。

(2) 从行业角度来看，建筑企业的多元结构要做与核心业务相关系数大的业务，处理好核心业务与上游业务和下游业务的关系。一般地，建材生产是建筑业的下游，房地产开发是建筑业的上游。显然，对于有条件的大型建筑承包商来说，首先应当进入房地产业。

(3) 坚持实现主业带动，业内多元，市场互补。

(二)"三层面"理论的应用

香港中海集团公司的发展历程，是实践企业"三层面理论"的成功例证。香港中海集团公司从做工程承包业务起家，逐步积累实力，然后在香港和内地做房地产，而后开展资本运营，组建上市公司，在中国大陆的广西等地购买路桥经营权，近两年又拓展高科技业务。香港中海集团公司正是通过这样三个层面连续的链条式、台阶式的攀升，实现了有限相关多元化和经营形态的不断升级。其示意图见图13-2。

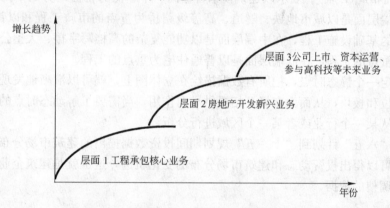

图 13-2　香港中海公司发展"三层面"图示

二、建筑企业的市场布局

随着国内外市场的融合和地区封锁的逐渐打破，建筑企业要建立起"大市场"的概念，用动态的观念和在更大的范围内，积极寻求适宜自我生存和发展的目标市场空间以及合理的经营布局。现在的问题是，如何才能找到目标市场，为什么要适时地进行市场布局的战略转移，下面进行方法说明。

按照大市场的概念，可以采用立体空间三维坐标体系的方式，从行业布局(X轴)、区域布局(Y轴)、层面布局(Z轴)三个方面构造出"建筑市场布局结构逻辑模型"，见图13-3。利用这个模型，从静态角度，可以顺利找到经过细分化的目标市场，从动态角度，我们还能够看出建筑市场布局的演变趋势。

(1) 行业布局(X轴)。表示政府和民间投资在国民经济行业如工业、农业、教育、医疗、房地产等的分布状况。

(2) 区域布局(Y轴)。表示政府和民间投资在东部、中部、西部地区的分布状况，也可以按经济区或中心城市来划分。

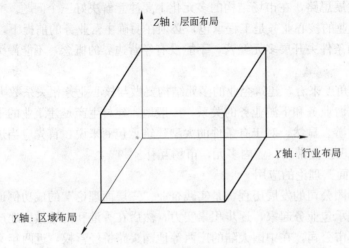

图 13-3　市场布局示意图

(3) 层面布局（Z 轴）。表示以建筑技术含量高、中、低为特征划分的不同层面的投资分布。在高端层面是以城市地铁、隧道、高等级路桥为重点的市政工程和以铁路、电站、港口为重点的基础设施工程，在中端层面是以功能复杂的高档写字楼、大型公共建筑、工业设施等为重点的工程，在低端层面是以普通住宅为重点的工程。

如果设定一个静态时点，把所有数据描绘在立体图上，就可以清晰地发现建筑市场分布的密集部位和板块，从而为市场开拓提供导向作用。当需要了解动态时点的市场变动状况时，可以从某一个行业或者某一个区域进行分析。

可以把"六五"计划到"十一五"规划期间投资数据描出的建筑市场分布图进行比较分析，从中可以得出投资动态和建筑市场分布的变化轨迹，这也就是建筑企业进行市场布局结构战略调整的依据。

第四节　建筑企业市场信息管理

一、市场调研

建筑企业市场调研的主要内容包括：全国及各地区地区本年度的投资重点，总投资规模及在行业的分布，新开工建设项目数量类型面积，投资主体类型及比重，资金来源及项目足额程度，建筑市场运行的规范程度，当地政府对建筑市场的管理方式，当地招投标的办法与方式、评标的准则，当地政府对外来施工队伍的政策与管理方法，在当地组织施工生产要素资源的难易程度，当地主要竞争对手情况分析，本单位进入当地市场的优势与劣势分析，本单位在当地运作项目的难点和风险分析等。

二、市场信息管理

（一）工程项目信息类型划分

(1) 按投资来源，可划分为政府投资项目、自筹资金投资项目、外资投资项目。

(2) 按项目用途，可划分为住宅项目、公建项目、工业项目、交通项目、环保项目等。

(3) 按结构材料，可划分为砖混结构、钢筋混凝土结构、钢结构、木结构等。

(4) 按结构受力类型，可划分为剪力墙结构、框架结构、框架剪力墙结构、其他结构等。

(5) 按项目所在区域，可划分为本地项目、外地项目。

(二) 工程项目信息来源

(1) 中长期信息主要来自于国家和省市地方政府的发改委、行业主管部门、建设行政主管部门、规划行政主管部门、开发区管理部门、金融部门。

(2) 短期信息主要来自于各种信息发布会，国内外建设业主、发展商、设计院、监理公司、中介机构。

(3) 项目经理部、专业公司提供的外部市场信息。

(4) 市场经理提供的工程项目信息。

(5) 社会上相关人士、公司内部员工提供的信息。

(三) 工程信息分析与评估

建筑企业对市场信息应当进行详细调查分析研究，并提出评估意见，以便于为下一步的公关策略和投标决策做参考。工程信息调查与分析的主要内容包括：

1. 信息可信性调查分析

(1) 信息来源渠道的可靠性。

(2) 信息内容的真实性。

(3) 信息提供人和居间人的可信性。

(4) 从不同渠道信息来源的一致性。

(5) 信息的时效性。

2. 业主情况调查分析

(1) 业主身份：政府、企业、外商、合作、合资、私营及合资各方所占的股份等。

(2) 业主的内外部关系：业主的上级单位、行业主管、控股单位、投资主体、业主内部的组织机构与人事关系、决策方式及决策人物。

(3) 业主的需求，包括潜在的需求。本工程项目的功能和用途；业主对于项目的质量、工期、价格及其他方面的需求，哪种需求占据主要地位；项目本身对于业主的关键人物的意义是什么，以及关键人物的背景、兴趣、爱好和需求等。

(4) 业主的经济实力：业主的资产情况及项目的资金情况；业主其他项目投资回报的情况；业主正在从事的主要行业的构成及效益情况；业主的资产负债率等。

(5) 业主的社会信誉：业主的社会影响力、业主的知名度、以往与业主合作者对业主的评价、业主与社会合作者间发生的法律诉讼情况等。

(6) 与业主合作过的承包商及相互关系：以往业主同哪些承包商在哪些项目上合作过，合作的效果及双方目前的关系等。

(7) 业主在发包工程时的习惯运作方式：如发包工程时倾向于独家议标、公开招标、内部先定标、指定分包、设备自行采购等。

(8) 与本工程项目有关的单位和个人情况，如有关的设计、咨询、监理等。

如果是实行代建制的项目，对代建单位也要进行类似的调查分析。

3. 立项条件调查分析

主要调查分析项目当前所处的阶段以及办理了哪些审批手续。主要包括以下几个方面：

（1）立项阶段。主要调查项目建议书与可行性研究报告是否得到发改委批准，是否取得年度预备项目资格；项目的规划方案设计与初步设计是否经规划部门审批；如为中外合资项目，是否签订合作合同并经商务部等单位批准领取外商投资企业批准证书，是否进行企业工商注册与税务登记，并办理外汇账户开户手续。

（2）项目规划、设计、征地、拆迁阶段。主要调查是否办理了建设用地规划许可证，施工图设计进展情况，是否办理征地手续并取得土地使用权证明文件，拆迁工作进展如何等。

（3）项目建设阶段。主要调查是否有年度正式基本建设计划批件，是否签订"四源"协议和电力电信等供应协议，是否填报建设开工审批表，是否办理招标批准手续等。

4. 项目资金来源调查分析

主要包括以下几个方面：

（1）了解项目投资类型，如政府投资项目、国内贷款项目、国外机构资金项目、外商直接投资项目或自筹资金项目等。根据项目投资种类的不同，界定资金来源，调查真正的出资人、合伙人、筹资人。

（2）向批准年度施工计划的政府部门了解项目资金的落实情况。

（3）向业主、出资人直接了解或通过查阅业主的各种公开披露的资料、通过业主的合作单位或上级单位以及通过银行或资信调查机构等了解资金来源的真实性。

（4）通过对投资是否符合国家产业政策或国家金融法规了解资金来源的合法性。

（5）了解业主资金计划的落实情况以及资金平衡的做法，分析资金是否能满足工程进展的要求，其筹资过程是否受国家经济政策和市场变化的影响，判断资金来源的稳定性。

（6）了解业主的资金实力、惯用的资金运作方式以及发生资金困难时的对策，如果贷款来源于银行，则要了解主要贷款银行的支持程度和方法等。

（7）在进行业主资信状况调查时要采用合法途径。

5. 竞争对手情况调查分析

主要包括以下几个方面：

（1）分析判断出可能参与该项项目的主要的竞争对手。

（2）竞争对手的社会信誉、工程业绩、市场占有率、管理与技术特长等情况。

（3）通过对竞争对手的施工能力及同类工程的经验的调查，判断竞争对手在该项目上的优势。

（4）竞争对手目前的在施任务情况、企业效益情况及企业资金状况等。

（5）竞争对手的社会关系，特别是与业主的关系和政府主管部门的关系情况以及公关手段和能力等。

（6）竞争对手的投标方式，分析其标价、工期、施工技术方案、管理方法及其可能的承诺条件等。

（7）竞争对手是否与本企业在其他工程项目上有过竞争经历，本企业与其关系如何，在同一项目上竞争的厉害关系及策略情况。

6. 对承包该项工程的利弊分析

利弊分析主要包括:

(1) 该项目对本企业的目的和意义,有无较大的、良好的社会影响。

(2) 本企业有无同类工程的承包经验。

(3) 承接该项目时业主的倾向性如何,是否会受到政府部门或上级的干预等。

(4) 本企业在价格、工期、技术、管理等方面的优劣势如何。

(5) 本企业对项目的生产要素包括分包商的保证协调能力。

7. 必须停止跟踪的工程信息

对以下项目必须停止跟踪:

(1) 国家禁止建设的项目。

(2) 开工手续无法办全的项目。

(3) 业主资信不好、无任何抵押担保的项目。

(4) 业主无资金,纯属炒买炒卖的项目。

(5) 对企业的发展非至关重要,预计会有较大亏损的项目。

(6) 以往合作过确系难以合作的业主。

(7) 现场条件恶劣,无利润的项目。

(8) 业主资金周转不好且短期难以扭转的项目。

(9) 垫资数额较大可能造成企业资金周转困难的项目。

(10) 地方政府严重干预、多方努力无效的项目。

(四) 工程信息的内部流转程序

工程信息在进入企业内部后,按以下顺序进行管理。

(1) 工程信息传递到市场部,填写信息登记表。

(2) 市场部进行初步判断,向主管领导汇报。

(3) 经主管领导组织相关人员判断后,对值得跟踪的项目进行市场调查,填写工程情况调查表,放弃无跟踪价值的项目。

(4) 对工程信息进行分类分析,将有关情况报主管领导进行评估,填写工程信息评估表。评估程序如下:①听取市场部报告;②信息可行性分析;③业主情况分析;④立项条件分析;⑤资金来源分析;⑥竞争对手分析;⑦承揽此工程利弊分析。

(5) 再次判断是否值得跟踪,无价值的工程信息由市场部存档。

(6) 对于有价值的工程信息,确定市场经理作为工程信息跟踪小组的直接负责人。

(7) 由市场经理带领工程信息跟踪小组了解项目进展及业主的具体情况,及时将工程信息最新进展情况反馈给市场部,并向主管领导汇报。

(8) 进入工程项目标前策划程序及投标报价程序。

(五) 工程信息的日常管理

1. 工程信息的协调管理

(1) 对各种来源的工程信息进行详细的登记。

(2) 对不同来源的同一信息进行关系资源的协调和整合。

(3) 对于集团企业内部的多个二级单位跟踪同一工程信息时,集团企业的市场主管部门应当以有利于中标为原则进行协调,并尽量使用集团企业的资质品牌。

2. 定期召开市场动态和工程信息分析例会

为及时了解市场变化的最新动态,掌握工程信息跟踪的进展情况,制定正确的跟踪策略,应定期召开如下例会:

(1) 每周召开市场分析例会,由主管市场营销的领导主持,市场部组织,市场经理、信息跟踪人员及相关人员参加,目的在于交流工程信息,对工程信息变化情况及时进行分析处理,调整跟踪策略,对无效信息进行处理。

(2) 每月由公司主管市场营销的领导主持召开一次市场营销分析会,对所属各单位的重要工程信息进行通报,并进行工作布置。

(3) 每季度由公司市场部组织,召开全部分支机构和二级单位参加的市场营销工作会,通报全公司工程信息跟踪的总体情况,对重大工程信息进行工作安排,协调内部的交叉工程信息。

(4) 每半年由公司市场部组织,召开市场营销主要业务人员参加的市场营销研讨会,分析全国建筑市场情况,各地区市场发展动态研究,本公司的市场营销战略适应性分析,必要时对市场营销策略进行调整。

第五节 建筑企业投标报价管理

一、投标报价程序

建筑企业投标报价程序如图 13-4 所示。

二、投标准备

对于建筑企业来说,投标报价不仅是报价高低的比拼,而且也是企业、技术、经验、实力、信誉的较量。因此,必须做好充分的准备。投标准备工作主要有投标信息的收集与分析、投标工作机构的建立等内容。

(一) 投标信息的分析与收集

在投标竞争中,正确、全面、可靠的信息对于投标决策起着至关重要的作用。投标信息包括影响投标决策的各种主观因素和客观因素。

1. 影响投标决策的主观因素

(1) 建筑企业的技术实力,即企业所拥有的各类专业技术人才、熟练工人、技术装备、工程经验等。

(2) 建筑企业的经济实力,即企业购置机械设备的能力、垫付资金的能力、资金周转的能力、支付担保费用、保险和纳税的能力等。

(3) 建筑企业的管理水平,即企业的组织机构、规章制度和质量保证体系等的有效程度。

(4) 建筑企业的社会信誉,即企业是否拥有良好的社会信用和品牌形象。

2. 影响投标决策的客观因素

(1) 业主和监理工程师的情况,指业主的合法地位、支付能力、履约信誉情况,监理工程师处理问题的公正性、合理性、合作性等。

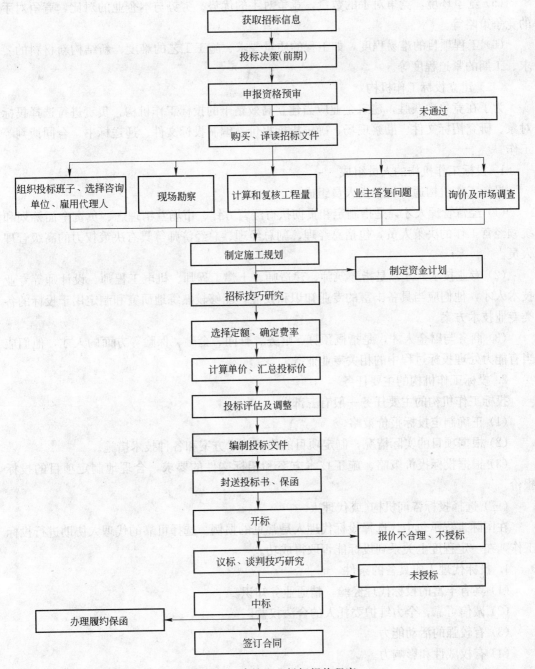

图 13-4 建筑企业投标报价程序

(2) 项目的社会环境,主要是项目所在地的政治经济形势、建筑市场的繁荣程度、市场竞争状况、税收与金融政策等。

(3) 项目的自然条件,指项目所在地的气候、水文、地质等对影响项目进展和成本的因素。

(4) 项目的社会经济条件,包括交通运输、原材料及构配件供应、水电供应、工程款支付、劳动力供应等方面的条件。

(5) 竞争环境，竞争对手的数量，竞争对手的优势、劣势与本企业的对比，竞争对手的竞争策略等。

(6) 工程项目的难易程度，如工程的质量要求、施工工艺的难度、新结构新材料的要求、工期的紧迫程度等。

(二) 建立投标工作机构

为了在竞争中获胜，建筑企业应当建立高效精干的投标工作机构，负责进行选择投标对象、研究招标文件、勘察现场、确定投标报价、编制投标文件、递送标书、合同谈判等工作。

1. 投标工作机构的人员组成

投标工作机构通常由三类人员组成：

(1) 经营管理人才，是指制定和贯彻执行经营方针、市场营销理念、负责全面筹划和统领经营工作的决策人员，包括总经理、副总经理、总经济师等具有决策权力的高级管理人员。

(2) 专业技术人才，是指建筑师、建造师、土建工程师、机电工程师、设计师等专业技术人才，他们应当具备丰富的专业知识和技能，能够较熟练地研究和制定用于投标的各类专业技术方案。

(3) 商务与财金人才，是指概预算、财务、合同、金融、保险等方面的人才，他们应当有能力处理投标过程中的相关专业业务。

2. 投标工作机构的主要任务

投标工作机构的主要任务一般有三部分：

(1) 正确制定投标报价策略。

(2) 根据项目的实际情况，制定项目的施工技术方案和各种技术措施。

(3) 根据投标报价策略、施工技术方案和招标文件的要求，合理地制定项目的投标报价。

(三) 选择投标咨询机构（或代理人）

在国际工程承包中，选择投标代理人是常见的惯例。选择可靠的代理人协助进行投标工作，在一定程度上关系到投标能否取得成功。

1. 投标代理人应具备的条件

(1) 具有丰富的投标代理经验，精通业务知识。

(2) 诚信可靠，全力维护委托人的合法权益。

(3) 有较强的活动能力。

(4) 有权威性和影响力。

2. 代理协议

建筑企业在选定代理人后，应当签订代理协议，其内容主要包括：

(1) 双方当事人的权力、义务、责任。

(2) 代理的业务范围和活动区域。

(3) 代理活动的有效期限。

(4) 代理费用及其支付办法。

(5) 其他规定。

（四）寻求合作伙伴

由于工程承包涉及较多的专业和技术领域，建筑企业需要寻求合作伙伴，以共同完成项目的总承包目标。合作伙伴应当具备的基本条件：

(1) 符合招标工程所在地和招标文件对投标人资格条件的规定。

(2) 具备承担招标工程的相应能力和经验。

(3) 资信可靠，有较好的履约能力和社会信誉。

（五）办理注册手续

在外地（或国外）进行工程投标时，还需按照工程所在地的相关规定办理注册手续，取得合法地位。办理注册时所要提交的文件由项目所在地政府主管部门决定。

三、投标决策

对于建筑企业而言，在一定时期内，能够参与的项目投标很多，但并非每个项目都必须要去参加投标，而是应当对每个项目情况进行具体分析，从而确定是否参加投标以及投什么性质的标。投标决策正确与否，不仅关系到企业能否中标，而且关系到企业发展前景和员工的切身利益，企业决策团队应当慎重对待，确定不同的投标类型。

（一）按投标性质的类型

按投标性质可以分为风险标和保险标。

(1) 风险标。对于难度大、风险大的项目，而且还伴有在技术上或设备上、资金上都有尚待解决的难题，但为了开拓新的市场空间或新的技术领域而决定参加投标，即是风险标。对于风险标，在中标后，一定要切实解决悬而未决的问题，否则企业的经济效益和社会信誉都会收到损害。对投风险标必须谨慎决策。

(2) 保险标。对于项目在技术、设备、资金上的重大问题都已经有了明确的解决办法后的投标，称之为保险投标。如果企业的技术经济实力一般而又不足以有能力承受失误时，可以考虑以投保险标为主要决策取向。

（二）按投标效益的类型

按投标效益可以划分为盈利标、保本标、亏损标。

(1) 盈利标。对于所投标的项目是本企业的强项而又是竞争对手的弱项时，或者业主对本企业的倾向性意图很明确时，此时的投标称为盈利标。

(2) 保本标。当所招标的项目竞争对手较多而本企业又无明显的优势时，或者本企业无后续项目需要急于承接新项目时，此时的投标称为保本标。

(3) 亏损标。亏损标是一种非常规的投标决策，一般在下列情况下使用：为了打入新市场，取得新市场的立足点而压低标价；为了在在本企业的目标市场中挤垮竞争对手而采取的低标价策略；为了获得后续项目，在首期项目中不惜低标价投标；为了在众多的竞争对手中先期中标，故意压低标价；企业施工任务严重不足，为了维护生计和正常运转，不恤成本低价投标。

四、投标过程管理

投标过程是指从填写资格预审调查表开始，到将正式投标文件送交业主为止所进行的全部工作，一般需要完成下列各项工作内容：填写资格预审调查表，申报资格预审；购买招标文件；组建投标工作班子；进行投标前调查与现场考察；选择投标咨询机构或代理人；分析招标文件，校核工程量，编制施工计划；工程估价，确定利润方针，计算和确定报价；编制投标文件；办理投标保函；递送投标文件。

（一）资格预审

一般平时要将资格预审的基本资料准备就绪，并做成有备份的电子版，到针对某个具体项目填报资格预审资料时，再结合该项目的特殊要求，补充所需的资料。

填报资格预审资料时，要注意针对项目的特点，分析业主的需求，把本公司能做好该项目的经验、能力、水平反映出来。

（二）投标前的调查与现场考察

投标调查包括投标环境调查和投标项目调查。

（1）投标环境调查。主要是对工程项目所在地的政治、经济、法律、社会、自然条件等方面的状况与影响因素的了解和掌握。要通过各种途径和渠道全面获取相关信息，深入调查，客观评价。

（2）投标项目调查。要尽可能地详细了解和掌握工程项目的具体情况和特点，补充报价时所需要的各种资料。投标项目调查一般通过研究招标文件、考察项目现场等方面的工作来进行。

（三）选择咨询单位或代理人

在投标时，可以根据实际情况的需要，选择咨询单位或代理人。当建筑企业开拓新市场或去国外承包工程时，选择一个精通业务、活动能力强的咨询单位，能够有助于提高中标的机会。

（四）分析招标文件、校核工程量、编制项目实施规划

（1）分析招标文件。招标文件是投标的主要依据，应当仔细分析研究，重点要研究投标者须知、合同条件、设计图样、工程范围以及工程量表，要有专人研究技术规范和设计图样，弄清特殊要求。

（2）校核工程量。对于招标文件中的工程量清单，直接影响报价数额，一定要进行认真的校核。如果发现工程量有重大偏差，须找业主核对澄清。

（3）编制项目实施规划。项目实施规划的内容包括项目实施方案和具体的施工方法、实施进度计划、施工机械设备和材料、劳动力计划、临建和生活设施等。编制项目实施规划的依据是设计图纸、规范、经复核的工程量、招标文件要求的开竣工日期以及对市场材料、机械设备、劳动力价格的调查。

（五）投标报价的计算

投标报价计算包括分析定额、分析单价、计算工程成本、确定利润方针、最后确定标价。该项内容将在下部分详细介绍。

（六）编制投标文件

投标文件应当完全按照招标文件的要求编制，不能随意增加任何附加条件。主要内容包括：

（1）投标书。

（2）投标保证书。

（3）报价表。

（4）项目实施规划，应当列出各种具体的实施方案及相关的图表。

（5）项目管理组织机构及主要管理人员的名单和简历。

（6）主要分包商的简要情况。

（7）其他必要的附件及资料，如投标保函、营业执照、投标全权代表的委任书及姓名、地址，确认承包商财产经济状况的银行或金融机构的名称及地址等。

（七）准备备忘录提要

通常在研究投标文件时，会发现一些问题，如对投标者有利的内容，明显对投标者不利的内容，以及需要业主补充更正的内容等，对于这些问题应当单独写成备忘录提要，留待谈判时使用，但不能附在投标文件中提交。

（八）递送投标文件

递送投标文件是指投标者在规定的时间内将准备好的所有投标文件印章密封后递送到招标单位指定的地点的行为。投标文件的内容大致有以下几项：

1. 投标书

招标文件中通常有规定的格式投标书，投标者只需按规定的格式填写必要的数字和签字即可，以此表明投标者对各项基本保证的确认。

（1）确认投标者完全愿意按招标文件中的规定承担勘察、设计、施工、建成、移交和维修等任务，并写明本单位的总报价金额。

（2）确认投标者接受的开工日期和整个项目的实施期限。

（3）确认在投标被接受后，愿意提供履约保证金（或银行保函），其金额符合招标文件的规定等。

2. 附表及致函

在格式投标书的后面，可能有一些附表，说明保证金额、第三方责任保险的最低金额、开工与竣工日期、误期损害赔偿费、提前竣工奖金、工程经济期、保留金的百分比及限额、每次进度款的最低限额、每次支付进度款的期限等。

招标文件中还可能有一些业主需要投标者提交的其他表格，如按类别划分的投标报价汇总表、要求支付不同货币的比例及汇率、工程进度计划表、支付现金流量表、拟用的机械设备表等。

此外，投标者还可以写一封详细的致函，对本单位的投标报价做必要的说明，以吸引业主和评标委员会对本单位的投标书感兴趣和有信心。

（1）报价的工程量表。一般要求在投标文件所附的工程量表原件上填写单价和总价，每页均有小计，并有最后的汇总价。工程量表的每一数字需认真校核，并签字确认。

（2）业主递交的文件。如施工方案、特殊材料的样本和技术说明等。

（3）银行出具的投标保函。须按招标文件中所附的格式由业主同意的银行开出。

（4）原招标文件的合同条件、技术规范和图样。如果招标文件有要求时，应当按要求在某些招标文件的每页上签字并交回业主。

3. 编制投标文件时的注意事项

（1）投标文件中要求填写的空格都必须填写，否则被视为放弃意见或可能被作为废标处理。

（2）填报文件应反复校对，保证分项和汇总计算均无错误。

(3) 递交的文件均应每页签字，对填写错误修改时应在修改处签字。
(4) 应按要求的文体字体书写。
(5) 各种投标文件填写要清晰，补充设计图样要美观。
(6) 所有投标文件的装帧应整洁大方，较小工程可装成一册，较大工程可分类装成几册。

五、投标报价的计算

标价的计算是进行工程投标的核心内容，如何做出合适的投标报价是能否中标的关键问题。

（一）标价计算的主要依据

(1) 招标文件及招标补充文件。
(2) 工程设计图纸及说明。
(3) 现场勘察所了解的情况。
(4) 有关法规和规范。
(5) 拟采用的进度计划、实施方案。
(6) 工程概算、预算定额。
(7) 工程材料、设备的价格及运费。
(8) 劳务工资标准。
(9) 当地生活物资价格水平。

（二）标价的计算

目前，工程承包的合同计价形式主要有固定总价合同、单价合同、成本加酬金合同等几种，虽然不同的合同形式在计价上是有差别的，但基本步骤相同，主要包括：

1. 研究招标文件

投标者应当组织相关人员认真阅读、分析、研究招标文件，彻底弄清楚招标文件的要求和报价内容。

(1) 承包者的责任和报价范围，以避免在报价中发生任何遗漏。
(2) 各项技术要求，以便确定经济上合理、技术上可行而又能加速工期的实施方案。
(3) 工程中需要使用的特殊材料和设备，以便在计算报价之前调查市场价格，避免因盲目估价而失误。
(4) 整理招标文件中含糊不清的问题，有些问题可以请业主澄清，有些问题作为备忘录留作谈判时使用。
(5) 对计算报价有重大影响的问题要尤其加以注意，如工期是否有分段、分部竣工的要求，误期损害赔偿费用的规定，维修期限及保证金，保函和保险方面的要求，付款条件及方式等。

2. 进行现场勘察

投标者必须组织相关人员进行现场勘察，其目的是取得工程项目有关的更为详细的资料，以其作为投标报价、制定实施方案等的依据。

3. 编制项目实施规划

投标者所编制的项目实施规划，包括实施方案、进度计划、施工平面图以及资源需求计划等，是确定投标报价的主要依据之一。

4. 核对工程量

投标者应当根据图纸仔细核算工程量，检查是否有漏项或工程量是否正确。如确有错误，应要求业主予以澄清。如果仅有图纸而没有工程量清单时，投标者应当自行计算工程量。

5. 计算工程费用

国内计算工程费用的主要依据之一是国家颁布的建筑安装工程定额及费用定额。而建筑企业在进行投标报价时基本上是根据企业的实际情况以及对当前及今后市场价格的预期，而国家或地方定额仅作为参考。国内工程投标报价费用的组成如下。

（1）直接费。包括直接工程费和措施费。其中，直接工程费包括人工费、材料费、施工机械使用费；措施费包括环境保护、文明施工、安全施工、临时设施、夜间施工、二次搬运、大型机械设备进出场及安拆、混凝土、钢筋混凝土模板及支架、脚手架、已完工程及设备保护、施工排水和降水等费用。

（2）间接费。包括规费和企业管理费。其中，规费包括工程排污费、工程定额测定费、社会保障费、住房公积金、危险作业意外伤害保险；企业管理费包括管理人员工资、办公费、差旅交通费、固定资产使用费、工具用具使用费、劳动保险费、工会经费、职工教育经费、财产保险费和财务费等。

（3）利润和税金。利润是指建筑企业承担工程项目承包任务而取得的利润；税金是指按规定应计入建筑安装工程造价内的营业税、城市维护建设税和教育附加费等。利润和税金以直接费、间接费之和为计费基础。

（4）不可预见费。指由于政治、经济、技术等风险因素的存在，建筑企业在完成工程承包过程中所要承担的费用，一般在投标时可按3%左右考虑。

在国际工程的投标报价中，可按照国际惯例和所选择的合同文本确定费用计算的内容。

6. 确定报价

在建筑企业的投标实践中，经过初步计算组合出的价格可以作为投标的基本价，通常还需要在此基础上计算出低标价、中标价和高标价等几个方案，以供投标决策者参考。

（三）报价的技巧

建筑企业为了中标并获得期望的收益，必须研究和使用报价技巧。

（1）低报价法。合理的低价报价是较为普遍的做法。此外，当企业为了开拓新市场时、为了挤走竞争对手时，或工程简单而体量大技术含量低时，都可以采用低报价法。

（2）高报价法。当工程项目实施条件艰苦时，当工程项目的技术质量要求特殊时，当工程项目正是本企业的特长而又没有竞争对手时，都可以采用高报价法。

（3）不平衡报价法。在不提高总报价的前提下，对不同的分部分项工程采用高低不同策略的报价方法。例如，对难以计算准确工程量的分项工程可以把单价报得高一些，估计在实施过程中会增加工程量的分项工程的单价可以高报一些，对于图纸说明不清而修改后会增加工程量的分项工程的价格可以报得高一些，对于暂估价中一定要实施的部分单价可以报高一些，等等。

（4）多方案报价法。根据合同条件要求制订不同的报价方案。例如，按原合同要求，报价为某一数值,若合同要求做某些修改,则报价为另一稍低一点的数值,以此吸引对方修改合同条件。

(5) 有条件降价法。当工程项目为几个合同标段同时招标而投标者又可同时投两个以上标段时,则可在投标函中说明,若能同时中两个标段,可以降低总合同报价。这种做法对双方都有好处。

六、工程量清单招投标

(一) 工程量清单的含义

工程量清单是拟建工程的分部分项工程项目、措施项目、其他项目名称和相应数量的明细清单,是由招标人按统一的项目编码、项目名称、计量单位和工程计算规则编制的详细工程量清单。工程量清单计价方法是在建设项目的招投标过程中,招标人或受招标人委托的具有专业资质的机构编制反映工程实体消耗和措施消耗的工程量清单,并作为招标文件的一部分提供给投标人,由投标人依据工程量清单自主报价的计价方式。

(二) 工程量清单招投标的优点

与传统的定额计价方式招投标相比,工程量清单招投标有以下优点:

(1) 通过量价分离、自主报价的招标方式,引导企业按市场价格进行竞争。工程量及其单价是影响工程造价的两个因素,同一个项目,工程量应该是常量,单价是变量。招标人提供工程量作为统一的报价依据,投标人则在相同工程量的基础上,根据自身的条件和对市场价格的预测,进行单价竞争。

(2) 工程量清单招投标方式体现了风险分担的特点。清单中的工程量计算错误或设计变更的风险由招标人承担,报价的风险由投标人自行负责。

(三) 应用工程量清单计价投标应注意的事项

(1) 转变观念,适应市场竞争需要。以往的定额计价是建立在以政府定价为主导的计划经济管理基础上的价格管理模式,并不能真正体现企业根据行情和自身条件自主报价。工程量清单计价遵循"统一计算规则、有效控制消耗量、彻底放开价格、正确引导企业自主报价、市场有序竞争形成价格"的思路,建立一种全新的计价模式,依靠市场机制和企业实力,由竞争形成价格。

(2) 投标人应当认真复核业主提出的工程量清单。虽然工程量清单在计价规范上有明确的要求,但在编制工程量清单时往往会出现内容不完整、漏项或错误。因此,投标人要对照招标文件和图纸上提供的工程量清单进行审查和复核。

(3) 要善于利用报价策略。要利用单项报价策略或组合报价策略,不仅能够使报价具有竞争力,而且还要尽可能获得经济效益。

(4) 建立本企业内部定额数据库。要对本企业以往竣工的工程项目的成本、费用进行归类、分析、总结,结合本企业的施工能力、技术及装备水平、管理模式、设备材料的供应渠道、价格信息来源,建立本企业的内部定额和报价信息库,不断提高报价水平。

(5) 培养高素质复合型的报价人才。工程量清单计价增加了投标报价的难度,这就要求企业的报价人员要提高自己的业务素质,不仅要熟悉本企业的综合管理水平和能力,而且还要对市场行情有全面的把握能力。

第六节 建筑企业市场营销的关键环节

一、建筑企业市场营销队伍建设

这里所说的市场营销队伍是指直接从事经营工作、开拓市场、承接项目订单的专业人才。市场营销队伍建设是做好企业市场营销工作的基础环节，必须作为建筑企业的大事来抓好。

（1）要确立符合市场经济规则的市场营销从业人员标准。应当看到，建筑企业还处于社会主义初级阶段、市场经济并不完善的激烈竞争中求生存，企业干部与党政干部的角色不尽相同，企业面对的业主的层次也是五花八门的，企业的生存和发展要求市场营销队伍必须与外部环境相适应、相对接，企业市场营销的直接目的就是要拿到订单。为此，建筑企业应当面对现实，正确评价企业市场营销人员的工作和业绩，不能完全套用评价党政机关工作人员的标准和办法。

（2）市场营销人员要以"三心"作为自己思想和行为的准则，不断提高自身综合素质。首先，市场营销人员要有强烈的事业心，热爱本职工作，兢兢业业履行职责；其次，市场营销人员要有高度的责任心，把千方百计拿到项目作为自己工作的准绳；第三，市场营销人员要坚持做到不贪心，要能够经得起金钱、女色、享受等各种考验，严格杜绝各种形式的商业贿赂。在当今社会各种思潮互相影响、市场营销人员生活圈和社交圈相对复杂的情况下，市场营销人更要注意锤炼自己的人格和形象，提升自己的思想觉悟和精神风貌。

当前，在建筑企业的市场营销队伍中，为企业生存和发展而不辞劳苦的奉献精神是市场营销队伍的主流。企业要善于用良好的职业道德、经营作风为导向，确保市场营销队伍的健康成长。

二、建筑企业市场营销激励机制

广义的市场营销机制是指在企业的整个市场开拓活动系统中，各要素之间相互联系、相互制约，推动整个市场营销系统运转的条件和功能。结合建筑企业的实际而言，建筑企业在市场营销机制转换上已经实现了两大转变。一是从计划经济体制向社会主义市场经济体制的转变，其典型的表现形式就是建设项目全面实行市场招投标制；二是建筑企业的生产组织方式由行政建制方式转向以项目为基点的"项目管理"施工组织方式。但目前对于大多数建筑企业来说，市场营销激励机制却是薄弱环节，特别是在一些国有建筑企业，重生产、轻经营的现象还比较严重，以下重点说明如何建立促进企业市场开拓工作的市场营销激励机制。

市场营销激励机制的基本内容是要建立适应市场经济需要和经营开拓特点、实行市场营销业绩与个人收入分配挂钩、多种分配形式并存的规章制度和办法，其核心是改革分配制度，激活市场营销人员和项目管理人员积极性和能动性，促进企业经营质量的改善和提高。

为此，建筑企业可以实行"标价分离"的办法。项目中标后，中标价格在企业内部进行合理划分，一部分划分为项目制造成本，由项目管理班子负责在项目施工过程中实施并控制，制造成本的降低额是对项目管理班子奖励的依据之一，另一部分划分为市场营销的经营成果，是市场营销人员的奖励依据。如果投标报价、合同谈判、竞标等工作做的效果比较好，那么经营成果部分划分得就自然会多一些，因为项目制造成本是按类似项目的实际消耗的经验数据统计得出的，相对而言固定的成分会大一些。这样就有效地解决了市场营销人员与项目管理人员的激励标准问题，使他们能够按照各自的工作性质、工作目标、工作成果得到相应的工作报酬。

当然，作为市场营销激励机制还有很多方面的内容。不仅要有物质激励，还要有荣誉和职务升迁激励；不仅要有工作目标激励，还要有培训和发展机会激励；不仅要有尊重激励，还要有参与激励。总之，要根据建筑企业市场营销工作的特点，建立有效的市场营销激励机制的实现形式。

三、建筑企业客户关系管理

（一）建筑企业客户关系管理原理

客户资源是建筑企业竞争获胜的最重要资源之一，现代市场的竞争主要表现在对客户资源的全面争夺，是否拥有客户取决于顾客对企业的信任程度，而信任程度是由满意程度决定的，顾客满意程度越高，企业竞争力越强，市场占有率也就越大。

1. 客户关系管理的定义

客户关系管理（CRM）是一种以顾客为中心的管理思想和经营理念，它旨在改善企业与客户之间关系的新型管理机制，实施于企业的市场、销售、服务与技术支持等与客户相关的领域，从而通过提供更快速和周到的优质服务吸引和保持更多的客户，并通过对营销业务流程的全面管理来降低成本。从另一个角度上讲，客户关系管理是以多种信息技术为支持的一套先进的管理软件和技术，它将最佳的商业实践与数据挖掘、数据仓库、一对一营销电子商务、销售自动化及其他技术紧密结合在一起，为企业的销售、客户服务和决策支持等领域提供了一个业务自动化的解决方案。

客户关系管理是以每一个顾客作为一个服务个体，对客户行为的追踪或分析，都是以单一客户为单位，观察并发现他的行为方式和偏好，同时确定应对策略和营销方案。企业还必须不断地关注顾客行为的变化，并立即产生应对策略，以掌握先机赢得客户。

2. 客户关系管理的主要组成和功能

客户关系管理是一种以客户为导向的企业营销管理的系统工程，一个完整的客户关系管理系统通常由呼叫中心、销售管理、市场管理、订单履行和交货、服务和支持管理等组成。

（1）呼叫中心。呼叫中心实际上也可以称之为信息处理中心，是一个能处理电话、电子邮件、传真、Web 以及信息反馈的综合性客户交流枢纽，它作为一个综合全面的客户关怀中心，充分掌握客户信息，用统一的标准对接客户，实现对客户的关怀和个性化服务，提高顾客的满意度。

（2）销售管理。销售管理的主要功能包括销售活动管理与自动化，销售配置，销售分析，销售支持，销售绩效管理，渠道与分销管理，自动 Web 销售，一对一个性化营销，交叉销售等。

(3) 市场管理。市场管理具有数据集合与处理、市场分析、市场预测、市场决策、计划与执行、市场活动管理、竞争对手的监控与分析等功能。

(4) 订单履行和交货。通常订单履行和交货是与 SCM、物流等系统集成来实现业务运行的，这实际上是将顾客需求链与供应链连接起来，帮助企业实现对客户购买过程的闭环系统的全程管理。

(5) 服务和支持管理。服务和支持管理包括投诉与纠纷处理、保修与维护、现场服务管理、服务请求管理、服务协议及合同管理、服务活动记录、远程服务、产品质量跟踪、客户反馈管理、退货和索赔管理、客户使用情况跟踪、客户关怀、备品备件管理、票据管理、维修人员配备管理、信息检查、数据收集和存储等功能。

(二) 建筑企业客户类型

根据建筑行业的特点，按客户需求细分客户的类型，基本可归纳为以下几种：

1. 经济先导型客户。这类客户群体追求利润最大化，以民营企业、外资企业为多，他们选择承包商以合理低价或最低价为首选，同时要求承包商大额垫资现象比较普遍。

2. 关系先导型客户。这类客户群体大都讲究人际关系，以国有企业和政府、事业单位为多，他们选择承包商是以关系到位和具有相应实力的施工企业为选择对象。

3. 技术先导型客户。这类客户群体所投资开发的项目技术含量高，施工难度较大，为保证项目顺利实施，需要选择有技术能力的施工企业。

4. 政绩先导型客户。这类客户群体主要以地方政府为多，他们对工程进度和质量要求高，一般选择工期快、质量好的有实力的承包商。

5. 融投资先导型客户。这类客户群体首先要求的是承包商的金融服务能力，要帮助其项目融资或施工垫资以及参与投资等，在资金方面以能满足客户需求为前提选择承包商，这种现象目前较为普遍。

6. 综合需求型客户。这类客户群体一般是比较有实力的大型投资开发商，要求承包商的条件比较苛刻，对承包商的资格预审比较严格，招标条件如质量、工期、造价、垫资、工程保函等要求比较高，同时这类客户也比较守约。

以上从客户的分类中不难看出，满足客户的需求是一件十分复杂的事情。企业发展需要建立良好的客户关系，同时也要对客户有一套科学的管理办法，创新客户关系管理。对符合国家产业政策的有前景的项目以及有实力的讲诚信的客户，对经过评审确定为"正值"的客户，要建立长期的业务关系，提供最好的服务。对不讲法律法规、不讲诚信的客户，一定要注意风险管理，不能偏听偏信，为片面追求合同额而不理智地去满足客户需求，否则就会造成越做越亏的悲惨结局。如果经过评审后，结论是"负值"的客户，原则上是不能建立业务关系的，有些必须列入限制性往来的名录。

四、建筑企业市场竞争手段

市场营销手段是为经营目的服务的。目前建筑市场在竞争特点、方式、策略等方面呈现出许多新特征，竞争对手越来越多，越来越强，层次越来越高，手段越来越先进。每一个建筑企业都要基于当前建筑市场竞争现状来确立自己的市场营销手段。

为了能够在市场营销手段上高人一等、多人一招、先人一步，做好以下四方面是非常必要的。

（一）强化核心业务竞争能力

企业的核心能力理论是 20 世纪 90 年代在美国兴起的，1990 年普拉哈拉德在《哈佛商业评论》上发表了"公司核心能力"一文，其后西方企业理论界围绕"企业核心能力"展开了理论研究的高潮。核心能力在企业成长中的主要作用表现在：

1. 从企业战略角度看，它是战略形成中层次最高的、最持久的单元，从而是企业战略的中心主题，决定了企业有效的战略活动领域。

2. 从企业未来成长角度看，核心能力具有打开多种产品潜在市场、拓展新的行业领域的作用。

3. 从企业竞争角度看，核心能力是企业持久竞争优势的来源和基础，是企业独树一帜的能力。

4. 从企业用户角度看，核心能力有助于实现用户最为需要的和最根本的利益。

所以，发展企业核心能力是国内外成长型企业需要坚持的新战略，其主要原因有两个：一是企业的成长环境发生了巨大变化，主要标志是经济总量从短缺转向过剩，从国内经济转向全球经济；二是竞争范围和方式发生了深刻变化，从国内竞争转向在国内外市场与国外企业直接竞争，竞争方式也从以往的职能性战略和特定行业竞争战略为主转向多行业整合竞争战略和企业总体战略为主的竞争。建筑企业作为长期成长型企业，其核心业务就是工程承包，因此，要以工程承包业务为中心，构筑核心业务能力体系，市场需要什么，建筑企业就要能够建造什么，要以国家的投资政策和市场需求为导向，调整核心业务能力开拓市场的主攻方向。

需要强调说明的是要依靠技术创新来强化核心业务竞争能力。技术创新是提高企业竞争力的关键，而技术创新又必须以业主的需求为指导原则。例如，中建一局在实践中总结和创造的以"总部服务控制、项目授权管理、专业施工保障、社会协力合作"为内涵的项目管理模式，就是依靠技术创新来支撑核心业务的具体体现，也是非常重要的基本市场营销手段。

（二）坚持实施名牌与品牌经营战略

在目前的市场竞争中，有些企业提出要实施名牌战略，有些企业提出要实施品牌战略，其实这两者是既相互联系又有差异的。

名牌是针对产品、工程而言的，是具体的，它可以是多个行为主体，也可以分散存在于个体之中，具有现实性，经济性；品牌是一种概念，是一个行为主体，是一个整体形象，具有象征性、延伸性、持久性和赢利性。品牌代表企业，一个好的品牌可以给企业带来无限商机。名牌具有可仿制性，品牌不可仿制。名牌以质量为本，品牌以信誉为本。品牌以名牌为基础和前提，没有名牌就没有品牌，反之，名牌又以品牌为动力和压力。在企业的微观经济运行中，名牌和品牌是并举的，如果名牌做不好，就会毁了品牌。由此可以看出，名牌与品牌的共性方面是都必须要面向市场接受业主的检验，而不同的方面则在于两者是战术与战略的关系。

由于名牌是靠品牌来支撑和托起的，所以作为建筑企业来说应当遵循先名牌后品牌的原则，坚持"创名牌、升品牌"的经营战略，以名牌工程的质量作为赢得业主的战术性措施，以企业品牌的信誉作为增进业主信任的战略性举措。名牌工程的现实价值大，而企业品牌的长远价值大，建筑企业无形资产的价值更多地要靠品牌来创造，寻求名牌与品牌共同发挥价值功能的招数就在于创造新的经营手段。例如，中建系统的企业推行的"CI 形象"和"过程精品"的做法，既是创名牌的要求，也是升品牌的要求。

（三）提升市场信息管理水平

当今时代，信息就是财富。市场信息对于建筑企业的极端重要性更是如此，尤其是在市场瞬息万变、竞争对手实力强劲的情况下，提升市场信息的管理水平至关重要。提高市场信息管理水平的关键是要抓好四个环节。

1. 获得信息。要体现建筑业作为完全竞争性特点，强调获取市场信息的快速、广泛、准确。

2. 筛选信息。要通过认真、细致、全面的分析研究，挑选出真实、重要、可行、有价值的市场信息。

3. 跟踪信息。要重视扩展信息功能，密切与信息源头和相关部门的关系，定期联系和走访。

4. 转化信息。要做好信息的传递工作，有序进入市场交易过程。

在提升市场信息管理水平的过程中，必须强调工作责任心、细致性、严密性与现代化信息处理手段的结合，形成反馈灵敏、运转高效的市场信息管理系统和工作机制，以适应市场竞争的需要。

（四）创造服务于业主的市场营销技巧

建筑企业的市场营销技巧没有固定不变的规律，也没有现成的经验可言，关键是如何对接业主的需求，做到因人而异，审时度势。具体说来，可以采取以下市场营销技巧。

1. 与竞争对手比较的差异技巧。这就要求建筑企业要善于运用"差异化原理"或"比较优势"来抗衡竞争对手，把自身与竞争对手有差异的地方做大。例如，全面实施施工现场的 CI 覆盖，这就是企业形象上的差异。建筑企业实施 CI 形象无论是从施工现场管理方面，还是从企业文化建设方面，都极大地推动了建筑行业的进步。另外，在工程竞标时，技术方案、经济方案、应急预案等也可以采用差异化技巧。

2. 不同类型业主的对接技巧。这就要求建筑企业根据业主的不同需求和不同偏好，确立相应的策略方针，制订满足业主需求的技术标和商务标，以提高中标率。对于技术先导型业主，就要大力宣传本企业的领先的技术优势；对于关系先导型业主，就要注意把各种有利于本企业开拓市场的关系理清楚，进行有效的公关活动，切忌搞错了关键环节，"烧香拜佛走错了庙门"。

3. 寻找市场间隙的特色技巧。这就要求建筑企业善于在激烈的市场竞争中，努力寻求适合自身特点的市场空间，把解决业主的难题与市场开拓有机结合起来，在市场间隙中求生存谋发展。

4. 强调自我超越的竞争技巧。国内外的经验显示，事业发展比较成功的企业都有一个类似的观念，即把自己作为竞争对手进行否定和超越。这种做法至少有三方面的含义：一是表明对自己的自信；二是促使查找自己的不足；三是不给竞争对手做广告。建筑企业在经营中，也要学会运用这样的竞争技巧，强调自我超越。

五、建筑企业市场风险防范

建立风险控制体系是提高经营质量的核心环节。提高经营质量的本质目标是要实现规模与效益的同步增长，为了提高经营质量，除了抓住项目成本管理和完善市场营销体系这两个环节外，控制风险是提高经营质量的最有效的方法。纵观目前建筑企业现存的一些"烂尾项目"，都是没有严格的风险防范措施造成的。风险的存在不仅会降低企业的经营质量，而且会使企业陷入困境。如果建筑企业不能够建立有效的风险评估、防范、控制体系，那么新旧风险的累加将使企业永远走不出上当受骗的境地。建筑企业的市场风险大致有以下几方面：一是挂靠风险；二是垫资风险；三是合同风险。合同风险防范将在本书下篇第16章介绍。

（一）挂靠风险

在建筑市场中，挂靠是一种通俗的说法。《建筑法》第二十六条规定："禁止建筑施工企业以任何形式允许其他单位或者个人使用企业的资质证书、营业执照，以本企业的名义承揽工程"。《建筑市场管理规定》第十六条规定："承包方必须按照其资质等级和标准的经营范围承包任务，不得无证承包或未经批准越级、越范围承包"。而在现实中，建筑市场中的变相挂靠行为屡见不鲜，实质上属于无证承包或借用他人资质证书进行的承包。通常的做法是，挂靠企业以被挂靠建筑企业的资质证书、营业执照进行投标，以被挂靠企业所属某项目经理部的名义组织施工；挂靠企业或个人向被挂靠企业按工程量的一定比例缴纳管理费。

挂靠风险主要表现在两个方面：

（1）挂靠单位在工程质量、安全、进度等方面难以得到有效的保证。挂靠人及其组成的挂靠群体技术水平、施工经验和组织能力很难保证达到与工程要求相一致的标准。在实际工作中，有的挂靠单位的资质与建设单位招标要求不符，存在"挂羊头卖狗肉"的现象，有的挂靠单位无施工资质。由于施工条件简陋，管理水平落后，存在大量违规施工的现象，也存在许多安全隐患。

（2）挂靠单位在挂靠过程中不承担民事责任。由于挂靠单位用的是被挂靠单位的名义，对在组织施工的过程中所产生经济往来的民事行为是不承担法律责任的。一旦发生法律纠纷或对外债务不能清偿，被挂靠企业则成为被告。根据某法院的调查，建筑工程承包合同纠纷案件中，有70%的案件存在建筑企业的挂靠问题。此类案件的多数情况为工程完毕时，工程款由挂靠者得到，将债务甩给被挂靠企业，使被挂靠企业面临巨大的损失和旷日持久的扯皮或诉讼。

被挂靠单位表面上收取了挂靠单位上交的管理费，若出现工程质量、债权债务等纠纷，作为被挂靠单位则会得不偿失。挂靠现象不仅直接侵害建设单位的利益，使工程质量、工期等难以保证，而且还造成市场运行的隐患和无序。因此，必须从严格执法、行业整顿、资质管理、企业行为规范等方面综合治理挂靠问题，杜绝挂靠行为，维护建筑市场正常的运行秩序。

（二）垫资风险

建筑市场上的不规范行为和建筑市场供过于求的局面，造成垫资施工成为较为普遍的现象。垫资施工往往会形成资金风险，对建筑企业的发展带来负面影响，也成为拖欠工程款、最终导致拖欠农民工工资的源头之一。

1. 垫资施工使建筑企业面临发展困境

随着国内外建筑市场竞争的加剧，带资承包已成为建筑企业能否取得项目承包权的关键。尽管很多建筑企业在建筑市场上以其项目管理能力已建立了良好的信誉，并积累了丰富的经验，完全有能力承接更多的项目，只是由于资金不足，很多项目也只能放弃。拥有雄厚的资金实力和融资能力已成为能否赢得工程项目的重要因素。具有雄厚的资金和融资能力的建筑承包商，在竞争中占据着十分有利的地位。

按国家有关部门制定的《建设工程价款结算暂行办法》规定，包工包料工程的预付款原则上预付比例不低于合同金额的10%，不高于合同金额的30%，且应在双方签订合同后的一个月内或不迟于约定的开工日期前的7天内预付工程款，依靠预付工程款就可以完成工程项目施工，但在实践上很难实现这些规定。许多项目的业主都要求垫资施工，进度做到正负零或主体结构施工完成后，才开始付款，使得企业资金占用量大、资金占用时间长、周转速度慢，限制了企业规模的扩大。

应特别注意到，国内建筑市场正逐步在与国际建筑市场并轨，承包运行方式已开始向资金需求量大的项目承包模式发展，建筑企业的资金状况成为合同签约率和实现项目预期经济效益的关键因素。

2. 垫资施工带来建筑企业资金风险

垫资施工会给建筑企业带来严重的资金风险。风险来源包括三个方面：

（1）在投标阶段，对招标文件分析不透，盲目投标，缺乏对业主资信情况的调查，导致保证金偏大，垫资时间过长，或保证金、垫资款难以收回。

（2）在施工阶段，项目资金周转不科学，忽视成本管理和工期计划，材料使用计划和采购环节薄弱，财务费用增加，或者形成材料采购时段价差较大，增加资金投入。

（3）索赔、保证金、垫资款回收不及时。风险还来自市场环境因素、利率调整因素、政策环境因素。如规定的质量保证金为工程价款结算总额的5%，并未明确规定质量保证金是否计付利息。在建筑企业产值利润率相对偏低的情况下，5%的质量保证金在6～24个月才能返还，无疑对建筑企业资金运转带来一定的困难，增加资金成本。再如工程价款的约定在《建设工程价款结算暂行办法》中确定了3种方式，其中"固定总价"方式很容易因市场环境因素形成材料、劳动力价格波动，对企业资金投入增加风险。

3. 采取积极应对措施，防范资金风险

（1）要从源头抓起，也就是说在投标阶段，要认真研究招标文件，对业主资信状况、项目资金来源及落实情况进行调查，重点考察项目的合法性、业主的信誉及资金到位情况，避免盲目参与投标。对资金信誉不可靠、风险大于效益、技术上无把握的项目宁可放弃，切实做好经济评价和风险分析，严格合同的评审工作，选择可靠性高、风险隐患少、风险程度低的投标对象。

（2）选择有利的工程价款的约定方式。目前建筑市场的建材价格波动较大，建材价格上涨带来的风险不容忽视，尽量不要采用固定价结算工程价款的方式。在这里要特别提醒的是，当事人约定按照固定价结算工程价款，一方当事人请求对建设工程造价进行鉴定，法院是不予支持的。

（3）应尽可能地约定业主办理支付担保，约束业主按合同约定支付工程款。同时，应约定业主收到竣工结算文件后，在约定的期限内不予答复，视为认可竣工结算文件。这样法院在施工方请求按照竣工结算文件结算工程价款时是给予支持的，可以有效规避垫资风险。

（4）在施工阶段，要严格按照规范、设计及合同要求进行施工，认真做好工序验交及签证工作，不给拖欠工程款留下借口。

复习思考题

1. 固定资产投资与建筑市场的关系。
2. 建筑市场细分种类及目标市场选择策略。
3. 建筑企业市场定位的实施步骤。
4. 建筑企业市场布局的分析方法。
5. 工程信息分析与评估的主要内容。
6. 投资决策与投标报价技巧。
7. 工程量清单招投标的含义及注意事项。
8. 建筑企业客户类型及应对策略。
9. 提升建筑企业市场营销手段的途径。
10. 建筑市场风险类型及防范措施。

参考文献

[1] 张青林. 项目管理与建筑业. 中国计量出版社，2004
[2] [美]菲利普·科特勒. 市场营销. 俞利军译，华夏出版社，2003
[3] 韩庆祥. 创新营销学. 中国大地出版社，2002
[4] 陈兵兵. 供应链管理—策略、技术与实务. 电子工业出版社，2004
[5] 徐蓉. 工程建设总承包管理. 北京科学技术出版社，2005

第十四章 建筑企业财务管理

第一节 全面预算管理及其考核

一、全面预算管理的概念及实施意义

(一) 全面预算管理的概念

预算是一种系统的方法,用来分配企业的财务、实物及人力等资源,以实现企业既定的战略目标。企业可以通过预算来监控战略目标的实施进度,有助于控制开支,并预测企业的现金流量与利润。

全面预算反映的是企业未来某一特定期间(一般不超过一年或一个经营周期)的全部生产、经营活动的财务计划,它以实现企业的目标利润(企业一定期间内利润的预计额,是企业奋斗的目标,根据目标利润制定作业指标)为目的,以销售预测为起点,进而对生产成本及现金收支等进行预测,并编制预计损益表、预计现金流量表和预计资产负债表,反映企业在未来期间的财务状况和经营成果。

(二) 实施全面预算管理的意义

全面预算管理则指在企业管理中,对与企业的存续相关的投资活动、经营活动和财务活动的未来情况进行预期并控制的管理行为及其制度安排,其意义体现在:

(1) 全面预算是一项科学的控制行为。全面预算涵盖企业的投资、经营和财务等企业所能涉及的所有方面,具有"全面、全额、全员"的特征。在大型企业,有强大的现金流、物资流和复杂的法人治理结构,全面预算可以起到统合所有这些庞杂支节的干流作用和科学的导向作用,促进企业从粗放型向集约型的转变,并使预算管理关注的重点从经营结果延伸到经营过程和资本资产运作过程。

(2) 全面预算管理为管理信息网络化提供了节点。预算编制、调整、执行和分析考核的技术性、复杂度都很强,特别是大中型企业,由于其所面临的市场选择广泛性和内部治理结构的层次梯级复杂性,预算体系的建立、预算内容的确定和预算运作都十分繁杂。借助计算机技术,依赖网络信息系统,实行全面预算信息化,是推行全面预算的高效选择。因而,全面预算管理导入还意味着企业管理控制的信息化、网络化,它是企业管理信息网络化的切入点。

二、全面预算管理的内容

(一) 全面预算管理总体框架

实施企业全面预算管理,是把企业的经济运行看成一个整体,以企业的目标利润为主线,使整个预算管理活动围绕目标利润展开。因此,全面预算首要的工作是通过科学的预

测确定企业的目标利润,如图14-1所示。

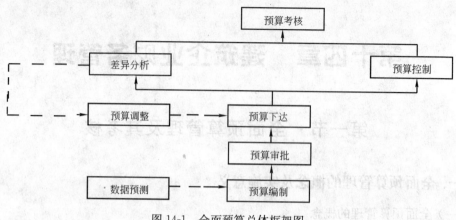

图14-1　全面预算总体框架图

（二）全面预算管理业务体系

以市场导向为原则,构建以业务预算为龙头,涵盖投资预算、采购预算、维修预算、成本费用预算,最后以财务预算为终点的预算管理体系。在财务预算方面产生损益表、资产负债表、现金流量表,全面揭示公司预计年度的整体经营成果、财务状况及现金流状况。

预算编制中,编制对象为详细计划,通过详细计划汇总生成各专业预算报表。业务预算作为驱动因素直接与其他各专业预算关联,财务预算则将各专业预算进行整合体现企业整体情况,如图14-2所示。

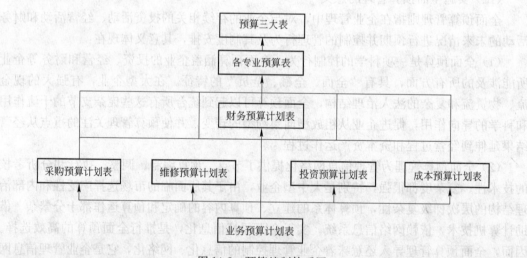

图14-2　预算编制体系图

为反映企业发展战略目标的要求,同时争取企业各个层次的广泛参与,确保编制的预算能反映企业各个层面的经营发展实际情况,预算整体编制过程采用"三下两上"流程,如图14-3所示。

（三）预算编制

预算编制要将预算目标通过数量体系体现出来,并将这些指标分解落实到每个部门,

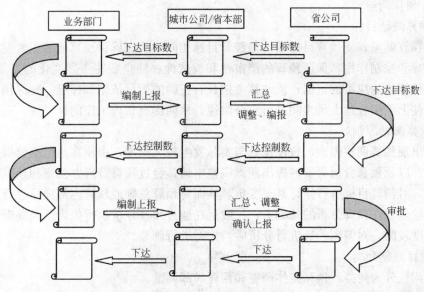

图 14-3 预算编制流程图

甚至每个员工,使预算的编制、执行达到责、权、利的统一。

(1) 业务预算。业务预算以公司经营预算目标为基础,分析用户需求、资费标准、市场份额和市场竞争情况,对预算年度各业务的用户发展数量等进行预测,并以此为起点编制业务收入预算。同时根据业务发展需要,预测业务促销等支出,编制业务发展费用预算,最后形成业务预算。

(2) 投资预算。投资预算包括固定资产投资预算和对外投资预算。固定资产投资预算根据业务预算确定的业务发展所需增加的通信能力,并结合生产维护预算的更新改造部分进行编制。对外投资预算根据企业对外权益性投资或债券投资的实际情况进行编制。

(3) 维护预算。维护预算由生产维护部门根据设备运行情况和维护规程提出的年度设备维护计划,包括:日常维护计划、设备大修计划、更新改造计划等进行编制。

(4) 采购预算。采购预算由各类物资使用部门根据业务发展、生产维护以及日常使用的需要,提出各类物资使用计划,然后根据物资使用计划进行编制,主要包括备品、备件采购预算和材料采购预算。

(5) 成本预算。成本预算由各责任中心根据本责任中心预算年度的工作计划报告书和以前年度的费用使用情况进行编制。

(6) 财务预算。财务预算是在以上预算基础上,结合公司的各项财务政策,编制财务收支预算,最终形成预计资产负债表、预计损益表和预计现金流量表。

(四) 预算审批

(1) 初步审核。各责任中心所报预算草案间的数据勾稽关系和逻辑关系是否正确;预算草案是否与上级下达的预算目标保持一致;预算草案是否与年度工作计划报告书相符合。

(2) 预算批复。预算是否与公司的发展战略相符,是否与预算目标一致,是否贯彻了预算编制的各项原则,并给出上级单位批复意见及批复数值。

（五）预算调整

1. 预算调整目标

通过预算调整，使预算目标始终与经营目标相同，从而确保预算能够正常发挥对经济活动的指导和控制作用，保证预算的严肃性和权威性；使企业在激烈变化的竞争环境中，仍能使用预算作为决策的依据；使预算考核具有正确的衡量依据和标准，确保预算考核的连续性；使上下级管理人员之间进行充分沟通，从而提高管理工作的针对性。

2. 预算调整原则

由于出现预算调整因素，致使预算与实际发生较大偏差，由预算执行单位根据环境或政策变化，以及预算分析等资料提出预算调整申请，经过预算管理办公室和预算管理委员会审批后，对预算目标进行修订甚至变更，从而对预算总额或预算内部项目进行调整。预算调整必须建立在预算分析的基础上，一般是在通过预算分析执行报告已经发现预算偏离实际的程度较高，对偏离趋势进行分析后，才能进行调整。

3. 预算调整分类

预算调整分为两类：预算整体调整和预算局部调整。

（1）预算整体调整。由于企业体制改革、业务经营范围变更、国家宏观政策调整、市场竞争形势发生重大变化、对经营环境具有较大影响的不可抗力事件发生时，需要根据环境变化，从整体上调整企业经营目标，从而使预算目标发生整体性变化，需要对预算总额进行调整。

（2）预算局部调整。由于内部管理变动，造成部分预算执行单位的管理工作发生变动，从而在预算总目标和预算总额都不变的情况下，部分预算执行单位的经营目标发生变动，需要调整该预算执行单位的预算目标，在预算项目之间进行调整。

预算调整要分级进行，哪级发生预算调整事项，只在本级进行预算调整，其上级预算一般不进行调整。

4. 预算调整申请的内容

预算调整申请采用预算调整申请报告的形式，其主要内容有：预算调整部门、项目名称、项目类别、调整原因、调整金额等项目，并详细列明需要调整的金额。

5. 预算调整程序

预算调整程序包括：预算调整申请、预算调整的审核与审批、预算调整的执行和预算调整的备案。

（六）预算执行

预算执行控制与账务系统紧密结合，在执行过程中确认这一项目是否是本责任中心预算内的项目，其活动和价值额是否与已批准的预算或工作计划报告相符。

（七）预算分析

预算分析是预算管理中的重要环节，由预算执行部门和预算管理办公室对预算进行分析，发现预算与实际情况的差异，追述原因。分析预算目标与实际执行的偏差，使经营管理活动能够有针对性地纠正不利偏差，从而提高预算的科学性、严肃性和权威性，达到加强预算管理的目的。

（八）预算考核

预算考核目标以主要财务指标为核心目标，兼顾服务、运营、创新与发展等方面的目标；考核的对象是参与预算的各责任中心。

预算考核采取定量与定性相结合的方法。投资中心和利润中心侧重于对量化预算指标完成情况和预算管理行为的考核；成本中心和费用中心除考核其量化预算指标和预算管理行为外，还应适当考核其工作计划报告书中所涉及的工作的完成情况。

预算考核主要应侧重于对预算自身的考核，包括对预算执行情况的考核和对预算管理情况的考核。前者是考核预算所涉及的事项及计划报告书的完成情况，后者是考核各责任中心预算编制、预算执行、预算分析、预算控制、预算调整、例外事项的申请、执行行为的及时性、规范性和严肃性，两者在预算考核中所占的权重由各级预算管理委员会根据企业情况确定。

第二节 财务控制

一、财务控制概述

（一）财务控制的概念

控制是指对客观事物进行约束和调节，使之按照设定的目标和轨迹运行的过程。财务控制就是指依据财务预算和有关制度，对企业财务活动施加影响或进行调节，确保企业及其内部机构和人员全面落实及实现财务预算的过程。

财务控制与财务预测、财务决策、财务预算和财务分析等环节一起构成财务管理的循环。其中，财务控制是财务管理的关键环节，其将财务预测、财务决策、财务预算加以落实，是企业整个经济控制系统中连续性、系统性和综合性最强的控制，起着保证、促进、监督和协调等重要作用。

（二）财务控制的主体和对象

根据"控制论"的观点，任何一项控制活动都应由实施控制活动的主体和承受控制活动的对象即控制主体和被控制对象组成。

1. 财务控制主体

财务控制主体有出资者财务控制、经营者财务控制和财务部门财务控制三类。

（1）出资者财务控制是为了实现其资本保全和资本增值目标而对经营者的财务收支活动进行的控制，如对成本开支范围和标准的规定等；

（2）经营者财务控制是为了实现财务预算目标而对企业及各责任中心的财务活动所进行的控制，如企业的筹资、投资决策及其执行等；

（3）财务部门的财务控制是财务部门为了有效地组织现金流动，通过编制现金预算，执行现金预算，对企业日常财务活动所进行的控制，如对各项货币资金用途的审查等。

2. 财务控制对象

财务控制的对象是企业及其内部各责任中心，即是企业及其各责任中心的财务收支活动和现金流动活动。在分权管理条件下，企业为了实行有效的内部控制，通常都要采用统一领导、分级管理的原则，在其内部合理地划分责任单位承担经济管理责任，并赋予相应的权限，促使下属单位各尽其责并协调配合。这种承担与其经营决策权相适应的经济责任的部门，被称之为"责任中心"。

责任中心就是承担一定经济责任，并享有一定权利和利益的企业内部单位，其基本特征是责、权、利相结合，即每个责任中心都要对一定的财务指标承担完成的责任；同时，赋予责任中心与其所承担责任的范围和大小相适应的权力，并规定出相应的业绩考核标准和利益分配标准。

由于授权范围的不同，各责任中心所承担的经济责任范围也各不相同。但就其基本形式来说，主要有成本中心、利润中心和投资中心。

(1) 成本中心。指对成本或费用承担责任的责任中心。由于在这个区域内只能控制成本，故只对成本负责。通常成本中心是没有收入来源的，因而无需对收入、收益或投资负责。成本中心的应用范围最广，凡是企业内部有成本发生的，需要对成本负责，并能进行控制的单位，都是成本中心。例如，企业里每个分公司、事业部、车间和部门等都是成本中心；而它们又是由各单位下面所属的若干工段、班组甚至个人的许多小的成本中心所组成。这样，各个较小的成本中心又共同组成一个较大的成本中心，各个较大的成本中心又共同构成一个更大的成本中心；从而形成一个逐级控制并层层负责的成本中心体系。至于企业中不进行生产经营而只提供一定专业服务的单位如人事部门、财务部门、总务部门等，则可称为费用中心，它们实质上也属于广义的成本中心。

(2) 利润中心。指对利润负责的责任中心。"企业是利润中心，项目是成本中心"。由于利润是收入扣除成本费用之差，利润中心还要对成本和收入负责，它既要控制成本的发生，也要对收入与成本的差额(利润)进行控制。利润中心往往处于企业内部的较高层次，如分公司、事业部等。它一般具有独立的收入来源或能视为一个有独立收入的部门，一般还具有独立的经营权。利润中心与成本中心相比，其权力和责任都相对较大，它不仅要绝对地降低成本，而且更要寻求收入的增长，并使之超过成本的增加。换言之，利润中心对成本的控制是联系着收入进行的，它强调成本的相对节约。

(3) 投资中心。指既对成本、收入和利润负责，又对投资成果负责的责任中心，它实质上也是利润中心，但它的控制区域和职权范围比一般的利润中心要大得多。正由于它不仅要能控制其成本、收入和收益，而且要控制其所占用的全部资产或投资。因此，它在生产经营和投资决策方面应享有充分的自主权。投资中心属于企业中最高层次的责任中心，故其适用范围通常仅限于规模和经营管理权限较大的单位，如分公司、事业部等。他们的领导人应向公司的总经理或董事会直接负责。除非有特殊情况，公司高层对投资中心一般不宜多加干涉。

(三) 财务控制的种类

1. 按控制的时间分类

财务控制按控制的时间分为事前财务控制、事中财务控制和事后财务控制。

(1) 事前财务控制是指财务收支活动尚未发生之前所实施的财务控制，如财务收支活动之前的申报审批制度、产品成本的规划等。

(2) 事中财务控制是指财务收支活动发生过程之中所实施的财务控制，如按财务预算要求监督预算的执行过程、对各项收支进行控制、对产品生产中发生的成本进行约束等。

(3) 事后财务控制是指在财务收支活动发生之后对其结果所实施的财务控制，如依据财务预算对各责任中心的财务收支活动结果进行考核、在产品完工之后对其成本进行分析评价，并进行奖罚等。

2. 按控制的依据分类

财务控制按控制的依据分为预算控制和制度控制。

(1) 预算控制是指以财务预算和责任预算为依据,对企业和各责任中心的财务收支活动进行控制的一种形式。

(2) 制度控制是指依据企业内部制定的各项规章制度,对企业和各责任中心的财务收支活动进行控制的一种形式。

3. 按控制的手段分类

财务控制按控制的手段分为定额控制和定率控制。

(1) 定额控制是指对企业和各责任中心的财务指标采用绝对额进行控制,这种控制缺乏弹性。

(2) 定率控制是指对企业和各责任中心的财务指标采用相对比率进行控制,这种控制具有弹性。

(四) 财务控制的程序

企业实施财务控制是保证财务预算实现的有效措施,其一般要经过如下三个步骤。

(1) 编制责任预算,制定控制标准。财务预算是企业实施财务控制的依据,依据财务预算,编制面向各个责任中心的责任预算。责任预算是以责任中心为主体,以其可以控制的成本、收入、利润和投资等为对象编制的预算。通过编制责任预算可以明确各责任中心的责任,也为控制和考核各责任中心经营管理活动提供了依据。

(2) 依据责任预算,实施有效控制。责任预算编好之后,为了使其得到贯彻实施,必须把各责任中心执行预算的情况通过各自的会计核算资料反映出来。通过这些会计资料可以了解分析预算的执行状况,存在的差异及其原因,以便及时采取措施,保证各责任中心的财务收支活动严格按责任预算的指标运行。

(3) 编制责任报告,分析考核业绩。预算期间结束之后,各责任中心需对其负责的责任预算的实际执行情况进行总结分析编制责任报告。责任报告是评价和考核各个责任中心工作成果的依据。是根据责任中心有关会计记录编制的反映责任预算实际执行情况,揭示责任预算与实际执行结果差异的内部会计报告。责任报告在揭示差异时,还必须对重大差异进行定量分析和定性分析。定量分析旨在确定差异的发生程度,定性分析旨在分析差异产生的原因,并根据这些原因提出改进建议。

二、成本中心的控制

成本中心是责任中心中应用较广较普遍的一种责任中心形式,上至公司,下至班组,甚至个人都可划分为成本中心。可以说,凡是有费用支出的地方,都可建立成本中心。成本中心只对在其权责范围内的成本或费用负责,其目标是在保质保量完成生产任务或搞好管理工作的前提下控制和降低成本和费用。由于成本中心的规模和层次不尽相同,所以各成本中心控制和考核的内容也不一样。

(一) 责任成本

责任成本是成本中心控制的主要内容,它是以成本中心作为成本计算对象来归集和分配费用的,其原则是:谁负责,谁承担。责任成本中心,是指具有一定的管理权限,责、权、利相统一的,对所发生的成本费用能够加以控制,并承担相应经济责任的企业内部单位。由施工企业经理、总会计师、总工程师、总经济师以及各个职能部门负责人组成,对企业生产经营的经济效果负完全责任。按照不同的成本要将目标成本进行细分,分解落实到每个阶段,纵向分解到各施工班组,横向分解到项目部领导、职能部门,建立纵向到底,横向到边的目标责任制体系,形成全员、全方位、全过程的项目成本管理格局。严格考核、奖罚分明。通过成本指标,可以发现施工企业经营管理中存在的缺点和薄弱环节,以便总结经验克服缺点,提高施工企业的管理水平,使企业在激烈的市场竞争中立于不败之地,充分发挥责任成本中心的作用。

责任成本与产品成本是有区别的,产品成本是以产品作为成本计算对象来归集和分配费用的,其原则是:谁受益,谁承担。责任成本是为了评价和考核责任预算的执行情况,是作为控制生产耗费和贯彻内部经济责任制的重要手段;产品成本是为了反映和监督产品成本计划的执行情况,是进行会计核算的需要。

责任成本与产品成本虽有区别,但两者又有联系。对狭义的成本中心(即对产品生产或劳务提供中资源的耗费负责的责任中心)而言,全部责任成本总和与全部产品的生产成本总和是一致的。产品成本与责任成本的区别与联系如图14-4所示。

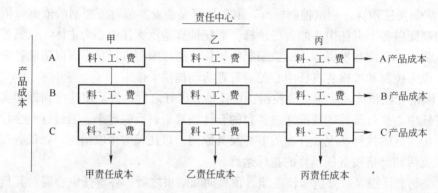

图14-4 产品成本与责任成本的区别与联系

由图14-4可以看出,A、B、C三种产品的成本由直接材料、直接人工和分摊的制造费用三个项目构成,这三种产品都是顺次经过甲、乙、丙3个责任中心的加工形成的。生产费用横向按产品品种归集,构成了产品成本,纵向按责任中心归集,构成了责任成本。

为了计算责任成本,必须首先把成本按其可控性分为可控成本和不可控成本两类。其中,可控成本是指责任中心能够控制其发生及其数量的成本,而不可控成本是指责任中心不能控制其发生及其数量的成本。可控成本必须同时具备以下四个条件。

(1)可以预计。即能够事先知道将发生哪些成本及在何时发生。
(2)可以计量。即能够对发生的成本进行计量。
(3)可以施加影响。即能够对成本的发生进行调节。
(4)可以落实责任。即能够将成本向控制责任分解落实,并进行考核评价。

属于某个成本中心的各项控制成本之和,即为该成本中心的责任成本。

由于各个成本中心只应对其能直接控制的成本负责,故在事前编制责任预算、日常记录实际发生的责任成本,以及定期编制责任报告时,均应以该成本中心的可控成本为限,以可控成本作为成本中心控制的主要依据。至于不可控成本,因为成本中心对它无能为力,故通常在其责任报告中不予列示或作为参考资料列示。

(二)成本中心的控制

成本中心控制、考核的主要内容是其所能控制的责任成本,对责任成本的控制通过以下几个环节进行。

1. 为各成本中心编制责任成本预算

责任成本预算是成本中心业绩控制的重要依据。责任成本预算的编制应按各成本中心应发生的业务量进行编制。

施工企业在建工程的责任成本预算,要确定项目经理部一级的责任成本。项目经理部以及处于企业与社会的结合部,处于企业内部人、财、物的结合部,对外代理企业履行工程合同,对企业的效益负责;对内对工程成本的绝大部分负责,直接影响企业的综合效益。其责任成本包括如下内容:

(1) 工程人工费;

(2) 工程材料费;

(3) 工程机械使用费;

(4) 工程措施费;

(5) 间接费用(管理费用和财务费用)中的可控部分。

对于费用中心而言,其责任预算的指标是责任费用限额,也就是这些部门的可控费用。

施工预算是成本目标。工程中标后,应及时组织有关人员对项目进行评估。根据项目合同条款、施工条件、各种材料的市场价格等因素,测评该项目的经济效益。施工组织设计的编制,在不断优化施工技术方案和合理配置生产要素的基础上,通过工、料、机消耗分析和制定节约措施之后,制定现场的目标成本。施工预算成本总额应控制在责任目标成本范围之内,并留有余地。并应确定目标利润,施工预算与投标预算进行对比,其差额实际就是计划施工盈利。为了编制合理的施工预算,可根据企业自身的管理水平和技术力量,材料市场价格变化等因素进行分析,也可制定内部施工定额。同时还要编制施工管理费支出预算,严格控制分包费用,避免效益流失,项目预算员要协助项目经理审核和控制分包单位的预算,避免"低进高出",保证项目获得预期效益。

2. 建立责任成本核算体系

在预算执行期间,为反映预算执行情况,必须进行责任会计核算,也即要以责任中心为对象组织会计核算工作,具体做法有两种。

(1) 双轨制。由责任中心指定专人把各中心日常发生的成本、收入以及各中心相互间的结算和转账业务记入单独设置的责任会计的编号账户内。然后根据管理需要,定期计算盈亏。因其与财务会计分开核算,称为"双轨制"。

(2) 单轨制。为简化日常核算,不另设专门的责任会计账户,而是在传统财务会计的各明细账户内,为各责任中心分别设户进行登记、核算,这称为"单轨制"。

3. 成本中心的业绩考核

由于成本中心的职责比较单一,没有收入来源,只对成本负责。因而也只考核其责任成本,考核指标主要采用相对指标和比较指标,包括成本(费用)变动额和变动率两指标,其计算公式是:

$$成本(费用)变动额 = 实际责任成本(费用) - 预算责任成本(费用)$$

$$成本(费用)变动率 = \frac{成本费用变动额}{预算责任成本} \times 100\%$$

在对成本中心进行考核时,应注意如果预算产量与实际产量不一致时,就按弹性预算的方法调整预算指标,然后再计算上述指标。

对各个责任中心工作业绩的考核和评价是以各责任中心的责任报告为依据的。

三、利润中心的控制

"企业是利润中心,项目是成本中心"。

利润中心是对利润指标负责的责任中心。由于利润是由收入与成本两因素决定,所以利润中心实际上既要对收入负责,也要对成本负责。一个部门或责任中心被确定为利润中心,关键的因素是要有独立的经营决策权,即生产什么产品、生产多少、用什么材料生产等都可由利润中心决定,否则就无法对其收入和成本也即利润负责。所以,与成本中心相比,利润中心的权力更大,但责任也更重大。

(一)确定合理的利润指标

利润中心的控制,关键的是利润指标的确定要合理。由于各利润中心的具体情况不一样,各利润中心的利润指标的确定不能简单划一,而要根据各利润中心的具体情况来定。

施工企业利润总额是施工企业生产经营成果的集中体现,也是衡量企业施工经营管理业绩的主要指标。施工企业利润总额是企业在一定时期内实现盈利的总额。它由营业利润、投资净收益、营业外收支净额三个部分构成。其计算可用以下公式反映:

$$利润总额 = 营业利润 + 投资净收益 + 营业外收入 - 营业外支出$$

1. 营业利润

施工企业营业利润是企业在一定时期内实现的工程结算利润加其他业务利润减去管理费用、财务费用后的余额。营业利润的计算可用以下公式表示:

$$营业利润 = 工程结算利润 + 其他业务利润 - 管理费用 - 财务费用$$

(1) 工程结算利润

工程结算利润是施工企业在一定时期内工程结算收入减去工程结算成本和工程结算税金及附加后的余额。工程结算利润的计算可用以下公式表示:

$$工程结算利润 = 工程结算收入 - 工程结算成本 - 工程结算税金及附加$$

施工企业的工程结算收入是指已完工程或竣工工程向发包单位结算的工程款收入。

工程结算成本是施工企业为取得当期工程结算收入而发生的工程施工成本,包括工程材料费、人工费、机械使用费、其他直接费和分摊的间接费用。

工程结算税金及附加包括按工程结算收入计征的营业税及按营业税计征的城市维护建设税和教育费附加。

(2) 其他业务利润

施工企业的其他业务利润是企业在一定时期内除了工程施工业务以外其他业务收入减去其他业务成本和经营税金及附加后的余额。其他业务利润的计算可用以下公式表示:

$$其他业务利润 = 其他业务收入 - 其他业务成本 - 经营税金及附加$$

施工企业的其他业务收入,主要包括产品销售收入、机械作业收入、材料销售收入、无形资产转让收入、固定资产出租收入等。

其他业务成本是施工企业为取得当期其他业务收入而发生的与其相关的成本，主要包括产品销售成本、机械作业成本、材料销售成本、无形资产转让成本、固定资产出租成本等。

经营税金及附加包括按其他业务收入计征的营业税及按营业税计征的城市维护建设税和教育费附加。

(3) 管理费用

施工企业的管理费用是指企业行政管理部门即公司总部为管理和组织经营活动所发生的各项费用。包括行政管理人员工资、职工福利费、折旧费、修理费、低值易耗品摊销、办公费、差旅交通费、工会经费、职工教育经费、劳动保险费、待业保险费、董事会费、咨询费、审计费、诉讼费、绿化费、税金、土地使用费、技术转让费、技术开发费、无形资产摊销、业务招待费、计提的坏账准备和存货跌价准备、存货盘亏毁损和报废（或盘盈）损失，以及其他有关管理费用。

(4) 财务费用

施工企业的财务费用是指企业为筹集施工生产经营所需资金而发生的各项费用，包括施工生产经营期间的利息净支出、汇兑净损失、金融机构手续费以及企业筹资时发生的其他财务费用。

2. 投资净收益

施工企业的投资净收益是指企业对外股权投资、债权投资所获得的投资收益减去投资损失后的净额。它的计算可用以下公式表示：

$$投资净收益＝投资收益－投资损失$$

投资收益包括对外投资分得的利润、股利和债券利息，投资收回或者中途转让取得款项多于账面价值的差额，以及按照权益法核算的股权投资在被投资单位增加的净资产中所拥有的数额等。

投资损失包括企业对外投资分担的亏损，投资到期收回或者中途转让取得款项少于账面价值的差额，以及按照权益法核算的股权投资在被投资单位减少的净资产中所分担的数额等。

3. 营业外收入和营业外支出

施工企业的营业外收入和营业外支出，是指与企业施工生产经营活动没有直接关系的各项收入和支出。

施工企业的营业外收入，主要有：固定资产盘盈、处理固定资产净收益、处理临时设施净收益、转让无形资产收益、罚款收入、无法支付应付款、教育附加费返还、非货币性交易收益等。

营业外支出主要有：固定资产盘亏、处理固定资产净损失、处理临时设施净损失、转让无形资产损失、计提的固定资产、无形资产、在建专项工程减值准备、公益救济性捐赠、赔偿金、违约金、债务重组损失等。

(二) 建立利润中心核算体系

利润中心所实现的利润是衡量其经营成本和经济责任履行情况的主要依据。为了确保各利润中心利润核算的准确性，必须完善利润中心核算体系。利润中心的成本核算，通常有两种方式可供选择。

（1）利润中心只核算可控成本，不分担不可控成本，即不分摊共同成本。这种方式主要适应共同成本难以合理分摊或无须进行共同成本分摊的场合。按这种方式计算出的赢利不是通常意义上的利润，而是相当于"边际贡献总额"。企业各利润中心的"边际贡献总额"之和，减去未分配的共同成本，经过调整后才是企业的总利润。采用这种成本核算方式的"利润中心"，实质上已不是完整和原来意义上的利润中心，而是边际贡献中心。

（2）利润中心不仅计算可控成本，也计算不可控成本。这种方式适合于共同成本易于合理分摊或不存在共同成本分摊的场合，这种利润中心在计算时，如果采用变动成本法，应先计算出边际贡献，再减去固定成本，才是税前利润；如果采用完全成本法，利润中心可以直接计算出税前利润。各利润中心的税前利润之和，就是全企业的利润总额。

（三）利润中心的业绩考核

利润中心的考核指标为利润，通过比较一定期间实际实现的利润与责任预算所确定的利润，可以评价其责任中心的业绩。但由于成本计算方式不同，各利润中心的利润指标的表现形式也不一样。

（1）当利润中心不计算共同成本或不可控成本时，其考核指标是：利润中心边际贡献额＝该利润中心销售收入总额－该中心可控成本总额（或变动成本总额）。其中，如果该中心的可控成本中包含可控固定成本，那么可控成本就不等于变动成本。

（2）当利润中心计算共同成本或不可控成本，并采用变动成本计算成本时，其考核指标有以下几种：

利润中心边际贡献总额＝该中心销售收入总额－该中心变动成本总额

利润中心负责人可控利润总额＝该中心边际贡献总额－中心负责人可控固定成本

公司利润总额＝各利润中心可控利润总额之和－公司不可分摊的各种财务费用、管理
　　　　　　　费用等

为了考核利润中心负责人的经营业绩，应针对各负责人的可控成本费用进行评价和考核。这就需要将各利润中心的固定成本进一步区分为可控成本和不可控成本。这主要考虑到有些成本费用可以划归、分摊到有关利润中心，却不能为利润中心负责人所控制，如保险费等。在考核利润中心负责人业绩时，应将其不可控固定成本从中扣除。

无论何种形态的利润中心，只需计算和报告本利润中心的收入和成本。凡不属于本利润中心权责范围内的收入和成本，尽管已由本利润中心实际收进或支付，仍应予易除，不能作为本利润中心的考核依据。

四、投资中心的控制

投资中心是对投资负责的责任中心，由于投资的目的是为获得利润，因而投资中心同时也是利润中心。它与利润中心的区别主要在于：利润中心没有投资决策权，因而它是在企业确定投资方向后进行的具体的经营；而投资中心则拥有投资决策权，即当企业总部将一定数额的资本交给投资中心后，应投资什么行业、生产什么产品等都是投资中心的职责，企业总部一般不予干涉，但投资中心必须对其投资的收益负责。所以，投资中心包括了利润中心的特点，但比利润中心范围更大，特别是比较考虑长期的效益。

（一）投资中心的考核指标

如前所述，由于投资中心不仅要对成本、收入和利润负责，而且要对其投资承担责任，因而对投资中心的控制、考核，除收入、成本和利润等指标外，重点应放在"投资报酬率"和"剩余收益"两个指标上。

1. 投资报酬率

投资报酬率是指投资中心所获得的利润与投资额之间的比率，该指标说明投资中心运用"公司产权"每一元资产对整体利润贡献的大小，或投资中心对所有者权益的贡献程度，下面举例说明该指标的计算。

例 14-1 某公司有两个投资中心，今年全年实现投资效果如表 14-1 所示。

投 资 利 润 率　　　　　　　　　　　　　　表 14-1

投资中心	营业利润	投资额	投资利润率
A	300	2000	15%
B	180	2000	9%
全公司	480	4000	12%

投资报酬率能综合反映一个投资中心、一个企业甚至一个行业的全部经营成果，具有横向可比性，可作为投资者选择投资机会的依据，能正确引导投资中心的经营管理行为，使其行为长期化。

但是，投资报酬率这项指标有其局限性。首先，世界性的通货膨胀会使企业资产的账面价值严重失实，从而每年少计折旧，虚增赢利，使计算出来的投资报酬率水分太大。其次，依据投资报酬率对投资中心的业绩进行评价与考核，往往会使一些投资中心只顾本身利益，而放弃对整个企业有利的项目，或接受有损于整个企业的投资项目，造成投资中心的近期目标与整个企业的长远目标相背离。

2. 剩余收益

剩余收益是指投资中心获得的利润扣减其最低投资收益后的余额。最低投资收益是投资中心的投资额（或资产占用额）按规定或预期的最低报酬率计算的收益，其计算公式为：

剩余收益＝利润－资产×规定或预期的最低报酬率

如果考核指标是总资产息税前利润率时，则剩余收益计算公式应作相应调整，其计算公式如下：

剩余收益＝息税前利润－总资产占用额×规定或预期的总资产息税前利润率

这里所说的规定或预期的最低报酬率和总资产息税前利润率通常是指企业为保证其正常生产经营持续进行所必须达到的最低报酬水平，通常采用企业的平均利润率作为最低报酬率。

以剩余收益作为投资中心业绩考核指标，各投资中心只要投资利润率大于规定或预期的最低投资报酬率（或总资产息税前利润率大于规定或预期的最低总资产息税前利润率），该项投资（或资产占用）便是可行的。

（二）投资中心责任报告

投资中心责任报告与利润中心的相似，除需列出销售收入、销售成本、营业利润的预算数、实际数和差异数外，还要列出资产占用额、投资报酬率、剩余收益等指标，以便对投资中心的业绩进行全面的评价与考核。

第三节 筹资管理

一、建筑企业资本金的筹集

资本金是指建筑企业在工商行政管理部门登记的注册资金,它不能小于国家规定的最低资本规模。

筹资是指企业为满足生产经营资金的需要,向企业外部单位或个人及企业内部筹措资金的一种财务活动。随着经济的发展,企业规模逐渐扩大。一定数量的资金代表着一定数量的物资。企业能筹集到较多的资金,一般说明企业有较多的物资投入生产,生产出较多的产品,投入市场后可以获得较多的盈利;同时,筹集到的资金可以用来扩大再生产,从而推动企业发展。因此,每个企业必须适度地、经济地筹集所必需的资金。

(一)筹资管理的要求

(1)合理确定资金需要量,控制资金投放时间。资金需要量,是根据企业的设计生产能力和规模来确定的,资金需要量要有一个合理界限。资金不足会影响企业施工经营活动的顺利进行;资金积压会影响资金的使用效果,造成资金浪费。

(2)认真选择资金来源,降低资金成本。企业筹集资金的渠道多种多样,方式也有多种。资金来源不同,资金成本也不尽相同,而且取得资金的难易程度也不一样,在进行筹资时,要综合考察各种筹资渠道和筹资方式,研究各种资金来源的构成,求得筹资方式的最优组合,以便降低综合资金成本。

(3)资金的筹集和投放相结合,提高资金效益。企业筹资首先要确定有利的投向,安排明确的资金用途,然后才能选择筹资渠道和方式。因为资金的投向,既决定资金需要量的多少,又决定投资效果的大小。要防止那种把资金筹集同投放割裂开来的做法。

(4)妥善安排资金结构,适度举债。企业依靠借债来进行生产经营活动的为负债经营。企业进行负债经营时要注意两个问题:一是要保证投资利润率高于借债的资金成本率;二是负债要适度,要与企业的资金结构和偿债能力相适应。企业不仅要从个别资金成本考虑选择筹资来源,而且要从总体上合理安排资金结构,既要利用负债经营来提高企业收益水平,又要维护企业财务信誉,减少财务风险。

(5)遵守国家有关法律,维护各方经济利益。企业筹资的数量和投资方向,关系着全社会的建设规模和产业结构。企业筹集资金必须接受国家宏观调控,企业筹集资金应遵守国家有关法律、法规,并维护有关各方的经济利益。

(二)筹资的渠道和方式

筹资渠道是指筹措资金来源的方式与通道。筹资方式是指筹措资金时所采取的具体形式。企业筹集资金的方式一般有6种:①吸收直接投资;②发行股票;③商业信用;④银行借款;⑤发行债券;⑥融资租赁。筹资方式和筹资渠道之间有着密切的关系:一定筹资方式可能只适用于某一特定的筹资渠道;但同一渠道的资金通常可以采用不同的方式取得;而同一筹资方式又往往可适用于不同的筹资渠道。

我国企业目前的筹资渠道主要有以下几个方面。

(1) 国家财政资金。国家对企业的投资,历来是国有企业(包括国有独资公司)的主要资金来源。国家财政资金具有广阔的源泉和稳固的基础,今后仍然是国有企业筹集资金的重要渠道。

(2) 银行信贷资金。银行对企业的各种贷款,是各类企业重要的资金来源。贷款方式多种多样,可以适应各类企业的多种资金需要。

(3) 非银行金融机构资金。非银行金融机构主要有信托投资公司、租赁公司、保险公司、证券公司、企业集团的财务公司等。它们可以为一些企业直接提供部分资金或为企业筹资提供服务。

(4) 其他企业资金。企业在生产经营过程中,往往形成部分暂时闲置的资金;同时,为了一定的目的也需要相互投资,这都为筹资企业提供了资金来源。

(5) 民间资金。企业职工和城乡居民的结余货币,可以对企业进行投资,形成民间资金渠道,为企业所利用。

(6) 企业自留资金。企业内部形成的资金,主要是计提折旧、提取公积金和未分配利润形成的资金,这是企业的"自动化"资金渠道。

(7) 外商资金。外商资金是外国投资者及我国香港、澳门和台湾地区投资者投入的资金,是外商投资企业的重要资金来源。

二、资本金的分类

资本金按照投资主体分为国家资本金、法人资本金、个人资本金及外商资本金等。国家资本金是指有权代表国家投资的政府部门或机构以国有资产的方式投入企业形成的资本金;法人资本金是指其他法人(包括企业法人和社团法人)以其依法可以支配的资产投入企业所形成的资本金;个人资本金则是指社会个人或本企业内部职工以个人合法财产投入企业形成的资本金;外商资本金是国外投资者及我国港、澳、台地区投资者投入企业形成的资本金。

(一) 筹集方式

建筑企业筹集资本金既可以吸收货币资金的投资,也可以吸收实物、无形资产等形式的投资,还可以发行股票筹集。

企业吸收的无形资产(不包括土地使用权)一般不超过注册资本的20%。如果情况特殊,无形资产含有高新技术,确实需要超过20%的,应当经过审批部门批准,但最高不得超过30%。

(二) 筹资期限

建筑企业的资本金可一次或者分期筹集。有限责任公司的股本总额由股东一次认足;外资企业则可分期认足。如果采用一次性筹集,则必须在营业执照签发日后的6个月内筹足;分期认足的,最长期限不得超过3年,其中第一次认缴部分不得低于出资总额15%,且第一次出资额应在执照签发日后的3个月内到位。

(三) 验资及出资证明

以现金出资按实际收到或存入企业开户银行的日期和金额,作为投入资本的入账依据;对于以实物投资和无形资产投资的,应按合同、协议或评估确认的价值作为投资入账价值。在时间上,实物投资按办理完实物转移时确认其投资。投资者投入的资本必须聘请中国注册会计师进行验证,并出具验证报告,作为投资者的出资证明。

（四）投资者的违约责任

投资者因未按有关企业章程、协议或合同的规定,及时足额出资,而出现了影响企业成立的违约行为,企业和其他投资者可依法追究其违约责任。有关管理部门还应根据有关法律法规,对其进行处罚。

三、建筑企业筹资决策

资本成本是企业筹资管理的主要依据,也是企业投资管理的重要标准。

（一）资本成本的概念、内容和属性

资本成本是企业筹集和使用资本而承付的代价。例如,筹资公司向银行支付的借款利息和向股东支付的股利等。这里的资本是指企业所筹集的长期资本,包括股权资本和长期债权资本。从投资者的角度看,资本成本也是投资者要求的必要报酬或最低报酬。在市场经济条件下,资本是一种特殊的商品,企业通过各种筹资渠道,采用各种筹资方式获得资本往往都是有偿的,需要承担一定的成本。

资本成本从绝对量的构成来看,包括用资费用和筹资费用两部分。

（1）用资费用。用资费用是指企业在生产经营和对外投资活动中因使用资本而承付的费用,如向债权人支付的利息、向股东分配的股利等。用资费用是资本成本的主要内容。长期资本的用资费用是经常性的,并随使用资本数量的多少和时间的长短而变动,因而属于变动性资本成本。

（2）筹资费用。筹资费用是指企业在筹集资本活动中为获得资本而付出的费用,如向银行支付的借款手续费,因发行股票、债券而支付的发行费用等。筹资费用与用资费用不同,它通常是在筹资时一次全部支付的,在获得资本后的用资过程中不再发生,因而属于固定性的资本成本,可视为对筹资额的一项扣除。

资本成本作为企业的一种成本,具有一般商品成本的基本属性,又有不同于一般商品成本的某些特性。在企业正常的生产经营活动中,一般商品的生产成本是生产所消耗的直接材料、直接人工和制造费用之和。对于此成本,企业需要从其收入中予以补偿。资本成本也是企业的一种耗费,也需由企业的收益补偿,但它视为获得和使用资本而付出的代价,通常并不直接表现为生产成本。此外,产品成本需要计算实际数,而资本成本则只要求计算预测数或估计数。

资本成本与货币的时间价值既有联系,又有区别。货币的时间价值是资本成本的基础,而资本成本既包括货币的时间价值,又包括投资的风险价值。因此,在有风险的条件下,资本成本也是投资者要求的必要报酬。

（二）资本成本率的种类

在企业筹资实务中,通常运用资本成本的相对数,即资本成本率。资本成本率是指企业用资费用与有效筹资额之间的比率,通常用百分比来表示。一般而言,资本成本率有下列几类。

（1）个别资本成本率。指企业各种长期资本的成本率,如股票资本成本率、债券资本成本率、长期借款资本成本率。企业在比较各种筹资方式时,需要使用个别资本成本率。

（2）综合资本成本率。指企业全部长期资本的成本率。企业在进行长期资本结构决策时，可以利用综合资本成本率。

综合资本成本率＝$W_i K_i$

式中 W_i——第 i 种资本来源占全部资本的比重；

K_i——第 i 种资本来源的资本成本率。

例 14-2 某施工企业的各种资本来源及其资本成本率如表 14-2 所示，各种资本来源占全部资本的比重和综合资本成本率如表 14-3 所示。

资本来源及其资本成本率　　　　表 14-2

资本来源	资本额(万元)	资本成本率(%)
普通股股金	1000	17.31
留存收益	100	17.00
优先股股金	400	14.29
债券资金	500	8.12
国内借款	500	6.70

资本来源及其资本成本率　　　　表 14-3

资本来源	占全部资本的比重	资本成本率(%)	综合资本成本率(%)
普通股股金	0.4	17.31	6.92
留存收益	0.04	17.00	0.68
优先股股金	0.16	14.29	2.29
债券资金	0.20	8.12	1.62
国内借款	0.20	6.70	1.34
合　计			12.85

(3) 边际资本成本率。指企业追加长期资本的成本率。企业在追加筹资方案的选择中，需要运用边际资本成本率。

(三) 资本结构决策

1. 资本结构的概念

资本结构是指企业各种资本的价值构成及其比例关系。在企业筹资管理活动中，资本结构有广义和狭义之分。广义的资本结构是指企业全部资本价值的构成及其比例关系，它不仅包括长期资本，还包括短期资本(主要是短期债权资本)；狭义的资本结构是指企业各种长期资本价值的构成及其比例关系，尤其是指长期的股权资本与债权资本的构成及其比例关系。在狭义资本结构下，短期债权资本是作为营运资本来管理。

2. 资本结构的种类

资本结构可以从不同角度来认识，于是形成各种资本结构种类，主要有资本的属性结构和资本的期限结构两种。

(1) 资本的属性结构。指企业不同属性资本的价值构成及其比例关系。企业全部资本就属性而言，通常分为两大类：一类是股权资本，另一类是债券资本，这两类资本构成的比例关系就是该企业资本的属性结构。

(2) 资本的期限结构。指不同期限资本的价值构成及其比例关系。一个企业的全部资本就期限而言，一般可以分为两类：一类是长期资本；另一类是短期资本，这两类资本构成的资本结构就是资本的期限结构。

3. 资本结构的价值基础

对于上述资本结构，尚未具体指明资本的价值计量基础。一个企业的资本分别按账面价值、现时市场价值和未来目标价值来计量和表达资本结构，即形成三种不同价值计量基础，用以反映资本结构，即资本账面价值结构、资本的市场价值结构和资本的目标价值结构。

(1) 资本的账面结构。指企业资本按历史账面价值基础计量反映的资本结构。一个企业资产负债表的右方"负债及所有者权益"或"负债及股东权益"反映的资本结构就是按账面价值计量反映的，由此形成的资本结构是资本的账面价值结构。它不太适合企业资本结构决策的要求。

(2) 资本的市场价值结构。指企业资本按现时市场价值基础计量反映的资本结构。当一个企业的资本具有现时市场价格时，可以按其市场价格计量反映资本结构。通常上市公司发行的股票和债券具有现时的市场价格，因此上市公司可用市场价格计量反映其资本的现时市场价值结构。它比较适合于上市公司资本结构决策的要求。

(3) 资本的目标价值结构。指企业资本按未来目标计量反映的资本结构。当一家公司能够比较准确地预计其资本的未来目标价值时，可以按其目标价值计量反映资本结构。从理想的角度讲，它更适合企业资本决策的要求，但资本的未来目标不易客观准确地估计。

4. 资本结构的意义

企业的资本结构决策问题，主要是资本属性结构的决策问题，即债权资本的比例安排问题。在企业的资本结构决策中，合理地利用债权筹资、科学地安排债权资本比例，是企业筹资管理的一个核心问题，它对企业具有重要的意义。

(1) 合理安排债权资本比例可以降低企业的综合资本成本率。由于债务利息率通常低于股票利率，而且债务利息在所得税前利润中扣除，企业可减少所得税，从而债权资本成本率明显地低于股权资本成本率。因此，在一定的期限内合理地提高债权资本的比例，可以降低企业的综合资本成本率。

(2) 合理安排债权资本比例可以获得财务杠杆利益。由于债务利息通常是固定不变的，当税前利润增大时，每1元利润所负担的固定利息会相应降低，从而可分配给股权所有者的税后利润会相应增加。因此，在一定的限度内合理地利用债权资本，可以发挥财务杠杆的作用，给企业所有者带来财务杠杆利益。

(3) 合理安排债权资本比例可以增加公司的价值。一般而言，一家公司的价值应该等于其债权资本的市场价值与股权资本的市场价值之和，用公式表示为：

$$V=B+S$$

式中　V——公司总价值，即公司总资本的市场价值；
　　　B——公司债权资本的市场价值；
　　　S——公司股权资本的市场价值。

上述公式清楚地表达了按资本的市场价值计量反映的资本属性结构与公司总价值的内在关系。公司的价值与公司的资本结构是紧密联系的，资本结构对公司的债权资本市场价值和股权资本市场价值，进而对公司总资本的市场价值即公司总价值具有重要的影响。因此，合理安排资本结构有利于增加公司的市场价值。

5. 资本结构决策因素的定性分析

(1) 企业财务目标的影响分析。企业组织类型的不同，财务目标也有所不同。对企业财务目标的认识主要有三种观点：利润最大化、股票价值最大化和公司价值最大化。企业财务目标对资本结构决策具有重要的影响。利润最大化目标是指企业在财务活动中以获得尽可能多的利润作为总目标。利润是企业财务活动的一项综合性数量指标，企业的筹资和投资行为最终都会影响到利润。企业利润有各种口径的利润额，如营业利润额、税前利润额、所得税前利润额和所得税后利润额。还有各种口径的利润率，如总资产利润率(或总投资利润率)、净资产利润率(或股权资本利润率)以及每股利润。而作为企业财务目标的利润应当是企业的净利润额，即企业所得税后利润额。在以利润最大化作为企业财务目标的情况下，企业的资本结构决策也应围绕着利润最大化目标。这就要求企业应当在资本结构决策中，在财务风险适当的情况下合理地安排债权资本比例，尽可能地降低资本成本，以提高企业的净利润水平。股票价值最大化目标是指公司在财务活动中以最大限度地提高股票的市场价值作为总目标。它综合了利润最大化的影响，但主要适用于股份公司的资本结构决策。在公司资本结构决策中以股票价值最大化为目标，需要在财务风险适当的情况下合理安排公司债权资本比例，尽可能地降低综合资本成本，通过增加公司的净利润而使股票的市场价格上升。公司价值最大化目标是指公司在财务活动中以最大限度地提高公司的总价值作为总目标。它综合了利润最大化和每股利润最大化目标的影响，主要适用于公司的资本结构决策。通常情况下，公司的价值等于股权资本的价值加上债权资本的价值。公司的资本结构对于其股权资本和债权资本的价值都有影响。公司在资本结构决策中以公司价值最大化为目标，就应当在适度财务风险的条件下合理确定债权资本比例，尽可能地提高公司的总价值。资本结构决策中公司价值分析法，就是直接以公司价值最大化为目标。

(2) 投资者动机的影响分析。一个企业的投资者包括股权投资者和债权投资者，两者对企业投资的动机各有不同。债权投资者对企业投资的动机主要是在按期收回投资本金的条件下获取一定的利息收益；股权投资者的基本动机是在保证投资本金的基础上，获得一定的股利收益并使投资价值不断增值。企业在决定资本结构时必须考虑不同投资者的动机，安排好股权资本和债权资本的比例关系。

(3) 债权人态度的影响分析。通常情况下，企业在决定资本结构付诸实施之前，都要向贷款银行和评信机构咨询，并对他们提出的意见予以充分的重视。如果企业过高地安排债务融资，贷款银行未必会接受大额贷款的要求，或者只有在担保抵押或较高利率的前提下才同意增加贷款。

(4) 经营者行为的影响分析。如果企业的经营者不愿让企业的控制权旁落他人，则可能尽量采用债务融资的方式来增加资本，而宁可不发行新股增资。与此相反，如果经营者不愿承担财务风险，就可能较小地利用财务杠杆，尽量减低债权资本的比例。

(5) 企业财务状况和发展能力的影响分析。在其他因素相同的条件下，企业的财务状况和发展能力较差，则可以主要通过留存收益来补充资本；而企业的财务状况和发展能力越强，越会更多地进行外部融资，倾向于使用更多的债权资本。

(6) 税收政策的影响分析。按照税法的规定，企业债务的利息可以抵税，而股票的股利不能抵税。一般而言，企业所得税税率越高，借款举债的好处就越大。由此可见，税收政策实际上对企业债权资本的安排产生一种刺激作用。

(7) 资本结构的行业差别分析。在资本结构决策中，应掌握本企业所处行业的特点及该行业资本结构的一般水准，并以此作为确定本企业资本结构的参照，分析本企业与同行业其他企业的特点和差别，以便更有效地决定本企业的资本结构。

第四节 资产管理

一、流动资产管理

(一) 流动资产的特点

流动资产是指在1年或超过1年的一个施工经营周期内变现或耗用的资产。流动资产通常具有如下特点。

(1) 流动资产投资的回收时间较短。施工企业投资在流动资产上的资金，周转一次所需要的时间较短，通常会在1年或一个施工经营周期内收回，对企业经营活动的影响具有短期效应。根据这一特点，投资于流动资产方面的资金量可以通过短期筹资方式加以解决。

(2) 流动资产的变现能力较强。流动资产中的非现金资产，在多数场合下具有较强的变现能力。这种较强的变现能力不仅体现在周转的速度较快，使非现金形态的流动资产在短期内转化为现金；而且还体现在遇到意外情况、正常资金周转受阻时，企业可迅速变卖这些资产，以获取现金。流动资产的这个特点，对降低财务风险、应付临时性现金需求具有一定的意义。

(3) 流动资产的规模波动很大。流动资产的投放规模会随着企业内外条件的变动而变化，形成起伏波动的规模。季节性生产的企业和非季节性生产的企业都有此特点。流动资产规模波动性的特点也决定了流动负债发生相应的变动。

(4) 流动资产占有形态发生流动性变动。以现金为起点的流动资产的循环，使流动资产在循环中保持继起性，即现金、材料、在产品、产成品、应收账款、现金的依次转化，周而复始的循环所构成的流动资产的周转，使同一时点的各种形态的流动资产并列存在而构成其并存性。流动资产在循环和周转中所体现的继起和并存，综合表现为流动资产占有形态的流动性。

流动资产按其流动性的强弱，分为速动资产和非速动资产。速动资产是指周转速度较快、变现能力较强的流动资产，包括库存现金、银行存款、其他货币资金、短期投资、应收票据、应收账款及预付款等。非速动资产是指流动性较弱、变现能力较差的流动资产，包括存货、待摊费用和待处理流动资产损失等。

(二) 现金管理

现金是流动性最强的资产，也是施工企业资金流转的起点和终点，拥有和保持适量的现金对企业财务关系重大。

1. 现金管理的目的

企业置存现金的原因在于满足交易性、预防性和投机性的需要。

交易性需要是指日常经营业务的现金支付需要。企业当期的现金收入和支出，往往不能同步同量。收入多于支出，则形成现金置存；收入小于支出，则需要借入现金。企业只有保持适当的现金结存，才能维持正常的交易性需要。

预防性需要是指意外支付的准备需要。企业有时会发生预料不到的开支，从而使实际现金流量的不确定性经常有所表现。当这种不确定性很大时，预防性现金余额就应增多；相反，当企业现金流量的可预测性很强时，预防性现金余额则可小些。

投机性需要是指将置存现金用于市场投机目的。市场上各种商品及证券的价格随时发生变动，使人们产生了"为卖而买"的投机心理。当企业确信得到了有利的购买时机，而需要动用现金时，投机性现金结存则可保证其不失时机地操作。

企业因缺乏必要的现金，而不能应付业务开支所蒙受的损失，称为短缺现金成本。但是，如果企业置存过量的现金，又会因这些资金不能投入周转无法取得增值而遭受一定的损失。这样，企业便面临现金不足和现金过量两方面的威胁。企业现金管理的目的就是在这两难选择中做出正确的抉择，以获取最大的长期利润。

2. 最佳现金持有量的确定

企业最佳现金持有量的确定，要根据企业所处环境及经营范围选择适当的方法。下面仅介绍成本分析模式。

成本分析模式是通过分析持有现金的成本，寻求使持有成本最低的现金持有量。

企业持有现金表现出以下3种成本。

（1）资金占有成本。现金作为企业的一项资金占有是要付出代价的，这种代价则是资金占用成本。假定某企业以年利率6%的回报获得1年内50万元的现金，则该企业当年的资金占用成本为3万元（50万元×6%＝3万元）。

在同一时间内，现金持有额越大，资金占用成本越高。对企业而言，虽然拥有一定的现金，并为此付出相应的资金占用成本是必要的；但如果现金拥有量过多，资金占用成本则会随之等比例提高。

（2）管理成本。企业拥有现金，会发生管理费用，如现金管理人员的工资、安全措施费等，这些费用构成了现金的管理成本。管理成本是一种固定成本，与现金持有量之间无明显的比例关系。

（3）短缺成本。现金的短缺成本，是因缺乏必要的现金，不能应付经营开支所需，而使企业蒙受的损失或为此付出的代价。现金的短缺成本随现金持有量的增加而下降，随现金持有量的减少而上升。

能使上述3项成本之和最小的现金持有量就是最佳现金持有量，如图14-5所示。

实际确定最佳现金持有量时，要根据建筑企业的实际需要，规划出若干个现金持有方案；然后，根据各个方案的资金占用成本、管理成本和短缺成本求出各个方案对应的合计；再从中选出总成本最低的方案，该方案的现金持有量就是最佳现金持有量。

例14-3 某企业有4种现金持有方案，它们各自的现金持有量及相关成本如表14-4所示。

上述A、B、C、D4种现金持有方案的总成本计算结果如下：

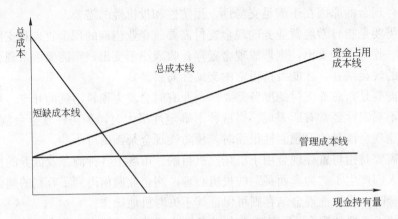

图 14-5 最佳现金持有量

现金持有方案　　　　　　　　　　表 14-4

方案	A	B	C	D
现金持有量	300000	400000	500000	600000
资金占用成本	30000	40000	50000	60000
管理成本	10000	10000	10000	10000
短缺成本	8000	5000	2000	0

注：该企业资本成本率为 10%。

A 方案＝30000＋10000＋8000＝48000（元）
B 方案＝40000＋10000＋5000＝55000（元）
C 方案＝50000＋10000＋2000＝62000（元）
D 方案＝60000＋10000＝70000（元）

通过对以上 4 种现金持有方案总成本的比较，A 方案为 48000 元，总成本最低。因此，300000 元的现金持有量为最佳现金持有量。

（三）应收账款管理

这里所涉及的应收账款并非会计账户名称，而是指建筑企业因对工程结算、对外售出材料，以及供应劳务等原因，应向对方单位或接受劳务单位等收取的款项，性质上属债权资产。它具体包括应收账款、其他应收款、应收票据等。

1. 应收账款管理的目的

企业发生应收账款的原因分为两种，一种是客观性原因，另一种是企业主观性原因。

（1）客观性原因。指施工企业工程结算的过程中客观上存在着结算时点与收到货款时点的不一致性，也就是客观存在着货款结算所需要的一定时间。结算手段越落后，结算所需要的时间就越长。于是，客观现实要求企业只能承认这种现实并承担由此而引发的资金垫支。

（2）主观性原因。指企业适应市场经济环境下的商业竞争，主动采取垫支手段形成的应收账款，因此这种由竞争而引发的应收账款是一种商业信用。施工企业在商业信用的运作中处于债权人的地位，而债权人的权益能否得到保证及如何得以保证则是企业财务所特别关注的内容。

企业发生应收账款的主观原因是扩大施工工程、增强市场竞争力,对应收账款管理的目的是求得利润。应收账款作为企业有目的的债权投放,体现了为争取盈利而进行的必要投资,投资则需支付成本。因此,在财务上则面临着利用应收账款信用政策所增加的盈利和利用该政策所支付成本之间的权衡。只有当应收账款所增加的盈利大于所增加的成本时,才应采取主动垫支方针;否则,就应该取消垫支方针。应收账款管理的目的就在于做出上述正确的选择。

2. 应收账款的收账

应收账款是一项债权资产,应采取各种措施,保证债权的及时足额收回,避免遭受损失。这些措施包括对应收账款回收的监督、对坏账损失的事先准备和制定适当的收账政策。

(1) 应收账款回收的监督。应收账款作为债权使企业权益遭受相应的风险。一般而言,应收账款拖欠的时间越长,款项回收的可能性越小,形成坏账的可能性就越大。为此,企业应实施对应收账款回收情况的监督,这种监督的通常做法就是编制账龄分析表。账龄分析表是显示应收账款在外天数(即账龄)长短的报告,其格式如表 14-5 所示。

账龄分析表[2005 年 12 月 31 日]　　　　　表 14-5

应收账款账龄	账户数量	余额/万元	余额/比例
信用期内		80	40
超过信用期 1～30 天	200	40	20
超过信用期 31～60 天	100	20.	10
超过信用期 61～90 天	50	20	10
超过信用期 91～120 天	30	20	10
超过信用期 121～150 天	20	10	5
超过信用期 150 天以上	15	10	5
应收账款总额	5	200	100

企业通过账龄分析表,可以获取以下信息。一是获取有多少欠账尚在信用期内。表 14-5 显示有 80 万元的应收账款处在信用期内,占全部应收账款的 40%。由于这些款项没有超过信用期,属正常欠款;但到期后能否收回,还要待时而定,故及时的反馈和监督仍是必要的。二是获取有多少欠账已经超过了信用期,超过时间不等的款项各占多少,有多少欠款会最终形成坏账。表 14-5 显示有 120 万元的应收账款已超过了信用期,占全部应收账款的 60%。其中,拖欠时间较短的(超过信用期 30 天内)有 40 万元,占全部应收账款的 20%,这部分欠款回收的可能性很大;拖欠时间较长的(超过信用期 31～150 天)有 70 万元,占全部应收账款的 35%,这部分欠款的回收肯定有一定的难度;拖欠时间很长的(超过信用期 150 天以上)有 10 万元,占应收账款的 5%,这部分欠款最容易成为坏账。通过上述分析,企业应采取相应的收账方法、制定经济可行的收账政策,防止债权资产的丧失。

(2) 收账政策的制定。企业对不同过期账款的收账手段,包括为收账而准备付出的代价,构成了企业的收账政策。企业的收账政策既要保证企业自身的债权利益,还要努力维持与广大顾客的正常业务往来,任何偏激的行为都可能影响到企业的最终利益。在通常情况下,企业对过期较短的顾客,不予过多的打扰,以免将来失去这一市场;对过期稍长的顾客，可措辞温婉地写信催款；对过期较长的顾客，则应加大催款力度；对过期很长的顾客，则应委派专门机构或专人负责，实施依法保护措施，包括提请有关部门仲裁或提请诉讼。收账要发生收账费用。一般来说，收账的花费越大，收账措施就越显有力，可收回的账款就越多，坏账损失也就越少。在制定收账政策时，企业需要在收账费用和所减少的坏账损失之间做出权衡。从财务的角度看，应按照应收账款相关总成本最小化的标准，选择最好的收账方案。

（3）应收账款坏账准备制度。只要企业实施商业信用，应收账款的坏账损失就可以避免。按国家现行制度规定，确定坏账损失的标准只有两条：一是因债务人破产或死亡，依照民事诉讼法以破产财产或遗产（包括义务担保人的财产）清偿后，确实无法收回的应收款项；二是经主管财政机关核准的债务人逾期未履行偿债义务超过3年仍无法收回的应收款项。

只要企业的应收账款现状符合上述任何一个条件，均可作为坏账损失处理。当企业的应收账款按照第2个条件已经作为坏账损失处理后，并非意味着企业已放弃了对该项应收账款的索取权。实际上，企业仍然拥有继续催收的法定权力，即企业与债务人之间的债权债务关系不能因企业已做坏账处理而解除。

考虑到应收账款的坏账无法避免，企业可遵循谨慎性原则。对坏账损失的可能性预先进行估计，并建立弥补坏账损失的准备金制度。坏账准备金的提取比率及提取数额，必须按照现行财务制度的规定进行。

（四）存货管理

存货是指建筑企业在生产经营过程中为销售或者耗用而储备的物资，是实物流动资产的总称，包括库存材料、低值易耗品、周转材料、委托加工物资、未完工程、在制品、库存产成品等。由于存货占企业流动资产的比重较高，因而构成了流动资产管理的重点内容。

1. 材料管理的意义

建筑企业的材料管理，就是对施工生产过程所需要的各种材料的计划、订货、采购、运输、保管、发放、使用所进行的一系列组织和管理工作，材料管理的意义主要有以下几个方面：

（1）保证施工生产正常进行的物质前提；

（2）可以降低工程成本；

（3）可以加速流动资产周转，减少流动资金的占用；

（4）有利于保证工程质量和提高劳动生产率。

2. 材料管理的任务

（1）保证适时、适地、按质、按量、成套齐备地供应。即按规定的时间供应材料，不宜过早或过晚；过早则多占用仓库和施工现场；过晚则会造成停工停料。按规定的地点供应材料，卸货地点不适当，可能造成二次搬运，从而增加费用。按规定的质量标准供应材料，材料质量低于标准要求，势必降低工程质量，若高于质量标准要求，则会增加材料费，加大成本。按规定的数量供应材料，多了会造成超储积压，多占用流动资金；少了会造成停工待料，影响进度，延误工期。成套齐备地供应，是指供应的材料品种、规格要齐全、配套，要符合工程需要。

(2) 加速材料周转，监督和促进材料的合理节约使用，以降低材料费用。在材料的供应管理上，既要保证生产的需要，又要注意经济效果，从各方面采取有效措施降低材料费用。

材料供应管理工作还包括监督其合理使用和节约使用。为此，材料供应管理部门要加强材料消耗定额的管理；建立健全材料发放制度，严格实行限额领料，控制用料；搞好清仓利库，修旧利废，做好废旧材料的回收和利用等。

建筑企业实行项目法施工后，施工现场材料管理的责任主要由项目经理部负责。企业材料管理的重点是内部材料市场的组织、运作，并对项目的材料管理负有检查、指导责任。

3. 材料的供应

材料的供应方式与材料供应市场关系很大。施工企业要推行项目法施工，就必须建立起一种新的材料供应体制。

(1) 材料供应权应主要集中在法人层次上。国务院关于《全民所有制企业转换经营机制条例》中明确指出，"企业享有物资采购权。""企业对指令性计划供应的物资，有权要求与生产企业或者其他供货方签订合同。""企业对指令性计划以外所需的物资，可以自行选择供货单位、供货形式和数量，自主签订订货合同，并可以自主进行物资调剂。""企业有权拒绝任何部门和地方政府以任何方式为企业指定指令性计划以外的供货单位和供货渠道。"企业取得了物资采购权以后应建立统一的供料机构，对工程所需的主要材料、大宗材料实行统一计划、统一采购、统一供应、统一调度和统一核算。

(2) 项目经理部有部分的材料采购供应权。为满足施工项目材料的特殊需要，调动项目管理层的积极性，企业应给项目经理一定的材料采购权，负责采购供应计划外材料、特殊材料和零星材料，做到两层互补，不留缺口，对企业材料部门的采购，项目管理层也应有建议权。随着建材市场的扩大和完善，项目经理部的材料采购供应权越来越大。

(3) 企业应建立内部材料市场。为了与社会材料市场对接，建立商品经济体制下新型的生产方式，促使企业从粗放经营转向集约经营，从速度型转向效益型，改变传统体制下承接建设单位来料、按照行政层次逐级申请、分配、领用、核销的运行方式，适应商品经济发展和项目法施工，企业必须以经济效益为中心，在专业分工的基础上，把商品市场的契约关系、交换方式、价格调节、竞争机制等引入企业，建立企业材料市场，通过市场信号、运行规则，促进内部模拟市场运行，满足施工项目的材料需要。

4. 材料的库存管理

施工过程对材料的需求是连续不断的，而各种材料的进场则是间断的、分期分批的。为了避免材料供应中的意外或中断，必须保证施工建立一定的库存，即材料储备。材料库存一般包括经常库存和安全库存两部分。经常库存是指在正常情况下，在前后两批材料到达的供应间隔内，为满足施工生产连续而建立的库存。经常库存的数量是周期性变化的，一般在每批材料入库后达到最高额，随着生产的消耗，在下一批材料入库前降到最低额，所以经常库存又称为周转库存，安全库存是为预防因到货误期或品种规格不符合要求等原因影响生产正常进行而建立的材料库存，它在正常的情况下不予动用，是一种固定不变的库存。

二、固定资产管理与投资决策

（一）固定资产的特点

固定资产是指使用年限在 1 年以上，单位价值在规定标准以上，并且在使用过程中保持原物质形态的资产，固定资产通常具有如下特点：

(1) 固定资产投资的回收时间较长；

(2) 固定资产的变现能力较差；

(3) 固定资产占用规模相对稳定；

(4) 固定资产投资金额巨大。

（二）固定资产投资决策

凡涉及投入大量资金，获取投资收益的持续期间超过 1 年以上，并长期影响企业经营获利能力的投资可称为长期投资。长期投资的资金支出属资本性支出，而企业最具有普遍性的资本性支出就是固定资产投资支出。鉴于固定资产投资具有投入资金额大、回收慢、风险高、占用规模不宜改变等特点，就应该在投资前进行科学的经济、技术和财务上的可行性论证，并运用科学的方法，对固定资产投资方案进行评价，以做出正确的决策。

固定资产投资决策评价指标很多，以财务评价是否考虑资金时间价值为标准，可将全部指标分为静态指标和动态指标两大类。静态指标是指在计算中不考虑资金时间价值因素的指标，主要包括投资回收期、平均回报率指标；而动态指标是指在计算中必须充分考虑和利用资金时间价值因素的指标，主要包括净现值、现值指数、内部报酬率指标。

(1) 投资回收期。指投资后收回全部初始投资额所需要的时间（通常以年为时间单位）。当然，投资者以投资回收期短作为避免风险和获取投资回报评价标准。

(2) 平均回报率。指固定资产投资项目寿命周期内平均的年投资报酬率，也称为平均报酬率。平均回报率指标越高，说明投资的效果越好。通常采用这一指标时，往往要根据市场环境，事先确定一个企业要求达到的平均回报（或称为必要平均回报率），决策时只要高于必要平均回报率的投资方案才能入选；而在有多个互斥方案的选择中，则选用平均回报率最高的方案。

(3) 净现值。投资项目的未来净现金流量的总现值超出该项目原始投资额总现值的余额叫做净现值（NPV）。如果投资方案的净现值为零，说明该投资方案的投资报酬仅是所采用的贴现率，属于最低的投资报酬率；如果投资方案的现值大于零，说明该投资方案的投资报酬率高于最低限度，如达到理想额度，则是可选择的投资方案；如果投资方案的净现值小于零，说明该方案投资报酬率低于贴现率，达不到最低的投资报酬，投资方案不能采纳。

(4) 现值指数。现值指数是投资项目的未来营业净现金流量总现值与投资额总现值的比率，亦称为现值比率、获利指数等。如果现值指数指标大于 1，表示按既定贴现率计算的未来投资总报酬大于原投资额，投资项目可考虑采纳；反之则不然。现值指数注重资金时间价值，由于采用相对数标准，克服了不同投资额方案之间不能比较的问题。实际应用时，可结合净现值指标及其他指标统筹考虑。

(5) 内部报酬率（IRR）。指一投资项目在寿命周期内，以现值为基础计算的实际投资报酬率。用这个内部报酬率对投资项目各个时期的净现金流量贴现，使未来投资报酬率的总现值正好等于该项目投资额之现值。所以,内部报酬率就是能使投资项目的净现金流量的净现值为零的贴现率,但由于该种方法是建立在每期收回款项全部用来投资、再投资的资金报酬率与内部报酬率完全相同的假定条件上,因此失去了这个假设条件,必然会影响内部报酬率的评价效果。

(三) 固定资产的经济寿命

固定资产是一个庞大群体,在这个群体中发挥主要生产能力作用的是机器设备。因此,固定资产经济寿命的研究大都集中在生产设备上。如果全面地考察生产设备的平均年成本就会发现,设备的使用初期运行费较低。随着设备的陈旧,效率也随之降低,而要维持设备的应有效率,就要增加维护、修理费用。与此同时,固定资产的价值逐渐减少,资产所代表的资金量也随之降低,资金占用费呈下降趋势。因此,资产的运行成本与持有成本的反方向变化,使两者之和——固定资产平均年成本表现为一条凹形曲线,如图 14-6 所示。

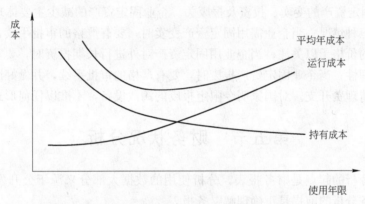

图 14-6　固定资产经济寿命关系

通过图 14-6 可以清楚地看出,在设备的使用年限内,必然存在固定资产平均年成本最低的时点,该时点被认为是固定资产的经济寿命。

固定资产经济寿命的判断为企业更新固定资产的时机提供了重要依据。实际工作中,可通过分别计算固定资产的各年持有成本和运行成本,并寻找两项合计最低成本来完成。

(四) 固定资产的日常管理

为了提高固定资产的使用效率,保护固定资产的安全完善,需要做好固定资产的日常管理工作,主要内容包括以下几个方面:

(1) 严把固定资产的验收关。企业固定资产的形成渠道来自多方面,有投资者投入、也有企业自建,多数则来自从市场中购入。对投资者投入的固定资产,企业要按投资合同的规定,逐项审核;必要时,要聘请有关部门或社会中介机构对资产的技术性能和价值进行鉴定以保证投资各方的正当权益。对企业自建的固定资产,验收时除了要掌握质量标准之外,还需严格审查其造价的合理性,防止虚报工程造价给企业带来的损失。对企业从市场中采购的固定资产,除了要保证资产的质量之外,还要按市场价格标准对其进行审核,从而杜绝一切损害企业利益的不正当行为的发生,为企业的持续经营奠定可靠的物质基础。

(2) 实行固定资产的归口分级管理。企业固定资产种类繁杂、分布面广,涉及众多的使用部门和人员。为此,要建立各职能部门及单位在固定资产管理方面的责任制,实行固定资产的归口分级管理。实行固定资产的归口分级管理,就是在企业财务部门的统一协调下,按固定资产的类别,由公司各职能部门负责归口管理,按固定资产的使用地点,由各级使用单位负责具体管理,并进一步落实到班组和个人。

(3) 正确核算固定资产折旧。固定资产折旧是固定资产转移价值,它既是企业固定资产账面净值的计算依据,也是企业各期损益的核算依据。企业的固定资产折旧计提仍需遵照财务制度的规定来进行,企业自定折旧政策的环境未形成。

(4) 保证固定资产维修及更新的资金需求。当企业不单独设置固定资产局部维修和整体更新的专项资金时,为保证企业固定资产正常维修及更新的所需资金,就需要财政部门统筹兼顾、合理筹措。当企业有足够的现金结存时,安排维修及更新的资金就有了可靠保证;但当企业现金短缺,一时难以自行解决项目所需资金时,就需要财务部门事先向金融机构提出借款申请。

(5) 严把固定资产的变卖、投资及报废关。企业固定资产的减少主要体现在变卖、投资及报废处理三种情况。当企业需用固定资产变卖时,要有严格的审批手续,并要对变卖的环境和变卖的价格予以关注;当企业用固定资产对外进行长期投资时,要审查固定资产投资作价的合理性;当企业固定资产报废时,要有严格的审批手续,并做好固定资产的清理工作,降低清理费开支。对国家明令限定报废的淘汰设备,不准以任何形式转让。

第五节 财务状况分析

财务状况分析的起点是财务报表,分析使用的数据大部分来源于公开发布的财务报表,因此,财务分析的前提是正确理解财务报表。

一、财务报表概述

根据《企业会计制度》(财会〔2000〕25号)第十三章"财务会计报告"第一百五十四条的规定:"企业向外提供的会计报表包括:资产负债表、利润表、现金流量表、资产减值准备明细表、利润分配表、股东权益增减变动表、分部报表、其他有关附表。"而财务报表分析主要运用的是资产负债表、利润表和现金流量表。

(一) 资产负债表

资产负债表反映了一个会计主体在某一特定时点上的财务状况。资产负债表分为左右两部分,左边是"资产",右边是"负债"和"所有者权益",说明企业拥有哪些资源以及这些资源是从何而来的。

资产负债表的编制基础是:资产≡负债+所有者权益

分析资产负债表时应注意三个问题:资产流动性、负债与权益以及市价和成本。

(1) 资产流动性。资产流动性指资产变现的方便与快捷程度。资产可分为两大类:"流动资产"和"非流动资产(长期资产)"。"流动资产"是指可以在一年或超过一年为一个施工经营周期内变现或耗用的资产。"流动资产"以外的资产即"非流动资产",它主要包括长期投资、固定资产、无形资产和其他资产,固定资产和无形资产是流动性最差的资产。固定资产主要包括厂房及设备等,这些资产不随日常业务活动转化为现金。无形资产实际上是无形的固定资产，这类资产没有实物形态，但可能具有很大的价值，如商标、专利等。资产的流动性越大，对短期债务的清偿能力就越强。因此，企业避免财务困境的可能性与其资产的流动性相关。但是，流动资产的收益率通常低于固定资产的收益率，因此，从某种程度上来说，企业投资于流动性强的资产是以牺牲更有利的投资机会为代价的。

(2) 负债与权益。"负债"是指过去的交易、事项形成的现时义务，履行该义务预期会导致经济利益流出企业，多涉及在一定的期限内偿付本金和利息的合同义务。因此，负债通常伴随着固定的现金支出负担，即债务的清偿。"所有者权益"则是对企业剩余资产的要求权，其金额为资产减去负债后的余额。企业剩余资产的要求权不是固定的。"所有者权益"包括实收资本（或股本）、资本公积、盈余公积和未分配利润。负债与权益反映了企业筹集资金的类型和比例，它取决于管理者对资本结构的选择，即在负债与权益之间的选择以及在流动负债与长期负债之间的选择。

(二) 利润表

利润表反映了一个会计主体在一个施工经营期间内的收入和费用、利得和损失，并计量出该会计主体在该施工经营期间的净收益，集中体现了该会计主体在该施工经营期间内的经营成果。

在财务分析中，常将一个利润表项目和一个资产负债表项目进行比较，以反映建筑企业资产的盈利能力或偿债能力。但是，一般来说，对利润表的分析应只涉及正常的营业状况，非正常的营业状况虽然也会给企业带来收益或损失，但并不能说明企业的盈利能力或偿债能力。

(三) 现金流量表

现金流量表详细地说明了建筑企业在一个施工经营期间内的现金流入与流出情况。现金流量表主要由三个部分组成：经营活动产生的现金流量、投资活动产生的现金流量以及筹资活动产生的现金流量。其中，经营活动产生的现金流量是财务管理人员最为关注的部分。因为经营活动产生的现金流量是企业日常生产经营所产生的现金的流入和流出，最能反映企业在正常的生产经营情况下创造现金的能力。将其与债务金额相比，能够反映企业的流动性以及偿债能力大小；将其与资产总额或普通股金额相比，可以反映企业投入的资产获取现金的能力；将其与企业固定支出相比，可以反映企业适应经济环境变化和利用投资机会的能力；将其与企业经营所得相比，可以反映企业的收益质量。而投资活动产生的现金流量和筹资活动产生的现金流量在财务分析中处于次要的地位，因为它们所涉及的业务一般属于非正常的、非经常发生的业务。

二、财务报表分析的种类

财务报表分析的方法主要有三种：比较分析法、因素分析法和趋势分析法。

(一) 比较分析法

比较分析法是指对两个或几个有关的可比数据进行对比，揭示差异和矛盾。

1. 按比较对象分类

按比较对象分类，比较分析法可分为：

(1) 趋势分析：与本企业历史比，即不同时期的指标相比；

(2) 横向比较：与同类企业比，即与行业平均数或竞争对手比较；
(3) 差异分析：与计划预算比，即实际执行结果与计划指标比较。

2. 按比较内容分类

按比较内容分类，比较分析法可分为：

(1) 比较会计要素的总量：总量是指报表项目的总金额。主要用于时间序列分析，有时也用于同业对比，看企业的相对规模和竞争地位。

(2) 比较结构百分比：将三张报表换成结构百分比报表，用于发现有显著问题的项目，揭示进一步分析的方向。

(3) 比较财务比率：财务比率是各会计要素的相互关系，反映其内在联系。比较财务比率是最为重要的财务分析手段。

(二) 因素分析法

因素分析是依据分析指标和影响因素的关系，从数量上确定各因素对指标的影响程度。企业的活动是一个有机整体，每个指标的高低，都受若干因素的影响。从数量上测定各因素的影响程度，可以帮助人们抓住主要矛盾，或更有说服力地评价经营状况。

因素分析的方法具体又分为：

(1) 差额分析法：例如固定资产净增加的原因分析，分解为原值增加和折旧增加两部分。

(2) 指标分解法：例如资产利润率，可分解为资产周转率和销售利润率的乘积。

(3) 连环替代法：依次用分析值替代标准值，测定各因素对财务指标的影响，例如影响成本降低的因素分析。

(4) 定基替代法：分别用分析值替代标准值，测定备因素对财务指标的影响，例如标准成本的差异分析。

(三) 趋势分析法

趋势分析法是将两期或连续数期财务报告中的相同指标或比率进行对比，求出它们增减变动的方向、数额和幅度的一种方法。采用这种方法可以揭示企业财务状况和生产经营情况的变化，分析其变化的主要原因、变动的性质，并预测企业未来的发展前景。

1. 趋势分析法的具体运用

(1) 重要财务指标的比较。重要财务指标的比较，是将不同时期财务报告中的相同指标或比率进行比较，直接观察其绝对额或比率的增减变动情况及变动幅度，考察有关业务的发展趋势，预测其发展前景。对不同时期财务报表的比较，可以计算成动态比率指标，如利润增长的百分比。

(2) 会计报表金额的比较。这是将连续数期的会计报表的金额数字并列起来，比较其相同指标的增减变动金额和增减变动幅度，来说明企业财务状况和经营成果发展变化的一种方法。会计报表的比较，可以有资产负债表比较、利润表比较、现金流量表比较等。比较时，既要计算出表中有关项目增减变动的绝对额，又要计算出其增减变动的百分比。

(3) 会计报表构成的比较。会计报表百分比比较是在会计报表比较的基础上发展而来的。它是以会计报表中的某个总体指标作为100%，再计算出其各组成指标占该总体指标的百分比，比较各个项目百分比的增减变动，以此来判断各有关财务活动的变化趋势。这种方法能消除不同时期(不同企业)之间业务规模差异的影响，有利于分析企业的耗费水平和盈利水平。

2. 采用趋势分析法应注意的几个问题

（1）同其他分析方法一样，用以进行对比的各个时期的指标，在计算口径上必须一致。由于经济政策、财务制度发生重大变化而影响指标内容时，应将指标调整为同一口径。

（2）天灾人祸等偶然因素对财务活动产生特殊影响时，分析时对这些影响应加以消除，必要时对价格变动因素也要加以调整。

（3）分析中如发现某项财务指标在一定时期内有显著变动，应作为分析重点研究其产生的原因，以便采取对策，趋利避害。

三、财务比率分析

（一）主要的财务比率

财务比率可以分为以下五类：变现能力比率、资产管理比率、负债比率、盈利能力比率以及现金流量分析比率

1. 变现能力比率

用于反映企业的短期偿债能力。企业的短期偿债能力对于财务报表使用者来说非常重要，如果企业不能保持一定的短期偿债能力，自然就不可能保持一定的长期偿债能力，不能满足股东的要求。企业的盈利并不决定它的短期偿债能力，一个盈利的企业如果不能偿还短期的债务，也会发生破产。由于偿还流动负债的现金一般来说是从流动资产中产生的，因此，在分析企业的短期偿债能力时，应关注流动资产和流动负债之间的关系。

2. 资产管理比率

也称为营运能力比率。企业在资产上的投资水平取决于诸多因素，资产管理比率就是用来衡量企业对资产的管理是否有效，即企业运用资产赚取收入的能力高低。并且，各项资产的周转指标常与反映企业盈利能力的指标结合在一起进行分析，可全面评价企业的盈利能力。

3. 负债比率

反映企业偿付长期债务的能力。考察企业长期偿债能力的方法有两种：一是从资产负债表所反映的情况来考察，即考察债务和资产、净资产的关系；二是从利润表所反映的情况来考察，主要指标为利息保障倍数、固定费用偿付能力。

4. 盈利能力比率

盈利能力是指企业赚取利润的能力。盈利能力的分析对股东来讲是至关重要的，因为股东以股利形式获取的收入来自于利润；企业的盈利能力对债权人而言也是很重要的，因为利润是偿债资金的来源之一；管理者则用利润作为业绩的一个重要的衡量标准。

5. 现金流量分析

现金流量分析是在现金流量表出现以后发展起来的。但是，现金流量分析不仅需要现金流量表的数据，还要结合资产负债表和利润表。现金流量分析的指标分为流动性分析、获取现金能力分析、财务弹性分析、收益质量分析四类。

（1）流动性分析。是指将资产迅速转变为现金的能力。因为存货不能很快变为可偿债的现金，待摊费用不能转变为现金，所以，根据资产负债表确定的流动比率有很大的局限

性。真正能用于偿还债务的是现金流量，现金流量和债务的比较可以更好的反映企业偿还债务的能力。

(2) 获取现金能力分析。获取现金能力是指经营现金净流量和投入资源的比值。

(3) 财务弹性分析。财务弹性是指企业适应经济环境变化和利用投资机会的能力。

(4) 收益质量分析。主要是分析会计收益和现金净流量的比例关系，由营运指数来反映。

(二) 杜邦财务分析体系

杜邦财务分析体系是一种综合分析和评价企业财务状况的方法，这种方法首先是由美国杜邦公司创造出来的，故称之为杜邦体系，如图14-7所示。

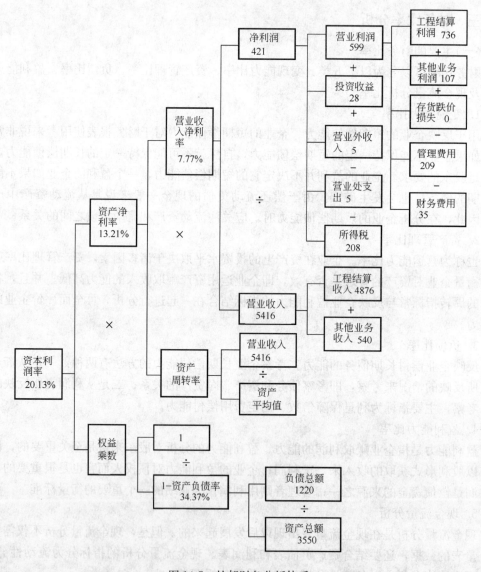

图 14-7 杜邦财务分析体系

1. 权益乘数的含义和计算

权益乘数表示企业的负债程度。权益乘数越大,企业负债程度越高,能给企业带来较大的杠杆利益。权益乘数是资产权益率的倒数,即资产除以权益。

2. 权益净利率

决定权益净利率高低的因素有三个方面:(1)销售净利率;(2)资产周转率;(3)权益乘数。

3. 利用杜邦财务分析体系分析企业财务状况

杜邦分析体系的作用:通过指标的层层分解,解释指标变动的原因和变动趋势,为采取措施指明方向。

杜邦分析方法是一种分解财务比率的方法,而非建立新的指标。杜邦分析体系最重要的是指标分解,而指标分解的关键是对各指标的公式非常了解。

在利用杜邦分析方法时,根据需要,除了通过资产净利率的分解来说明问题外,也可以通过分解利润总额和全部资产的比率来分析问题。甚至,为了显示正常的盈利能力,还可以使用非经常项目前的净利和总资产的比率的分解来说明问题,或者使用营业利润和营业资产的比率的分解来说明问题。

(三)上市公司财务报告分析

一个企业如果其股票上市交易,在证券市场上吸收广大投资者的资金投入,必然引起众多投资者对其财务状况、经营成果和现金流量情况的关注。因此,上市公司要承担公开披露信息的义务。按照规定,上市公司信息披露的主要公告有四类:招股说明书、上市公告、定期报告和临时公告。上市公司公开披露的信息很多,投资者要想通过众多的信息正确把握企业的财务现状和未来,就必然要借助于财务分析。

对于上市公司来说,除了关注上文所述的四类基本指标以外,还应关注以下财务指标:

1. 每股收益(每股盈余)

(1) 该指标是衡量上市公司盈利能力最重要的指标。

(2) 该指标的"股"指普通股,不包括优先股。

(3) 合并报表问题:编制合并报表的公司,应以合并报表数据计算该指标。

(4) 优先股问题:如果公司发行了不可转换优先股,则应从分子中扣除发放的优先股股利。

(5) 年度中普通股增减问题:在当年内普通股股数未发生变化的情况下,分母为"年末普通股股数";若发生了变化,则应将分母改为"平均发行在外的普通股股数":

平均发行在外的普通股股数=Σ(发行在外普通股股数×发行在外月份数)÷12

(6) 复杂股权结构问题:有的公司除普通股和不可转换的优先股以外,还有可转换优先股、可转换债券、购股权证等。投资人将持有的这些证券转换为普通股,会使公司的普通股增加,普通股增加会使每股收益变小,称为"稀释"。

(7) 使用每股收益分析盈利性时要注意:每股收益不反映股票所含有的风险;由于不同股票的每一股在经济上不等量,限制了每股收益的公司间比较;每股收益多,不一定意味着多分红,还要看公司股利分配政策。

(8) 每股收益的延伸指标包括市盈率、每股股利、股票获利率、股利支付率、股利保障倍数和留存盈利比率。这些指标作为每股收益的延伸指标,其中的"股"均指普通股。

2. 市盈率

该指标是人们普遍关注的指标，反映投资人对每元净利润所愿支付的价格，用于估计股票的投资报酬与风险，高市盈率说明公司能获得社会信赖，具有良好前景。不宜进行公司间比较，新兴行业和成熟行业的市盈率不具可比性。其正常比率为20～10。

3. 每股股利

值得注意的是，该指标的分母是"年末普通股股份总数"，而非"平均发行在外的普通股股利，因为股利的发放依据的是除权日登记在册的普通股股数。

4. 股票获利率（市价股利比率）

使用该比率的限制因素：公司采用非常稳健的股利政策，这种情况下，该指标仅是股票投资价值非常保守的估计，主要应用于非上市公司（难以出售的少数股权无力影响股利分配政策）。

5. 股利支付率

该比率是指净收益中股利所占的比重，反映公司的股利分配政策和支付股利的能力。

6. 股利保障倍数

该比率是一种安全性指标，反映净利润减少到什么程度公司仍能按目前水平支付股利，它是股利支付率的倒数。

7. 留存盈利比率

留存盈利比率的高低，反映企业的理财方针。若企业认为有必要从内部积累资金，则留存盈利比率会较高。

8. 每股净资产（每股权益）

该指标反映发行在外的每股普通股所代表的净资产成本，即账面权益。该指标中的"股"也指普通股，分子指扣除优先股权益后的余额，与年末净资产口径一致，分母是年末普通股股数。因分子用历史成本计算，只在理论上提供股票的最低价值。

9. 市净率（倍数）

该比率可用于投资分析，一般达到了预期，可树立较好的公司形象。

四、财务报表分析中的问题

利用财务报表进行分析，是进行财务分析、业绩评价的一个重要手段。但是，完全依靠财务报表分析也是不行的，因为财务报表分析存在着以下几个问题：

（一）财务报表本身的局限性

财务报表是会计的产物，会计有特定的假设前提，并要执行统一的规范。我们只能在规定意义上使用报表数据，而不能认为报表揭示了企业的全部实际情况。

财务报表的局限性表现在：

（1）以历史成本报告资产，不代表其现行成本或变现价值。

（2）假设币值不变，不按通货膨胀率或物价水平调整。

（3）稳健原则要求预计损失而不预计收益，有可能夸大费用，少计收益和资产。

（4）按年度分期报告，是短期的陈报，不能提供反映长期潜力的信息。

（5）企业会计政策的不同选择影响可比性，对同一会计事项的账务处理，会计准则允许使用几种不同的规则和程序，企业可以自行选择。虽然财务报表附注对会计政策的选择有一定的表述,但报表使用人未必能完成可比性的调整工作。

(6) 财务报表仅反映可以以货币计量的数据,而不能反映对企业的生产经营同样相当重要的不能或不能精确地以货币计量的数据,如企业的信誉、担保责任等。

(二) 报表的真实性问题

财务分析通常假定报表是真实的。应当说,只有根据真实的财务报表,才有可能得出正确的分析结论。报表的真实性问题,要靠审计来解决。但是财务分析人员通常要注意以下与此有关的问题:

(1) 要注意财务报告是否规范。不规范的报告,其真实性也应受到怀疑。

(2) 要注意财务报告是否有遗漏。遗漏是违背充分披露原则的,遗漏可能是故意的,不想讲真话,也不要说假话,便有了故意遗漏。

(3) 要注意分析数据的反常现象。如无合理的反常原因,则要考虑数据的真实性和一贯性是否有问题。

(4) 要注意审计报告的意见及审计师的信誉。

(三) 比较基础问题

(1) 在比较分析时,必须要选择比较的基础,作为评价本企业当期实际数据的参照标准,包括本企业历史数据、同业数据和计划预算数据。

(2) 横向比较时使用同业标准。同业的平均数只起一般性的指导作用,不一定有代表性,不是合理性的标志。通常,不如选一组有代表性的企业求其平均数,作为同业标准,或以竞争对手的数据作为分析基础,可能比整个行业的平均数更好。有的企业实行多种经营,没有明确的行业归属,同业对比就更困难。

(3) 趋势分析以本企业历史数据作比较基础。历史数据代表过去,并不代表合理性。经营的环境是变化的,今年比去年利润提高了,不一定说明已经达到应该达到的水平,同行业其他企业利润可能提升得更高。

(4) 实际与计划的差异分析,以计划预算作比较基础。实际和预算的差异,有时是预算不合理造成的,而不是执行中有了什么问题。

总之,对比较基础本身要准确理解,并且要在限定意义上使用分析结论,避免简单化和绝对化。

复习思考题

1. 如何判断企业的偿债能力?
2. 为什么财务比率的趋势分析十分重要?
3. 国家利率政策对财务决策有什么影响?
4. 国家税收政策对财务管理有什么的影响?
5. 股东财务最大化目标模式与企业利润目标最大化的关系是什么?
6. 降低资本成本的途径有哪些?
7. 各影响资本的因素是如何影响资本成本的?
8. 什么是信用政策,如何制定对企业有利的信用政策?

参考文献

[1] 谌勇. 现代财务管理. 北京:清华大学出版社,北京交通大学出版社,2005

［2］ 傅元略．财务管理．厦门：厦门大学出版社，2003
［3］ 俞文青．施工企业财务管理．上海：立信会计出版社，2003
［4］ 现代交通远程教育教材编委会．施工企业经营管理．北京：清华大学出版社，北京交通大学出版社，2004

第十五章 建筑企业人力资源管理

第一节 人力资源规划

一、人力资源规划的含义和内容

（一）人力资源规划的含义

人力资源是指能够推动整个社会和经济发展的、且有智力劳动和体力劳动能力的劳动者。人力资源包括人的智力、体力、知识和技能。

人力资源管理是围绕着充分开发人力资源效能的目标，对人力资源的取得、开发、保持和利用等方面所进行的管理活动的总称。

人力资源规划是指一个组织科学地预测、分析组织在内外环境变化中的人力资源需求与供给状况，制定必要的政策和措施，以确保组织在需要的时候和需要的岗位上得到各种所需要的人力资源的过程。

（二）人力资源规划的内容

人力资源规划包括两个层次，即总体规划和各项业务计划。人力资源总体规划是指有关规划期内人力资源管理和开发的总目标、总政策、实施步骤以及总预算的安排等。

人力资源计划一般包括以下几个方面的计划：

（1）人员补充计划。制定人员补充计划的目的，是为了合理地填补企业由于各种原因而出现的空缺职位或新职位。该计划包括补充人员的类型、数量及其对人力资源结构和绩效的影响，制订所需的人员的标准、来源及起点待遇等政策。

（2）人员使用计划。制定人员使用计划的目的，是为了制订各部门的编制，优化人力资源的结构以及改善工作绩效等。该计划包括制订任职条件、职务轮换的范围以及时间等方面的政策。

（3）晋升计划。制定晋升计划的目的，是保持后备人才的数量，有计划地提升有能力的人员提高绩效和改善人力资源结构。该计划要制订选拔的标准、资格、使用期、提升比例以及对未被提升的资深人员的安置等政策。

（4）教育培训计划。制定培训计划的目的，是不断改善现有员工的素质和绩效，转变工作态度和作风，为企业中、长期所需弥补的职位空缺事先准备人员。该计划包括培训的内容、时间、达到的效果要求以及培训期的待遇、考核及培训后的使用等政策。

（5）评价及激励计划。制定该计划的目的，是通过各种奖励措施表彰在企业中有较大贡献的员工，激励士气，降低人才流失，改进工作绩效。该计划制订出激励的重点、条件及工资和奖励等政策。

（6）薪酬计划。薪酬计划对于确保企业的人工成本与企业的经营状况保持在一个适当的水平有着重要的作用。该计划包括薪酬结构、工资总额、福利项目等方面的有关政策。

（7）退休解聘计划。制定退休解聘计划的目的，是按有关规定使员工按期退休，解聘不合适的员工，以降低劳务成本和提高劳动生产率。该计划需要制订这方面的有关政策，制定解聘程序等。

（8）劳动关系计划。制定该计划的目的，是减少非期望期的离职率，改善干群关系（或称劳资关系），减少投诉率和员工的不满程度。该计划要制订出员工参与管理以及加强各个方面的沟通政策等。

二、人力资源组织

（一）组织模式

组织，是指为了达到特定的目标而通过分工协作与不同的权力责任所构成的人的集合，又是一种复杂的、追寻自己目标的社会单元。

组织结构，则是组织在解决分工关系、部门化、权限关系、沟通与协商、程序化五个问题时所形成的组织内部分工协作的基本框架。组织结构有以下几种基本类型：

（1）直线制组织。是最简单的自上而下的集权式组织结构类型，其最主要的特征是不设专门职能结构，管理系统形同直线。该种组织的优点是结构简单、权责明确、协调容易、管理效率高；缺点是缺乏专业化管理分工，对领导人员管理才能要求很高，仅适用于较小规模的组织。

（2）直线"——"职能制组织。是直线制组织的扩展和强化。该种组织实行组织的领导者统一指挥与职能部门参谋、指导相结合的组织结构类型。直线"——"职能制组织的特征，是各级行政负责人都对业务和职能部门二者进行垂直式的领导；职能管理部门在直线制基础上使某种管理工作专业化，它可以协助领导管理和决策，但没有直接指挥权而只能对业务部门进行指导。

（3）事业部制组织。该种组织形式的原则是"集中决策、分散经营"，此原则有很多优点：其一，权力下放，使领导人员有更多的空间制定企业长远计划；其二，各部门负责人自行处理日常事物，有自主权和主人公意识，能够提高管理的积极性和工作效率；其三，各部门高度专业化工作；其四，各个事业部门权责明确，物质利益和经营状况紧密挂钩。该种组织的缺点在于人员膨胀，各部门融合度协作性不高，整体利益易受损害。

（4）矩阵制组织。这种结构是由职能部门系列和项目小组系列纵横两个管理系列交叉构成，形成双道命令系统。它的优点主要有："纵横"得到联系，加强了职能部门间的协作和配合；把各部门的专业人员集中组建；方便一些临时性的特别是跨部门工作的执行；使组织的综合管理和专业管理结合。缺点主要是由于结构的复杂性使一些小组成员工作精力被分散。

（5）集团公司制组织。公司制度是现代企业的一般组织形式。在现代市场经济国家，由于经济竞争、兼并、控股和重组，形成许多大的托拉斯联合公司、跨国公司，即形成集团公司体制。在集团公司内部，存在着一个以至多个大的母公司，它（们）又控制着一定数量的子公司。子公司的功能是组织生产经营活动，成为利润中心。

（二）现代组织的发展

现代组织的变化主要有以下几个方面：

（1）扁平化。扁平化是当代组织变化的一种新趋势，指组织的阶层减少和管理跨度加大。组织结构走向扁平化，不仅减少了组织内部的沟通环节，提高了管理效率，而且也是符合人性特征的，因此，扁平化组织才应运而生和逐步扩展。

（2）柔性化。柔性化是指工作组织及其工作内容的强制制度减少的趋势。这是当代组织变化的一种新趋势。柔性化组织所强调的柔性，包括组织结构的柔性、管理的柔性和工作时间的柔性等。

（3）可塑性。可塑性更加侧重组织的目标与组织发展，组织结构本身随着组织目标与组织发展而会被塑造。组织的可塑性包括三种要素：一是广泛的内部跨单位网络；二是用市场机制来协调大量以营利为中心的内部单位；三是通过与外部协作伙伴的合作，创造新的优势。

（4）灵活性。灵活性主要反映以下五大特征：极大的灵活性、个人的承诺、充分运用团队、扎实的基本功和尝试多样性。它能不断地适应环境而随时变化自身。

（5）虚拟化。虚拟组织有"人员、目标、联结"三要素。在虚拟组织的形式下，组织的员工由"组织内部"变为"跨组织"；工作方式由"当面沟通"变为"网络沟通"；管理方式由"奖罚控制"变为"目标导向"。

三、人力资源规划的流程

（一）搜集有关资料进行调查分析

组织内、外部有关信息资料是制定人力资源规划的依据。调查分析阶段的主要任务就是广泛搜集组织内部和外部的各种有关信息资料，并进行分析整理，为后续阶段确定实务方法和工具做准备。

（二）预测人力资源的供需状况

人力资源预测主要从需求和供给两个方面进行。供给预测包括两个方面：一是内部人员拥有量预测；二是外部供给量预测，即确定在规划期内各时点上可以从外部获取的各类人员数量。

（三）确定人力资源的供需差异得出"净需求"

在组织内对员工未来的需求与供给预测数据的基础上，将本组织人力资源需求的预测数与在同期内组织本身可供给的人力资源预测数进行对比分析，就可以计算出各类人员的"净需求"。

（四）制定人力资源规划

根据组织战略目标、人力资源战略目标，以及前面得到的结果和本组织员工的净需求量等资料，即可以制定出人力资源规划。不同的供需预测结果，需要制定不同的人力资源总体规划以及相应的业务计划。

（五）人力资源规划的实施

人力资源规划的实施，要注意协调好各部门、各个环节的关系，并将其转化成有具体计划目标日期、时间进度安排和资源投入的可操作项目，然后分解执行。在执行过程中，要对人力资源规划进行动态的调整和监控，才能达到预期的目标，起到其应有的效用。

（六）人力资源实施结果的评估与审核

在实施人力资源规划的同时，要进行定期与不定期的评估与审核。通过人力资源的评估和审核工作，可以对规划的执行者造成一定的压力，以避免规划的实施流于形式。

四、人力资源规划的落实

人力资源规划的目的，是要通过搞好人力资源的开发和利用来满足组织的需求。根据供求关系来估算组织的人力资源基本态势，从而决定人力资源的调节数量。从总体上看，组织的人力资源调节可以分为人力资源短缺的解决法和人力资源过剩的处理法两类；在人力资源过剩的情况下，还可以采取不辞退、不解雇的积极方法。

（一）人力资源短缺的解决

在人力资源数量短缺的情况下，组织可以从三个方面提高生产能力。其一是增加工作设备或改进工作设备，对人力资源实现替代；其二是通过各种方式提高现有人力资源的工作能力；其三是增加人力资源投入。其主要方法如下：

(1) 挖掘现有岗位的有关潜力，增加工作负荷与设备产出率，提高绩效水平。这可以起到"不投入即产出"的功效。

(2) 结合部门机构调整，对员工结构也进行调整，将人员配置到空缺岗位上。

(3) 培训员工，以提高其工作能力，尤其是对新设置岗位或技术更新后岗位的从业者给予大力度的培训。

(4) 招收员工。为了使组织具有用工弹性，可以实行灵活的用工形式。

(5) 工作外包，交给其他单位完成。

(6) 加班加点，延长工作时间。这只能是权宜之计。

（二）人力资源过剩的处理

在组织人力资源总量过剩及员工结构失调的情况下，就需要采用减少人员的政策。其主要方法有：

(1) 裁员。即削减现行员工的数量规模。裁员的目的，是企业要减少成本、维持效益，但从实践的角度看，裁员往往很难达到企业所预期的减少成本、维持效益的目标。其原因在于，裁员不能从根本上解决企业面临的问题。如果企业没有制定出适当的发展战略，而只是一味强调降低成本，这种裁员是不可能改变企业的现行经营状况的。

(2) 变相裁员。变相裁员可以在一定程度上缓解裁员的矛盾。变相裁员的主要方法有：第一，鼓励员工辞职或停薪留职。为此，可以买断工龄或给予其他的补偿。第二，对富余人员实行下岗的政策，交给再就业服务中心和人才交流中心等机构安排。

(3) 降低员工待遇。降低现有员工的工资待遇，减少福利，可以解企业的一时之急，但只是临时性的措施。

（三）现有人力资源的维系

当供求对比表明将出现劳动力过剩时，限制雇用、减少工作时间、提前退休和解聘是改变这种状况必要的做法，而最终的办法可能是裁员。但解决这种问题更长远的方法是谋求组织的大发展。

(1) 限制雇用。当一个用人单位实行了限制雇用的政策时，将通过不再补充已离开员工的做法减少劳动力，只有在组织的整体工作可能受到影响时才会录用新员工。

(2) 减少工作时间。市场需求下降带来的反应也可能是减少工作时间。管理层可能决定将原来每位员工每周40小时的工作时间削减为每周30小时，实行部分工作时间制和临时轮休制。

（3）提前退休。让现有的部分员工提前退休是减少工人数量的另一种途径。有些员工很愿意提前退休，但有些员工则不然。如果退休条件有足够的吸引力，则后者可能愿意接受提前退休。

（4）暂时解雇。有时，一个组织除了暂时解雇部分员工外别无选择。暂时解雇，意味着未来组织产生人力资源需求的时候，还会回雇这些员工。

第二节　人力资源结构与优化

一、人力资源结构

1. 人力资源年龄结构

建筑企业的生产活动是比较繁重的劳动，相应对于员工的年龄要求也比较高。需要在生产一线雇用青壮年的工人工作，年长者可能不适应很多的工作岗位。原则上来说，作为建筑生产的一线工人，其年龄需要保证在一定的年龄界限，年龄较高的人员应该限制在一定的比例以内。

2. 人力资源的性别结构

一般来说，男性人力资源比女性人力资源的劳动能力强、适应性强、参加社会劳动的年限长。因此，施工现场的员工在性别比例上是男多女少，这是建筑生产劳动的性质所决定的。而在其他的工作岗位，女员工的比例可以不受太多的限制。

3. 人力资源的教育结构

人力资源的教育结构主要体现在受教育的水平上。主要是以文化程度划分的"文盲、小学程度、初中程度、高中程度、中专程度、大学以及大学以上程度"各个教育等级的人数比例。

二、人力资源的优化配置

企业人力资源优化配置的含义有两个方面：一是结构的优化，即配置的各种资源必须根据施工生产有一个合理的结构，不能彼多此少，或彼少此多。如果结构不合理，生产的能力就只能按配置最少的资源来发挥，不可避免地发生资源浪费；二是总量投入的优化，即在结构合理的情况下，总量按需投入。因此，优化应从结构和总量两个方面进行。建筑企业人力资源优化主要有以下方面。

（一）项目经理部人员的优化配置

项目经理部人员在项目施工现场的人力资源中处于核心地位，可以分为项目经理和其他管理人员。

（1）项目经理是完成项目施工任务的最高责任者、组织者和管理者，是项目施工过程中责、权、利的主体，在整个工程项目施工活动中占有举足轻重的地位。因此，项目经理必须由公司总经理来聘任，以便其成为公司法人代表在工程项目上的全权委托代理人。在整个工程项目的施工过程中，除特殊情况外，项目经理是固定不变的。由于实行项目经理负责制，项目经理必须自始至终负责项目施工的全过程活动，直至工程项目竣工，项目经理部解散。

(2) 项目经理部其他管理人员配置的种类和总量规模，根据工程项目的规模、建筑特点、技术难度等因素来决定。从其所行使的职能来看，项目经理部应当配置能满足项目施工正常进行的预算、成本、合同、技术、施工、质量、安全、机械、物资、后勤等方面的管理人员。

由于在项目施工过程中施工工序和部位是在不断变化的，对项目施工管理和技术人员的需求也是不同的。项目经理部的其他人员可以实行动态配置。当某一项目某一阶段的施工任务结束以后，相应的人员可以动态地流动到其他项目上去，从而在全公司范围内进行动态优化配置。

(二) 劳务人员的优化配置

劳动力的配置应根据承包项目的施工进度计划和工种需要数量进行。项目经理部根据计划与劳务合同，根据工程的需要，或保持原建制不变，或重新进行组合。组合的形式有3种，即专业班组、混合班组或大包队。

(三) 科技、管理人才的优化配置

建筑生产的科技发展日新月异，掌握建筑科技领域前沿为本企业长远发展服务是十分重要的问题。科学技术是生产力，科技人才也是生产力，而且是更加重要的生产力。企业人力资源管理要为企业谋求科技人才，谋求科技资源，谋求科技力量，谋求管理人才。

在企业内部，要吸纳科技、管理人才，也注意培养科技、管理人才。还要面向全社会，把社会存在的各方面资源（包括国际上的科技、管理人才资源）利用起来。企业经理人要树立正确的人才观，在更广泛的领域加强与科研单位、科技人员的联系，做建筑科技发展的先行者，做先进管理理论的实践者，力争最先获得科技、管理带给建筑企业的丰厚回报。

第三节　工作分析与岗位设计

一、相关概念

(一) 工作分析

工作分析又叫职务分析，是全面了解一项具体工作或具体职务的管理活动。工作说明书主要指明了工作的内容是什么，工作规范则明确了使用什么样的人来从事这一工作。工作分析是人力资源管理工作所必不可少的环节，是人力资源管理的基础工作。

1. 工作

工作是一个经常运用的词汇，其含义极为复杂。但是工作是组织的基本单位这一观点已达成共识，从这一点出发，可以将各项工作区别开来。

(1) 工作的特征。"工作"有四个基本特征：第一，工作由物质、理念和人力资源构成；第二，在工作中存在着员工和组织双方互利的关系；第三，工作是组织的基石，它是构成工作团队、科室甚至更大部门的基础；第四，工作是连接人与组织的纽带，没有正式或非正式的工作任务也就没有组织。

(2) 不同工作的差别。不同的工作可以通过以下六个因素进行区分：任务，物质资源，人员特征，方法，行为和地位。

2. 任务

任务是指为达到某一特定目的而进行的活动，如将若干物料运送到某一工作地点等。在一定时间内需要由一名员工承担一系列相同或相近的任务时，一个工作岗位也就产生了。

3. 职务

职务是指对员工所应承担事务的规定，它与职位的不同点在于强调所承担的任务内容，而不是指任务的地点。

4. 责任

责任是指分内应做的事，即员工在职务规定的范围内应尽责尽职、保质保量地完成任务。

5. 职责

职责是职务与责任的统一，专指须由一名员工担负的各项任务组成的工作活动。

6. 工作簇

工作簇是指两个或两个以上工作的集合。一个工作簇是由性质相同的若干项工作组成。例如，柜台营业员、推销员以及商场收款员均属于销售工作簇；开机器则在其外，应当属于生产工作簇。显见，销售工作和生产工作分别是两个工作簇。

7. 职业

职业是指个人在社会中所从事的作为主要生活来源的工作。

(二) 工作岗位

1. 岗位

岗位也称职位。在特定的组织中，在一定的时间内，由一名员工承担若干项任务，并具有一定的职务、责任和权限时就构成一个岗位。职位，其含义与"岗位"基本相同，专指一定组织中承担一定职责的员工工作的位置。它与职务的不同点在于强调承担某类任务的人员数量以及具体劳动的地点。

2. 岗位分类

岗位分类也称岗位分级、岗位归级。它是在工作分析、评价的基础上，采用一定的科学方法，按岗位的工作性质、特征、繁简难易程度、工作责任大小和人员必须具备的资格条件，对企业全部（规定的范围内）岗位所进行的多层次的划分。岗位分类包括横向分类和纵向分类。

在横向分类中，是按工作性质将职位分成大、中、小三类。大类叫职门，亦称职类；中类叫职组，亦称职群；小类叫职系。大、中、小类岗位均包含若干种内容不同的岗位。在纵向分类中，是按工作的地位高低和责任轻重程度将职位分级划等。在同一职系内分级就产生职级，在各职系间统一划等就产生职等。在职位横向分类和纵向分类的基础上，制定工作说明书。

二、工作分析过程和内容

(一) 工作分析过程

工作分析是对工作的一个全面的评价过程，一般可以分为工作分析计划、工作分析设计、信息收集分析、工作分析结果表达和工作分析结果运用等五个阶段。

1. 计划阶段

工作分析的计划阶段主要解决以下六个问题：

(1) 明确工作分析的目的。需要确定所取得工作分析的结果到底是要用于人力资源管理的哪个方面，解决什么管理问题。

(2) 限定收集资料的类别以及收集的方法，以利于节约时间、精力和费用。

(3) 选择被分析的工作。为保证工作分析结果的有效性，在工作分析中应选择具有代表性和典型性的工作作为样本进行分析。

(4) 建立工作分析工作小组。在应有的权限内，合理分配工作分析各项工作的权限和职责，保证整个工作分析工作的协调一致。

(5) 制定工作分析的规范。主要包括工作分析的规范用语、工作分析工作的时间规划、工作分析工作的活动层次、工作分析活动的经费等。

(6) 做好必要的心理准备。在组织领导层次中达成一致意见以后，需要广泛地宣传工作分析工作的目的，以便促成职务信息提供者的合作，获得真实、可靠的工作分析信息。

2. 设计阶段

工作分析设计阶段主要是解决如何进行工作分析的问题，一般包括以下三个方面内容的工作。

(1) 选择工作分析的信息来源。选择工作分析的信息来源时，应注意到不同层次的信息提供者所提供的信息存在不同程度的差异，工作分析人员应站在客观公正的角度听取不同的信息，避免偏听偏信；同时，在工作分析中，应结合本组织的实际情况进行分析，杜绝照抄照搬。

(2) 选择工作分析者。工作分析人员应具备一定的与被分析工作相关的工作经验和一定的学历，同时应保持工作分析人员在进行工作分析时具有一定的独立性，避免受其他因素的干扰，降低工作分析结果的可信性和有效性。

(3) 选择收集有关信息的方法和系统。根据在上一阶段所确定的工作分析的目的，选择不同的信息收集的方法和分析信息适用的系统。

3. 信息收集分析阶段

对工作信息的收集分析主要包括工作名称分析、工作描述分析、工作环境分析、任职者条件分析四个方面内容。

工作分析者可以通过多种多样的来源收集与工作相关的信息。这些来源可大致分为三种类型：产业来源是指普通的工作描述、职业资料以及政府出版物中包含的信息；公司文件是指政策、参考手册、先前的工作描述与工会签订的合同以及其他书面文件；人员来源是指在职者、合作者、监督者、顾客及与工作相关的人力资源。

4. 结果表达阶段

在工作分析结果表达阶段，主要解决如何用书面文件的形式表达分析结果的问题。工作分析的结果表达形式可分为工作描述和工作规范两类。通过对从书面材料、现场观察与基层管理者及任职人员的谈话中获得的信息进行分析、归类，可以写出一份综合性的职务说明书。

5. 结果运用阶段

在工作分析结果运用阶段，主要解决如何促进工作分析结果的使用问题。其具体活动包括制定各种具体应用的文件，如提供甄选录用的条件、考核标准、需进行培训的内容等。培训工作分析结果的使用者，应努力提高整体管理活动的科学性和规范性。

（二）工作分析的内容

1. 工作名称分析

工作名称分析是要使工作名称达到标准化，以便通过这种名称就能使人了解到工作的性质和内容。一般要求工作的名称准确，同时达到美化的目标。

2. 工作描述的结构

通过对工作描述的内容结构分析，可以全面地认识工作的整体。通常要求进行以下四个项目的分析：

（1）工作任务分析。工作任务分析是明确规定工作的行为，如工作的核心任务、工作内容、工作的独立性和多样化程度、完成工作所需要的方法和步骤等。

（2）工作责任分析。工作责任分析的主要目的是通过对工作在组织中相对重要性的了解来为工作配置相应的权限，以保证工作的责任与权力相互对应。同时应尽量使用定量的方法来确定工作的责任与权力。

（3）工作关系分析。工作关系分析是了解、明确该项工作的协作关系。

（4）劳动强度分析。劳动强度分析是为了确定某项工作合理的标准活动量。

3. 工作环境分析

工作环境分析是对工作所处的各种条件、环境进行的分析。主要进行工作的物理环境分析、工作的安全环境分析和工作的社会环境分析。

4. 任职者条件分析

对工作人员的必备条件进行分析，主要目的是确认工作的执行人员在有效地履行职责时应该具备的最低资格条件。这包括以下五个方面的内容：必备知识分析、必备经验分析、必备操作能力分析、必备身体运动能力分析和必备心理素质分析。

三、工作分析方法

常见工作分析的方法有观察法、现场访谈法、问卷调查法、典型事件法、工作日志法和利用计算机职务分析系统。有时，在必要条件允许的情况下，企业也可以同时使用不同的方法。

（一）观察法

采用观察方法，是由工作分析人员或工程技术人员对一个正在工作的员工进行观察，并将该员工正在从事的任务和职责一一记录下来。观察法一般只适用于工作重复性较强的职务，或者与其他方法结合使用。

（二）现场访谈法

现场访谈方法，要求人力资源专家访问各个工作场所，并与承担各项职务的员工交谈。在进行现场访谈时，通常采用一种标准化的访谈表来记录有关信息。

（三）问卷调查法

问卷调查法是通过问卷调查的方式获取工作的主要分析特征。问卷调查方法的主要长处是可以在一个较短的时间内，以较低的费用获得大量与职务有关的信息，不过，后续的观察和访谈往往仍是必要的。

（四）典型事例法

典型事例法是对实际工作中具有代表性的工作人员的工作行为进行描述。把大量的典型事例收集起来，将其进行归纳分类，最后就会对整个工作有一个全面的了解。

（五）工作日志法

工作日志法是按照时间的顺序记录工作过程，然后经过归纳、整理、提炼，取出所需工作信息的一种职务信息提取方法。工作日志法可以使用的范围较为狭窄，只是适合工作循环周期较短、工作状态稳定无较大起伏的职位，而且信息整理工作量很大、费时费力。

四、工作说明书

工作说明书是工作分析的结果，在企业管理中的地位极为重要，不但可以帮助任职人员了解其工作，明确其责任范围，还可为管理者的某些重要决策提供参考。

工作说明书也称"职务说明书"。一个工作说明书包括以下几个主要部分：

（1）职务定位。这部分一般包括职务名称、隶属关系、所在部门、所在地点及职务分析日期。

（2）职务概述。这一部分简明扼要地归纳了该项职务的责任和工作内容。

（3）职务的基本工作职能和职责。这一部分主要列出基本工作职能和职责。

（4）职务要求细则。这部分列出了合格地从事这份职务所需具备的各种条件。一般包括的条件有知识、技能和能力；教育程度和工作经历；体质要求及工作条件方面的规定。

（5）解除条款与核准。许多工作说明的最后部分含有数位经理的核准签名和一项解除条款。这一解除条款使得企业可以改变某些工作职责，或要求员工从事那些未曾列出的工作职责。

五、岗位设计

工作分析与岗位设计之间有着直接的关系。工作分析的目的是明确所要完成的工作以及完成这些工作所需要的人的基本特点。岗位设计是明确工作的内容与方法，说明工作应该如何安排才能最大限度地提高组织效率，同时促进员工的个人成长。二者在人力资源管理活动中有着相辅相成的功效。

岗位设计是指将任务组合构成一套完整的工作方案，也就是确定工作的内容和流程安排。

在现代经济管理中，要对工作进行大量再设计，其突出的特点是充分考虑了人性的因素，体现了以人为本的管理思想。下面主要介绍常见的六种形式：

（1）工种轮换。工种轮换是让员工在能力要求相似的工作之间不断调换，以减少枯燥单调感。这种方法的优点不仅在于能减少厌烦情绪，而且使员工能学到更多的工作技能，进而也使管理当局在安排工作、应付变化、人事调动上更具弹性。工种轮换的缺点是使训练员工的成本增加，而且一个员工在转换工作的最初时期效率较低，使组织有所损失。

（2）工作扩大化。工作扩大化是指在横向水平上增加工作任务的数目或变化性，使工作多样化。然而工作扩大化只是增加了工作的种类，并没有改善工作的特性。

（3）工作丰富化。工作丰富化是指从纵向上赋予员工更复杂、更系列化的工作，使员工有更大的控制权,参与工作的规则制定、执行、评估,使员工有更大的自由度、自主权。

(4) 社会技术系统。社会技术系统的核心思想是:如果岗位设计要使员工更具生产力而又能满足他们的成就需要,就必须兼顾技术性与社会性。

(5) 工作生活质量。工作生活质量目的在于改善工作环境,从员工需要考虑,建立各种制度,使员工分享工作内容的决策权。

(6) 自主性工作团队。自主性工作团队对例行工作有很高的自主管理权,包括集体控制工作速度、任务分派、休息时间、工作效果的检查方式等,甚至可以有人事挑选权,团队中成员之间互相评价绩效。

第四节 员工招聘与劳动关系

一、员工招聘的程序和原则

所谓员工招聘,是指企业采取一些科学的方法寻找吸引具备资格的个人到本企业来应聘,从中选出企业需要的人员予以录用的管理过程。

(一) 员工招聘的程序

(1) 制定招聘计划。首先必须根据本组织目前的人力资源分布情况及未来某时期内组织目标的变化,分析从何时起本组织将会出现人力资源的缺口,是数量上的缺口,还是层次上需要提升。这些缺口分布在哪些部门,数量分布如何,层次分布是怎样的。根据对未来情况的预测和对目前情况的调查来制定一个完整的招聘计划。拟定招聘的时间、地点、欲招聘人员的类型、数量、条件、具体职位的具体要求、任务,以及应聘后的职务标准及薪资等。

(2) 组建招聘小组。对许多企业,招聘工作是周期性或临时性的工作,因此,应该有专人来负责此项工作,在招聘时成立一个专门的临时招聘小组,该小组一般应由招聘单位的人事主管以及用人部门的相关人员组成。专业技术人员的招聘还必须由有关专家参加,如果是招聘高级管理人才,一般还应有经济管理等相关方面的专家参加,以保证全面而科学地考察应聘人员的综合素质及专项素质。招聘工作开始前应对有关人员进行培训,使其掌握政策、标准,并明确职责分工,协同工作。

(3) 确立招聘渠道,发布招聘信息。根据欲招聘人员的类别、层次以及数量,确定相应的招聘渠道。一般可以通过有关媒介(如专业报刊、杂志、电台、电视、大众报刊)发布招聘信息,或去人才交流机构招聘,或者直接到大中专院校招聘应届毕业生。

(4) 甄别录用。一般的筛选录用过程是:根据招聘要求,审核应聘者的有关材料,根据从应聘材料中获得的初步信息安排各种测试,包括笔试、面试、心理测试等,最后经高级主管面试合格,办理录用手续。在一些高级人员的招聘过程中,往往还要对应聘者进行个性特征、心理健康水平,以及管理能力、计算机水平模拟测试等。

(5) 工作评估。人员招聘进来以后,应对整个招聘工作进行检查、评估,以便及时总结经验,纠正不足。评估结果要形成文字材料,供下次参考。此外,在新录用人员试用一段时间后,要调查其工作绩效,将实际工作表现与招聘时对其能力所做的测试结果做比较，确定相关程度，以判断招聘过程中所使用的测试方法的可信度和有效度，为测试方法的选择和评价提供科学的依据。

（二）员工招聘的原则

（1）公开招聘。将招聘单位、招聘种类、招聘条件、招聘数量、招聘方法、时间地点等通过登报或其他方式公布于众，这样一方面可以将录用工作置于公开监督之下，以防止不正之风；另一方面也可以吸引广大应聘者，形成竞争局面，有利于找到高素质的人才。

（2）公平公正。在招聘过程中，坚持公平竞争原则，对所有的应聘者应一视同仁，杜绝"拉关系、走后门"等腐败现象。也不得主观片面地根据个人的好恶进行选拔，要以严格的标准、科学的方法，通过全面考核，公正地选拔真正的优秀人才。

（3）全面考核。要对应聘者的德、智、能、体等各个方面进行综合考查和测试。劳动者的德决定劳动者的智能的使用方向，关系到劳动者能力的发挥。智，是指一个人的知识和智慧；能，是指一个人的技能和能力。对智、能的考核，不仅是对知识的测试，还包括智慧、技能、能力和人格等各方面的测试。体，是指身体素质。体质是劳动者智、能得以发挥的生理基础，对"体"的考核，是其他一切考核的前提。如果没有一个健康的身体，有再高的智、能也不能胜任工作。

（4）择优录用。根据应聘者的考核成绩，从中选择优秀者录用。择优录用的依据是对应聘者的全面考核的结论和录用标准。是否做到择优录用，是人员招聘成败的关键。

（5）双向选择。企业根据自己的各种职务的需要选择优秀者，同时劳动者也可以根据自己的条件自主地选择职业，在招聘过程中，招聘者不能以主观意志为转移，只考虑自身一个方面的需要去选择，更要考虑所需人员的要求，创造条件吸引他们，使他们愿意为本企业工作。

（6）效率优先。以尽可能少的招聘成本录用到合适的人员，选择最合适的招聘渠道和科学合理的考核方法，在保证所聘人员质量的基础上节约招聘费用，避免长期职位空缺而造成的损失。

二、员工招聘的渠道和方法

人员招聘可分为内部征召和外部招聘两个渠道。

（一）内部征召

内部征召是指吸引现在正在企业任职的员工，填补企业的空缺职位。它也是企业重要的征召来源，特别是对企业管理职位来说，它是最重要的来源。内部征召渠道有两个。

（1）内部提升。当企业中有些比较重要的职位需要招聘人员时，让企业内部符合条件的员工，从一个较低级的职位晋升到一个较高级的职位的过程就是内部提升。

（2）职位转换。指企业空缺的职位与现有员工职位调到同一层次的职位上去，即平调或者调到下一层次的空缺职位上去的过程。

（二）外部招聘

外部招聘的方法主要有以下几种：

（1）员工推荐。员工推荐是指组织内的员工从他们的朋友或熟悉的人中引荐求职者。

（2）顾客中挖掘。顾客本人可能就在寻求变动职业，或者他们认识的某些人可能成为优秀的员工。可以向顾客发送招聘传单或向顾客发送产品广告时附一张招聘传单等，也可以更有选择性地仅给那些你愿意招聘的顾客发送招聘传单,还可以利用任何联系顾客的方法来把你的要求提示给顾客,也可以亲自邀请他们推荐工作应聘者。

(3) 刊登广告。广告可能是最广泛地通知潜在求职者工作空缺的办法,借助不同的媒体做广告,会带来不同的效果,可以选择报纸、杂志、广播、电视和其他印刷品刊登广告。

(4) 人才招聘会。人才招聘会有两种:专场招聘会和非专场招聘会。企业如果决定以招聘会的方式招聘人员就要制定好招聘方案,因为一个大型的招聘会有几百家或更多的企业同时招聘,同样性质的职位,可能有许多企业都在招聘。

(5) 校园招聘。校园招聘的优点是企业可以找到足够数量的高素质的人才,而且新毕业学生的学习愿望和学习能力强,可塑性也很强。不足之处是没有工作经验,需要进行一定的培训,对自身能力估计不现实,容易对工作产生不满,毕业后的前几年有较高的更换单位的机率。

(6) 就业机构介绍。就业机构是帮助企业招聘员工和帮助个人找到工作的一种中介组织。包括各种职业介绍所,人才交流中心等。借助于这些机构,企业与求职者均可获得大量信息,同时也可传播各自的信息,是一条行之有效的招聘与就业途径。

(7) 猎头公司。猎头公司是专门为组织招聘高级管理人才或重要的专业人才的职业中介机构。这些公司进行两类业务:一是针对需要人的组织寻找合适的候选人;二是针对需要工作的专业人员,寻找需要的工作职位。

(8) 网络招聘等方式。网络招聘是利用计算机及网络技术支持全部的招聘过程。借助互联网和组织内部的人力资源信息系统,将申请过程、发布信息过程、招聘筛选过程、录用过程等有机融合,形成一个全新的网络招聘系统,使组织能够更好、更快、更低成本吸引应聘者,并能征召到组织所需要的人才。

三、职称评定与职务聘任

(一) 职称和职称评定

职称,指的是一种学术或专业技术称号或资格,它是由一定的权威机构对那些通过考试和(或)考核证明具有一定的专业技术知识水平,较强的业务能力的人所授予的称号或资格。

职称评定是指对专业技术人员已经达到的专业技术水平或技术能力进行考试和考核来评判和确认其所能胜任的专业技术职务的资格,并授予相应的称号。

(二) 职称评定的原则

职称评定有以下原则:

(1) 德才兼备。
(2) 依法办事。
(3) 专业技术性。
(4) 公开、平等、竞争。
(5) 定性与定量考核相结合。

(三) 职称评定与职务聘任的程序

1. 职称评定的程序

(1) 专业技术人员提出申请，提交考核材料，填写专业技术业务考核表。

(2) 评委会审核材料。按照专业技术职务条例规定的任职条件，审核申请人提交的业绩档案材料。

(3) 专业知识测验。对不具备规定学历的申请者，除评议其业务成绩外，还应当对本专业必需的基础理论、专业知识和外语程度进行测验。

(4) 论文或专题答辩。

(5) 评议审定。召开评审委员会全体会议评议审定专业技术人员的任职条件，必须有2/3的委员到会，采取无记名投票方式予以审定。

2. 职务聘任的程序

职务聘任的前提是职位需要。组织要科学设置职位，聘任适合的人员，以保证组织的工作顺利进行。

(1) 科学设置职位。用人单位根据职位分类的原理，依据岗位的工作性质、责任轻重、难易繁简程度和需要的资格条件，对现有专业技术岗位情况进行全面调查、分析、评价，根据编制工资总额，设置不同层次的岗位，规定岗位的职责，使单位的编制定员与聘任数量、档次有据可依。设定的岗位及所需要人员条件要向本单位群众公示。

(2) 成立选聘机构，规定选聘程序。由用人单位的人力资源部门，根据选聘领导小组研究制定的聘用计划和规定，在一定范围内发布招聘启事。人力资源部门将符合条件人员的材料提交选聘领导小组审议。

(3) 制定具体管理办法。聘用时要明确聘用期。确定聘用期后，还要明确双方的权利、义务。

四、人事录用

当应聘者经过了各种筛选关后，最后一个步骤就是录用与就职。有不少企业由于不重视录用与就职工作，新员工在录用后对企业和本职工作连起码的认识都没有就直接走上了工作岗位，这不仅会给他们今后的工作造成一定的困难，而且会使员工产生一种人生地不熟的感觉，难以唤起新员工的工作热情，这对企业是不利的。为此，企业应认真做好这项工作。

(一) 建筑企业用工制度

用工制度是企业为了解决生产对劳动力的需要而采取的招收、录用和使用劳动者的制度，它是企业劳动管理制度的主要组成部分。随着国家和建筑业用工制度的改革，建筑企业可以采取多种形式用工。

(1) 固定工。固定工即建筑企业签长期用工合同的自有员工，主要由工人技师、特殊复杂技术工种工人组成。

(2) 合同工。企业根据临时用工需求，本着"公开招工、自愿报名、全面考核、择优录取"的原则，从城镇、农村招收合同制工人。

(3) 计划外用工。企业根据任务情况，使用成建制的地方建筑企业或乡镇建筑企业，以弥补劳务人员的不足。

(4) 建立劳务基地。企业出资和地方政府一起在当地建立劳务培训基地，采用"定点定向、双向选择、专业配套、长期合作"的方式，为企业提供长期稳定的劳务人员。

(5) 建立协作关系。一些大型建筑企业利用自身优势,有选择地联合一批施工能力强、有资质等级的施工队伍,同他们建立一种长期稳定的伙伴协作关系。

建筑企业的用工制度,具有很大灵活性。在施工任务量增大时,可以多用合同工或乡镇建筑队伍;任务量减少时,可以少用合同工或乡镇建筑队伍,以避免"窝工"。由于建立了劳务基地,劳动力招工难和不稳定的问题基本得到了解决。这种多元结构的用工制度,适应了建筑施工和施工项目用工弹性和流动性的要求。同时,建筑企业的用工制度也决定了建筑企业人员招聘和录用工作的特殊性。

(二) 录用工作

录用有签订试用合同、员工的初始安排、试用和正式录用等过程。

新员工进入企业以前,一般要签订试用合同,对新员工和组织双方进行必要的约束和保证。合同内容包括:试用的职位;试用的期限;试用期间的报酬与福利;试用期应接受的培训;试用期责任义务;员工辞职条件和被延长试用期的条件等。

一般来说,新员工进入企业以后其职位均是按照招聘的要求和应聘者的意愿安排的。有时组织可以根据需要,在征询应聘者意见以后,也可以充实到别的职位。对于一些岗位,应聘者可能要经过必要的培训以后才能进入试用工作。

试用期满后,如果新员工表现良好,能够胜任工作,就应办理正式录用手续。正式录用企业一般要与员工签订正式的录用合同。合同内容和条款应当符合劳动法的有关规定。

五、劳动关系与劳动合同

(一) 劳动关系的概念

《劳动法》中指的劳动关系是指劳动者与所在单位之间在劳动过程中发生的关系,不是泛指一切劳动者在社会劳动时所形成的一切劳动关系。在现实的经济生活中,是指在社会经济活动中所发生的雇用行为和双方之间在人力资源使用方面的各种关系的总和。也叫雇用关系或者劳工关系。

劳动关系的基本内容包括:劳动者与用人单位之间在工作时间、休息时间、劳动报酬、劳动安全、劳动卫生、劳动纪律与奖惩、劳动保护、职业培训等方面形成的关系。此外还包括劳动行政部门与用人单位、劳动者在劳动就业、劳动争议以及社会保险等方面的关系;工会与用人单位、职工之间因履行工会的职责和职权,代表和维持职工合法权益而发生的关系等等。

(二) 劳动合同

在一般情况下,用人单位和从业者之间的劳动关系,要通过签订劳动合同来体现。所谓"合同",是一种契约,是对签约双方行为进行约束的准绳。签订劳动合同,就是要规范劳动主体双方的行为,这样,劳动合同也就成为人力资源双方关系得以建立的标志。

我国《劳动法》规定:"建立劳动关系应当订立劳动合同。订立和变更劳动合同,应当遵循平等自愿、协商一致的原则,不得违反法律、行政法规的规定。"

按照我国《劳动法》的要求,劳动合同的内容应当具备劳动合同期限、工作内容等必备条款;除必备条款外,当事人还可以协商约定其他内容。

用人单位和从业者签订了劳动合同,这种合同就是保障劳动者与用人单位双方合法权益的重要工具,是双方在发生劳动争议时进行处理的重要依据,从而也成为规定和调整双方劳动关系的手段。

（三）劳动合同订立的原则

按照我国劳动法的规定，劳动合同双方在订立以及变更合同时应当遵循平等自愿、协商一致、不得违反法律和行政法规的基本原则规定。

(1) 平等自愿。"平等自愿"作为订立劳动合同的核心原则，是指在订立劳动合同的时候，双方当事人之间地位完全平等。

(2) 协商一致。"协商一致"即从业者个人和用人单位双方互相协商各项内容，在双方达成一致意见的情况下，确定合同的各项条款。

(3) 依法订立。依法订立原则体现在五个方面：第一，订立劳动合同的目的必须合法。第二，订立劳动合同的主体必须合法。第三，订立劳动合同的内容必须合法。第四，订立劳动合同的程序、形式必须合法，要经过双方协商认可，要形成书面合同即合同文本，要有双方当事人或者其代表"签字画押"。第五，订立劳动合同的行为必须合法，不得有强迫和欺骗行为。

第五节　员工培训与流动

一、员工培训

员工培训是指在将组织发展目标和员工个人发展目标相结合的基础上，有计划、有系统地组织员工从事学习和训练，增长员工的知识水平，提高员工的工作技能，改善员工的工作态度，激发员工的创新意识，最大限度地使员工的个人素质与工作需求相匹配，使员工能胜任目前所承担的或将要承担的工作与任务的人力资源管理活动。

（一）培训的原则

(1) 理论联系实际，学用一致。培训不同于基础教育，应当有明确的针对性，从实际工作需要出发，与职位特点紧密结合，通过培训对工作所需要的知识与实践相结合，才能收到培训的实效。

(2) 专业知识技能培训与组织文化培训兼顾。培训的内容还应与管理人员和工人标准相衔接。除了安排文化知识、专业知识、专业技能的培训内容外，还应安排理想、信念、价值观、道德观等方面的培训内容，而后者常常与企业目标、企业哲学、企业精神、企业道德、企业制度等结合起来进行。

(3) 全员培训和重点提高。全员培训就是有计划、有步骤地对在职的各级各类人员都进行培训，这是提高全员素质的必由之路。但全员并不等于平均使用力量，仍然要有重点，即重点培训技术、管理骨干，特别是培训中上层管理人员。

(4) 严格考核和择优奖励。培训工作与其他工作一样，严格考核和择优奖励是不可缺少的管理环节。严格考核是保证培训质量的必要措施，也是检验培训效果的重要手段。很多培训只为了提高素质，并不涉及录用、提拔或安排工作问题，因此，对受训人员择优奖励就成为调动其积极性的有力杠杆。要根据考核成绩，设置不同的奖励等级，考核成绩备案，与今后的奖励、晋级等挂钩。

（二）培训的形式

职工培训的形式有几种不同的划分方式。

(1) 从培训与工作关系来划分，可分为在职培训和脱产离职培训。

(2) 从培训的组织形式来划分，可分为正规学校、成人教育学校、短训班、自学等形式。

(3) 从培训的目的来分，有学历培训、文化补课、岗位职务培训等。

(4) 从培训的层次方面来划分，可分为高层培训、中层培训和初级培训。

(5) 从培训的对象不同可划分为职前培训教育、新员工培训、在职职工培训、企业的全员培训等。

(三) 职业培训的内容

1. 管理人员培训

(1) 岗位培训。是对一切从业人员，根据岗位或职务对其具备的全面素质的不同需要，按照不同的劳动规范，本着干什么学什么，缺什么补什么的原则进行的培训活动。它旨在提高职工的本职工作能力，使其成为合格的劳动者，并根据生产发展和技术进步的需要，不断提高其适应能力。包括对企业经理的培训，对项目经理的培训，对基层管理人员和土建、装饰、水暖、电气工程的培训及对其他岗位的业务、技术干部的培训。

(2) 继续教育。包括建立以"三总师"为主的技术、业务人员继续教育体系、采取按系统、分层次、多形式的方法，对具有中专以上学历的处级以上职称的管理人员进行继续教育。

(3) 学历教育。主要是有计划选派部分管理人员到高等院校深造。培养企业高层次专门管理人才和技术人才，毕业后回本企业继续工作。

2. 工人培训

(1) 班组长培训。即按照国家建设行政主管部门制定的班组长岗位规范，对班组长进行培训，通过培训最终达到班组长持证上岗。

(2) 技术工人等级培训。按照建设部颁发的《工人技术等级标准》和劳动部颁发的有关工人技师评聘条例，开展中、高级工人应知应会考评和工人技师的评聘。

(3) 特种作业人员的培训。根据国家有关特种作业人员必须单独培训、持证上岗的规定，对企业从事电工、塔式起重机驾驶员等工种的特种作业人员进行培训，保证100%持证上岗。

(4) 对外埠施工队伍的培训。按照省、市有关外地务工人员必须进行岗前培训的规定，企业对所使用的外地务工人员进行培训，颁发省、市统一制发的外地务工经商人员就业专业训练证书。

(四) 培训的管理

企业领导及主管教育培训的职能部门要按照"加强领导、统一管理、分工负责、通力协作"的原则，长期坚持、认真做好培训工作，做到思想、计划、组织、措施四落实，使企业的职工培训制度化、正规化。

(1) 思想落实，即提高广大干部群众对职工教育培训工作的认识，使各级领导从思想上真正认识到职工教育培训的重要性，就像抓生产一样，认真抓好职工教育。

(2) 计划落实，就是根据企业的实际情况，制定职工教育的长远规划和近期具体实施计划，因地、因时、因人制宜地落实规划。按干部、技术人员、工人所从事的业务类型，分门别类地组织学习，进行岗位培训。

（3）组织落实，即要有专门的机构和人员从事职工教育的领导和管理工作，建立能动的教育运行机制，从组织上保证职工教育工作有人抓、有人管。

（4）措施落实，就是要有一定的物质条件，教育用房、实验设备、师资配备、经费来源等必须切实解决。

二、员工流动管理

员工流动管理是指从社会资本的角度出发，对人力资源的流入、内部流动、流出进行计划、组织、协调和控制，以确保组织人力资源的可获得性，满足组织现在和未来人力资源需要和员工职业生涯需要。

员工流动可分为流入、内部流动和流出三种形式，人力资源的流入包括外部招聘、临时雇用和租赁等形式。内部流动包括人员的晋升、平级调动、岗位轮换、降级等。员工流出包括自愿流出，如辞职、主动型在职失业等；非自愿流出，如解雇、提前退休、被动型在职失业等；自然流出，如退休、伤残、死亡等。

（一）员工流入与组织内部流动管理

1. 员工流入管理

员工流入是由征召、筛选、录用等过程构成的，正确指导员工流入管理是人力资源管理的一个不容忽视的环节。企业在做好员工流入管理时要充分认识并做好以下几项工作：

（1）将企业文化作为员工招聘的标准之一。企业应通过对本企业文化的理解，确定在企业特定的文化中要获得成功需要具备的特征，并具体地列出这些特征，在招聘员工时将它们作为招聘的标准。

（2）适当地考虑应聘者技术才能的多面性。在实际招聘过程中，一般都是针对一个特定的职位来确定招聘标准的。但企业内部结构不是一成不变的，是会进行调整的。因此，要求企业在最初招聘员工时就将应聘者能力的多面性作为一个考核点。

（3）确立招聘者与应聘者的共同利益关系。在人力资源管理中，其中选人的原则之一是因事择人，这实际上是一个企业和员工建立就业契约的过程。就业契约的目的是使应聘者和企业双方的需求和愿望能有机地融为一个整体，企业要求员工能够圆满地完成任务，员工要求能够充分发挥自己的才能，并获得相应的报酬，也即相互之间的承诺。

（4）树立企业在劳动市场的良好形象。良好形象的树立，一是企业在本地区是否建立起很好的对待员工的名声，企业员工在社会中是否是一种成功人士的形象，这对吸引到更多的潜在求职者有很大的影响。

（5）建立畅通的工作流程。招聘工作必须按照一个很有条理的工作程序进行。一个安排得有条理并且前后一致的招聘过程，不仅会使招聘本身有效率，而且还会给应聘者留下良好的印象，从而使他们心情舒畅，在进入企业后有积极工作的意愿。

（6）持续关心征召渠道。企业应该不断地寻找新的征召渠道，不能只注意传统的征召渠道，要用敏锐的、快速的反应适应市场和企业发展的需要。

（7）注意了解和研究竞争对手的招聘技术和招聘战略。企业应该时刻关注竞争对手的招聘技术和招聘战略，取长补短，为己所用。

（8）关注招聘成本。招聘成本一方面反映在招聘本身的直接成本和间接成本上，另一方面反映在替补流失员工的成本方面。

2. 员工的内部流动管理

员工进入组织后,他们就有可能在组织内部流动,如员工职位调整(调动)、岗位轮换、晋升、降职等,以适合组织的工作需要和满足个人的职业愿望。

(1) 员工职位调整(调动)。员工职位调整,即平级调动,是指平级变动组织内部员工的工作岗位或工作现场。员工职位调整是组织根据实际需要,调剂各岗位员工的余缺,将员工从原来职位上调离去担任新的职位。

(2) 职务(岗位)轮换。职务(岗位)轮换,已形成一种制度,是组织有计划地按照大体确定的期限,让员工轮换担任若干种不同工作的做法,从而达到考察员工工作的适应性和开发员工多种能力的双重目的。

(3) 晋升。晋升是指员工由于工作业绩出色和组织工作的需要,由原来的职位上升到另一个较高的职位。对员工来说晋升是一种成就,是一种激励,但不当的晋升,会挫伤一部分员工的积极性,成为企业管理层与员工之间矛盾的根源。

(4) 降职。降职是员工在组织中工作向低级职位调动。降职是一种带有惩处性质的管理行为,处理这种问题一定要慎重。在采取降职措施时应该征求当事人的意见,并努力维护当事人的自尊心,说明当事人对组织的价值,使其保持一种积极心态。

(二) 员工流出管理

1. 员工自然流出

员工的自然流出主要是由于员工伤残、死亡或年老到法定退休年龄等情况所致。其中主要形式即退休。退休是指员工在达到一定法定年龄并在为组织服务了一定的年限(工龄)的基础上,根据政府及企业的一些规定享有退休社会保障金的一种自然流出的方式。

2. 员工非自然流出

(1) 解雇(辞退)、开除。解雇(辞退)是指由于组织要减少劳动力的数量,或者在某种情况下由于员工个人方面的原因引起的组织解聘决定。开除一般是指由于员工个人方面的原因,如违反规定,旷工或不服从管理等而引起的解聘(开除)。

(2) 提前退休。提前退休是指员工没有达到国家法定退休年龄或企业规定的服务期限之前就退休。提前退休常常是由企业提出来的,以提高企业的效率,或为了给年轻的员工打开晋升的途径,也可以为企业面临大量裁员抉择时缓解裁员压力。

(3) 自愿流出。自愿流出即员工个人向组织提出辞职。

(三) 员工流失

1. 员工流失的内涵

对于企业不希望出现的员工自愿流出,因为这种员工自愿流出会给企业带来损失,这又称为员工流失。其表现形式是员工自动辞职,员工主动要求脱离现任职位,与组织解除劳动合同,退出组织的工作。如果一个组织很多高素质、有竞争力的员工要离开,这会给这个组织带来严重的损失。因此组织要设法加以控制以留住人才。

2. 流失员工的特点

(1) 流失的员工,大多是一些已经或将来能为企业形成竞争优势的人才。

(2) 流失的员工是市场争夺的对象。

(3) 流失的员工的工作更多的是依靠知识技能,而不是外在条件或工具,能应对各种复杂多变和不完全确定的环境下可能发生的情况，进行创造性的工作。

(4) 流失的员工会使企业面临巨大的损失。

3. 对员工流失的控制

企业能否有效地控制员工流失，会涉及到企业人力资源管理的每一个环节。要减少员工的流失，实际上需要从每一个环节进行有效的管理。

(1) 对员工流失的立法管理。立法管理是指国家制定相关的法律法规，对员工流动进行有效的规范，使得企业可以借助法律来保护自己的权利。

(2) 企业建立合理的规章制度对员工流失进行管理。要减少员工的流失倾向，还要加强对员工流动的规章制度管理。如一方违约必须向另一方交纳违约赔偿金；员工离开企业要与企业就相关教育培训费按照事先约定达成一致等。

(3) 建立完善的人力资源管理体系。如果说法律和规章制度是员工流失管理的硬环境，那么良好的人力资源管理体系则是员工流失管理的软环境。要很好地控制人才流失，首先需要对企业的人力资源管理的各种环节进行仔细的诊断，然后找出自己在管理中存在的相关问题，从而判断员工流失的原因和后果，有针对性地采取相应的措施，才能够很好地解决问题。

第六节 员工绩效考核

一、绩效考核的概念和作用

职工的绩效考核就是通过科学的方法和客观的标准，对职工的思想、品德、工作能力、工作成绩、工作态度、业务水平以及身体状况等进行评价。

绩效考核的作用有：

(1) 给用人提供科学依据。通过考核全面了解职工的情况，为职工的奖励、晋升、分配报酬等提供了科学依据，考核是企业劳动人事管理部门掌握职工情况的重要手段。

(2) 激励员工上进。在企业实行严格的考核制度，并以考核结果作为用人及分配报酬的依据，必然促使员工认真钻研业务技术，努力勤奋工作，全面提高自己的政治、业务、身体素质，以便在考核中获得好成绩。

(3) 便于选拔、培养人才。通过考核，可以发现员工中的优秀人才，有的放矢地培养，适时地选拔到更重要的职位上；另一方面，通过考核掌握员工全面情况后，才能对员工进行各有侧重的培训，尽快地提高他们的素质。否则，优秀人才缺乏显露才华的机会，将会被埋没；员工培训没有一定的目标，也不可能收到好的效果。

二、绩效考核内容

我国从20世纪80年代开始对绩效考核的研究，将"德、能、勤、绩"四个方面确定为人员的考核项目内容。德、能是业绩的基础，勤、绩是工作成果的具体表现，而以绩为考核中心。也可以说，绩是德、能、勤的综合体现。

"德"是人的精神境界、道德品质和思想追求的综合体现。德决定了一个人的行为方向，行为的强弱，行为的方式。

"能"是指人的能力素质,即认识世界和改造世界的能力。一般来说,一个人的能力主要包括动手操作能力、认识能力、思维能力、表达能力、研究能力、组织指挥能力、协调能力、决策能力等。对不同职位,其能力的要求也各有侧重。进行评价时,应加以区别对待。

"勤"是指工作的态度,它主要体现在员工日常工作表现上,如工作的积极性、主动性、创造性、努力程度以及出勤率等方面。对勤的考查不仅要有量的衡量,如出勤率,更要有质的评价,即是否以满腔的热情,积极、主动地投入到工作中去。

"绩"是指员工的工作业绩,包括完成工作的数量、质量、经济效益、影响和作用。在一个组织中岗位、责任不同的人,其工作业绩的评价重点也有所不同。此外,在评价员工工作业绩时,不仅要考查员工的工作数量、质量,更要考查其工作为企业所带来的经济效益。对效益的考查是对员工绩效评价的核心。

三、绩效考核的原则

(1) 公平公正原则。公平是建立考核制度和实施考核工作的前提。考核公平合理,才能使考核结果符合被考核人的真实情况,从而给人事工作的各项主要环节提供确切的科学依据,得到公正的结果。

(2) 客观准确原则。考核必须客观、准确。考核结果如果不能真实地反映工作人员的情况,会挫伤工作积极性,还会造成人际关系的紧张。在绩效考核过程中,应当把工作分析、工作标准同绩效考核的内容联系起来。

(3) 敏感性原则。也称区分性原则,是指考核的结果应当能够有效地对员工的工作效率高低予以区分。如果考核体系不能有效区分绩效不同的情况,优者、劣者不能区分,无疑会使懒惰息工者受到纵容,这必然会挫伤员工的工作积极性。

(4) 一致性原则。不同的考核主体按照同样的考核标准和程序对同一员工进行考核时,他们的考核结果应该是相同的,至少是相近的,这反映了考核体系和考核程序设计的客观统一性。另一方面,同一个考核主体对相同(或相近)岗位上的不同员工考核,应当运用相同的评估标准,避免"因人而异"的随意性和"有亲有疏"的态度。

(5) 立体性原则。所谓立体考核,也叫多面考核或全方位考核。它是指运用多种方式,从多层次、多角度、全方位进行考核。这既有定性考核,又有定量考核;既有集中考核,又有分散考核,还有集中分散相结合的考核;既有上级考核,又有下级考核;既有同级考核,又有自我考核;既有本单位人员的考核,又有外单位人员的考核等。360度考核就是一种流行的立体考核方式。

(6) 可行性原则。可行性有两方面的含义:其一是考核工作能够组织和实施,考核成本控制在可接受的范围内;二是考核标准、考核程序以及考核主体能得到被考核者的认可。

(7) 公开性原则。考核的内容、标准和考核结果,都应当向本人公开,特别是要进行考核面谈,这是保证考核民主性的重要手段。

(8) 及时反馈原则。在现代人力资源管理系统中,缺少反馈的绩效考核必然使得考核目的无法顺利达到,激励机制无法运行。

(9) 多样化原则。在条件许可的情况下,应尽可能选用两至三种不同的考核方法结合进行。因为不同的考核方法各有优缺点,各自的适用性和区分性也有差异,将不同方法结合应用，有助于消除单一方法可能导致的误差，提高考核结果的准确性和敏感性。

（10）动态性原则。在绩效考核问题上，不能只注重档案中的死材料或只进行静态的考核，而应当用发展的思路看待考核指标、考核得分水平，要注重现实表现，尤其是注重动态的变化，要看到被考核者的态度行为、达到的业绩和个人素质的变化趋势。

四、常用的考核方法

1. 简单排序法

也称序列法或序列评定法，即对一批考核对象按照一定标准排出先后的顺序。该方法的优点是简便易行，具有一定的可信性，可以完全避免趋中倾向或宽严误差。缺点是考核的人数不能过多，以5～15人为宜；而且只适用于考核同类职务的人员，对从事不同职务工作的人员则因无法比较，而大大限制了应用范围，不适合在跨部门人事调整方面应用。

2. 强制分配法

也称硬性分布法，是按预先规定的比例将被评价者分配到各个绩效类别上的方法。这种方法是根据统计学的正态分布原理进行的，其特点是两边的最高分、最低分者很少，处于中间者居多。评价者按预先确定的概率，把考核对象分为五个类型，如优秀占5%，良好占15%，合格占60%，较差占15%，不合格占5%。

3. 要素评定法

也称功能测评法或测评量表法，它是把定性考核和定量考核结合起来的方法。

4. 工作记录法

也称生产记录法或劳动定额法，一般用于对生产工人操作性工作的考核。在一般的企业，对生产性工作有明确的技术规范并下达劳动定额，工作结果有客观标准衡量，因而可以用工作记录法进行考核。

5. 目标管理法

作为目前较为流行的考核方法，目标管理法是一种综合性的绩效管理方法，而不仅仅是单纯的绩效考核技术手段。特点在于，它是一种领导者与下属之间的双向互动过程。在进行目标制定时，上级和下属依据自己的经验和手中的材料，各自确定一个目标，双方沟通协商，找出两者之间的差距以及差距产生的原因，然后重新确定目标，再次进行沟通协商，直至取得一致意见，即形成了目标管理的期望值。

6. 360度考核法

是一种从多角度进行的比较全面的绩效考核方法，也称全方位考核法或全面评价法。这种方法是选取与被考核者联系紧密的人来担任考核工作，包括上级、同事（以及外部客户）、下级和被考核者本人，用量化考核表对被考核者进行考核，采用五分制将考核结果记录，最后用坐标图来表示以供分析。

7. 平衡计分卡

是一套能使组织快速而全面考察经营状态的评估指标。平衡计分卡包括财务、客户、业务流程和学习创新等四大方面的指标，财务衡量指标可以说是基本内容，它说明已采取的行动所产生的结果，同时还对顾客的满意度、组织内部的程序及组织的创新和提高活动进行评估的业务指标，来补充财务衡量指标。

案 例 分 析

案例 1

（一）描述

某建筑公司工程部经理，一上任就接到一名资深工程师张的辞职信。辞职信上反映出张在到公司不到一年的时间里，在公司处处遭受冷落和不公正的待遇，工作岗位不称心，不能发挥自己的专业特长等。经过调查，发现张是西北某著名重点大学的高材生，在专业技术方面颇有心得，并在当地小有名气。他平时性格比较内向，公司的任务完成很好。有时候工作实在不顺心也会和领导顶两句，但是和同事关系还是很融洽的，在同事中的口碑也很好。张辞职有以下主要原因：

1. 应聘到该单位后，没有按当初招聘时承诺的工作进行安排。在面试时曾明确表示将会尽快录用他，并让他在整个部门的工程优化与质量督导工作中担当重任。但到单位后一直在基层干着最基本的活。张一开始倒也觉得坦然，认为这是公司对他工作能力的考察，因此不论做什么，他同样兢兢业业。转眼三个月即将过去，张依然在基层干着最基本的活，看不到回分公司做当初承诺的让他负责工程优化与质量督导工作的希望，这与他来公司前所想像的职业理想相差甚远。

2. 工程部新领导上任后，"新官上任三把火"烧得人人自危。张开始觉得有些不对劲，感到有必要与现在的工程部经理谈一下，让他听听自己在公司干了一段时间后的感受与想法，顺便对公司在工程优化与质量督导上存在的问题及可改进的地方提出一些个人的意见和建议。他发给工程部经理的邮件，却长期得不到回复，使他以为领导对他有意见，影响了他的工作情绪。

3. 因工作积极性受到影响，张有时候在工作中也会有几句抱怨。后来与一项目经理发生矛盾，关系僵化，进而影响到领导对他的印象，受到不点名批评。

4. 公司每年两次的技术培训，因为工作紧张以及节省开支，被新经理暂停，并把每年两次的培训减为一次。

5. 公司的个人评估和部门评估是每季度都要进行的，年终对员工进行整体总结评估。公司根据员工的评估情况，决定员工个人薪水的涨幅，也根据业绩晋升员工。公司会挑选具有管理潜力的人员，到总部去考察学习，到六七月份会定下有培养前途的管理人员作为公司后备的管理干部。在年终的业绩评估中，张的评分是中等，这意味着紧接着的管理培训将与他擦肩而过，同时也宣告他走上管理岗位的理想破灭了。张考虑再三，终于在6月底的一天向公司递交了辞职报告，同事们传说他是被挖到公司的竞争对手那里去了。而他辞职的理由也很简单：自己的贡献与价值不能有效地体现出来，没有被管理层给予充分的重视，也没有得到相应的回报。

（二）分析

此案例属于典型的知识型人才的待遇和培训问题。根据职业培训理论，职业培训有利于实现组织和个人的发展目标，员工的培训是和组织的发展战略、员工的工作绩效、职业生涯紧密联系在一起的。不同的员工需要接受不同内容、不同层次的培训。在当今社会，越来越多的知识型人才进入企业，这个不容被忽视的群体，成了企业的中坚力量。但是由于知识型员工的特殊性，企业在培训的时候往往不能做到因人而异、及时有效地对其进行培训，所以也引起了一些知识型员工的不满。在实际生活中，有些公司的培训项目和公司的财务计划有着很大的冲突，这些企业为了节约开支，就把已经制定好的培训计划删减了，这样做的结果往往是遭到很多员工的抱怨。

如果管理者处理不好和知识型员工的关系，不给知识型人才进行必要的培训，他们势必会工作得很辛苦，也容易造成知识型员工的抵触情绪。在市场经济体制下，人是企业非常宝贵的资源，如何通过培训来挽留人才，充分利用人才，是每一个现代企业管理者必须严肃面对和必须解决的问题。

案例2

（一）描述

华山建筑公司由于经营困难，最近被效益较好的泰山公司兼并了。兼并以后，华山建筑公司保留原来的主要管理人员，泰山公司调配一些年轻的管理人员来协助华山公司的工作。人力资源部来了泰山公司的董丹和刘欣。这两人在大学里学的是企业管理专业，平时待人诚恳，工作勤奋，他们深受人力资源部部长老王的赞赏。老王担任了多年人事处处长，但有关人力资源管理的理论知识比较欠缺。最近几年，在企业中，人力资源管理的重要性得到广泛认同，人力资源部也不断增加新的工作内容。老王有点力不从心。

最初老王觉得有两名新同事的加入，华山公司的人力资源管理工作一定会更上一层楼，但是，老王最近却感到工作不那么顺利，尤其是在员工招聘问题上，老王与董丹、刘欣闹得不开心。

华山公司被兼并以后，新企业的管理层决定，增加两种新的施工工艺，为此，需要招聘一些员工，同时，也要招聘一些基层的管理人员。老王认为员工可以从外部招聘，首要的筛选标准无疑是技术能力。关于这一点，董丹和刘欣也同意。但是在招聘基层管理人员时，老王认为应该从企业内部挑选，因为，作为管理人员，其自身的工作积极性、工作态度等是非常重要的标准。从企业内部挑选，一方面对这些候选人比较了解，另一方面也可以调动现有员工的工作积极性。至于考核的标准，老王认为学历并不重要，主要是候选人过去的工作业绩、政治态度、工作经历及工作热情等。而董丹和刘欣他们坚持认为应从内部和外部两个方面来招聘基层管理人员，因为外部新鲜血液的补充，将会提高现有管理团队的活力。筛选的标准，应该是相关的学历和胜任职位的能力。

在招聘方法上，老王认为由人力资源部的人员出面找候选人单独谈谈，就可准备材料由上级部门审核批准。但是，董丹和刘欣则认为应该采用新的评估方法。整套评估方法包括个人访谈、心理测试、情景模拟等。还必须借助外部专家，为这些候选人打出最后的考核分数。据说，运用这些方法能准确地预测那些候选人潜在的管理能力。老王对此深表怀疑，但是，华山公司的员工似乎对新的评估方法很感兴趣。

（二）分析

员工招聘是一个企业补充新鲜血液的主要渠道，也是获取优秀人才增强企业核心竞争力的重要方法。华山公司引进了新的生产线，为企业的生产注入了新的"血液"。新的生产线能否顺利运行，产品能否占领市场，关键要看从事工作的人怎么样。这样，招聘技术工人和基层管理者的工作就显得尤为重要。

在本案例中，老王与董丹和刘欣在公司的招聘工作中为什么会产生分歧，关键是"新"、"旧"观念的冲突，即传统的人事管理观念和现代的人本管理观念的冲突。中国传统人事管理的理念是以事为中心,将人看作可供利用的资源,忽视了人作为"社会人"的复杂性。于是,在招聘过程中往往只重视的是应聘人员的硬素质,即可衡量的知识、技能。招聘方法也很简单,一般都是"谈谈即可"。而在现代的人力资源管理中,对人的管理是一切管理的前提,管理的内部管理扩展到人的社会关系、情感世界和心理活动等领域。因此,在招聘过程中对应聘人员进行的是多层次的考察,考察的方法也是多种多样的。

在企业的招聘工作,根据招聘对象的来源不同,可分为外部招聘和内部招聘。招聘也有很多方法,可分为笔试、面试、一般能力测试、特殊职业能力测试、心理运动机能能力测试、情景模拟等等。华山公司招聘基层管理者,要注意的是管理者和普通技术工人的不同,管理者需要的不仅仅是从事工作的技能和知识,还要有组织协调能力、整合能力,甚至是个人魅力。因此,不管是内部招聘还是外部招聘,重要的是看应聘人员的能力是否达到了所应聘工作的工作说明书的要求,对其能力的测试也要选择多种方法。

复习思考题

1. 什么是人力资源管理?
2. 人力资源管理包括哪些内容?
3. 建筑企业有哪几种用工制度?
4. 如何进行人员的招聘和录用?
5. 怎样进行员工的绩效考核?
6. 建筑企业如何做好人力资源的优化配置?
7. 怎样做好员工培训工作?
8. 建筑企业的思想政治工作包括哪几项?
9. 企业员工能力开发包括哪些内容?
10. 怎样进行员工行为的激励工作?

参考文献

[1] 姚裕群. 人力资源管理. 北京:中国人民大学出版社,2005
[2] 伍爱. 人力资源管理学. 广州:暨南大学出版社,2004
[3] 黄维德,董临萍. 人力资源管理与开发案例. 北京:清华大学出版社,2005
[4] 张岩松,李健. 人力资源管理案例精选精析. 北京:经济管理出版社,2005

第十六章 工程项目合同管理

合同是指具有平等民事主体资格的当事人，为了达到一定目的，经过自愿、平等、协商一致而设立、变更、终止民事权利义务关系而达成的协议。合同管理是现代工程建设管理中一项十分重要的组成部分，在任何工程项目的建设过程中，其主体的行为必定会形成各个方面的法律关系，诸如建设行政主管部门、工程建设招标投标监督管理部门、项目法人单位、招标代理机构、工程设计单位、工程施工单位和工程建设监理单位等相互之间的各种关系。其中，除了法定的行政管理和监督关系外，其他进入建筑市场竞争性的法律关系，均须依据招标投标的规则，优化组合形成工程建设主体之间的契约——合同关系。

工程项目实行合同管理，是建立社会主义法制经济的需要，是必须遵守的社会主义市场经济法则之一，是建立起工程项目现代管理制度的重要举措。通过合同管理，可以降低成本，减少费用支出，缩短工期，达到预期目标。咨询工程师必须掌握工程项目合同管理的专门知识和技能，切实做好工程咨询工作。

第一节 工程项目合同管理概述

一、工程项目合同管理的基本原则

（一）符合法律法规的原则。订立合同的主体、内容、形式、程序等都要符合法律法规规定。合同当事人订立、履行合同，应当遵守法律、行政法规，尊重社会公德，不得扰乱社会经济秩序，损害社会公共利益。订立工程项目承包合同唯有遵守法律和行政法规，合同才受国家法律的保护，当事人预期的经济利益目的才有保障。

（二）平等自愿的原则。自愿是指合同当事人在法律、法规允许范围内，根据自己的意愿签定合同，即有权选择订立合同的对象，合同的条款内容，合同订立时间和依法变更和解除合同，任何单位和个人不得非法干预。贯彻平等自愿的原则，必须体现签约各方在法律地位上的完全平等。合同要在双方友好协商的基础上订立，签约双方都是平等的，任何一方都不得把自己的意志（例如单方提出的不平等条款）强加于另一方，更不得强迫对方同自己签订合同。

（三）公平原则。公平原则是民法的基本原则之一。合同当事人应当遵循公平原则确定各方的权利和义务。根据公平原则，民事主体必须按照公平的观念设立、变更或者取消民事法律关系。在订立工程项目合同中贯彻公平原则，反映了商品交换等价有偿的客观规律和要求。贯彻该原则的最基本要求即是签约各方的合同权利、义务要对等而不能失去公平，要合理分担责任。

（四）诚实信用原则。合同当事人行使权利、履行义务应当遵循诚实信用原则。诚实信用原则实质上是社会良好道德、伦理观念上升为国家意志的体现。在订立工程项目承包合同中贯彻诚实信用原则,要求当事人应当诚实,实事求是向对方介绍自己订立合同的条件、要求和履约能力,充分表达自己的真实意愿,不得有隐瞒、欺诈的成分,在拟定合同条款时,要充分考虑对方的合法权益和实际困难,以善意的方式设定合同权利和义务。

(五)等价有偿的原则。等价有偿原则是《民法通则》的一项原则。也是订立合同的一项基本原则。

(六)不得损害社会公共利益和扰乱社会经济秩序原则。合同当事人订立、履行合同,应当遵守法律、行政法规,尊重社会公德,不得扰乱社会经济秩序,损害社会公共利益。

二、工程项目合同管理的法律依据

(一)与合同管理有关的法律体系

规范工程项目合同管理,不但需要规范合同本身的法律法规的完善,也需要相关法律体系的完善。目前,我国这方面的立法体系也已基本完善。与建设工程合同有直接关系的是《中华人民共和国民法通则》(以下简称《民法通则》)、《中华人民共和国合同法》(以下简称《合同法》、《中华人民共和国招标投标法》(以下简称《招标投标法》)和《中华人民共和国建筑法》(以下简称《建筑法》)。

1.《民法通则》

是调整平等主体的公民之间、法人之间、公民与法人之间的财产关系和人身关系的基本法律。合同关系也是一种财产(债)关系,因此,《民法通则》对规范合同关系作出了原则性的规定。

2.《合同法》

《合同法》是规范我国市场经济财产流转关系的基本法,建设工程合同的订立和履行也要遵守其基本规定,在建设工程合同的履行过程中,由于会涉及大量的其他合同,如买卖合同等,也要遵守《合同法》的规定。

3.《招标投标法》

招标投标是通过竞争择优确定承包人的主要方式,《招标投标法》是规范建筑市场竞争的主要法律,也是规范合同管理行为的法律,能够有效地实现建筑市场的公开、公平、公正的竞争。有些建设项目必须通过招标投标确定承包人,其他项目国家鼓励通过招标投标确定承包人。

4.《建筑法》

《建筑法》是规范建筑活动的基本法律,建设工程合同的订立和履行也是一种建筑活动,合同的内容也必须遵守《建筑法》的规定。

5. 其他法律

另外,建设工程合同的订立和履行还涉及其他一些法律关系,则需要遵守相应的法律规定。在建设工程合同的订立和履行中需要提供担保的,则应当遵守《中华人民共和国担保法》的规定。在建设工程合同的订立和履行中需要投保的,则应当遵守《中华人民共和国保险法》的规定。在建设工程合同的订立和履行中需要建立劳动关系的,则应当遵守《中华人民共和国劳动法》的规定。在合同的订立和履行过程中如果要涉及合同的公证、鉴证等活动，则应当遵守国家对公证、鉴证等的规定。如果合同在履行过程中发生了争议，双方订有仲裁协议(或者争议发生后双方达成仲裁协议的)，则应按照《中华人民共和国仲裁法》的规定进行仲裁；如果双方没有仲裁协议(争议发生后双方也没有达成仲裁协议的)，则应按照《中华人民共和国民事诉讼法》作为争议的最终解决方式。

(二)《合同法》概述

1.《合同法》的立法目的

合同法是调整平等主体的自然人、法人、其他组织之间在设立、变更、终止合同时所发生的社会关系的法律规范总称。为了满足我国发展社会主义市场经济的需要，消除市场交易规则的分歧，1999年3月15日，第九届全国人大第二次会议通过了《中华人民共和国合同法》，于1999年10月1日起施行，原有的《经济合同法》、《技术合同法》和《涉外经济合同法》三部合同法同时废止。

《合同法》第一条对《合同法》的立法目的作了明确的规定："为了保护合同当事人的合法权益，维护社会经济秩序，促进社会主义现代建设，制定本法。"

2.《合同法》的内容

《中华人民共和国合同法》由总则、分则和附则三部分组成。总则包括以下8章：一般规定，合同的订立，合同的效力，合同的履行，合同的变更和转让，合同的权利义务终止，违约责任，其他规定。分则按照合同标的的特点分为15种。

3.《合同法》的调整范围

根据《民法通则》的规定，在总结经济合同法、涉外经济合同和技术合同法多年来实践经验的基础上，结合发展国际大市场经济的客观实际，《合同法》在调整范围上作出了新的调整。

(1) 合同主体的扩大。《合同法》第二条规定："本法所称合同是平等主体的自然人、法人、其他组织之间设立、变更、终止民事权利义务关系的协议。"此条规定突破了原有三部《合同法》中在主体规定上的局限性。明确规定合同主体，包括中国、外国的自然人之间、组织之间以及自然人与组织之间订立的合同，并用自然人的概念取代公民的概念。

(2) 合同类别的增加。《合同法》分则中列出：买卖合同，供用电、水、气、热力合同，赠与合同，借款合同，租赁合同，融资租赁合同，承揽合同，建设工程合同，运输合同，技术合同，保管合同，仓储合同，委托合同，行纪合同，居间合同等15种包括经济、技术和其他民事等列名合同。

(3) 合同是平等主体之间的法律关系。《合同法》调整的主体之间的法律关系，是平等主体的自然人、法人、其他组织之间的民事法律关系。它既不调整行政机关依法行政而形成的行政法律关系，也不调整法人、其他组织内部的管理行为所形成管理与被管理关系。此外，《合同法》还规定，"婚姻、收养、监护等有关身份关系的协议，适用其他法律的规定"。

(4) 关于政府机关参与相关合同的调整。政府机关作为平等的主体与相对人签订的采购合同等，属于一般的合同关系，适用《合同法》。政府机关的采购活动，受专门的政府采购法调整。《合同法》规定："国家根据需要下达指令性任务或者国家订货任务的，有关法人、其他组织之间应当依照有关法律、行政法规规定的权利和义务订立合同。"

三、工程项目合同的特点

（一）工程项目合同是一个合同群体。因为工程项目投资多，工期长，参与单位多，一般由多项合同组成一个合同群，这些合同之间分工明确，层次清楚，自然形成一个合同体系。

（二）合同的标的物仅限于工程项目涉及的内容。与一般的产品合同不同，工程项目合同涉及面主要是工程建筑、设施建筑、线路管网建设以及设备、材料购置安装等等的管理，而且都是一次性过程。

（三）合同内容庞杂。与产品合同比较，工程项目合同庞大复杂。大型项目要涉及到几十种专业，上百个工种，几万人作业，合同内容自然庞大复杂。如三峡水力水电工程，共签定 78 个大合同，5000 多个小合同，合同内容极其复杂。

（四）工程项目合同主体只能是法人。建设部颁发的《建设工程勘察设计合同条例》和《建筑安装承包合同条例》等行政法规，都规定了工程项目合同有关当事人只能是法人，公民个人不能成为建设工程当事人。

（五）工程项目具有较强的国家管理性。工程项目标的物属于不动产，工程项目对国家、社会和人民生活影响较大，在工程项目的合同订立上必须符合政府的规定，在履行中必须接受政府的监督和检查。正因如此，工程项目合同的形式，一般都采用书面形式。

四、工程项目合同示范文本

在订立合同时，要考虑《合同法》总则的一段规定及分则的具体规定，还要考虑与其他法律有关的各类合同的规定，当事人如果缺乏经验，所订的合同常常容易发生难以处理的纠纷。因此《合同法》第 12 条二款规定"当事人可以参照各类合同的示范文本订立合同。"

（一）合同示范文本的概念和作用

合同示范文本是针对当事人缺乏订立合同的经验和必要的法律常识，由有关部门和行业协会制定的，目的在于指导合同当事人订立合同的一种方式。

合同示范文本对合同当事人的权利义务进行罗列，以便当事人在订立合同时参考，对于提醒合同当事人在订立合同时，更好地明确各自的权利义务，防止事后合同发生纠纷。示范文本的作用是提示当事人在订立合同时更好地明确各自的权利义务，防止合同纠纷，起到积极的作用。

（二）我国的工程项目合同示范文本

经过 20 多年的改革和社会主义市场经济的发展，工程建设领域已经初步形成了市场经济框架。作为建设领域改革的重要成果，工程项目合同示范文本在我国陆续编制印发，初步形成工程项目合同文本体系，基本上覆盖了工程项目建设全过程，可以满足工程建设领域对合同文本的需求。

1. 1999 年，建设部、国家工商管理总局联合颁发了《建设工程施工合同文本（示范文本）》；

2. 2000 年 3 月，建设部、国家工商管理总局联合颁发了《建设工程勘察合同文本（示范文本）》；

3. 2000年3月，建设部、国家工商管理总局联合颁发了《建设工程设计合同文本(示范文本)》；

4. 2000年2月，建设部、国家工商管理总局联合颁发了《建设工程委托监理合同(示范文本)》；

5. 2002年7月，建设部、国家工商管理总局联合颁发了《建设工程造价合同示范文本(示范文本)》；

6. 2003年8月，建设部、国家工商管理总局联合颁发了《建设工程施工专业分包合同(示范文本)》和《建设工程施工劳务分包合同(示范文本)》；

7. 2005年6月，建设部、国家工商管理总局联合颁发了《工程建设项目招标代理合同(示范文本)》。

第二节 工程项目施工合同管理

工程施工合同是发包人与承包人就完成具体工程项目的建筑施工、设备安装、设备调试、工程保修等工作内容，确定双方权利和义务的协议。施工合同是工程建设的主要合同，是工程建设质量控制、进度控制、投资控制的主要依据。在市场经济条件下，建设市场主体之间相互的权利义务关系主要是通过合同确立的，因此，在建设领域加强对施工合同的管理具有十分重要的意义。

一、施工合同主要内容

(一) 施工合同管理涉及的有关各方

1. 合同当事人

(1) 发包人

发包人指在协议书中约定，具有工程发包主体资格和支付工程价款能力的当事人以及取得该当事人资格的合法继承人。

(2) 承包人

承包人指在协议书中约定，被发包人接受具有工程施工承包主体资格的当事人以及取得该当事人资格的合法继承人。

2. 工程师

工程师指工程监理单位委派的总监理工程师或发包人指定的履行施工合同的代表。发包人可以委托监理单位，全部或者部分负责合同的履行管理。监理单位委派的总监理工程师在施工合同中称为工程师。总监理工程师是经监理单位法定代表人授权，派驻施工现场监理组织的总负责人，行使监理合同赋予监理单位的权利和义务，全面负责受委托工程的监理工作。

(二) 施工合同的标的

工程施工合同的标的是建设工程，包括土木建筑工程和建筑范围内的线路、管道、设备安装工程的新建、扩建、改建及相应的装饰装修活动，主要包括各类房屋、公路、铁路、机场、港口、桥梁、矿井、水库、电站、通信线路等。还包括电力、石油、燃气、给水、排水、供热等管道系统和各类机械设备、装置的安装。

(三) 施工合同的主要条款

建设工程施工合同签订双方的权利义务，体现在合同条款内容中。施工合同条款内容除当事人写明各自的名称、地址、工程名称和工程范围，明确规定履行内容、方式、期限，违约责任以及解决争议的方法外，还应明确建设工期、中间交工工程的开工和竣工时间、工程质量、工程造价、技术资料交付时间、材料设备供应责任、拨款和结算、交工验收、质量保证期、双方互相协作等内容。

1. 工程范围

工程范围是指施工的界区，是施工承包人进行施工的工作范围。工程范围是施工合同的必备条款。

2. 建设工期

建设工期是指施工承包人完成施工任务的期限。每个工程根据性质的不同，所需要的建设工期也各不相同。建设工期能否合理确定往往会影响到工程的质量的好坏。实践中，有的发包人由于种种原因，常常要求缩短工期，施工承包人为了赶进度，只好偷工减料，仓促施工，结果导致严重的工程质量问题。因此为了保证工程质量，双方当事人应当在施工合同中确定合理的建设工期。

3. 中间交工工程

中间交工工程是指施工过程中的阶段性工程。为了保证工程各阶段的交接，顺利完成工程建设，当事人应当明确中间交工工程的开工和交工时间。

4. 工程质量

工程质量是指工程的等级要求，是施工合同中的核心内容。工程质量往往通过设计图纸和施工说明书、施工技术标准加以确定。工程质量条款是明确施工承包人施工要求，确定施工承包人责任的依据，是施工合同的必备条款。工程质量必须符合国家有关建设工程安全标准化的要求，发包人不得以任何理由要求施工承包人在施工中违反法律、行政法规以及建设工程质量、安全标准，降低工程质量。

5. 工程造价

工程造价是指施工建设该工程所需的费用，包括材料费、施工成本等费用。当事人根据工程质量要求，根据工程的概预算，合理地确定工程造价。实践中，有的发包人为了获得更多的利益，往往压低工程造价，施工承包人为了盈利，不得不偷工减料，以次充好，结果必然导致工程质量不合格，甚至造成严重的工程质量事故。因此，为了保证工程质量，双方当事人应当合理确定工程造价。

6. 技术资料

技术资料主要是指勘察、设计文件以及其他施工承包人据以施工所必需的基础资料。技术资料的交付是否及时往往影响到施工进度，因此当事人应当在施工合同中明确技术资料的交付时间。

7. 材料和设备供应责任

材料和设备供应责任是指由哪一方当事人提供工程建设所必需的原材料以及设备。材料一般包括水泥、砖瓦石料、钢筋、木料、玻璃等建筑材料和构配件。设备一般包括供水、供电管线和设备、消防设施、空调设备等。在实践中，有的由发包人负责提供，也可以由施工人负责采购。材料和设备的供应责任应当由双方当事人在合同中作出明确约定。

8. 拨款

拨款是指工程款的拨付，结算是指工程交工后，计算工程的实际造价以及与已拨付工程款之间的差额。拨款和结算条款是施工承包人请求发包人支付工程款和报酬的依据。一般来说，除"交钥匙工程"外，施工承包人只负责建筑、安装等施工工作，由发包人提供工程进度所需款项，保证施工顺利进行。现实中，发包人往往利用自己在合同中的有利地位，要求施工承包人垫款施工。施工承包人垫款完成施工任务后，发包人常常是不及时结算，拖延支付工程以及施工承包人所垫付的款项，这是造成目前建筑市场中拖欠工程款现象的主要原因，因此当事人不得在合同中约定垫款施工。

9. 竣工验收

竣工验收是工程交付使用前的必经程序，也是发包人支付价款的前提。竣工验收条款一般包括验收的范围和内容、验收的标准和依据、验收人员的组成、验收方式和日期等内容。建设工程竣工后，发包人应当根据施工图纸及说明书、国家颁发的施工验收规范和质量检验标准及时进行验收。

10. 保修范围

建设工程的保修范围应当包括地基基础工程，主体结构工程，屋面防水工程和其他工程，以及电气管线、上下水管线的安装工程，供热、供冷工程等项目。质量保证期是指工程各部分正常使用的期限，在实践中也称质量保修期。质量保证期应当与工程的性质相适应，当事人应当按照保证工程合理寿命年限内的正常使用，维护使用者合法权益的原则确定质量保证期，但不得低于国家规定的最低保证期限。

11. 双方相互协作条款

双方相互协作条款一般包括双方当事人在施工前的准备工作，施工承包人及时向发包人提出开工通知书、施工进度报告书、对发包人的监督检查提供必要的协助等。双方当事人的协作是施工过程的重要组成部分，是工程顺利施工的重要保证。

二、合同双方的义务

（一）发包人的义务

1. 办理土地征用、拆迁补偿、平整施工场地等工作，使施工场地具备施工条件，并在开工后继续解决以上事项的遗留问题。专用条款内需要约定施工场地具备施工条件的要求及完成的时间，以便承包人能够及时接收适用的施工现场，按计划开始施工。

2. 将施工所需水、电、电讯线路从施工场地外部接至专用条款约定地点，并保证施工期间需要。专用条款内需要约定三通的时间、地点和供应要求。某些偏僻地域的工程或大型工程，可能要求承包人自己从水源地（如附近的河中取水）或自己用柴油机发电解决施工用电，则也应在专用条件内明确说明通用条款的此项规定本合同不采用。

3. 开通施工场地与城乡公共道路的通道，以及专用条款约定的施工场地内的主要交通干道，满足施工运输的需要，保证施工期间的畅通。专用条款内需要约定移交给承包人交通通道或设施的开通时间和应满足的要求。

4. 向承包人提供施工场地的工程地质和地下管线资料，保证数据真实，位置准确。专用条款内需要约定向承包人提供工程地质和地下管线资料的时间。

5. 办理施工许可证和临时用地、停水、停电、中断道路交通、爆破作业以及可能损坏道路、管线、电力、通信等公共设施法律、法规规定的申请批准手续及其他施工所需的证件(证明承包人自身资质的证件除外)。专用条款内需要约定发包人提供施工所需证件、批件的名称和时间,以便承包人合理进行施工组织。

6. 确定水准点与坐标控制点,以书面形式交给承包人,并进行现场交验。专用条款内需要分项明确约定放线依据资料的交验要求,以便合同履行过程中合理地区分放线错误的责任归属。

7. 组织承包人和设计单位进行图纸会审和设计交底。专用条款内需要约定具体的时间。

8. 协调处理施工现场周围地下管线和邻近建筑物、构筑物(包括文物保护建筑)、古树名木的保护工作,并承担有关费用。专用条款内需要约定具体的范围和内容。

9. 发包人应做的其他工作,双方在专用条款内约定。专用条款内需要根据项目的特点和具体情况约定相关的内容。

(二) 承包人义务

1. 根据发包人的委托,在其设计资质允许的范围内,完成施工图设计或与工程配套设计,经工程师确认后使用,发生的费用由发包人承担。如果属于设计施工总承包合同或承包工作范围内包括部分施工图设计任务,则专用条款内需要约定承担设计任务单位的设计资质等级及设计文件的提交时间和文件要求(可能属于施工承包人的设计分包人)。

2. 向工程师提供年、季、月工程进度计划及相应进度统计报表。专用条款内需要约定应提供计划、报表的具体名称和时间。

3. 按工程需要提供和维修非夜间施工使用的照明、围栏设施,并负责安全保卫。专用条款内需要约定具体的工作位置和要求。

4. 按专用条款约定的数量和要求,向发包人提供在施工现场办公和生活的房屋及设施,发生费用由发包人承担。专用条款内需要约定设施名称、要求和完成时间。

5. 遵守有关部门对施工场地交通、施工噪声以及环境保护和安全生产等的管理规定,按管理规定办理有关手续,并以书面形式通知发包人。发包人承担由此发生的费用,因承包人责任造成的罚款除外。专用条款内需要约定需承包人办理的有关内容。

6. 已竣工工程未交付发包人之前,承包人按专用条款约定负责已完工程的成品保护工作,保护期间发生损坏,承包人自费予以修复。要求承包人采取特殊措施保护的单位工程的部位和相应追加合同价款,在专用条款内约定。

7. 按专用条款的约定做好施工现场地下管线和邻近建筑物、构筑物(包括文物保护建筑)、古树名木的保护工作。专用条款内约定需要保护的范围和费用。

8. 保证施工场地清洁符合环境卫生管理的有关规定。交工前清理现场达到专用条款约定的要求,承担因自身原因违反有关规定造成的损失和罚款。专用条款内需要根据施工管理规定和当地的环保法规,约定对施工现场的具体要求。

9. 承包人应做的其他工作,双方在专用条款内约定。

三、施工进度管理

(一) 进度计划

承包人应当在专用条款约定的日期,将施工组织设计和工程进度计划提交工程师。群体工程中采取分阶段进行施工的单项工程,承包人则应按照发包人提供图纸及有关资料的时间,按单项工程编制进度计划,分别向工程师提交。工程师接到承包人提交的进度计划后,应当予以确认或者提出修改意见。如果工程师逾期不确认也不提出书面修改意见,则视为已经同意。但是,工程师对进度计划予以确认或者提出修改意见,并不免除承包人对施工组织设计和工程进度计划本身的缺陷所应承担的责任。

(二)开工及延期开工

承包人应当按协议书约定的开工日期开始施工。承包人不能按时开工,应在不迟于协议书约定的开工日期前7天,以书面形式向工程师提出延期开工的理由和要求。工程师在接到延期开工申请后的48小时内以书面形式答复承包人。工程师在接到延期开工申请后的48小时内不答复,视为同意承包人的要求,工期相应顺延。因发包人的原因不能按照协议书约定的开工日期开工,工程师以书面形式通知承包人后,可推迟开工日期。承包人对延期开工的通知没有否决权,但发包人应当赔偿承包人因此造成的损失,相应顺延工期。

(三)工期延误

承包人应当按照合同约定完成工程施工,如果由于其自身的原因造成工期延误,应当承担违约责任。但是,在有些情况下工期延误后,竣工日期可以相应顺延。因以下原因造成工期延误,经工程师确认,工期相应顺延:

1. 发包人不能按专用条款的约定提供开工条件;
2. 发包人不能按约定日期支付工程预付款、进度款,致使工程不能正常进行;
3. 设计变更和工程量增加;
4. 一周内非承包人原因停水、停电、停气造成停工累计超过8小时;
5. 不可抗力;
6. 专用条款中约定或工程师同意工期顺延的其他情况。

承包人在工期可以顺延的情况发生后14天内,就将延误的工期向工程师提出书面报告。工程师在收到报告后14天内予以确认答复,逾期不予答复,视为报告要求已经被确认。

四、工程质量管理

工程施工中的质量控制是合同履行中的重要环节。施工合同的质量控制涉及许多方面的因素,任何一个方面的缺陷和疏漏,都会使工程质量无法达到预期的标准。

(一)工程质量标准

工程质量应当达到协议书约定的质量标准,质量标准的评定以国家或者专业的质量检验评定标准为准。达不到约定标准的工程部位,工程师一经发现,可要求承包人返工,承包人应当按照工程师的要求返工,直到符合约定标准。因承包人的原因达不到约定标准,由承包人承担返工费用,工期不予顺延。因发包人的原因达不到约定标准,由发包人承担返工的追加合同价款,工期相应顺延。因双方原因达不到约定标准,责任由双方分别承担。按照《建设工程质量管理办法》的规定,对达不到国家标准规定的合格要求的或者合同中规定的相应等级要求的工程,要扣除一定幅度的承包价。

(二)施工过程中的检查和返工

在工程施工过程中，工程师及其委派人员对工程的检查、检验，是他们的一项日常性工作和重要职能。承包人应认真按照标准、规范和设计要求以及工程师依据合同发出的指令施工，随时接受工程师及其委派人员的检查检验，为检查、检验提供便利条件，并按工程师及其委派人员的要求返工、修改，承担由于自身原因导致返工、修改的费用。检查检验合格后，又发现因承包人引起的质量问题，由承包人承担责任，赔偿发包人的直接损失，工期相应顺延。检查检验不应影响施工正常进行，如影响施工正常进行，检查检验不合格时，影响正常施工的费用由承包人承担。除此之外影响正常施工的追加合同价款由发包人承担，相应顺延工期。

（三）隐蔽工程和中间验收

由于隐蔽工程在施工中一旦完成隐蔽，很难再对其进行质量检查（这种检查成本很大），因此必须在隐蔽前进行检查验收。对于中间验收，合同双方应在专用条款中约定需要进行中间验收的单项工程和部位的名称、验收的时间和要求，以及发包人应提供的便利条件。工程具备隐蔽条件和达到专用条款约定的中间验收部位，承包人进行自检，并在隐蔽和中间验收前48小时以书面形式通知工程师验收。通知包括隐蔽和中间验收内容、验收时间和地点。承包人准备验收记录，验收不合格，承包人在工程师限定的时间内修改后重新验收。工程质量符合标准、规范和设计图纸等的要求，验收24小时后，工程师不在验收记录上签字，视为工程师已经批准，承包人可进行隐蔽或者继续施工。

（四）重新检验

工程师不能按时参加验收，须在开始验收前24小时向承包人提出书面延期要求，延期不能超过两天。工程师未能按以上时间提出延期要求，不参加验收，承包人可自行组织验收，发包人应承认验收记录。无论工程师是否参加验收，当其提出对已经隐蔽的工程重新检验的要求时，承包人应按要求进行剥露或者开孔，并在检验后重新覆盖或者修复。检验合格，发包人承担由此发生的全部追加合同价款，赔偿承包人损失，并相应顺延工期。检验不合格，承包人承担发生的全部费用，但工期也予顺延。

（五）试车

对于设备安装工程，应当组织试车。试车内容应与承包人承包的安装范围相一致。

1. 单机无负荷试车

设备安装工程具备单机无负荷试车条件，由承包人组织试车。只有单机试运转达到规定要求，才能进行联试。承包人应在试车前48小时书面通知工程师。通知内容包括试车内容、时间、地点。承包人准备试车记录，发包人根据承包人要求为试车提供必要条件。试车通过，工程师在试车记录上签字。

2. 联动无负荷试车

设备安装工程具备无负荷联动试车条件，由发包人组织试车，并在试车前48小时书面通知承包人。通知内容包括试车内容、时间、地点和对发包人的要求，承包人按要求做好准备工作和试车记录。试车通过，双方在试车记录上签字。

3. 投料试车

投料试车，应当在工程竣工验收后由发包人全部负责。如果发包人要求承包人配合或在工程竣工验收前进行时，应当征得承包人同意，另行签订补充协议。

五、合同价款管理

(一) 施工合同价款及调整

施工合同价款,是按有关规定和协议条款约定的各种取费标准计算,用以支付承包人按照合同要求完成工程内容的价款总额。这是合同双方关心的核心问题之一,招投标等工作主要是围绕合同价款展开的。合同价款应依据中标通知书中的中标价格和非招标工程的工程预算书确定。合同价款在协议书内约定后,任何一方不得擅自改变。合同价款可以按照固定价格合同、可调整价格合同、成本加酬金合同3种方式约定。可调整价格合同中价款调整的范围包括:

(1) 国家法律、行政法规和国家政策变化影响合同价款;
(2) 工程造价管理部门公布的价格调整;
(3) 一周内非承包人原因停水、停电、停气造成停工累计超过8小时;
(4) 双方约定的其他调整或增减。

承包人应当在价款可以调整的情况发生后14天内,将调整原因、金额以书面形式通知工程师,工程师确认后作为追加合同价款,与工程款同期支付。工程师收到承包人通知之后14天内不作答复也不提出修改意见,视为该项调整已经同意。

(二) 工程预付款

工程预付款主要是用于采购建筑材料。预付额度,建筑工程一般不得超过当年建筑(包括水、电、暖、卫等)工程工作量的30%,大量采用预制构件以及工期在6个月以内的工程,可以适当增加;安装工程一般不得超过当年安装工程量的10%,安装材料用量较大的工程,可以适当增加。双方应当在专用条款内约定发包人向承包人预付工程款的时间和数额,开工后按约定的时间和比例逐次扣回。预付时间应不迟于约定的开工日期前7天。发包人不按约定预付,承包人在约定预付时间7天后向发包人发出要求预付的通知,发包人收到通知后仍不能按要求预付,承包人可在发出通知后7天停止施工,发包人应从约定应付之日起向承包人支付应付款的贷款利息,并承担违约责任。

(三) 工程量的确认

对承包人已完成工程量的核实确认,是发包人支付工程款的前提。其具体的确认程序如下:首先,承包人向工程师提交已完工程量的报告,然后,工程师进行计量。工程师接到报告后7天内按设计图纸核实已完成工程量(以下称计量),并在计量前24小时通知承包人,承包人为计量提供便利条件并派人参加。承包人不参加计量,发包人自行进行,计量结果有效,作为工程价款支付的依据。

(四) 工程款(进度款)支付

发包人应在双方计量确认后14天内,向承包人支付工程款(进度款)。同期用于工程上的发包人供应材料设备的价款,以及按约定时间发包人应按比例扣回的预付款,与工程款(进度款)同期结算。合同价款调整、设计变更调整的合同价款及追加的合同价款,应与工程款(进度款)同期调整支付。

六、竣工验收与结算管理

(一) 竣工验收工作程序

工程具备竣工验收条件，承包人按国家工程竣工验收的有关规定，向发包人提供完整竣工资料及竣工验收报告。双方约定由承包人提供竣工图的，应当在专用条款内约定提供的日期和份数。发包人收到竣工验收报告后 28 天内组织有关部门验收，并在验收后 14 天内给予认可或提出修改意见。承包人按要求修改。由于承包人原因，工程质量达不到约定的质量标准，承包人承担违约责任。因特殊原因，发包人要求部分单位工程或者工程部位须甩项竣工时，双方另行签订甩项竣工协议，明确各方责任和工程价款的支付办法。建设工程未经验收或验收不合格，不得交付使用。发包人强行使用的，由此发生的质量问题及其他问题，由发包人承担责任。

（二）竣工结算

工程竣工验收报告经发包人认可后 28 天内，承包人向发包人递交竣工决算报告及完整的结算资料。工程竣工验收报告经发包人认可后 28 天内，承包人未能向发包人递交竣工决算报告及完整的结算资料，造成工程竣工结算不能正常进行或工程竣工结算价款不能及时支付，发包人要求交付工程的，承包人应当交付；发包人不要求交付工程的，承包人承担保管责任。发包人自收到竣工结算报告及结算资料后 28 天内进行核实，确认后支付工程竣工结算价款。承包人收到竣工结算价款后 14 天内将竣工工程交付发包人。

（三）质量保修

建设工程办理交工验收手续后，在规定的期限内，因勘察、设计、施工、材料等原因造成的质量缺陷，应当由施工单位负责维修。所谓质量缺陷是指工程不符合国家或行业现行的有关技术标准、设计文件以及合同中对质量的要求。

为了保证保修任务的完成，承包人应当向发包人支付保修金，也可由发包人从应付承包人工程款内预留。质量保修金的比例及金额由双方约定，但不应超过施工合同价款的 3%。工程的质量保证期满后，发包人应当及时结算和返还（如有剩余）质量保修金。发包人应当在质量保证期满后 14 天内，将剩余保修金和按约定利率计算的利息返还承包人。

七、合同变更的管理

（一）设计变更

在施工过程中如果发生设计变更，将对施工进度产生很大的影响。因此，应尽量减少设计变更，如果必须对设计进行变更，必须严格按照国家的规定和合同约定的程序进行。

1. 发包人对原设计进行变更

施工中发包人如果需要对原工程设计进行变更，应不迟于变更前 14 天以书面形式向承包人发出变更通知。变更超过原设计标准或者批准的建设规模时，须经原规划管理部门和其他有关部门审查批准，并由原设计单位提供变更的相应的图纸和说明。

2. 承包人原因对原设计进行变更

承包人应当严格按照图纸施工，不得随意变更设计。施工中承包人提出的合理化建议涉及到对设计图纸或者施工组织设计的更改及对原材料、设备的更换，须经工程师同意。工程师同意变更后，也须经原规划管理部门和其他有关部门审查批准，并由原设计单位提供变更的相应的图纸和说明。承包人未经工程师同意擅自更改或换用时，由承包人承担由此发生的费用,赔偿发包人的有关损失,延误的工期不予顺延。

由于发包人对原设计进行变更,以及经工程师同意的、承包人要求进行的设计变更,导致合同价款的增减及造成的承包人损失,由发包人承担,延误的工期相应顺延。

(二) 其他变更

合同履行中发包人要求变更工程质量标准及发生其他实质性变更,由双方协商解决。

(三) 变更价款的确定

1. 变更价款的确定程序

设计变更发生后,承包人在工程设计变更确定后 14 天内,提出变更工程价款的报告,经工程师确认后调整合同价款。承包人在确定变更后 14 天内不向工程师提出变更工程价款报告时,视为该项设计变更不涉及合同价款的变更。工程师收到变更工程价款报告之日起 7 天内,予以确认。工程师无正当理由不确认时,自变更价款报告送达之日起 14 天后变更工程价款报告自行生效。

2. 变更价款的确定方法

变更合同价款按照下列方法进行:

(1) 合同中已有适用于变更工程的价格,按合同已有的价格计算、变更合同价款;

(2) 合同中只有类似于变更工程的价格,可以参照此价格确定变更价格,变更合同价款;

(3) 合同中没有适用或类似于变更工程的价格,由承包人提出适当的变更价格,经工程师确认后执行。

八、索赔和争议管理

(一) 索赔

索赔是当事人在合同实施过程中,根据法律、行政法规及合同等规定,对于并非由于自己的过错,而是属于应由合同对方承担责任的情况造成,且实际发生了损失,向对方提出给予补偿的要求。补偿包括经济补偿和时间补偿即顺延工期。

索赔是合同当事人的权利,既包括承包人向发包人索赔,也包括发包人向承包人索赔。当合同当事人一方向另一方提出索赔时,要有正当的索赔理由,且有索赔事件发生时的有效证据。发包人未能按合同约定履行自己的各项义务或发生错误以及第三方原因,给承包人造成延期支付合同价款、延误工期或其他经济损失,包括不可抗力延误的工期。承包人以书面形式按以下程序向发包人索赔:

1. 索赔事件发生 28 天内,向工程师发出索赔意向通知;

2. 发出索赔意向通知后 28 天内,向工程师提出补偿经济损失和(或)延长工期的索赔报告及有关资料;

3. 工程师在收到承包人送交的索赔报告和有关资料后,于 28 天内给予答复,或要求承包人进一步补充索赔理由和证据;

4. 工程师在 28 天内未予答复或未对承包人作进一步要求,视为该项索赔已经认可;

5. 当该索赔事件持续进行时,承包人应当阶段性向工程师发出索赔意向,在索赔事件终了后 28 天内,向工程师提供索赔的有关资料和最终索赔报告。

承包人未能按合同约定履行自己的各项义务和发生错误给发包人造成损失的,发包人也可按上述时限向承包人提出索赔。

(二) 争议的解决

合同当事人在履行施工合同时发生争议，可以和解或者要求合同管理及其他有关主管部门调解。和解或调解不成的，双方可以在专用条款内约定以下任何一种方式解决争议：

1. 双方达成仲裁协议，向约定的仲裁委员会申请仲裁。
2. 向有管辖权的人民法院起诉。

发生争议后，在一般情况下，双方都应继续履行合同，保持施工连续，保护好已完工程。只有出现下列情况时，当事人方可停止履行施工合同：

1. 单方违约导致合同确已无法履行，双方协议停止施工；
2. 调解要求停止施工，且为双方接受；
3. 仲裁机构要求停止施工；
4. 法院要求停止施工。

九、建设工程施工合同示范文本

鉴于施工合同的内容复杂、涉及面宽，为了避免施工合同的编制者遗漏某些方面的重要条款，或条款约定责任不够公平合理，建设部和国家工商行政管理局于1999年12月24日印发了《建设工程施工合同(示范文本)》[GF-1999-0201]（以下简称示范文本）。

示范文本的条款内容不仅涉及各种情况下双方的合同责任和规范化的履行管理程序，而且涵盖了非正常情况的处理原则，如变更、索赔、不可抗力、合同的被迫终止、争议的解决等方面。

(一) 示范文本的文件组成

示范文本由《协议书》、《通用条款》、《专用条款》三部分组成，并附有三个附件。

1.《协议书》

《协议书》是施工合同的总纲性法律文件，经过双方当事人签字盖章后合同即成立。标准化的协议书格式文字量不大，需要结合承包工程特点填写的约定主要内容包括：工程概况、工程承包范围、合同工期、质量标准、合同价款、合同生效时间，并明确对双方有约束力的合同文件组成。

2.《通用条款》

《通用条款》是在广泛总结国内工程实施中成功经验和失败教训基础上，参考FIDIC《土木工程施工合同条件》相关内容的规定，编制的规范承发包双方履行合同义务的标准化条款。通用条款包括：词语定义及合同文件；双方一般权利和义务；施工组织设计和工期；质量与检验；安全施工；合同价款与支付；材料设备供应；工程变更；竣工验收与结算；违约、索赔和争议；其他十一部分，共47个条款。《通用条款》适用于各类建设工程施工的条款，在使用时不作任何改动。

3.《专用条款》

由于具体实施工程项目的工作内容各不相同，施工现场和外部环境条件各异，因此还必须有反映招标工程具体特点和要求的专用条款的约定。示范文本中的《专用条款》部分是结合具体工程双方约定的条款，为当事人提供了编制具体合同时应包括内容的指南，具体内容由当事人根据发包工程的实际要求细化。《专用条款》是对《通用条款》的补充、修改或具体化。

具体工程项目编制专用条款的原则是，结合项目特点，针对通用条款的内容进行补充或修正，达到相同序号的通用条款和专用条款共同组成对某一方面问题内容完备的约定。因此专用条款的序号不必依此排列，通用条件已构成完善的部分不需重复抄录，只按对通用条款部分需要补充、细化甚至弃用的条款做相应说明后，按照通用条款对该问题的编号顺序排列即可。

4. 附件

示范文本为使用者提供了"承包方承揽工程项目一览表"、"发包方供应材料设备一览表"和"房屋建筑工程质量保修书"三个附件，如果具体项目的实施为包工包料承包，则可以不使用发包人供应材料设备表。

(二) 施工合同条款的分类

《通用条款》和《专用条款》的内容分别是对应的四十七条，而这些条款依据其不同内容，可以分为依据性条款、责任性条款、程序性条款和约定性行款：

1. 依据性条款

这类条款是依据有关建设工程施工的法律、法规制定而成。如《示范文本》的主要内容，就是依据《合同法》、《担保法》和《保险法》等有关法律制定的，再如有关施工中使用专利技术的条款，就是依据《中华人民共和国专利法》制定的。

2. 责任性条款

这类条款主要是为了明确建设工程施工中发包人和承包人各自应负的责任。如"甲方工作"、"乙方工作"、"甲方供应材料设备"和"乙方采购材料设备"等条款。

3. 程序性条款

这类条款主要是规定在施工中发包人或承包方的一些工作程序，而通过这些程序性规定，制约双方的行为，也起到一定分清责任的作用。如"工程师"、"乙方工地负责人"、"延期开工"、"暂停施工"以及"隐蔽、中间验收和试车"等条款。

4. 约定性条款

这类条款是指通过发包人和承包人在谈判合同时，结合《通用条款》和具体工程情况，经双方协商一致的条款。这类条款分别反映在协议书和专用条款内。如工程开、竣工日期、合同价款、施工图纸提供套数的提供日期、合同价款调整方式、工程款支付方式、分包单位等条款。

施工合同内有些条款，并不是单一性质的。可能具有两、三种性质，如有的依据性条款，又需要双方约定具体执行办法，因而其还具有约定性。

(三) 施工合同文件的组成及解释顺序

1. 施工合同文件的组成

组成建设工程施工合同的文件包括：

(1) 施工合同协议书；

(2) 中标通知书；

(3) 投标书及其附件；

(4) 施工合同专用条款；

(5) 施工合同通用条款；

(6) 标准、规范及有关技术文件;
(7) 图纸;
(8) 工程量清单;
(9) 工程报价单或预算书。

双方有关工程的洽商、变更等书面协议或文件视为协议书的组成部分。

2. 施工合同文件的解释顺序

上述合同文件应能够互相解释、互相说明。当合同文件中出现不一致时,上面的顺序就是合同的优先解释顺序。当合同文件出现含糊不清或者当事人有不同理解时,按照合同争议的解决方式处理。

第三节 FIDIC 合同条件管理

国际咨询工程师联合会简称 FIDIC,在国际上具有很高的权威性,其成员为各国(或地区)咨询工程师协会。FIDIC 内部设有合同管理委员会,专业委员会编制了许多规范性的文件,这些文件不仅为 FIDIC 成员国采用,而且世界银行、亚洲开发银行、非洲开发银行的贷款项目的招标范本中也常常采用,其中应用较广的有《土木工程施工合同条件》、《电气和机械工程合同条件》、《业务/咨询工程师标准服务协议书》、《设计——建造与交钥匙工程合同条件》以及《土木工程施工分包合同条件》等。近年来,由于国际上工程建设规模不断扩大,业主对项目管理模式多样化发展,FIDIC 于 1999 年又制定了 4 本新版合同条件,即《施工合同条件》、《工程设备和设计——建造合同条件》、《EPC(设计——采购——建造)交钥匙项目合同条件》以及《合同的简短格式》。这里仅介绍《施工合同条件》通用条件的内容和管理。

一、合同文件的组成

通用条件的条款规定,构成对业主和承包商有约束力的合同文件包括以下几方面的内容:

1. 合同协议书

业主发出中标函的 28 天内,接到承包商提交的有效履约保证后,双方签署的法律性标准化格式文件。为了避免履行合同过程中产生争议,专用条件指南中说明最好注明接受的合同价格、基准日期和开工日期。

2. 中标函

业主签署的对投标书的正式接受函,可能包含作为备忘录记载的合同签订前谈判时可能达成一致并共同签署的补遗文件。

3. 投标函

承包商填写并签字的法律性投标函和投标函附录,包括报价和对招标文件及合同条款的确认文件。

4. 合同专用条件。
5. 合同通用条件。
6. 规范。

二、合同担保

(一) 承包商提供的担保

合同条款中规定,承包人签订合同时应提供履约担保,接受预付款前应提供预付款担保。在范本中给出了担保书的格式,分为企业法人提供的保证书和金融机构提供的保函两类格式。保函均为不需承包商确认违约的无条件担保形式。

1. 履约担保的保证期限。履约保函应担保承包商圆满完成施工和保修的义务,而非到工程师颁发工程接收证书为止。但工程接收证书的颁发是对承包商按合同约定完满完成施工义务的证明,承包商还应承担的义务仅为保修义务,因此范本中推荐的履约保函格式内说明,如果双方有约定的话,允许颁发整个工程的接收证书后将履约保函的担保金额减少一定的百分比。

2. 业主凭保函索赔。由于无条件保函对承包商的风险较大,因此通用条件中明确规定了4种情况下业主可以凭履约保函索赔,其他情况则按合同约定的违约责任条款对待。

(二) 业主提供的担保

大型工程建设资金的融资可能包括从某些国际援助机构、开发银行等筹集的款项,这些机构往往要求业主应保证履行给承包商付款的义务,因此在专用条件范例中,增加了业主应向承包商提交"支付保函"的可选择使用的条款,并附有保函格式。业主提供的支付保函担保金额可以按总价或分项合同价的某一百分比计算,担保期限至缺陷通知期满后6个月,并且为无条件担保,使合同双方的担保义务对等。

通用条件的条款中未明确规定业主必须向承包商提供支付保函,具体工程的合同内是否包括此条款取决于业主主动选用或融资机构的强制性规定。

三、合同价格

通用条件中分别定义了"接受的合同款额"和"合同价格"的概念。"接受的合同款额"指业主在中标函中对实施、完成和修复工程缺陷所接受的金额,来源于承包商的投标报价并对其确认。合同价格则指按照合同各条款的约定,承包商完成建造和保修任务后,对所有合格工程有权获得的全部工程款。

最终结算的合同价可能与中标函中注明的接受的合同款额不一定相等。主要是因为大型复杂工程的施工期较长,通用条件中包括合同工期内因物价变化对施工成本产生影响后计算调价费用的条款,每次支付工程进度款时均要考虑约定可调价范围内项目当地市场价格的涨落变化,而这笔调价款没有包含在中标价格内,仅在合同条款中约定了调价原则和调价费用的计算方法。合同履行过程中,可能因业主的行为或他应承担风险责任的事件发生后,导致承包商增加施工成本,合同相应条款都规定应对承包商受到的实际损害给予补偿,以及由于承包商原因或业主原因引起的索赔等因素。

四、指定分包商

指定分包商是由业主(或工程师)指定、选定,完成某项特定工作内容并与承包商签订分包合同的特殊分包商。合同条款规定,业主有权将部分工程项目的施工任务或涉及提供材料、设备、服务等工作内容发包给指定分包商实施。

合同内规定有承担施工任务的指定分包商，大多因业主在招标阶段划分合同包时，考虑到某部分施工的工作内容有较强的专业技术要求，一般承包单位不具备相应的能力，但如果以一个单独的合同对待又限于现场的施工条件或合同管理的复杂性，工程师无法合理地进行协调管理，为避免各独立合同之间的干扰，则只能将这部分工作发包给指定分包商实施。由于指定分包商是与承包商签订分包合同，因而在合同关系和管理关系方面与一般分包商处于同等地位，对其施工过程中的监督、协调工作纳入承包商的管理之中。指定分包工作内容可能包括部分工程的施工；供应工程所需的货物、材料、设备；设计；提供技术服务等。

五、解决合同争议的方式

任何合同争议均交由仲裁或诉讼解决，一方面往往会导致合同关系的破裂，另一方面解决起来费时、费钱且对双方的信誉有不利影响。为了解决工程师的决定可能处理得不公正的情况，通用条件中增加了"争端裁决委员会"处理合同争议的程序。

（一）解决合同争议的程序

1. 提交工程师决定

FIDIC 编制的施工合同条件的基本出发点之一，是合同履行过程中建立以工程师为核心的项目管理模式，因此不论是承包商的索赔还是业主的索赔均应首先提交给工程师。任何一方要求工程师作出决定时，他应与双方协商尽力达成一致。如果未能达成一致，则应按照合同规定并适当考虑有关情况后作出公正的决定。

2. 提交争端裁决委员会决定

双方起因于合同的任何争端，包括对工程师签发的证书、作出的决定、指示、意见或估价不同意接受时，可将争议提交合同争端裁决委员会，并将副本送交对方和工程师。裁决委员会在收到提交的争议文件后 84 天内作出合理的裁决。作出裁决后的 28 天内任何一方未提出不满意裁决的通知，则此裁决即为最终的决定。

3. 双方协商

任何一方对裁决委员会的裁决不满意，或裁决委员会在 84 天内没能作出裁决，在此期限后的 28 天内应将争议提交仲裁。仲裁机构在收到申请后的 56 天才开始审理，这一时间要求双方尽力以友好的方式解决合同争议。

4. 仲裁

如果双方仍未能通过协商解决争议，则只能在合同约定的仲裁机构最终解决。

（二）争端裁决委员会

签订合同时，业主与承包商通过协商组成裁决委员会。裁决委员会可约定为一名或三名成员，一般由三名成员组成，合同每一方应提名一位成员，由对方批准。双方应与这两名成员共同并商定第三位成员，第三人作为主席。争端裁决委员会属于非强制性但具有法律效力的行为，相当于我国法律中解决合同争议的调解，但其性质则属于个人委托。成员应对承包合同的履行和合同的解释方面有经验，能流利地使用合同中规定的交流语言。

六、施工阶段的合同管理

（一）施工进度管理

1. 承包商编制施工进度计划

承包商应在合同约定的日期或接到中标函后的 42 天内（合同未作约定）开工，工程师则应至少提前 7 天通知承包商开工日期。承包商收到开工通知后的 28 天内，按工程师要求的格式和详细程度提交施工进度计划，说明为完成施工任务而打算采用的施工方法、施工组织方案、进度计划安排，以及按季度列出根据合同预计应支付给承包人费用的资金估算表。

合同履行过程中，一个准确的施工计划对合同涉及的有关各方都有重要的作用，不仅要求承包人按计划施工，而且工程师也应按计划作好保证施工顺利进行的协调管理工作，同时也是判定业主是否延误移交施工现场、迟发图纸以及他应提供的材料、设备，成为影响施工应承担责任的依据。

2. 工程师对施工进度的监督

为了便于工程师对合同的履行进行有效的监督和管理以及协调各合同之间的配合，承包商每个月都应向工程师提交进度报告，说明前一阶段的进度情况和施工中存在的问题，以及下一阶段的实施计划和准备采取的相应措施。

当工程师发现实际进度与计划进度严重偏离时，不论实际进度是超前还是滞后于计划进度，为了使进度计划有实际指导意义，随时有权指示承包人编制改进的施工进度计划，并再次提交工程师认可后执行，新进度计划将代替原来的计划。

3. 顺延合同工期

通用条件的条款中规定可以给承包商合理延长合同工期的条件通常可能包括延误发放图纸、延误移交施工现场、承包商依据工程师提供的错误数据导致放线错误、不可预见的外界条件、施工中遇到文物和古迹而对施工进度的干扰以及发生不可抗力事件的影响。

（二）施工质量管理

1. 建立承包商的质量体系

通用条件规定，承包商应按照合同的要求建立一套质量管理体系，以保证施工符合合同要求。在每一工作阶段开始实施之前，承包商应将所有工作程序的细节和执行文件提交工程师，供其参考。工程师有权审查质量体系的任何方面，包括月进度报告中包含的质量文件，对不完善之处可以提出改进要求。由于保证工程的质量是承包商的基本义务，当其遵守工程师认可的质量体系施工，并不能解除依据合同应承担的任何职责、义务和责任。

2. 现场资料管理

承包商的投标书被认为他在投标阶段对招标文件中提供的图纸、资料和数据进行过认真审查和核对，并通过现场考察和质疑已取得了对工程可能产生影响的有关风险、意外事故及其他情况的全部必要资料。业主同样有义务向承包商提供基准日后得到的所有相关资料和数据。不论是招标阶段提供的资料还是后续提供的资料，业主应对资料和数据的真实性和正确性负责，但对承包商依据资料的理解、解释或推论导致的错误不承担责任。

3. 质量的检查和检验

为了保证工程的质量，工程师除了按合同规定进行正常的检验外，还可以在认为必要时依据变更程序指示承包商变更规定检验的位置或细节、进行附加检验或试验等。由于额外检查和试验是基准日前承包商无法合理预见的情况，则影响到的费用和工期，视检验结果是否合格划分责任归属。

4. 对承包商设备的控制

工程质量的好坏和施工进度的快慢，很大程度上取决于承包人施工的机械设备、临时工程在数量和型号上的满足程度。而且承包人在投标书中报送的设备计划，是业主决标时考虑的主要因素之一。对承包商设备的控制包括对承包人自有的施工设备和租赁的施工设备的控制。若工程师发现承包人使用的施工设备影响了工程进度或施工质量时，有权要求承包人增加或更换施工设备，由此增加的费用和工期延误责任由承包人承担。

5. 环境保护

承包商的施工应遵守环境保护的有关法律和法规的规定，采取一切合理措施保护现场内外的环境，限制因施工作业引起的污染、噪声或其他对公众和财产造成损害和妨碍影响。施工产生的散发物、地面排水和排污不能超高环保规定的数值。

（三）工程变更管理

工程变更，是指施工过程中出现了与签订合同时的预计条件不一致的情况，而需要改变原定施工承包范围内的某些工作内容。土建工程受自然条件等外界的影响较大，工程情况比较复杂，且在招标阶段依据初步设计图纸招标，因此在施工合同履行过程中不可避免地会发生变更。工程师可以根据施工进展的实际情况，在认为必要时就对合同中任何工作工程量的改变等方面发布变更指令，变更估价由双方协商确定。

七、工程进度款的支付管理

（一）预付款

预付款又称动员预付款，是业主为了帮助承包商解决施工前期开展工作时的资金短缺，从未来的工程款中提前支付的一笔款项。合同工程是否有预付款，以及预付款的金额多少、支付（分期支付的次数及时间）和扣还方式等均要在专用条款内约定。通用条件内针对预付款金额不少于合同价22%的情况规定了管理程序。

1. 动员预付款的支付

预付款的数额由承包商在投标书内确认。承包商需首先将银行出具的履约保函和预付款保函交给业主并通知工程师，工程师在21天内签发"预付款支付证书"，业主按合同约定的数额和外币比例支付预付款。预付款保函金额始终保持与预付款等额，即随着承包商对预付款的偿还逐渐递减保函金额。

2. 动员预付款的扣还

预付款在分期支付工程进度款的支付中按百分比扣减的方式偿还。

（二）用于永久工程的设备和材料款预付

由于合同条件是针对包工包料承包的单价合同编制的，因此规定由承包商自筹资金采购工程材料和设备，只有当材料和设备用于永久工程后，才能将这部分费用计入到工程进度款内结算支付。通用条件的条款规定，为了帮助承包商解决订购大宗主要材料和设备所占用资金的周转，订购物资经工程师确认合格后，按发票价值80%作为材料预付的款额，包括在当月应支付的工程进度款内。双方也可以在专用条款内修正这个百分比，目前施工合同的约定通常在60%～90%范围内。

（三）业主的资金安排

为了保障承包商按时获得工程款的支付，通用条件内规定，如果合同内没有约定支付表，当承包商提出要求时，业主应提供资金安排计划。

(四) 保留金

保留金是按合同约定从承包商应得的工程进度款中相应扣减的一笔金额保留在业主手中,作为约束承包商严格履行合同义务的措施之一。当承包商有一般违约行为使业主受到损失时,可从该项金额内直接扣除损害赔偿费。例如,承包商未能在工程师规定的时间内修复缺陷工程部位,业主雇用其他人完成后,这笔费用可从保留金内扣除。

合同内以履约保函和保留金两种手段作为约束承包商忠实履行合同义务的措施,当承包商严重违约而使合同不能继续顺利履行时,业主可以凭履约保函向银行获取损害赔偿;而因承包商的一般违约行为令业主蒙受损失时,通常利用保留金补偿损失。履约保函和保留金的约束期均是承包商负有施工义务的责任期限(包括施工期和保修期)。

(五) 工程进度款的支付程序

1. 工程量计量

工程量清单中所列的工程量仅是对工程的估算量,不能作为承包商完成合同规定施工义务的结算依据。每次支付工程月进度款前,均需通过计量来核实实际完成的工程量,以计量值作为支付依据。

采用单价合同的施工工作内容应以计量的数量作为支付进度款的依据,而总价合同或单价包干混合式合同中按总价承包的部分可以按图纸工程量作为支付依据,仅对变更部分予以计量。

2. 承包商提供报表

每个月的月末,承包商应按工程师规定的格式提交一式 6 份本月支付报表,提出本月已完成合格工程的应付款要求和对应扣款的确认。

3. 工程师签证

工程师接到报表后,对承包商完成的工程形象、项目、质量数量以及各项价款的计算进行核查。若有疑问时,可要求承包商共同复核工程量。在收到承包商的支付报表的 28 天内,按核查结果以及总价承包分解表中核实的实际完成情况签发支付证书。

4. 业主支付

承包商的报表经过工程师认可并签发工程进度款的支付证书后,业主应在接到证书后及时给承包商付款。业主的付款时间不应超过工程师收到承包商的月进度付款申请单后的 56 天。如果逾期支付将承担延期付款的违约责任,延期付款的利息按银行贷款利率加 3% 计算。

八、竣工验收阶段的合同管理

(一) 竣工检验和移交工程

1. 竣工检验

承包商完成工程并准备好竣工报告所需报送的资料后,应提前 21 天将某一确定的日期通知工程师,说明此日后已准备好进行竣工检验。工程师应指示在该日期后 14 天内的某日进行。此项规定同样适用于按合同规定分部移交的工程。

2. 颁发工程接收证书

工程通过竣工检验达到了合同规定的"基本竣工"要求后,承包商在他认为可以完成移交工作前 14 天以书面形式向工程师申请颁发接收证书。基本竣工是指工程已通过竣工检验,能够按照预定目的交给业主占用或使用,而非完成了合同规定的包括扫尾、清理施工现场及不影响工程使用的某些次要部位缺陷修复工作后的最终竣工，剩余工作允许承包商在缺陷通知期内继续完成。这样规定有助于准确判定承包商是否按合同规定的工期完成施工义务，也有利于业主尽早使用或占有工程，及时发挥工程效益。

工程师接到承包商申请后的28天内，如果认为已满足竣工条件，即可颁发工程接收证书；若不满意，则应书面通知承包商，指出还需完成哪些工作后才达到基本竣工条件。工程接收证书中包括确认工程达到竣工的具体日期。工程接收证书颁发后，不仅表明承包商对该部分工程的施工义务已经完成，而且对工程照管的责任也转移给业主。

如果合同约定工程不同区段有不同竣工日期时，每完成一个区段均应按上述程序颁发部分工程的接收证书。

（二）未能通过竣工检验

1. 重新检验

如果工程或某区段未能通过竣工检验，承包商对缺陷进行修复和改正，在相同条件下重复进行此类未通过的试验和对任何相关工作的竣工检验。

2. 重复检验仍未能通过

当整个工程或某区段未能通过按重新检验条款规定所进行的重复竣工检验时，工程师应有权选择以下任何一种处理方法：

（1）指示再进行一次重复的竣工检验；

（2）如果由于该工程缺陷致使业主基本上无法享用该工程或区段所带来的全部利益，拒收整个工程或区段（视情况而定），在此情况下，业主有权获得承包商的赔偿。

（三）竣工结算

颁发工程接收证书后的84天内，承包商应按工程师规定的格式报送竣工报表。工程师接到竣工报表后，应对照竣工图进行工程量详细核算，对其他支付要求进行审查，然后再依据检查结果签署竣工结算的支付证书。此项签证工作，工程师也应在收到竣工报表后28天内完成。业主依据工程师的签证予以支付。

九、缺陷通知期阶段的合同管理

缺陷通知期即国内施工文本所指的工程保修期，自工程接收证书中写明的竣工日开始，至工程师颁发履约证书为止的日历天数。尽管工程移交前进行了竣工检验，但只是证明承包商的施工工艺达到了合同规定的标准，设置缺陷通知期的目的是为了考验工程在动态运行条件下是否达到了合同中技术规范的要求。因此，从开工之日起至颁发履约证书日止，承包商要对工程的施工质量负责。若承包商未能负责，业主有权雇用其他人实施并予以付款。如果属于承包商应承担的责任原因导致的，业主有权按照业主索赔的程序由承包商赔偿。

第四节 工程项目风险管理

所谓"风险"，就是指客观存在能导致损失，但发生与否又不能确定的现象。从这一概念看"风险"具有两大特点：第一、"风险"是客观存在的，不以人们的意志为转移的，无论人们是否认识或察觉，"风险"随时随地可能发生；第二、"风险"是不可确定的，这是指"风险"在何时何地发生，"风险"发生的形式、规模及损失程度等，人们均不能事先确定。也正是由于客观存在和不确定性、才使"风险"研究及"风险管理"有其存在的必要性。

一、工程项目风险的内容

在激烈竞争的建筑市场条件下，工程项目的发包和承包是一项充满风险的事业。按工程项目不同阶段划分有：前期风险、设计阶段风险、设备采购风险和施工阶段风险。如按责任方划分有：发包人风险、承包人风险、第三方风险等。工程项目施工阶段风险的客观存在取决于工程项目的特点。工程项目具有规模大、工期长、材料设备消耗大，产品固定、施工生产流动性强，受地质条件、水文条件和社会环境因素影响等特点。这些特点都不可避免地给承包人从环境与技术、经济等各方面带来不可确定性风险。可以说，整个项目管理工作的重点就是持续性的风险管理，预防风险发生于未然。

1. 技术与环境方面的风险

（1）地质地基条件。一般工程发包人提供一定的地质和地基条件，但这些条件往往与实际情况出入很大，施工时会引起超挖超填、处理特殊地质情况如流沙，或遇到其他障碍和文物都会增加工作量的拖长工期。

（2）水文气象条件。主要表现在异常天气的出现，如强风暴、特大暴雨、洪水、泥石流、塌方等不可抗力的自然现象，都会造成工期拖延和财产损失。

（3）施工准备。由于工程发包人提供的施工现场有隐患或通水、通电和交通等准备工作不足，带来承包人不能做好施工前准备工作，给工程开工后造成后遗症。

（4）设计变更或图纸供应不及时。设计变更会影响承包人的施工安排，从而带来一系列总是设计图纸供应不及时，会导致施工进度延误，造成承包窝工。

（5）技术规范。特别是标准技术规范以外的特殊工艺，往往由于发包人要求不合理或过于苛刻，而事先又没有这方面的约定。

（6）施工组织设计。施工组织设计包括施工方法选择，施工进度计划，施工设备选择，劳动力安排。施工组织设计的缺陷和漏洞，都对工程造价和工期有着极大影响。

（7）施工技术水平。由于承包人承揽了与自己技术能力不太适应的工程项目，不能及时解决所遇到各类技术问题，或者是施工机械某些不配套或维修条件差等。此外，由于发包人管理工程的技术水平差，对承包人提出需要发包人解决的技术问题，迟迟不能作出答复。

2. 经济方面的风险

（1）招标文件。招标文件是投标的主要依据，特别是投标者须知，设计图纸，工程质量要求、合同条款，以及工程量清单，都潜在着经济风险，必须仔细分析研究。

（2）要素市场价格。要素市场包括劳动力市场、材料市场、设备市场，这些市场的价格变化，特别是价格上涨因素，直接影响着工程承包价格。

（3）金融市场因素。金融市场因素包括存贷款利率变动，货币贬值等。

（4）材料、设备供应。主要表现发包人供应的材料或设备质量不合格或供应不及时。

（5）国家政策调整。国家对工资、税种和税率、工作日等调整。

3. 合同签订和履行方面的风险

（1）合同条款不全面、不完善，合同文字不细致、不严密，致使合同存在比较严重的漏洞；或者合同存在着单方面约束性、过于苛刻的责权利不平衡条款。

（2）合同内没有或不完善的转移风险的担保、索赔、保险等相应条款。

（3）合同内缺少因第三方影响造成工期延误或经济损失的条款。

（4）发包人资信因素。发包人履约能力差。由于发包人经济情况变化，无力支付工程款；或者是发包人信誉差，不诚实，有意拖欠工程款。

（5）分包。由于选择分包商不当，会遇到分包商违约，不能按质按量按时完成分包工程，致使影响整个工程进度或发生经济损失。特别发包人指定的分包商。

（6）合同履行过程中。由于发包人驻工地代表或监理工程师工作效率低，不能及时解决问题或付款，或者是发出错误的指令。

以上列举只是工程施工阶段存在风险因素的主要方面，没有涉及的风险因素，随时随地都可能发生。因此，加强工程项目施工阶段的风险管理是十分必要的。

二、工程项目风险管理和处理风险的主要方法

工程项目风险管理是一门相当新的学科，它系统地将处理业务上风险的途径程序化。风险管理的程序一般为预测、分析、评价和处理四个阶段。

（一）风险预测

风险虽然具有不确定性，但并非不可知，绝大多数中可以预测的。在风险理论中，将风险事故发生率称为风险概率。风险概率在一段时间、一定范围内是稳定的。例如，工期延误事件、工程设计变更事件，几乎在每一个工程施工阶段都会发生，这就使这些风险事件概率，相对稳定存在。风险虽然可以预测，但这种预测也不是轻而易举。预测风险的方法要依靠观察、掌握有关知识、调查、采访、参考有关资料、熟悉法律法规、听取专家意见，特别是要有丰富的处理风险的经验。准确地对风险作出预测，就可以掌握适当处理风险的方法。

（二）风险分析和评价

风险事件预测后，要进行分析和评价通过分析和评价测定风险量。风险量的测定取决于风险可能发生的概率和一旦发生对时间和经济产生的影响程度。风险量的测定方法包括预测技术、统计、总体研究，灾害分析、财务分析、时间分析，估计可能的最大损失，以及对此类工程项目或类似工程项目处理风险结果的评审。

（三）风险处理

在预测、分析、评价风险后，关键在于风险的处理。这是工程项目风险管理的最重要的环节。处理工程项目风险一般有三种方法：控制风险、转移风险和保留风险。

1. 控制风险。

包括避免风险、消灭风险和减少风险。使风险发生的概率和导致的损失降到最低程度。

控制工程项目风险有如下几种主要措施：

（1）熟悉和掌握有关工程施工阶段的法律法规。涉及施工阶段的法律法规是保护工程承包双方利益的法定根据。承发包双方只有熟悉和掌握这些法律法规，依据法律法规办事。政府主管建设的行政部门和相关的中介机构，不断地向工程承发包双方宣传、讲解有关法律法规，提高承发包双方用法律保护自己利益的意识，才能有效地依法控制工程项目风险。

(2) 深入研究和全面分析招标文件。承包商取得招标文件后,应当深入研究和全面分析,正确理解招标文件,吃透业主的意图和要求。要全面分析投标人须知,详细审查图纸,复核工程量,分析合同文本,研究投标策略,以减少合同签订后的风险。政府主管部门或中介机构,要提供或及时修订招标文件范本,以规范工程项目交易行为,保证施工招标竞争的公平性,利于承发包双方控制风险。

(3) 签订完善的施工合同。基于"利益原则"作为承包人宁可不承包工程,也不能签订不利的、独立承担过多风险的合同。在工程施工过程中存在很多风险,问题是由谁来承担。减少或避免风险是谈判施工合同的重点。通过合同谈判,对合同条款拾遗补缺,尽量完整,防止不必要的风险;通过合同谈判,使合同能体现双方责权利关系的平衡和公平,对不可避免的风险,由双方合理分担。使用合同示范文本(或称标准文本)签订合同是使施工合同趋于完善的有效途径。由于合同示范文本内容完整,条款齐全,双方责权利明确、平衡,从而风险较小,对一些不可避免的风险,分担也比较公正合理。政府主管部门或中介机构,要提供不同类型工程施工合同示范文本,并不断修订和完善条款内容,对承发包双方签订合同和控制风险都是十分有利。

(4) 掌握要素市场价格动态。要素市场价格是经常遇到的风险。在投标报价时,必须及时掌握要素市场价格,使报价准确合理,减少风险的潜在因素。但是在投标报价时往往对要素市场价格变化预测不周、考虑不足,特别中可调价格合同,要控制风险,必须随时掌握要素市场价格变化,及时按照合同约定调整合同价格,以减少风险。

(5) 加强合同履行管理,分析工程项目风险。虽然在合同谈判和签订过程中,对工程项目风险已经发现,但是合同中还会存在词语含糊,约定不具体、不全面、责任不明确,甚至矛盾的条款。因此,任何工程项目施工合同履行过程中都要透彻地分析出风险,否则就不可能对风险有充分的准备,从而在合同履行中很难进行有效的控制。特别是对风险大的工程更要强化合同分析工作。

(6) 管好分包商,减少风险事件。对分包商的工程和工作,总包商负有协调和管理责任,并承担由此造成的损失。所以对分包商的承包工程和其工作,要严格管理,督促分包商认真履行分包合同,把总分包之间可能发生的风险,减少到最低程度。依据政府主管部门制定的工程项目总分包管理办法,规范总分包之间的行为,改变总分包之间的无秩现象。

2. 转移风险。

包括相互转移风险和向第三方转移风险。

转移工程项目风险有如下几种措施:

(1) 推行索赔制度,相互转移风险。

对于预测到的工程项目风险,在谈判和签订施工合同时,采取双方合理分担的方法,对一个风险来讲,是最公平合理的处理方法。由于一些不可预测的风险总是存在的,不会有不承担风险、绝对完美和双方责权利关系绝对平衡的合同。因此,不可预测风险事件的发生,是造成经济损失或时间损失的根源,合同双方都希望转嫁风险,所以在合同履行中,推行索赔制度是相互转移风险的有效方法。因为在实际工程中,索赔是双向的。承包商可以向业主索赔;业主也可能向承包商索赔。但业主向承包商索赔处理比较方便,它可以通过扣拨工程款及时解决索赔问题。而最常见、最有代表性、处理比较困难的是承包商向业主转移风险,提出索赔。所以通常将它作为处理风险和进行索赔管理的重点和主要对象。这也是国际承包工程中一种普遍的做法。工程索赔制度在我国尚未普遍推行，承发包双方对索赔的认识还很不足，索赔和反索赔具体作法也还十分生疏。因此，承发包双方要不断了解索赔制度转移风险的意义，学会索赔方法，使转移工程项目风险的合理合法的索赔制度健康地开展起来，逐步向国际惯例接轨。

(2) 向第三方转移风险。包括推行担保制度，进行工程保险。

A. 推行担保制度。推行担保制度是向第三方转移风险的一种有法律保证的做法。我国《担保法》内规定有五种担保方式。在工程项目施工阶段以推行保证和抵押两种方式为宜。

第一，保证。是指保证人和债权人约定，当债权人不履行债务时，保证人按照约定发行债务或者承担责任的行为。当前我国可以逐渐推行银行保证或企业保证。

银行保证。国际上通行作法是在工程招投标和合同履约过程中，实行银行保函制。由承发包双方开户银行，根据被保证人(即承包人或发包人)在银行存款情况和资信，开具保函，承担代偿责任。我国当前银行保函制度，因为没有相应法规或规章，尚未普遍推行。要推行这一制度，国家建设行政主管部门和金融主管部门应当依据《担保法》、《银行法》、《建筑法》等法律，制定《商业银行为工程项目出具保函的管理规定》，对银行出具保函的原则、条件、责任和管理等作出详细规定以利在我国逐渐推行银行保函制度。

企业保证。除推行银行保函制外，也可以推行有实力的大型企业做为工程承包人或发包人的保证人，由其出具保函，承担代偿责任。推行这种担保制度，也需有相应法规或规章作为依据。

推行保证制度，不仅可以转移合同当事人的风险，还可以对那些资信程度不高，实力不足的工程发包人或承包人发包工程或承包工程有着很大的遏制作用，从根本上控制工程项目风险。

第二，抵押。是指债务人或者第三人不转移抵押财产的占有，将该财产作债权的担保。债务人不履行债务时，债权人有权依据《担保法》规定，以该财产折价或者拍卖、变卖该财产的价款优先受偿。当然债务人抵押财产不属于向第三方转移风险范畴，但以第三人抵押财产，实行代偿则属于向第三方转移风险。推行这一制度，要在承发包双方签订工程承发包合同的同时，由承发包双方或其任何一方与第三方抵押人订立抵押合同，并依法进行抵押物登记。工程项目推行抵押制度转移工程项目风险，也需有相应法规或规章加以规范。

B. 推行保险制度。保险是指投保人根据合同约定，向保险人支付保险费，保险人对于合同约定的可能发生的事故(风险)，因其发生所造成的财产损失承担保险金责任；或者当被保险人死亡、伤残、疾病或者达到合同约定的年龄、期限时承担给付保险金责任的商业保险行为。上述保险概念，前者为财产保险，后者为人身保险。工程保险是工程发包人和承包人转移风险的一种重要手段。当出现保险范围内的风险，造成经济损失时，工程发包人或承包人才可以向保险公司索赔，以获得相应的赔偿。一般在招标文件中，特别是在投标报价说明中都要求承包人作出保险的承诺。在我国工程项目保险工作尚未与国际惯例接轨，但在《建设工程施工合同示范文本》内也对工程一切险、第三方责任险、人身伤亡险和施工机械设备险等设置了相应条款。为了把工程保险制度逐渐推开，一方面要在修改施工合同示范文本时，向国际惯例接轨，另一重要方面是要制定工程项目保险章程和必要的法规或规章，以保证工程项目保险制度的全面推行。

3. 保留风险。

又称自留风险。这是指当风险不能避免或因风险有可能获利时，由自己承担风险的一种作法。自留风险分为意识和无意识自留风险两种。无意识自留风险是指不知风险的存在而未加处理；或风险已经发生，但没有意识到而未作处理。有意识风险自留风险是指虽然明知风险事件已经发生，但经分析由自己承担风险更为方便，或者风险较小自己有能力承担，从而决定自己承担风险。也有采取设立风险基金的方法，损失发生后用基金弥补。在工程项目固定价格合同中考虑一定比例的风险金，以前通常叫做不可预见费，就是对合同中明确的潜在风险的处理基金。风险基金的比例，取决于合同风险范围和对风险分析的结果。一旦出现风险，发生经济损失，由风险基金支付。

第五节 合同索赔管理

一、合同索赔概念及作用

工程建设索赔是培育和发展建筑市场的一项重要工作。这项工作的健康开展，对加强企业内部管理，提高企业素质；对学习掌握国际惯例，发展对外工程承包；对保护企业合法权益，建立市场经济新秩序；对提高工程建设的效益，进而加快经济建设的发展，都具有非常重要的意义和作用。

由于受长期计划经济体制的影响，当前我国的承发包双方对工程索赔的认识都不够全面、正确；合同管理及企业内部管理与索赔工作的要求，也有一定差距；实施索赔的方法、程序及问题处理等，也不够科学、规范；保证索赔顺利进行的有关中介机构、管理法规还很不健全。有关方面还不同程度地存在着不敢索赔、不会索赔、不能索赔、不让索赔的现象。要使我国企业的索赔和处理索赔工作能力达到国际先进水平，还要做大量艰苦、细致的工作。索赔是当事人在合同实施过程中，根据法律、合同规定及惯例，对并非由于自己的过错，而是属于应由合同对方承担责任的情况造成，且实际发生了损失，向对方提出给予补偿的要求。索赔事件的发生，可以是一定行为造成，也可以由不可抗力引起；可以是合同当事人一方引起，也可以是任何第三方行为引起。索赔的性质属于经济补偿行为，而不是惩罚。索赔的损失结果与被索赔人的行为并不一定存在法律上的因果关系。

索赔工作包括施工企业向建设单位要求索赔，也包括建设单位对索赔要求的处理。索赔工作是承发包双方之间经常发生的管理业务，是双方合作的方式，而不是对立。承包人不敢索赔，害怕影响与建设单位的合作；发包人认为索赔是额外的支出、损害自己的声誉，因而不让索赔，都是特别需要克服的错误做法，需加强引导、教育和改进。

工程索赔的健康开展，对双方的管理与合同的履约管理都将提出很高要求。它有利于促进双方加强内部管理，严格履行合同，有助于双方提高管理素质，加强合同管理，维护市场正常秩序；工程索赔的健康开展，能促使双方迅速掌握索赔和处理索赔的方法和技巧，有利于他们熟悉国际惯例，有利于对外开放，有利于对外承包工程的开展；工程索赔的健康开展，可使双方依据合同的实际情况实事求是地协商调整工程造价和工期，有助于政府转变职能，并使它从繁琐的调整概算和协调双方关系等微观管理工作中解脱出来；工程索赔的健康开展，把原来打入工程报价的一些不可预见费用，改为按实际发生损失支付，有助于降低工程报价，使工程造价更加合理；工程索赔的健康开展，对于培育和发展建筑市场，促进建筑业的发展，提高工程建设的效益，将发挥非常重要的作用。

二、我国合同索赔现状

由于长期受计划经济体制的影响，当前我国承发包双方对工程索赔的认识都不够深刻，主要是缺乏推行索赔所需要的各种意识，其表现有以下几个方面：

1. 市场意识。长期以来我国实行计划经济，工程建设任务用行政手段分配。工程建设单位，即工程发包单位，投资靠国家拨款，不负任何经济责任。建筑施工企业，即工程承包企业，缺乏经营自主权，盈利上缴，亏损国家弥补。因而承发包双方都有较强的计划意识，缺乏市场意识。在市场经济条件下，用竞争代替计划经济的指令，建筑市场的竞争不仅是承包企业之间的竞争，也存在于承发包双方。不论是工程发包人，还是工程承包人，都从本方利益出发，使经济效益都朝有利于本方利益的方向发展，施工合同索赔，就是双方竞争的一个重要方面。

2. 法律意识。在计划经济体制下，一切经济活动只能在计划配额的范围内活动，受指令性计划的约束，不能突破。执行计划过程中，承发包双方遇有争议，各自找上级单位解决，或找主管部门协调。市场经济是法制经济，任何单位和个人的经济活动都不能超越法律范围。但是，受长期计划经济影响，人们不认真学法，从而不懂法律的性质和作用，承包企业为会用法律来保护自己的权益，发包人不会依法处理与承包企业之间的发生的经济纠纷，甚至分不清什么是依法赔偿和依法惩罚的界限，在这种意识驱使下，施工索赔就难以健康地开展。

3. 合同意识。合同是一种民事法律行为，因当事人依法订立合同后，他们之间就产生了权利和义务关系，当事人的权利受法律保护；义务受法律监督。计划经济时期，一些建设工程，承发人双方也签订过合同，但签订后既束之高阁，根本不履行合同。在市场经济条件下，虽然国家制定了有关合同的法律法规，但承发包双方都缺乏合同意识，不认真谈判合同，也不认真履行合同，更谈不上认真研究合同。索赔是合同管理的一个重要环节，对待合同尚且不认真，还能认真对待索赔。"皮之不存，毛将安附"。

4. 管理意识。现代工程建设体积庞大，结构复杂，质量标准高，在这种情况下，不论是工程发包人或承包人，都需要有高度准确和精细的管理，才能保证建设工程达到预期效果，计划经济时期不论工程发包人或承包人都重视按计划完成任务，忽视工程管理，毫无管理意识。施工索赔涉及工程管理的各个方面，发包人和承包人都没有健全、完善和行之有效的管理机制，使开展施工索赔，失去了最可靠的基础和依据。

5. 经济效益意识。作为承包企业应以追求最大的经济效益为目标。计划经济时期，企业是行政部门的附属物，不自主经营，不自负盈亏，也就不存在追求经济效益的意识。市场经济是政企分开，企业自主经营、自负盈亏。索赔是在合同规定范围内，合理合法地追求经济效益的手段。通过索赔可以提高合同价格，弥补损失，增加收益。现在一些企业经济效益意识较差，因而不讲索赔，不研究索赔。使施工索赔很难健康开展起来。

除了以上索赔意识差，不能促使施工索赔健康开展原因外，还有对实施索赔的方法、程序及问题处理等方面，承发包双方都不甚了解，或不够科学、规范。此外，保证索赔顺利进行的有关中介机构，如建设工程专业的律师事务所等还不健全，所有这些都是阻碍施工索赔健康开展的因素。

三、推行施工索赔的法律依据

施工索赔是合同和法律赋予受损失者的权利，对承包企业来说是一种保护自己，维护自己正当权益，避免损失，增加利润的手段。虽然，当前我国在培育和发展建筑市场工作中，还存在有关法规不够健全、不够严密的问题。但是，对逐步推行工程施工索赔工作，客观上还是有一定条件的。《民法通则》、《合同法》以及《全民所有制建筑安装企业转换经营机制实施办法》，都有涉及工程索赔的条款，可以作为推行工程索赔的法律依据。

第一，《民法通则》第一百零六条规定：公民、法人违反合同或者不履行其他义务的，应当承担民事责任。还规定："公民、法人由于过错侵害国家的、集体的财产，侵害他人财产、人身的，应当承担民事责任。"

这里所指的民事责任是：根据法律规定在民事上应负的给付义务。这种给付义务包括一般民事义务和侵权行为或债务不履行所造成的赔偿义务。根据民事责任的原则，在《民法通则》第一百一十一条对违反合同的民事责任，作了如下规定，即"当事人一方不履行合同义务或履行合同义务不符合约定条件的，另一方有权要求履行或者采取补救措施，并有权要求赔偿责任，应当相当于另一方因此所受到的损失。"在施工合同履行过程中，发包人违反合同的现象是屡屡发生的。这种违反合同的现象，可能是合同内因素，也可能是合同外因素；可能是发包人故意行为，也可能是客观原因，使发包人不能履行合同或者不能完全履行合同。不论什么情况，只要是发包人的责任，使承包企业遭受到合同价款以外的损失或影响工期，承包企业就可以依法要求发包人采取补救措施，并有权要求赔偿损失，这种要求赔偿权，就是依法索赔权。

第二，《合同法》第一百零七条至第一百一十四条也有上述类似的规定。在施工合同履行过程中，由于发包人过错，承包企业就可以依据这些条款，向发包人要求其支付违约金和赔偿金，这种要求即为索赔。

第三，建设部、国家体改委和国务院经贸办发布的《全民所有制建筑安装企业转换机制实施办法》第三十四条规定要"按照国际惯例，建立工程索赔制度。"第六条企业享有生产经营决策内规定：对于建设资金不足，物资供应短缺的工程，企业有按照合同规定追究违约责任，并有权调整施工进度。第七条企业享有建筑产品、劳务承包定价权内规定：工程的承包价格应由企业与工程发包单位本着公平、合理的原则，通过投标竞争，在双方签订的工程承包合同中确定。在工程施工中，如发生工程量变化，设计变更等，企业有权要求按有关规定调整预、决算。上述条款内容也可以作为承包企业向发包人要求索赔的依据。

四、《施工合同示范文本》为开展施工索赔创造的条件

国家建设部和工商行政管理局依据有关建设工程施工阶段的法律、法规，结合建设工程施工的实际情况，并借鉴国际有关土木工程的施工合同文本，制定了《建设工程施工合同示范文本》（以下简称《示范文本》）。《示范文本》的推行，为开展施工索赔创造了条件。

1.《示范文本》专门制定了"索赔"条款。这个条款对索赔时限、索赔程序和索赔的依据都做出了严格的约定。在履行合同时，必须予以足够的重视。

"索赔事件发生后 28 天内,向工程师发出索赔意向通知;发出索赔意向通知后 28 天内,向工程师提出补偿经济损失和(或)延长工期的索赔报告及有关资料;工程师在收到乙方送交的索赔报告和有关资料后,于 28 天内给予答复,或要求乙方进一步补充索赔理由和证据。"

从上述内容足以说明证据是索赔的关键。证据不足或没有证据,索赔是不能成立的。证据是在施工过程中,也就是合同履行中产生的。常见的可以索赔的证据合同文本外有如下多种:

索赔证据:投标文件、会议纪要、往来信件、指令或通知、施工组织设计、施工现场的各种记录、施工现场的各种记录、工程照片、气象资料、各种验收报告、采购凭证、价格信息、成本资料、法律法规等。

(1) 投标文件。投标文件是组成施工合同的重要部分,其内容包括承发包双方的要约和承诺,在索赔要求中可以直接做为证据;

(2) 会议纪要。在施工过程中发包人、承包人、监理人及有关方面针对工程召开的一切会议的纪要。但纪要要经过参与会议的各方签认,或由发包人或其代理人签章发给承包企业才有法律效力;

(3) 往来信件。合同双方的往来信件,特别是对承包企业提出问题的答复信或认可信等;

(4) 指令或通知。发包人驻工地代表或监理工程师发出的各种指令、通知,包括工程设计变更、工程暂停等指令;

(5) 施工组织设计。这是指包括施工进度计划在内,并经发包人驻工地代表或监理工程师批准的施工组织设计或施工方案;

(6) 施工现场的各种记录。如施工记录、施工日记、工长日记、检查人员日记或记录,以及经发包人驻工地代表或监理工程师签认的工程中停电、停水、停气和道路封闭、开通记录或证明等;

(7) 工程照片。这是指注明日期,可以直观的工程照片;

(8) 气象资料。现场每日天气状况记录。请发包人驻工地代表或监理工程师签证的气象记录;

(9) 各种验收报告。如隐蔽工程验收报告、中间验收工程报告、材料实施报告以及设备开箱验收报告等;

(10) 建筑材料的采购、运输、保管和使用等方面的原始凭证;

(11) 政府主管工程造价部门发布的材料价格信息、调整造价的方法和指数等;

(12) 各种可以公开的成本和会计资料;

(13) 国家发布的法律、法令和政策文件,特别是涉及工程索赔的各类文件,一定要注意积累。

承包企业在索赔管理中,除了及时提出和注意收集证据外,还要做到向发包人提出的索赔报告的真实性、全面性和证据的法律效力。索赔要据理以争,不可无理取闹;要有耐心,反复向发包人摆事实、讲道理,利用公关手法,力争索赔成功。

2.《示范文本》内提供了多项合同内索赔机会,为企业开展索赔工作创造了有力的条件和基础。建筑施工企业就认真签订、履行和管理施工合同抓住合同内索赔机会,积极开展索赔工作，以弥补损失，提高经济效益。

五、加强施工合同管理、健康地开展索赔工作

施工索赔施工合同两者有着直接联系，施工合同是索赔的依据，索赔就是针对不履行合同，不完全履行合同或违反合同造成损失，要求赔偿的行为。是否应该索赔，最终以合同条款作为判定的标准。索赔是合同管理的延续，是解决承发包双方合同纠纷的特殊方法，因而，人们也将工程索赔称之为合同索赔。要获得索赔成功，必须加强合同管理。

1. 签好合同是索赔成功的前提

索赔工作是伴随着工程开始而开始。因此，在签订合同时就要考虑各种不利因素，为合同履行时创造索赔机会。合同的合理程度直接影响工程的经济效益，一些有经济头脑的企业家都认为宁可不签合同，也不签一个不利于自己一方的合同。所谓有利合同，其中重要的一环，就是有利索赔。索赔涉及的内容，有很多是在合同内找到依据，或者是合同条款中明文约定，例如《示范文本》内就有多处可以索赔的约定。使用《示范文本》签订施工合同就为索赔成功，提供了有利条件。签订合同是双方法律行为，合同一经签订就不能任意修改，所以在签订合同时，要特别注意两点：一是尽量为自己一方埋伏下索赔机会；二是尽量使对方忽略履行合同时可能产生的错误。只要在签订合同时能做到这两点，就能为履行合同时提供索赔成功和机会。

2. 研究合同是寻找索赔机会的重要方法

研究合同是对施工合同进行完整、全面、详细的分析。通过研究切实了解合同约定的自己和对方的权利和义务，预测合同风险，分析进行合同变更和索赔的可能性，以便采取最有效的合同管理策略和索赔策略。作为建设工程承包人，不仅在投标降低成本认真研究将组成合同文件的招标文件，以便使投标具有合理性和竞争性，并为以后的合同履行奠定良好的基础；而且在整个合同履行过程中都要随时结合施工现场实际情况，结合法律法规进行分析研究，以合理履行合同，同时不漏掉自己一方应得的任何利益，及时合理地提出索赔。合同是法律约束，又是保证自己取得经济效益的重要手段。对索赔来说，研究合同就是在合同条款中找出明显或隐含的索赔基础和依据。《示范文本》中除了明显的可以索赔条款外，还有不少隐含的可以索赔因素，这些都要在认真研究合同的基础上才会掌握。

3. 加强合同履行管理，是捕捉索赔机会的主要环节

建设工程施工，从合同正式签订到终止，是一个较长的发行期。在整个合同发行期内，由于下列原因都会影响承包人的利益而提出索赔：

（1）建设工程的特点是体积庞大、结构复杂、资金占用多、技术质量要求高、施工周期长，工程本身及其环境有许多不准确性和变化。最常见的有：地质条件变化、国家经济政策变化、生产要素市场的价格变化、自然条件变化。这些变化对合同的履行有着很大干扰，从而影响合同工期和价格。

（2）对各种条件极其复杂的建设工程，在签订合同时不可能对所有的总是都做出准确预见，工程越大也就越复杂，尽管合同条款比较多，但考虑不周、条款缺欠和漏洞在所难免；再如合同文字不严密，表达不清楚，有二义性，这些都会导致合同履行中双方对责任、义务和权利的争议，而这一切都与工期、合同价格有紧密的联系。

（3）工程发包人在工程实施过程中，大量的工程变更，如建筑功能、形式、装饰、质

量标准等,以及施工图纸设计存在的各种问题,都会导致工程量和工程质量的变化,从而直接影响合同工期和价格。

(4) 工程发包人对建设工程实施过程中涉及的技术、经济各方面的法律、法规不熟悉,缺乏足够的管理经验,在合同履行管理是产生诸多失误,如指令错误、合同规定的资料提供不及时、供料不及时、拖欠工程款等,都会为承包人提供索赔机会。

(5) 建设工程复杂,除总包单位外,还有很多分包单位;同时还涉及材料供应商、机械租赁部门、构配件供应部门,各方面技术、经济关系错综复杂,责任难以明确分清。在合同履行过程中互相干扰是不可避免的。因而会发生发包人的失误或者是第三方的影响,所有这些都会影响工期和价格。

上述这些原因在任何建设工程施工合同履行过程中都是不可避免的,所以索赔也不可避免。工程承包人为了取得工程经济效益,就要在合同履行过程中注意捕捉一切索赔机会,及时提出索赔意向和要求。

4. 学会科学索赔方法,是推行索赔制度和索赔成功的先决条件

要使施工合同索赔制度健康地开展起来,除了要增强市场意识、法律意识、合同意识、管理意识和经济效益意识外,从承包人来讲更关键的是要学会科学的索赔方法。

科学的索赔方法在于承包人必须熟悉索赔业务,注意索赔策略和方法,严格要求按合同规定的要求和程序提出索赔。使用《示范文本》在管理索赔时,承包人必须抓住索赔机会,迅速作出反应,在索赔事件发生后28天内,要向发包人的甲方代表或监理工程师提出索赔意向。按合同约定提出索赔报告。索赔报告一般应符合下列几点要求:

(1) 保证索赔事件的真实。这是整个索赔的基本要求。这关系到承包人信誉和索赔的成败,不可含糊。索赔报告中抽提出的索赔事件必须有足够证据来证明事件的真实性。这些证据必须附于索赔报告之后。对索赔事件必须叙述清楚,不可用含糊不清的语言,这会使索赔要求无力。

(2) 责任必须分析清楚、准确。索赔报告中所针对的索赔事件都是由对方责任引起的,应将责任明确的向对方说清。不可用客气语言或自我批评式的语言,否则会丧失自己在索赔中的有利地位。

(3) 强调索赔事件的突发性。要在索赔报告内,强调索赔事件的突发性,强调即使一个有经验的承包者也难于预见,还要强调在事件发生后承包人为减少损失,采取的最有利措施,这为索赔成功打下坚实基础。

(4) 文字简洁,用词婉转,计算精确。索赔报告通常要文字简洁,条理清楚,各种结论、定义准确,逻辑性强。尽量避免报告中用词不当,特别容易伤害对方感情的语言。但是一定要注意索赔事件的证据和索赔值的计算一定要精确,详细说明索赔事件与索赔值之间的直接因果关系。

复习思考题

1. 建设工程项目合同的特点有那些?
2. 建设工程施工合同双方的权利义务有哪些?
3. 建设工程合同风险处理方法有哪些?
4. 工程合同的担保方式有哪些?有何作用?

5. 正确的索赔程序是什么？索赔的依据有哪些？

参考文献

[1] 建设部、国家工商行政管理局.《建设工程施工合同(示范文本)》[GF-1999-0201], 1999
[2] 国际咨询工程师联合会，中国工程咨询协会编译. 菲迪克(FIDIC)合同指南. 北京：机械工业出版社，2003
[3] 刘国栋，董红梅等. 注册咨询工程师(投资)考试教材—工程项目组织与管理. 北京：中国计划出版社，2003
[4] 徐崇禄，董红梅等. 建设工程施工系列合同应用指南. 北京：中国计划出版社，2003

第十七章 建筑企业技术管理

第一节 技术管理的概念与内容

一、技术管理的概念

建筑企业的技术管理是对建筑企业中的各项技术活动和技术工作中的各项要素进行计划、组织、指挥、监督等管理工作的总称。

建筑企业的各项技术活动主要包括两大类：一类是指保证正常生产技术秩序方面的技术活动，如图纸会审、技术交底、材料技术试验等；另一类是指企业的技术创新活动，如技术改进与技术开发、科学研究、新技术试验等。技术工作中的各项要素是指技术工作赖以进行的技术人才；支持技术工作完成的硬件——技术装备；支持技术工作的软件——技术情报、技术档案、技术标准及规程、技术责任制等。

技术管理是建筑企业生产经营管理的重要组成部分。现在大部分企业并没有给予技术管理应有的重视，在当今发展快速的社会里，技术管理将越来越成为企业发展的核心要素，也将是对管理者的巨大挑战。在影响技术创新的所有因素中，最重要的因素莫过于技术能力和技术管理。

科学技术是第一生产力。技术优势是企业核心竞争力的要素之一。加强技术管理对于稳定企业生产技术工作秩序、保证建筑企业安全生产、搞好文明施工和保证工程质量、提高企业的技术水平和经济效益具有十分重要意义。

建筑企业技术管理的任务是正确贯彻国家的技术政策，研究、认识和利用技术规律；科学地组织各项技术工作，建立企业正常的生产技术秩序，保证生产的顺利进行；不断改进原有技术和采用新技术，推进企业的技术进步，不断提高企业的技术水平；通过技术创新，建立技术优势，增强企业核心竞争力；努力提高技术的经济效益。为此，建筑施工企业技术管理必须尊重科学技术规律，认真贯彻国家的技术政策，遵循技术与经济效益相结合的原则来进行。

二、技术管理的内容

建筑企业技术管理的基本内容如图 17-1 所示。

第二节 技术管理体系

建筑企业技术管理体系由技术管理组织体系、技术管理责任制度和技术管理规章制度所构成。

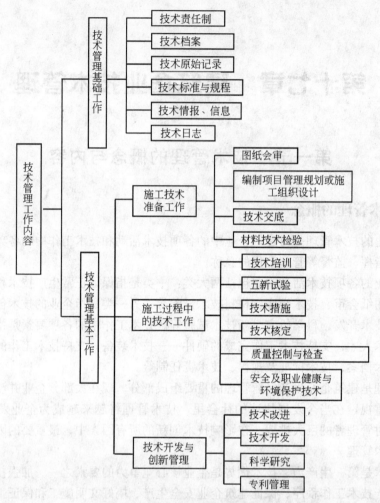

图 17-1 企业技术管理的基本工作

一、技术管理组织体系

目前，我国大多数建筑企业均遵循统一领导、分级管理的原则建立技术管理组织体系。

建筑企业的技术管理，是一项系统工程，是构建建筑企业核心竞争力的重要内容。尤其是在建筑企业施工项目管理全过程中的进度控制、工程投资控制和质量控制等各个方面，技术管理都起着重要作用，可以说是施工中各项管理的龙头。为了保证企业正常生产技术秩序以及形成企业技术优势，建筑施工企业通常应当在公司总经理下设总工程师(分管技术的副经理)，建立在总工程师(技术副经理)全面领导下的技术管理体系。对于大中型建筑企业可以实行三级管理的组织管理体系，即公司—分公司—项目经理部。第一级为公司，总工程师作为公司一级的负责人，对企业的技术管理工作全面负责。公司可以设总工办，公司技术部等职能部门。第二级为分公司，包括工程处、工区。可以设主任工程师负责技术管理，下设相应科室，如工程科或技术科。第三级是项目级，通常设项目的主任工程师(或称为技术负责人)，下设主管技术质量的相应部门或人员。对于小型建筑企业可以实行二级管理,即公司—项目经理部。第一级为公司,设总工程师全面负责技术管理工作,下设工程科,负责技术和质量工作。第二级为项目,设项目技术负责人,下设技术员、质量员、材料员等。同时,对于大中型的建筑企业,可能在公司或分公司,设置检测中心、科技中心或信息中心。

二、技术管理责任制度

建立技术管理体系,就是在建筑企业的技术管理工作中,建立各项技术管理责任制度,正确划分各级技术管理权限,明确各级技术领导职责,做到有职有权,才能保证各项技术管理工作落到实处。

(一)公司总工程师的职责

(1)总工程师为技术行政职务,与公司副总经理系同级行政领导成员,在公司总经理领导下,对企业技术管理负全面领导责任。对公司承接的工程任务负有技术指导和管理的领导责任,监督各级职能部门领导和项目负责人履行技术质量管理职责。

(2)负责公司科技进步工作。根据国家技术政策和国内外技术市场预测,负责组织编制总公司的技术开发、技术引进、技术改造规划与计划,并在总经理批准下具体负责实施工作。大力开展和推广应用新技术、新工艺。组织国内科技成果的转化、引进国外先进技术的消化吸收与创新工作。对全局性、综合性的重大技术引进推广或开发性研究项目,组织协调攻关工作;主持评定与奖励公司级科技成果、技术革新及合理化建议等。负责主持公司知识产权管理工作。

(3)组织技术规程、施工规范、质量标准的贯彻落实,负责审定大型或重要工程施工组织设计和项目质量计划以及重要特殊项目的施工方案和重大技术措施,签署相关的技术文件。

(4)负责主持公司的科技情报和技术档案的管理工作,以及对外技术交流工作。

(5)领导企业中施工技术的科学试验和研究工作。对涉及新技术、新工艺、新材料的质量问题,负有鉴定和决策责任;对检验测试工作机构、人员、设备、仪器的配备、校准和管理制度的建立和健全,承担技术指导和领导责任。

(6)组织质量事故调查,审定处理措施,或直接组织在建工程项目的质量联检、工程质量评定和工程竣工报验工作。领导和组织工程质量方面文件和质量记录的管理、归档及其他有关事宜。

(7)对安全工作从技术上负责。审批企业重大的安全技术方案或措施。参加或主持重大安全事故分析。

(8)负责主持公司重大项目的预验收工作。

(9)协助企业领导做好对专业技术人员的考核、晋升、奖惩工作。

(二)总工程师办公室的任务和职能

总工程师办公室(简称总工室),是完成总工程师在企业科技管理职能作用的综合管理机构。其主要任务是对科技成果转化应用进行研究,也是组织研究审定全局性施工方案、科技宏观决策的工作机构,又是组织实施长、中、短期技术发展规划,技术供应年度计划、技术改造、科研项目,推行标准化和工法,实现全面质量管理和科技成果鉴定的综合管理机构,同时又是预测技术、科技发展、技术经济等情报研究的咨询参谋机构。总工室的相应职能主要有以下几个方面：

(1) 负责贯彻国家的科技方针，执行各项科技政策，实施有关条例、制度等，并协助总工程师督促检查各科技管理层的执行情况，组织选择最佳方案和提高经济效益的研讨会，汇编科技战略设想和决策文稿。

(2) 协助总工程师会同有关部门，拟定企业科技项目计划、引进和推广新技术计划，综合、分配和管理科技经费。

(3) 负责制定企业科技成果评审奖励实施办法，统一管理科技成果的收集、鉴定、申报以及技术开发管理。

(4) 组织编制生产技术部门的职责范围和各级技术人员的岗位职责，检查技术管理的各项规章制度和规程规范执行情况。

(5) 会同企业技术主管部门，召开专业性会议、公司内的学术交流、科技规划和重大关键性工程、项目会诊及企业技术工作会议；会同有关部门组织全公司技术标准化及全面质量管理科技报告工作。

(6) 负责技术经济情报研究工作，促进信息反馈和技术咨询服务工作；管理技术体系所需通用试验器材、科技设备、仪器的申请和分配。

(7) 组织各工程技术专业部门外出参加技术会议或参观考察工作。

(8) 协助技术部门审查或编写规程、规范实施细则、技术要求、报告和简报、书稿工作。

(9) 负责处理总工室日常事务工作，对外接待和处理工程技术来往函电工作。

总工室编制除正副总工程师外，还应设技术决策、技术开发、科技管理和专利管理等专职人员，使总工室真正成为精悍、高效的综合科技管理中心。

(三) 企业工程技术管理部门的技术管理职责

(1) 审核各施工项目编制的施工组织设计，并报总工程师批准。

(2) 督促检查各施工项目的施工过程控制管理，指导项目部按照有关标准、法规、规范规定的要求进行施工。

(3) 参加项目施工质量事故的调查、分析，制订事故的处理方案。

(4) 对推广应用新材料、新技术、新工艺实施技术指导。

(5) 负责竣工文件的标准化指导工作，审查竣工验收资料，整理收集和保存各工程项目的竣工资料，全面管理工程档案室的竣工资料并建立总台账。负责收集和提供技术情报资料、信息，做好施工技术资料的积累，建立和健全技术档案。

(6) 收集、整理、发放和组织实施国家、行业、公司内部颁布的技术标准和施工规范，并负责公司范围内此类文件的控制管理工作。

(7) 组织技术攻关和质量改进活动，对各施工项目不合格产品的控制、纠正和预防措施的制定以及实施进行检查指导。

(8) 对各施工项目标识和可追溯性工作的执行情况进行监督和检查。

(9) 协助有关部门做好对技术干部的考核、培训工作。

(四) 工程项目主任工程师的主要职责

一般情况下，一个工程项目不论投资大小、工程难易，都设有主任工程师（或称技术负责人）。他们应该在项目经理领导下，负责项目的技术管理工作。工程项目部主任工程师的主要职责通常包括：

(1) 全面负责项目的技术工作，决定项目范围内的重要技术问题。

(2) 组织项目相关人员学习图纸和参加施工图纸会审，主持工程项目的技术交底。

(3) 主持编制施工组织设计文件，组织编制和审查施工技术措施、专项施工方案。

(4) 深入现场掌握施工动态，及时指导、解决施工技术问题，督促施工人员做好原始记录。

(5) 主持项目全面质量管理工作。主持项目级质量检查验收，参加重要工序验收，督促、指导班(组)消除质量缺陷。

(6) 负责项目安全生产的技术工作，组织编制并审定安全技术措施，组织项目专项安全方案的评审。

(7) 参加或主持质量事故调查分析，参加安全事故调查分析，制定防止事故技术措施。

(8) 组织编制并审定项目的技术创新计划，推广施工新工艺、新技术、新结构、新材料。提出或审查合理化建议、组织开展项目技术创新活动。

(9) 组织技术人员学习技术业务。组织项目施工技术经验交流及技术专题讨论。

(10) 参加月、旬作业计划的编制，制定完成计划和技术经济指标的技术措施。

(11) 组织编制并审核施工技术总结，组织建立施工技术档案。

(12) 主持项目的分部分项工程验收工作，参加单位工程和单项工程的验收工作。

(13) 监督项目施工吊装机械、仪器、仪表及重要工器具的使用和维护工作。

三、技术管理规章制度

施工技术管理制度通常包括内业管理制度和现场施工管理制度。

（一）内业管理制度

内业管理制度包括文件资料管理制度、图纸会审制度、技术交底制度、文件会签制度、合同评审制度、检验试验制度、施工组织设计及施工方案的编制规定、计量支付制度、隐蔽工程的检查和验收制度、工程质量检验与评定制度、工程结构检查、验收与竣工验收制度等。

（二）现场施工管理制度

现场施工管理制度通常包括施工现场管理职责、文明施工管理、施工环境管理等。

第三节　施工技术管理

一、图纸会审

图纸会审是指开工前，由建设单位或监理单位组织，由设计单位进行设计交底，施工单位参加，对全套施工图纸共同进行的检查与核对。

施工图纸是进行施工的依据，图纸学习与会审的目的是领会设计意图，熟悉图纸内容，明确技术要求，及早发现并消除图纸中的技术错误和不当之处，保证施工顺利进行。

(一) 图纸学习与自审

施工项目经理部在收到施工图及有关技术文件后，应立即组织有关人员学习研究施工图纸。在学习、熟悉图纸基础上，进行自审。自审的重点主要包括：

(1) 了解和研究施工图纸与说明在内容上是否一致，图纸是否齐全，规定是否明确，以及设计图纸各组成部分之间有无矛盾和错误。

(2) 审查建筑图与其结构图在几何尺寸、标高、坐标、位置、说明等方面是否一致，有无错误，平面图、立面图、剖面图之间关系是否有矛盾或标注是否遗漏。

(3) 审查土建与水、暖、电以及设备之间如何交叉衔接，尺寸是否一致。

(4) 审查所采用的标准图编号、型号与设计图纸有无矛盾。

(5) 审查结构图中是否有钢筋明细表，若无钢筋明细表，关于钢筋构造方面的要求在图中是否说明清楚。

(6) 审查设计图纸中的工程复杂、施工难度大和技术要求高的分部分项工程或新结构、新材料、新工艺，明确现有施工技术水平和管理水平能否满足工期和质量要求等。

(二) 图纸会审的内容

图纸会审的主要内容有：

(1) 设计图纸必须是设计单位正式签署的图纸，凡是无证设计或越级设计，以及非设计单位正式签署的图纸不得施工。

(2) 设计是否符合国家的有关技术政策、经济政策和相关规定。

(3) 设计计算的假设条件和采用的处理方法是否符合实际情况，施工时有无足够的稳定性，对安全施工有无影响。

(4) 地质勘探资料是否安全，设计的地震烈度是否符合要求。

(5) 建筑、结构、水、暖、电、卫与设备安装之间有无重大矛盾。

(6) 图纸及说明是否安全、清楚、明确，有无矛盾。

(7) 图纸上的尺寸、标高、轴线、坐标及各种管线、道路、立体交叉、连接有无矛盾等。

(8) 防火要求是否满足。

(9) 实施新技术项目、特殊工程、复杂设备的技术可能性和必要性如何，是否有必要的措施。

(三) 图纸会审纪要

图纸会审应由施工单位整理会议纪要。图纸会审的记录要会签。会后由组织会审的单位，将审查中提出的问题以及解决办法，根据记录，写成正式文件或会议纪要，作为施工或修改设计的依据。图纸会审纪要一般包括以下内容：

(1) 会议地点、时间、参加会议人员名单。

(2) 建设单位与施工单位对设计提出的要求，以及要求修改的内容。

(3) 施工单位就便于施工、施工安全或建筑材料问题而要求设计单位修改部分设计图纸，会议商讨结果与解决办法。

(4) 会议中尚未解决或需要进一步商讨的问题与要求等。

图纸会审记录表格形式如表 17-1 所示。

图纸会审记录表　　　　　　　　　　　表 17-1

工程名称_____　　　　　　　　　　　___年___月___日

参加单位		施工单位	
		设计单位	
顺　序	图纸名称(图号)	存在问题	会　审　结　论

施工单位：　　设计单位：　　建设单位：　　监理单位：　　记录人：

施工单位必须按图施工。施工人员无权对设计图纸进行修改。施工过程中，如果发现图纸有差错或与实际情况不符或因施工条件、材料规格、品种、质量不能符合设计要求，以及提出合理化建议等原因，需要进行施工图修改时，必须严格执行技术核定和设计变更签证制度。只有设计变更得到批准后，施工单位才能按照变更后的图纸施工。

所有技术核定和设计变更资料，包括设计变更通知、修改图纸等，都须有文字记录，归入技术档案，并作为施工和竣工结算的依据。

二、技术交底

(一) 技术交底的责任

在工程正式施工前，为了使参加施工的技术人员和工人熟悉和了解所承担工程的特点、设计意图、技术要求、施工工艺和施工中应注意的技术和安全问题，以便科学地组织施工，必须认真做好技术交底工作。

(二) 技术交底的内容

(1) 图纸交底。目的是使施工人员了解施工工程的设计特点、构造要求、抗震处理要求、施工时应注意的事项等，以便掌握设计关键，结合本企业的施工力量、技术水平、施工设备等，合理组织按图施工。

(2) 施工组织设计交底。将施工组织设计的全部内容向参与施工的有关人员交代，以便掌握工程特点、施工部署、任务划分、施工方法、施工进度、各项管理措施、平面布置等，用先进的技术手段和科学的组织手段完成施工任务。

(3) 设计变更和洽商交底。将设计变更的结果向参与施工的人员做统一说明，便于统一口径，避免差错。

(4) 分项工程技术交底。分项工程技术交底主要包括施工工艺、技术安全措施、规范要求、操作规程和质量标准要求等。

对于重点工程、工程重要部位、特殊工程和推广与应用新技术、新工艺、新材料、新结构的工程，在技术咨询时更需要作全面、明确、具体、详细的技术交底。

(三) 技术交底的组织

技术交底工作应分级进行，分级管理。

1. 施工企业总工程师的技术交底

由施工企业总工程师向项目经理部技术负责人(主任工程师)、技术队长及有关职能部门负责人等，对技术复杂的重点工程和重点部位进行技术交底。其内容主要包括：

(1) 工程内容和施工范围。
(2) 工程特点和设计意图。
(3) 总平面布置。
(4) 综合进度和配合要求。
(5) 主要质量标准和保证质量的主要措施。
(6) 施工顺序和主要施工方案。
(7) 保证施工安全的主要措施。
(8) 主要物资供应要求。
(9) 采用重大技术创新项目及科研项目。
(10) 成本节约的计划指标和主要措施，以及其他施工注意事项。

2. 项目经理部技术负责人的技术交底

项目经理部技术负责人（主任工程师）向施工队技术队长（或专责工程师）和有关的技术人员、质量检查员、安全员进行施工方案、施工方法、质量要求及施工注意事项等内容交底。具体包括：

(1) 公司技术交底中属于本工地（队）施工的内容。
(2) 工程范围和施工进度要求。
(3) 主要操作方法和安全质量措施。
(4) 主要设计变更情况。
(5) 重要施工图纸的解释。
(6) 经批准的重大施工方案及措施。
(7) 质量评级办法和标准。
(8) 成本节约指标和措施。
(9) 应做好的技术记录内容及分工。
(10) 其他施工中应注意的事项。

3. 施工技术队长的技术交底

施工技术队长向参与施工的班组长和操作工人进行交底，这是技术交底的关键，其内容包括：

(1) 有关工程的各项要求。
(2) 必须注意的尺寸、轴线、标高以及预留孔洞、预埋件的位置、规格、数量等。
(3) 使用材料的品种、规格、等级、质量要求以及混凝土、砂浆、防水和耐火材料的配合比。
(4) 施工方法、施工顺序、工程配合、工序搭接、安全操作要求。
(5) 各项技术指标的要求和实施措施。
(6) 设计变更情况。
(7) 施工机械性能及使用注意事项。

4. 对班组长的技术要求

班组长在接受各项技术交底后，应组织班组的工人进行认真的讲座，制定保证全面完成任务的措施。班组长对新工人还应组织应知、应会的技术学习和技术练兵。

（四）技术交底的表现形式

技术交底是一项重要的技术管理。技术交底应根据工程施工技术的复杂程度，采取不同的形式。一般采用文字、图表形式交底，如表 17-2 所示。或采用示范操作和样板的形式交底。随着虚拟建造技术在施工管理中的应用，对于复杂的项目，还可以将虚拟建造技术用于技术交底。不过，书面交底仅仅是一种形式，技术管理的大量工作是检查、督促。在施工过程中，反复检查技术交底的落实情况，加强施工监督，严格进行中间验收，从而保证施工质量。

三、材料、构件试验检验

材料、构件试验检验是指对施工所需材料及构件在施工前进行的试验和检验。它是合理使用资源、确保工程质量的重要措施。

（一）材料、构件试验检验的要求

为了做好这项工作，建筑企业要根据实际需要建立健全试验、检验机构和制度，配备相应的人员和仪器设备，在企业总工程师和技术职能部门的领导下开展工作。

混凝土工程技术交底记录　　　　　　　表 17-2

单位工程名称：　　　　　　　　　　　　交底日期：
施工部位及结构名称：　　　　　　　　　工程数量：

1. 混凝土配合比

混凝土强度等级	水泥：水：砂：石子	水泥用量(kg)	水泥品种	坍落度

2. 浇筑方法：

浇筑顺序	
分层厚度	
施工缝位置	
劳动力组织	
预计浇筑时间	
注意事项	

交底人：　　　　　　　　　　　　　　　被交底人：

1. 对技术检验部门和施工技术人员的要求

（1）遵守国家有关技术标准、规范和设计要求，按照试验、检验规程进行操作，提出准确可靠的数据。

（2）试验、检验机构按规定对材料进行抽样检查，并提供数据存入工程档案。

（3）施工技术人员在施工中应经常检查各种材料、半成品、成品的质量和使用情况，对不符合质量要求的，确定解决办法。

2. 对原材料、构件、设备检验的要求

（1）用于施工的原材料、成品、半成品和设备等，必须由供应部门提出合格证明文件。对没有证明文件或虽有证明文件，但技术职能部门认为必要时，在使用前必须进行抽查、复验，证明合格后才能使用。

（2）钢材、水泥、砖、焊件等结构用材料，除应有出厂证明或检验单外，还要根据规范和设计要求进行抽样、检验。

（3）高低压电缆和高压绝缘材料要进行耐压试验。

（4）混凝土、砂浆、防水材料的配合比，应进行试配，经合格后才能使用。

（5）钢筋混凝土构件及预应力钢筋混凝土构件，均应按规定方法进行抽样检验。

（6）预制厂、机修厂等必须对成品、半成品进行严格检查，签发出厂合格证，不合格的不能出厂。

（7）新材料、新产品、新构件，应有权威的技术检验部门关于其技术性能的鉴定书，制定出质量标准及操作规程后，才能在工程上使用。

（8）对工业设备和建筑设备，安装前必须进行检查验收，做好记录。重要的设备、仪器仪表还应开箱检验。

（二）材料、构件试验检验项目

工程施工中需要进行检验试验的材料种类非常多，且每种材料的检验试验项目也不相同，表17-3是土建常用材料的试验检验项目。

土建常用材料检验项目　　　　　　　　表17-3

序号	名称	必检验项目	必要时需检验项目	备注
1	水泥	强度等级、安定性、凝结时间		
2	钢筋	屈服强度、极限强度、延伸率、冷弯	冲击韧性、化学成分、疲劳强度	包括结构用钢材
3	焊条	极限强度、延伸率、冲击韧性	化学成分	
4	砖	标号、外观规格	吸水率	
5	沥青	针入度、软化点、延伸率	闪火点、比重、沥青含量	
6	其他	根据工程情况具体规定		

四、施工技术方案与技术措施

施工组织设计是施工技术管理的重要内容，尤其是其中的技术方案与技术措施是施工管理的基础。因此，必须重视施工技术方案设计和技术措施的确定，严格建立施工方案和技术措施的管理制度。在施工技术方案的确定时，要注意推广和应用深基坑支护技术、高强高性能混凝土技术、高效钢筋和预应力混凝土技术、粗直径钢筋连接技术、新型模板和脚手架应用技术、建筑节能和新型墙体应用技术、新型建筑防水和塑料管应用技术、钢结构施工技术、大型构件和设备的整体安装技术。同时，制定具体的、切实可行的技术措施。在技术方案的确定时，应注意采用技术经济比较与分析。此外，在施工技术方案和技术措施的实施过程中，注意采用相应的计算机辅助管理技术。

五、安全、职业健康与环境保护技术

（一）安全施工及安全措施

1. 安全施工

建筑安装工程工种繁多,流动性大,许多工种常年处于露天作业,高空操作,立体交叉施工,施工中不安全因素较多。保护职工在施工中的安全和健康,不仅是企业管理的首要职责,也是调动职工积极性的必要条件。

安全施工是指在工程建设活动中避免危险,不出事故,不造成人身伤亡、财产损失。安全不但包括人身安全,也包括财产安全。通过宣传教育和采取技术组织措施,保证生产顺利进行,防止事故发生。

2. 建筑生产中安全事故原因分析

发生安全事故不是偶然的,究其原因主要有:

(1) 人的因素。包括思想麻痹;操作技术不熟练,安全知识差;违章作业,违章指挥等。

(2) 物的因素。机械设备年久失修,超负荷运转或带病运转;现场布置杂乱无序,视线不畅,交通阻碍;现场安全标志不清等。

(3) 管理因素。忽视劳动保护;纪律松弛,管理混乱,有章不循或无章可循;缺乏必要的安全检查;缺乏安全技术措施等。

3. 安全措施

安全工作要以预防为主,必须从思想上、组织上、制度上、技术上采取相应的措施。

(1) 思想重视,加强安全意识。思想重视,首先是领导的思想要重视,纠正只管生产,不管安全;只抓效益,不抓安全;不出事故,不抓安全的错误倾向。其次,要加强对职工进行安全生产的思想教育,加强安全意识,使每个职工牢固树立"安全第一"的思想。

(2) 建立安全管理制度。①建立安全生产责任制。安全生产责任制是企业岗位责任制的组成部分,根据"管生产必须管安全"的原则,明确规定企业各级领导、职能部门、工程技术人员和生产工人在施工中应负的安全责任。在当前建筑承包中,必须将施工安全列入承包主要指标内,建立安全施工责任制。②建立安全检查制度。安全检查是揭示和消除事故隐患、交流经验、促进安全生产的有效手段。安全检查分为经常性安全检查、专业性安全检查、季节性安全检查和节假日安全检查。③建立安全生产教育制度。运用各种形式,经常进行有针对性的安全教育。对新工人、学徒工、临时工及外包建筑队伍人员,要进行入场前安全教育,学习安全操作规程和安全生产规章制度;在使用新工艺、新材料、新机械设备施工前,必须进行详细的技术交底和安全交底,必要时应进行技术和安全培训;塔吊和电梯司机,除进行安全教育外,必须经过培训,持安全合格证方可上岗工作。④建立健全伤亡事故的调查处理制度。发生伤亡事故,要按照规定,逐级报告。对重大事故要认真调查,分析原因,确定性质,分别情况,严肃处理。处理坚持"三不放过"原则,即事故原因分析不清不放过;事故责任者和群众没有受到教育不放过;没有防范措施不放过。根据国家有关规定,做好事故的善后处理工作,吸取教训,防止事故的重复发生。

4. 加强安全技术工作

(1) 严格执行安全生产责任制度,使各级领导、各职能系统都负起责任,并制定安全施工奖罚条例。

(2) 建立健全安全专职机构,配备专职安全技术干部,施工队设置专职安全检查员,在现场进行经常性安全检查。

(3) 要切实保证职工在安全的条件下进行施工作业。现场内的安全、卫生、防火设施要齐全有效。

（4）安全技术措施要有针对性，安全交底要认真细致。在施工组织设计、施工方案、技术交底中，应将安全技术措施列为主要内容。

（5）对于达到一定规模的危险性较大的分部分项工程必须编制专项安全施工方案，并附具安全验算结果。如基坑支护与降水工程、土方开挖工程、模板工程、起重吊装工程、脚手架工程、拆除与爆破工程等。对于涉及深基坑、地下暗挖工程、高大模板工程的专项施工方案，施工企业还需组织专家进行论证和审查。

（二）施工环境的管理

在建筑施工中，往往会有噪声、振动、粉尘、烟气、废渣等产生，轻则影响本单位职工的作业条件和劳动卫生，重则影响和破坏地区原有的生产和生活环境，造成公害。对施工公害应制订相应的防止措施，并在施工中进行检查和监测。

事前调查主要是调查施工地区环境情况以及对环境保护的要求。然后根据有关规定，结合工程施工条件，确定控制公害的标准或控制值，即管理目标。若计算的公害或污染发生值低于管理目标，即认为是允许的；若计算的发生值高于管理目标，即造成公害，需制订技术对策，并进行现场监测，使公害的发生值降至控制值之下。

六、技术复核及技术核定

（一）技术复核

技术复核是指在施工过程中，对重要的和涉及工程全局的技术工作，依据设计文件和有关技术标准进行的复查和核验。其目的是为了避免发生影响工程质量和使用的重大差错，以维护正常的技术工作秩序。复核的内容视工程的情况而定，一般包括建筑物位置坐标、标高和轴线、基础、模板、钢筋、混凝土、大样图、主要管道、电气等及其配合，如表17-4所示。建筑企业应将技术复核工作形成制度，发现问题及时纠正。

技术复核项目及内容　　　　　　　　表17-4

项　目	复　核　内　容
建（构）筑物定位	测量定位的标准轴线桩、水平桩、轴线标高
基础及设备基础	土质、位置、标高、尺寸
模板	尺寸、位置、标高、预埋件预留孔、牢固程度、模板内部的清理工作、湿润情况
钢筋混凝土	现浇混凝土的配合比，现场材料的质量和水泥品种强度等级，预制构件的位置、标高、型号、搭接长度、焊缝长度、吊装构件的强度
砌体	墙身轴线、皮数杆、砂浆配合比
大样图	钢筋混凝土柱、屋架、吊车梁及特殊项目大样图的形状、尺寸、预制位置
其他	根据工程需要复核的项目

（二）技术核定

技术核定是在施工过程中，如发现图纸仍有差错，或因施工条件发生变化，材料和半成品等不符合原设计要求，采用新材料、新工艺、新技术及合理化建议等各种情况或事先未能预料的各种原因，对原设计文件所进行的一种局部修改。技术核定是施工过程中进行的一项技术管理工作。

技术核定必须遵循以下权限和程序，不得擅自修改设计。

(1) 属于一般的技术核定，如钢筋代用(除预应力和特殊要求钢筋外)，由技术人员核算，经技术负责人核定。

(2) 凡涉及工程量变更，影响原设计标准、功能等，应由施工企业的主任工程师和总工程师审核，并经设计单位和建设单位签署认可后，方能生效。

(3) 由设计单位提出的变更，须有施工技术问题核定单，如表17-5所示。

施工技术问题核定单　　　　　　　　　　　　　　　表17-5

___年___月___日　　　　　　　　　　　　　　　　　___字___号

建设单位		施工单位	
单位工程名称		设计单位	

一、内容

二、设计单位或建设单位意见

盖章

核定单位：　　　　技术负责人：　　　　核定人：

第四节　技术资源积累与集约化

一、技术资源积累

(一) 技术资源积累的概念与内容

建筑企业的技术资源积累是指建筑企业作为市场经济中运行的一个经济实体，在从事技术活动中建立和形成的赋于建筑企业组织之中的技术能力。企业技术资源积累是决定建筑企业技术创新成功与否的核心因素之一，它直接关系到建筑企业核心竞争力。

建筑企业技术发展是一个积累过程，即技术的发展和创新实际上是持续和不断精细化的过程。任何技术都需要在实践中不断得以检验和改进。技术资源是企业的一种属性，以有形资产加无形资产的方式得以体现，具有递进性特点，是作为一个有机系统在从事技术活动过程中所获得的一种赋于企业组织之中的知识积累和技术能力递进。技术资源积累的主体是企业，是组织行为的结果。

建筑企业技术资源积累包括两个层次：一个是企业中个人知识技能的积累，它是企业技术积累的基础；另一个是组织层次的技术积累，体现为企业整体技术能力的提高。具体而言，企业技术资源积累主要包括人才积累、知识积累、技术能力积累(个人和组织层次上而言)和技术环境的积累，以及技术装备水平的积累。如图17-2所示。

(二) 技术资源积累的途径

(1) 人才积累。企业人才的积累途径有两个：一是从企业内部培养人才。通过企业内的技术开发和创新活动、企业的项目技术管理工作和技术活动，以及与大专院校、科研院所的联合科研活动，不断培养造就一批管理和技术人才。二是从企业外部吸引人才。通过从其他企业和大学优秀毕业生中吸引优秀人才加盟企业。

(2) 知识积累。知识的积累一方面体现在知识的广度上，另一方面体现在知识的深度

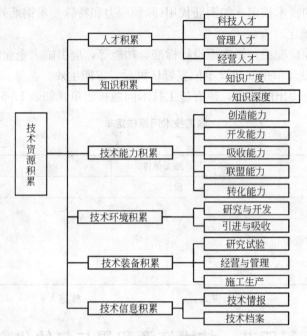

图 17-2 企业内技术资源积累图

上。其积累的途径是通过培训、学习，在项目中不断推广新技术、不断进行技术开发和工法研究与推行，不断提高企业所有人员的知识与技能水平，完成知识的积累过程。同时，企业可以利用企业内部网建立知识共享平台，将企业在项目管理中的经验、新技术信息、工法信息以及各种施工疑难问题的解决方案等信息，通过信息共享，提高企业的技术知识积累。同时，企业可以通过对知识资产的管理不断提高知识积累的水平。

(3) 技术能力积累。企业的技术能力体现在创造能力、开发能力、吸收能力、联盟能力和转换能力上。其积累的途径可以是通过企业的技术开发与技术创新、新技术的推广和改进、与其他企业和大专院校或科研机构的联合科研或技术攻关，以及将科技成果不断应用于项目中，从而实现技术能力的积累。

(4) 技术环境积累。企业通过技术开发和创新研究，通过建设部推广新技术的应用，通过引进新技术，对推广技术和吸进技术进行消化，并结合工程实际进行改进，同时在项目活动中进行工法研究与推行，使企业保持技术研究与创新的良好状态，使企业保持技术进步的环境。

(5) 技术装备积累。企业在技术研究与试验试制过程中，购置与自制一系列的研究试制的仪器与设备，不断提高研究与试验试制的技术装备水平，提高技术研究与试验试制的实践水平。企业在经营管理中不断提高计算机与网络技术的应用，例如将虚拟现实技术应用于施工管理中，促进管理的技术装备水平和技术手段的改进。由于高层建筑、大跨结构、地铁工程等建筑施工活动对施工机械的性能要求越来越高，为了在市场技术竞争上占有优势，企业应不断购置、改进或开发新的更高性能的施工机械和机具。这些均促使企业技术装备水平不断提高，形成企业的技术装备积累。

(6) 技术信息积累。技术情报是企业进行技术开发与创新的信息来源，技术档案是企业项目管理和技术成果的积累。因此，企业的技术信息积累主要通过技术情报管理和技术档案管理来实现。

二、技术资源集约化

(一)技术资源集约化的概念与意义

按照《现代汉语词典》的解释,集约泛指采用现代化管理方法和科学技术,加强分工、协作,提高资金、资源使用效率的经营方式。因此,企业技术资源的集约化是指在公司内部,通过分工协作,资源共享,采用现代化管理方法和科学技术进行技术资源管理,提高企业技术能力和资源使用效率。

对于建筑企业来说,项目是企业生产活动的载体,因此,企业的生产活动是以分散化为特征的,这也就使得企业的技术资源呈现一种分散化的特征。尤其是各个项目的技术力量可能相差非常悬殊,项目技术人员科技攻关的难度较大,各个项目的技术管理可能各自为政,不同项目进行重复性研究与攻关,这种特征大大降低了企业技术能力的发挥,影响了企业技术资源的效率。如果能够进行技术资源集约化,就可以极大地发挥出企业的技术实力,提高效益。

(二)技术资源集约化的方法与途径

企业技术资源集约化,主要表现在以下几个方面:

(1)技术管理人才的集约化。企业的技术管理人才是企业的宝贵财富,在整个企业内部建立统一的人才管理和激励机制,在企业内部实现人力资源的共享。同时,有条件的公司可以建立企业培训基地,对技术管理人才进行有计划的培训,同时在企业中成立技术支持中心,来对企业技术与管理人员在技术上进行指导。

(2)技术开发、工法研究与创新的集约化。建筑企业有许多大型的集团公司,下设许多公司。技术开发、工法研究大部分是在项目层进行,低水平、重复性的研发,直接影响着投入与效率,企业只有走集约化道路才是根本解决之路。当然,在公司内建立研发中心,不失为一个好办法。但是,采用项目与研发中心相合的方式进行可能更好一些。对于企业力量相对薄弱的企业来说,可以采用项目与大专院校、独立科研院所合作的方式。总之,在企业内部建立统一的研发计划,统一进行研发活动的管理与指导,集中企业的技术力量进行集中攻关等都可以说是集约化的好方法。

(3)科技成果管理与推广的集约化。企业所取得的科技成果只有转化为生产力才有效益。因此,必须在企业层面上使科技成果在企业内部进行推广应用。同时,建设部每年有科技成果的推广项目,建筑企业也可以与此相结合由企业层统一组织推广。

(4)信息管理的集约化。企业应当建立企业信息管理平台,在企业内部实现信息共享,实行建筑企业信息管理集成化,以及建设工程系统的集成化,包括各方面建设工程系统的集成以及建设工程系统与其他系统(项目开发管理、物业管理)在时间上的集成。

第五节 技术开发与自主创新管理

一、技术开发

(一)技术开发概念和意义

技术开发是指进行科学技术的基础研发和在应用研究的基础上,将新的科研成果应用于生产实践的开拓过程。对企业来说,技术开发指的是对企业中第一次应用或出现的新技术所开展的一系列活动,包括创造、学习、掌握、有效地应用等过程。

对企业来说,技术开发是具有战略意义的。技术研究与开发能力是一个企业保持长期可持续发展的基础。只有通过技术开发,企业才能不断发展新产品,获得新技术,从根本上提高产品质量,增强竞争能力。在现今复杂的市场环境下,越来越多的企业意识到技术开发是企业内在价值链中的重要组成部分,它不仅是企业寻求差异化战略的重要内容,还是企业获得市场竞争优势差异化能力的基础,更是企业核心产品或技术创新的源泉。目前我国大型建筑承包企业在岩土工程、工程结构抗震、综合爆破、大型结构与设备整体吊装、预应力混凝土和大体积混凝土等技术领域取得了重大技术开发成果,基本达到或接近国际水平,使企业经济效益得到了很大的提高。

(二)建筑企业技术开发的特点

建筑活动具有大型、一次性、现场施工、协作性强、周期长等特点,特别是每一个建筑活动都是一个项目。因此,均由临时性的、多个管理组织共同参与,在特定的社会、政治和经济背景下共同协作建造。因而对建筑企业技术开发通常带来以下影响:

(1) 规模影响。例如,工厂的预制件制作尺寸要受运输条件的影响,因此使大型构件预制中技术创新的实施受到影响。同时,建筑产品的单件性和一次性特点,也使得技术创新受到约束,因为规模批量生产才能激发技术开发。

(2) 生产及其环境的影响。现场施工是一个开放性系统环境,生产活动往往露天进行,多个单位共同汇聚在施工现场,导致生产中的各部分相互关系及在生产环境控制上具有较大难度,带来对解决此问题的技术创新的需求。

(3) 产品寿命的影响。建筑产品的寿命均较长,一般至少达到 50 年的设计寿命。因此建筑企业技术创新不仅要估计最初的建造背景,还必须考虑到对未来很长一段时间的影响。

(4) 生产组织背景的影响。建筑企业的技术开发经常结合项目来进行,因此大都存在于一个暂时的联合体中,项目完成后,通常这个联合体就解体了,要求有对此特点相适应的技术开发机制。

(5) 社会、政治背景的影响。因为建筑物直接影响人类的安全和健康,所有物业的生命周期(设计、建造、运营和报废)都受社会、政治、规范等约束,因此也要求有与之相适应的技术开发。

(三)建筑企业技术开发模式

(1) 递增性开发。递增性开发就是在当前知识和经验基础上的小变化,其带来的影响在一个相当狭窄的范围内是可预见的,而且它与其他构件和系统的相互关系可以不予重视,如建筑施工中增加高空作业人员安全的"全身安全背带"。

(2) 根本性开发。根本性开发是指科学或技术上的突破,通常导致行业特点和性质的改变。它以确切的形式创立一种新方法,所有以前系统上和组织上的相互关系都不存在了,如结构用钢改变了能够设计和建造的建筑物的类型和结构,开创了一个全新的建筑结构时代。

(3) 独立性开发。独立性开发是一个构件在概念上有了重大的变化,但与其他构件和系统的联系没有改变，如使用自动联线浇筑混凝土。这个工序的机械化是一个概念上的重大变化，而且涉及许多新技术，但是并没有改变任何与现场混凝土浇筑有关的其他构件、方法或材料。

(4) 关联性开发。关联性开发指一个构件发生了变化，与其他构件和系统的联系也有了较大的变化。如自密实混凝土，这种混凝土使用水泥、外加剂和骨料，在一定范围内控制它们的尺寸和品质，以使可以省略混凝土的振捣阶段。

(5) 系统性开发。系统性开发是通过多项独立的创新，作为一个整体表现新的结构或提高建筑物的功能，如大型火力发电站的分区模块建造方法。一般来说，系统开发在建筑业中有着相当高的出现频率。

(四) 技术开发的依据和途径

1. 技术开发的依据

(1) 国家的技术政策。包括科学技术成果的专利政策、技术成果有偿转让政策等。

(2) 产品生产发展的需要。是指未来对建筑产品的种类、规模、质量及功能等需要。

(3) 企业的实际情况。是指企业的人力、物力和财力及外部的协作条件等。

2. 技术开发的程序

(1) 调查研究，掌握技术动态。进行充分的调查研究，了解科技信息，做好技术预测，掌握好开发时机。

(2) 选择技术开发的具体课题。这是提高技术开发效益的关键。通过可行性研究选定开发项目，拟定研制方案。

(3) 进行研制和引进开发。按拟定的研制方案，集中人力、物力、财力，加速开发工作。并注意价值分析和质量评价。

(4) 设计性试制和生产性试验阶段。设计是技术开发的重要环节，它涉及技术、经济和政策等很多问题。做到技术先进，经济合理和生产的可能。通过小批量生产，检验新技术，以进一步完善设计，改进和稳定工艺，消除正式生产中的技术障碍。

(5) 应用阶段。这个阶段应做好成果的鉴定和推广。注意总结和评价，为今后进一步改进或进行新的开发做准备。

3. 技术开发的途径

(1) 独创型技术开发。是从应用研究、甚至是从基础研究开始，通过科学研究取得技术上的重大突破，然后应用于生产实践。

(2) 引进型技术开发。指从企业外部(外国、外地区、外单位)引进新技术，经过消化、吸收，使之在本企业定居，以至综合与创新，并通过继续开发使之融入本企业技术体系。

(3) 综合型技术开发。指通过对现有技术的综合来进行技术开发，形成新技术。综合型技术开发可以以一种技术为主体，使另一种技术与之有机结合形成新技术，也可以综合两种以上技术形成新技术。

(五) 建筑企业技术开发的对象

建筑企业技术开发的对象主要包括以下几项：

(1) 产品的开发。包括改造老产品和发展新产品两个方面。改造老产品，既要提高产品的使用价值，又要尽可能降低活劳动和物化劳动的消耗，既要简化产品的品种规格，又要提高产品标准化、通用化、系列化水平。发展新产品，必须要有战略眼光。

(2) 材料与构件的开发。建筑产品的材料消耗量大，在成本中占的比重大，尤其新型节能、轻质的建筑材料及制品与构件，更是目前建筑材料的开发热点。

(3) 施工工艺和操作技术的开发。施工工艺和操作技术是指在施工过程中以一定的劳动资料，作用于一定的劳动对象的技术组合的加工方法。它是保证产品质量、指导施工活动正常进行的关键。对施工工艺和操作技术开发，能迅速提高劳动生产率，缩短生产周期，节约和合理使用原材料，从而提高企业的竞争力。这方面的技术开发主要包括：改革旧的施工工艺和缩短施工过程；用先进的施工方法代替旧的施工方法；创造新的施工方法或工艺。

(4) 施工设备和工具的开发。施工设备和工具是构成生产力的重要因素，是现代建筑企业进行生产的必要手段。没有先进的施工设备和工具，建筑企业很难承接大型的复杂的施工项目。因此，对施工设备和工具的开发与改造，成为技术开发的重要内容。

(5) 改善施工环境及劳动保护的开发。随着科学技术的迅猛发展，解决环境污染、职业病及公害问题也日益紧迫。因此，不断治理环境污染，改善劳动条件，成为技术开发的重要内容。因为建筑施工属于安全事故高发的行业，对安全技术的研究与开发也成为一个非常重要的开发领域。

(6) 新的管理技术的开发。在信息技术发展的今天，企业的竞争在很大程度上是管理的竞争。因此，开发与之相适应的管理技术成为企业技术开发的一项重要内容。

(六) 建筑企业技术开发的组织管理

(1) 确立技术开发方向和方式。我国建筑企业不能照搬外国承包商自行开发占主导地位的技术开发方式。根据我国国情，首先应根据企业自身的特点和建筑技术发展趋势确定技术开发方向，走与科研机构、大专院校联合开发的道路。虽然如此，但是从长远战略考虑，企业应当有自己的研究开发机构，成立研发中心，强化自己的技术优势，在技术上形成一定的垄断，走技术密集型企业的道路。

(2) 加大技术开发的投入。建筑企业应当确定长、中、短期的研究投入费用及其占营业额的比例，逐步提高科技开发的投入量，并严格监督实施，并且建立规范化的评价、审查和激励机制；加强研发力量，重视科研人才，增添先进的设备和设施，保证技术开发具有先进手段。

(3) 加大科技推广和转化力度。日本和欧美的大建筑公司都非常重视技术开发成果的应用，他们很多研究课题来自生产实际需要。如日本大成建设除设有专门的研究机构外，建筑本部还设有技术部，负责生产方法的效率化和合理化，土木本部中的技术部负责工法的材料简便化，以及生产方法的效率化和合理化等。在全球化和国际化的建筑市场上，我国建筑企业要想具有竞争实力，就必须加大科技推广和转化力度，使技术开发的成果及时转化为生产力，为企业赢得经济效益。

(4) 增大技术装备投入。我国许多企业的技术装备投入不足，现有的机械设备老化。增大技术装备投入才能提高劳动生产率。因此，建筑企业必须让现代的、新的建筑机械和设备不断进入施工现场。因此考虑投入规模至少应当是承包商年收益的 2‰～3‰，并逐年增长。

(5) 强化应用计算机和网络技术。建筑企业应利用软件进行招投标、工程设计和概预算工作,利用网络收集施工技术等情报信息,通过电子商务降低采购成本,应用网络技术、计算机技术辅助项目管理和辅助企业管理。

(6) 加强科技开发信息的管理。建立强有力的情报信息中心,有专人负责,有专款投入,直属最高管理层领导,为快速与正确地决策提供信息支持。同时,企业在产品、技术研究开发立项之前,应进行专利文献检索,在研究开发过程中及完成后,要进行必要的跟踪检索。企业研究开发项目进行鉴定验收时应有专利检索报告。

(7) 加强知识产权保护。建筑企业对技术开发成果,要加强知识产权保护。适于申请专利的,要及时申请专利保护。建筑企业对于不适于申请专利的发明创造,一般应将其纳入企业技术秘密保护范围,但从本企业专利战略及经营实际出发需要公开的除外。

二、工法的管理

(一) 工法的概念及分类

工法是指以工程为对象,以工艺为核心,运用系统工程的原理,把先进技术和科学管理结合起来,经过工程实践形成的综合配套的施工方法。工法是建筑企业开发应用新技术工作的一项重要内容,是企业技术水平和施工能力的重要标志。工法必须具有先进、适用和保证工程质量与安全、提高施工效率、降低工程成本等特点。

工法分为国家级(一级)、省(部)级(二级)和企业级(三级)三个等级。其划分标准如下:

(1) 国家级工法。企业经过工程实践形成的工法,其关键技术达到国内领先水平或国际先进水平,有显著经济效益或社会效益。

(2) 省(部)级工法。企业经过工程实践形成的工法,其关键技术达到省(部)先进水平,有较好经济效益或社会效益。

(3) 企业级工法。企业经过工程实践形成的工法,其关键技术达到本企业先进水平,有一定经济效益或社会效益。

(二) 工法的内容

建筑企业要根据企业所承建项目的特点,制定工法开发与编写的年度计划,由项目领导层组织实施。经过工程实践形成的工法,应指定专人编写。工法的内容一般应包括:

(1) 前言:概述本工法的形成过程和关键技术的鉴定及获奖情况等。

(2) 特点:指本工法在使用功能或施工方法上的特点。

(3) 适用范围:说明最适宜采用本工法的工程对象或工程部位。

(4) 工艺原理:说明本工法工艺核心部分的原理。

(5) 工艺流程及操作要点。

(6) 材料:本工法使用新型材料的规格、主要技术指标、外部要求等。

(7) 机具设备:本工法所必需的主要施工机械、设备、工具、仪器等名称、型号、性能及合理的数量。

(8) 劳动组织及安全:本工法所需工种构成、人员数量和技术要求,以及应注意的安全事项和采取的具体措施。

(9) 质量要求:本工法必须遵照执行的国家及有关部门、地区颁发的标准、规范的名称,并说明本工法在现行标准、规范中未规定的质量要求。

(10) 效益分析：本工法应用的工程项目名称、地点、开竣工日期、实物工程量和应用效果。通常一项工法的形成，一般须有三个应用实例。

(三) 工法的管理

建筑企业应由总工程师(分管施工生产的副经理)负责推行工法的领导工作，技术管理部门负责归口工法的日常管理工作。

(1) 工法的审定工作。按工法等级分别由企业和相应主管部门组织进行，审定时应聘请有关专家组成工法审定委员会。审定工法时，专家们应根据工法的技术水平与技术难度、经济效益与社会效益、使用价值与推广应用前景、编写内容与文字水平，综合评定工法等级。

(2) 工法的知识产权。工法的知识产权归企业所有，企业开发编写的工法，实行有偿转让。工法中的关键技术，凡符合国家专利法、国家发明奖励条例和国家科学技术进步奖励条例的，可分别申请专利、发明奖和科学技术进步奖。

(四) 工法的推广应用

企业要根据承建工程任务的特点，编制推广应用工法的年度计划。工法可作为技术模块在施工组织设计和标书文件中直接采用。工程完工后要及时总结工法的应用效果。

企业要注意技术跟踪，随着科学技术进步和工法在应用中的改进，及时对原编工法进行修订，以保持工法技术的先进性和适应性。

三、建筑企业自主创新管理

(一) 自主创新的概念及特点

自主创新是指企业通过自身努力和探索产生技术突破，攻破技术难关，并在此基础上依靠自身能力推动创新的后续环节，完成技术商品化，获取商业利润，达到预期目标的创新活动。

建筑企业的自主创新主要是技术开发项目和工法项目的成果。因此，大量的自主创新活动是在项目层进行的。但往往单纯依靠项目层技术力量完成技术创新，难度很大。因此，建筑企业为了提高企业自主创新的成功率，必须建立专业的研究开发中心，与项目技术管理人员共同组成研发队伍，共同进行自主创新的技术攻关。

(二) 建筑企业自主创新管理应注意的问题

1. 重视知识产权保护

截止到 2005 年，在建筑方面获得国家知识产权局专利的项目一共只有 17933 项，其中发明专利 6122 项，实用新型 11696 项，外观专利 115 项。这其中包括了个人专利和企业专利。这与我国建筑企业每年进行的技术开发与创新活动相比，实在是差距太大。这说明我国的建筑企业在知识产权保护方面不够重视，缺乏知识产权保护意识。

(1) 企业自主创新核心技术的保护。企业的自主创新在很大程度上是通过自主研究与开发，形成并掌握新的核心技术。企业能否通过自主创新技术，取得技术优势，并进而取得竞争优势，其中一个很重要的问题就是企业能否独占并控制其核心技术，它是企业自主创新能否达到理想效果的前提。

(2) 及时申报专利，求助法律保护。创新技术本身存在一定的自然壁垒，模仿跟随者要仿制新技术成果在技术上存在一定困难，而且也需要一定时间，尤其对于复杂技术和包括大量技术诀窍的新产品和新工艺，模仿的难度会更大，所需的时间更长。但是，现代检测和分析手段不断发展，对复杂技术的解密手段日益提高，特别是智能支持技术的应用，进一步提高了跟随者复制新技术的能力。因此，如果企业想要保证自主创新对新技术的独占性，仅仅依靠技术的自然壁垒是远远不够的，还必须求助于法律保护。对于较为直观和易于复制的创新成果，企业一定要注意借助专利制度对其进行保护。在竞争激烈和竞争对手同时从事研究与开发的情况下，企业还必须注意专利申请的及时性。因为法律并不保护首先获得技术突破但后申请专利的创新者，而只保护首先申请专利的创新者。如果企业对自主创新不申请专利保护或未及时申请专利保护，则很可能导致其核心技术被其他企业仿制或不能合法使用，从而不仅不能从自主创新中获益，而且可能还要蒙受巨大损失。因此，企业对于自主创新技术一定要及时申请专利，充分利用法律保护知识产权，从而取得竞争中的技术优势。

（3）知识产权管理。知识产权管理是企业技术创新管理的重要内容，一个合格的技术创新管理工作人员必须学会如何管理知识产权。为了做好企业知识产权管理，管理者自身要培养和树立技术创新管理理念，强化市场和竞争意识。建筑企业首先要立足于提高和培养企业各层领导、全体员工、特别是研究与开发人员的知识产权意识，制定企业知识产权战略，作为技术创新战略的重要组成部分，并组织实施。同时，建立完善的工作网络和健全的规章制度，加强研究与开发过程中的知识产权管理，培养一批高素质的企业知识产权管理方面的工作人员。

2. 重视技术转让

企业对自主创新技术产品或技术，应当适时进行商业转让。从实际情况看，不进行转让、过早转让、过晚转让或向不恰当对象转让新技术，对企业自身发展都是十分不利的。

（1）企业应该在适当时候、向适当对象对新技术进行适度转让。技术转让不仅可以使企业从自主创新中获得丰厚的经济回报和经济利益，而且可以改善产业结构、加速新兴产业发展、强化企业竞争优势和奠定在产业中的核心地位。过早转让新技术对企业发展显然是不利的，但不转让或过晚转让新技术，企图长期保持对新技术和新产品市场的独占性也是不明智的。这种做法既不经济，又不现实，而且不利于新技术产业的形成和健康发展。

（2）通过新技术转让，推动行业发展。没有产业发展，自主创新企业的发展也就失去了依托。选择适当需求者，有利于培植与扶持一批理想的行业竞争者。理想竞争者的出现不仅不会削弱自主创新企业在行业中的地位，反而有助于创新者核心地位的提高，有利于自身发展。因为培植理想竞争者有助于吸收需求波动，填补市场空白，改善现行产业结构。还有利于分担市场开发成本，普及产品技术标准和增加进一步改进新产品的动力等。因此，自主创新企业要获得长足发展，必须合理使用技术转让策略，通过技术转让诱导一批企业成为跟随者，顺利推广技术规范，推动行业发展，确保在行业中的领先地位和核心地位。

3. 重视自主创新产品或技术的自我完善

在一项率先性自主创新成功之后，总会有大量跟随者进行模仿创新。其中不乏实力雄厚和技术先进的竞争对手，如果自主创新企业不重视自主创新产品或技术的自我完善，则可能导致跟随企业有机可乘，夺去自主创新企业开辟的市场。

4. 重视对创新后续环节的投入

自主创新源于技术突破，研究与开发无疑占有极其重要位置。由于自主研究开发的艰难与曲折，企业不得不对其予以高度重视，予以充足的财力、人力和物力投入；但是，在创新技术或产品完成之后，对后续的推向市场环节则减少了关注和资源投入。然而，创新产品或技术能否最终被消费者或客户接受，能否为企业带来利润，不仅仅是由研究与开发的成效决定的，创新产品或技术的竞争力也不仅仅取决于企业对新技术原理的掌握情况。将这种创新产品或技术推向市场的环节起着至关重要的作用，这需要企业中各部门的共同努力才能实现。

（三）建筑企业专利管理

1. 专利的基本知识

专利一般有三种含义：一是指专利权；二是指取得专利权的发明创造；三是指专利文献，但主要是指专利权。我国《专利法》规定，专利共有三种，即发明专利、实用新型专利和外观设计专利。

发明专利是其中最主要的一种，它的保护对象是技术领域的发明，其授予专利的主要条件是新颖性、创造性和实用性。

(1) 新颖性是在申请日以前没有同样的发明或者实用新型在国内外出版物上没有公开发表过、在国内没有公开使用过或者以其他方式为公众所知，也没有同样的发明或者实用新型由他人向专利局提出过申请和并且记载在申请日以前公布的申请文件中。

(2) 创造性是指同申请日以前已有的技术相比，该发明有突出的实质性特点和显著的进步，该实用新型有实质性特点和进步。所谓实质性特点，是指申请专利保护的发明或实用新型，对已有技术具有新的本质性的技术突破，进步则是指在技术上前进了一步。

(3) 实用性是指该发明或者实用新型能够制造或者使用，并且能够产生积极效果。所谓制造和使用，是指如果发明是一种产品，则能够在工业上重复地生产；如果发明是一种方法，则能够在工业上使用。所谓产生积极效果，是指发明创造实施之后，在经济、技术和社会效果上，表现出有益结果。

取得专利的发明可以分为产品发明和方法发明两大类，对这两类发明授予的专利分别称为产品专利和方法专利。实用新型专利只保护具备一定形状的物品发明。它的保护对象是适于实用的新方案。外观设计专利的保护对象只限于产品外观的艺术设计，不涉及产品的技术性能，授予专利的主要条件是新颖性。

专利权，是指国家专利主管机关依法授予专利申请人或其权力继承人在一定期间内实施其发明创造的专有权。专利权是一种无形财产权，具有排他性质，受国家法律保护。任何人想要实施专利，除法律另有规定的以外，必须事先取得其专利权人的许可，并支付一定的费用，否则就是侵权，要负法律责任。

《专利法》规定：发明专利权的期限为 20 年。实用新型专利权和外观设计专利权的期限为 10 年，均自申请日起计算。

2. 建筑企业专利工作的机构与任务

企业专利工作的任务是充分依靠和运用专利制度，使专利机制成为促进企业技术创新的一个主要动力机制和保护机制，鼓励和调动企业职工的积极性，为企业技术创新以及生产、经营全过程服务。建筑企业应把专利管理工作纳入技术责任制，由总工程师主管专利工作。设立工作机构，配备专职或兼职管理人员。企业专利工作机构的具体任务如下：

(1) 制定开展专利技术的规划、计划、开发和管理制度，并将其纳入企业的技术进步规划中。

(2) 负责对职工进行《专利法》和专利知识的宣传教育工作。

(3) 办理本企业专利申请事宜，本企业拥有的专利权保护包括专利侵权监视、专利诉讼及专利权边境保护等，并受企业法人委托办理有关专利纠纷、专利诉讼事项。

(4) 参与组织专利技术的开发、实施和管理专利实施许可合同。

(5) 负责企业专利申请、维持、放弃的确定，职务与非职务发明的审查以及专利评价、评估。

(6) 筹集和管理企业的专利基金。依法办理对职务发明专利的发明人或设计人的奖励与报酬。

(7) 负责专利资产运营，包括专利权转让、许可贸易、运用实施，专利作价投资，专利权质押等有关专利工作。

(8) 负责对企业技术活动中形成的与专利申请相关技术档案的管理，及对技术人员业务活动的规范；对涉及专利技术开发权益的流动人员相关活动的规范。

(9) 管理与企业有关的专利文献。了解与本企业有关的国内外专利申请和市场动向，注意保护企业的专利权和防止他人侵犯专利权。

(10) 支持企业职工的发明创造活动，为职工提供有关专利事务的咨询服务。

3. 企业专利实施与转让

对于本企业持有或所有的专利技术，应积极组织实施。对重大的专利技术应及时制定开发计划和生产技术标准，并将实施方案及时报主管部门和专利管理机关。本企业无条件或不能充分实施时，应适时进行转让或许可他人实施。本企业实施他人的专利技术或许可他人实施本企业的专利技术都应该签订专利实施许可合同。专利实施许可合同和含有专利许可内容的转让合同的谈判、签约应有企业专利工作者或主管专利的企业领导参加。专利实施许可合同，必须到合同签订地或企业隶属的专利管理机关备案。

应当注意的是引进技术时，必须进行法律状态的调查。查明该项技术是否有专利或有效专利。避免把失效专利或根本不是专利的技术当成有效专利引进，而造成不应有的损失。

4. 企业专利管理中的激励与奖励

(1) 职工的职务发明创造，取得专利证书后，应将专利证书复制件发给发明人或设计人，同时将该项专利及实施效益情况记入职工技术、业务考核档案，作为技术职务聘任和晋升的重要依据之一。职工的职务发明创造申请专利、维持专利等所需费用，可计入生产成本。

(2) 职务发明专利权被授予后，专利持有单位应对发明人或设计人发给适当奖金。

(3) 专利权的持有单位在专利权有效期限内实施发明创造专利后，每年应从实施发明或者实用新型专利、外观设计专利所取得的利润纳税后，提取适当比例，作为报酬发给发明人或设计人。

(4) 发明创造专利权的持有单位许可外单位实施后，从收取的使用费中纳税后提取一定比例作为报酬，发给发明人或设计人。

5. 企业专利管理中的其他重要事宜

(1) 企业职务发明创造在申请专利前，有关人员应对该发明创造保密。企业与其他单位签订有关技术开发的合同，或者签订其他在将来履行中可能产生发明创造的合同时，合

(2) 企业对其专利或专利申请，应依法及时交纳年费或申请维持费，维持其有效。对拟在法定期限届满前放弃或终止的专利和专利申请，要予以论证确认并建立管理档案。企业要建立适合本企业的专利信息利用机制。

(3) 大中型企业应逐步建立企业专利信息数据库，有条件的企业要建立企业专利信息计算机管理系统。缺乏条件建立专利信息数据库的企业可依托社会专利信息中介机构与专利信息网络利用专利信息。

(4) 企业专利工作者、专利顾问，要及时收集、研究与企业有关的专利信息，为企业技术创新、经营管理等相关企业活动提出对策。企业开展技术创新项目的鉴定验收与奖励时，应将项目申请专利及获专利权情况作为重要考评依据。

案 例 分 析

案例 1：技术管理在企业发展中的作用

中国建筑工程总公司非常重视技术管理在企业发展中的重大作用。截止 2005 年末，中国建筑工程总公司共获得国家科技进步奖 27 项，各类省部级科技进步奖 400 余项，拥有国家级工法 38 项，省部级工法 133 项，拥有一家国家重点实验室，建立了两个博士后科研工作站，并且建立了国内建筑业第一个由企业自主完成的《建筑施工工艺标准》。目前，中国建筑工程总公司在高层与超高层建筑设计与建造技术，高耸塔类设施建造技术，大型工业设施设计、建造与安装技术，复杂深基坑与深基础处理技术，高性能混凝土研究与生产技术，复杂空间钢结构体系研究与安装技术，新型建筑设备研究与制造技术，建筑企业管理与生产应用信息技术，国际工程总承包以及工程项目管理等方面均具有雄厚实力和领先技术。这些方面构成了中国建筑总公司的核心技术优势。也正是强大的科技优势成为中建总公司持续、稳健发展的坚强基础。中建总公司在 2005 年度国际承包商排名中居第 17 位。可见，技术管理对企业发展具有何等重要的作用。

中铁隧道股份有限公司实施"科技兴企"战略，重视企业技术管理，建立健全了科技创新体系和运行机制，通过不断的技术攻关和创新，攻克了"秦岭特长隧道 TBM 修建技术"、"高压富水岩溶深埋特长隧道修建技术"、"软硬不均匀地层及复杂环境隧道复合盾构的研究与掘进技术"、"富水砂质粉土地层超浅埋小间距大跨城市隧道修建技术"等施工技术难关，取得一系列有价值的科研和工法成果，拥有专利六项，同时培养了引进了一大批技术和管理人才，企业的技术装备水平也不断提高。企业技术资源的积累，使企业的整体实力和可持续发展能力大大提高，市场竞争力大幅提高。

案例 2：某公司技术管理体系

某公司设总工程师一名，负责全公司的技术管理工作，公司下设技术部，在总工程师的领导下工作。各分公司和公司直管项目经理部均设总工程师一名，分别负责各自管辖范围内的技术管理工作。各分公司和公司直管项目经理部均设技术科（有的不单设，与质量或工程设在一起），在各自总工程师和公司技术部的领导下工作。如果分公司承担公司直管项目经理部的施工任务，则设专业项目经理部，受分公司技术部和公司直管项目经理部技术科的双重管理。分公司技术科还负责对本公司厂、队一级和本公司所受委托管理的项目经理部的技术管理工作。技术管理体系如图 17-3 所示。

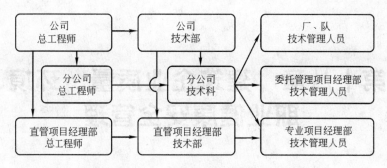

图 17-3 某公司技术管理体系

案例 3：某公司新技术的应用与开发创新

公司在上海森茂国际大厦工程中不仅应用了半逆作法施工技术、立体交叉综合施工技术、基础底板超大体积混凝土施工、支撑楼板爆破技术、地下工程综合防水施工技术、超高层泵送混凝土施工技术、粗直径钢筋连接技术、PC 外挂板安装技术、超高层钢结构安装技术、超高层建筑垂直度控制技术等十项新技术，而且还进行了导轨式外爬架的应用与改进和 k5/50c 高塔在钢结构上附壁技术两项技术开发与创新，仅导轨式外爬架的应用与改进一项技术开发就为项目取得经济效益 60 多万元。

复习思考题

1. 结合所在公司的实际情况，谈谈建筑企业技术管理的主要内容是什么？
2. 结合所在公司的实际情况，所在建筑企业的技术体系进行分析。
3. 结合建筑企业的特点，谈谈建筑企业技术开发管理应注意的问题是什么？
4. 企业知识产权管理应注意哪些问题？
5. 结合实际，说明建筑企业技术资源积累与集约化的途径有哪些？
6. 建筑企业应如何推动专利工作？

参考文献

[1] 田金信主编. 建筑企业管理学. 北京：中国建筑工业出版社，2004
[2] 杨传喜，孙文怀等编著. 建筑企业现代管理. 郑州：黄河水利出版社，2001
[3] 张平主编. 技术创新中的知识产权保护评价：实证分析与理论研讨. 北京：(知识产权)专利文献出版社，2004
[4] 凌云，王立军. 技术创新的理论与实践. 北京：中国经济出版社，2004
[5] 宝贡敏，杨静. 企业技术管理在技术创新中的角色. 科学研究. 2004，(22)5：546～551
[6] 俞促文. 施工技术管理创新. 华东电力. 2005，(33)10：75～77

第十八章 建筑企业质量、环境、职业健康安全管理

第一节 建筑企业质量管理体系

一、ISO 9000 系列标准

(一) ISO 9000 系列标准简介

1979年,国际标准化组织(ISO)成立了第176技术委员会(ISO/TC 176),着手研究制订国际间遵循的质量管理和质量保证标准。ISO/TC 176的目标是要让全世界都接受和使用 ISO 9000 标准,为提高组织的运作能力提供有效的方法;增进国际贸易,促进全球的繁荣和发展;使任何机构和个人,都可以有信心从世界各地得到任何期望的产品,以及将自己的产品顺利的销到世界各地。

1987年,ISO/TC 176发布了举世瞩目的1987版ISO 9000系列标准,我国于1988年发布了与之相应的GB/T 10300系列标准,并"等效采用"。为了更好地与国际接轨,又于1992年10月发布了GB/T 19000系列标准,并"等同采用"。1994年国际标准化组织发布了修订后的ISO 9000系列标准,我国及时将其等同转化为国家标准。为了更好地发挥ISO 9000系列标准的作用,使其具有更好的适用性和可操作性,2000年12月15日ISO正式发布新的ISO 9000系列国际标准。2000年12月28日国家质量技术监督局将其等同转化为GB/T 19000:2000系列国家标准。

质量管理标准自1987年面世以来,很快就在全世界传播开来,到目前为止已有上百个国家采用,在国际上形成了"ISO 9000热"。

(二) GB/T 19000:2000 系列核心标准

GB/T 19000:2000 系列核心标准由下列四部分组成:

(1) GB/T 19000:2000 质量管理体系——基础和术语。表述质量管理体系的基础知识并确定了相关的术语。

(2) GB/T 19001:2000 质量管理体系——要求。规定质量管理体系要求,供组织需要证实其具有稳定地提供顾客要求和适用法律法规要求产品的能力时应用。可供组织内部使用,也可用于认证或合同目的。GB/T 19001:2000 规定了质量管理体系要求,组织可依此通过满足顾客要求和适用的法规要求而达到顾客满意。

(3) GB/T 19004:2000 质量管理体系——业绩改进指南。提供质量管理体系指南,包括持续改进的过程,有助于组织的顾客和其他相关方满意。

(4) ISO 19011 质量和(或)环境管理体系审核指南。提供管理与实施环境和质量审核

的指南。由国际标准化组织质量管理和质量保证技术分委员会与环境管理体系、环境审核有关的环境调查分委员会联合制定。

二、质量管理八项原则

GB/T 19000：2000 系列标准为了成功地领导和运作一个组织，针对所有相关方的需求，实施并保持持续改进其业绩的管理体系，做好质量管理工作，明确了质量管理八项原则。最高管理者可运用这些原则，帮助管理者建立质量管理的理念，并以其指导、完善质量管理工作，领导组织进行业绩改进。质量管理八项原则不仅适用于质量管理，其内涵同样适用于环境管理、职业健康安全管理，是企业管理的普遍原则。

（一）以顾客为关注焦点

组织依存于顾客，因此，组织应理解顾客当前的和未来的需求，满足顾客要求并争取超越顾客期望。为了做到"以顾客为关注焦点"，应采取以下主要措施：

（1）不断识别顾客，识别顾客的需求和期望。
（2）在质量方针中，应包括对满足顾客质量要求的承诺。
（3）确保本组织的各项目标能直接体现顾客的需求和期望。
（4）确保顾客的需求与期望在整个组织中得以沟通，使得本组织的所有员工都能及时了解顾客需求的内容、细节和变化，并采取措施以满足顾客的需求。
（5）有计划地、系统地衡量顾客满意程度并针对结果采取必要的改进措施。
（6）与顾客保持良好的关系，力求做到使顾客满意。
（7）在重点关注顾客的前提下，确保兼顾其他相关方的利益，使组织得到全面、持续的发展。

（二）领导作用

领导者确定组织统一的宗旨和方向，应当创造并保持使员工能充分参与实现组织目标的内部环境。领导者应做好确定方向、策划未来、激励员工、协调活动和营造一个良好的内部环境等项工作。领导者的作用、承诺和积极参与，对质量的保证并使组织的所有相关方都满意是至关重要的。实施本原则应采取的主要措施包括：

（1）以顾客为关注焦点并全面考虑所有相关方的需求。
（2）通过制定质量方针描述组织的宏伟蓝图。
（3）设定可测量的、经过努力可以实现的富有挑战性的并能使组织获益的质量目标。
（4）确定组织机构的部门、岗位设置以及各部门职能分工和岗位职责。
（5）对员工的贡献予以肯定和激励。
（6）在领导方式上，领导者要做到透明、务实和以身作则。
（7）提倡公开、诚恳的交流和沟通。

（三）全员参与

各级人员都是组织之本，只有他们的充分参与，才能使他们的才干为组织带来收益。实施本原则应采取的主要措施是：

（1）对员工进行质量意识、职业道德、以顾客为核心的思想和敬业精神的教育，激发员工的积极性和责任感，全面提高员工的素质。
（2）使员工明确自己所做贡献的重要性和在组织中的作用，明确自己的职责和权限及工作接口。

(3) 赋予员工一定的自主权，并承担相应的责任。

(4) 为员工创造提高自己能力、知识和经验的机会。

(5) 提倡共享知识和经验，使先进的知识和经验成为组织共同的财富。

(四) 过程方法

过程包括一个或若干个将输入转化为输出的活动，一个过程的输出往往是下一个过程的输入，过程与过程之间往往会形成复杂的过程网络。将活动和相关资源作为过程进行管理，可以更高效地得到期望的结果。应用过程方法时，必须对所有的过程有一个清晰的认识。实施本原则一般应采取以下措施：

(1) 识别管理所需要的过程，明确过程的顺序和相互作用。

(2) 确定每个过程为取得所期望的结果而必需开发的关键活动，并明确管理好关键过程的职责和义务。

(3) 确定控制过程运行有效的准则和方法，并实施对过程的监控和测量，对过程的监控和测量结果进行数据分析，寻找改进的机会，并采取措施，以提高过程的效果和效率。

(4) 评价过程结果可能产生的风险及影响。

(五) 管理的系统方法

将相互关联的过程作为系统加以确认、理解和管理，有助于提高组织目标实现的有效性和效率。管理的系统方法实质是用系统的方法实施管理。整体性、关联性、有序性和动态性是系统的主要特性。实施本原则应采取的主要措施有：

(1) 用系统的方法建立一个以过程为基础的质量管理体系。

(2) 明确质量管理过程的顺序和相互作用，使这些过程相互协调。

(3) 控制并协调质量管理体系各过程的运行，对每个具体的过程都应确定相应的控制目标、控制程序。

(4) 不断测量和评价质量管理体系，并采取措施以持续改进质量管理体系，提高组织的质量水平。

(六) 持续改进

持续改进总体业绩应当是组织的一个永恒目标。影响质量的因素在不断变化，顾客的需求和期望也在不断变化，这就要求组织应不断地改进其工作质量，提高质量管理体系及过程的效果和效率，以满足顾客和其他相关方日益增长的和不断变化的需求与期望。实施本原则应采取的主要措施有：

(1) 使持续改进成为一种制度，形成一个自我完善的良好机制。

(2) 提高员工持续改进的意识，对员工进行持续改进的方法和使用工具的培训。

(3) 确定持续改进的目标和实施指南。

(4) 对改进的结果加以肯定，并加以推广应用。

(七) 基于事实的决策方法

有效决策是建立在数据和信息分析的基础上。以事实为依据做决策，可以防止决策失误。实施本原则可增强通过实际来验证过去决策的正确性的能力，可增强对各种意见和决策进行评审、质疑和更改的能力，发扬民主决策的作风，使决策更切合实际。实施本原则时一般要采取的措施包括：

(1) 明确收集数据和信息的类型、渠道和职责以及传递和沟通的方式,确保数据和信息的需要者及时得到并充分利用。
(2) 通过鉴别,确保数据和信息的准确性和可靠性。
(3) 根据对事实的分析、过去的经验和直觉判断做出决策并采取行动。

(八) 与供方互利的关系

组织与供方是相互依存的,互利的关系可增强双方创造价值的能力。供方提供的产品将对组织向顾客提供满意的产品产生重要影响,对供方不能只讲控制,特别对关键供方,更要建立互利互惠的合作关系,通过与供方的合作增强对市场变化联合做出灵活和快速的反应,创造竞争优势。实施本原则时一般要采取的措施包括:
(1) 考虑眼前和长远的利益,识别并选择重要供方。
(2) 创造一个通畅和公开的沟通渠道,及时处理发生的问题,以减少双方的损失。
(3) 确定互利的改进活动,激发、鼓励和承认供方的改进及其成果。
(4) 与关键供方共享专门技术、信息和资源。

质量管理八项原则是每一个组织进行质量管理必须遵循的基本准则。组织在质量管理体系运行中,应以顾客为关注焦点和出发点,以最高管理者为核心,以全员参与和与供方互利为基本点,运用管理的系统方法、过程方法、基于事实的决策方法,以持续改进为动力,达到顾客满意和提高组织效益的最终目的。

三、质量管理体系的基础

GB/T 19000:2000 标准的第 2 章列出了十二条质量管理体系基础,这十二条基础既体现了质量管理八项原则,又对质量管理体系的某些方面作了指导性说明,质量管理体系的十二项基础包括:

(一) 质量管理体系的理论说明

说明了质量管理体系的目的就是要帮助组织增进顾客满意,并且以顾客满意程度作为衡量一个质量管理体系有效性的总指标;说明了顾客对组织的重要性;说明了顾客对组织持续改进的影响;说明了质量管理体系的重要作用。

(二) 质量管理体系要求与产品要求

GB/T 19000:2000 系列标准,主要根据质量体系和产品两种要求的不同性质把质量体系要求与产品要求加以区分。GB/T 19001:2000 标准是对质量管理体系的要求。对产品的要求在技术规范、产品标准、过程标准或规范、合同协议以及法律法规中规定。

(三) 质量管理体系方法

建立和实施质量管理体系的方法如下:
(1) 确定顾客和其他相关方的需求和期望;
(2) 建立组织的质量方针和质量目标;
(3) 确定实现质量目标必需的过程和职责;
(4) 确定和提供实现质量目标必需的资源;
(5) 规定测量每个过程的有效性和效率的方法;
(6) 应用这些测量方法确定每个过程的有效性和效率;
(7) 确定防止不合格并消除产生原因的措施;

(8) 建立和应用持续改进质量管理体系的过程。

（四）过程方法

为了使组织有效运行，必须识别和管理许多内部相互联系的过程。系统地识别和管理组织所应用的过程，特别是这些过程之间的相互作用，称之为"过程方法"。GB/T 19000：2000 系列标准鼓励采用过程方法管理组织。

（五）质量方针和质量目标

质量方针是由组织的最高管理者正式发布的该组织总的质量宗旨和方向。质量目标是在质量方面所追求的目的。质量方针为建立和评审质量目标提供了框架。质量目标的实现对产品质量、作业有效性和财务业绩都有积极性的影响，因此对相关方的满意和信任也产生积极影响。

（六）最高管理者在质量管理体系中的作用

最高管理者通过其领导作用和采取的措施可以创造一个员工充分参与的环境，质量管理体系能够在这种环境中有效运行。最高管理者的作用是：

(1) 制定并保持质量方针和质量目标；

(2) 确保整个组织关注顾客要求；

(3) 确保实施适宜的过程以满足顾客要求并实现质量目标；

(4) 确保建立、实施和保持一个有效的质量管理体系以实现这些目标；

(5) 确保获得必要资源；

(6) 将达到的结果与规定的质量目标进行比较；

(7) 决定有关质量方针和质量目标的措施；

(8) 决定改进的措施。

（七）文件

文件的价值在于传递信息、沟通意图、统一行动，其使用有助于：满足顾客要求和质量改进；提供适宜的培训；重复性和可追溯性；提供客观证据；评价质量管理体系的有效性和持续适宜性。质量管理体系中使用的文件类型主要有质量手册、质量计划、规范、指南、程序、记录等。

（八）质量管理体系评价

质量管理体系评价包括：质量管理体系过程的评价；质量管理体系审核；质量管理体系评审；自我评定。

（九）持续改进

质量改进是质量管理的一部分，致力于增强满足质量要求的能力。持续改进是增强满足要求的能力的循环活动。持续改进质量管理体系的目的在于增加顾客和其他相关方满意的机会，持续改进是组织永恒的目标。

（十）统计技术的作用

使用统计技术可帮助组织了解变化，从而有助于组织解决问题并提高效率。ISO/TR 10017 给出了统计技术在质量管理体系中的指南。

（十一）质量管理体系与其他管理体系的关注点

质量管理体系是组织管理体系的一部分，它致力于使与质量目标有关的结果适当地满足相关方的需求、期望和要求。组织管理体系的各个部分可与质量管理体系整合为一个使用共有要素的管理体系。

（十二）质量管理体系与优秀模式之间的关系

阐述质量管理体系与优秀模式之间存在的特定关系。

四、质量管理体系的建立

建立质量管理体系应以质量管理八项原则为主线，体现了过程方法模式在组织中的应用，通过质量管理体系的建立和实施，使与质量有关的过程由无序变为有序，由涣散变为紧密，由零乱变为协调。按照 ISO 9001 标准要求建立或更新完善质量管理体系，通常包括如图 18-1 所示的步骤。

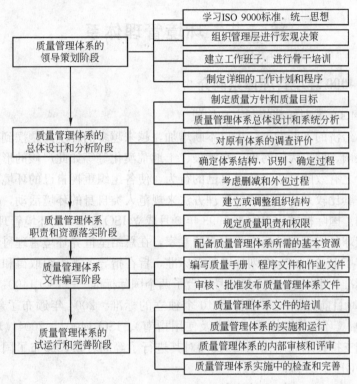

图 18-1　建立质量管理体系的步骤

五、质量管理体系认证

质量管理体系认证是由具有第三方公正地位的认证机构依据 GB/T 19001 对企业的质量管理体系要求的符合性和满足质量要求与目标方面的有效性进行审核。认证合格后颁发证书。认证的结论不是证明具体的产品是否符合相关的技术标准，而是证明质量管理体系是否符合 GB/T 19001 即质量管理体系要求标准，是否具有按规范要求，保证产品质量的能力。

质量管理体系认证的实施程序如下：

1. 提出申请

申请单位向认证机构提出书面申请，认证机构收到申请方的正式申请后，将对申请方的申请文件进行审查，经审查符合规定的申请要求，则接受申请。

2. 认证机构审核

认证机构审核包括：文件审核；现场审核。现场审核工作完成后，审核组编写审核报告。

3. 审批与注册发证

认证机构对审核组提出的审核报告进行全面的审查。经审查若批准通过认证，则认证机构予以注册并颁发注册证书。

4. 认证后的监督管理

证书有效期三年，认证机构对获准认证企业的质量管理体系进行监督管理，以保证该质量管理体系符合 GB/T 19001 标准要求，并能够切实、有效地运行。认证机构的监督管理工作主要包括：供方通报、监督检查、认证注销、认证暂停、认证撤销、认证有效期的延长等。

第二节 环境管理体系

一、ISO 14000 环境管理体系简介

（一）ISO 14000 系列标准的制定和构成

随着社会、经济的不断发展，人口不断增加，越来越多的环境问题摆到我们面前，面对温室效应、酸雨、城市大气污染、水污染、土地荒漠化等等如此严峻的形势，人类开始考虑采取一种行之有效的办法来约束自己的行为，使各组织重视自己的环境行为和环境形象，并希望以一套比较系统、完善的管理方法来规范人类自身的环境活动，以求达到改善生存环境的目的。国际标准化组织于 1993 年 6 月成立 ISO/TC 207 环境管理技术委员会，该委员会汇集全球环境管理及标准化方面的专家，在总结全世界环境管理科学经验基础上制定并正式发布了 ISO 14000 系列环境管理标准，旨在指导各类组织取得和表现正确的环境行为。国际标准化组织于 1996 年 9 月出台了两个国际标准——ISO 14001 和 ISO 14004 标准，ISO 14000 目前已经颁布了将近 10 个独立的标准。2004 年颁布了新的修订标准 ISO 14001：2004《环境管理体系 要求及使用指南》、ISO 14004：2004《环境管理体系 原则、体系和支持技术通用指南》，我国对其进行了等同转换，颁布了国家标准 GB/T 24001—2004 和 GB/T 24004—2004。

（二）ISO 14001：2004 标准的特点

在 ISO 14000 系列标准中，以 ISO 14001：2004 环境管理体系标准最为重要，是组织建立环境管理体系以及审核认证的准则和依据，是一系列后续标准的基础，该标准已经在全球获得了普遍的认同。ISO 14001：2004《环境管理体系 要求及使用指南》站在政府、社会、采购方的角度对组织的环境管理体系提出了共同的要求，以有效地预防与控制污染并提高资源与能源的利用效率。ISO 14001：2004 环境管理体系主要具有以下特点：

1. 强调法律法规的符合性

ISO 14001：2004 标准要求实施这一标准的组织的最高管理者必须承诺符合有关环境法律法规和其他要求。

2. 强调污染预防

污染预防是 ISO 14001：2004 标准的基本指导思想，即应首先从源头考虑如何预防和减少污染的产生，而不是末端治理。在环境管理体系框架要求中，最重要的环节便是制定

环境方针,要求组织领导在方针中必须承诺污染预防,并且还要把该承诺在环境管理体系中加以具体化和落实,体系中的许多要素都有预防功能。

3. 强调持续改进

一个组织建立了自己的环境管理体系,并不能表明其环境绩效如何,只是表明这个组织决心通过实施这套标准,建立起能够不断改进的机制,通过坚持不懈地改进,实现自己的环境方针和承诺,最终达到改善环境绩效的目的。

4. 兼容性

在 ISO 14000:2004 系列标准中,针对兼容问题有许多说明和规定,如 ISO 14000:2004 标准的引言中指出"本标准与 ISO 9000 系列质量体系标准遵循共同的体系原则,组织可选取一个与 ISO 9000 系列相符的现行管理体系,作为其环境管理体系的基础"。

(三) ISO 14001:2004 标准的内容

ISO 14001:2004 体系要素内容如表 18-1 所示。

ISO 14001:2004 体系要素 表 18-1

一级要素	二级要素
环境方针(4.2)	
策划(4.3)	环境因素(4.3.1)
	法律法规和其他要求(4.3.2)
	目标、指标和方案(4.3.3)
实施与运行(4.4)	资源、作用、职责和权限(4.4.1)
	能力、培训和意识(4.4.2)
	信息交流(4.4.3)
	文件(4.4.4)
	文件控制(4.4.5)
	运行控制(4.4.6)
	应急准备和响应(4.4.7)
检查(4.5)	监测和测量(4.5.1)
	合规性评价(4.5.2)
	不符合,纠正措施和预防措施(4.5.3)
	记录控制(4.5.4)
	内部审核(4.5.5)
管理评审(4.6)	

二、建筑企业建立环境管理体系的意义

环境管理体系是一个组织内全面管理体系的组成部分,建筑企业建立环境管理体系旨在帮助企业实现自身设定的环境水平,并不断地改进环境行为。其意义主要体现在以下几方面:

1. 改善组织的环境行为

建筑企业在建立和实施环境管理体系时,最高管理者必须对遵守环境法律法规及其他要求、污染预防和持续改进作出公开承诺,从过去被动执法而采取的末端治理,转变为用

环境法律法规和环境标准来规范自身的环境行为。减少由于污染事故或违反法律法规所造成的环境影响,有助于提高职工的环境意识和守法的主动性、自觉性。

2. 提高建筑企业的环境管理水平

ISO 14000 系列标准是在融合了世界上许多发达国家环境管理经验的基础上,为组织确保环境管理能力,提供的一套科学与系统化的框架。建筑企业借助这套框架,可以针对环境方面的法律法规要求建立起符合自身实际的管理制度,建立良好的环境方针和环境管理基础,规范企业的环境管理活动,提高建筑企业的环境管理水平。建筑企业建立了环境管理体系之后,通过管理活动程序、建立规范化文件和记录等措施可以协调不同的职能部门之间的关系,并不断实现环境业绩的持续改进。

3. 促进污染防治,提高环境管理效率

建立并实施环境管理体系,促进建筑企业通过建立自律机制,制定并实施以预防为主、从源头抓起、全过程控制的管理措施,有利于识别有关的环境法规要求与企业现状的差距,找出并控制重大的环境因素和影响,明确污染预防目标及污染防治优先序列,提高监测环境的能力和评价企业环境管理的效率。

4. 树立企业形象,提高企业竞争能力

建筑企业通过环境管理体系的贯标和认证,可向外界证实自身遵循所声明的环境方针和改善环境行为的承诺,树立企业良好形象,提高企业信誉和知名度,减少来自政府的压力。通过环境管理体系的建立,使建筑企业不同层次的人员受到各种培训,了解自身的环境问题、环境保护对企业发展和社会的重要性,增强企业的社会责任感和使命感,在企业内进行管理思想与管理制度的更新和普遍教育,适应国际潮流,向社会展示企业雄心抱负。

三、环境管理体系的建立及运行

(一) 环境管理体系建立的步骤

对于不同的组织,建立环境管理体系的步骤不会完全相同,建筑企业建立环境管理体系的步骤一般包括如图 18-2 所示的几个阶段和相应的工作内容:

图 18-2 建立环境管理体系的步骤

（二）环境管理体系的运行

为了确保环境管理体系的正常运行，保证环境方针和目标指标的实现，对于重要环境因素相关的运行活动必须规定文件化的管理程序，制定一个辐射到全部管理体系的条款性文件，使全体员工了解而且必须加以遵守，避免非程序化的操作活动导致重大环境因素失控，产生非预期的不良环境影响。为保证环境管理体系的有效运行，应做好以下几项主要工作：

（1）全面的教育、培训。环境管理体系的运行，需要企业全体人员的积极参与，全面的教育、培训是环境管理体系开始运行的第一步。培训内容应依据培训的层次和对象不同而分别进行。表 18-2 为不同培训对象的培训目的和培训内容。

不同培训对象的培训目的和培训内容　　　　表 18-2

培训对象	培训目的	培训内容
高级管理者	提高对环境管理战略重要性的认识；取得对企业环境方针的承诺和协调一致	应遵守的国家或地方法律、法规、标准；环境管理体系的重要性；环境方针
全体员工	提高总体环境意识；遵守法规；取得对企业的环境方针、目标和指标的承诺，培养个人责任感	本组织的环境方针政策；岗位的环境因素及其影响；明确工作内容及程序内容；减少环境影响的技能、技术；紧急状况应采取的措施
承担环境职责的员工	提高技能，改进组织中具体部门的环境绩效	专业技术培训；环境管理体系中各要素的要求及要素之间的关系；法律法规

（2）环境管理方案的实施。环境管理方案的有效实施是企业降低环境风险、实现持续改进的关键。为使环境管理方案有效实施，必须使各部门及人员严格履行职责，保证资金、人员等基本条件到位。

（3）严格执行程序文件的规定。环境管理体系文件是组织进行环境管理的具体准则，对组织内部开展环境管理工作具有指导作用，必须严格执行。

（4）严格监控体系的运行情况。为保持环境管理体系正确、有效的运行，避免出现与环境管理体系标准不符合的现象，必须严格监控体系的运行情况。

（5）定期开展环境体系的内部审核。在环境管理体系运行中，定期开展环境体系的内部审核，可以发现文件化的体系能否正确实施，实施的效果如何，存在哪些问题，促使体系良性运作。

四、环境管理体系的认证

（一）企业环境管理体系认证的条件

企业建立的环境管理体系要申请认证，必须满足两个基本条件：即遵守国家的环境法律、法规、标准和总量控制的要求；体系试运行满 3 个月。

（二）环境管理体系认证程序

环境管理体系认证程序大致上分为以下四个阶段：

1. 受理申请方的申请

申请认证的组织首先提出环境管理体系认证申请。认证机构接到申请方的正式申请书之后，将对申请方的申请文件进行初步的审查，如果符合申请要求，确定受理其申请。

2. 环境管理体系审核

在整个认证过程中，对申请方的环境管理体系的审核是最关键的环节。审核工作大致分为三步：

(1) 文件审核。对申请方提交的准备文件进行详细的审查，如果认为合格，就准备进入现场审核阶段。

(2) 现场审核。通过对申请方进行现场实地考察，验证环境管理手册、程序文件和作业指导书等一系列文件的实际执行情况，从而来评价该环境管理体系运行的有效性，判别申请方建立的环境管理体系和 ISO 14001 标准是否相符合。

(3) 跟踪审核。申请方按照审核计划与认证机构商定时间纠正发现的不符合项，审核小组的成员对纠正措施的效果进行跟踪审核。

3. 报批并颁发证书

根据注册材料上报清单的要求，审核组长对上报材料进行整理并填写注册推荐表，该表最后上交认证机构进行复审，如果合格，认证机构将编制并发放证书。

4. 监督检查

证书有效期三年，在证书有效期限内，认证机构对获证企业进行监督检查，以保证该环境管理体系符合 ISO 14001 标准要求，并能够切实、有效地运行。证书有效期满后，或者企业的认证范围、模式、机构名称等发生重大变化后，该认证机构受理企业的换证申请，以保证企业不断改进和完善其环境管理体系。

第三节 职业健康安全管理体系

一、职业健康安全管理体系简介

(一) 职业健康安全管理体系产生的背景

随着生产的发展，市场竞争日益加剧，社会往往过多的专注于发展生产，忽视了劳动者的劳动条件和环境状况的改善，职业安全健康问题不断突出。据国际劳工组织统计，全球每年发生的各类伤亡事故大约为 2.5 亿起，全世界每年死于工作事故和职业病危害的人数约为 110 万(其中约 25% 为职业病引起的死亡)。面对严重的全球化职业安全健康问题，人们在寻求有效的职业健康安全管理方法，期待有一个系统化的、结构化的管理模式。

随着国际社会对职业健康安全问题的日益关注，以及 ISO 9000 和 ISO 14000 系列标准在各国得到广泛认可与成功实施，考虑到质量管理、环境管理与职业健康安全管理的相关性，国际标准化组织于 1996 年 9 月组织召开了国际研讨会，讨论是否制定职业健康安全管理体系(Occupational Health and Safety Management System，OHSMS)国际标准，结果未达成一致意见。国际标准化组织目前暂不颁布该类标准，但许多国家和国际组织都继续在本国或所在地区发展这一标准，使得职业健康安全管理标准化问题成为继质量管理、环境管理标准化之后世界各国关注的又一管理标准化问题。

尽管在世界范围内还未形成统一的职业健康安全管理体系国际标准，但 1999 年由英国标准协会(BSI)、挪威船级社(DNV)等 13 个组织提出的职业健康安全评价(OHSAS)系列标准，即 OHSAS 18001《职业健康安全管理体系——规范》、OHSAS 18002《职业健康安全管理体系——指南》，在世界各国内产生了积极影响，很多国家都以此为参考依据，制定了各国的职业健康安全管理体系标准。

我国目前不赞成制定统一的国际标准，但在国内大力推行适合我国国情的职业健康安全管理体系，以改善我国的职业健康安全状况，保护劳动者的身体健康以及生命和财产的安全。我国质量监督检验检疫总局于 2001 年 11 月颁布了 GB/T 28001—2001《职业健康安全管理体系 规范》，在全国范围内推行职业健康安全标准。GB/T 28001—2001《职业健康安全管理体系 规范》覆盖了 OHSAS 18001：1999《职业健康安全管理体系——规范》的所有技术内容，并参考了国际上有关职业健康安全管理体系现有文件的技术内容。

(二) GB/T 28001—2001《职业安全健康管理体系 规范》的基本内容

GB/T 28001—2001《职业安全健康管理体系 规范》的基本内容如表 18-3 所示。

GB/T 28001—2001《职业安全健康管理体系 规范》的基本内容　　表 18-3

一级要素	二级要素
职业健康安全方针(4.2)	
策划(4.3)	对危险源辨识、风险评价和风险控制的策划(4.3.1)
	法规及其他要求(4.3.2)
	目标(4.3.3)
	职业健康安全管理方案(4.3.4)
实施和运行(4.4)	结构和职责(4.4.1)
	培训、意识和能力(4.4.2)
	协商和沟通(4.4.3)
	文件(4.4.4)
	文件和资料控制(4.4.5)
	运行控制(4.4.6)
	应急准备和响应(4.4.7)
检查和纠正措施(4.5)	绩效测量和监视(4.5.1)
	事故、事件、不符合、纠正和预防措施(4.5.2)
	记录和记录管理(4.5.3)
	审核(4.5.4)
管理评审(4.6)	

二、建筑企业贯彻职业健康安全管理体系标准的意义

目前我国安全生产形势非常严峻，各类事故频繁发生，阻碍了我国市场经济的健康发展。我国建筑业从业人员安全素质低、安全意识差，建筑企业的安全管理状况令人堪忧。面对市场的激烈竞争，有的企业没有把安全生产工作摆在应有的位置，片面追求经济效益，重生产、重效益、轻安全的现象严重，不按规定为职工配备必要的劳动防护用品，不设置必要的安全防护设施，存在机械设备老化、部件失灵、安全附件不全等事故隐患，个别企业将危害危险较大的劳动作业工种转嫁给包工队和民工。我国建筑企业贯彻职业健康

安全管理体系是非常必要的，其重要意义体现在以下几方面：

1. 可以提高建筑企业安全生产管理水平

建筑企业实施职业健康安全管理体系，可以按照标准要求将国家的有关法律法规要求纳入企业的职业健康与安全管理制度当中，促进企业积极主动的贯彻执行相关法律、法规，并满足其要求。并在企业的生产与服务活动中实施相应控制，将安全管理单纯靠强制性管理的政府行为，变为组织自愿参与的市场行为。通过认证机构的审核能为企业的职业安全健康管理体系带来增殖的服务，有利于企业持续改进职业安全健康绩效。

2. 减少因事故和故障造成的损失

从降低故障成本的角度讲，一方面可以提高员工的安全生产意识，另一方面通过对危险因素的控制以及对重大危害的预防，避免或减少健康与安全事故，如工伤、死亡、火灾、职业病等的发生，降低企业由于安全事故所引发的成本。

3. 改善劳动条件，保护劳动者身心健康，明显提高劳动效益

通过改善工作条件与工作环境，企业职工的健康与安全得到更好的保障，提高工作积极性与工作效率，增强企业的凝聚力。

4. 提高企业的知名度和外部形象

关注职工的职业健康与安全有助于企业树立良好的社会形象，提高信誉和知名度，增强竞争力，从而赢得广大消费者的信赖。有助于建设"以人为本"的企业文化。

三、职业健康安全管理体系的建立与运行

职业健康安全管理体系的建立与运行和环境管理体系的建立与运行大致相同，只是体系的内容改为职业健康安全，因此，不再重复。

第四节　质量、环境、职业健康安全管理体系一体化的整合与运行

一、质量、环境、职业健康安全管理体系一体化的整合

（一）三个管理体系一体化的必要性及意义

建筑企业生产的是国家经济建设和人民物质文化生活所必须的工程产品，它直接关系到国家和人民的利益，其质量是否符合标准，是否达到用户满意至关重要。建筑企业在施工过程中所产生的环境污染，已经成为城市和乡村重要的污染源之一。建筑企业的职业健康与安全问题已经广泛地引起重视。建筑企业的质量管理、环境管理和职业健康安全管理已成为企业各级管理人员工作中的首要问题。

我国的建筑企业在普遍开展实施 ISO 9001 质量管理体系的基础上，正在积极开始实施 ISO 14001 环境管理体系和 OHSMS 18001 职业健康安全管理体系，为参与国际市场竞争创造条件，但在推行的实践中，采用一种管理模式必然难以满足客观需要，但如果一次次引入不同的管理模式，对这些管理体系的实施与管理往往会造成管理机构重叠、文件繁多，相互交叉，当三个体系的职责要求以不同的方式、在不同的文件中提出时，往往会造成员工无所适从，从而导致职责难以落实。同时，如果一次次进行不同体系的认证，会带

来重复劳动过多,在人、财、物等方面造成不必要的交叉、矛盾和浪费,不仅贯彻标准的成果会被忽视,而且会影响综合管理水平和经济效益的提高,使很多准备实施三个体系的建筑企业望而却步。目前的情况表明,大多数企业所进行的整合是简单地将三个体系迭加,这种迭加,无论从体系文件还是具体的体系运行都仅仅是表面化的"整合",而没有将三个管理标准要求与企业的管理过程相融合。

质量管理体系(QMS)、环境管理体系(EMS)与职业健康安全管理体系(OHSMS)均为综合管理体系的主要成分,彼此之间有着内在的有机联系和互补性,可以认为三个体系与综合管理体系之间是分系统和总系统的关系,正因为如此,各建筑企业纷纷开始按照这三个标准的要求建立或完善自己的体系。建立一个包含三个管理标准要求的一体化管理体系有以下意义:

1. 提高企业综合管理能力

构筑一体化管理体系,为组织提供共同的和连续的管理途径,使各管理领域之间实现互补,为管理过程/运行的全面监视提供满足质量、环境、职业健康安全要求的全面、互助的解决方案,提供满足质量、环境和职业健康安全要求的全面的解决方案。如减少不合格品等于降低浪费和原材料的无效使用,降低产品的危险程度可以提高产品质量和满足顾客要求,更有效地利用资源,降低管理费用,提高管理效率,有利于提高组织参与国内外市场竞争的综合能力。

2. 降低审核成本

构筑一体化管理体系,降低申请、审核费用和审核访问次数,大大减少组织建立各种不同体系的工作量。减轻企业经济负担,提高企业申请认证的积极性。

3. 可以避免不同体系之间的矛盾

把三个标准的相同要求统一在一个管理系统中,可以避免不同体系之间的不协调甚至矛盾,协调不同体系的审核所造成的审核的差异,保证管理体系的统一、有序,提高管理的有效性。

(二) 三个管理体系一体化的可行性

质量、环境、职业健康安全管理这三个标准发布的对象和目的各不相同,其中ISO 9001标准的对象是顾客,强调组织对顾客的质量承诺;ISO 14001标准的对象是对政府、社会和众多相关方(包括股东、贷款方、保险公司等),强调组织对社会的环境承诺;OHSMS 18001标准的对象是员工,强调组织对员工职业安全健康的承诺。但这三个管理体系都是针对管理方面的标准,都是国际贸易中消除贸易壁垒的有效手段。三个管理体系都遵循相同的管理系统原理,通过实施一套完整的标准体系,在组织内建立起一个完整、有效的文件化管理体系。三个管理体系在结构和运行模式上已十分接近,都按照PDCA循环的思路,实现管理体系的持续改进。三个管理体系都是通过管理体系的建立、运行和改进,对组织内的活动、过程及其要素进行控制和优化,实现方针和承诺达到预期的目标。一体化管理体系的可行性主要体现在以下几方面:

1. 标准之间兼容的理论基础

ISO 9001:2000标准引言中提出了"本标准使组织能够将自身的质量管理体系与相关管理体系要求结合或整合"。ISO 14001:1996标准的"引言"也明确指出:"本标准与ISO 9000系列质量体系标准遵循共同的管理体系原则,组织可以选取一个与ISO 9000系列相符的现行管理体系,作为其环境管理体系的基础。"ISO 14001:2004 标准的引言中也明确指出:"本标准第二版的修订重点是更加明确表述第一版的内容;同时与 ISO 9001 的内容予以必要的考虑,以加强两标准的兼容性,从而满足广大用户的需求"。

由此可见,国际标准化组织正在积极促成管理体系标准的整合,对整合型管理体系的有效实施作出了明确的阐述,这为开拓一体化管理体系奠定了坚实的理论基础。

另一方面,三个管理体系共同遵循的运行模式是 PDCA 循环。这也为一体化管理体系的运行提供了理论依据。质量管理的八项原则也同样适用于环境管理和职业健康安全管理。

2. 标准要素间的兼容性

每一个管理体系都是由基本要素或过程与支持性要素或过程构成的,这些基本要素或过程反映了该管理体系区别于其他管理体系的特征,但支持性要素为各体系共用。三个体系以其各自的"过程模式"为基础的综合管理体系模式如图 18-3 所示。三个管理体系支持性要素共用情况如表 18-4 所示。

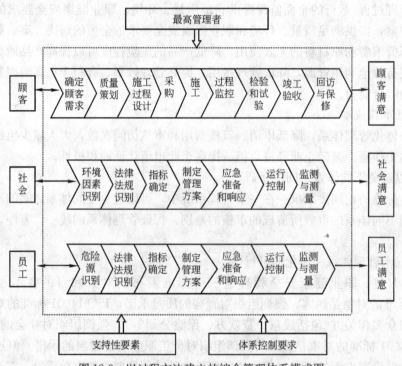

图 18-3 以过程方法建立的综合管理体系模式图

3. 一体化管理体系文件的兼容性

三个体系的文件结构都分为三个层次:管理手册、程序文件、作业文件及其他。这为一体化管理体系文件的整合奠定了基础。

(三) 三个管理体系一体化的整合方式

目前,可以考虑以下两种一体化管理体系的整合方式。

1. 完全一体化型管理体系

三个管理体系完全整合在一起,同时运行。其特征是:综合的方针更趋近于组织的经营总方针;体系趋向于实现多种目标的管理;综合的业务策划过程;综合的预算策划;综

第四节 质量、环境、职业健康安全管理体系一体化的整合与运行

合的质量、环境、职业健康安全风险评价;使用拥有综合能力的员工和内审员;一体化的体系程序和作业指导书。

三个管理体系支持性要素共用情况　　　　　表18-4

管理体系要素	各标准的条款号和标题		
	GB/T 19001:2000	GB/T 24001:2004	GB/T 28001:2001
管理体系总要求	4.1 总要求 5.4.2 管理体系策划	4.1 总要求	4.1 总要求
文件要求总则	4.2.1 总则	4.4.4 环境管理体系文件	4.4.4 文件
管理手册	4.2.2 质量手册	4.4.4 环境管理体系文件	4.4.4 文件
文件控制	4.2.3 文件控制	4.4.5 文件控制 4.3.2 法律法规和其他要求	4.4.5 文件和资料控制 4.3.2 法规和其他要求
记录控制	4.2.4 记录控制	4.5.4 记录控制	4.5.3 记录和记录管理
管理者承诺	5.1 管理承诺	4.2 环境方针(含管理承诺)	4.2 职业健康安全方针(含管理承诺)
组织方针	5.3 质量方针	4.2 环境方针	4.2 职业健康安全方针
目标	5.4.1 质量目标	4.3.3 目标、指标和方案	4.3.3 目标
职责和权限	5.5.1 职责和权限	4.4.1 资源、作用、职责和权限	4.4.1 结构和职责
管理者代表	5.5.2 管理者代表	4.4.1 资源、作用、职责和权限	4.4.1 结构和职责
沟通	5.5.3 内部沟通 7.2.3 顾客沟通	4.4.3 信息交流	4.4.3 协商和沟通
管理评审	5.6 管理评审	4.6 管理评审	4.6 管理评审
资源提供	6.1 资源提供	4.4.1 资源、作用、职责和权限(含资源提供)	4.4.1 结构和职责(含资源提供)
人力资源	6.2 人力资源	4.4.2 能力、培训和意识	4.4.2 能力、培训和意识
基础设施	6.3 基础设施	4.4.1 资源、作用、职责和权限(含基础设施)	4.4.1 结构和职责(含基础设施)
工作环境	6.4 工作环境	4.4.1 资源、作用、职责和权限(含工作环境)	4.4.1 结构和职责(含工作环境)
监测装置控制	7.6 监视和测量装置的控制	4.5.1 监视和测量	4.5.1 绩效测量和监视
内部审核	8.2.2 内部审核	4.5.4 内部审核	4.5.4 审核
不合格控制	8.3 不合格品控制	4.5.3 不符合、纠正措施和预防措施	4.5.2 事故、事件、不符合、纠正措施和预防措施
数据分析	8.4 数据分析	4.5.1 监视和测量(含数据分析)	4.5.1 绩效测量和监视(含数据分析)
持续改进	8.5.1 持续改进	4.3.3 目标、指标和方案(含持续改进)	4.3.4 职业健康安全管理方案(含持续改进)
纠正和预防措施	8.5.2 纠正措施 8.5.3 预防措施	4.5.3 不符合、纠正措施和预防措施	4.5.2 事故、事件、不符合、纠正措施和预防措施

2. 调整型管理体系

三个管理体系的公共要素整合在一起运行,其他专业要素独立运行。其特征是:体系结构趋向于适应多种标准;分离的业务策划和预算;分离的方针和手册;仅仅针对共有要素进行程序整合;在标准没有表现出明显共有要素时,分列程序和手册;虽然没有完全整合,但体系设计了前后顺序;通常使用相同的审核员。

二、建筑企业一体化管理体系的实施

（一）基本思路

质量、环境、职业健康安全管理体系具有共同的管理思想，其过程控制、系统化管理、预防为主、适宜的文件化等要求是相同的，这是三个管理体系整合的基础条件。进行三个管理体系整合的思路是按照 PDCA 的基本管理思想，把三个体系的 PDCA 分阶段进行对口整合，将三个标准相互对应并将相同的条款放在一起运作，使文件一体化、运作一体化。

建立一体化管理体系，主要的基础工作是对三个体系的现状进行分析与策划。质量管理体系的特点是以过程控制为主线，环境管理体系是以环境因素的识别和控制为主线，职业健康安全管理体系是以危险源辨识和风险评估、控制为主线。从上述三者的因果关系中得出建立管理体系的主线，为实施一体化管理体系确定运作方向，从而避免遗漏相应的过程活动。

1. 把识别过程和过程中的环境因素及危险源结合起来

注意识别并确定质量过程危险源及环境因素的接口关系，包括逐一分析施工、生产活动中的重要因素对职业健康安全风险和环境的影响。同时，关注质量、职业健康安全与环境之间的内在影响，从中辨识出相应的作用和关系，从而为风险或影响评价提供条件。例如：某企业在混凝土浇筑模板施工、混凝土搅拌与输送、混凝土振捣、成品保护等质量活动中涉及到人、机、料、法、检测等诸因素，应把模板施工中的质量验收要求、混凝土坍塌危险源、施工噪声、混凝土振捣工艺要求、触电危险源、混凝土浆泄露（包括混凝土搅拌输送）、成品保护等因素进行系统的考虑。这种对三个体系在接口方面的一体化考虑，目的是寻找高效的控制措施，提升一体化体系运作的协调性和效率，并确定协调的运作准则，对于策划三个体系在工程项目管理过程中的实施和应用更有其实际意义。

2. 把质量过程、职业健康安全风险、环境影响的评估结合起来

从影响施工活动的过程入手分析职业健康安全风险和环境影响，例如：主体工程相关的混凝土浇筑、模板、脚手架、混凝土搅拌等活动，对其进行相关因素分析并抓住质量、职业健康安全、环境的控制特点进行评估策划，从而实现施工现场的有效控制。如果进行风险评价与环境影响评估没有与质量过程相结合，一体化管理体系的运作质量就难以保证。

（二）建立一体化管理体系的方法

1. 体系文件、记录策划与管理

应按照简单、适宜和有效的原则，对体系文件进行合并或整合，在保证文件有效性和适宜性的前提下，力求简单化。应尽可能将质量、职业健康安全、环境管理体系的运作要求规定在一个文件中，以减少接口、提高效率。

文件整合的方式有两种：

(1) 以质量管理体系为基准框架，融入职业健康安全和环境管理体系的要求。

(2) 以职业健康安全或环境管理体系为基础框架，融入质量管理体系的要求。

对于文件的数量，由企业自行决定。但对于施工过程控制、产品的检验和试验、不合格品控制、内审、文件和记录控制、危险源辨识、风险评价控制措施的策划、环境因素的识别与评价、应急准备与响应等程序，应制定书面文件。对于焊接、防水、玻璃幕墙、吊装、钢结构、混凝土浇筑等过程，应制定质量管理体系作业指导书；对于污水、噪声、扬尘、固体废弃物、易燃易爆物品等管理过程，应制定环境管理体系作业指导书；对于临电

安全、防高空坠落、物体打击、防机械伤害、火灾等突发事件的应急响应过程，应制定职业健康安全作业指导书。

2. 合理界定一体化管理体系的责、权关系

管理职责的合理确定，是确保一体化管理体系正常运作的基础。最高管理者的职责非常重要，其核心应体现为方针目标的制定和管理评审的实施。

根据管理体系的运作要求确定各级管理层人员的职责。确定职责时，可以质量职责为主线展开，与质量过程、风险控制、环境因素控制、体系策划相结合，对应各项活动的要求逐一确定职责的内容。对于这些职责，应明确与其他岗位的接口关系，还应规定运行过程的职责，并统一考虑监视和测量的一体化运作。

（三）一体化管理体系的建立

建立一体化管理体系是一项复杂的系统工程，涉及组织、程序、过程和资源的诸多方面，要通过组织策划、总体设计和资源配置将这些方面有机地结合起来，形成一个整体。建立一体化管理体系通常包括以下步骤：

1. 初始状态的评审

在建立一体化管理体系之前，应对企业的质量、环境和职业健康安全方面进行全面的调查，对质量过程、环境和职业健康安全危险因素进行充分的识别。初始评审的内容一般包括：影响因素的识别、相应法律法规的获取、基础资料的收集以及重大问题的分析、改进措施的探讨等。经过汇总、分析和评价，企业应当形成初始评审报告，作为实施一体化管理体系的基础资料。

2. 一体化管理体系方针目标的制定

一体化管理体系管理方针目标应该由企业的最高管理者制定，同时兼顾三个标准对质量、环境和职业健康安全方针的要求。建立一体化管理体系管理方针目标必须适合企业的宗旨，符合企业的活动、产品或性质、规模以及环境影响、职业健康安全风险的性质和规模，体现组织的经营理念和发展方向。

3. 一体化管理体系文件的整合

在编写管理体系文件时，要注意其实用性和可操作性，避免文件交叉重复。编写体系文件应遵循系统性和适用性的原则。

4. 一体化管理体系的运行控制

企业要开展大量的培训工作，一方面提高员工的质量、环境、职业健康安全意识；另一方面增长其知识，不仅要让员工知道怎样做，而且知道为什么要这样做。对一体化管理体系的运行效果、存在的问题监督检查，及时发现及时整改。从组织、技术、管理和经济等方面采取措施，保证一体化管理体系的有效运行。

5. 一体化管理体系的审核

识别一体化管理体系是否得到了正确的实施和保持，发现问题以及可以改进的领域，分析不合格产生的原因，进而采取纠正和预防措施。

（四）一体化管理体系的运行

建筑企业在一体化管理体系整合过程中通常面临来自企业内部和外部的压力，为使一体化管理体系有效整合和运行，必须得到最高管理层的强力支持和员工的充分理解；注意整合的时机，条件不具备不能盲目整合，条件具备也不能过度整合；考虑体系的扩展，不

能只考虑质量、环境、职业健康安全方面的问题，还存在与其他管理子体系（如财务等管理体系）进行协调、整合的可能。

案 例 分 析

案例 1 某建筑公司确定的质量方针和质量目标

质量方针：遵纪守法，交优良工程；信守合同，让业主满意；坚持改进，达行业先进。

质量目标：单位工程竣工一次验收合格率达100%；单位工程优良品率达90%；工期履约率100%；顾客满意率100%；每年开发1～2项新的施工方法。

该公司所确定的质量方针中包含了对遵守法规、对产品实物质量的承诺、对顾客服务及持续改进的承诺。质量目标与质量方针相对应，优良工程的具体指标是一次验收合格率及工程优良品率；顾客满意体现在工期履约和顾客满意率上；每年开发新的施工方法体现了持续改进。

案例 2 某建筑公司职业健康安全目标、指标及管理方案

某建筑公司职业健康安全目标、指标及管理方案如表18-5所示。

某建筑公司职业健康安全目标、指标及管理方案　　　　表18-5

危险源	目标	指标	管理方案 实施要求	实施部门	检查部门
制度措施不全	1. 杜绝重大人身伤亡及机械事故 2. 安全达标合格率100%，优良率60%以上	1. 安全机构建立100% 2. 安全员持证率100% 3. 配齐技术规范标准 4. 进厂人员安全教育培训率100%	1. 成立安全机构、落实职责 2. 识别危险源，建立安全管理方案和控制措施 3. 及时进行交底和检查 4. 配齐技术规范标准 5. 对存在的安全隐患按要求进行整改	项目部	工程部
脚手架搭拆、防护不按规定进行	1. 脚手架防护搭拆达标使用 2. 杜绝高空坠落	1. 脚手架搭拆方案制定审批100% 2. 方案落实100%，问题及时整改 3. 作业前交底100% 4. 人员持证100%	1. 编制脚手架搭拆防护方案 2. 技术交底培训，操作员持证上岗 3. 脚手架验收合格后使用 4. 加强监督检查，严禁违章使用 5. 拆除时设安全警戒线，专人看管	项目部	质量安全部
基坑护壁强度不够	基坑支护安全可靠	1. 制定基坑支护方案、措施、审批率100% 2. 基坑边堆载按规定放置 3. 按规定进行基坑安全监护	1. 编制基坑支护方案，按规定审批 2. 基坑边支护及堆载按规定落实 3. 加强现场监督检查、验收和监护 4. 基坑周边有效排水措施	项目部	工程部
"四口"不按规定防护 "三宝"不正确使用	"四口"及临边防护不严坠落，"三宝"使用不当的事故为零	1. 洞口、临边防护100% 2. 安全帽、安全网、安全带供应商评价100% 3. 安全帽、安全网、安全带合格率100%，并正确使用	1. 制定洞口、临边防护措施 2. 洞口、临边防护严密，达到规范标准要求 3. "三宝"正确使用 4. 加强现场监督检查与维护管理	项目部	工程部

第四节 质量、环境、职业健康安全管理体系一体化的整合与运行

复习思考题

1. 质量管理的八项原则是什么？如何理解以顾客为关注焦点的原则？
2. 什么是过程方法？为什么三个体系都以过程方法为模式基础建立？
3. 建筑企业建立环境管理体系有什么意义？
4. 建筑企业在环境管理体系运行中应做好哪些工作？
5. 为什么要进行质量、环境、职业健康安全管理体系一体化的整合？
6. 建筑企业是否有建立一体化管理体系的可行性？

参考文献

[1] 中国建设监理协会编. 建设工程质量控制. 北京：中国建筑工业出版社，2003
[2] 陈全编著. 新版环境管理体系标准实施指南. 北京：中国石化出版社，2005
[3] 中国安全生产科学研究院编. 职业健康安全管理体系国家注册审核员培训教程. 北京：化学工业出版社，2005
[4] 方宝龙编. 一体化审核员通用教程. 北京：中国计量出版社，2005
[5] 全国一级建造师执业资格考试用书编写委员会编写. 建设工程项目管理. 北京：中国建筑工业出版社，2004
[6] 宋其玉编著. ISO 9000：2000 族质量管理体系常见问题及应对措施. 北京：机械工业出版社，2004

第十九章 建筑企业供应链管理

Martin Christopher 说：在 21 世纪，市场上只有供应链而没有企业，市场竞争将是供应链和供应链的竞争，而不是企业和企业的竞争。

第一节 供应链管理基本原理

20 世纪 80 年代以来，市场环境发生巨大变化，顾客需求趋于多样化、个性化，不确定性增加，企业面临的是一个变化迅速且难以预测的买方市场，这给企业带来的不仅是市场机遇，更增加了竞争难度，以 Internet 技术为基础的现代信息技术和通信技术迅速发展，使传统的"大而全、小而全"的纵向一体化管理模式暴露出很多缺点，如增加企业投资负担、承担丧失市场时机的风险、迫使企业从事不擅长的业务活动、在每个业务领域都直接面临众多竞争对手和增大企业的行业风险等。为此企业采取了许多先进的单项制造技术和管理方法，如 MRP、MRPII、JIT、LP、AM、CE、ERP、CIMS 等。虽然这些技术和方法取得了一定成效，但没有从根本上解决问题，企业仍需要从管理模式上进行创新。从 20 世纪 80 年代中后期开始，在企业管理中形成了一种"横向一体化"的管理热潮。许多企业将原有的非核心业务外包出去，自己集中资源发展核心能力，通过和相关企业结成战略联盟占据竞争中的主动地位。企业开始将目光从企业内部生产过程转向整个生命周期不同过程的结合部，以挖掘新的利润增长点，并开始关注核心能力，摒弃那种从设计、制造直到销售都自己负责的经营模式（纵向一体化），把有限资源放在最擅长的业务上，在全球范围内与供应商和销售商建立合作伙伴关系，实现优势互补。供应链管理就是在这种需求环境下产生的。自 20 世纪 90 年代以来成为企业界和学术界研究实践的热点，其快速反应市场需求、全局性战略管理、高度柔性等目标，比纵向一体化更能符合当前复杂多变的竞争环境。供应链管理适应企业发展和跨企业合作的需求，借助先进的信息技术逐步发展成为一种"信息技术使能的"、具有良好发展前景的、先进的企业管理模式。供应链上各实体企业所有权相互独立，实质上又相互联合，形成一个整体和其他供应链进行竞争。

一、供应链和供应链管理的基本概念

（一）供应链的概念

供应链的概念最早出现 20 世纪 80 年代左右。但到目前为止没有形成统一的定义。国内外学术界的不同学者从不同的角度给出了供应链的不同定义。Lin 等认为供应链是包括供应商、制造商、销售商在内，涉及物流、资金流、信息流的企业网络系统。Christopher 认为，供应链是一个组织网络，所涉及的组织从上游到下游，在不同的过程和活动中对交付给最终用户的产品或服务产生价值。蓝伯雄认为，供应链是原材料供应商、零部件供应商、生产商、分销商、零售商、运输商等一系列企业组成的价值增值链。马士华的定义是：供应链是

围绕核心企业,通过对信息流、物流、资金流的控制,从采购原材料开始,制成中间产品以及最终产品,最后由销售网络把产品送到消费者手中的将供应商、制造商、分销商、零售商、直到最终用户连成一个整体的功能网链结构模式。中华人民共和国国家标准《物流术语》对供应链的定义:生产和流通过程中,涉及将产品或服务提供给最终用户活动的上游与下游企业所形成的网链结构。综上所述,供应链的核心概念可以概括为:

供应链是指在产品或服务的生产及流通过程中所涉及的将产品或服务提供给最终用户的上游与下游企业,包括供应商、制造商、批发商、零售商以及最终的客户组成的企业组织网络,该网络涉及上下游企业间的各种活动和相互关系,包括企业间的信息流、物流(服务流)和资金流等。

(二)供应链管理的概念

目前,关于供应链管理的定义从不同的角度有不同的论述,如中华人民共和国国家标准《物流术语》对供应链管理(Supply Chain Management,SCM)定义是:供应链管理是指利用计算机网络技术全面规划供应链中的商流、物流、信息流、资金流等,并进行计划、组织、协调与控制。美国生产和库存控制协会(APICS)第九版字典中对供应链管理的定义是:供应链管理是计划、组织和控制从最初原材料到最终产品及其消费品的整个业务流程,这些流程链接了从供应商到顾客的所有企业。

本书综合当前国内外关于供应链管理的定义,给出以下界定:

供应链管理是指企业从系统的观点出发对供应链中所涉及企业的资源和竞争能力进行整合与优化,对供应链中的物流、信息流和资金流进行集成化的管理,充分发挥各企业的核心能力,提高企业竞争力,使企业绩效获得持续改进,同时快速响应客户需求,为客户提供最大价值。

供应链管理是以同步化、集成化生产计划为指导,以各种技术为支持,尤其以 Internet/Intranet 为依托,围绕供应、生产作业、物流(主要指制造过程)、满足需求来实施的。供应链管理主要包括计划、合作、控制从供应商到用户的物料(零部件和成品等)和信息。供应链管理的目标在于提高用户服务水平和降低总的交易成本,并且寻求两个目标之间的平衡(这两个目标往往有冲突)。

供应链管理作为物流一体化管理的扩展,不仅仅是一种运作管理技术,而且是一种管理战略。供应链管理的战略作用可以使供应链中的合作伙伴达成共识,构筑互利发展的供应链联盟。

二、供应链管理的内容和核心理念

(一)供应链管理的内容

了解供应链管理的内容,是实施供应链管理的前提。从供应链管理的定义可以看出,供应链管理包括了对供应链中的物流、信息流、资金流等企业所有活动的计划、组织、协调与控制。因此,可以从以下几个方面概括供应链管理的内容。

(1)供应链战略管理。供应链中各个企业作为一个统一的竞争主体参与市场竞争,原先各企业自身的战略需要重新调整,按照供应链管理的思想制定和调整整个供应链的战略。供应链的管理也从以运作管理为重点,转向运作与战略并重。

(2)供应链结构设计。包括供应商选择、供应链物流系统设计。

(3) 集成化供应链管理流程设计与重组，具体又分为：各节点企业内部集成化供应链管理流程设计与重组、外部集成化供应链管理流程设计与重组和供应链信息管理。

(4) 供应链管理机制建设。包括合作机制、协商机制、绩效评价与利益分配机制、激励与约束机制、风险预警与防范机制等。

(二) 供应链管理的核心理念

(1) 系统与全局最优的理念。供应链是一种由多个企业组成的企业系统，供应链管理对该系统进行集成化管理，因此系统的观点、全局最优的思想成为供应链管理的首要理念。供应链管理强调企业在充分发挥合作伙伴的优势技术和能力，以提高自身的竞争优势的同时，通过企业间共同目标的优化与商务效率的提高，将供应链上的贸易伙伴组成一个协调运作的企业系统，在既定的顾客服务水平前提下，通过对企业经营过程进行优化、重组，追求供应链总体效益和总体效率的优化，降低供应链总成本，实现客户价值最大化。供应链管理扩展了传统的内部企业管理活动，成为一种新的企业管理哲学。

(2) 客户理念。客户是企业经营的导向。努力实现客户价值最大化，按顾客的期望提供他们真正想要的产品或服务，以市场需求拉动生产是提高企业竞争力，实现供应链整体效益最大化的根本保障。供应链管理通过有效的管理体系，实现将顾客所需的正确的产品或服务在正确的时间，按照正确的数量、正确的质量、正确的状态送到正确的地点(即6R)的目标。

(3) 优势互补、战略合作理念。优势互补是指供应链上的企业各自具有自己核心优势，通过战略合作形成多种核心业务的有机组合。这种理念强调企业在加强自身的核心能力建设的同时，应当与其他企业建立长期的合作关系，强调相互之间的信任和合作，利益分享，风险共担。供应链管理追求供应链上各企业双赢(Win-Win)的目标，而不是传统的、大而全、小而全、只竞争不合作的企业发展模式。

(4) 现代化管理手段与技术理念。供应链管理设计多个利益主体(企业)，各利益主体组成了一个复杂的、动态的网络体系。要实现供应链的有效运作，必须借助于先进的现代化管理手段和技术，特别是应当充分利用信息技术和通讯技术，建立企业间的信息沟通与共享机制。实践经验也证明，完善的信息共享机制是实现企业间群体决策，快速相应市场需求，提高供应链管理效率的关键因素。

第二节　建筑供应链下的企业流程与组织结构

一、建筑供应链管理的基本界定

(一) 建筑供应链管理概念的界定

目前，关于建筑供应链概念还没有统一和权威的界定。不同学者往往处于自身的研究目的和需求对它们的概念进行界定。这里参考国内外关于建筑供应链研究的有关成果和其他行业关于供应链的定义对建筑供应链加以界定。需要说明的是研究的角度不同，在概念的界定上就会有所区别，相应的就会影响研究范围的大小。本书从广义和狭义两个角度对建筑供应链进行界定。

(1) 广义的建筑供应链(Construction Supply Chain)。从业主产生项目需求，经过项目定义(可行性研究、设计等前期工作)、项目实施(施工阶段)、项目竣工验收交付使用后的维护等阶段，直至扩建和建筑物的拆除这些建设过程的所有活动和所涉及的有关组织机构组成的建设网络。

(2) 狭义的建筑供应链。建筑供应链是指以承包商为核心，由承包商、供应商、分包商、设计商和业主围绕(单个或者多个)建设项目组成的主要包括设计、采购和施工三个建设过程的工程项目建设网络。建筑供应链活动涉及链上各组织之间的信息流、物(服务)流、资金流的流动(图19-1)。另外，由于建筑生产的特殊性，劳动力(人流)的流动也成为建筑供应链的重要组成部分。

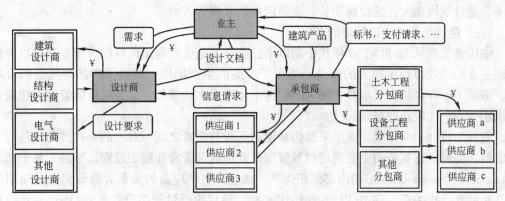

图 19-1 建设供应链网络模型

建筑供应链管理(Construction Supply Chain Management，CSCM)可以从两个层面上加以界定。一个是独立的企业层面，关注的是企业生产过程的运作管理问题。一个是产品层面，关注的是基于客户需求组织产品生产所涉及的全部过程管理问题。建筑供应链管理既强调企业内部的跨部门集成化管理，更强调企业外部跨公司的集成化管理。建筑供应链管理通过建立企业间共同的战略目标，完善的信任与合作机制，协同的工作模式和信息共享机制，达到提高企业绩效，快速响应客户需求，从而增强企业核心竞争力的目标。

本书基于供应链管理的基本原理，结合建筑业的自身特点，将建筑供应链管理界定为：

建筑供应链管理是指以承包商为核心，采取设计商、承包商、分包商、业主和供应商之间协作双赢的商务战略，借助先进的信息技术，对建设项目生产过程(设计、采购、施工等)中所涉及的所有活动(物流、信息流、资金流和人流)和参与方进行集成化统一管理。建筑供应链管理既强调企业内部的跨部门集成化管理，也强调企业外部跨公司的集成化管理。通过建立企业间共同的战略目标，完善的信任与合作机制，协同的工作模式和信息共享机制，以最小的成本，创造客户最大价值，达到提高企业绩效，快速响应客户需求，从而增强企业核心竞争力的目标。

(二) 建筑供应链结构特点

建筑供应链是一种典型的按订单制造(Make-to-Order)的供应链，每一个新的建设项目都是按照每一个业主项目的具体要求来组织施工的。对于承包商而言，业主的订单就是设计出来的图纸，承包商要按照订单(图纸)的要求进行制造(施工)，所以可以将建筑供应链称之为按图施工(Construction-to-Drawings)型供应链。

从结构和功能方面来看，建筑供应链具有集中性、临时性和复杂性的特征。集中性体现在构成建筑产品(建筑物、构筑物)的所有的材料都集中在施工现场进行装配。与传统的制造业在工厂里完成产品的大规模生产，然后通过分销商和零售商销售到众多的消费者——顾客手中的特点不同，建筑供应链是围绕单一的产品——一次性的建设项目开展工作的，产品生产出来以后(竣工验收)移交到单一的顾客——业主手中。临时性是指每一个项目都要组织新的项目管理部门，项目完成后，相应的项目管理部门自动撤销。这种临时性的特点导致了建筑供应链的不稳定性，而且由于建筑设计与施工的独立性，导致了在临时性的特征中增加了分散性的特点。复杂性体现在建筑供应链包括多个建设阶段，参与方众多，建设规模庞大，建设周期长，不确定性因素多等方面。

（三）建筑企业供应链管理的产生

供应链管理从 20 世纪 80 年代中期以来已经在制造业获得了广泛的应用。通过供应链管理企业的绩效得到了很大的改进，减少了产品的生产周期，增强了产品的质量和可靠性，缩减了库存，减少了浪费，极大的促进了生产成本的降低。但是供应链管理对建筑业来说还是一个比较新的概念。

直到 20 世纪 80 年代，施工采购仍是通过买者与卖者之间一对一的一次性的交易行为完成的。当时，建筑公司主要通过材料管理来管理内部资源和施工过程，形成了基于功能(Functional Specialization)的内部组织边界，承包商与供应商的关系大部分仍旧是短期的买与卖的非合作关系。到 20 世纪 80 年代末期，随着建设过程中合作伙伴(Partnering)建设模式的出现，促进了各参与加强协同关系和过程集成化管理。合作伙伴是指两个或多个一起工作的组织按照各自的目标，通过寻求解决冲突的途径和相互之间的自我约束从而达到持续改进和利益分享的一种建设模式。

20 世纪 90 年代，为了应对日益激烈的竞争压力，很多企业开始采用业务外包(Outsourcing)的企业战略，这给建筑企业的管理提供了新的思路。建筑企业开始采用集成化的材料管理模式，以达到企业内部和外部供应商的集成化管理。到 20 世纪 90 年代末，出现了第二代合作伙伴的建设管理模式，强调项目主要合作方应进行协同战略决策。业务外包和第二代合作伙伴模式的出现说明在建筑业中应用供应链管理思想的趋势愈加明显。

然而到目前为止，大多数合作伙伴关系将重点放在客户、咨询工程师、总承包商之间这种上游关系的协同管理方面，很少关注各专业分包商和材料供应商这种处于建设过程下游的参与方之间的协同管理。此外由于缺乏共同的目标、开放性以及存在的目标隐匿和投机行为，造成合作伙伴这种模式仍无法满足建筑业发展的需要。

20 世纪 90 年代以来，供应链管理在实践中成功的应用，受到了建设领域很多学者和组织的关注。由于供应链管理所倡导的供应链上下游集成化、协同化的双赢战略管理思想，使人们认为将供应链管理的基本原理应用到建设领域很可能成为继合作伙伴管理模式之后最佳的建设管理模式。人们将在建设领域应用供应链管理的建设管理模式称为建筑供应链管理。

二、建筑供应链下的企业流程再造与组织结构

（一）BPR 概述

业务流程再造(Business Process Reengineering BPR)顾名思义，其再造的对象是业务

流程，业务流程是实施 BPR 的关键。业务流程是指为完成某一目标(或任务)而进行的把输入转化为输出的一系列逻辑相关活动的组合。业务流程是一组活动，而不是一个单独的活动。如订单处理流程是指从接到顾客的订单开始直到产品交付到顾客，收到货款为止在企业内部所进行的一系列活动，包括订单输入、库存查询、编制计划、实施采购、产品装配、联系发运、开发票、催交货款等。

对于 BPR，一些学者提出了是组织所要求的变革的观点。如 Davenport 和 Short 认为 BPR 是指对组织内部或跨组织的工作流和流程的分析和设计。BPR 的创始人迈克尔·哈默(Michael Hammer)和詹姆斯·钱皮(James Champy)称 BPR 是为了在衡量企业表现的关键因素上，如成本(Cost)、质量(Quality)、服务(Service)、速度(Speed)等方面获得显著改善，而对企业流程进行根本性的再思考和彻底性的再设计，使得企业能最大限度地适应以"顾客、竞争和变化"为特征的现代企业经营环境。本书采用 Hammer 和 Champy 提出的业务流程再造的概念。

(二)建筑供应链环境下企业流程再造的必要性

(1)供应链管理环境下企业战略的变化。在供应链管理环境下，企业不再是全能的"纵向一体化"的模式，而是成为供应链上的一个节点，它可能是供应链上的核心企业，或作为核心企业的供应商角色。企业通过将自己的业务集中在拥有核心技术、能够创造最大附加价值的环节，而将自己不具备竞争优势的业务外包或独立分离出去，并建立企业与上下游厂商之间能够实现快速、高效反应的供应链。

(2)供应链管理环境下企业内部流程的变化。在供应链管理环境下，利用信息技术作为支持平台，信息可以实现实时共享，而使原有的工作流程发生变化。在传统信息处理工作中纸质媒介是主体，因此顺序处理的工作流程是最为可靠的方式，而在供应链管理环境下，借助于强大的数据库和网络信息技术，实现了企业内部工作流程的并行处理。

(3)供应链管理环境下企业之间流程的变化。在供应链管理环境下"横向一体化"的理念改变了传统的思维模式，将企业的资源概念进行了很大程度的扩展，更加倾向于企业外部资源配置联盟，加强了企业间业务流程的紧密性，供应链上下游企业之间的业务进行了重新分配和调整，有些环节甚至不再需要，使企业之间的业务流程发生了相应变化。例如，在供应链管理环境下，通过电子商务 B2B 的形式，供应商可以直接了解提供给制造商的原材料的消耗情况，在库存量即将到达订货点时，就可以提前做好供货的准备工作，从而大大缩短订货提前期。可见由于供应链节点企业之间的动态联盟关系，使得上下游企业之间为处理采购和供应而设置的部门、岗位和流程就需要重新思考和重新设计。

(三)供应链管理环境下企业业务流程再造的原则

供应链管理环境下企业业务流程再造应当遵循以下原则：

(1)采用合适的工具和方法设计业务流程，以满足一定的战略业绩目标。

(2)应用连续改善的技术促进企业提高业绩水平。

(3)采用有效的变化管理方法以调整供应链企业的人力和文化，从而适应新的工作流程。

(4)正确应用信息技术。企业要根据实际情况发展信息技术，同时要根据信息技术与供应链管理集成的特点进行流程重构。

(5)最高领导层的参与以及领导的重视至关重要。

(四)建筑供应链环境下企业流程再造的过程

供应链环境下企业流程再造可以分两步完成:第一步,供应链系统重整,按照供应链系统中流程接口的要求,对供应链系统内企业的流程接口进行重构和建模,达成一致协议;第二步,在前者的基础上,在企业范围内实行业务流程重组。

1. 供应链系统重整

供应链系统重整的主要步骤如图19-2所示。

供应链系统重整是站在核心企业的角度提出来的。首先,核心企业应根据企业所处的供应链体系运营中存在的问题,如客户的期望和需求变化,制定战略。从战略需要的角度评估合作伙伴,制定合作伙伴的评价标准,评估并再选择合作伙伴。然后对供应链进行建模。

(1)根据供应链建模阶段的主要任务确定供应链中的关键企业成员、供应链中业务流程的范围和相互之间的关系。

(2)确定核心流程及范围主要是确定主要的流程及其组织特性,理解各企业的子流程如何连接形成一个为客户创造价值的流程。

(3)确定组织核心流程接口的目的就是根据确定的核心流程,理清每个流程接口涉及到的企业以及要求每个企业对比接口要求的管理要素作分析,整理出接口实现和将要实现的功能,并罗列出实现此功能的角色清单和制定实现功能要收集数据的计划。

(4)收集数据、供应链企业对接口功能的要求的表述以及未来流程接口的设计往往是循

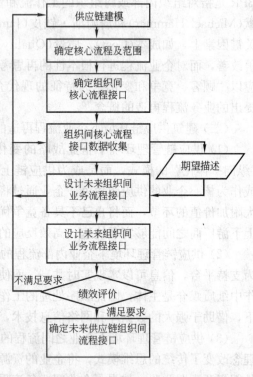

图19-2 供应链系统重整

环进行;未来流程接口的设计需要综合考虑几个因素:涉及的角色以及角色间的相互作用、流程接口的输入(信息,规则等)清单、流程接口的输出清单、流程接口的处理功能以及和前四者的对应关系。这阶段的输出是组织间流程接口的模型。

(5)对接口模型进行评价和可行性分析,最后确认流程接口模型并对供应链组织公布接口标准。

需要指出的是,这里定义的业务流程的接口实现的功能不仅只是信息的处理和交流,更重要的是对业务规则敏感,能进行选择和决策,是一个智能代理。接口的形式一般有两种,一种是整个行业的标准接口,另一种则是供应链组织间的标准接口。

2. 企业级业务流程重组

企业级业务流程重组和供应链系统重整是不能截然分开的,如图19-3所示。从供应链系统重整的过程中可以看出,供应链企业需要就本企业的问题对组织间流程接口的设计提出自己的期望,这种期望的描述实际上是对本企业的流程进行梳理的过程。企业级业务流程重组的目的就是优化为客户创造价值的流程,提高企业的竞争力;减少非增值活动,

消除浪费、延迟和不增值活动，实现企业资源的最优利用。企业的业务流程重组也要着眼于企业的战略，解决企业遇到的问题。

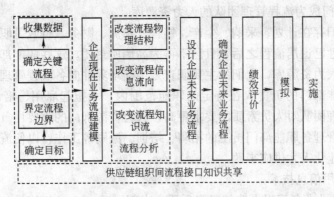

图 19-3　企业业务流程重构模型

业务流程重组的目标要和企业的战略相匹配。确定目标阶段的任务就是把目标具体分解成可操作的各项评价指标，并把企业内的资源分配到各项指标，列出其限制条件；定义流程边界要求将业务流程分解成一系列的活动；确定关键业务流程，关键在于分析顾客的期望和需求及流程中存在的问题，以顾客价值为导向；数据收集阶段的主要问题是验明数据源，定义需要数据的类型和收集数据的方法。这里需要强调的是，数据的收集是一个跨阶段的活动，需要不断地完善。

对企业流程进行建模、分析和设计也是一个循环的过程。在这个过程中，通过改变企业流程的物理结构、信息流和知识流来对企业进行业务流程重组，这阶段的输出是企业流程的重组模型。

评价、模拟业务流程重组有利于发现问题并及时地得到解决，以便不断地对流程进行优化。最后是将确定的流程重组方案付诸实施。

三、建筑供应链环境下的组织结构

供应链管理环境下的组织结构将具有以下几个特点和发展趋势。

（一）以流程为中心

企业的基本组成单位不再是刚性的职能部门，而是不同的业务流程。整个企业的组织结构以主要流程为主干，每个流程都由专门的流程负责人进行领导，由各类专业人员组成的团队管理流程各具体环节，各关键流程负责人直接受企业最高管理层的领导。由于有专人负责，流程不再是被职能部门割裂开来的片段式的任务流，而是处于有效的掌控之中，围绕提高顾客价值，变得十分紧凑。

（二）实施团队工作法

以流程为中心的企业组织结构需要高度负责任且具有多项技能的员工队伍做保证。而团队工作法（Team Work）的运用，是有效确保员工责任心、合理集成员工技能的重要方法。所谓团队工作法，是指与以往每位员工分别负责承担一个完整业务流程的一部分不同，由若干员工组成一个小组，共同负责完成一个完整的业务流程。团队工作法强调基于成员之间的信任与成员的一专多能，打破传统职能部门的界限，对不同的业务流程，建立不同的工作团队。成功的流程管理团队需要具备明确的目标、互补的能力、协作的意愿、良好的沟通、恰当的领导等条件。

（三）职能部门成为流程管理团队的人力资源库

尽管企业仍旧存在计划、采购、生产、销售、物流、财务、行政等职能部门，但这些职能部门的重要性已退居流程之后，且已不再为高墙所封闭。这些职能部门成为流程管理团队可资利用的人力资源库，它们的主要职责是不断培养并向各流程管理团队输送优秀的专业化人才。职能部门的负责人在特定的职能范围内，承担起雇用、培训专门人才的职责。由于流程管理团队对人员素质的要求更高，人力资源部门的重要性日益突出，它负责统一规划、统一管理各职能部门员工的招聘、培训、激励等工作，以使流程管理拥有源源不断的合格的专业化人才供应来源。

（四）充分利用信息技术

信息技术是企业业务流程再造的坚强后盾，内部网（Intranet）的建设，构筑了实施业务流程再造的网络基础，制造企业通过电子数据交换（EDI）或 Internet 在与供应链合作伙伴有效进行信息沟通的基础上，通过建立和完善 Intranet，将涉及企业安全性的信息相对封闭在企业内部，实现了各流程内部、各流程之间、各部门内部、各部门之间以及各流程与部门之间、企业高层管理与各流程、各部门之间有效的信息沟通。需要注意的是，充分利用信息技术并不是简单地实现原有业务流程处理的自动化，而应将信息技术作为业务流程再造的推动器。对于原有符合信息技术要求的业务流程，信息技术运用的目的在于通过自动化提高处理效率；对于通过信息技术的运用能进行简化的业务流程，应致力于删除原有的不增值的环节；对于与信息技术的要求相差甚远的业务流程，应将原有流程推倒重来。

（五）组织层次向扁平化方向发展

一方面，信息技术的应用使企业信息传递更为方便、直接，传统组织结构中主要用于沟通上、下管理层次之间信息的中间管理层次可以大为减少乃至删除；另一方面，团队工作法的运用以及对团队成员的充分授权，使得流程管理团队的管理幅度由传统金字塔型的7~8 人发展到 20~30 人。企业组织结构从层次高耸向层次扁平的方向发展。组织层次扁平化的结果是决策与行动之间的延迟减少，企业变得更为灵敏，企业的反应能力增强。

第三节　建筑企业供应链设计

设计和构建高效精简的供应链，是提高供应链管理绩效的基础和保障。供应链一经构建就应当保持相对的稳定性，不能像每天改变饭菜的种类那样随意改变供应链上的节点企业。因此，作为供应链管理的一项重要环节，无论是理论研究人员还是企业实际管理人员，都应非常重视供应链的设计问题。本节详细讨论供应链设计的相关策略、设计原则、设计步骤以及供应商和分包商的选择问题。

一、建筑供应链设计的策略与原则

（一）建筑供应链设计的策略

建筑供应链的设计应当采取降低（最小化）供应链企业间合作成本的策略。当然最小化合作成本还需要考虑进度、质量、安全等方面的约束。建筑业供应链企业群的合作成本由机会成本、交易成本和生产成本组成，即：
$$T_C = C_C + C_t + C_P$$

其中，C_C是机会成本，即建筑企业或企业群在市场上因失去机会而产生的成本。它取决于供应链的竞争能力，并可以通过改变组织模式来减少。C_t是交易成本，它取决于建筑业供应链企业间的组织结构和合作关系，决定了供应链的运作效果，是供应链管理的结果。供应链企业间的交易成本可以通过有效的供应链管理来减少。C_P即生产成本，即完成建筑产品的所有费用和，取决于企业或企业群的计划与控制效率，它可以通过供应链开发来减少。三者之中，机会成本是前提，因为如果建筑业供应链企业失去了机会，也就不存在交易成本与生产成本。显然，C_C越小，表明该供应链的竞争力越强；C_t越小，表示供应链管理越成功，即供应链企业间具有高度的信任、良好的合作与流畅的信息交流；C_P越小，说明企业的管理与生产协调功能越好。

建筑企业内部成本按不同的分类标准可分为不同的类别，基于供应链的建筑企业合作成本亦可进行类似的划分。如按内容可分为材料成本、人工费、运输成本、机械设备成本和其他变动成本；按成本计算的时间可分为目标成本、设计成本、计划成本和实际成本；按管理者是否可以对成本进行控制，可以分为可控成本和不可控成本。但是建筑供应链企业的合作成本与单个企业内部成本无论是项目还是数量上都有不同之处。在项目上合作成本中添加了供应链系统设计成本、维持成本和信息沟通成本等；在数量上，诸多成本项目的相对比重发生了变化，如材料采购成本、库存持有成本大大减少，而供应链管理信息系统成本、定单管理成本等相关管理成本却有所增加。

（二）供应链设计的原则

在供应链的设计过程中，应遵循一些基本的原则，以保证供应链的设计和重建能满足供应链管理思想得以实施和贯彻的要求。

（1）自顶向下和自底向上相结合。在系统建模设计方法中，存在两种设计方法，即自顶向下和自底向上的方法。自顶向下的方法是从全局走向局部的方法，自底向上的方法是从局部走向全局的方法；自上而下是系统分解的过程，而自下而上则是一种集成的过程。在设计一个供应链系统时，往往是先有主管高层做出战略规划与决策，规划与决策的依据来自市场需求和企业发展规划，然后由下层部门实施决策，因此供应链的设计是自顶向下和自底向上的综合。

（2）简洁性。为了能使供应链具有灵活快速响应市场的能力，供应链的每个节点都应是精简的、具有活力的、能实现业务流程的快速组合。比如供应商的选择就应以少而精的原则，通过和少数的供应商建立战略伙伴关系，于减少采购成本，推动实施JIT采购法和准时生产。生产系统的设计更是应以精细思想（Lean Thinking）为指导，努力实现从精细的制造模式到精细的供应链这一目标。

（3）集优性（互补性）。供应链的各个节点的选择应遵循强强联合的原则，达到实现资源外用的目的，每个企业只集中精力致力于各自核心的业务过程，就象一个独立的制造单元（独立制造岛），这些所谓单元化企业具有自我组织、自我优化、面向目标、动态运行和充满活力的特点，能够实现供应链业务的快速重组。

（4）协调性。供应链业绩好坏取决于供应链合作伙伴关系是否和谐，因此建立战略伙伴关系的合作企业关系模型是实现供应链最佳效能的保证。席西民教授认为和谐是描述系统是否形成了充分发挥系统成员和子系统的能动性、创造性及系统与环境的总体协调性。只有和谐而协调的系统才能发挥最佳的效能。

(5) 动态性(不确定性)。不确定性在供应链中随处可见,许多学者在研究供应链运作效率时都提到不确定性问题。由于不确定性的存在,导致需求信息的扭曲。因此要预见各种不确定因素对供应链运作的影响,减少信息传递过程中的信息延迟和失真。降低安全库存总是和服务水平的提高相矛盾。增加透明性,减少不必要的中间环节,提高预测的精度和时效性对降低不确定性的影响都是极为重要的。

(6) 创新性。创新设计是系统设计的重要原则,没有创新性思维,就不可能有创新的管理模式,因此在供应链的设计过程中,创新性是很重要的一个原则。要产生一个创新的系统,就要敢于打破各种陈旧的思维框框,用新的角度、新的视野审视原有的管理模式和体系,进行大胆地创新设计。进行创新设计,要注意几点:一是创新必须在企业总体目标和战略的指导下进行,并与战略目标保持一致;二是要从市场需求的角度出发,综合运用企业的能力和优势;三是发挥企业各类人员的创造性,集思广益,并与其他企业共同协作,发挥供应链整体优势;四是建立科学的供应链和项目评价体系及组织管理系统,进行技术经济分析和可行性论证。

(7) 战略性。供应链的建模应有战略性观点,通过战略的观点考虑减少不确定性的影响。从供应链的战略管理的角度考虑,我们认为供应链建模的战略性原则还体现在供应链发展的长远规划和预见性,供应链的系统结构发展应和企业的战略规划保持一致,并在企业战略指导下进行。

二、建筑供应链设计的步骤

建筑供应链设计步骤可以归纳为如图19-4所示。

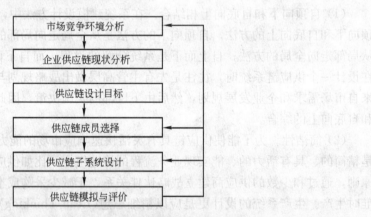

图 19-4 供应链设计步骤

第一步是分析市场竞争环境。对建筑市场现状和未来情况的把握,有利于确定供应链设计目标,构建竞争力强的供应链体系。市场分析包括潜在客户的预测、供应商情况调查、分包商情况调查、国家政策环境分析等。同时,对于市场的不确定性也应当给出分析和评价。

第二步是分析企业供应链现状。主要分析企业供需管理的现状(如果企业已经有供应链管理，则分析供应链的现状），这一个步骤的目的不在于评价供应链设计策略的重要性和合适性，而是着重于研究供应链开发的方向，分析、找到、总结企业存在的问题及影响供应链设计的阻力等因素。

第三步针对存在的问题提出供应链设计的目标。设计目标应当包括提高企业核心竞争力目标、增加业主（客户）价值目标、提高质量、进度、成本、环境和安全等建设绩效的目标等。

第四步是供应链成员选择。主要涉及材料供应商、设备供应商和分包商等供应链成员的选择与评价方法的确定，成员间协作协议的制定等等。

第五步供应链子系统设计。子系统设计包括生产设计（需求预测、生产能力、生产计划、生产作业计划和跟踪控制、库存管理等问题）、信息管理系统设计、物流管理系统设计等。

第六步供应链模拟与评价。供应链设计好以后，在实施之前应当采用模拟的方法，对供应链系统进行评价与分析，以便发现问题。如果不能达到预先设计的目标，那么需要对前面的设计进行调整，包括成员的选择和子系统的设计，甚至需要推翻原来的设计，重新从第一步开始新的设计。

三、建筑供应链合作伙伴的选择

供应链合作伙伴关系在供应链内部两个或两个以上独立的成员之间形成的一种协调关系，以保证实现某个特定的目标或效益。合作伙伴选择与合作伙伴关系的建立是建筑供应链构建的核心。

（一）合作伙伴关系建立的流程

合作伙伴关系涉及到从抽象的思想意识到具体的合作过程活动的方方面面，建立供应链合作伙伴关系是一个复杂的过程。即使供应链节点企业意识到合作的重要性，当建立建筑供应链合作伙伴关系时，也会有千头万绪无从着手的感觉。根据建筑供应链合作关系解释模型给出的解释内容，建立建筑企业合作伙伴关系的过程大致要经历七个步骤，如图19-5所示。

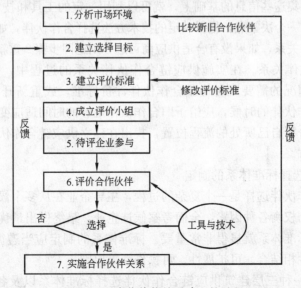

图 19-5　合作伙伴关系建立的过程

(1) 分析市场环境。企业一切活动的驱动源来自于市场需求。建立基于信任、合作、开放性交流的供应链长期合作关系，必须首先分析市场竞争环境。目的在于找到针对哪些产品市场开发供应链合作伙伴关系才有效，必须知道现在的产品需求是什么，产品的类型和特征是什么，以确认用户的需求，确认是否有建立供应链合作伙伴关系的必要。如果已建立供应链合作伙伴关系，则根据需求的变化确认供应链合作伙伴关系变化的必要性，从而确认合作伙伴评价选择的必要性。同时分析现有合作伙伴的现状，分析、总结企业存在的问题。

(2) 确立合作伙伴选择目标。建筑企业必需建立实质性的目标，而且必须确定合作伙伴评价程序如何实施、信息流程如何运作、谁负责。其中降低成本是主要目标之一，合作伙伴的选择不仅仅只是一个简单的评价、选择过程，它本身也是建筑企业本身和企业与企业之间的一次业务流程重构过程，实施得好，它本身就可带来一系列的利益。

(3) 制定合作伙伴评价标准。合作伙伴综合评价的指标体系是建筑企业对要进行合作的企业进行综合评价的依据和标准，是反映企业本身和环境所构成的复杂系统不同属性的指标，按隶属关系、层次结构有序组成的集合。根据系统全面性、简明科学性、稳定可比性、灵活可操作性等原则，建立供应链环境下建筑企业合作伙伴的综合评价指标体系是本章的重点。

(4) 成立评价小组。建筑企业必须建立一个小组以控制和实施合作伙伴评价。组员以来自采购、质量、施工、财务等与供应链合作关系密切的部门为主，组员必须有团队合作精神、具有一定的专业技能。评价小组必须同时得到企业最高领导层的支持。

(5) 待评企业参与。一旦建筑企业决定进行合作伙伴评价，评价小组必须与初步选定的企业取得联系，以确认他们是否愿意与本企业建立合作伙伴关系，是否有获得更高业绩水平的愿望。建筑企业应尽可能最早地让待评企业参与到评价的设计过程中来。然而因为企业的力量和资源是有限的，企业只能与少数的、关键的企业保持紧密合作，所以参评的企业不能太多。

(6) 进行评价。评价合作伙伴的一个主要工作是调查、收集有关待评企业的生产运作等全方面的信息。在收集这些信息的基础上，就可以利用一定的工具和技术方法进行评价了。在评价的过程中，有一个决策点，根据一定的技术方法选择合作伙伴，如果选择成功，则可开始实施供应链合作关系，如果没有合适供应商可选，则返回步骤2重新开始评价选择。

(7) 实施合作伙伴关系。在实施供应链合作伙伴关系的过程中，市场需求将不断变化，可以根据实际情况的需要及时修改合作伙伴评价标准，或重新开始合作伙伴评价选择。在重新选择合作伙伴的时候，应给予旧合作伙伴足够的时间适应变化。建筑企业可根据自己的实际情况分析自己所处的流程位置，找出在建立供应链合作伙伴关系上存在的不足和值得改进的地方。

(二) 合作伙伴选择标准体系的制定

如前所述，合作伙伴选择是一个复杂的过程，主导企业在从多个候选企业中选择合作伙伴时，要多方面的权衡各种因素，全面考察候选企业，最终做出最优的选择。因此，建立一套完善的选择标准体系就显得非常重要。标准体系的制定应当遵循目的性、科学性、全面性、定量与定性相结合、可扩展性、可操作性等原则。

表19-1给出了一种三层建筑供应链合作伙伴选择标准体系以及各指标的量化方法。第一层为目标层，即建筑供应链合作伙伴选择；第二层为准则层；第三层为指标层。

建筑供应链合作伙伴选择标准体系准则层、指标层及各指标的量化方法　　表 19-1

准则层		指标层	指标量化方法
产品竞争力	产品质量	质量体系保证	专家评估
		产品合格率	在一定时期内合格产品数占总采购量的百分比
		返修退货比率	一段时间内累计返修退货数量占总销售量的比例
	成本与价格	定购成本	经营数据
		运输成本	经营数据
		库存成本	经营数据
		产品价格	经营数据
		成本费用利用率	利润总额/成本费用总额，反映一定时期内投入产出的效率
	交货绩效	准时交货率	在一定时期内准时交货次数占总交货次数的百分比
		订货满足率	在一定时期内实际送达的订货数量占总订货量的百分比
		接受紧急订货的能力	专家评估
	市场影响度	市场占有率	产品销售量/市场上同类产品的销售量
		销售增长率	某一时期对于上一时期的销售额的增长情况
	敏捷性和柔性评价	产量柔性	反映企业在赢利的条件下变动其产出水平的能力，用顾客需求落入产出范围的概率来表示
		交货柔性	反映企业变动计划交货期的能力，用交货期内的宽余时间占交货期的比例来表示
		组合柔性	用在给定时期内企业能够生产的产品种类数来表示
		创新时间	统计值
		适应性范围	专家评估
	服务水平	服务态度	问卷调查
		服务响应速度	统计值
		技术服务水平	专家评估
企业内部竞争力	财务状况	流动比率	参考财务报表
		总资产报酬率	参考财务报表
		净资产收益	参考财务报表
		资产负债结构	参考财务报表
	人力资源	职称构成	中高级职称人数/职工总数
		学历构成	大专以上学历人数/职工总数
		人均培训费用	培训总费用/职工总数
		人均培训时间	Σ(培训时间×培训人数)/职工总数
		员工合作协调能力	专家评估
	生产与研发能力	劳动生产率	一定时期内，产品产值/职工人数
		科研费用率	科研费用/销售收入
		新产品开发成功率	一定时期内供应商成功开发的新产品数占总开发数的百分比
		技术领先度	专家评估
	信息技术	技术开发软件实施	专家评估
		信息管理系统实施	专家评估
		计算机掌握率	熟练掌握计算机的职工人数/职工总数
		信息标准化程度	专家评估

续表

准则层	指标层	指标量化方法
企业内部竞争力	企业信誉	
	还贷信誉	统计值
	履行合约	履行合约数量/签约总数
	企业地位	专家评估
	领导形象	专家评估
	企业忠诚度	专家评估
企业外部环境	政治法律环境	专家评估
	经济技术环境	专家评估
	自然地理环境	专家评估
	社会文化环境	专家评估
供应链密切度	历史合作时间	指双方已经进行过交易、合作的时间，统计值
	交易的频率	双方交易往来的次数，统计值
	历史合作深度	指双方合作的层次深度，专家评估
	合作的贡献	专家评估
	企业兼容性	双方在发展战略、企业文化、信息平台、管理体制等方面的融合性，专家评估

第四节 建筑企业供应链运行管理

一、建筑供应链运作参考模型

(一) SCOR 模型简介

SCOR(Supply-Chain Operations Reference-model)是由国际供应链委员会(SCC)开发支持，是适合于不同工业领域的供应链运作参考模型。1996 年两个位于美国波斯顿的咨询公司——Pittiglio Rabin Todd & McGrath (PRTM) 和 AMR Research(AMR)——为了帮助企业更好地实施有效的供应链，实现从基于职能管理到基于流程管理的转变，牵头成立了国际供应链委员会，并发布了供应链运作参考模型。

SCOR 是第一个标准的供应链运作参考模型。SCOR 模型主要由四个部分组成：供应链管理流程的一般定义、对应于这些流程的性能指标基准、供应链"最佳实施"(best practices)的描述以及选择供应链软件产品的信息。SCOR 为供应链的改进提供了一个集成的、启发式的方法模型，它的主要功能是提供一组理解供应链业务流程和评价供应链绩效的工具，并发布供应链的最佳实践典范及其指标，以其作为标杆，提供评价企业外部供应链性能的手段和实现最佳实践的软件工具。

1. SCOR 基本管理流程

SCOR 模型描述了满足顾客需求的所有阶段的企业活动，由五个基本流程组成：计划(Plan)、采购(Source)、制造(Make)、交付(Deliver)和退回(Return)。通过分别描述和界定这些供应链流程模块，SCOR 模型就可以以最通用的标准把一个实际上非常简单或是极其复杂的供应链流程完整地描述出来。

2. SCOR 的层次和内容

SCOR 模型按流程定义的详细程度可分为三个层次,每一层都可用于分析企业供应链的运作,但并不专门解决某个特定组织如何执行它的业务,设计它自己的系统/信息流。在第三层以下还可以有第四、五、六等更详细的属于各企业所特有的实施流程描述层次,这些层次中的流程定义不包括在 SCOR 模型中。

(1) 最高层。该层次包括计划、采购、制造、交付和退回五个基本流程的描述,旨在定义供应链运作参考模型的范围和内容,并设定了企业供应链性能和目标的基础。在 SCOR 7.0 版本中,体现企业供应链绩效表现的主要性能指标包括:可靠性:完全执行订单表现;响应速度:订单完成周期;灵活性:供应链上游的灵活性,供应链上游的适应性,供应链下游的适应性;成本:供应链管理成本,商品销售成本;资产:现金流周转时间,供应链固定资产收益率。

(2) 配置层(流程细目)。配置层上定义有三种不同类型的流程,具体为:计划类型、执行类型和使能类型。其中,P 计划属于计划类型。计划类型旨在安排预期资源,平衡一个计划期的需求和供应。执行类型的工作流程由改变物料产品状态的计划或实际所引发,包括 S 采购、M 制造、D 交付和 R 退回等工作流程。使能类型的流程,包括各种准备工作、维护性工作或管理信息工作,保证各项工作的正常开展。根据 SCOR 基本工作流程和流程类型的关系,可以给出包含 30 个供应链管理核心流程细目的配置工具箱。管理者可以从 SCOR 配置工具箱中选择合适的流程,用来具体配置符合实际的供应链。

(3) 流程元素层(流程分解)。该层次定义了企业在目标市场上成功竞争的能力,包括:流程因素定义;流程因素信息输入、输出;流程绩效测量指标;可以应用的最佳实践;需要支持最佳实践的系统能力;系统软件或工具。第三层把第二层的每个流程细目分解为详细的流程元素信息,包含处理流程、输入输出、输入源和输出终端。企业根据分析每个流程元素的各个绩效指标的值,对比最佳实践,找出绩效表现不佳的流程元素加以改进,以达到不断改善企业内、外部流程的目的。

(二) 建筑供应链运作参考模型

建筑供应链中采购材料的方式有多种,主要包括:

(1) 业主采购部分材料,如电梯、门窗等,其他材料由承包商集中采购或者由承包商和分包商各自采购。

(2) 业主不负责采购材料,由承包商和分包商各自采购部分材料。

(3) 所有材料都由承包商集中采购。

对应于各种材料采购方式的建筑供应链不尽相同。下面以第三种方式为例,分析建筑供应链中的各个主体内部和主体之间的业务流程,建立一个基本框架。

对于承包商集中采购所有材料这种情况来说,供应商和分包商参与到建筑供应链中的业务流程都是交付和回收/MRO(Maintenance, Repair, Overhaul),即供应商交付和回收退回的材料、设备和其他物料,分包商则是向承包商交付分包项目并负责保修,从这一层面来看,分包商也可以看作供应商中的一员,因此本章把两者合为一个整体。

参考 SCOR 的五个基本管理流程,以承包商为核心构建了建筑供应链运作参考模型基本框架,如图 19-6 所示。该运作模型包括六个基本管理流程:计划(Plan)、采购(Source)、建设(Construction)、交付(Delivery)、退回(Return)和回收/MRO(Receive/MRO)。该模型包括从业主/投资方公布招标书,承包商进行投标报名开始,一直到承包商交付竣工并对项目维修检查的整个过程的所有流程。

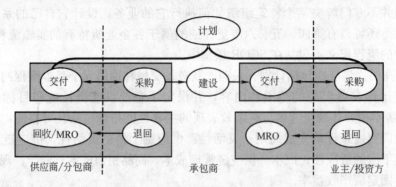

图 19-6　建筑供应链运作参考模型

从图 19-6 可以看出，建筑供应链业务流程基本框架中并不是所有主体都包含了以上六个基本业务流程，这是由于本框架是以承包商为核心企业，即框架内的业务流程都应与承包商直接有关，而供应商/分包商的采购、制造/建设流程以及业主的销售、交付流程与承包商没有直接关系，因此本框架中承包商涉及全部业务流程，而供应商/分包商只有交付和回收/MRO 流程，业主只有采购流程和退回流程。

（1）计划。根据实际要求平衡各方资源，为整个建筑供应链制定计划，包括施工规划、需求计划、采购计划（材料、设备、劳务等）、进度计划、财务计划（预算、成本）等。

（2）业主与承包商之间的采购←→交付流程。业主与承包商之间的采购是以招投标的形式进行的。具体的采购←→交付流程如表 19-2 所述。这个流程还应该包括合同管理、对业主的绩效评估管理、固定资产管理、财务管理等。

业主与承包商之间的采购←→交付流程　　　　　　　表 19-2

业　　主	承包商
1) 发布招标书 3) 开标、评标、议标和定标	2) 投标报名、制作并递交投标书 4) 中标
5) 签订合同	
7) 组织验收 9) 付款	6) 提出验收申请 8) 验收通过后，对验收资料进行整理和归档 10) 开具发票并接受付款

（3）承包商与分包商/供应商之间的采购←→交付流程。承包商与分包商/供应商之间的采购包括一般形式和招投标形式的采购，具体的采购←→交付流程如表 19-3 所述。

承包商与分包商/供应商之间的采购←→交付流程　　　　　　　表 19-3

承包商	分包商/供应商
1) 制定招标计划，制作、审核和发布招标书 3) 开标、评标、议标和定标	2) 投标报名、制作并递交投标书 4) 中标
5) 签订合同	

续表

承包商	分包商/供应商
6) 制定材料或分包计划，填写采购申请单，经批准后发出采购订单，确定各种材料和分包项目的交付时间	7) 接收、输入和检查客户订单，即接收客户订单，并将其录入订单处理系统，检查客户信用并确认可以按照订单配置和提供精确价格 8) 保留资源并承诺交付时间 9) 合并订单，即对订单进行分析、分组，以最低的成本和最好的产品/服务完成订单等

承包商	分包商	供应商
11) 验收，并对验收资料进行整理和归档 12) 付款	10) 完工后向承包商提出验收申请	10) 按运输路线合并装车送货，必要时在施工现场进行产品测试和安装
	13) 开具发票并接受付款	

招投标形式的采购是从第1)步开始，而一般形式的采购则从第5)步即签订合同开始。另外，该流程还应该包括合同管理、固定资产管理、需求管理、订单管理、运输管理、财务管理和对分包商/供应商的网络管理和绩效评估管理等。由于建筑项目的一次性和临时性，本文考虑采用JIT生产制，实现零库存，因此该流程中不涉及库存管理。

（4）建设。建设流程的执行主体是承包商，其内容包括：①按计划或实际情况安排建设生产活动，即进度安排，施工现场布局，材料、设备、人员等资源的安排等；②按计划或实际情况发放材料，即把工程机械设备、采购品或在制品（如原材料、构成件、中间成品等）从仓储地点（如供应商、分包商、现场等）发送到特定的使用地点；③按计划或实际情况建造和检验，即利用发送过来的工程机械设备、材料，按照设计商的设计方案进行施工生产，并对完成的工程及时检验的一系列活动；④对建筑主体进行装修、装饰；⑤项目竣工，清理现场。另外，建设流程还应包括人力资源管理、运输管理、进度管理、施工安全管理、生产绩效管理等。

（5）承包商与分包商/供应商之间的退回——→回收/MRO流程。退回流程是指退回有缺陷产品、剩余产品或MRO产品。回收流程是指接收退回的有缺陷产品、剩余产品或MRO产品。MRO流程是指对退回的MRO产品进行维护（Maintenance）、修理（Repair）、检查（Overhaul）。具体的退回——→回收/MRO流程如表19-4所示。

承包商与分包商/供应商之间的退回——→回收/MRO流程　　　　表19-4

	承包商	供应商
退回 ↓ 回收	1) 鉴定和检查供应商发送过来的产品的质量和数量，如有缺陷或者有剩余则向供应商传达需要退货的信息 3) 安排缺陷或剩余产品的装车并退回给供应商 6) 把退货信息输入系统记录在案	2) 确认缺陷或剩余产品可以退回 4) 接收退回的产品并向承包商传递接收信息 5) 转移缺陷或剩余产品至特定地点

	承包商	分包商/供应商
退回 ↓ MRO	1) 验收分包商完成的工程或供应商的产品，如在质量上和数量上不符合合同规定，则向分包/供应商传达需要维修或返工的信息 3) 再次验收，若合格则确认验收，否则返回第2)步	2) 确认维修或返工的信息，进行维修或返工并把相关信息录入系统 4) 验收完毕后，在合同说明的MRO期限和范围之内，按合同要求对工程进行定期或不定期的检查，如有问题则进行维修或返工并把相关信息录入系统

(6) 业主与承包商之间的退回→MRO 流程。业主与承包商之间与承包商与分包商/供应商之间的退回→MRO 流程基本相似，具体见表 19-5。

业主与承包商之间的退回→MRO 流程 表 19-5

业　主	承　包　商
1) 验收工程，如发现工程在质量上和数量上不符合合同规定，则向承包商传达需要维修或返工的信息 3) 再次对工程进行验收，若合格则确认验收，若不合格则返回第 2)步	2) 确认维修或返工的信息，进行维修或返工并把相关信息录入系统 4) 验收完毕后，在合同说明的 MRO 期限和范围之内，按合同要求对工程进行定期或不定期的检查，如有问题则进行维修或返工并把相关信息录入系统

二、建筑供应链绩效评价

（一）建筑供应链绩效评价的原则

随着供应链管理理论的不断发展和供应链实践的不断深入，为了科学、客观地反映供应链的运营情况，应该考虑建立与之相适应的供应链绩效评价方法，并确定相应的绩效评价指标体系。反映供应链绩效的评价指标有其自身的特点，其内容比现行的企业评价指标更为广泛。在实际操作上，为了建立能有效评价供应链绩效的指标体系，应遵循如下原则：

(1) 突出重点，要对关键绩效指标进行重点分析。

(2) 采用能反映供应链业务流程的绩效指标体系。

(3) 评价指标要能反映整个供应链的运营情况，而不是仅仅反映单个节点企业的运营情况。

(4) 尽可能采用实时分析与评价的方法，要把绩效度量范围扩大到能反映供应链实时运营的信息上去，因为这要比仅做事后分析要有价值得多。

(5) 在衡量供应链绩效时，要采用能反映供应商、制造商及用户之间关系的绩效评价指标，把评价的对象扩大到供应链上的相关企业。

（二）建筑供应链绩效评价的作用

为了能评价供应链的实施给企业群体带来的效益，方法之一就是对供应链的运行状况进行必要的度量，并根据度量结果对供应链的运行绩效进行评价。因此，供应链绩效评价主要有以下 4 个方面的作用。

(1) 用于对整个供应链的运行效果做出评价。主要考虑供应链与供应链间的竞争，为供应链在市场中的存在(生存)、组建、运行和撤销的决策提供必要的客观依据。目的是通过绩效评价而获得对整个供应链的运行状况的了解，找出供应链运作方面的不足，及时采取措施予以纠正。

(2) 用于对供应链上各个成员企业做出评价。主要考虑供应链对其成员企业的激励，吸引企业加盟，剔除不良企业。

(3) 用于对供应链内企业与企业之间的合作关系做出评价。主要考察供应链的上游企业(如供应商)对下游企业(如制造商)提供的产品和服务的质量，从用户满意度的角度评价上、下游企业之间的合作伙伴关系的好坏。

(4) 除对供应链企业运作绩效的评价外，这些指标还可起到对企业的激励的作用，包括核心企业对非核心企业的激励，也包括供应商、制造商和销售商之间的相互激励。

（三）建筑供应链绩效评价的要求

供应链的绩效评价一般从三个方面考虑：一是内部绩效度量，二是外部绩效度量，三是供应链综合绩效度量。内部绩效度量主要是对供应链上的企业内部绩效进行评价，常见的指标有：成本、客户服务、生产率、管理水平、质量等。外部绩效度量主要是对供应链上的企业之间运行状况的评价，主要指标有：用户满意度、最佳实施基准等。综合供应链绩效的度量主要从用户满意度、时间、成本、资产等几个方面展开。

三、建筑供应链激励与风险防范机制

供应链企业间的关系实际上是一种委托—代理关系，事实上就是居于信息优势与处于信息劣势的市场参加者之间的相互关系。对于委托人来讲，只有使代理人行动效用最大化，才能使其自身利益最大化。然而，要使代理人采取效用最大化行动，必须对代理人的工作进行有效的激励。因此，委托人与代理人，即承包商和供应商或承包商和分包商以及承包商与业主之间的利益协调关系，就转化为信息激励机制的设计问题。所以说，如何设计出对供应链上的各个节点企业的激励机制，对保证供应链的整体利益是非常重要的。

（一）建筑供应链激励机制

在供应链管理环境下，建筑企业的激励机制有着与传统管理模式不同的特点，企业激励的主体与客体、激励的目标、激励的手段都发生了变化，必须根据供应链管理的特点制定相应的激励措施。

1. 供应链企业激励机制的特点

（1）供应链企业激励的主体与客体发生变化。激励主体是指激励者；激励客体是指被激励者，即激励的对象。供应链企业激励的主体已从传统企业最初的企业主、企业管理、委托人转变为今天供应链中的核心企业。相应的供应链企业激励的客体也从传统企业最初的蓝领、白领、代理人转变为供应链中的上下游企业。因此供应链管理环境下的激励主体与客体的内涵与传统企业有着很大区别，主体与客体的关系已从原来的单一关系变为以下一些关系：核心企业对成员企业的激励；下游企业对上游企业的激励；上游企业对下游企业的激励；供应链中不直接发生关系但间接发生关系成员企业之间的相互激励；每个企业根据员工对供应链管理所作贡献大小的激励。

（2）供应链企业激励目标发生变化。如前所述，供应链企业目标是追求整个链的效益最大。供应链管理模式下，建筑企业激励目标主要是通过某些激励手段调动合作伙伴的积极性，兼顾合作双方的共同利益，消除由于信息不对称和败德行为带来的风险，使供应链的运作更加顺畅，实现各个建筑企业共赢的目标。供应链企业相互之间的利益应通过建立激励机制使其不再矛盾对立，而是趋于一致，也就是说，供应链企业为了实现整个系统的整体效益最大化，必须紧密协作精细分工，共同对建筑产品的成本、质量以及进度进行控制。在技术和市场竞争日益激烈的今天，建筑产品的成本、质量，进度和技术创新已成为在市场中能否取得胜利的关键，因此建筑企业在这些方面能否进行广泛和深入的合作，是关系到整个供应链成败的关键。

（3）供应链管理模式下考核指标发生变化。现在西方越来越多的公司已将供应链及其他营运环节的评估纳入到奖励机制中，以期提升效率，改善财务表现。实施这一激励机制的直接原因是各公司发现在供应链管理运作中普遍存在问题。如果公司能够在公布计划的同时制定激励措施，管理层可以向员工传达改革重要性的信息，激励员工并且改变他们的工作习惯。重建激励机制，将供应链目标融入其中，意味着告别传统的供应链管理手段，并且许多激励措施都与降低供应链成本相挂钩，这是公司供应链管理方法的重大改变。

2. 建筑供应链企业间激励的途径

（1）建立合理的供应链协议。供应链协议是将供应链管理工作进行程序化、标准化和规范化的协定，为激励目标的确立、供应链绩效评测和激励方式的确定提供基本依据。供应链协议通过严格的规定保证企业的安全性，界定违规以补充法律；通过将组建（加入）供应链的过程程序化来减少组建（加入）时间；通过结算来调整因优化而产生的收益与负担；通过对外保持一定的开放性及对内运用期货形式的订单以增加企业的主动性；通过企业间有效的竞争淘汰企业，通过供应链间竞争淘汰供应链，保持淘汰机制。

（2）选用适当的激励模式。在供应链管理模式下，激励的手段是多样化的，除了传统的物质、精神激励外，还有信息激励等多种手段。不同的供应链可以根据其具体情况从下面几种模式中选取适当的模式：①价格激励。在供应链环境下，各个建筑企业在战略上是相互合作关系，但是各个企业的利益不能被忽视。供应链的各个企业间的利益分配主要体现在价格上。价格包含供应链利润在所有企业间的分配、供应链优化而产生的额外收益或损失在所有企业间的均衡。供应链优化而产生的额外收益或损失大多数时候是由相应企业承担，但是在许多时候不能辨别相应对象或者相应对象的错位，因而必须对额外收益或损失进行均衡，这个均衡通过价格来反映。②订单激励。供应链获得更多的订单是一种极大的激励，在供应链内的企业也需要更多的订单激励。比如，一个施工企业有多个材料供应商，多个供应商竞争来自与该施工企业的订单，多的订单对供应商是一种激励。③信息激励。在信息时代，信息对企业意味着生存。企业获得更多的信息意味着企业拥有更多的机会、更多的资源。从而获得激励。一个建筑企业如果能够快捷的获得合作企业的需求信息，本企业就能够主动采取措施提供优质服务，这必然使合作方的满意度大为提高，从而双方建立更好的信任关系。信息激励模式可以在某种程度上克服由于信息不对称而使供应链中的企业相互猜忌的弊端，消除了由此带来的风险。④组织激励。在一个较好的供应链环境下，企业之间的合作愉快，供应链的运作也就顺畅。也就是说，一个良好组织的供应链对供应链本身及供应链内的企业都是一种激励。

（二）建筑供应链风险防范机制

供应链企业之间的合作会因为信息不对称、信息扭曲、市场不确定性、政治、经济、法律等因素的变化而导致各种风险的存在。为了使供应链上的企业都能从合作中获得满意结果，必须采取一定的措施规避供应链运行中的风险，如提高信息透明度和共享性、优化合同模式、建立监督控制机制等，尤其是必须在企业合作的各个阶段通过激励机制的运行，采用各种激励手段实施激励，以使供应链企业之间的合作更加有效。国内外供应链管理的实践证明，能否加强对供应链运行中风险的认识和防范，是关系到能否取得预期效果的大问题。

1. 供应链环境下风险的分类

国内外学者已有不少人对供应链环境下的风险问题进行了研究,包括风险的类别、起因及特征等。归纳起来,可以将供应链上的企业面临的风险分为内生风险(Indigenous Risk)和外生风险(Exogenous Risk)两大类,如图 19-7 所示。

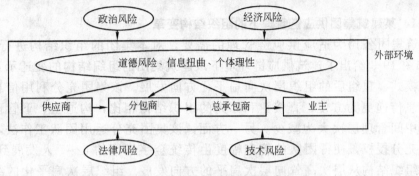

图 19-7　建筑供应链风险的分类

2. 供应链风险防范的具体措施

针对供应链企业合作存在的各种风险及其特征,应该采取不同的防范对策。对风险的防范,可以从战略层和战术层分别考虑。主要措施包括:

(1)建立战略合作伙伴关系。供应链企业要实现预期的战略目标,客观上要求供应链企业进行合作,形成共享利润、共担风险的双赢局面。因此,与供应链中的其他成员企业建立紧密的合作伙伴关系,成为供应链成功运作、风险防范的一个非常重要的先决条件。建立长期的战略合作伙伴关系,首先要求供应链的成员加强信任。其次,应该加强成员间信息的交流与共享。第三,建立正式的合作机制,在供应链成员间实现利益分享和风险分担。

(2)加强信息交流与共享,优化决策过程。供应链企业之间应该通过相互之间的信息交流和沟通来消除信息扭曲,从而降低不确定性、降低风险。

(3)加强对供应链企业的激励。对供应链企业间出现的道德风险的防范,主要是通过尽可能消除信息不对称性,减少出现败德行为的土壤,同时,要积极采用一定的激励手段和机制,使合作伙伴能得到比败德行为获取更大的利益,来消除代理人的道德风险。

(4)柔性化设计。供应链合作中存在需求和供应方面的不确定性,这是客观存在的规律。供应链企业合作过程中,要通过在合同设计中互相提供柔性,可以部分消除外界环境不确定性的影响,传递供给和需求的信息。柔性设计是消除由外界环境不确定性引起的变动因素的一种重要手段。

(5)风险的日常管理。竞争中的企业时刻面临着风险,因此对于风险的管理必须持之以恒,建立有效的风险防范体系。要建立一整套预警评价指标体系,当其中一项以上的指标偏离正常水平并超过某一"临界值"时,发出预警信号。其中"临界值"的确定是一个难点。临界值偏离正常值太大,会使预警系统在许多危机来临之前发出预警信号;而临界值偏离正常值太小则会使预警系统发出太多的错误信号。必须根据各种指标的具体分布情况,选择能使该指标错误信号比率最小的临界值。

(6)建立应急处理机制。在预警系统做出警告后,应急系统及时对紧急、突发的事件进行应急处理,以避免给供应链企业之间带来严重后果。针对合作当中可能发生的各种意外情况的应急工作是一项复杂的系统工程,必须从多方面、多层次考虑这个问题。通过应急系统,可以化解供应链合作中出现的各种意外情况出现的风险,减少由此带来的实际损失。

案 例 分 析

案例 1　某建筑集团供应链管理下的组织结构变革

某建筑集团公司为适应供应链管理的需要,对本集团的组织结构进行了重组。图 19-8 和图 19-9 给出了建筑供应链环境下该建筑集团的组织结构的变迁示意图和组织结构新模式。重组后的组织层次向扁平化方向发展。该集团充分利用信息技术使集团的信息传递更为方便、直接,和原先的组织结构相比,沟通上、下管理层次之间信息的中间管理层次大为减少。另一方面,该集团充分运用团队工作法,对团队成员进行充分授权,使得团队的管理幅度由传统金字塔型的 6~7 人发展到 15~20 人。集团组织结构从层次高耸向层次扁平的方向发展。组织层次扁平化的结果使得决策与行动之间的延迟减少,集团变得更为灵敏,反应能力得到增强。

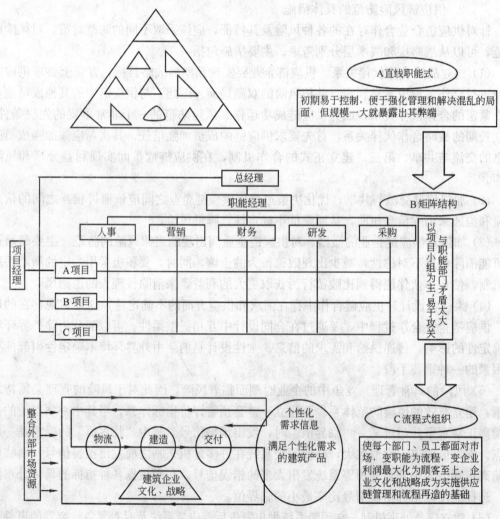

图 19-8　建筑企业组织结构变迁示意图

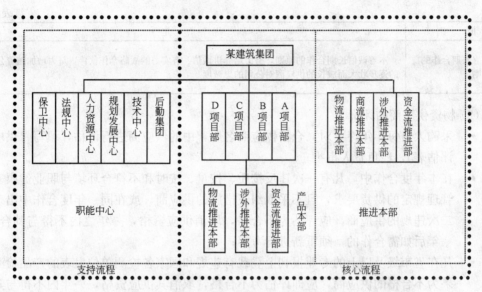

图 19-9 基于流程再造后的组织结构创新模式

案例 2　某建筑集团分公司物资供应商管理

某建筑集团分公司为适应企业供应链管理的需要,调整了原先的供应商管理方法,更加注重同供应商,尤其是主要材料的供应商建立长期的合作伙伴关系。调整后的物资供应商管理内容和流程如下:

(1) 物资采购原则

公司的物资采购原则见表 19-6。

物资采购原则　　　　　　　　表 19-6

原　则	规　　定
公司集中采购与授权采购相结合的原则	物资采购均实行集中采购: (1) 武汉地区由公司集中采购; (2) 专业分支机构或汉外分支机构由公司授权集中采购
邀请招标与公开议标相结合的原则	以下材料原则上采取集中招标或网络招标采购: (1) 总价值超过 10 万元构成工程主体的同类土建材料、木制周转料具; (2) 总价值超过 2 万元的同类装修材料; (3) 总价值超过 1 万元的同类安装材料
	总价值小于上述范围或市场变化太快而不能及时组织招标或有以下情形之一的物资可以进行公开议标: (1) 确属独家生产的材料; (2) 确属业主干预且影响较大的; (3) 确属对分支机构或公司经营有利的厂商
	公司(分支机构)成立招(议)标领导、工作小组。招(议)标评委以 5~19 人为宜,不能少于 3 人,且必须有一名专(兼)职纪检人员监督整个招(议)标过程
	招标、议标均须对过程和结果建立并保持详细记录。参与招(议)标人员必须在招(议)标记录上签署意见
择优定标的原则	(1) 闭口式工程合同的物资招标,在确保质量的前提下,同等条件下最低价中标; (2) 开口式工程合同的物资招标后,按报价由低至高的顺序优先向业主推荐报价低的厂商(力求差价最大化),根据业主审批结果,最终确定供应商;原则是先签价后签订合同

539

续表

原　　则	规　　定
建立长期合作的原则	本着诚信长期合作的原则，努力培养讲诚信、有实力的战略合作伙伴，努力增加随着公司的逐步壮大而成长的供应商对公司的忠诚度

(2) 物资供应商的评价
- 采购人员每年年终要对《合格供应商名册》中的供应商进行评估，填写《供应商评估表》，经负责人审批；
- 在本年度合作中，凡有一次违反按质、按量、按时和不符合环境与职业健康安全管理规定的供货要求，且不采取纠正措施的供应商，或在同一年度合作中出现过二次违规的供应商，应评估为不合格，取消供应资格，一年之内不得与其合作，一年后如需合作的，须重新进行考察；
- 凡在省市级及以上的专业报刊上登载有违规和国家各检测单位发表的产品检测结果为不合格的供应商，应即评估为不合格，取消其供应资格，一年内不得与其合作，一年后如需合作的，须重新进行考察；
- 经办人员对其供应商进行不定期的环境与职业健康安全行为检查与跟踪，定期进行评估。对与公司的重要环境和职业健康安全因素相关联的，或可能造成重大环境污染或职业健康安全事故、事件的供应商加大检查与跟踪力度，定期进行评估。对不符合要求的供应商提出整改意见，对因整改不符或拒绝整改而可能造成或已造成重大环境污染事故的供应商给予经济处罚并取消供应资格；
- 凡连续二个年度未与其发生供应关系的供应商，取消其供应资格，如需合作的，必须重新考察；
- 经评估合格的供应商，其名单及相关信息转入下一年的合格供应商名册。

(3) 物资供应商的考察
- 工程结构材料、有环保要求的材料、劳动安全防护用品、易燃易爆品等，在采购前必须对供应商进行考察。考察工作由采购人员负责（必要时负责人参与），考察结果需经负责人认可；
- 接受考察的供应商须提供：营业执照、生产（经营）许可证复印件，供应商所具备的资质证件及法人委托书，市级以上质量检测机构对产品进行检测的《产品检测证书》、卫生部指定健康相关产品卫生安全性检测及技术仲裁单位提供的《检验报告》、国家建筑材料测试中心提供的《检验报告》、化学危险品的材料安全数据表（MSDS）或有关化学品的性能说明、劳动安全防护用品使用证，企业实力和信誉的有关资料。考察人对供应商提供的证明和资料的有效期要严格审核；
- 对供应商进行实地考察的内容包括：施工生产（经营）规模、环境与职业健康安全方面的管理水平和环境条件、生产过程和工序的检测办法、采用执行检测产品的标准、对产品的检测能力、贮运能力及方法等。确保质量和环境与职业健康安全方面的要求。

(4) 合格供应商名单的确定

经考察并确认合格的供应商，由考察人填写"供应商考察报告"、负责人审核认可后，纳入"合格供应商名册"，以备采购物资时选用。合格供应商名册中同类产品的供应商应保证在三家以上。

(5) 物资供应协调

公司(分支机构)物资部通知督促物资供应商及时送货,材质同行;在资金紧张时做好物资供应商的解释工作,督促及时供货,保证项目的正常生产。协调项目与料具租赁站的关系,配合周转料具供应。随时协调解决项目有关材料问题的投诉。

复习思考题

1. 简述供应链管理的核心理念。
2. 供应链管理的主要内容是什么?你认为建筑企业的供应链管理应当包括哪些主要管理内容。
3. 建筑供应链环境下建筑企业如何进行业务流程再造与组织结构创新?
4. 建筑供应链设计时应考虑的重点因素是什么?根据你所在企业具体情况,你认为供应链设计时还应当考虑哪些因素?
5. 简述建筑供应链运行管理的 SCOR 模型。
6. 建筑供应链管理中如何进行风险管理?
7. 供应链管理对我国建筑企业有何重要意义?如何在我国建筑企业实施供应链管理?

参考文献

[1] 王要武,薛小龙. 供应链管理在建筑业的应用研究. 土木工程学报,2004(9):86~90

[2] 薛小龙,王要武. 国外建筑供应链管理研究综述. 哈尔滨工业大学学报(增刊),2004.12:45~49

[3] 王要武,郑宝才. 建筑供应链合作伙伴选择标准的研究. 科学管理,2004:91~93

[4] 马士华,林勇,陈志祥. 供应链管理. 北京:机械工业出版社,2000.160~170

[5] 骆温平. 物流与供应链管理. 北京:电子工业出版社,2002.48~60

[6] 赵林度. 供应链与物流管理理论与实务. 北京:机械工业出版社,2002.5~7

[7] 陈畴镛. 电子商务供应链管理. 长春:东北财经大学出版社,2002.34~40

[8] 王挺,谢京辰. 建筑供应链管理模式(CSCM)应用研究. 建筑经济,2005(4):45~49

[9] 顾松林. 建筑施工企业物流及供应键管理的改革与提高方案浅析. 管理现代化,2001(3):30~33

[10] 王冬冬,张钦. 建筑供应链的敏捷化策略. 建筑经济,2005(2):35~38

[11] 袁文雷,刘涛,肖绪文. 打造现代建筑企业供应链强化资源整合. 施工技术,2002(12):17~19

[12] 叶少帅,杜静. 建筑企业实施供应链管理的关键因素. 建筑管理现代化,2003(4):5~9

[13] 唐纳德 J. 鲍尔索克斯,戴维 J. 克劳斯著. 物流管理——供应链过程的一体化. 林国龙、宋柏、沙梅译. 北京:机械工业出版社,1999.25~35

[14] 但斌,张旭梅等. 基于 CPFR 的供应链体系结构和运作研究. 计算机集成制造系统-CIMS,2000,6(4):42~44

[15] 宋华. 高级供应链集成管理——CPFR 的应用与实践. AMT. 2004 http://www.amteam.org/static/47052.html

[16] Xue, X. L., Li, X. L. Shen, Q. P. and Wang, Y. W., (2005) An agent-based framework for supply chain coordination in construction. Automation in Construction, 14(3), 413~430

[17] Wang Yaowu and Xue Xiaolong, (2004). Improving construction performance through supply chain management. Journal of Harbin Institute of Technology (New Series), 11(5):528~532.

[18] Anumba, C. J., Ugwu, O. O., Newnham, L. and Thorpe, A., (2002). Collaborative design of structures using intelligent agents. Automation in Construction, 11, 89~103.

[19] Arbulu, R. J. and Tommelein, I. D., (2002). Contributors to lead time in construction supply

chains: case of pipe supports used in power plants. Proceedings of Winter Simulation Conference: Exploring New Frontiers, 1745~1751.

[20] Briscoe, G. H., Dainty A. R. J., Millett, S. J., and Neale, R. H., (2004). Client-led strategies for construction supply chain improvement. Construction Management and Economics, 22(2), 193~201.

[21] Gupta, A., Whitman, L. and Agarwal, R. K., (2001). Supply chain agent decision aid system (SCADAS), Proceedings of the 2001 winter simulation Conference, 553~559.

[22] London, K. A. and Kenley R., (2001). An industrial organization economic supply chain approach for the construction industry: a review. Construction Management and Economics. 19, 777~788.

[23] O'Brien, W. J., (1999). Construction supply-chain management: a vision for advanced coordination, costing, and control. NSF Berkeley-Stanford Construction Research Workshop. Stanford, California.

第二十章 建筑企业法律事务管理

第一节 事前预防与非诉讼法律业务

一、建筑企业活动中的证据

（一）证据概述

证据是指能够证明案件事实的一切材料。在工程建设主体维护自身权利的过程中，根本的目的就是要明确对方的责任和自身的权利，减轻自己的责任和减少、甚至消除对方的权利。但这一切都必须依法进行。因为我国的法律都明确规定了哪一种行为应当承担什么样的后果，所以，确定自己和对方实施了什么样的行为，形成一个什么样的案件事实，便成了保护权利的核心问题。不论是在诉讼中，还是在仲裁、调解、谈判中，案件事实都是确定权利和责任的核心问题。然而，一个行为或一项事实要依靠什么来判断其是否存在呢？依靠的就是证据。因此，证据是工程建设主体维护权利的基础。

在实践中，工程建设主体的合法权利不能得到及时、有效的保证和实现，直接的问题反映在不能提供充分的、明确自己权利的证据上。

根据我国刑事诉讼法、民事诉讼法和行政诉讼法的规定，可以作为证据使用的材料有以下八种：书证、物证、证人证言、视听材料、被告人供述和有关当事人陈诉、鉴定结论、勘验、检验笔录。

（二）建筑企业活动中证据的特殊性

工程建设主体的权利主要产生在工程建设活动中，所以在工程建设活动中如何维护自身的权利至关重要，因此充分地认识建设活动中的证据就显得尤为突出了。在工程建设活动中，也存在着诉讼中常使用的八种证据，但工程建设活动中的证据有它自己的特点，主要包括：

1. 体系庞杂。由于工程建设活动本身是一个庞大的系统工程，环节较多，涉及的权利在各个方面都存在着，所以需要的证据也是一个庞杂的体系。如有以合同、签证、财务账目为代表的书证，以建筑原材料为代表的物证，以管理人员、中介人员、监督人员为代表的证人证言，以技术鉴定为代表的鉴定结论，以现场调查为代表的勘验检查笔录，以现场录像、照相为代表的视听证据等等。

2. 内容繁多。由于建设工程涉及方方面面的问题，这就决定了工程建设活动中的证据所反映的内容也是繁杂的。包括：工程承发包方面的证据，施工组织与管理方面的证据，原材料采购方面的证据，涉及国家行政监督方面的证据，工程结算证据等等。

3. 证据易逝、难以获取。由于施工中隐蔽工程多、工期长等原因，往往造成了其中的证据被湮没，获取证据的难度明显增加。

4. 专业性强。工程建设专业是一个独立的专业,其中又涉及到多方面的专业知识,加之现场复杂、环节多变等因素。对于工程建设活动中的证据往往靠普通的勘查检验或技术鉴定难以得出真实的结论,这就需要组织较强的专业技术人员进行收集证据的活动。

除此之外,就我国而言,涉及工程建设活动的法律法规繁多且易变化,这也带来了工程建设活动中证据收集时目的不易明确、证据运用时矛盾较多等困难。

(三)工程建设主体收集和保全证据的方法

在工程建设活动中,收集和保全证据的最佳方法就是加强管理,建立、健全文书流转制度,及时、全面、准确记载有关情况。

1. 加强以合同为代表的文书档案管理

(1)加强合同文本管理。在合同订立中坚持签订合法有效的合同,对无效的合同既不能签订也不能执行;合同订立时不仅要明确合同的主要内容,对具体操作细节也应当予以明确;对难以确定的内容,应当在合同中载明以双方代表临时确认的签字为依据。

(2)在执行合同过程中,对变更的内容也应坚持依法变更,全面细致的原则。

(3)注意保存与业务相关的往来信函、电报、文书,不能在业务刚刚结束时,就将其销毁、扔掉。

(4)建立业务档案,将涉及具体业务的相关资料集中分类归档,定期销毁。

(5)对采取以合同方式授权代理的合同,一定要在合同标的或项目名称中详细载明标的内容及授权范围;或者在合同中注明该合同在使用中必须以授权方式或含有授权内容的介绍信同时使用方能生效。

(6)加强单位公章、法定代表人名章和合同专用章的管理,不能乱扔、乱放,随便授之以人。

2. 加强以收支票据为代表的财务管理

对于每一项收支必须要有完整的账目记录,详细记载资金来源及使用目的,资金取向及用途,并附之以有关票据,特别是对于暂付、暂借等款项,绝不能简单地凭所谓的信誉或感情用事而不写收据或欠据。

3. 加强施工中的证据固定工作

对施工的进度情况、停工原因、租赁设备的使用情况,应当坚持日记制度,而且每一项日记都应坚持甲乙双方代表签字。对施工中发现的质量问题应当及时进行现场拍照,必要时可及时聘请有关技术监督部门迅速作出技术鉴定和勘验检查笔录,或者将有关情况详细记录在日记中,并由甲乙双方签字。

(四)收集和保全证据应注意的问题

工程建设主体在收集和保全证据时需要注意的几个问题:

1. 对重要的文件、书证,要注意留有备份,以防止遗失。

2. 对遗失的有关文件、书证要根据情况分别处理。对可能涉及对方不承认的情况时,要注意保密,防止对方篡改有关证据或否认事实而损害自身的权利。在可能的情况下,应向对方要求重新复制、索取有关文件,或找到有关知情人及时回忆,形成书面证言予以保留;对涉及隐蔽工程、现场已遭破坏等情况时,应及时聘请有关专业人员重新勘验,确定原因。

3. 对涉及到的重要知情人,要记载清楚其下落、联系方式,以便随时请其出证。

4. 在开始诉讼时，对于那些对自己有利而对方不愿提供的证据，要及时请求法院采取强制性的证据保全措施。

(五) 证据的运用

证据的运用就是为了要形成事实以维护自身的权利。运用证据在各种保护权利的方式中，都可能碰到。由于运用证据的方式相同，所以在此完整地介绍诉讼中的运用证据。

1. 举证责任

举证责任是指司法机关、行政机关及当事人为证明案件事实而向人民法院提供的责任。我国法律规定，负有举证责任的人不能提供足够证据来证明案件事实时，则其所阐述的事实不能被法庭所认可，当然其权利也不可能得到保护了。

在刑事诉讼中，检察机关负有举证责任。它负责对犯罪嫌疑人的犯罪事实提供证据。对犯罪嫌疑人的辩解，必须提出肯定或否定的证据。

在民事和经济诉讼中，主张权利者负有举证责任。原告人在起诉时必须提供其权利受到侵犯的证据；被告人在答辩时或提出反诉时也必须提供自己不应承担责任或对方应当承担责任的证据。

在行政诉讼中，作为被告人的行政机关负有举证责任。它必须提供作出具体行政行为时所依据的事实和法律文件等有关证据。

2. 运用证据的基本原则

工程建设主体在运用证据时，首先要注意的是，案件事实与客观事实往往存在着一定的误差。这主要是由于法律规定的较为笼统，客观事实又较为复杂等原因造成的。所以，运用证据的核心目的就是排除或削减对方的权利，形成对自己有利的案件事实。这样，在运用证据时，就必须结合具体案情和涉及该案的有关法律，充分地利用各种证据对案件定性提出意见。

在使用证据时，必须围绕着证据的三个特点进行，即提供的证据应当是真实的，不能提供伪证；提供的证据应当全面，能够互相印证，而不是相互矛盾；提供的证据必须是经合法手段取得的。其中，证据的联系性尤为重要。

具体使用证据时，则应提供出涉及案件客观事实的证据，事实与对方的关系，事实与自己的关系等证据，将其组合成一个证据体系来证明事实，明确责任。例如，若要起诉对方产品质量不合格造成损失而请求赔偿时，则首先应提供购货证据，如购销合同、协议、付款凭证，以证明产品从对方处购买或是对方生产的。其次应提供产品质量瑕疵的证据，如产品和损坏部位的照片、录像带，被封存的损坏的产品等，关于质量问题的技术鉴定结论等；第三，应提供造成损失情况的证据，如产品的购买证明、对现场破坏情况的照片、录像带，恢复原状时的支付明细，对造成人身伤亡时的医疗证明，延误工期的施工日记，等等。

3. 运用证据时需要注意的几个问题

在民事、经济和行政诉讼中，往往要互相质证，各自提供有利于自己的证据，因此经常出现双方之间证据的矛盾，此时需要注意以下几点问题：

(1) 要设法否定对方的证据效力，使对方的证据不能够作为证据使用。一是注意对方的证据是否是伪证；二是注意对方所提供的证据之间是否存在矛盾，相互间能否印证；三是注意对方的主要证据能否证明完整的事实，对于各具体情节间的联系，是否存在着漏洞；四是注意对方所提供的证据是否是通过合法手段取得的，有无法律效力。

（2）证人证言带有较大的主观性，视听证据具有模糊、不准确的一面，鉴定结论、勘查记录也有疏漏的时候。针对这些情况，结合具体案情，当发现自己的权利因错误的证据而受到侵犯时，可以采取请证人出庭，当庭质证，对视听证据请求鉴定真伪，要求重新鉴定或重新勘验等。

（3）在认定事实时，应将双方的证据同时考虑，以去伪存真，特别是要注意对方提供的对自己有利的证据，将其结合到自己的证据体系中。

（4）与此按相关的其他案件事实，或有关政策、法规往往也可以成为此案的证据。如因甲方违约造成了乙方对丙方的违约，则丙方向乙方主张权利的诉讼文书就成为了乙方向甲方索赔的证据之一。再如，国家有关具体法规和政策的调整，也可以成为违约方免责的证据。

二、建筑企业的非诉讼法律业务

（一）非诉讼程序的方式

1. 和解

和解是指建设工程争议当事人在自愿友好的基础上，互相沟通、互相谅解，从而解决争议的一种方式。建设工程发生争议时，当事人为了维护自身的利益，应首先考虑通过和解方式解决争议。事实上，在工程建设过程中，绝大多数争议都可以通过和解解决。建设工程争议和解方式有以下特点：

（1）简便易行，能经济、及时地解决争议。

（2）争议的解决依靠当事人的妥协与让步，没有第三方的介入，有利于维护合同双方的友好合作关系，使合同能更好地得到履行。

（3）和解协议不具有强制执行的效力，和解协议的执行依靠当事人的自觉履行。

2. 调解

调解是指建设工程当事人对法律规定或者合同约定的权利、义务发生争议，第三人依据一定的道德和法律规范，通过摆事实、讲道理，促使双方互相作出适当的让步，平息争端，自愿达成协议，以求解决建设工程争议的方法。这里讲的调解是狭义的调解，不包括诉讼和仲裁程序中在审判庭和仲裁庭主持下的调解。

建设工程争议调解方式有以下特点：

（1）有第三者介入作为调解人，调解人的身份没有限制，但以双方都信任者为佳。

（2）它能够较经济、较及时地解决争议。

（3）有利于消除合同当事人的对立情绪，维护双方的长期合作关系。

（4）调解协议不具有强制执行的效力，和解协议的执行依靠当事人的自觉履行。

3. 仲裁

仲裁是当事人双方在争议发生前或争议发生后达成协议，自愿将争议交给第三者，由第三者在事实上作出判断，在权利义务上作出裁决的一种解决争议的方式。这种争议解决方式必须是自愿的，因此必须有仲裁协议。如果当事人之间有仲裁协议，争议发生后又无法通过和解和调解解决，则应及时将争议提交仲裁机构仲裁。

建设工程争议仲裁解决方式有以下特点：

（1）体现当事人的意思自治。这种意思自治不仅体现在仲裁的受理应当以仲裁协议为前提，还体现在仲裁的整个过程，许多内容都可以由当事人自主确定。

（2）专业性。由于各仲裁机构的仲裁员都是由各方面的专业人士组成，当事人完全可以选择熟悉争议领域的专业人士担任仲裁员。

（3）保密性。保密和不公开审理是仲裁制度的重要特点，除当事人、代理人，以及需要时的证人和鉴定人外，其他人员不得出席和旁听仲裁开庭审理，仲裁庭和当事人不得向外界透露案件的任何实体及程序问题。

（4）裁决的终局性。仲裁裁决作出后是终局的，对当事人具有约束力。

（5）执行的强制性。仲裁裁决具有强制执行的法律效力，当事人可以向人民法院申请强制执行。

（二）仲裁法

1. 仲裁法的概念

仲裁法是国家制定和确认的关于仲裁制度的法律规范的总和。其基本内容包括仲裁协议、仲裁组织、仲裁程序、仲裁裁决及执行等。

2. 仲裁的范围

仲裁的范围是指哪些争议可以申请仲裁，解决可仲裁性的问题。我国《仲裁法》中对仲裁范围的确定，是基于下列原则制定的：

（1）发生争议的双方应当属于平等主体的当事人；

（2）仲裁的事项，应是当事人有权处分的；

（3）从我国法律规定和国际做法看，仲裁范围主要是合同争议，也包括一些非合同的财产争议。

因此，我国《仲裁法》在第2条规定："平等主体的公民、法人和其他组织之间发生的合同争议和其他财产权益争议，可以仲裁"。

3. 不能仲裁的情形

根据我国《仲裁法》第3条的规定，下列争议不能仲裁：

（1）婚姻、收养、监护、抚养、继承争议；

（2）依法应当由行政机关处理的行政争议。

4. 关于仲裁范围的几点说明

（1）劳动争议仲裁的问题。由于劳动争议不同于一般经济争议，劳动争议的仲裁有自己的特点。因此，劳动争议仲裁由劳动法律另行规定。

（2）农业承包合同争议仲裁的问题。农业承包合同争议面广量大，涉及广大农民的切身利益，在仲裁机构设立及仲裁程序上有其特点。依照《仲裁法》第22条规定，农业承包合同争议的仲裁另行规定。

（三）仲裁协议

1. 仲裁协议的特点

根据《仲裁法》第16条规定："仲裁协议包括合同订立的仲裁条款和以其他书面方式在争议发生前或者争议发生后达成的请求仲裁的协议"。从这一规定可以看出，仲裁协议具有以下的特点。

（1）仲裁协议是合同双方商定的通过仲裁方式解决争议的协议。其内容规定的是关于仲裁的事项。

(2) 仲裁协议必须以书面形式存在，口头形式不能成为仲裁协议。仲裁协议的形式可以有两种：一种是在订立的合同中规定的仲裁条款；另一种是双方另行达成的独立于合同之外的仲裁协议。不论哪一种形式，都具有同样的法律效力。

(3) 仲裁协议订立的时间可以在合同争议发生之前，也可以在合同争议发生之后。协议订立的时间与合同没有必然的联系，订立时间的先后也不影响仲裁协议的效力。

(4) 仲裁协议是双方当事人申请仲裁的前提。没有有效的仲裁协议，仲裁机构不予受理仲裁申请。

2. 仲裁协议的内容

根据《仲裁法》的规定，仲裁协议的内容包括：

(1) 请求仲裁的意思表示；

(2) 仲裁事项；

(3) 选定的仲裁委员会。

3. 仲裁协议的效力

仲裁协议一经作出即发生法律效力。除非双方当事人同意解除仲裁协议，否则必须通过仲裁的方式解决争议，任何一方都不得向人民法院起诉。但是，仲裁协议同其他合同一样，当其内容违反有关法律规定时，也可以被仲裁机构或人民法院裁定为无效。根据《仲裁法》第17条规定："有下列情形之一的，仲裁协议无效：约定仲裁事项超出法律规定的仲裁范围的；无民事行为能力人或者限制民事行为能力人订立的仲裁协议；一方采取胁迫手段，迫使对方订立仲裁协议的"。在掌握仲裁协议的效力时，还应当注意以下几个问题：

(1) 仲裁协议对仲裁事项或仲裁委员会没有约定或者约定不明确的，当事人可以补充协议；达不成补充协议的，仲裁协议无效。

(2) 仲裁协议独立存在，合同的变更、解除终止或者无效，不影响仲裁协议的效力。

(3) 当事人对仲裁协议效力提出异议的，可以请求仲裁委员会作出决定或者请求人民法院作出裁定。如对仲裁协议的效力，一方请求仲裁委员会决定，另一方请求人民法院裁定的，则由人民法院裁定。

(4) 当事人对仲裁协议的效力提出异议，应当在仲裁庭首次出庭前提出。

4. 申请撤销裁决

实行或审或裁的制度后，法院对仲裁不能加以干预，但需要一定的监督。申请撤销裁决便是法院实行监督的一种方法。根据《仲裁法》58条的规定，当事人提出证据证明裁决有下列情形之一的，可以向仲裁委员会所在地的中级人民法院申请撤销裁决：

(1) 没有仲裁协议的；

(2) 裁决的事项不属于仲裁协议的范围或仲裁委员会无权仲裁的；仲裁庭的组成或仲裁的程序违反法定程序的；

(3) 裁决所根据的证据是伪造的；

(4) 对方当事人隐瞒了足以影响公正裁决的证据的；

(5) 仲裁员在仲裁该案时有索贿受贿、徇私舞弊、枉法裁决行为的。

人民法院经组成合议庭审查，核实裁决有前款规定情形之一的，应当裁定撤销。人民法院认定该裁定违背社会公共利益的，应当裁定撤销。

我国《仲裁法》第 59 条规定，当事人申请撤销裁决的，应当自收到裁决书之日起 6 个月内提出。我国《仲裁法》第 60 条规定，人民法院应当在受理撤销裁决申请之日起 2 个月内作出撤销裁决或驳回申请的裁定。

5. 裁决的执行

由于仲裁上是基于当事人的意愿进行的，在仲裁的调解书和裁决书作出后，绝大多数当事人都能自觉履行义务，但也出现有些当事人不履行义务的情况。如果一方当事人不履行裁决，另一方当事人可以依照民事诉讼法的有关规定向人民法院申请执行，受申请的人民法院应当执行。

第二节　诉讼法律事务管理

一、诉讼概述

(一) 诉讼的概念及特点

诉讼，是指建设工程当事人依法请求人民法院行使审判权，审理双方之间发生的争议，作出有国家强制保证实现其合法权益、从而解决争议的审判活动。合同双方当事人如果未约定仲裁协议，则只能以诉讼作为解决争议的最终方式。建设工程争议诉讼解决方式有以下特点：

(1) 程序和实体判决严格依法。与其他解决争议的方式相比，诉讼的程序和实体判决都应当严格依法进行。

(2) 当事人在诉讼中对抗的平等性。诉讼当事人在实体和程序上的地位平等。原告起诉，被告可以反诉；原告提出诉讼请求，被告可以反驳诉讼请求。

(3) 二审终审制。当事人如果不服第一审人民法院判决，可以上诉至第二审人民法院。经过两级人民法院审理，即告终结。

(4) 执行的强制性。诉讼判决具有强制执行的法律效力，当事人可以向人民法院申请强制执行。

(二) 管辖

管辖是指司法机关在直接受理案件方面和在审判第一审案件方面的职权分工。在民事诉讼和行政诉讼中即指审判管辖。审判管辖中又包括级别管辖和地域管辖。

1. 级别管辖

级别管辖是指各级人民法院在审判第一审案件上的职责分工。

2. 地域管辖

地域管辖是指同级人民法院在审判第一审案件时的职责分工。

(1) 普通地域管辖。普通的民事案件采取"原告就被告"的原则确定管辖，即由被告所在地法院管辖。所谓被告所在地是指公民的户籍所在地、经常居住地、法人的住所地、主要营业地或主要办事机构所在地、注册登记地等。

(2) 特殊管辖。我国民事诉讼法及其相关法规规定了民事、经济诉讼的特殊管辖。具体内容见表 20-1。

特殊管辖的具体内容 表 20-1

特殊管辖项目	内 容 及 说 明
关于合同争议案件的管辖	①因合同争议提起的诉讼由被告住所地或者合同履行地法院管辖。 ②因保险合同争议提起的诉讼，由被告住所地或者保险标的物所在地法院管辖。 ③因票据争议提起的诉讼，由票据支付地法院管辖。 ④因运输合同争议提起的诉讼，由运输的始发地、目的地和被告人所在地法院管辖
关于侵权案件的管辖	①因侵权行为提起的诉讼，由侵权行为地或被告住所地法院管辖。 ②因产品质量造成的损害赔偿诉讼，由产品制造地、销售地、侵权行为地和被告住所地法院管辖。 ③侵犯名誉权的案件，由侵权行为地和被告住所地法院管辖。 ④因运输事故发生的损害赔偿诉讼，由事故发生地、运输工具最先到达地或被告住所地法院管辖
关于专利侵权案件的管辖	①未经专利权许可而以生产经营为目的制造、使用、销售专利产品的，由该产品的制造地法院管辖；制造地不明的，由该专利产品的使用地或销售地法院管辖。 ②未经专利权人许可而以生产经营目的使用专利方法的，由该专利方法使用人所在地法院管辖。 ③未经专利权人授权而许可或委托他人实施专利的，由许可方或委托方法院管辖；如果被许可方或受委托方实施了专利，从而双方构成共同侵权的，由被许可方或受委托方所在地法院管辖。 ④专利共有人未经他人同意而许可他人实施专利或越权转让专利的，由许可方或转让方所在地法院管辖；如果被许可方实施了专利或受转让方受让了专利，从而构成共同侵权的，由被许可方或受让方所在地的法院管辖。 ⑤假冒他人专利，造成损害的，由假冒行为地或损害结果发生地法院管辖
协议管辖	合同双方当事人在争议发生前或发生后，采用书面的形式选择解决争议的管辖法院。在适用协议管辖时应注意：一是协议管辖只能确定一审法院，而且只能确定一个法院。二是协议管辖只能涉及合同争议和涉外财产争议，而且不能变更专属管辖。三是协议管辖仅限于选择原告或被告所在地、合同签订地、履行地、标的物所在地的法院，对于选择与合同没有关系法院的协议是无效的。四是管辖协议虽然可以在事前签订也可以在事后达成，但均必须采取书面形式达成协议。

(3) 专属管辖。专属管辖是指法律规定的某些案件必须由特定的法院管辖，其他法院无权管辖，当事人也不得协议变更专属管辖。①与铁路运输有关的合同争议和侵权争议，由铁路运输法院管辖。因水上运输合同争议和海事损害争议提起的诉讼，由海事法院管辖。②法律规定的其他专属管辖还有：因不动产争议提起的诉讼，由不动产争议所在地法院管辖；因港口作业中发生争议提起的诉讼，由港口所在地法院管辖。

二、民事诉讼法律事务

（一）民事诉讼法概念及受案范围

民事诉讼是指人民法院和一切诉讼参与人，在审理民事案件过程中所进行的各种诉讼活动，以及由此产生的各种诉讼关系的总和。

（二）起诉与答辩

1. 起诉的概念及条件

起诉是指原告向人民法院提起诉讼，请求司法保护的诉讼行为。起诉的条件包括：

(1) 原告是与本案有直接利害关系的公民、法人和其他组织；
(2) 有明确的被告；
(3) 有具体的诉讼请求、事实和理由；
(4) 属于人民法院受理民事诉讼的范围和受诉人民法院管辖。

2. 起诉的方式

(1) 书面形式。《民事诉讼法》第 109 条 1 款规定，起诉应向人民法院递交起诉状。由此可见，我国《民事诉讼法》规定的起诉形式是以书面为原则的。

(2) 口头形式。虽然起诉以书面为原则，但当事人书写起诉状有困难的，也可口头起诉，由人民法院记入笔录，并告知对方当事人。可见，我国起诉的形式是以书面起诉为原则，口头形式为例外。

3. 起诉书的内容

根据《民事诉讼法》第 110 条规定，起诉状应当记明下列事项：

(1) 当事人的姓名、性别、年龄、民族、职业、工作单位和住所，法人或其他经济组织的名称、住所和法定代表人或主要负责人的姓名、职务；

(2) 诉讼请求和所根据的事实与理由；

(3) 证据和证据来源，证人姓名和住所。

4. 答辩的形式

答辩是针对原告的起诉状而对其予以承认、辩驳、拒绝的诉讼行为。

人民法院对原告的起诉情况进行审查后，认为符合条件的，即立案，并于立案之日起 5 日内将起诉状副本发送到被告，被告在收到之日起 15 日内提出答辩状。被告不提出答辩状的，不影响人民法院的审理。答辩的形式有书面形式与口头形式。

5. 答辩状的内容

针对原告、上诉人诉状中的主张和理由进行辩解，并阐明自己对案件的主张和理由。即揭示对方当事人法律行为的错误之处，对方诉状中陈述的事实和依据中的不实之处；提出相反的事实和证据说明自己法律行为的合法性；列举有关法律规定，论证自己主张的正确性，以便请求人民法院予以司法保护。

(三) 民事诉讼的普通程序

普通程序是指人民法院审理第一审民事案件通常适用的程序。普通程序是第一审程序中最基本的程序，是整个民事审判程序的基础。

1. 起诉与受理

2. 审理前的准备

(1) 向当事人发送起诉状、答辩状副本。

(2) 告知当事人的诉讼权利和义务。

(3) 审阅诉讼材料，调查收集证据。

(4) 更换和追加当事人。

3. 开庭审理

开庭审理是指人民法院在当事人和其他诉讼参与人参加下，对案件进行实体审理的诉讼活动过程。主要有以下几个步骤：

(1) 准备开庭。即由书记员查明当事人和其他诉讼参与人是否到庭，宣布法庭纪律，由审判长核对当事人，宣布开庭并公布法庭组成人员。

(2) 法庭调查阶段。其顺序为：①当事人陈述。②证人出庭作证。③出示书证、物证和视听资料。④宣读鉴定结论。⑤宣读勘验笔录。在法庭调查阶段，当事人可以在法庭上提出新的证据，也可以要求法庭重新调查证据。如审判员认为案情已经查清，即可终结法庭调查，转入法庭辩论阶段。

（3）法庭辩论。其顺序为：①原告及其诉讼代理人发言。②被告及其诉讼代理人答辩。③第三人及其诉讼代理人发言或答辩。④相互辩论。法庭辩论终结后，由审判长按原告、被告、第三人的先后顺序征得各方面最后意见。

（4）法庭调解。法庭辩论终结后，应依法作出判决。但判决前能够调解的，还可进行调解。

（5）合议庭评论。法庭辩论结束后，调解又没达成协议的，合议庭成员退庭进行评议。评议是秘密进行的。

（6）宣判。合议庭评议完毕后应制作判决书，宣告判决公开进行。宣告判决时，须告知当事人上诉的权利、上诉期限和上诉法庭。

人民法院适用普通程序审理的案件，应在立案之日起6个月内审结，有特殊情况需延长的，由本院院长批准可延长6个月；还需要延长的，报请上级人民法院批准。

（四）民事诉讼的第二审程序

第二审程序又叫终审程序，是指民事诉讼当事人不服地方各级人民法院未生效的第一审裁判，在法定期限内向上级人民法院提起上诉，上一级人民法院对案件进行审理所适用的程序。

1. 上诉的提起和受理

（1）上诉的条件。①主体。即是第一审程序中的原告、被告、共同诉讼人、诉讼代表人、有无独立请求的第三人。②客体。即上诉的对象，即为依法上诉的判决和裁定。③上诉期限。即须在法定的上诉期限内提起。对判决不服，提起上诉的时间为15天。对裁定不服，提起上诉的期限为10天。④要递交上诉状。上诉应提交上诉状，当事人口头表示上诉的，也应在上诉期补交上诉状。诉状的内容包括：当事人的姓名；法人的名称及其法定代表人的姓名，或其他组织的名称及其他主要负责人的姓名；原审人民法院名称、案件的编号和案由；上诉的请求和理由。

（2）上诉的受理。上级人民法院接到上诉状后，认为符合法定条件的，应当立案审理。人民法院受理上诉案件的程序是：①当事人向原审人民法院提起上诉的，上诉状由原审人民法院审查。原审人民法院收到上诉状，在5日内将上诉状副本送达对方当事人，对方当事人应在收到之日起15日内提出答辩状。人民法院应在收到答辩状之日起5日内，将副本送达上诉人。对方当事人不提出答辩状的，不影响人民法院审理。原审人民法院收到上诉状、答辩状，应在5日内连同全部卷宗和证据，报送第二审人民法院。②当事人直接向第二审人民法院上诉的，第二审人民法院应在5日内将上诉状移交原审人民法院。原审人民法院接到上级人民法院移交当事人的上诉状，应认真审查上诉，积极做好准备工作，尽快按上诉程序报送上级人民法院审理。③上诉的撤回。上诉人在第二审人民法院受理上诉后，到第二审做出终审判决以前，认为上诉理由不充分，或接受了第一审人民法院的裁判，而向第二审人民法院申请，要求撤回上诉，这种行为，称为上诉的撤回。可见，上诉撤回的时间，须在第二审人民法院宣判以前。如在宣判以后，终审裁判发生法律效力，上诉人的撤回权利消失，不再允许撤回上诉。

2. 对上诉案件的裁判

（1）维持原判。即原判认定事实清楚，适用法律正确的，判决驳回上诉，维持原判。

(2) 改判。如原判决适用法律错误的,依法改判;或原判决认定事实错误或原判决认定事实不清,证据不足,裁定撤销原判,发回原审人民法院重审,或查清事实后改判。

(3) 发回重审。即原判决违反法定程序,可能影响案件正确判决的,裁定撤销原判决,收回原审人民法院重审。

三、行政诉讼法

(一) 行政诉讼法概述

1. 行政诉讼

行政诉讼是指公民、法人或其他组织认为行政机关的具体行政行为侵犯其合法权益,在法定期限内,依法向人民法院起诉,并由人民法院依法审理裁决的活动。行政诉讼包含五个要件:

(1) 原告是行政管理相对人,即公民、法人和其他组织;

(2) 被告是行使国家管理职权的行政机关即做出具体行政行为的行政机关;

(3) 原告起诉的原因是其认为行政机关的具体行政行为侵犯了自己的合法权益;

(4) 必须是法律、法规明文规定当事人可以向人民法院起诉的行政案件;

(5) 必须在法定的期限内向有管辖权的人民法院起诉。

2. 行政诉讼法

行政诉讼法是指调整人民法院、当事人和其他诉讼参与人在审理案件过程中所发生的行政诉讼关系的法律规范的总称。《中华人民共和国行政诉讼法》(以下简称《行政诉讼法》)于1990年10月1日生效。

(二) 行政诉讼的受案范围

1. 人民法院受理的案件

《行政诉讼法》第11条规定,人民法院受理公民、法人和其他组织对下列具体行政行为不服提起的诉讼:

(1) 对拘留、罚款、吊销许可证和执照、责令停产停业、没收财物等行政处罚不服的;

(2) 对限制人身自由或对财产的查封、扣押、冻结等行政强制措施不服的;

(3) 认为行政机关侵犯法律规定的经营自主权的;

(4) 认为符合法定条件申请行政机关颁发许可证和执照,行政机关拒绝颁发或不予答复的;

(5) 申请行政机关履行保护人身权、财产权的法定职责,行政机关拒绝履行或不予答复的;

(6) 认为行政机关没有依法发给抚恤金的;

(7) 认为行政机关违法要求履行义务的;

(8) 认为行政机关侵犯其他人身权、财产权的。

除前款规定外,人民法院受理法律、法规规定可以提起诉讼的其他行政案件。

2. 人民法院不受理的案件

《行政诉讼法》第12条规定,人民法院不受理公民、法人或其他组织对下列事项提起的诉讼:

(1) 国防、外交等国家行为；
(2) 行政法规、规章或行政机关制定、发布的具有普遍约束力的决定、命令；
(3) 行政机关对行政机关工作人员的奖惩、任免等决定；
(4) 法律规定由行政机关最终裁决的具体行政行为。

第三节　相关法律法规解读

一、建筑法

(一) 建筑法概述

1. 建筑法概念

建筑法是指调整建筑活动的法律规范的总称。建筑活动是指各类房屋及其附属设施的建造和与其配套的线路、管道、设备的安装活动。

2. 建筑法的立法目的

《建筑法》第1条规定："为了加强对建筑活动的监督管理，维护建筑市场秩序，保证建筑工程的质量和安全，促进建筑业健康发展，制定本法。"此条即规定了我国《建筑法》的立法目的。

(1) 加强对建筑活动的监督管理。建筑活动是一个由多方主体参加的活动。没有统一的建筑活动行为规范和基本的活动程序，没有对建筑活动各方主体的管理和监督，建筑活动就是无序的。为保障建筑活动的正常、有序进行，就必须加强对建筑活动的监督管理。

(2) 维护建筑市场秩序。建筑市场作为社会主义市场经济的组成部分，需要确定与社会主义市场经济相适应的新的市场管理。但是，在新的管理体制转轨过程中，建筑市场中旧的经济秩序打破后，新的经济秩序尚未完全建立起来，以致造成某些混乱现象。制定《建筑法》就要从根本上解决建筑市场混乱状况，确立与社会主义市场经济相适应的建筑市场管理，以维护建筑市场的秩序。

(3) 保证建筑工程的质量与安全。建筑工程质量与安全，是建筑活动永恒的主题，无论是过去、现在还是将来，只要有建筑活动的存在，就有建筑工程的质量和安全问题。

(4) 促进建筑业健康发展。建筑业是国民经济的重要物质生产部门，是国家重要支柱产业之一。建筑活动的管理水平、效果、效益，直接影响到我国固定资产投资的效果和效益，从而影响到国民经济的健康发展。为了保证建筑业在经济和社会发展中的地位和作用，同时也是为了解决建筑业发展中存在的问题，迫切需要制定《建筑法》，以促进建筑业健康发展。

(二) 建筑工程许可制度

1. 建筑工程许可的规范

(1) 建设单位必须在建设工程立项批准后，工程发包前，向建设行政主管部门或其授权的部门办理报建登记手续。未办理报建登记手续的工程不得发包，不得签订工程合同。新建、扩建、改建的建设工程，建设单位必须在开工前向建设行政主管部门或其授权的部门申请领取建设工程施工许可证。未领取施工许可证的不得开工。已经开工的，必须立即停止，办理施工许可证手续。否则由此引起的经济损失由建设单位承担责任，并视违法情节,对建设单位作出相应处罚。《建筑法》第 7 条规定:"建筑工程开工前,建设单位应当按照国家有关规定向工程所在地县级以上人民政府建设行政主管部门申请领取施工许可证;但是,国务院建设行政主管部门确定的限额以下的小型工程除外。"

(2)《建筑法》第 8 条规定申请领取施工许可证应具备下列条件:①已经办理该建筑工程用地批准手续;②在城市规划区的建筑工程,已经取得规划许可证;③需要拆迁的,其拆迁进度符合施工要求;④已经确定建筑施工企业;⑤有满足施工需要的施工图纸及技术资料;⑥有保证工程质量和安全的具体措施;⑦建设资金已经落实;⑧法律、行政法规规定的其他条件。

(3) 建设单位应当自领取施工许可证之日起三个月内开工。因故不能按期开工的,应当向发证机关申请延期;延期以两次为限,每次不超过三个月。既不开工又不申请延期或者超过延期时限的,施工许可证自行废止。

(4) 在建的建筑工程因故中止施工的,建设单位应当自中止施工之日起一个月内,向发证机关报告,并按照规定做好建筑工程的维护管理工作。建筑工程恢复施工时,应当向发证机关报告;中止施工满一年的工程恢复施工前,建设单位应当报发证机关核验施工许可证。

(5) 按照国务院有关规定批准开工报告的建筑工程,因故不能按期开工或者中止施工的,应当及时向批准机关报告情况,因故不能按期开工超过六个月的,应当重新办理开工报告的批准手续。

2. 建筑工程从业者资格

从事建筑工程活动的企业或单位,应当向工商行政管理部门申请设立登记,并由建设行政主管部门审查,颁发资格证书。从事建筑工程活动的人员,要通过国家任职资格考试、考核由建设行政主管部门注册并颁发资格证书。

(1) 建筑工程从业的经济组织。建筑工程从业的经济组织包括:建筑施工企业、勘察、设计单位和工程监理单位,以及法律、法规规定的其他企业或单位(如工程招标代理机构、工程造价咨询机构等)。以上组织应具备下列条件:有符合国家规定的注册资本;有与其从事的建筑活动相适应的具有法定执业资格的专业技术人员;有从事相关建筑活动所应有的技术装备;法律、行政法规规定的其他条件。

(2) 建筑工程的从业人员。建筑工程的从业人员主要包括:注册建筑师、注册结构工程师、注册监理工程师、注册造价师以及法律、法规规定的其他人员。

(3) 建筑工程从业者资格证件的管理。建筑工程从业者资格证件,严禁出卖、转让、出借、涂改、伪造。违反上述规定的,将视具体情节,追究法律责任。建筑工程从业者资格的具体管理办法,由国务院建设行政主管部门另行规定。

(三) 建设工程监理

建设工程监理,是指具有相应资质的监理单位受工程项目业主的委托,依据国家有关法律、法规,经建设主管部门批准的工程项目建设文件,建设工程委托监理合同及其他建设工程合同,对工程建设实施的专业化监督管理。

实行建设工程监理制度是我国工程建设与国际惯例接轨的一项重要工作,也是我国建设领域中管理体制改革的重大举措。我国于 1988 年开始推行建设工程监理制度。经过十几年的摸索总结,我国《建筑法》第 31~35 条以法律的形式正式确立了该项制度,《建设工程质量管理条例》还规定了工程业主的质量责任和义务。其他有关建设工程监理制度的规定包括建设部和国家计委发布的《建设工程监理规定》、《建设工程监理范围和规模标准规定》、《工程监理企业资质管理规定》以及《建设工程监理规范》等。

二、招标投标法

（一）招标投标法概述

招标投标法是国家用来规范招标投标活动、调整在招标投标过程中产生的各种关系的法律规范的总称。按照法律效力的不同，招标投标法律规范分为三个层次：第一层次是由全国人大及其常委会颁发的招标投标法律；第二层次是由国务院颁发的招标投标行政法规以及有立法权的地方人大颁发的地方性招标投标法规；第三层次是由国务院有关部门颁发的有关招标投标的部门规章以及有立法权的地方人民政府颁发的地方性招标投标规章。本文所称的招标投标法，是属第一层次上的，即由全国人民代表大会常务委员会制定和颁布的招标投标法律。《招标投标法》是社会主义市场经济法律体系中非常重要的一部法律，是整个招标投标领域的基本法，一切有关招标投标的法规、规章和规范性文件都必须与《招标投标法》相一致。

《招标投标法》共六章，六十八条。第一章为总则，规定了《招标投标法》的立法宗旨、适用范围、强制招标的范围、招标投标活动中应遵循的基本原则以及对招标投标活动的监督；第二章至第四章根据招标投标活动的具体程序和步骤，规定了招标、投标、开标、评标和中标各阶段的行为规则；第五章规定了违反上述规则应承担的法律责任，上述几章构成了《招标投标法》的实体内容；第六章为附则，规定了《招标投标法》的例外适用情形以及生效日期。

1. 招标投标法的立法目的

市场经济的一个重要特点，就是要充分发挥竞争机制的作用，使市场主体在平等条件下公平竞争，优胜劣汰，从而实现资源的优化配置。而招标这种择优竞争的采购方式完全符合市场经济的上述要求，它通过事先公布采购条件和要求，众多的投标人按照同等条件进行竞争，招标人按照规定程序从中选择订约方这一系列程序，真正实现"公开、公平、公正"的市场竞争原则。纵观世界各国，凡是市场机制比较健全的国家，大多都有比较悠久的招标历史和比较完善的招标法律制度。因此，招标投标立法的根本目的，是维护市场平等竞争秩序，完善社会主义市场经济体制。

2. 招标投标活动的基本原则

（1）公开原则

招标投标活动的公开原则，首先要求进行招标活动的信息要公开。采用公开招标方式，应当发布招标公告，依法必须进行招标的项目的招标公告，必须通过国家指定的报刊、信息网络或者其他公共媒介发布，无论是招标公告、资格预审公告，还是招标邀请书，都应当载明能大体满足潜在投标人决定是否参加投标竞争所需要的信息。另外开标的程序、评标的标准和程序、中标的结果等都应当公开。

（2）公平原则

招标投标活动的公平原则，要求招标人严格按照规定的条件和程序办事，同等地对待每一个投标竞争者，招标人不得以任何方式限制或者排斥本地区、本系统以外的法人或者其他组织参加投标。

(3) 公正原则

在招标投标活动中招标人行为应当公正。对所有的投标竞争者都应平等对待，不能有特殊。特别是在评标时，评标标准应当明确、严格，对所有在投标截止日期以后送到的投标书都应拒收，与投标人有利害关系的人员都不得作为评标委员会的成员。招标人和投标人双方在招标投标活动中的地位平等，任何一方不得向另一方提出不合理的要求，不得将自己的意志强加给对方。

(4) 诚实信用原则

诚实信用是民事活动的一项基本原则，招标投标活动是以订立采购合同为目的的民事活动，当然也适用这一原则。诚实信用原则要求招标投标各方都要诚实守信，不得有欺骗、背信的行为。

3. 强制招标的范围

由于招标这种采购方式能够提高资金的使用效益和使用效率，在采购过程中能够实现公开、公平和公正，能够择优选择承包商，因此，对于使用公共资金或者对质量关系社会公共利益、公众安全的项目，国家有强制招标的要求。

在我国境内进行下列工程建设项目，包括项目的勘察、设计、建设有关的重要设备、材料等的采购，必须进行招标：

(1) 大型基础设施、公用事业等关系社会公共利益、公众安全的项目；

(2) 全部或者部分使用国有资金投资或者国家融资的项目；

(3) 使用国际组织或者外国政府贷款、援助资金的项目。

对上述必须进行招标的建设项目，任何个人或者单位不得将其化整为零或者以其他任何方式规避招标。建设项目的勘察、设计，采用特定专利或者专有技术的，或者其建筑艺术造型有特殊要求的，经项目主管部门批准，可以不进行招标。按《建设项目招标范围和规模标准规定》，对于上述各类工程建设项目，包括项目的勘察、设计、施工、监理以及与工程建设有关的重要设备、材料等的采购，达到下列标准之一的，必须进行招标：

(1) 施工单项合同估算价在 200 万元人民币以上的；

(2) 重要设备、材料等货物的采购，单项合同估算价在 100 万元人民币以上的；

(3) 勘察、设计、监理等服务的采购，单项合同估算价在 50 万元人民币以上的；

(4) 单项合同估算价低于第(1)、(2)、(3)项规定的标准，但项目总投资额在 3000 万元人民币以上的。

4. 工程建设招标应具备的条件

《招标投标法》第 9 条规定："招标项目按照国家有关规定需要履行项目审批手续的，应当先履行审批手续，取得批准。

招标人应当有进行招标项目的相应资金或者资金来源已经落实，并应当在招标文件中如实载明。"

《工程建设项目施工招标投标办法》第 8 条规定："依法必须招标的工程建设项目，应当具备下列条件才能进行施工招标：（一）招标人已经依法成立；（二）初步设计及概算应当履行审批手续的，已经批准；（三）招标范围、招标方式和招标组织形式等应当履行核准手续的，已经核准；（四）有相应资金或资金来源已经落实；（五）有招标所需的设计图纸及技术资料。"

5. 工程建设招标方式

(1) 公开招标

公开招标是指招标人以招标公告的方式邀请不特定的法人或者其他组织投标。由此可见，公开招标是由招标人依照《招标投标法》规定，通过公开的媒体发布招标公告，使所有符合条件的潜在投标人都应有平等的机会参加投标竞争，招标人从中择优确定中标人的招标方式。其特点是：①招标人发出招标公告，其针对的对象是所有对招标项目感兴趣的法人或者其他组织、公开招标所有具有能力的投标者，只要符合相应的招标条件，均可参加投标。对参加投标的投标人在数量上并没有限制，具有广泛的竞争性。②公开招标应当采用公告的方式，向社会公众明示其招标要求，从而保证招标的公开性。这种公告方式，可以大大提高招标活动的透明度，对招标过程中的不正当交易行为起到较强的抑制作用。公开招标就是由招标者通过公开发行的报纸或专业刊物发布招标通告，发出购货及建设项目消息、公开邀请供货人及承包人参加投标竞争。

(2) 邀请招标

邀请招标是指招标人以投标邀请书的方式邀请特定的法人或者其他组织投标。由此可见，邀请招标是由招标人预先确定一定数量的符合招标项目基本要求的潜在投标人并向其发出投标邀请书，由被邀请的潜在投标人参加投标竞争，招标人从中择优确定中标人的招标方式。其特点是：①邀请参加投标的法人或者其他组织在数量上是确定的，但这些确定的法人或者其他组织在数量上也有一定要求。根据《招标投标法》第17条的规定："采用邀请招标方式的招标人应当向3个以上的潜在投标人发出投标邀请书。"②邀请招标的招标人要以投标邀请书的方式向一定数量的潜在投标人发出投标邀请。只有接受投标邀请书的法人或者其他组织才可以参加投标竞争，其他法人或组织无权参加投标。

(二) 招标过程中的法律规定

1. 招标文件

招标人根据招标项目特点和需要编制招标文件，它是投标人编制投标文件和报价的依据，因此应当包括招标项目的技术要求、对投标人资格审查的标准（邀请招标的招标文件内需写明）、投标报价要求和评标标准等所有实质性要求和条件，以及拟签订合同的主要条款。国家对招标项目的技术、标准有规定的，应在招标文件中提出相应要求。招标项目如果需要划分标段、有工期要求时，也需在招标文件中载明。招标文件通常分为投标须知、合同条件、技术规范、图纸和技术资料、工程量清单几大部分内容。

(1)《招标投标法》第19条规定："招标人应当根据招标项目的特点和需要编制招标文件。招标文件应当包括招标项目的技术要求、对投标人资格审查的标准、投标报价要求和评标标准等所有实质性要求和条件以及拟签订合同的主要条款。

国家对招标项目的技术、标准有规定的，招标人应当按照其规定在招标文件中提出相应要求。招标项目需要划分标段、确定工期的，招标人应当合理划分标段、确定工期，并在招标文件中载明。"

招标文件内容一般包括：招标邀请，投标人须知，投标表格，合同条件，技术规范，物品清单及投标担保格式等。编制招标文件时，应注意其应包括招标项目的所有实体要求和拟签订合同的主要条款。招标文件是确定招标投标基本步骤与内容的基本文件，是整个招标中最重要的一环,它关系到招标的成败。

招标文件的措辞应表达清楚、确切,要指明评标时考虑的因素,不仅总价中要考虑到货价以外的如运输、保险、检验费用以及需某些进口部件时的关税、进口费用、支付货币等,还要说明尚有哪些因素以及怎样评价。招标文件的技术规格一定要准确、详细,国家对招标项目的技术、标准有相关规定的,招标文件中应予以体现。

(2)《招标投标法》第 20 条规定:"招标文件不得要求或者标明特定的生产供应者以及含有倾向或者排斥潜在投标人的其他内容。"

(3)《招标投标法》第 23 条规定:"招标人对已发出的招标文件进行必要的澄清或者修改的,应当在招标文件要求提交投标文件截止时间至少十五日前,以书面形式通知所有招标文件收受人。该澄清或者修改的内容为招标文件的组成部分。"

(4)《招标投标法》第 24 条规定:"招标人应当确定投标人编制投标文件所需要的合理时间;但是,依法必须进行招标的项目,自招标文件开始发出之日起至投标人提交投标文件截止之日止,最短不得少于二十日。"

2. 现场考察

招标人在投标须知规定的时间组织投标人自费进行现场考察。设置此程度的目的,一方面让投标人了解工程项目的现场情况、自然条件、施工条件以及周围环境条件,以便于编制投标书;另一方面也是要求投标人通过自己的实地考察确定投标的原则和策略,避免合同履行过程中他以不了解现场情况为理由推卸应承担的合同责任。

3. 标前会议

投标人研究招标文件和现场考察后会以书面形式提出某些质疑问题,招标人可以及时给予书面解答,也可以留待标前会议上解答。如果对某一投标人提出的问题给予书面解答时,所回答的问题必须发送给每一位投标人以保证招标的公开和公平。回答函件作为招标文件的组成部分,如果书面解答的问题与招标文件中的规定不一致,以函件的解答为准。

标前会议是投标截止日期以前,按投标须知规定时间和地点召开的会议,又称交底会。标前会议上招标单位负责人除了介绍工程概况外,还可对招标文件中的某些内容加以修改(需报经招标投标管理机构核准)或予以补充说明,以及对投标人书面提出的问题和会议上提出的问题给予解答。会议结束后,招标人应将会议记录用书面通知的形式发给每一位投标人。补充文件作为招标文件的组成部分,具有同等的法律效力。《招标投标法》规定,招标人对已发出的招标文件进行必要的澄清或必要修改时,应在投标截止日期至少15 天以前以书面形式发送给所有投标人,以便于他们修改投标书。

(三)开标、评标和中标

1. 开标

(1)《招标投标法》第 34 条规定:"开标应当在招标文件确定的提交投标文件截止时间的同一时间公开进行;开标地点应当为招标文件中预先确定的地点。"

开标是招标人按照招标公告或者投标邀请函规定的时间、地点,当众开启所有投标人的投标文件,宣读投标人名称、投标价格和投标文件的其他主要内容的过程。

(2)《招标投标法》第 35 条规定:"开标由招标人主持,邀请所有投标人参加。"

开标由招标人主持。招标人作为整个招标活动的发起者和组织者,应当负责开标的举行。开标应当按照规定的时间、地点公开进行并且通知所有的投标人参加。投标人参加开标是自愿的,但是招标人必须通知其参加,否则将因程序不合法而引起争议,甚至承担赔偿义务。招标人不得只通知一部分投标人参加开标。

(3)《招标投标法》第 36 条规定:"开标时,由投标人或者其推选的代表检查投标文件的密封情况,也可以由招标人委托的公证机构检查并公证;经确认无误后,由工作人员当众拆封,宣读投标人名称、投标价格和投标文件的其他主要内容。

招标人在招标文件要求提交投标文件的截止时间前收到的所有投标文件,开标时都应当当众予以拆封、宣读。

开标过程应当记录,并存档备查。"

2. 评标

(1)《招标投标法》第 37 条规定:"评标由招标人依法组建的评标委员会负责。

依法必须进行招标的项目,其评标委员会由招标人的代表和有关技术、经济等方面的专家组成,成员人数为五人以上单数,其中技术经济等方面的专家不得少于成员总数的三分之二。

前款专家应当从事相关领域工作满八年并具有高级职称或者具有同等专业水平,由招标人从国务院有关部门或者省、自治区、直辖市人民政府有关部门提供的专家名册或者招标代理机构的专家库内的相关专业的专家名单中确定;一般招标项目可以采取随机抽取方式,特殊招标项目可以由招标人直接确定。

与投标人有利害关系的人不得进入相关项目的评标委员会;已经进入的应当更换。评标委员会成员的名单在中标结果确定前应当保密。"

(2)《招标投标法》第 38 条规定:"招标人应当采取必要的措施,保证评标在严格保密的情况下进行。任何单位和个人不得非法干预、影响评标的过程和结果。"

评标活动具有保密性和独立性。为保证评标的公正、保证评标委员会的成员免受外界压力或影响,评标工作应该在严格保密情况下进行。

3. 中标

(1)《招标投标法》第 45 条规定:"中标人确定后,招标人应当向中标人发出中标通知书,并同时将中标结果通知所有未中标的投标人。

中标通知书对招标人和中标人具有法律效力。

中标通知书发出后,招标人改变中标结果的,或者中标人放弃中标项目的,应当依法承担法律责任。"

中标通知书,是指招标人在确定中标人后向中标人发出的通知其中标的书面凭证。

中标通知书发出的另一个法律后果是招标人和中标人应当在法律规定的时限内订立书面合同。

决标后,对于未中标的其他投标人,招标人也应当向其发出未中标的通知书,并告知中标结果。

(2)《招标投标法》第 46 条规定:"招标人和中标人应当自中标通知书发出之日起三十日内,按照招标文件和中标人的投标文件订立书面合同。招标人与中标人不得再行订立背离合同实质性内容的其他协议。

招标文件要求中标人提交履约保证金的,中标人应当提交。"

一般情况下,合同自承诺生效时成立,但《合同法》第 32 条规定:"当事人采取合同书形式订立合同的,自双方当事人签字或者盖章时合同成立。"建设工程合同的订立就属于这种情况。

三、劳动法

(一)劳动法概述

1. 劳动法的概念和调整对象

劳动法是调整劳动关系以及与劳动关系密切联系的其他社会关系的法律规范的总称。劳动法调整的劳动关系是指劳动者与用人单位之间在实现劳动过程中发生的社会关系。

2. 劳动法的基本原则

劳动法的基本原则贯穿、体现在劳动法制度和法律规范之中指导思想和基本准则。我国劳动法的基本原则如下:

(1) 促进就业的原则

根据我国宪法的规定,国家促进就业被确立为劳动法的一项基本原则,劳动法必须认真贯彻实施这一原则。《劳动法》进一步对宪法作了明确、具体的规定:"国家通过促进经济发展,创造就业条件,扩大就业机会"。"国家鼓励企业、事业组织、社会团体在法律、行政法规规定的范围内兴办产业或者拓展经营,增加就业。国家支持劳动者自愿组织起来就业和从事个体经营实现就业"。"地方各级人民政府应当采取措施,发展多种类型的职业介绍机构,提供就业服务。"等等。

(2) 公民享有平等的就业机会权和选择职业的自主权的原则

劳动权是公民的一项最基本的权利,我国宪法明确规定"公民有劳动的权利"。劳动权分为就业权和择业权。劳动法基本原则之一就是体现公民享有平等的就业机会权和选择职业的自主权的原则。

(3) 照顾特殊群体人员就业原则

特殊群体人员,是指谋求职业有困难或处境不利的人员的统称。包括残疾人、少数民族人员、退出现役的人员以及劳改劳教释放人员等。《劳动法》第 14 条规定:"残疾人、少数民族人员、退出现役的军人的就业,法律、法规有特别规定的,从其规定。"

(4) 禁止使用童工原则

童工是指未满 16 周岁,与用人单位或者个人发生劳动关系从事有经济收入的劳动或者从事个体劳动的少年、儿童。法律规定禁止使用童工。《劳动法》第 15 条规定:"禁止用人单位招用未满 16 周岁的未成年人。文艺、体育和特种工艺单位招用未满 16 周岁的未成年人,必须依照国家有关规定,履行审批手续,并保障其接受义务教育的权利。"

(5) 保护劳动者合法权益的原则

《劳动法》中明确规定:"劳动者享有平等就业和选择职业的权利、取得劳动报酬的权利、休息休假的权利、获得劳动安全卫生保护的权利、接受职业技能培训的权利、享受社会保险和福利的权利、提请劳动争议处理的权利以及法律规定的其他劳动权利。"《劳动法》从政治、经济、文化和人身的各方面内容保护劳动者权益,涉及劳动者从求职、就业、失业、转业,直到退休的全过程;涉及对劳动者的职业训练、劳动报酬、社会保险、劳动安全卫生保护等诸多环节。

(二)劳动合同

1. 劳动合同的概念

劳动合同,是指劳动者与用人单位之间为确立劳动关系,明确双方权利和义务的书面协议。

2. 劳动合同的订立

(1) 劳动合同的内容。《劳动法》第 17 条规定:"订立和变更劳动合同,应当遵循平等自愿、协商一致的原则,不得违反法律、行政法规的规定。"《劳动法》第 19 条规定:"劳动合同应当以书面形式订立,并具备以下条款:(一)劳动合同期限;(二)工作内容;(三)劳动保护和劳动条件;(四)劳动报酬;(五)劳动纪律;(六)劳动合同终止的条件;(七)违反劳动合同的责任。"

(2) 劳动合同期限。劳动合同期限,是指劳动合同有效期间。劳动合同期限包括试用期(劳动合同可以约定试用期,试用期最长不得超过 6 个月)。关于劳动合同期限,《劳动法》第 20 条第 1 款规定:"劳动合同的期限分为有固定期限、无固定期限和以完成一定的工作为期限。"

3. 劳动合同的效力

(1) 劳动合同的成立和生效。劳动合同成立,是指双方当事人意思表示一致,设立劳动合同关系。劳动合同成立,并不意味劳动合同一定生效。劳动合同生效,是指劳动合同具有法律效力的起始时间。依法订立的劳动合同,其生效时间始于合同签订之日。劳动合同订立后,需要鉴证或公证的,其生效时间始于已经鉴证或公证之日。

(2) 劳动合同的无效。无效劳动合同,是指当事人违反法律、行政法规的规定,订立的不具有法律效力的劳动合同。

4. 劳动合同的变更

(1) 变更劳动合同的原则

变更劳动合同,应当遵循平等自愿、协商一致的原则,不得违反法律、行政法规的规定。

(2) 变更劳动合同的程序,一般分为以下三个步骤:

第一,及时提出变更合同的建议。当事人一方向对方提出变更劳动合同的建议,说明变更合同的理由、内容、条件以及请求对方答复的期限等项内容。

第二,按期作出答复。当事人一方得知另一方提出变更合同的建议,应在对方规定的期限内作出答复,可以依法表示同意、不完全同意或不同意。

第三,双方达成书面协议。双方当事人就变更劳动合同的内容经协商取得一致意见,达成变更劳动合同的书面协议。劳动合同部分内容变更后,其他内容可以维持原劳动合同的规定,也可以做相应的修改。

5. 劳动合同的解除

劳动合同的解除,是指劳动合同当事人在劳动合同期限届满之前终止劳动合同关系的法律行为。解除劳动合同,可以分为以下几种情况:

(1) 双方协商解除劳动合同。《劳动法》第 24 条规定:"经劳动合同当事人协商一致,劳动合同可以解除。"双方协商解除劳动合同的条件:一是双方自愿,二是平等协商,三是不得损害另一方利益。双方协商解除劳动合同,须达成解除劳动合同的书面协议。

(2) 用人单位单方解除劳动合同。用人单位单方解除劳动合同,可分为以下三种情况:

1) 因劳动者不符合录用条件或者有严重过错或触犯刑律,用人单位可随时通知劳动者解除劳动合同。《劳动法》第 25 条规定:"劳动者有下列情形之一的,用人单位可以解除劳动合同:(一)在试用期间被证明不符合录用条件的;(二)严重违反劳动纪律或者用人单位规章制度的;(三)严重失职,营私舞弊,对用人单位利益造成重大损害的;(四)被依法追究刑事责任的。"

2)因劳动者不能胜任工作或因客观原因致使劳动合同无法履行的,用人单位应提前 30 日书面通知劳动者,方可解除劳动合同。《劳动法》第 26 条规定:"有下列情形之一的,用人单位可以解除劳动合同,但是应当提前 30 日以书面形式通知劳动者本人:(一)劳动者患病或者非因工负伤,医疗期满后,不能从事原工作也不能从事由用人单位另行安排的工作的;(二)劳动者不能胜任工作,经过培训或者调整工作岗位,仍不能胜任工作的;(三)劳动合同订立时所依据的客观情况发生重大变化,致使原劳动合同无法履行,经当事人协商不能就变更劳动合同达成协议的。"

3)因经济性裁减人员,用人单位按照法定程序与被裁减人员解除劳动合同。《劳动法》第 27 条规定:"用人单位濒临破产进行法定整顿期间或者生产经营状况发生严重困难,确需裁减人员的,应当提前 30 日向工会或者全体职工说明情况,听取工会或者职工的意见,经向劳动部门报告后,可以裁减人员。用人单位依据本条规定裁减人员,在 6 个月内录用人员的,应当优先录用被裁减的人员。"应当注意的是,《劳动法》第 29 条规定:"劳动者有下列情形之一的,用人单位不得依据本法第二十六条、第二十七条的规定解除劳动合同:(一)患职业病或者因负伤并被确认丧失或者部分丧失劳动能力的;(二)患病或者负伤,在规定的医疗期内的;(三)女职工在孕期、产期、哺乳期内的;(四)法律、行政法规规定的其他情形。"

(3)劳动者单方解除劳动合同。劳动者单方解除劳动合同,可分为以下两种情况:

1)提前 30 日书面通知用人单位解除劳动合同。《劳动法》第 31 条规定:"劳动者解除劳动合同,应当提前 30 日以书面形式通知用人单位。"

2)随时通知用人单位解除劳动合同。《劳动法》第 32 条规定:"有下列情形之一的,劳动者可以随时通知用人单位解除劳动合同:(一)在试用期内的;(二)用人单位以暴力、威胁或者非法限制人身自由的手段强迫劳动的;(三)用人单位未按照劳动合同约定支付劳动报酬或者提供劳动条件的。"

(4)劳动合同自行解除。劳动者被开除、除名或因违纪被辞退,劳动合同自行解除。

6. 劳动合同的终止

劳动合同终止,是指终止劳动合同的法律效力。

劳动合同订立后,双方当事人不得随意终止劳动合同。只有法律规定或当事人约定的情况出现,劳动合同即行终止。《劳动法》第 23 条规定:"劳动合同期满或者当事人约定的劳动合同终止条件出现,劳动合同即行终止。"

根据这一规定和终止劳动合同的实际情况,有下列情形之一的,劳动合同即行终止:(1)劳动合同期限届满;(2)企业宣告破产或者依法解散、关闭、撤销;(3)劳动者被开除、除名或因违纪被辞退;(4)劳动者完全丧失劳动能力或者死亡;(5)劳动者达到退休年龄;(6)法律、法规规定的其他情况。

(三)劳动保护

1. 劳动安全卫生的概念

劳动安全卫生,是指国家为了改善劳动条件,保护劳动者在劳动过程中的安全健康而制定的各种法律规范的总称。包括劳动安全、劳动卫生两类法律规范。前者是国家为了保障劳动者在劳动过程中的安全，防止和消除伤亡事故而制定的各种法律规范；后者是国家为了保护劳动者在劳动过程中的健康，预防和消除职业病、职业中毒和各种职业危害而制定的各种法律规范。

2. 劳动安全卫生工作的方针和制度

劳动安全卫生工作方针是：安全第一，预防为主。安全第一，是指在劳动过程中，始终把保障劳动者的安全放在第一位，保障劳动者安全是头等重要的大事。预防为主，就是采取有效措施消除事故隐患和防止职业病的发生。安全是目的，预防是手段，二者密不可分。劳动安全卫生制度，是指为了保障劳动者在劳动过程中的安全和健康，国家、用人单位制定的劳动安全卫生管理制度。《劳动法》第 52 条规定："用人单位必须建立、健全劳动安全卫生制度，严格执行国家劳动安全卫生规程和标准，对劳动者进行劳动安全卫生教育，防止劳动过程中的事故，减少职业危害。"劳动安全卫生制度包括：

(1) 安全生产责任制度

安全生产责任制度，是指企业各级领导、职能科室人员、工程技术人员和生产工人在劳动过程中应负安全责任的制度。基本内容是：安全生产人人有责，管生产的同时管安全。

(2) 安全技术措施计划管理制度

安全技术措施计划管理制度，是指规定企业编制以改善劳动条件、防止和消除伤亡事故及职业病为目的的一切技术措施计划的管理制度。《劳动法》第 53 条规定："劳动安全卫生设施必须符合国家规定的标准。新建、改建、扩建工程的劳动安全卫生设施必须与主体工程同时设计、同时施工、同时投入生产和使用。"

(3) 劳动安全卫生教育制度

劳动安全卫生教育制度，是对劳动者进行劳动安全卫生法规、基本知识、操作技术教育的制度。

(4) 劳动安全卫生检查制度

劳动安全卫生检查制度，是对劳动安全卫生工作依法检查的制度。劳动安全卫生检查除经常性检查外，每年还进行定期检查。

(5) 劳动防护用品发放和管理制度

劳动防护用品发放和管理制度，是对劳动防护用品的生产经营、发放使用进行管理的制度。用人单位必须为劳动者提供符合国家规定的劳动安全卫生条件和必要的劳动防护用品，对从事有职业危害作业的劳动者应当定期进行健康检查。

(6) 劳动安全卫生监察制度

劳动安全卫生监察制度，是指行使劳动监察权的机构对用人单位执行各项劳动安全卫生法规情况进行监督检查的制度。

(7) 伤亡事故和职业病统计报告处理制度

伤亡事故和职业病统计报告处理制度，是国家制定的对劳动者在劳动过程中发生的伤亡事故和职业病进行报告、登记、调查、处理、统计和分析的制度。

四、公司法

(一) 公司法概述

1. 公司的概念

公司是依照公司法在中国境内设立的、以营利为目的的企业法人。它是适应市场经济社会化大生产的需要而形成的一种企业组织形式。

2. 公司的种类

公司可以从不同角度划分其类型。我国《公司法》仅规定了有限责任公司和股份有限公司两种形式。

3. 公司法的概念

公司法是指规定各种公司的设立、组织、活动和解散以及其对内对外关系的法律规范的总称。

2005年10月27日十届全国人大常委会第十八次会议通过新《公司法》，并确定于2006年1月1日实施。新《公司法》的修订总结了1993年《公司法》实施以来的经验和教训，比较了其他市场经济大国的《公司法》法律制度的成败得失，借鉴他们的成功做法，研究和把握我国市场经济体制的特点以及《公司法》自身的发展演进与客观现实相吻合的路径轨迹，贯彻公平、有序、规范、科学的立法理念和表彰鼓励投资、保障经济安全运行的价值目标。

（二）有限责任公司

1. 有限责任公司的概念

有限责任公司又称有限公司，是指股东以出资额为限对公司承担责任，公司以其全部资产对其债务承担责任的公司。

2. 有限责任公司的设立

有限责任公司的设立，应当具备下列条件：

（1）股东符合法定人数

有限责任公司由五十个以下股东出资设立。

（2）股东出资达到法定最低限额

有限责任公司的注册资本为在公司登记机关登记的全体股东认缴的出资额。公司全体股东的首次出资额不得低于注册资本的百分之二十，也不得低于法定的注册资本最低限额，其余部分由股东自公司成立之日起两年内缴足；其中，投资公司可以在五年内缴足。

有限责任公司注册资本的最低限额为人民币三万元。法律、行政法规对有限责任公司注册资本的最低限额有较高规定的，从其规定。

股东可以用货币出资，也可以用实物、知识产权、土地使用权等可以用货币估价并可以依法转让的非货币财产作价出资；但是，法律、行政法规规定不得作为出资的财产除外。对作为出资的非货币财产应当评估作价，核实财产，不得高估或者低估作价。法律、行政法规对评估作价有规定的，从其规定。全体股东的货币出资金额不得低于有限责任公司注册资本的百分之三十。

股东应当按期足额缴纳公司章程中规定的各自所认缴的出资额。股东以货币出资的，应当将货币出资足额存入有限责任公司在银行开设的账户；以非货币财产出资的，应当依法办理其财产权的转移手续。股东不按照前款规定缴纳出资的，除应当向公司足额缴纳外，还应当向已按期足额缴纳出资的股东承担违约责任。

股东缴纳出资后，必须经依法设立的验资机构验资并出具证明。股东的首次出资经依法设立的验资机构验资后,由全体股东指定的代表或者共同委托的代理人向公司登记机关报送公司登记申请书、公司章程、验资证明等文件,申请设立登记。

有限责任公司成立后,发现作为设立公司出资的非货币财产的实际价额显著低于公司章程所定价额的,应当由交付该出资的股东补足其差额;公司设立时的其他股东承担连带责任。

(3) 有限责任公司成立后,应当向股东签发出资证明书

出资证明书应当载明下列事项:①公司名称;②公司成立日期;③公司注册资本;④股东的姓名或者名称、缴纳的出资额和出资日期;⑤出资证明书的编号和核发日期。出资证明书由公司盖章。

(4) 有限责任公司应当置备股东名册

有限责任公司应当置备股东名册,记载下列事项:①股东的姓名或者名称及住所;②股东的出资额;③出资证明书编号。

记载于股东名册的股东,可以依股东名册主张行使股东权利。

公司应当将股东的姓名或者名称及其出资额向公司登记机关登记;登记事项发生变更的,应当办理变更登记。未经登记或者变更登记的,不得对抗第三人。

股东有权查阅、复制公司章程、股东会会议记录、董事会会议决议、监事会会议决议和财务会计报告。

股东可以要求查阅公司会计账簿。股东要求查阅公司会计账簿的,应当向公司提出书面请求,说明目的。公司有合理根据认为股东查阅会计账簿有不正当目的,可能损害公司合法利益的,可以拒绝提供查阅,并应当自股东提出书面请求之日起十五日内书面答复股东并说明理由。公司拒绝提供查阅的,股东可以请求人民法院要求公司提供查阅。

股东按照实缴的出资比例分取红利;公司新增资本时,股东有权优先按照实缴的出资比例认缴出资。但是,全体股东约定不按照出资比例分取红利或者不按照出资比例优先认缴出资的除外。

3. 有限责任公司的组织机构

(1) 股东会

1) 股东会的性质和职权

有限责任公司的股东会由全体股东组成。股东会是公司的权力机构。它行使下列职权:(一)决定公司的经营方针和投资计划;(二)选举和更换非由职工代表担任的董事、监事,决定有关董事、监事的报酬事项;(三)审议批准董事会的报告;(四)审议批准监事会或者监事的报告;(五)审议批准公司的年度财务预算方案、决算方案;(六)审议批准公司的利润分配方案和弥补亏损方案;(七)对公司增加或者减少注册资本做出决议;(八)对发行公司债券做出决议;(九)对公司合并、分立、解散、清算或者变更公司形式做出决议;(十)修改公司章程;(十一)公司章程规定的其他职权。

对于上述事项股东以书面形式一致表示同意的,可以不召开股东会会议,直接做出决定,并由全体股东在决定文件上签名、盖章。

2) 股东会会议和议事规则

股东会会议分为定期会议和临时会议。定期会议应当依照公司章程的规定按时召开。代表十分之一以上表决权的股东,三分之一以上的董事,监事会或者不设监事会的公司的

监事提议召开临时会议的,应当召开临时会议。

有限责任公司设立董事会的,股东会会议由董事会召集,董事长主持;董事长不能履行职务或者不履行职务的,由副董事长主持;副董事长不能履行职务或者不履行职务的,由半数以上董事共同推举一名董事主持。有限责任公司不设董事会的,股东会会议由执行董事召集和主持。

董事会或者执行董事不能履行或者不履行召集股东会会议职责的,由监事会或者不设监事会的公司的监事召集和主持;监事会或者监事不召集和主持的,代表十分之一以上表决权的股东可以自行召集和主持。

召开股东会会议,应当于会议召开十五日前通知全体股东;但是,公司章程另有规定或者全体股东另有约定的除外。

股东会应当对所议事项的决定做成会议记录,出席会议的股东应当在会议记录上签名。

股东会会议由股东按照出资比例行使表决权;但是,公司章程另有规定的除外。

股东会的议事方式和表决程序,除法律有规定的外,由公司章程规定。股东会会议做出修改公司章程、增加或者减少注册资本的决议,以及公司合并、分立、解散或者变更公司形式的决议,必须经代表三分之二以上表决权的股东通过。

(2)董事会和经理

1)董事会的性质和组成

有限责任公司设董事会,其成员为3~13人;但是,股东人数较少或者规模较小的有限责任公司,可以设一名执行董事,不设董事会。执行董事可以兼任公司经理。

两个以上的国有企业或者两个以上的其他国有投资主体投资设立的有限责任公司,其董事会成员中应当有公司职工代表;其他有限责任公司董事会成员中可以有公司职工代表。董事会中的职工代表由公司职工通过职工代表大会、职工大会或者其他形式民主选举产生。董事会设董事长一人,可以设副董事长。董事长、副董事长的产生办法由公司章程规定。

2)董事会的职权和董事的任期

董事会对股东会负责,行使下列职权:(一)召集股东会会议,并向股东会报告工作;(二)执行股东会的决议;(三)决定公司的经营计划和投资方案;(四)制订公司的年度财务预算方案、决算方案;(五)制订公司的利润分配方案和弥补亏损方案;(六)制订公司增加或者减少注册资本以及发行公司债券的方案;(七)制订公司合并、分立、解散或者变更公司形式的方案;(八)决定公司内部管理机构的设置;(九)决定聘任或者解聘公司经理及其报酬事项,并根据经理的提名决定聘任或者解聘公司副经理、财务负责人及其报酬事项;(十)制定公司的基本管理制度;(十一)公司章程规定的其他职权。

董事任期由公司章程规定,但每届任期不得超过三年。董事任期届满,连选可以连任。董事任期届满未及时改选,或者董事在任期内辞职导致董事会成员低于法定人数的,在改选出的董事就任前,原董事仍应当依照法律、行政法规和公司章程的规定,履行董事职务。

3)董事会会议

董事会会议由董事长召集和主持;董事长不能履行职务或者不履行职务的,由副董事长召集和主持；副董事长不能履行职务或者不履行职务的，由半数以上董事共同推举一名董事召集和主持。

董事会的议事方式和表决程序，除本法有规定的外，由公司章程规定。董事会应当对所议事项的决定作成会议记录，出席会议的董事应当在会议记录上签名。董事会决议的表决，实行一人一票。

4) 经理

有限责任公司可以设经理，由董事会决定聘任或者解聘。经理对董事会负责，行使下列职权：（一）主持公司的生产经营管理工作，组织实施董事会决议；（二）组织实施公司年度经营计划和投资方案；（三）拟订公司内部管理机构设置方案；（四）拟订公司的基本管理制度；（五）制定公司的具体规章；（六）提请聘任或者解聘公司副经理、财务负责人；（七）决定聘任或者解聘除应由董事会决定聘任或者解聘以外的负责管理人员；（八）董事会授予的其他职权。

公司章程对经理职权另有规定的，从其规定。经理列席董事会会议。

(3) 有限责任公司的监事会或监事

1) 监事会或监事的设立和监事会的组成

有限责任公司设监事会，其成员不得少于3人。股东人数较少或者规模较小的有限责任公司，可以设1~2名监事，不设监事会。

监事会应当包括股东代表和适当比例的公司职工代表，其中职工代表的比例不得低于三分之一，具体比例由公司章程规定。监事会中的职工代表由公司职工通过职工代表大会、职工大会或者其他形式民主选举产生。

监事会设主席一人，由全体监事过半数选举产生。监事会主席召集和主持监事会会议；监事会主席不能履行职务或者不履行职务的，由半数以上监事共同推举一名监事召集和主持监事会会议。董事、高级管理人员不得兼任监事。

2) 监事的任期

监事的任期每届为三年。监事任期届满，连选可以连任。监事任期届满未及时改选，或者监事在任期内辞职导致监事会成员低于法定人数的，在改选出的监事就任前，原监事仍应当依照法律、行政法规和公司章程的规定，履行监事职务。

有限责任公司经营规模较大的，设立监事会，其成员不得少于3人。监事会应在其组成人员中推选1名召集人。监事会由股东代表和适当比例的公司职工代表组成。公司股东人数较少和规模较小的，可设1~2名监事。董事、经理及财务负责人不得兼任监事。

3) 监事会或监事的职权

监事会或不设监事会的公司的监事行使下列职权：（一）检查公司财务；（二）对董事、高级管理人员执行公司职务的行为进行监督，对违反法律、行政法规、公司章程或者股东会决议的董事、高级管理人员提出罢免的建议；（三）当董事、高级管理人员的行为损害公司的利益时，要求董事、高级管理人员予以纠正；（四）提议召开临时股东会会议，在董事会不履行本法规定的召集和主持股东会会议职责时召集和主持股东会会议；（五）向股东会会议提出提案；（六）依照《公司法》第一百五十二条的规定，对董事、高级管理人员提起诉讼；（七）公司章程规定的其他职权。

监事可以列席董事会会议，并对董事会决议事项提出质询或者建议。监事会、不设监事会的公司的监事发现公司经营情况异常,可以进行调查;必要时,可以聘请会计师事务所等协助其工作,费用由公司承担。

4)监事会会议和议事规则

监事会每年度至少召开一次会议,监事可以提议召开临时监事会会议。监事会的议事方式和表决程序,除法律有规定的外,由公司章程规定。监事会决议应当经半数以上监事通过。监事会应当对所议事项的决定做成会议记录,出席会议的监事应当在会议记录上签名。

监事会、不设监事会的公司的监事行使职权所必需的费用,由公司承担。

4. 一人有限责任公司

(1) 一人有限责任公司的概念和特点

一人有限责任公司,是指只有一个自然人股东或者一个法人股东的有限责任公司。

第五十九条 一人有限责任公司的注册资本最低限额为人民币十万元。股东应当一次足额缴纳公司章程规定的出资额。

一个自然人只能投资设立一个一人有限责任公司。该一人有限责任公司不能投资设立新的一人有限责任公司。

一人有限责任公司应当在公司登记中注明自然人独资或者法人独资,并在公司营业执照中载明。

(2) 一人有限责任公司的组织机构及特别规定

一人有限责任公司章程由股东制定。

一人有限责任公司不设股东会。股东作出《公司法》第三十八条第一款所列的股东职权时,应当采用书面形式,并由股东签名后置备于公司。

一人有限责任公司应当在每一会计年度终了时编制财务会计报告,并经会计师事务所审计。

一人有限责任公司的股东不能证明公司财产独立于股东自己的财产的,应当对公司债务承担连带责任。

5. 国有独资公司

(1) 国有独资公司的概念和特点

公司法所称国有独资公司,是指国家单独出资、由国务院或者地方人民政府授权本级人民政府国有资产监督管理机构履行出资人职责的有限责任公司。

国有独资公司章程由国有资产监督管理机构制定,或者由董事会制订报国有资产监督管理机构批准。

(2) 国有独资公司的组织机构

国有独资公司不设股东会,由国有资产监督管理机构行使股东会职权。国有资产监督管理机构可以授权公司董事会行使股东会的部分职权,决定公司的重大事项,但公司的合并、分立、解散、增加或者减少注册资本和发行公司债券,必须由国有资产监督管理机构决定;其中,重要的国有独资公司合并、分立、解散、申请破产的,应当由国有资产监督管理机构审核后,报本级人民政府批准。

董事会成员由国有资产监督管理机构委派;但是,董事会成员中的职工代表由公司职工代表大会选举产生。董事会设董事长一人,可以设副董事长。董事长、副董事长由国有资产监督管理机构从董事会成员中指定。

国有独资公司设经理,由董事会聘任或者解聘。经理依照《公司法》第五十条规定行使职权。经国有资产监督管理机构同意,董事会成员可以兼任经理。

国有独资公司的董事长、副董事长、董事、高级管理人员,未经国有资产监督管理机构同意,不得在其他有限责任公司、股份有限公司或者其他经济组织兼职。

国有独资公司监事会成员不得少于五人,其中职工代表的比例不得低于三分之一,具体比例由公司章程规定。

监事会成员由国有资产监督管理机构委派;但是,监事会成员中的职工代表由公司职工代表大会选举产生。监事会主席由国有资产监督管理机构从监事会成员中指定。

监事会行使《公司法》第五十四条第(一)项至第(三)项规定的职权和国务院规定的其他职权。

(三)股份有限公司

1. 股份有限公司的概念

股份有限公司,是指由一定人数的股东组成,公司全部资本分为等额股份,股东以其所认购股份为限对公司承担责任,公司以其全部资产对公司债务承担责任的公司。

2. 股份有限公司的设立

(1)设立的概念

股份有限公司的设立分为发起设立和募集设立。发起设立是指由发起人认购公司的全部股份而设立公司的方式。募集设立是指发起人认购公司应发行股份的一部分,其余部分进行募集而设立公司的方式。股份有限公司发起人,是指按照《公司法》规定,制订公司章程,积极筹办公司事务,认购其应认购股份,并在公司章程上签名、盖章的人。

(2)设立的条件

股份有限公司的设立应当具备下列条件:

1)发起人符合法定人数

设立股份有限公司,应当有二人以上二百人以下为发起人,其中须有半数以上的发起人在中国境内有住所。

2)发起人认缴和社会公开募集的股本应达到法定资本最低限额

股份有限公司采取发起设立方式设立的,注册资本为在公司登记机关登记的全体发起人认购的股本总额。公司全体发起人的首次出资额不得低于注册资本的百分之二十,其余部分由发起人自公司成立之日起两年内缴足;其中,投资公司可以在五年内缴足。在缴足前,不得向他人募集股份。

股份有限公司采取募集方式设立的,注册资本为在公司登记机关登记的实收股本总额。股份有限公司注册资本的最低限额为人民币五百万元。法律、行政法规对股份有限公司注册资本的最低限额有较高规定的,从其规定。

3)股份发行、筹办事项符合法律规定

发起人的出资方式,适用《公司法》第二十七条的规定。

以发起设立方式设立股份有限公司的,发起人应当书面认足公司章程规定其认购的股份;一次缴纳的,应即缴纳全部出资;分期缴纳的,应即缴纳首期出资。以非货币财产出资的,应当依法办理其财产权的转移手续。

发起人不依照前款规定缴纳出资的,应当按照发起人协议承担违约责任。

发起人首次缴纳出资后,应当选举董事会和监事会,由董事会向公司登记机关报送公司章程、由依法设立的验资机构出具的验资证明以及法律、行政法规规定的其他文件,申请设立登记。

以募集设立方式设立股份有限公司的,发起人认购的股份不得少于公司股份总数的百分之三十五;但是,法律、行政法规另有规定的,从其规定。

发起人向社会公开募集股份,必须公告招股说明书,并制作认股书。认股书应当载明《公司法》第八十七条所列事项,由认股人填写认购股数、金额、住所,并签名、盖章。认股人按照所认购股数缴纳股款。发起人向社会公开募集股份,应当由依法设立的证券公司承销,签订承销协议。

发起人向社会公开募集股份,应当同银行签订代收股款协议。

代收股款的银行应当按照协议代收和保存股款,向缴纳股款的认股人出具收款单据,并负有向有关部门出具收款证明的义务。

发行股份的股款缴足后,必须经依法设立的验资机构验资并出具证明。发起人应当自股款缴足之日起三十日内主持召开公司创立大会。创立大会由发起人、认股人组成。

发行的股份超过招股说明书规定的截止期限尚未募足的,或者发行股份的股款缴足后,发起人在三十日内未召开创立大会的,认股人可以按照所缴股款并加算银行同期存款利息,要求发起人返还。

4)股份有限公司章程

股份有限公司章程应当载明下列事项:(一)公司名称和住所;(二)公司经营范围;(三)公司设立方式;(四)公司股份总数、每股金额和注册资本;(五)发起人的姓名或者名称、认购的股份数、出资方式和出资时间;(六)董事会的组成、职权和议事规则;(七)公司法定代表人;(八)监事会的组成、职权和议事规则;(九)公司利润分配办法;(十)公司的解散事由与清算办法;(十一)公司的通知和公告办法;(十二)股东大会会议认为需要规定的其他事项。

5)招股说明书应当附有发起人制订的公司章程

招股说明书应当附有发起人制订的公司章程,并载明下列事项:(一)发起人认购的股份数;(二)每股的票面金额和发行价格;(三)无记名股票的发行总数;(四)募集资金的用途;(五)认股人的权利、义务;(六)本次募股的起止期限及逾期未募足时认股人可以撤回所认股份的说明。

(3)创立大会

发起人应当在创立大会召开十五日前将会议日期通知各认股人或者予以公告。创立大会应有代表股份总数过半数的发起人、认股人出席,方可举行。

创立大会行使下列职权:(一)审议发起人关于公司筹办情况的报告;(二)通过公司章程;(三)选举董事会成员;(四)选举监事会成员;(五)对公司的设立费用进行审核;(六)对发起人用于抵作股款的财产的作价进行审核;(七)发生不可抗力或者经营条件发生重大变化直接影响公司设立的,可以作出不设立公司的决议。

创立大会对前款所列事项作出决议,必须经出席会议的认股人所持表决权过半数通过。发起人、认股人缴纳股款或者交付抵作股款的出资后,除未按期募足股份、发起人未按期召开创立大会或者创立大会决议不设立公司的情形外，不得抽回其股本。

(4) 申请设立登记

董事会应于创立大会结束后三十日内，向公司登记机关报送下列文件，申请设立登记：(一)公司登记申请书；(二)创立大会的会议记录；(三)公司章程；(四)验资证明；(五)法定代表人、董事、监事的任职文件及其身份证明；(六)发起人的法人资格证明或者自然人身份证明；(七)公司住所证明。

以募集方式设立股份有限公司公开发行股票的，还应当向公司登记机关报送国务院证券监督管理机构的核准文件。

(5) 发起人责任

股份有限公司成立后，发起人未按照公司章程的规定缴足出资的，应当补缴；其他发起人承担连带责任。

股份有限公司成立后，发现作为设立公司出资的非货币财产的实际价额显著低于章程所定价额的，应当由交付该出资的发起人补足其差额；其他发起人承担连带责任。

股份有限公司的发起人应当承担下列责任：

1) 公司不能成立时，对设立行为所产生的债务和费用负连带责任；

2) 公司不能成立时，对认股人已缴纳的股款，负返还股款并加算银行同期存款利息的连带责任；

3) 在公司设立过程中，由于发起人的过失致使公司利益受到损害的，应当对公司承担赔偿责任。

3. 股份有限公司的组织机构

(1) 股东大会

1) 股东大会的性质和职权

股东大会由股份有限公司股东组成，它是公司的权力机构。

《公司法》第三十八条第一款关于有限责任公司股东会职权的规定，适用于股份有限公司股东大会。

2) 股东大会会议和议事规则

股东大会应当每年召开一次年会。有下列情形之一的，应当在两个月内召开临时股东大会：(一)董事人数不足本法规定人数或者公司章程所定人数的三分之二时；(二)公司未弥补的亏损达实收股本总额三分之一时；(三)单独或者合计持有公司百分之十以上股份的股东请求时；(四)董事会认为必要时；(五)监事会提议召开时；(六)公司章程规定的其他情形。

股东大会会议由董事会召集，董事长主持；董事长不能履行职务或者不履行职务的，由副董事长主持；副董事长不能履行职务或者不履行职务的，由半数以上董事共同推举一名董事主持。

董事会不能履行或者不履行召集股东大会会议职责的，监事会应当及时召集和主持；监事会不召集和主持的，连续九十日以上单独或者合计持有公司百分之十以上股份的股东可以自行召集和主持。

召开股东大会会议，应当将会议召开的时间、地点和审议的事项于会议召开二十日前通知各股东；临时股东大会应当于会议召开十五日前通知各股东；发行无记名股票的，应当于会议召开三十日前公告会议召开的时间、地点和审议事项。

单独或者合计持有公司百分之三以上股份的股东，可以在股东大会召开十日前提出临时提案并书面提交董事会；董事会应当在收到提案后二日内通知其他股东，并将该临时提案提交股东大会审议。临时提案的内容应当属于股东大会职权范围，并有明确议题和具体决议事项。股东大会不得对上述通知中未列明的事项作出决议。

无记名股票持有人出席股东大会会议的，应当于会议召开五日前至股东大会闭会时将股票交存于公司。

股东出席股东大会会议，所持每一股份有一表决权。但是，公司持有的本公司股份没有表决权。

股东大会做出决议，必须经出席会议的股东所持表决权过半数通过。但是，股东大会作出修改公司章程、增加或者减少注册资本的决议，以及公司合并、分立、解散或者变更公司形式的决议，必须经出席会议的股东所持表决权的三分之二以上通过。

公司转让、受让重大资产或者对外提供担保等事项必须经股东大会作出决议的，董事会应当及时召集股东大会会议，由股东大会就上述事项进行表决。

股东大会选举董事、监事，可以依照公司章程的规定或者股东大会的决议，实行累积投票制。

所谓累积投票制，是指股东大会选举董事或者监事时，每一股份拥有与应选董事或者监事人数相同的表决权，股东拥有的表决权可以集中使用。

累积投票制与普通投票制的区别，主要在于公司股东可以把自己拥有的表决权集中使用于待选董事中的一人或多人。例如：一公司共有100股，股东甲拥有15股，乙拥有另外85股。每股具有等同于待选董事人数的表决权（如选7人即每股有7票）。如果要选7名董事，股东甲总共有105个表决权，乙拥有595个表决权。在实行普通投票制的情况下，甲投给自己提出的7个候选人每人的表决权不会多于15，远低于乙投给其提出的7个候选人每人85的表决权。此时甲不可能选出自己提名的董事。如果实行累积投票制，甲可以集中将他拥有的105个表决权投给自己提名的一名董事，而乙无论如何分配其总共拥有的595个表决权，也不可能使其提名的7个候选人每人的表决权多于85，更不可能多于105。累积投票制的功能就在于保障中小股东有可能选出自己信任的董事或监事。

(2) 董事会和经理

1) 董事会的性质和组成

股份有限公司设董事会，其成员为5～19人。董事会成员中可以有公司职工代表。董事会中的职工代表由公司职工通过职工代表大会、职工大会或者其他形式民主选举产生。

2) 董事会、董事长的职权和董事的任期

董事会对股东大会负责，《公司法》关于有限责任公司董事会职权的规定，适用于股份有限公司董事会。

董事会设董事长一人，可以设副董事长。董事长和副董事长由董事会以全体董事的过半数选举产生。

董事长召集和主持董事会会议，检查董事会决议的实施情况。副董事长协助董事长工作，董事长不能履行职务或者不履行职务的，由副董事长履行职务；副董事长不能履行职务或者不履行职务的，由半数以上董事共同推举一名董事履行职务。

《公司法》第四十六条关于有限责任公司董事任期的规定，适用于股份有限公司董事。

公司不得直接或者通过子公司向董事、监事、高级管理人员提供借款。公司应当定期向股东披露董事、监事、高级管理人员从公司获得报酬的情况。

3）董事会会议

董事会会议分定期会议和临时会议。

董事会每年度至少召开两次会议，每次会议应当于会议召开十日前通知全体董事和监事。

代表十分之一以上表决权的股东、三分之一以上董事或者监事会，可以提议召开董事会临时会议。董事长应当自接到提议后十日内，召集和主持董事会会议。

董事会召开临时会议，可以另定召集董事会的通知方式和通知时限。

董事会会议应有过半数的董事出席方可举行。董事会作出决议，必须经全体董事的过半数通过。董事会决议的表决，实行一人一票。董事会会议，应由董事本人出席；董事因故不能出席，可以书面委托其他董事代为出席，委托书中应载明授权范围。

董事会应当对会议所议事项的决定作成会议记录，出席会议的董事应当在会议记录上签名。董事应当对董事会的决议承担责任。董事会的决议违反法律、行政法规或者公司章程、股东大会决议，致使公司遭受严重损失的，参与决议的董事对公司负赔偿责任。但经证明在表决时曾表明异议并记载于会议记录的，该董事可以免除责任。

4）经理

股份有限公司设经理，由董事会决定聘任或者解聘。公司董事会可以决定由董事会成员兼任经理。《公司法》第五十条关于有限责任公司经理职权的规定，适用于股份有限公司经理。

(3) 监事会

1）监事会的性质和组成

股份有限公司设监事会，其成员不得少于三人。监事会应当包括股东代表和适当比例的公司职工代表，其中职工代表的比例不得低于三分之一，具体比例由公司章程规定。监事会中的职工代表由公司职工通过职工代表大会、职工大会或者其他形式民主选举产生。

监事会设主席一人，可以设副主席。监事会主席和副主席由全体监事过半数选举产生。监事会主席召集和主持监事会会议；监事会主席不能履行职务或者不履行职务的，由监事会副主席召集和主持监事会会议；监事会副主席不能履行职务或者不履行职务的，由半数以上监事共同推举一名监事召集和主持监事会会议。董事、高级管理人员不得兼任监事。

2）监事会的职权及监事的任期

《公司法》第五十三条关于有限责任公司监事任期的规定，适用于股份有限公司监事。

4. 上市公司组织机构的特别规定

(1) 上市公司的概念

上市公司，是指其股票在证券交易所上市交易的股份有限公司。上市公司在一年内购买、出售重大资产或者担保金额超过公司资产总额百分之三十的，应当由股东大会作出决议，并经出席会议的股东所持表决权的三分之二以上通过。

(2) 上市公司组织机构的特别规定

上市公司设独立董事,具体办法由国务院规定。上市公司设董事会秘书,负责公司股东大会和董事会会议的筹备、文件保管以及公司股东资料的管理,办理信息披露事务等事宜。

上市公司董事与董事会会议决议事项所涉及的企业有关联关系的,不得对该项决议行使表决权,也不得代理其他董事行使表决权。该董事会会议由过半数的无关联关系董事出席即可举行,董事会会议所作决议须经无关联关系董事过半数通过。出席董事会的无关联关系董事人数不足三人的,应将该事项提交上市公司股东大会审议。

五、建设工程安全生产管理法规

(一)安全生产方针

《安全生产法》、《建筑法》、《建设工程安全生产管理条例》均规定了安全生产管理"坚持安全第一,预防为主的方针"。

所谓坚持安全第一、预防为主的方针,是指将建设工程安全管理放到第一位,采取有效措施控制不安全因素的发展与扩大,把可能发生的事故,消灭在萌芽状态。安全第一是从保护和发展生产力的角度,表明在生产范围内安全与生产的关系,肯定安全在建筑生产活动中的首要位置和重要性。预防为主是指在建筑生产活动中,针对建筑生产的特点,对生产要素采取管理措施,有效地控制不安全因素的发展与扩大,把可能发生的事故消灭在萌芽状态,以保证生产活动中人的安全与健康。

(二)工程安全管理基本制度

1. 安全生产责任制度

安全生产责任制度是建筑生产中最基本的安全管理制度,是所有安全规章制度的核心。安全生产责任制度是指将各种不同的安全责任落实到负责有安全管理责任的人员和具体岗位人员身上的一种制度。安全责任制的主要内容包括:

(1)从事建筑活动主体的负责人的责任制。比如,建筑施工企业的法定代表人要对本企业的安全负主要的安全责任。

(2)从事建筑活动主体的职能机构或职能处室负责人及其工作人员的安全生产责任制。比如,建筑企业根据需要设置的安全处室或者专职安全人员要对安全负责。

(3)岗位人员的安全生产责任制。岗位人员必须对安全负责。从事特种作业的安全人员必须进行培训,经过考试合格后方能上岗作业。

2. 群防群治制度

群防群治制度是职工群众进行预防和治理安全的一种制度。这一制度也是"安全第一、预防为主"的具体体现,同时也是群众路线在安全工作中的具体体现,是企业进行民主管理的重要内容。这一制度要求建筑企业职工在施工中应当遵守有关生产的法律、法规和建筑行业安全规章、规程,不得违章作业;对于危及生命安全和身体健康的行为有权提出批评、检举和控告。

3. 安全生产教育培训制度

安全生产教育培训制度是对广大建筑干部职工进行安全教育培训,提高安全意识,增加安全知识和技能的制度。安全生产,人人有责。只有通过对广大职工进行安全教育、培训,才能使广大职工真正认识到安全生产的重要性、必要性,才能使广大职工掌握更多更有效的安全生产的科学技术知识,牢固树立安全第一的思想,自觉遵守各项安全生产和规章制度。分析许多建筑安全事故,一个重要的原因就是有关人员安全意识不强,安全技能不够,这些都是没有搞好安全教育培训工作的后果。

4. 安全生产检查制度

安全生产检查制度是上级管理部门或企业自身对安全生产状况进行定期或不定期检查的制度。通过检查可以发现问题,查出隐患,从而采取有效措施,堵塞漏洞,把事故消灭在发生之前,做到防患于未然,是"预防为主"的具体体现。通过检查,还可总结出好的经验加以推广,为进一步搞好安全工作打下基础。安全检查制度是安全生产的保障。

5. 伤亡事故处理报告制度

施工中发生事故时,建筑企业应当采取紧急措施减少人员伤亡和事故损失,并按照国家有关规定及时向有关部门报告的制度。事故处理必须遵循一定的程序,做到三不放过(事故原因不清不放过、事故责任者和群众没有受到教育不放过、没有防范措施不放过)。通过对事故的严格处理,可以总结出教训,为制定规程、规章提供第一手素材,做到亡羊补牢。

6. 安全责任追究制度

《建筑法》第七章法律责任中,规定建设单位、设计单位、施工单位、监理单位,由于没有履行职责造成人员伤亡和事故损失的,视情节给予相应处理;情节严重的,责令停业整顿,降低资质等级或吊销资质证书;构成犯罪的,依法追究刑事责任。

(三)施工单位的安全责任

1. 施工单位应当具备的安全生产资质条件

《建设工程安全生产管理条例》第20条规定,施工单位从事建设工程的新建、扩建和拆除等活动,应当具备国家规定的注册资本、专业技术人员、技术装备和安全生产等条件,依法取得相应等级的资质证书,并在其资质等级许可的范围内承揽工程。

2. 施工总承包单位与分包单位安全责任的划分

《建设工程安全生产管理条例》第24条规定,建设工程实行施工总承包的,由总承包单位对施工现场的安全生产负总责。

(1)总承包单位应当自行完成建设工程主体结构的施工。

(2)总承包单位依法将建设工程分包给其他单位的,分包合同中应当明确各自的安全生产方面的权利、义务。总承包单位和分包单位对分包工程的安全生产承担连带责任。

(3)分包单位应当接受总承包单位的安全生产管理,分包单位不服从管理导致生产安全事故的,由分包单位承担主要责任。

3. 施工单位安全生产责任制度

《建设工程安全生产管理条例》第21条规定,施工单位主要负责人依法对本单位的安全生产工作全面负责。施工单位应当建立健全安全生产责任制度和安全生产教育培训制度,制定安全生产规章制度和操作规程,保证本单位安全生产条件所需资金的投入,对所承担建设工程进行定期和专项安全检查,并做好安全检查记录。

施工单位的项目负责人应当由取得相应执业资格的人员担任,对建设工程项目的安全施工负责,落实安全生产责任制度、安全生产规章制度和操作规程,确保安全生产费用的有效使用,并根据工程的特点组织制定安全施工措施,消除安全事故隐患,及时、如实报告生产安全事故。

4. 施工单位安全生产基本保障措施

(1) 安全生产费用应当专款专用。《建设工程安全生产管理条例》第22条规定，施工单位对列入建设工程概算的安全作业环境及安全施工措施所需费用，应当用于施工安全防护用具及设施的采购和更新、安全施工措施的落实、安全生产条件的改善，不得挪作他用。

(2) 安全生产管理机构及人员的设置。《建设工程安全生产管理条例》第23条规定，施工单位应当设立安全生产管理机构，配备专职安全生产管理人员。专职安全生产管理人员负责对安全生产进行现场监督检查。发现安全事故隐患，应当及时向项目负责人和安全生产管理机构报告；对违章指挥、违章操作的，应当立即制止。

(3) 编制安全技术措施及专项施工方案的规定。《建设工程安全生产管理条例》第26条规定，施工单位应当在施工组织设计中编制安全技术措施和施工现场临时用电方案，对下列达到一定规模的危险性较大的分部分项工程编制专项施工方案，并附具安全验算结果，经施工单位技术负责人、总监理工程师签字后实施，由专职安全生产管理人员进行现场监督：①基坑支护与降水工程；②土方开挖工程；③模板工程；④起重吊装工程；⑤脚手架工程；⑥拆除、爆破工程；⑦国务院建设行政主管部门或者其他有关部门规定的其他危险性较大的工程。对上述工程中涉及深基坑、地下暗挖工程、高大模板工程的专项施工方案，施工单位还应当组织专家进行论证、审查。施工单位还应当根据施工阶段和周围环境及季节、气候的变化，在施工现场采取相应的安全施工措施。施工现场暂时停止施工的，施工单位应当做好现场防护，所需费用由责任方承担，或按照合同约定执行。

(4) 对安全施工技术要求的交底。《建设工程安全生产管理条例》第27条规定，建设工程施工前，施工单位负责项目管理的技术人员应当对有关安全施工的技术要求向施工作业班组、作业人员做出详细说明，并由双方签字确认。

(5) 危险部位安全警示标志的设置。《建设工程安全生产管理条例》第28条第1款规定，施工单位应当在施工现场入口处、施工起重机械、临时用电设施、脚手架、出入通道口、楼梯口、电梯井口、孔洞口、桥梁口、隧道口、基坑边沿、爆破物及有害危险气体和液体存放处等危险部位，设置明显的安全警示标志。安全警示标志必须符合国家标准。

(6) 对施工现场生活区、作业环境的要求。《建设工程安全生产管理条例》第29条规定，施工单位应当将施工现场的办公、生活区与作业区分开设置，并保持安全距离；办公、生活区的选址应当符合安全性要求。职工的膳食、饮水、休息场所等应当符合卫生标准。施工单位不得在尚未竣工的建筑物内设置员工集体宿舍。

(7) 环境污染防护措施。《建设工程安全生产管理条例》第30条规定，施工但对因建设工程施工可能造成损害的毗邻建筑物、构筑物和地下管线等，应当采取专项保护措施。施工单位应当遵守有关环境保护法律、法规的规定，在施工现场采取措施，防止或减少粉尘、废气、废水、固体废物、噪声、振动和施工照明对人和环境的危害和污染。

(8) 消防安全保障措施。消防安全是建设工程安全生产管理的重要组成部分，是施工单位现场安全生产管理的工作重点之一。《建设工程安全生产管理条例》第31条规定，施工单位应当在施工现场建立消防安全责任制度，确定消防安全责任人，制定用火、用电、使用易燃易爆材料等各项消防安全管理制度和操作规程，设置消防通道、消防水源，配备消防设施和灭火器材,并在施工现场入口处设置明显标志。

(9)劳动安全管理规定。《建设工程安全生产管理条例》第32条规定,施工单位应当向作业人员提供安全防护用具和安全防护服装,并书面告知危险岗位的操作规程和违章操作的危害。作业人员有权对施工现场的作业条件、作业程序和作业方式中存在的安全问题提出批评、检举和控告,有权拒绝违章指挥和强令冒险作业。在施工中发生危及人身安全的紧急情况时,作业人员有权立即停止作业或者在采取必要的应急措施后撤离危险区域。第33条规定,作业人员应当遵守安全施工的强制性标准、规章制度和操作规程,正确使用安全防护用具、机械设备等。第38条规定,施工单位应当为施工现场从事危险作业的人员办理意外伤害保险。意外伤害保险费由施工单位支付。实行施工总承包的,由总承包单位支付意外伤害保险费。意外伤害保险期限自建设工程开工之日起至竣工验收合格止。

(10)安全防护用具及机械设备、施工机具的安全管理。《建设工程安全生产管理条例》第34条规定,施工单位采购、租赁的安全防护用具、机械设备、施工机具及配件,应当具有生产(制造)许可证、产品合格证,并在进入施工现场前进行查验。施工现场的安全防护用具、机械设备、施工机具及配件必须由专人管理,定期进行检查、维修和保养,建立相应的资料档案,并按照国家有关规定及时报废。《建设工程安全生产管理条例》第35条规定,施工单位在使用施工起重机械和整体提升脚手架、模板等自升式架设设施前,应当组织有关单位进行验收,也可以委托具有相应资质的检验检测机构进行验收;使用承租的机械设备和施工机具及配件的,由施工总承包单位、分包单位、出租单位和安装单位共同进行验收。验收合格的方可使用。

5. 安全教育培训制度

(1)特种作业人员培训和持证上岗。《建设工程安全生产管理条例》第25条规定,垂直运输机械作业人员、安装拆卸工、爆破作业人员、起重信号工、登高架设作业人员等特种作业人员,必须按照国家有关规定经过专门的安全作业培训,并取得特种作业操作资格证书后,方可上岗作业。

(2)安全管理人员和作业人员的安全教育培训和考核。《建设工程安全生产管理条例》第36条规定,施工单位的主要负责人、项目负责人、专职安全生产管理人员应当经建设行政主管部门或者其他有关部门考核合格后方可任职。施工单位应当对管理人员和作业人员每年至少进行一次安全生产教育培训,其教育培训情况记入个人工作档案。安全生产教育培训考核不合格的人员,不得上岗。

(3)作业人员进入新岗位、新工地或采用新技术时的上岗教育培训。《建设工程安全生产管理条例》第37条规定,作业人员进入新的岗位或者新的施工现场前,应当接受安全生产教育培训。未经教育培训或者教育培训考核不合格的人员,不得上岗作业。施工单位在采用新技术、新工艺、新设备、新材料时,应当对作业人员进行相应的安全生产教育培训。

六、建设工程质量管理法规

(一)工程质量监督管理制度

1. 工程质量监督管理部门

(1)建设行政主管部门及有关专业部门。我国实行国务院建设行政主管部门统一监督管理，各专业部门按照国务院确定的职责分别对其管理范围内的专业工程进行监督管理。根据国务院批准的"三定"方案的规定，建设部是负责全国建设行政管理的职能部门，铁路、交通、水利等有关部门分别对专业建设工程进行监督管理。县级以上人民政府建设行政主管部门在本行政区域内实行建设工程质量监督管理，专业部门按其职责对本专业建设工程质量实行监督管理。

(2) 工程质量监督机构。对建设工程质量进行监督管理的主要是各级政府建设行政主管部门和其他有关部门。但是，建设工程周期长，环节多，工程质量监督工作是一项专业性强且有十分复杂的工作，政府部门不可能有庞大的人员编制亲自进行日常检查工作，这就需要委托由政府认可的第三方，既具有独立法人资格的单位来代行工程质量监督职能。也就是说，建设工程质量的监督管理职责可以由建设行政主管部门或者其他有关部门委托的工程质量监督机构承担。工程质量监督机构是指经建设行政主管部门或其他有关部门考核，具有法人独立资格的单位。它受政府建设行政主管部门或有关专业部门的委托，对建设工程质量具体实施监督管理，并对委托的政府有关部门负责。

2. 工程竣工验收备案制度

该项制度是加强政府监督管理，防止不合格工程流向社会的一个重要手段。建设单位应当在工程竣工验收合格后的 15 日到县级以上人民政府建设行政主管部门或其他有关部门备案。建设单位办理工程竣工验收备案应提交以下材料：

(1) 工程竣工验收备案表；

(2) 工程竣工验收报告。竣工验收报告应当包括工程报建日期，施工许可证号，施工图设计文件审查意见，勘察、设计、施工、工程监理等单位分别签署的质量合格文件及验收人员签署的竣工验收原始文件，市政基础设施的有关质量检测和功能性试验资料以及备案机关认为需要提供的有关资料；

(3) 法律、行政法规规定应当由规划、公安消防、环保等部门出具的认可文件或者准许使用文件；

(4) 施工单位签署的工程质量保修书；

(5) 法规、规章规定必须提供的其他文件。

(6) 商品住宅还应当提交《住宅质量保证书》和《住宅使用说明书》。

建设行政主管部门或其他有关部门收到建设单位的竣工验收备案文件后，依据质量监督机构的监督报告，发现建设单位在竣工验收过程中有违反国家有关建设工程质量管理规定行为的，责令停止使用，重新组织竣工验收后，再办理竣工验收备案。建设单位有下列违法行为的，要按照有关规定予以行政处罚：①在工程竣工验收合格之日起 15 日内未办理工程竣工验收备案；②在重新组织竣工验收前擅自使用工程；③采用虚假证明文件办理竣工验收备案。

3. 工程质量事故报告制度

工程质量事故报告制度是《质量条例》确立的一项重要制度。建设工程发生质量事故后，有关单位应当在 24 小时内向当地建设行政主管部门和其他有关部门报告。对重大质量事故，事故发生地的建设行政主管部门和其他有关部门应当按照事故类别和等级向当地人民政府和上级建设行政主管部门和其他有关部门报告。

4. 工程质量检举、控告、投诉制度

《建筑法》与《建设工程质量管理条例》均明确，任何单位和个人对建设工程的质量事故、质量缺陷都有权检举、控告、投诉。工程质量检举、控告、投诉制度是为了更好地发挥群众监督和社会舆论监督的作用，是保证建设工程质量的一项有效措施。

（二）施工单位的质量责任和义务

施工阶段是建设工程实体质量的形成阶段，勘察、设计工作质量均要在这一阶段得以实现。施工单位是建设市场的重要责任主体之一，它的能力和行为对建设工程的施工质量起关键性作用。由于施工阶段涉及的责任主体多，生产环节多，时间长，影响质量稳定的因素多，协调管理难度较大，因此，施工阶段的质量责任制度显得尤为重要。

1. 施工单位应具有资质等级证书

施工单位应当依法取得相应资质等级的证书，并在其资质等级许可的范围内承揽工程。施工单位的资质等级，是施工单位建设业绩、人员素质、管理水平、资金数量、技术装备等综合能力的体现，反映了该施工单位从事某项施工工作的资格和能力，是国家对建筑市场准入管理的重要手段。

2. 施工单位不得转包或违法分包工程

（1）转包。转包的最主要特点是转包人只从受转包方收取管理费，而不对工程进行施工和管理。建设单位对受转包人的管理缺乏法律依据，受转包人的行为不受承包合同的约束。后者为了非法赢利，不择手段。

（2）违法分包。正常的总分包施工经营方式是建设活动自身的客观需要，但工程实践中，有许多违法分包的行为，表现在：①总承包单位将建设工程分包给不具备相应资质条件的单位；②建设工程总承包合同中未有约定，又未经建设单位认可，承包单位将其承包的部分工程交由其他单位完成；③施工总承包单位将建设工程主体结构的施工分包给其他单位；④分包单位将其承包的建设工程再分包。

3. 总承包单位与分包单位对分包工程的质量承担连带责任

对于实行工程施工总承包的，无论质量问题是由总承包单位造成的，还是由分包单位造成的，均由总承包单位负全面的质量责任。另一方面，总承包单位与分包单位对分包工程的质量承担连带责任。依据这种责任，对于分包工程发生的质量责任，建设单位或其他受害人既可以向分包单位请求赔偿全部损失，也可以向总承包单位请求赔偿损失。在总承包单位承担责任后，可以依法及分包合同的约定，向分包单位追偿。

4. 施工单位必须按图施工

施工单位必须按照工程设计图纸和施工技术标准施工，不得擅自修改工程设计，不得偷工减料。

5. 施工单位必须按要求对建筑材料进行检验

施工单位必须按照工程设计要求、施工技术标准和合同约定，对建筑材料、建筑构配件、设备和商品混凝土进行检验，未经检验或检验不合格的，不得使用。

6. 施工人员对涉及结构安全的有关材料应现场取样进行检测

施工人员对涉及结构安全的试块、试件以及有关材料，应在建设单位或工程监理单位监督下现场取样，并送具有相应资质等级的质量检测单位进行检测。

7. 建设工程实行质量保修制度，承包单位应履行保修义务

建设工程质量保修制度是指建设工程在办理竣工验收手续后，在规定的保修期限内，

因勘察、设计、施工、材料等原因造成的质量缺陷,应当由施工承包单位负责维修、返工或更换,由责任单位负责赔偿损失。建设工程实行质量保修制度是落实建设工程质量责任的重要措施。

(1) 建设工程承包单位在向建设单位提交竣工验收报告时,应当向建设单位出具质量保修书。质量保修书中应当明确建设工程的保修范围、保修期限和保修责任等。保修范围和正常使用条件下的最低保修期限为:①基础设施工程、房屋建筑的地基基础工程和主体结构工程,为设计文件规定的该工程的合理使用年限;②屋面防水工程、有防水要求的卫生间、房间和外墙面的防渗漏,为5年;③供热与供冷系统,为2个采暖期、供冷期;④电气管线、给排水管道、设备安装和装修工程,为2年。其他项目的保修期限由发包方与承包方约定。建设工程的保修期,自竣工验收合格之日起计算。因使用不当或者第三方造成的质量缺陷,以及不可抗力造成的质量缺陷,不属于法律规定的保修范围。

(2) 建设工程在保修范围和保修期限内发生质量问题的,施工单位应当履行保修义务,并对造成的损失承担赔偿责任。

(3) 对在保修期限内和保修范围内发生的质量问题,一般应先由建设单位组织勘察、设计、施工等单位分析质量问题的原因,确定维修方案,由施工单位负责维修。但当问题较严重复杂时,不管是什么原因造成的,只要是在保修范围内,均先由施工单位履行保修义务,不得推诿扯皮。对于保修费用,则由质量缺陷的责任方承担。

七、建设工程勘察设计法规

为了加强对建设工程勘察、设计活动的管理,保证建设工程勘察、设计质量,保护人民生命和财产安全,国务院制定的《建设工程勘察设计管理条例》。该条例从事建设工程勘察、设计活动,必须遵守的。

(一) 建设工程勘察设计概述

建设工程勘察,是指根据建设工程的要求,查明、分析、评价建设场地的地质地理环境特征和岩土工程条件,编制建设工程勘察文件的活动。

建设工程设计,是指根据建设工程的要求,对建设工程所需的技术、经济、资源、环境等条件进行综合分析、论证,编制建设工程设计文件的活动。

建设工程勘察、设计应当与社会、经济发展水平相适应,做到经济效益、社会效益和环境效益相统一。从事建设工程勘察、设计活动,应当坚持先勘察、后设计、再施工的原则。

国家鼓励在建设工程勘察、设计活动中采用先进技术、先进工艺、先进设备、新型材料和现代管理方法。

(二) 勘察设计的资质资格管理

1. 勘察设计单位的资质管理

国家对从事建设工程勘察、设计活动的单位,实行资质管理制度。具体办法由国务院建设行政主管部门商国务院有关部门制定。

建设工程勘察、设计单位应当在其资质等级许可的范围内承揽建设工程勘察、设计业务。禁止建设工程勘察、设计单位超越其资质等级许可的范围或者以其他建设工程勘察、设计单位的名义承揽建设工程勘察、设计业务。禁止建设工程勘察、设计单位允许其他单位或者个人以本单位的名义承揽建设工程勘察、设计业务。

2. 勘察设计从业人员的资格管理

国家对从事建设工程勘察、设计活动的专业技术人员,实行执业资格注册管理制度。未经注册的建设工程勘察、设计人员,不得以注册执业人员的名义从事建设工程勘察、设计活动。

建设工程勘察、设计注册执业人员和其他专业技术人员只能受聘于一个建设工程勘察、设计单位;未受聘于建设工程勘察、设计单位的,不得从事建设工程的勘察、设计活动。

建设工程勘察、设计单位资质证书和执业人员注册证书,由国务院建设行政主管部门统一制作。

(三)建设工程勘察设计发包与承包

建设工程勘察、设计发包依法实行招标发包或者直接发包。建设工程勘察、设计应当依照《中华人民共和国招标投标法》的规定,实行招标发包。

建设工程勘察、设计方案评标,应当以投标人的业绩、信誉和勘察、设计人员的能力以及勘察、设计方案的优劣为依据,进行综合评定。

建设工程勘察、设计的招标人应当在评标委员会推荐的候选方案中确定中标方案。但是,建设工程勘察、设计的招标人认为评标委员会推荐的候选方案不能最大限度满足招标文件规定的要求的,应当依法重新招标。

下列建设工程的勘察、设计,经有关主管部门批准,可以直接发包:

1. 采用特定的专利或者专有技术的;
2. 建筑艺术造型有特殊要求的;
3. 国务院规定的其他建设工程的勘察、设计。

发包方不得将建设工程勘察、设计业务发包给不具有相应勘察、设计资质等级的建设工程勘察、设计单位。

发包方可以将整个建设工程的勘察、设计发包给一个勘察、设计单位;也可以将建设工程的勘察、设计分别发包给几个勘察、设计单位。

除建设工程主体部分的勘察、设计外,经发包方书面同意,承包方可以将建设工程其他部分的勘察、设计再分包给其他具有相应资质等级的建设工程勘察、设计单位。

建设工程勘察、设计单位不得将所承揽的建设工程勘察、设计转包。

承包方必须在建设工程勘察、设计资质证书规定的资质等级和业务范围内承揽建设工程的勘察、设计业务。

建设工程勘察、设计的发包方与承包方,应当执行国家规定的建设工程勘察、设计程序。建设工程勘察、设计的发包方与承包方应当签订建设工程勘察、设计合同。建设工程勘察、设计发包方与承包方应当执行国家有关建设工程勘察费、设计费的管理规定。

(四)建设工程勘察设计文件的编制与实施

编制建设工程勘察、设计文件,应当以下列规定为依据:

1. 项目批准文件;
2. 城市规划;

3. 工程建设强制性标准；
4. 国家规定的建设工程勘察、设计深度要求。

编制建设工程勘察文件，应当真实、准确，满足建设工程规划、选址、设计、岩土治理和施工的需要。编制方案设计文件，应当满足编制初步设计文件和控制概算的需要。编制初步设计文件，应当满足编制施工招标文件、主要设备材料订货和编制施工图设计文件的需要。编制施工图设计文件，应当满足设备材料采购、非标准设备制作和施工的需要，并注明建设工程合理使用年限。

设计文件中选用的材料、构配件、设备，应当注明其规格、型号、性能等技术指标，其质量要求必须符合国家规定的标准。除有特殊要求的建筑材料、专用设备和工艺生产线等外，设计单位不得指定生产厂、供应商。

建设单位、施工单位、监理单位不得修改建设工程勘察、设计文件；确需修改建设工程勘察、设计文件的，应当由原建设工程勘察、设计单位修改。经原建设工程勘察、设计单位书面同意，建设单位也可以委托其他具有相应资质的建设工程勘察、设计单位修改。修改单位对修改的勘察、设计文件承担相应责任。施工单位、监理单位发现建设工程勘察、设计文件不符合工程建设强制性标准、合同约定的质量要求的，应当报告建设单位，建设单位有权要求建设工程勘察、设计单位对建设工程勘察、设计文件进行补充、修改。建设工程勘察、设计文件内容需要作重大修改的，建设单位应当报经原审批机关批准后，方可修改。

建设工程勘察、设计文件中规定采用的新技术、新材料，可能影响建设工程质量和安全，又没有国家技术标准的，应当由国家认可的检测机构进行试验、论证，出具检测报告，并经国务院有关部门或者省、自治区、直辖市人民政府有关部门组织的建设工程技术专家委员会审定后，方可使用。

建设工程勘察、设计单位应当在建设工程施工前，向施工单位和监理单位说明建设工程勘察、设计意图，解释建设工程勘察、设计文件。建设工程勘察、设计单位应当及时解决施工中出现的勘察、设计问题。

（五）监督管理

国务院建设行政主管部门对全国的建设工程勘察、设计活动实施统一监督管理。国务院铁路、交通、水利等有关部门按照国务院规定的职责分工，负责对全国的有关专业建设工程勘察、设计活动的监督管理。县级以上地方人民政府建设行政主管部门对本行政区域内的建设工程勘察、设计活动实施监督管理。县级以上地方人民政府交通、水利等有关部门在各自的职责范围内，负责对本行政区域内的有关专业建设工程勘察、设计活动的监督管理。

建设工程勘察、设计单位在建设工程勘察、设计资质证书规定的业务范围内跨部门、跨地区承揽勘察、设计业务的，有关地方人民政府及其所属部门不得设置障碍，不得违反国家规定收取任何费用。

县级以上人民政府建设行政主管部门或者交通、水利等有关部门应当对施工图设计文件中涉及公共利益、公众安全、工程建设强制性标准的内容进行审查。施工图设计文件未经审查批准的，不得使用。

任何单位和个人对建设工程勘察、设计活动中的违法行为都有权检举、控告、投诉。

八、建筑企业资质管理规定

建筑工程种类很多，不同的建筑工程，其建设规模和技术要求的复杂程度可能有很大的差别。而从事建筑活动的施工企业、勘察单位、设计单位和工程监理单位的情况也各有不同，有的资本雄厚，专业技术人员较多，有关技术装备齐全，有较强的经济和技术实力，而有的经济和技术实力则比较薄弱。为此，我国在对建筑活动的监督管理中，将从事建筑活动的单位按其具有的不同经济、技术条件，划分为不同的资质等级，并对不同的资质等级的单位所能从事的建筑活动范围做出了明确的规定。

（一）从业单位的条件

1. 有符合国家规定的注册资本

注册资本反映的是企业法人的财产权，也是判断企业经济力量的依据之一。从事经营活动的企业组织，都必须具备基本的责任能力，能够承担与其经营活动相适应的财产义务。这既是法律权利与义务相一致、利益与风险相一致的反映，也是保持债权人利益的需要。因此，建筑施工企业、勘察单位、设计单位和工程监理单位的注册资本必须适应从事建筑活动的需要，不得低于某限额。注册资本由国家规定，既可以由全国人大及其常委会通过制定法律来规定，也可以由国务院或国务院建设行政主管部门来规定。

建设部制定的《建筑业企业资质管理规定》(2001年4月18日)对各种类型和专业的建筑企业的注册资本的最低限额做出了明确规定，例如：

(1) 房建工程的要求是：特级企业注册资本金3亿元以上；一级企业注册资本金5000万元以上；二级企业注册资本金2000万元以上；三级企业注册资本金600万元以上。

(2) 公路工程的要求是：特级企业注册资本金3亿元以上；一级企业注册资本金6000万元以上；二级企业注册资本金3000万元以上；三级企业注册资本金1000万元以上。

2. 有法定执业资格的专业技术人员

由于建筑活动是一种专业性、技术性很强的活动，所以从事建筑活动的建筑施工企业、勘察单位、设计单位和工程监理单位必须有足够的与其从事的建筑活动相适应的具有法定执业资格的专业技术人员。如设计单位不仅要有建筑师，还需要有结构、水、暖、电等方面的工程师。建筑活动是一种涉及到公民生命和财产安全的一种特殊活动，因而从事建筑活动的专业技术人员，还必须有法定执业资格。

3. 有从事相关建筑活动所应有的技术装备

建筑活动具有专业性强、技术性强的特点，没有相应的技术装备无法进行。如从事建筑施工活动，必须有相应的施工机械设备与质量检验测试手段；从事勘察设计活动的建筑施工企业、勘察单位、设计单位和工程监理单位必须有从事相关建筑活动所应有的技术装备。没有相应技术装备的单位，不得从事建筑活动。

4. 法律、行政法规的其他条件

建筑施工企业、勘察单位、设计单位和工程监理单位，除了应具备以上三项条件外，还必须具备从事经营活动所应具备的其他条件。

（二）建筑业企业资质审查

建筑业企业是指从事土木工程、建筑工程、线路管道设备安装工程、装修工程等新建、扩建、改建活动的企业。

1. 建筑业企业资质分类及级别

建筑业企业资质分为施工总承包、专业承包和劳务分包三个序列。

(1) 获得施工总承包资质的企业，可以对工程实行施工总承包或者对主体工程实行施工承包。承担施工总承包的企业可以对所承接的工程全部自行施工，也可以将非主体工程或者劳务作业分包给具有相应专业承包资质或者劳务分包资质的其他建筑业企业。

(2) 获得专业承包资质的企业，可以承接施工总承包企业分包的专业工程或者建设单位按照规定发包的专业工程。专业承包企业可以对所承接的工程全部自行施工，也可以将劳务作业分包给具有相应劳务分包资质的劳务分包企业。

(3) 获得劳务分包资质的企业，可以承接施工总承包企业或者专业承包企业分包的劳务作业。

施工总承包资质、专业承包资质、劳务分包资质序列按照工程性质和技术特点分别划分为若干资质类别。各资质类别按照规定的条件划分为若干等级。建筑业企业资质等级标准由国务院建设行政主管部门会同国务院有关部门制定。例如，房屋建筑工程施工总承包企业资质分为特级、一级、二级、三级。

2. 建筑业企业的资质管理

(1) 建筑业企业资质申请。建筑业企业应当向企业注册所在地县级以上地方人民政府建设行政主管部门申请资质。中央管理的企业直接向国务院建设行政主管部门申请资质，其所属企业申请施工总承包特级、一级和专业承包一级资质的，由中央管理的企业向国务院建设行政主管部门申请，同时，向企业注册所在地省级建设行政主管部门备案。申请施工总承包资质的建筑业企业应当在总承包序列内选择一类资质作为本企业的主项资质，并可以在总承包序列内再申请其他类不高于企业主项资质级别的资质，也可以申请不高于企业主项资质级别的专业承包资质。施工总承包企业承担总承包项目范围内的专业工程可以不再申请相应专业承包资质。专业承包企业、劳务分包企业可以在本资质序列内申请类别相近的资质。

(2) 建筑业企业资质审批。施工总承包序列特级和一级企业、专业承包序列一级企业资质经省级建设行政主管部门审核同意后，由国务院建设行政主管部门审批；其中铁道、交通、水利、信息产业、民航等方面的建筑业企业资质，由省级建设行政主管部门商同级有关部门审核同意后，报国务院建设行政主管部门，经国务院有关部门初审同意后，由国务院建设行政主管部门审批。审核部门应当对建筑业企业的资质条件和申请资质提供的资料审查核实。施工总承包序列和专业承包序列二级及二级以下企业资质，由企业注册所在地省、自治区、直辖市人民政府建设行政主管部门审批；其中交通、水利、通信等方面的建筑业企业资质，由省、自治区、直辖市人民政府建设行政主管部门征得同级有关部门初审同意后审批。劳务分包序列企业资质由企业所在地省、自治区、直辖市人民政府建设行政主管部门审批。

(3) 建筑业企业资质审查。经审查合格的建筑业企业，由资质审批部门颁发相应资质等级的《建筑业企业资质等级证书》。新设立的建筑业企业，其资质等级按照最低等级核定，并设一年的暂定期。

(4) 建筑业企业资质年检。建设行政主管部门对建筑业企业资质实行年检制度。建筑业企业资质年检的内容是检查企业资质条件是否符合资质等级标准，是否存在质量、安全、市场行为等方面的违法违规行为。年检结论分为合格、基本合格、不合格三种。建筑业企业资质年检不合格或者连续两年基本合格的，建设行政主管部门应当重新核定其资质等级。新核定的资质等级应当低于原资质等级，达不到最低资质等级标准的，取消资质。建筑业企业连续三年年检合格，方可申请晋升上一个资质等级。建筑业企业资质升级，由企业在资质年检结束后两个月内提出申请，分批集中办理；建筑业企业资质其他变更事项，应当随时办理。

案 例 分 析

案例1

申请人：××建筑集团公司

被申请人：××跨国集团

（一）基本案情

××跨国集团作为业主与作为承包商的××建筑集团公司订立了一份施工总承包合同，就业主投资的某室内装修工程作了约定。该室内装修工程总承包面积9954m^2，以原报价单为基础，双方确认合同总价款为6771435美元。在施工过程中发生设计变更所引起的工程费用在工程决算中予以调整。装修工程完工后，承包商应提前通知业主并与业主指定的设计师及管理人员进行验收，经验收合格后由业主委任的设计师、管理人员签发验收证明书。如验收中发现施工安装质量部分未全达到合同规定的技术要求但又不影响使用的，由承包商提出书面承诺在保修期内按合同规定的技术要求加以改善后，业主发给承包商工程验收证明书。业主在合同生效后两个星期内付给承包商合同总价30%作预付款。半年保修期满后，业主付还承包商合同总价5%的工程保修金。合同签订后，乙方开始装修工程的施工。但装修完成后，双方因拖欠装修工程款的争议协商未果，乙方遂依合同约定争议条款向中国国际经济贸易仲裁委员会深圳分会申请仲裁，请求裁决甲方偿付工程尾款110000美元、工程保修金283777美元及两项欠款利息。

在仲裁庭审理期间，被申请人的主要答辩意见是：由于工程质量问题，双方曾口头协商不再付给申请人5%保修金，此外的工程款早已全部支付。装修工程进行到最后，经双方协商确定最后付款额为5651443美元。因被申请人通过申请人将43044077美元转交香港某公司用来购买装修材料，而该香港公司的法定代表人与申请人的法定代表人都是同一个人，被申请人有理由认为，该笔款项实际上是由申请人收取了，故应冲抵工程款，且余额应返还被申请人。对于申请人提交的工程竣工验收证书，被申请人提出没有其公章、未经总经理签字，是申请人单方面制造的。

（二）案件审理

仲裁庭审理查明：关于工程总价款问题，双方认可曾共同签字确认合同总价款由原来6771435美元降为5610099港美元，申请人交给被申请人的工程预（结）算表中，就增加工程及签证分项列价，标明新增工程价为56636美元。被申请人代表对部分单价做修改，并注明"实际数量及价格合理，应按我们改后之单价结算，实际为52057美元"。仲裁庭由此认定工程总价款为5662156美元。

关于工程验收问题，申请人在装修工程完工后，即会同被申请人指定的设计师及管理人员进行验收，并且设计师及管理人员向申请人签发了"工程竣工验收证书"。由此仲裁庭认为被申请人有关验收证书异议不成立。

关于5%保修金问题，在工程竣工后的保修期内，申请人按照被申请人在验收证书中所列的保修项目做了全面整改,被申请人对整改项目也有签字认可。仲裁庭认为,被申请人主张无事实依据,应按合同约定支付申请人 5%保修金及利息。关于工程尾款问题,根据被申请人已付数额,认定尚欠尾款为 110000 美元。对于多支付的 430440 美元,被申请人称双方均同意转交给某香港公司作为被申请人装修酒店购买装修材料的定金,被申请人同时承认申请人已将该定金汇给某香港公司。仲裁庭认为,香港公司和申请人是两个不同法人,被申请人不能以该两公司的法定代表人系同一人为由,而认为是申请人收取了定金,也不能以香港公司未履约为由,认为定金抵偿了工程款。最后仲裁委员会裁决被申请人偿付申请人工程尾款 110000 美元、保修金 283777 美元及两款相应利息。

(三) 案例评析

诉讼与仲裁,是解决合同争议的两个基本法律途径。仲裁一般以不公开审理为原则,有着很好的保密性,对当事人今后的商业机会影响较小。同时仲裁实行一裁终局制,有利于迅速解决纠纷,并且由于时间上的快捷性,费用相应节省,又无需多级审级收费,故仲裁收费总体来说要比诉讼低一些。相对诉讼而言,建筑企业可优先考虑通过仲裁解决拖欠工程款等工程合同纠纷。此外,由于仲裁员通常是具有行业背景的专家,在解决复杂的专业问题上更有权威,因此仲裁结果更能符合实际。

选择仲裁解决工程合同纠纷,应在合同中事先约定或在发生争议后各方对通过仲裁解决达成一致,这是仲裁协议成立的法律要件之一。我国一些直辖市、省、自治区人民政府所在地及其他设区的市设有仲裁委员会,受理国内仲裁案件。中国国际经济贸易仲裁委员会和中国海事仲裁委员会是我国两个常设涉外仲裁机构,前者受理涉及中国法人、自然人、其他经济组织利用外国的、国际组织的或香港、澳门特别行政区、台湾地区的资金、技术或服务进行项目融资、招标投标、工程建设等活动的争议以及其他涉外争议,后者受理的是涉外海事争议。

案例 2

原告:××建筑公司

被告:××房地产公司

(一) 基本案情

1997 年原告与被告签订建筑安装工程施工合同,约定由原告承包被告某项目一期和二期工程。一期工程如期于 1998 年 9 月竣工并交付使用。工程质量经建筑工程质量监督站评定为优良等级,后又经省建设厅评定为省优良样板工程。而此项工程,被告欠工程尾款 75 万元。二期工程由原告施工,工程进度按合同约定进行,至收尾阶段,被告欠工程尾款 560 万元。另按合同约定,被告还应付两项工程逾期付款违约金 46 万元,逾期付款利息 100 万元。被告拖欠巨额工程款,原告为维护企业的合法权益,在多次与被告交涉未果的情况下,于 1999 年诉至人民法院。

(二) 案件审理

法院审理过程中,被告对原告诉求无异议,但对一期工程延误 20 天的工期,要求原告承担违约责任。法院在审理中查明,原告施工期间,市防汛国道指挥部于 1998 年 8 月 1 日发布冻结全市所有建筑施工单位的砂石建筑材料,以备统一调用的 6 号令。直到 8 月 28 日此令才得以解除。延误工期 20 天系不可抗拒力造成,原告不承担责任。

1999 年 12 月法院对此案作出判决,就一期工程欠款判决被告偿付原告 75 万元,并付给原告垫付的案件受理费 49300 元。然而，判决下达后，被告既未在法定时限内提出上诉，判决生效后又不履行法律文书确定的还款义务。2000 年 11 月，法院裁定将被告二期工程 1~8 层和地下室赔偿给原告。

当法院下达 194 号《民事裁定书》后，某保险公司于 12 月 15 日向法院提出执行异议，声明二期工程由该公司全额出资兴建，拥有产权，并出示了一份实际上并未履行的所谓"联合开发"的合同，试图否定被告作为开发单位的身份。可是，在同年 12 月 12 日给原告的复函中则称该公司"已按合同向被告付款"，表明被告是开发单位。原来被告将未竣工在建项目二期卖给了保险公司，保险公司则在四层以上安排了员工居住。依据《建筑法》，未验收工程是不准使用的。但保险公司想为自身辩解。最终，市法院在 2001 年 4 月 12 日明确通知该公司，"你公司提出的执行异议不成立，现予以驳回。你公司应按我院 194 号裁定书履行。"

（三）案例分析

业主的不规范行为是造成建筑市场混乱的一个主要原因。在本案中，房地产开发商一方面拖欠巨额工程款，另一方面又将在建工程卖给他人，这种不规范行为应当受到法律的制裁。我国《建筑法》及《建设工程质量管理条例》均明确规定，建设工程未经竣工验收合格，不得交付使用。违反了这一强制定规定的交易行为是违法的。本案中，案外人某保险公司在无完备竣工验收手续的情况下购买楼盘，这种行为是不受法律保护的。法院根据《建筑法》的有关规定驳回保险公司的异议是正确的。

复习思考题

1. 建设工程活动中的证据有哪些特殊性？
2. 仲裁的特点是什么？
3. 我国诉讼法中关于管辖有哪些规定？
4. 我国诉讼法中关于财产保全有哪些规定？
5. 哪些情况可以提起行政诉讼。
6. 申请领取施工许可证应具备哪些条件？
7. 施工单位的安全生产管理责任是什么？
8. 施工单位的质量责任是什么？
9. 建筑行业从业单位的条件是什么？

参考文献

[1] 王天翊. 建筑法案例精析. 北京：人民法院出版社，1999
[2] 闫铁流，张桂芹. 建筑法条文释义. 北京：人民法院出版社，1998
[3] 何佰洲. 建设法概论. 北京：中国建筑工业出版社，2000
[4] 全国一级建造师执业资格考试用书编写委员会. 建设工程法规及相关知识. 北京：中国建筑工业出版社，2004
[5] 何佰洲. 工程建设法规与案例. 北京：中国建筑工业出版社，2004

第二十一章 建筑企业国际工程承包

第一节 建筑企业国际市场的开拓

改革开放以来，我国经济在快速发展的同时，也在经济全球化的影响下，逐步融入了国际经济的大市场，建筑业则是最早受到国际惯例冲击的行业之一。1982年鲁布革水电站引水隧道工程的国际招标，可以看成是一个转折点。加入世界贸易组织以后，我国建筑市场将逐步对国外承包商和咨询机构全面开放，更对我国建筑企业提出了紧迫的时间要求。因此，了解世界贸易组织的基本规则，把握国际建筑市场的发展特点，采取措施，积极参与国际工程承包市场的竞争，已成为我国建筑企业发展的必然趋势。

一、我国建筑业对国际工程承包市场的开拓

改革开放初期，根据中央统一部署，建设部等四部委分别组建了中国建筑工程公司、中国公路桥梁工程公司、中国土木工程公司、中国成套设备出口公司等四家公司，率先开展对外承包工程和劳务合作业务。到2001年底，我国累计在全球180多个国家和地区签订对外承包工程(包括设计咨询)合同22000多份，合同总额约997亿美元，完成营业额约715亿美元；承包工程累计带动国产机电产品和成套设备材料出口60亿美元。1979～2003年间，我国对外承包工程(包括设计咨询)年合同额从0.3亿美元增加到138.4亿美元，年均增长率达到31%；1989～2003年间，对外新签合同额从22.12亿美元增长到138.4亿美元，年均增长率高达17%以上。我国对外承包工程无论是合同额还是营业额的增长速度都大大高于同期我国对外贸易的增长速度和GDP增速。

从区域分布看，亚洲一直是我国最大的市场，营业额一度占到总营业额的80%，后来虽然有所下降，1998年仍占将近60%。非洲是我国对外承包工程的第二大市场，1998年营业额占19.4%。与此同时，我国提出市场多元化战略，在非洲、拉丁美洲、大洋洲以及欧洲的一部分国家，都取得了很大的突破。

从行业分布来看，我国对外承包的领域包括：住宅、石化、交通、制造业、给排水、水利电力等，涉及国际承包市场的多个领域。其主要市场则在土木工程(Civil Engineering)，一直是我国对外工程承包的核心。

我国对外工程承包的企业群体也在不断壮大。20世纪70年代末期，我国进入国际工程承包市场的企业只有4家，到2000年底有资格开展对外承包工程的劳务合作的公司已达1800多家。另外，中介服务机构的作用也在不断加大，使这项事业有了新的发展。从1998年开始，我国已经进入世界对外工程承包的10强，1999年开始超过韩国。1984年进入全球225家最大国际承包公司排行的我国企业只有1家，1995年有23家公司被列入225家国际大承包商之中，2003年则上升到了47家；另有11家我国企业进入了200家最

大国际设计公司名录。

我国加入世界贸易组织、全面融入经济全球化是大势所趋。按照经合组织（OECD）的定义，经济全球化是指"在货物及劳务贸易、资本流动和技术转移与扩散基础上，不同国家市场和生产之间的依赖程度不断加深的动态过程"，也即生产要素在全球范围内的广泛流动，以实现资源最佳配置的过程。经济全球化还可理解成"商品、服务、生产要素与信息的跨国界流动的规模与形式不断增加，通过国际分工，在世界市场范围内提高资源配置效率，从而使各国间经济相互依赖程度日益加深的趋势"。可见，经济全球化是一种趋势和过程，这种趋势主要是以投资全球化、贸易全球化、金融全球化和生产消费的全球化等为基础内容的。全球化趋势不仅体现经济活动在地理空间上突破国家的界限，而且更重要的是表现为国际经济活动的功能一体化过程，意味着经济行为在地理空间上更广范围的扩展。

在经济全球化条件下，一国的经济建设和发展只有融入国际分工体系、参与全球竞争，才能取得更大的成功。尤其是在全球货物贸易增长的同时，服务贸易的增长速度也很快，按照世界贸易组织的划分，建筑业属于服务贸易的范畴，全球服务现在达到了1.3万亿美元的规模。这是一个非常庞大的市场，我国企业必须积极参与。对此，我国有关部门自2000年以来颁布了一系列的政策法规，以促进并规范我国企业开拓国际工程承包市场。如：

《中国对外承包工程和劳务合作行业规范》（对外贸易经济合作部办公厅转发外经贸合[2000]第5号）；

《关于利用出口信贷开展对外承包工程和成套设备出口实行资格审定的通知》（外经贸部、中国人民银行外经贸政发[2000]第30号）；

《关于印发〈关于对外承包工程项目项下出口设备材料的工作规程〉的通知》（外经贸部、海关总署外经贸合发[2001]第579号）；

《关于印发〈对外承包工程项目投标（议标）许可暂行办法〉补充规定的通知》（对外贸易经济合作部、中国人民银行、财政部外经贸合发[2001]第285号）；

《关于部分调整对外承包工程、劳务合作经营资格条件的通知》（对外贸易经济合作部办公厅外经贸发展字[2001]第735号）；

《关于做好2002年对外承包工程项目贷款财政贴息工作的通知》（财政部、外经贸部财企[2002]第458号）；

《关于对外承包工程质量安全问题处理的有关规定》（外经贸部、建设部2002年11月15日）。

尤其是2002年12月1日正式施行的《外商投资建筑业企业管理规定》，一方面体现了我国加入世界贸易组织在建筑业方面的全面承诺；另一方面则是要通过外资的引进，来提高我国企业的技术开发与应用能力以及国际市场的开拓与管理能力。

二、我国建筑企业面临的机遇和挑战

我国建筑企业参与国际市场竞争，毕竟和原来的国内市场不同。经济全球化和世界贸易组织的存在，对国际市场环境提出了要求，其中最基本的是自由化和标准化。自由化，即投资和贸易自由化，增强市场准入的力度，减少对市场准入的障碍，包括关税和非关税障碍,这是一个普遍的趋势;标准化,首先是技术措施问题,就是国际贸易和投资要通过量化的一些技术指标来完善自由化,要用技术、质量、标准来规范市场的开放,规范国际贸易和投资。

技术措施建立的核心是国际贸易不应对环境、动物、植物和人类的生命健康造成危害,这是它的基本出发点。与其相关的就是环保问题、安全问题。今后人们越来越珍惜自己的健康和生命,越来越重视周围的环境,这是一个基本趋势。其次是技术标准问题。服务贸易是服务业里面的一个重要门类,服务业在市场准则中跟货物贸易的一个重要区别,就是对于服务的提供者和服务产品要给予同样的国民待遇,即服务贸易不仅要给服务的产品同样的待遇、不应受到歧视,而且还要给服务的提供者给予同样的待遇。所以,对于服务业的要求、对于服务企业的要求、对施工过程的要求,以及对建筑业产品的要求都很严格。尤其是现在国际建筑业的标准化中,英国标准和美国标准还是主流,我国建筑企业要进入国际工程承包市场,必须要用他们的标准,这对我国一些企业来说还有相当的难度。

所以,加入世界贸易组织,一方面为我国建筑企业创造了新的机遇;另一方面也使我国建筑企业面临着新的冲击和挑战。

(一)我国建筑企业面临的机遇

加入世界贸易组织,对我国建筑企业而言,其最大的机遇是国际市场更加开放,企业的商业机会增加。经济全球化,必须实现市场换市场,这就是世界贸易组织的互惠对等原则。我国开放建筑市场,国外企业能够进入我国市场开展竞争;同时,我国建筑企业也能进入国外市场进行竞争。

(1)我国建筑企业经过多年改革开放的发展和竞争的锻炼,在服务贸易中市场换市场的胜数可能要比货物贸易中达到的目标更大些。对我国企业而言,这是加入世界贸易组织最根本的问题。

(2)能扩大利用外资。我国是一个资本短缺的国家,尤其是外汇资本更加紧缺,必须靠利用外资来发展我们自己。

(3)引进新的技术。以前很多发达国家对我国有技术出口限制,加入世界贸易组织之后,这方面会宽松一些。

(4)有利于我国企业学习国外建筑企业的先进管理模式和经验,扩展我国企业参与国际竞争的视野。

总之,从长期来看,加入世界贸易组织对我国建筑企业有很大利益。它将使我国在更广泛的范围内融入世界经济体系,使我国的投资环境和市场前景对外资更具吸引力,使国民经济的发展步伐加快,为国内建筑业的发展提供更大的空间。加入世界贸易组织,将促使国际承包商的先进管理理念和先进应用技术进入我国市场,对我国建筑企业会起到一定的示范带动作用,这不仅会促进国内建筑业整体水平的提高,而且会加快国内建筑企业走向国际市场的步伐。

(二)我国企业面临的挑战

有机遇也会有冲突和挑战,而且从某种意义上说,挑战甚至大于机遇。

(1)工程项目的规模越来越大,这样一方面国际工程承包市场发包的大型、超大型项目不断增加,另一方面业主也越来越希望控制成本。以前,业主为了使更多的承包商来竞争投标，常把大项目分解成若干小项目，以便从承包商的竞争中获取利益。但由此也产生了不少问题，在把一个大项目分解成若干小项目后，如果其中某一环节出现问题，则可能影响到整个工程计划。因此，近年来大项目的业主更愿意找一个工程管理公司作为总承包，再由工程管理公司向若干个施工企业发包工程。这样，业主既能大大节省成本，工程质量和效益也有了更大的保证，当然对承包商的要求也提高了。

（2）建筑行业的科技投入力度不断加大。为了提高自身竞争力，国外建筑业正向智力密集型方向发展。例如，一个6000名员工的企业，技术人员占了4700人，管理人员和其他文职人员加上后勤人员总共才1300人。除一部分技术人员到工地上做工程师外，将近一半的技术人员在研发中心从事新的施工工艺、建筑设备和新型建筑材料的研究、开发和设计。正是这种积极的科技投入，使发达国家建筑企业的科技能力以及由此产生的效益不断提高。据测算，发达国家建筑业技术装备人均约为6000美元，建筑业技术进步在经济增长中的作用为70%~80%。比较之下，我国多数企业还是劳动密集型，技术装备人均约为6000元人民币，相差8倍多。建筑业技术进步在经济增长中的作用也只有25%~30%。

（3）国际工程承包市场的分工体系已经形成。通过对国际工程承包市场的份额和产业分工的格局分析可以发现，在很多项目中，工程管理公司是美国的，工程设计公司是欧美的，国际设备采购是日本和德国的，余下的其他国家则主要是在土建领域。虽然土建是我国企业的优势，但从今后更大的发展来看，我国企业应努力扩展自己的承包内容，向更高附加值的领域升级。

（4）国际项目采购方式不断发展，新的发承包方式不断产生。原来国际工程分包较多，特别是土建部分，基本都是分包方式。随着国际建筑业的发展，近年来不断有新的项目采购方式出现，如总承包交钥匙方式、CM模式、BOT模式等。新的发承包模式也使企业的组织形式发生了变化，企业间通过合作和兼并，大型的承包商集团或承包商联合体不断诞生，竞争实力也不断增强。

（5）市场竞争日趋激烈。由于国际工程承包的综合性，其市场竞争也是多方面的，包括：科技、人才、管理、设计、施工等诸多内容。对我国企业而言，国外企业具有较强的融资能力和较高的技术装备水平，经营范围广，经营机制灵活，可以提供项目前期、勘察设计、设备采购、工程施工、经营管理等多方面的服务。因此我国建筑企业进入国际工程承包市场，必然面临激烈的竞争。

（三）我国建筑企业在国际承包市场上的差距

（1）市场占有率低。我国是一个建筑大国，拥有4000万职工队伍，数百万工程技术人员和1000多家对外承包企业。但在2001年全球最大的225家国际承包商中，我国入选的企业虽然在数量上仅排在美国之后，列世界第二位，但平均每家企业完成营业额仅1.4亿美元，远远低于225家公司4.7亿美元的平均营业额。我国排名最前的中国建筑工程总公司完成营业额10.9亿美元，只是排名第一的瑞典斯堪斯卡公司121.5亿美元营业额的9%。此外，即使入选的40家中国公司的营业额加起来也不到后者的1/2。

（2）总承包能力较弱。目前国际上工程项目总承包模式发展很快，如施工总承包模式、施工联合体模式、CM模式、BOT模式等，这些总承包模式大多具备设计、施工一体化的特点。而我国建筑企业很多还是分包，即使总承包也多是施工总承包管理，主要集中在土木工程施工。这既有不熟悉其他总承包模式的原因，但更多的还是企业能力与实力的不足。

(3) 工程项目管理水平低，经济效益不理想。与国际大型工程公司相比，我国企业在设计、施工等方面经营品种单一，功能不全，一直未摆脱自成体系、各自封闭、追求小而全模式的现象，结果造成相互间的技术基础工作、技术装备、人才培训等方面的重复建设。这种不规范的竞争，既可能使已有的优势化整为零，而且也会影响我国企业在国外的发展。

(4) 资金缺乏，融资能力差。资金不足已成为我国建筑企业对外发展的严重阻碍，除自有资金缺乏外，主要是企业融资困难。一是保函不好开，国内银行对保函往往要求全额担保，企业无法满足，因而也很难拿到保函；二是流动资金贷款困难，制约了企业对外承包的能力。目前国际工程项目带资承包的比重越来越大，没有强大的金融服务作为后盾，很难在国际承包市场上立足。流动资金贷款困难无形中成了企业开拓对外承包的一个障碍。

(5) 国际工程管理人才缺乏。尽管经过多年的发展，我国已培养了一大批从事对外工程承包的业务骨干，但是仍然赶不上业务发展的需要，精通国际工程的专业技术人员、商务人才、法律人才、财务人员等各方面的人才都面临短缺，特别是懂外语、通商务、懂技术、会管理的复合型人才更是紧缺。

(6) 竞争力不强，收入较低。在美国《工程新闻纪录》(Engineering News Record,简称 ENR)杂志(注：全球最权威的国际工程市场分析期刊)2003 年公布的全球最大工程承包商和国际承包商中，都有我国企业入选，但收入比率较低。如中国和日本入选全球最大工程承包企业均为 18 家，都占入选总数 8.0%，但中国企业收入占所有公司的比例为 8.6%，日本企业则为 21.7%；在全球最大国际承包商中，中国有 43 家，占入选公司总数的比例为 19.0%，收入比例只有 6.1%；日本有 18 家，占入选公司总数的比例为 8.0%，收入比例却为 9.2%；美国有 76 家，占入选公司总数的比例为 33.6%，收入比例则为 16.2%。这些比较反映了我国企业的竞争力还比较弱。

(四) 我国建筑企业参与国际市场竞争面临的困难

由于上述挑战和差距，我国建筑企业走出去参与国际工程承包市场的竞争，会遇到较多困难。概括来讲，有以下几个方面：

(1) 发达国家市场本身形成的运行机制对国外承包商的约束，增加了我国建筑企业进入发达国家市场的难度。

(2) 我国很多企业由于自身实力较弱，在激烈的国际市场竞争中开始可能会感到力不从心。

(3) 在标准化问题上面临市场准入的障碍和技术壁垒。

(4) 价格竞争反倾销问题，要求我国建筑企业规范市场竞争行为。

(5) 资金问题，要求我国建筑企业发展融资能力。

三、我国建筑企业参与国际工程承包市场竞争的对策

我国建筑企业参与国际工程承包市场的竞争，应该发挥三个方面的积极性：第一，政府部门应通过完善法规与政策体系，加大支持对外承包发展的力度；第二，建筑业协会、商会应加强对企业的协调和指导服务，使我国企业在对外承包中能够发挥整合优势；第

三,企业必须提升竞争能力,大力开拓国际工程承包市场。在这三个方面中,关键还是企业自身的努力,为此应采取以下几个方面对策。

(一)要从全球经济结构调整和产业分工格局中寻求商业机会

(1)从国际工程承包市场行业结构中寻求商业机会。目前国际工程承包市场中最重要的还是土建工程,其次是制造业,交通运输业占第三,还有电力、水利等。在全球国际工程承包市场的十大行业里,我国企业已有自己的优势。因此,如何发挥优势,挤进国际工程承包市场的产业链,是值得思考的问题。

(2)要分析全球的经济结构、市场结构与地区市场的影响。例如,目前全球电信市场在急剧膨胀,发展中国家基础设施落后的一个重要方面是在电信业上,帮助他们发展电信业就是一个很大的市场机会。很多发展中国家电力短缺,这些国家的经济发展、产业升级都需要充足的电力供应,帮助他们发展电力也是一种市场机会。在这方面竞争市场是必要的,同时也要注意培育市场,通过帮助这些国家发展电信业和电力,就能逐步培育出以我国企业占主导地位的市场。

(二)加大科技进步力度,增强企业竞争能力,尤其是核心竞争力

(1)技术创新是企业生存发展的紧迫要求,也是迎接世界贸易组织挑战的根本。企业间的竞争实质是知识、技术和人才的竞争,因此在提高企业素质的同时,必须加强科技创新,不断提高产品的科技含量和附加值。

(2)科技创新要跟上国际建筑科技发展的基本趋势。如生态学原理不断介入建筑领域,高技术成果在建设工程和管理中的广泛应用,包括CAD/CAM在工程建设中的应用,使建筑生产综合信息化,建筑机械机电一体化和机器人的开发应用,智能建筑不断发展,新型材料不断产生等;城市地下空间的利用受到很大重视,城市基础设施地下化将是一个重要趋势,资源利用问题日益突出等。

(3)技术创新要同企业的战略定位、制度创新等结合在一起,应选择本企业最熟悉的领域,结合自己的资源优势和赢利前景,根据开拓建筑市场的需要来掌握关键技术,为企业取得更多的市场份额提供技术支撑。

(4)要围绕缩短工期、提高质量、降低成本,在吸取同行业先进经验、先进技术的基础上,形成本企业的核心能力、核心业务。

(5)要在注重技术创新的人才培养和信息储备的同时,加强合作与互助,尤其要加强与高等院校、科研机构和大企业的合作,通过借鉴和利用外部的各种科技、经济资源来增强自身的创新能力。

(三)开展联合,实现优势互补

国际工程承包市场既是一个规范的市场,又是一个风险较大的市场。我国建筑企业要进入国际工程承包市场,所面临的对手实力更强,竞争将会更激烈,遇到的风险也将更大。因此,为增强自身实力,减少风险,与其他企业进行联合是一个应该考虑的对策。尤其是为了在国际工程承包市场中占有一个相当的地位,加强与国际大建筑公司的合作更是一个应重视的切入点。例如,上海建工(集团)总公司在2000年为争夺中国驻新加坡大使馆新建项目的合同(2.5亿元人民币),与当地较有实力的一家公司组成联合投标体,经过与日本、韩国等国的大公司竞标,最终联合体中标取得了这一项目的总承包权。

国内企业与国际上大公司进行联合,将有利于学习国际上先进的工程管理方法,提高设计、施工、管理和服务水平,也能使企业增强竞争意识、合理索赔意识,为今后提高企业在国际工程承包市场上的竞争力奠定良好基础。

(四) 增强企业在国际工程承包市场中的适应能力

学习有关国际规则和惯例,增强企业在国际工程承包市场中的应对和适应能力。要尽快熟悉世界贸易组织的有关规定,切实遵守并灵活运用。真正学习世界贸易组织的结构、基本原则、贸易法规以及我国政府为"入世"所做的承诺,结合我国建筑企业实际,研究制定"入世"后的发展战略,学会按照世界贸易组织的运行规则去运作,不仅可使自己向国际水平看齐,而且还可以避免因对国际惯例不熟悉而遭受不必要的损失。

应尽快熟悉国际市场的竞争规则和行业准则,争取早日获得国际竞争的能力和资格。在世界贸易组织框架下,市场是开放的,在国外企业进入我国市场的同时,我国企业也能更容易地进入国际市场。一般而言,我国劳动力资源丰富,价格便宜,在国际劳务市场上具有比较大的优势,工程建设服务也一直是我国在服务贸易项目中竞争力最强的部门之一。加入世界贸易组织后,我国可以根据协定享受他国的无条件最惠国待遇,我国企业的竞争条件将得以改善。因此,只要我国企业能按照世界贸易组织的规则和国际市场的竞争规则和行业准则去运作,就有更大的可能去获得新的机遇。

(五) 加强与金融机构和政府有关部门的合作,提高企业融资能力

融资能力是建筑企业经营能力的重要体现。在国际工程承包市场上,一个施工企业要想争取到合同,就必须具备较强的融资能力,以充足的资金作为后盾。在我国企业对外承包中,资金始终是个大问题,据有关部门2001年估计,如果我国对外承包企业的资金能够解决,对外工程承包的规模至少可以翻一番。因此,我国建筑企业要开拓国际市场,必须尽快提高自身的融资能力。

发展企业的融资能力,应加强企业与金融机构的联系,实现银企合作,减少企业负担。另外,政府部门也可采取一定措施,为企业提供资金支持。在世界贸易组织现在的发展中,政府部门出台支持对外工程承包的金融服务体系和社会服务体系越来越完善,构成国际工程承包市场发展中的一个重要方面。我国应该借鉴国际上的一些有益做法。

(六) 强化风险管理,减少企业在国际市场上的经营风险

要构筑以风险管理为基础的战略管理体系,减少战略管理的自身风险。市场的风险时刻与机遇相伴随,企业的经营开拓在获取巨大效益的同时,也必然会面临相应的风险,包括:政治风险、经济风险、技术风险、管理风险、商务风险。围绕经营目标所开展的各项经营必须是以预防风险、消除隐患为基础的系统性活动,而且这种活动必然是在企业的战略管理中得到有机结合,才能达到企业生存和发展的目的。因此,应该从战略管理上明确风险意识,确立风险管理的重要地位。

明确风险管理的基本过程,采取适当措施预防或减少风险:一是投标阶段。在投标阶段应该对所有可能出现的风险因素进行深入分析和探讨,尽可能找出潜在的风险因素,明确各项风险因素的加权值,为投标决策和投标报价提供依据,并制定相应的防范措施;二是合同实施阶段。项目经理和有关人员要经常对投标时开列的风险因素进行分析,特别是对权数较大、发生可能性大的因素更要注意,以主动防范风险的发生。

同时要注意研究投标时未估计到的风险，及时采取措施免受其害；三是合同实施结束阶段。要专门对风险问题进行评估总结，以便不断提高公司风险分析和防范的水平。

第二节　国际工程承包

一、国际工程承包的概念

工程承包是指按照合同规定的条件，当事人一方为他方完成一定的工程内容和数量，并取得相应报酬的一种经济行为。

国际工程是指一个工程项目从咨询、投资、招标、投标、施工到监理各环节，有两个及两个以上国家的单位和人员参加，并且按照国际上通用的工程项目管理模式进行管理的工程。

国际工程承包则是指一国的承包商，在国际工程承包市场上通过投标或其他协商方式，接受业主提出的建设工程项目的要求与条件，承担该工程项目的建设任务，并取得一定报酬的一种劳务合作活动。

国际承包的工程既包括我国在国外投资的工程，我国的咨询和建筑企业去国外参与咨询、监理和承包的工程，也包括外国参与投资、咨询、承包(或分包)、监理的我国国内工程(国内一般称为"涉外工程"或"外资工程")。

由于国际工程承包中不止一个国家的单位和人员参加，因此它实际上是一种国际合作项目，亦是国际间经济往来的一种重要形式。国际间经济往来可分成三种基本形式：一种形式是国际贸易，主要指各国之间的商品交易和流通，它是国际经济往来的基本形式。通过国际贸易，各国之间能互通有无，资源互补，有利于国际分工与合作的发展。第二种形式是国际金融与货币合作，包括各种形式的投资、融资、借贷和国际金融期货的贸易。通过国际资金的流动，有利于促进生产要素的流动和重组，推动各国经济的发展。第三种形式是国际生产和劳务合作，包括合作生产、合资经营、合资开发、国际劳务合作与承包等。通过这些合作，能有效地实现优势互补，加强各国之间经济活动的联系与协作。其中，国际工程承包是集劳务出口、技术转让与生产合作为一体的综合性合作形式。

二、国际工程承包的内容

生产活动离不开各类工程，因此国际工程承包范围广阔。例如，美国《工程新闻纪录》(ENR)将国际承包工程按专业分为10类：民用建筑、制造、电力、水利、排污、工业、石化、交通、有害物处理及通信。如从工程特点划分，则有包括水利、大坝、公路、铁路、桥梁、港口、机场、供水和供电等各类工程的基础设施和土木工程；包括石油、煤炭、天然气的开发和开采等资源开发工程；矿山、冶炼工厂、化肥厂等工程建设项目；包括机械、纺织、纸张等各类项目建设等的制造业工程。

所有这些建设项目都是以工程为主体，结合设计、施工、技术转让、劳务提供等多种内容，因此国际工程承包的内容是多种多样的。概括起来，大致有以下6个方面：(1)工程设计；(2)提供技术或技术服务；(3)材料、设备或零配件供应；(4)工程施工；(5)劳务承包；(6)项目管理。

三、国际工程承包的方式

国际工程承包可按照不同标准划分成多种方式。

(一) 按照建设项目的承包内容和不同阶段划分

(1) 交钥匙工程承包。也称为"一揽子"承包。一般是由业主提出项目使用要求和竣工期限,承包商则对项目的可行性研究、勘察、设计、设备选购、材料订货、工程施工、试运行、生产人员培训等所有阶段和内容全面负责,直至项目交付使用为止。交钥匙承包的优点是业主可以预期接受完整的、可立即投入使用的工程,减少了工程分阶段发包的费用,缩短工程周期,便于项目迅速投入使用。同时,由于只有一个承包单位,减少了环节,责任明确,相应也减少了工程协调的难度和纠纷,但是交钥匙承包合同对承包商的要求也较高。

(2) 工程设计承包。即只承接工程勘察设计阶段的有关任务,如提供工程设计方案、施工图纸和设计预算等,不承担施工营建和其他有关工程的项目。因此它是一种以技术贸易和技术合作为主的承包方式,任务较为单纯。

(3) 工程施工承包。即承接工程建设施工阶段的任务(如土建工程),按照业主提供的设计图纸进行施工营建。施工承包的金额较大,且能带动材料、设备、劳务以及生活物资出口,长期以来一直是我国对外承包的主要方式。

(二) 按照承包工程的范围划分

(1) 工程总承包。即建设项目的全部工作都由一个承包商负责组织完成。承包商可以是自己完成全部工作任务,也可以将其中某些任务交由专业公司完成。业主和承包商签订合同,只和承包商发生关系。工程总承包又分设计—建造工程总承包、设计—采购—施工工程总承包、设计总承包、交钥匙总承包和施工总承包等具体形式。

(2) 分包。即在承包商和业主签订的承包合同中,分出部分任务交由专业公司承包完成。分包商和总承包商(Main Contractor)签订分包合同(Sub-Contract),直接对承包商负责,而不和业主直接发生关系。

(3) 劳务承包。承包商只提供劳务,不提供机械、设备的承包方式。劳务承包又分为三种方式:①包工不包料,即只负责提供工程所需的劳务,不提供材料、设备和施工机械(或只提供少量材料)。这种承包方式较为简单,责任小,一般多为转包形式。②成建制劳务合作,即承包商根据工程需要提供各种不同工种的工人,并配备以相应数量的技术、管理和服务人员,以成建制的方式同业主或总承包人签订劳务合同,按合同规定完成承包任务。这种承包方式由于建制完整合理,有利于施工过程中的分工合作和综合管理,因而在国际上较受欢迎。③按工日计算制劳务合作,这是一种纯粹提供劳力由雇主或承包人直接管理的劳务合作,一般适用于零星修理项目或雇用普通工人。

(4) 监理承包。分为设计监理和施工监理。多数情况下是施工监理,其职责主要是:监督管理施工承包商按照设计要求的标准、操作规程等进行施工,并满足进度要求;对施工现场的各项活动进行协调;同时负责材料等物资的管理,有时还要提供试车服务。

(5) 项目管理承包(Project Management Contractor,简称 PMC)。项目管理承包是指项目管理承包商代表业主对工程项目进行全过程、全方位的项目管理,包括进行工程的整体规划、项目定义、工程招标、选择承包商,并对设计、采购、施工过程进行全面管理。

PMC承包商一般不直接参与项目的设计、采购、施工和试运行等阶段的具体工作。对大型项目而言，由于项目组织比较复杂，技术、管理难度较大，需要整体协调的工作较多，业主往往都选择PMC承包商进行项目管理承包。作为PMC承包商，一般都较注重根据自身经验，以系统与组织运作的手段，对项目进行多方面的计划管理，以确保各工程承包之间的一致性和互动性，力求项目在整个生命周期内的总成本最低。

在各种承包方式中，总承包发展很快。虽然总承包只有近百年历史，但由于市场需要，已在国际工程市场中占有较大的比例。例如，英国在20世纪80年代末就有40%的新建项目采用设计——建造方式；美国设计——建造学会（Design Build Institute of America）2000年的报告表明，设计——建造总承包（DB）合同的比例，已从1995年的25%上升到30%，预计到2005年将达到45%。总承包的具体形式也呈现多样化趋势。

四、国际工程承包特点与联合承包

（一）国际工程承包特点

国际工程承包与国内工程承包相比，除了具备工程承包的一般特点外，还具有一些独有的特征。主要包括：

(1) 综合性与多样性。国际承包是综合性的出口业务，对某一具体工程项目而言，一般以劳务出口为基础，以技术合作为核心，包括劳动力、资金、设备、材料、成套设备等出口，综合性强，要求水平高。在不同的时间和国家，项目内容又具有多样性，某一时间可能集中力量针对重点工业项目，建造的多是钢结构和钢筋混凝土结构工程；而下一时期又可能是民用建筑，以砖混结构为主。综合性和多样性要求承包企业必须具备一定的人力、财力和物质条件，同时还要有较强的适应能力，才能取得更多的机会。

(2) 变化性。国际工程承包市场对工程的需求具有较大弹性，除了受资金和投资方向的制约外，世界经济及各个国家、地区的经济发展趋势、政治形势等，都对工程需求有很大影响。因此，当经济处在上升时期，并且政局稳定，需求量可能会大幅度增长；而在经济发展处在萧条时期，政局不稳时，需求量则可能大幅下滑。这种变化性有时甚至比一般工业品市场更为突出。

(3) 建设周期长。国际工程承包项目一般都是一个国家或地区的重要或大型工程项目，需要通过国际承发包方式，借助国际工程力量来完成。这些项目往往都需要花费较长时间，少则两三年，多则可能达到十年以上，从而对承包企业的实力和承包环境的稳定性都有较高要求。

(4) 竞争性。由于国际工程承包市场利润较大，且能带动国内劳务和产品的出口，因此许多国家（尤其是发达国家）都力图通过国际工程承包来获得劳务和产品的出口机会，减少国内就业压力，促进国内经济发展。但国际工程承包市场的总量有限，从总体形势上，国际工程承包市场供过于求，竞争十分激烈。

(5) 风险性。由于以上特点，使得国际工程承包项目任务艰巨，投资较大，特别是因为建设周期长，受市场和环境的影响大，造成了工程建设过程中的不确定性增加，这些都大大提高了工程承包的风险性。

（二）联合承包

1. 联合承包的目的

由于国际工程承包的这些特点，国际工程市场中联合承包也十分普遍。其目的是：

(1) 为了分担风险，国际工程项目由一家公司承包，则其巨大的风险也由该公独自承担。但若通过联合承包，则可以分散风险，使风险降到单个企业可以承受程度。

(2) 获得资金，采用联合体方式联合承包工程，各公司各自出一定比例资金，既可以保证资金的数量又可以由数家资金雄厚的大公司作后盾，而且能借此承包大型项目。

(3) 互相学习、优势互补，通过参与联合承包，企业可向合作伙伴学习自己尚未掌握的技术与经验，并且通过各自所掌握的技术与经验实现资源共享、优势互补。

(4) 有利于开拓国际市场，主要是国外企业通过与工程所在企业的联合承包，有利于对当地国情民俗、法规条例的了解，便于办理各种手续，并且能享受到工程所在国的一些优惠政策。

2. 联合承包的方式

(1) 联营体。通常由两家或两家以上的承包商临时组合，为共同承揽某个国际工程项目而进行短期合作。合作期的长短原则上以工程工期为界，工程结束后，合作各方清理完工程财务，联营体也就清盘终止。参加联合的承包商通常会选择一个牵头公司，代表联营体与业主进行沟通，各承包商共同对业主负责，并协调相互联合时的内部关系。各承包商仍是独立经营的企业，只是在共同承包的工程项目上，根据预先达成的协议分别承担各自的工作，分享各自的权益，但在法律和经济上对业主承担连带责任。

(2) 合包集团。合包集团属于一种松散的联合，其特点是：在集团内部实行比较独立的分工，对外也是按股份比例就自己实施的工程分别对业主承担相应的责任与义务，而并不承担合包集团其他伙伴对业主的连带责任。正是由于法律关系上相对松散的特点，尤其是分别承担各自的责任，在国际工程承包中承包商更倾向采用这种合作方式。通常合包集团应该在协议或章程中对每个成员公司的责任、义务和权利等作出明确规定，甚至包括各成员承担任务的内容细节。属于各自范围内的周转资金、风险和利润都由各自负责，各公司仅提供一部分管理费供合包集团的总管理机构开支。

一般而言，在项目规模较大、工程结构复杂，而对合作方又不太了解的情况下，承包商原则上多愿意采取松散型的合包集团这种合作方式；反之，则多采用紧密型的联营体。

五、国际工程承包的经营环境与竞争趋势

国际工程承包近年来的经营环境与竞争趋势可概括为以下几点。

(一) 市场持续繁荣，规模相对稳定，出现多元化格局

从总体上看，国际工程承包市场在经历了20世纪80年代中期的衰退后，于1988年走出低谷。进入90年代以来，全球最大的225家国际承包商在海外承包总额虽然时高时低，但基本在1100亿美元上下波动，出现相对稳定的格局。根据美国《工程新闻纪录》近年来发表的统计数据，现将225家全球最大承包商的海外营业额汇总，如表21-1。

全球最大的225家国际承包商近年来的海外营业额　单位：亿美元　　表21-1

年　份	1995	1996	1997	1998	1999	2000	2001	2002	2003
海外营业额	1050	1276	1102	1164	1187	1159	1065	1166	1398.2

由表21-1可以看出，虽然国际工程承包市场比不上20世纪70年代末期的黄金时代，

但总体上还是一个巨大的、持续繁荣的国际经济合作大舞台，还是全球各大承包商全力争夺的市场。

从地区分布来看，近年来六大市场份额也相对稳定。中东市场基本上稳定在120亿美元左右；亚太市场多年来高居榜首，在330亿美元左右；非洲市场也保持了良好的发展势头，一直保持在100亿美元上下；欧洲市场也呈现出上升的态势，在300亿美元附近波动；拉美市场增长较慢，与北美市场一起每年大约有250亿美元的营业额。整体上，国际工程承包市场由原来中东市场一枝独秀，变为百花齐放的新格局，其中亚太和欧洲市场是当前较大的市场。

（二）竞争激烈，赢利微薄

市场竞争将更为激烈，主要原因在于：一是东西方军事对抗体制瓦解后，经济矛盾上升，区域经济合作加强，使保护主义以多种形式出现；二是发展中国家的工程公司也在不断发展壮大，这些国家的政府工程项目对外限制增多，特别是一般的土木工程项目承包，当地公司已有绝对优势；三是大型和技术复杂项目既要靠技术实力，也要靠资金实力去竞争。这就导致一个国际招标项目往往有十几甚至几十家公司竞标，一些有经验的承包商不惜以低于成本的报价冒险投标，靠中标后材料设备出口及合同索赔等手段获得利润。在这种情况下，欠发达和发展中国家的许多公司都很难赢利。竞争的加剧导致国际承包公司海外利润率逐年下降。

（三）资金缺乏，带资投标和实物支付盛行

由于资金特别是外汇短缺，国际承包市场近年来现汇项目减少，带资承包、延期支付和实物支付的项目增多，并且有进一步扩大的趋势。承包商只有在提供信贷、接受延期付款和实物支付等条件方面占有优势，方能占领市场。国际工程承包市场对资金需求的增加促使一些承包商寻找合作伙伴，推动了联合、兼并风行。

（四）发展中国家的基础设施建设越来越多地采用BOT方式

BOT（Build—Operate—Transfer的英文缩写，意思为"建设—经营—转让"）方式是一种新的投资方式，它特别适合于投资金额巨大而且回收投资期限长的大型基础设施，例如港口、码头、铁路、高速公路、机场、电力系统等能源交通项目。过去，这些大型基础设施多由国家投资建设，由于发展中国家的资金短缺而又急需加快发展其薄弱的基础设施，于是政府特许交给民间或外商的投资者组织项目公司主持融资和进行建造，并允许其经营若干年，通过向使用者收费来偿还投资，获得利润回报后再将这些基础设施移交给政府部门。BOT投资方式的基本特点是：政府对投资的回收不提供担保，原则上也不予投资，仅在土地使用权、收费和税收政策、运营年限等方面给予一定的特权。BOT方式不仅在发展中国家获得成功（如马来西亚的南北高速公路，菲律宾的电站工程等），也在发达国家作为"公用设施私有化"的一种手段被采用（如英法海峡的海底隧道，法国的一些城市供水工程等），并取得良好效果。

BOT方式的流行给国际承包商带来了新的领域和机遇，有能力的承包商不仅可以参加投标，承包工程，还可以其全部或部分工程款收入参加到投资者行列，分享工程的长期效益。

（五）技术密集型工程和资金密集型工程增多，项目趋于大型化和复杂化

面临世界政治经济秩序的挑战，各国积极调整产业结构。发展中国家、石油输出国都

力图摆脱单一的初级加工经济结构，逐步建立起全面的现代化工农业经济体系，与之相适应的技术密集型项目日益增多。例如石油和天然气工程、石油化工工程、冶金工程、环境工程、通信工程、核能利用工程等明显增多。这一方面表明各国重视发展基础设施和基础工业；另一方面是由于一般性的土木工程（如住房、办公建筑、商厦建筑等）都可以由本国的工程公司承担，无需面向国际招标。随着科学技术的进步和发展，这种趋势将会更快增长。

（六）为增强公司实力，联合和兼并盛行

国际承包市场的激烈竞争，成为促使承包资本集中化的推动力，国际工程承包市场凭借资金和实力在竞争中取胜的形势越来越明显。为了扩大经营规模和发挥综合优势，许多公司都在走联合或兼并的道路。特别是对于大型工程项目，过去处于竞争对手位置的公司现在反过来携手合作，它们组成联合集团（Consortium）或者单个项目合资（Project joint venture）夺标。

第三节 国际工程承包的组织与运作方式

从管理角度看，国际工程承包的组织与运作方式属于项目管理范畴。对业主（中央政府、地方政府、企业、个人等）要建设一个工程项目，也就是要向建筑商"采购"这一工程。在国际工程承包市场，根据不同情况有多种项目采购方式（Project Procurement Route，简称PPR），如平行承发包模式（业主把一个项目的设计、施工任务分别发包给多个设计单位和施工单位，各单位之间都是平行并列的关系）；施工总承包模式（业主把一个项目的全部施工任务发包给施工总承包单位，施工总承包单位或者自己承建或者再将任务分包给其他单位）；DB模式；CM模式；BOT模式等。

项目采购方式既是组织项目建设的基本模式，从管理角度而言，也可称为项目管理模式，对承包商就是工程承包方式。不同的项目采购方式对应不同的项目管理模式。

一、设计—招标—建造方式（DBB模式）

设计—招标—建造方式（Design—Bidding—Build）是传统的项目管理模式，其形成可追溯到19世纪早期，也是现在应用最广泛的项目管理模式，世界银行贷款项目的采购方式和FIDIC土木工程合同条件采用的都是该模式。

（一）DBB模式的实施步骤

设计—招标—建造方式强调工程项目建设应分阶段按顺序逐步进行：

（1）业主与设计机构签订设计合同，由设计机构负责提供项目的设计和施工文件；

（2）通过招标选定最适合的中标人（承包商）；

（3）承包商按照给定的设计图纸在工程师的监理下完成施工任务。

（二）DBB模式的主要特点

（1）只有在前一阶段的工作完成后，下一阶段的工作才能开始。

（2）建设程序清晰明了，易于管理。

（3）可对设计实行有效控制。

（4）业主只需签订一份施工合同，管理的工作量较小。

(三) DBB 模式的缺点

DBB 是一种传统的项目管理方式，有很多人认为，与工程建设项目发展的新要求相比，其缺点也较明显，包括：

(1) 项目周期较长。
(2) 建设过程的连续性较差。
(3) 索赔与变更的费用较高。

二、设计—建造方式（DB 模式）

20 世纪 60~70 年代，出现了设计—建造方式（Design—Build）。该方式是对设计—招标—建造方式的一种改革，目的在于解决设计—招标—建造方式周期较长、费用较大的问题。

在设计—建造方式中，由一个承包商（可以是一个公司或承包联合体）负责工程项目的设计与建设，并负责整个项目的成本控制。因此，承包商通常处于领导地位，设计方仅是设计—建造实体中的一员。承包商可以委托专业设计机构或由承包商的内部机构对工程进行设计，并通过招标方式选择分包商或使用本公司内部力量完成工程任务。

相对于设计—招标—建造方式，设计—建造方式的一个重要变化是设计—施工一体化。一方面，业主和承包商直接打交道，通过密切合作来完成工程项目的规划、设计、成本控制、进度计划及有关工作；另一方面，设计与施工居于同一承包商管理之下，减少了矛盾，关系更容易协调。从而能在业主、承包商、设计人、工程师之间形成更为紧密的工作关系，大大提高项目管理的效率。

(一) DB 模式的特点

设计—建造方式的基本出发点是促进设计与施工的早期结合，以便有可能充分发挥设计与施工双方的优势，提高项目的经济性。总的来看，设计—建造方式适用于一般建筑工程项目，但是对于纪念性建筑、新型建筑等项目较少采用。与传统的设计—招标—建造模式相比，设计—建造方式的主要特点是：

(1) 单一的项目合同责任。
(2) 工程项目建设各阶段衔接紧密，连续性较强。
(3) 可应用快速路径法施工，缩短工期。
(4) 减少工程项目执行中的纠纷和变更。
(5) 减少对业主的索赔。

(二) DB 模式的缺点

设计—建造方式也存在不足，在国际工程项目管理实践中常有以下一些问题：

(1) 业主对工程项目的管理和控制程度降低。
(2) 同一实体负责设计和施工，减弱了工程师和承包商之间的相互制约。
(3) 工程设计可能会受施工单位利益的影响。

总之，设计—建造方式的优点是显明的，因此自出现后得到了广泛的应用。为了适应这种发展趋势，英国皇家建筑师学会等组成的联合会（JCT）于 1981 年发布出版了设计—建造方式的标准合同条件，英国土木工程师协会（ICE）也在 1992 年发布了它的设计—建造方式标准合同条件。

三、设计—施工—采购方式(EPC 模式)

1999 年 FIDIC《EPC/交钥匙项目合同条件》中的 EPC/交钥匙合同(美国人称之为交钥匙合同—Turnkey Contract；欧洲人称之为 EPC—Engineering，Procurement and Construction)可看做设计—建造方式的一种特定类型。EPC 是为满足业主要求承包商提供全面服务(一揽子服务)的需要而产生，通常由一家大型建筑施工企业或承包商联合体承担对大型和复杂工程的设计、设备采购、工程施工，直至交付使用等全部工作(即"交钥匙"承包模式)。其适用范围：设计、采购、施工、试运行交叉、协调关系密切的项目；采购工作量大、周期长的项目；承包商拥有专利、专有技术或丰富经验的项目；业主缺乏项目管理经验、项目管理能力不足的项目。

为迎合业主的不同要求，EPC 模式又派生出了多种具体形式，如：

(1) 设计、采购、施工管理承包(EPCm)。设计、采购、施工管理承包是指承包商负责工程项目的设计和采购，并负责施工管理。施工承包商与业主签订承包合同，但接受设计、采购、施工管理承包商的管理。设计、采购、施工管理承包商对工程的进度和质量全面负责。

(2) 设计、采购、施工监理承包(EPCs)。设计、采购、施工监理承包是指承包商负责工程项目的设计和采购，监督施工承包商按照设计要求的标准、操作规程等进行施工，并满足进度要求，同时负责物资的管理和试车服务，施工监理费不包含在承包价中，按实际工时计取。业主与施工承包商签订承包合同，并进行施工管理。

(3) 设计、采购承包和施工咨询(EPCa)。设计—采购承包和施工咨询是指承包商负责工程项目的设计和采购，并在施工阶段向业主提供咨询服务。施工咨询费不包含在承包价中，按实际工时计取。业主与施工承包商签订承包合同，并进行施工管理。

四、建筑工程管理模式(CM 模式)

该模式的产生可追溯到 1968 年，美国的汤姆逊等人在研究关于设计和施工的加速和改进控制时，提出了一份报告，称为快速路径法建设管理(Fast—Track—Construction Management，简称 CM)。后来，汤姆逊等人开办了咨询公司，开展 CM 服务，并逐渐在美国发展成一种专门的服务，即现在的建设工程管理模式(或专业建设管理)。

CM 模式也有称作专业建设管理方式(PCM)。传统的设计—招标—建造方式强调工程项目建设分阶段按顺序进行，使设计与施工相分离，延长了工程项目建设周期，同时也使施工承包商不能迅速进入工程项目建设，尤其是不能在项目早期阶段参与意见而发挥积极作用。这些问题在一般简单工程项目中反映还不太强烈，但随着项目建设规模越来越大，建设内容日益复杂，由此产生的弊端也日趋明显。为了避免设计—招标—建造方式的这些不足之处，便产生了建设工程管理模式。

(一) 建设工程管理模式的基本内涵

建设工程管理模式的基本内涵包括以下四个方面：

(1) 建设工程管理的整体性。在该模式中，工程项目建设是一个系统整体，因此它将设计和施工统一置于"项目经理"的协调和管理之下，一方面能统一和协调设计和施工的矛盾，另一方面也能吸取两者的长处，使其融合在设计和施工的统一方案中。

(2) 建设工程管理的项目小组。在工程项目建设中，由业主和业主委托的项目经理、设计师及有关人员组成一个项目建设小组(项目小组)，共同负责组织和管理工程项目的规划、设计和施工。通过项目小组的协调和管理，业主能积极参加意见，对设计和施工双方进行监督和控制。同时也能广泛吸收施工承包商的意见，从而有利于各方采取合作态度，共同完成工程项目的建设任务。

(3) 分阶段发包。建设工程管理模式对设计—招标—建造方式的一个重要改革，就是分阶段发包。设计—招标—建造方式是一种连续建设方式，即必须等到设计图纸和文件全部完成之后，才能开始招标和投标，将工程发包进行施工建设。在建设工程管理模式下，是随着项目设计的进行，完成一部分设计，就发包该设计施工内容。例如，某一工程建筑的基础设计完成后，就可发包给一个分包商，开始基础施工；与此同时继续进行上部结构设计。上部结构设计完成后，即可发包给另一个分包商，开始上部结构施工；与此同时继续进行并完成内部装修设计，然后发包给第三个分包商进行内部装修施工，如此等等。采用分阶段发包，虽然设计、招标和施工各阶段所用时间有所延长，但由于各阶段互相衔接，使总的建设周期缩短了，正是在这一方面，突出了建设工程管理模式的特点。

(4) 保证最大工程费用(Guaranteed Maximum Price)。由于采用分阶段发包，施工合同总价要随着各分包合同的签订才能逐渐明确，因此在建设工程管理模式下，很难在整个工程开始之前就固定或要求一个施工总价，业主一般要承担较大风险。为此，业主往往要求与项目经理商定一个"保证最大工程费用"。这个最大费用是建设经理进行管理时不得超过的最大工程合同价格，最后实际完成的工程价格可能小于这个价格，也可能等于这个价格。业主为了鼓励建设经理控制工程费用，当实际工程价格小于这一最大费用时，项目经理可从节约部分进行提成；但若超过最大费用，超出部分由建设经理承担。

(二) 建设工程管理模式的组织形式

建设工程管理模式有多种具体组织形式，其特点较为明显的有两种：

(1) 代理型建设工程管理模式。业主在工程项目投资的前期与专业建设管理公司签订代理协议，管理公司为业主提供建设项目管理服务。在这种组织形式中，管理公司不是业主的雇员，也不是承包商，而是业主的代理人，通过提供代理管理的服务收取服务费。中标的承包商直接和业主签订合同，承包商对项目的工期、成本和质量直接对业主负责。管理公司不和承包商签订合同，也不承担工期、成本和质量等方面的合同责任，管理公司只负责协助业主招标，协调和管理设计、施工及各承包商之间的活动。代理型组织形式是纯粹的建设工程管理模式，应用也最广泛。

(2) 非代理型建设工程管理模式。这种模式也称为风险型建设工程管理模式。在这种组织形式中，管理公司和业主签订合同，进行总承包。管理公司不承担施工任务，而是把项目分成各个部分，再分包给多个承包商，由管理公司分别和各承包商签订合同。管理公司通过和业主签订总合同，对项目的工期、成本和质量向业主负责，并保证一个项目合同总价格的上限，如果实际项目价格低于合同价格上限，其节余部分由业主和管理公司按事先签订的协议分成。所以，非代理型的管理公司已不是业主的代理人，而更像一个施工总承包商。

五、BOT 模式

BOT 是一种主要适用于私营部门（多为国际财团资本）承包商对能源、交通等基础设施项目进行投资建设的承包方式（即带资承包）。其基本涵义是，政府部门就某个基础设施项目与项目公司（由私人资本组成）签订特许权协议，授权项目公司负责承担该基础设施项目的投资、融资、建设、经营和维护。在协议规定的特许期限内，项目公司可在该基础设施建成后，通过经营收取一定的费用以抵偿该项目投资、融资、建设、经营和维护的成本，并获取合理的利润。政府部门则拥有该基础设施的规划权、监督权和调控权。特许期满后，项目公司再无偿将该设施转让给政府部门。

BOT 方式的应用产生了许多具体形式，如：BOT，建设—经营—转让；BOOT，建设—拥有—经营—转让；BOO，建设—拥有—经营（在此种方式下，项目建成后的所有权属于项目公司，不存在项目的所有权转让）。

（一）BOT 方式的主要特点

（1）东道国政府要与采用 BOT 方式建设某一基础设施项目的项目公司签订特许权协议。这一协议是整个 BOT 项目的依据，也是其最明显的特点。

（2）BOT 项目的资金大部分来自项目融资，权益资金通常只占项目总投资的 25%～30%。项目融资方式是以项目预期收入的资金流量作为贷款和偿还债务的基本依据，并将项目公司拥有的与项目有关的资产作为贷款的担保物。项目融资的贷款多为无追索权或有限追索权，即贷款方只能向项目公司行使追索权，从项目公司的收入中回收贷款本金和利息，而无权向项目公司股东求偿。

（3）BOT 方式是集项目融资、项目建设和项目经营为一体的综合管理模式，涉及的各方当事人较多，关系复杂，谈判时间较长，签订的协议众多，协调工作量很大，因此对项目公司的管理能力要求较高。

（二）BOT 方式的组织结构

BOT 方式的组织结构较为复杂，其间都为合同关系。

（三）BOT 方式的当事人

BOT 方式所涉及的各方当事人，概括而言大约有以下九类：

（1）东道国政府，特许权协议的授予者，一般也是 BOT 项目的最终所有者。

（2）项目公司，一般由国际工程承包公司或投资公司作为发起人，吸收设备供应厂商和金融机构参加而组成，是项目的主办者，也是整个 BOT 项目的核心。

（3）贷款人，包括各类商业银行、金融机构、基金会等，是项目的债权人。

（4）投资人，BOT 项目的投资者。

（5）承包商，BOT 项目的承建者。

（6）经营管理公司，受项目公司委托，在项目建成后对项目进行经营管理。

（7）用户，BOT 项目的服务对象，一般是东道国的公用事业机构或社会公众。

（8）供应商，如为 BOT 项目提供原材料和燃料的供应商。

（9）其他当事人，如保险公司、信托公司、咨询顾问等。

（四）BOT 项目的合同文件

BOT 项目需要签订的合同文件，主要有以下几类：

（1）特许协议（Concession Agreement），项目公司与东道国政府签署的、以获得东道国政府的许可及对政治风险和商业性风险等方面的支持和保证的协议。这一协议是 BOT 项目的依据，其他所有贷款、工程承包、经营管理等方面的合同均以此协议为前提。

（2）参股协议，BOT 项目所需资金较多，风险较大，往往由多家公司组成财团共同投资，通过签订参股协议组成项目公司，出资者也成为项目股东，股权分配则由参股协议来确定。

（3）项目贷款协议，BOT 项目的资金主要来自于融资，因此需要签订贷款协议。贷款协议中，借款人为项目公司，贷款人一般是多家金融机构组成的银团，项目公司以公司财产或权益作为贷款抵押。

（4）工程承包合同，BOT 项目在很大程度上是一种融资方式，项目公司也只是一种融资工具，实际的工程建设多由专门的建筑商来进行，因此项目公司要寻找合适的工程承包商，并与他们签署工程承包合同。

（5）经营管理合同，与工程承包合同类似，项目公司往往也要寻找合适的经营管理人，与他们签署经营管理协议，委托他们对建成后的项目进行经营管理。

（6）购买协议，为保证建成后的项目有一定的市场需求，并获得足够的收益，项目公司也需要和用户签订项目产品和服务的购买协议。如果 BOT 项目需求来自于社会公众，如收费公路，这时很难和社会公众逐一签订购买合同，项目公司可以和东道国政府主管部门或专营公司签订协议，让东道国保证对项目的最低需求。

除了以上这些合同外，项目公司还需要与供应商签订供应合同，与保险公司签订保险合同等。

六、Partnering 模式国际工程承包管理

Partnering 模式也称为"合作管理"，它是 20 世纪 80 年代末在美国发展起来的一种新的管理模式。其基本出发点是改变传统项目建设各方之间由于利益和目标的不同所导致的对抗关系，通过建立业主与承包商之间的长期合作协议而使双方目标得以实现。相对于传统的承发包模式，Partnering 模式的最大好处在于改善了项目的环境和参与工程建设各方的关系，在很大程度上减少了索赔和诉讼的发生。Partnering 模式的特点如下：

（1）有一个 Partnering 主持人（Facilitator），主持人由参与各方共同指定，负责整个 Partnering 模式的建立和实施。主持人是一个中立的第三方，其主要任务是策划、准备并主持所有的 Partnering 讨论会，指导形成 Partnering 协议书，建立项目评价系统、争议处理系统和工作小组，组织 Partnering 模式的培训，并在 Partnering 模式实施的整个过程中不断进行指导和强化。

（2）管理小组不是由业主或施工方的人员单独组成，而是由项目参与各方人员共同组成。Partnering 模式小组打破了传统的组织界限，它是参与各方在项目上的一个临时共同体，有其特定的目标和职能。中立第三方（主持人）也是项目参与各方共同指定的一个与项目无任何利益关系的第三方，当项目实施过程中发生了项目参与各方自己不能协调解决的争议时，可以由中立第三方来参与解决这一争议。

七、项目管理承包(PMC)

项目管理承包(Project Management Contractor)是指项目管理承包商代表业主对工程项目进行全过程、全方位的项目管理,包括进行工程的整体规划、项目定义、选择工程EPC承包,并对设计、采购、施工过程进行全面管理。一般不直接参与项目的设计、采购、施工和试运行等阶段的具体工作,其费用一般按"工时费用＋利润＋奖励"的方式计取。

PMC是业主机构的延伸,从定义阶段到投产全过程的总体规划对业主负责,与业主的目标和利益保持一致。对大型项目而言,由于项目组织比较复杂,技术、管理难度较大,需要整体协调的工作比较多,业主往往都选择PMC承包商进行项目管理承包。作为PMC承包商,一般更注重根据自身经验,以系统与组织运作的手段,对项目进行多方面的计划管理。例如,有效地完成项目前期阶段的准备工作;协助业主获得项目融资;对技术来源方进行管理,对各装置间的技术进行统一和整合;对参与项目的众多承包商和供应商进行管理(尤其是界面协调和管理),确保各工程包之间的一致性和互动性,力求项目整个生命期内的总成本最低。

PMC可分为三种类型:

(1) 代表业主管理项目,同时还承担一些界外及公用设施的EPC工作。这种方式对PMC来说,风险高,但相应的利润和回报也高。

(2) 代表业主管理项目,同时完成项目定义阶段的所有工作,包括基础工程设计、±10%的费用估算、进行工程招标、选择EPC承包商和主要设备供应商等。

(3) 作为业主管理队伍的延伸,负责管理EPC承包商而不承担任何EPC工作,这种方式的风险和回报都比较小。

案 例 分 析

案例:对外承包工程行业简况

2005年,我国对外承包工程完成营业额217.6亿美元,同比增长24.6%;新签合同额296亿美元,同比增长24.2%。从2001～2005年的五年期间,我国对外承包工程营业额翻了一番还要多。截至2005年12月底,我国对外承包工程已经累计完成营业额1357.9亿美元,合同额1859.1亿美元。我国对外承包工程行业在国际上的地位稳步提升,影响力逐年扩大。

从2005年我国对外承包工程营业额在各主要业务领域的分布情况看,房屋建筑、交通运输、石油化工、电力工业等传统领域仍占我国对外承包工程行业总营业额的较大部分。伴随着我国相关产业的快速发展,我国对外承包工程企业在科技含量比较高的工业项目、电子通讯类项目上竞争优势增强。目前,电信工程服务已逐渐成为我国新的具有比较优势的行业,成为新的增长点。2005年,另一个需要关注的行业是电力工业,完成营业额所占比重在经历了多年的滑坡之后止跌回升,反映出近两年国际市场对电力的需求有所增强。同时,随着我国经济的快速发展,石油化工行业和其他资源开采行业"走出去"进行国际资源合作成为必然的发展趋势,石油化工行业在承包工程合同额中所占的比重逐步增长,铜矿、铁矿等资源开采类项目也呈快速增长趋势。

第二十一章 建筑企业国际工程承包

随着我国"走出去"战略的进一步落实和相关产业结构的调整和升级，越来越多的企业开始走向国际市场。2005 年，我国拥有对外承包工程经营资格的企业已达 1609 家。根据美国《工程新闻纪录》（ENR）2005 年 8 月的统计，我国已有 49 家企业进入"全球最大 225 家国际承包商"行列。在国际承包工程领域，我国基本形成一支具有多行业组成、能与外国大承包商竞争的群体队伍。

此外，经营主体实力增强，业务升级。我国对外承包工程企业在工程施工能力、配套能力和在一些领域的设计能力正快速提高。主要大项目有：中信国际合作公司在伊朗承揽的伊朗南方电解铝厂项目，中国冶金建设集团公司在巴布亚新几内亚承揽的巴新 RAMU 镍钴矿项目，中铁二十工程局在安哥拉承揽的罗安达铁路大修工程等。业务结构正在发生深刻的变化，部分企业不断创新承包方式，积极进入高端市场。目前，EPC 总承包已成为我国对外承包工程的重要方式，并正逐步向 BOT 等更高层次的方式发展。

2005 年我国对外承包工程在市场多元化的基础上，又取得了新的进展，在一些原来比较难以进入的市场取得了一些重要的突破，标志着我国对外承包工程行业市场开拓正在向全球化方向发展。如 2005 年我国企业在亚洲的一些国家市场取得了突破性进展。

2005 年来，我国对外承包工程企业，特别是一些大型对外承包工程企业的一系列业务活动，显示了行业分工合作体系的雏形。主要表现为大型企业之间结成各种形式的战略联盟，在开拓国际市场的过程中，特别是在承揽大型项目时主动组成联营体，实现企业之间资源互补、风险共担，充分发挥强强联合、优势互补的作用，有力地增强了中国公司在国际市场的竞争力。

复习思考题

1. 国际工程承包的含义与方式。
2. 加入 WTO，我国建筑企业参与国际工程承包市场的机遇、挑战和问题是什么？
3. 我国建筑企业在参与国际工程承包市场的竞争时应采取哪些对策？
4. 国际工程承包区域市场如何划分？各自特点如何？
5. 国际工程承包市场的发展特点是什么？

参考文献

[1] 赵修卫、张清编著. 国际工程承包管理. 武汉：武汉大学出版社，2005
[2] 郝生跃主编. 国际工程管理. 北京：北方交通大学出版社，2003
[3] 刘尔烈主编. 国际工程管理概论. 天津：天津大学出版社，2003
[4] 汤礼智主编. 国际工程承包总论. 北京：中国建筑工业出版社，1997
[5] 吴涛. 中国建筑业的发展与工程项目管理的再深化. 工程项目管理，2004.11，P12～16
[6] 张青林. 中国项目管理的国际化之路，工程项目管理，2004.5，P7～9

编 后 记

为了推动全国建筑行业职业经理人队伍的建设，2005年7月20日，建设部确立了"建筑企业职业经理人资质认证与建筑企业资质管理研究"的课题，并由建筑市场管理司下达给中国建筑企业协会经营管理委员会。《全国建筑企业职业经理人培训教材》的编写是该课题研究的一项重要内容。12月3日，在全国建筑企业职业经理人课题工作会议期间，本课题工作指导委员会主任委员、教材编委会主任张青林同志主持了编写工作会议，对编写教材的指导思想、编写要求、重点内容以及教材结构等进行了深入的筹划和研究。

在总结国内外职业经理人教育培训经验的基础上，根据张青林同志的提议，我们把"高度浓缩职业经理人的一般性要求，重点突出建筑行业的特殊性要求"作为培训教材编写的指导思想，强调要从建筑企业经营管理的角度，去理解工商管理理论的通用性和对经理人职业的规范，要写出建筑行业的特点来。同时，教材编写贯彻"注重基本理论，注重改革经验，注重市场走向，注重国际方法，注重中国国情"的原则，针对我国建筑企业管理的实际问题，博采众长，融合提炼，形成具有实用性特色的知识体系。

为更好地达到建筑企业管理理论与实践相结合的目标，本教材编委会由高等院校的专家学者、建筑行业专业研究人员和大型建筑企业经营管理人员三部分人员组成，参与编写人员达二十多人。教材编写实行分工负责制，最后由王要武教授负责统稿。

感谢教材审定委员会的领导和专家，他们在两次审定会上提出了许多明确而中肯的修改意见，为提高本教材的质量提供了极大的支持。在教材编写过程中，我们参考和借鉴了许多学者的研究成果，在此一并深表谢意！

为了满足建筑企业职业经理人培训工作起步阶段的需要，本教材作为试用教材出版。由于编写教材的时间较短，编写人员来自不同岗位，写作风格各异，教材中肯定会有很多欠妥和不尽如人意的地方。恳切希望使用教材的教师和学员，以及广大的读者，能提出宝贵的意见，以便于我们在教材再版时能有更新、更完善、更丰富、更准确的内容。

编者
2006年5月1日